常青藤·汉译学术经典

组织行为学经典文献
（第三版）

［美］
J. 史蒂文·奥特
(J. Steven Ott)
桑德拉·J. 帕克斯
(Sandra J. Parkes)
理查德·B. 辛普森
(Richard B. Simpson)
编

王 蔷 朱为群 孔 晏 等译
朱为群 王 蔷 孔 晏 校

上海财经大学出版社

图书在版编目(CIP)数据

组织行为学经典文献:第3版/(美)奥特(Ott,J. S.),
(美)帕克斯(Parkes, S. J.),(美)辛普森(Simpson, R. B.)
编;王蔷,朱为群,孔晏等译.—上海:上海财经大学出版社,
2009.8
(常青藤·汉译学术经典)
书名原文:Classic Readings in Organizational Behavior
(Third Edition)
ISBN 978-7-5642-0387-0/F·0387

Ⅰ.组… Ⅱ.①奥… ②帕… ③辛… ④王…
⑤朱… ⑥孔… Ⅲ.组织行为学-研究 Ⅳ.C936

中国版本图书馆 CIP 数据核字(2008)第 180063 号

□ 策 划 黄 磊
□ 特约编辑 张家哲
□ 责任编辑 袁 敏
□ 封面设计 周卫民

ZUZHI XINGWEIXUE JINGDIAN WENXIAN
组织行为学经典文献
（第三版）

J. 史蒂文·奥特
(J. Steven Ott)
[美] 桑德拉·J. 帕克斯 编
(Sandra J. Parkes)
理查德·B. 辛普森
(Richard B. Simpson)

王 蔷 朱为群 孔 晏 等译
朱为群 王 蔷 孔 晏 校

上海财经大学出版社出版发行
(上海市武东路 321 号乙 邮编 200434)
网　　址:http://www.sufep.com
电子邮箱:webmaster@sufep.com
全国新华书店经销
上海敬民实业有限公司长阳印刷厂印刷装订
2009 年 8 月第 1 版 2009 年 8 月第 1 次印刷

665mm×1030mm　1/16　37.75 印张　677 千字
印数:0 001—4 000　定价:78.00 元

J. Steven Ott, Sandra J. Parkes, Richard B. Simpson
Classic Readings in Organizational Behavior, Third Edition
ISBN: 0—155—05896—7

Copyright © 2003 by Wadsworth, a part of Cengage Learning.
Original edition published by Cengage Learning. All Rights Reserved. 本书原版由圣智学习出版公司出版。版权所有，盗印必究。

Shanghai University of Finance & Economics Press is authorized by Cengage Learning to publish and distribute exclusively this simplified Chinese edition. This edition is authorized for sale in the People's Republic of China only (excluding Hong Kong, Macao SAR and Taiwan). Unauthorized export of this edition is a violation of the Copyright Act. No part of this publication may be reproduced or distributed by any means, or stored in a database or retrieval system, without the prior written permission of the publisher.

本书中文简体字翻译版由圣智学习出版公司授权上海财经大学出版社独家出版发行。此版本仅限在中华人民共和国境内（不包括中国香港、澳门特别行政区及中国台湾）销售。未经授权的本书出口将被视为违反版权法的行为。未经出版者预先书面许可，不得以任何方式复制或发行本书的任何部分。

Cengage Learning Asia Pte. Ltd.
5 Shenton Way, #01—01 UIC Building, Singapore 068808

上海市版权局著作权合同登记号 图字：09—2003—165 号
2009 年中文版专有出版权属上海财经大学出版社

版权所有　翻版必究
本书封面贴有 Cengage Learning 防伪标签，无标签者不得销售。

前言之前言

革新总是明显地与经典并肩而行,因为我承担了撰写一个非同寻常的前言的任务——一篇菲德勒为《组织行为学经典文献》所写前言的前言。应该说,菲德勒的前言已经成为经典,而且即使菲德勒不曾是我的导师、同事、合作者和老朋友,我也愿意这样说,那篇前言确属经典。

菲德勒的前言非常清晰地描述了本领域早期理论家的影响。这些理论家可能缺乏复杂的方法和技术,但他们视野宽广、洞察深入。不管承认与否,当今许多研究项目都根源于经典文章。

这些经典文章的贡献既是永恒的,也是适时的。组织行为领域长期以来一直是健康发展的。当我最初成为组织行为学的学生(几乎在40年以前)以及随后的10年中,本领域的特征是充满了争论与反驳。最近我们看到了许多更具活力和自信的学问与实践的表示。由于这个原因,我非常赞成作者决定将少数当代的著作与已公认的经典文章一起收录于本书。我本人也因近期的一篇文章列入本书而受宠若惊。将近期著作收录进来是对本领域积极发展的认可。

组织行为研究近来复活的现象可见诸于综合性理论的发展。这些理论正在寻求理解组织行为的更加广泛、更加普遍的原理。复杂的分析工具(结构方程模型、多维线性模型及其他工具)为研究者指向更综合的模型,并使我们更易检验它们的理论。

组织行为对不同学科领域研究者与理论家的吸引,是本学科具有活力的另一个标志,也是这种活力的来源。社会认同理论提供了有关群体关系如何影响群体内部动态的新洞见。程序正义研究——起源于对劳动组织中分配正义的研究——已复归,关于组织内权威的人际关系性质的社会心理学见解就是其成果。性别和女权主义论为理解群体内的地位自然增长和优势协商提供了新的基础。社会认知论丰富的文献正在使人们对组织过程中主观力量和社会构建的作用有更多的觉察。目前,这些和其他新研究区域——其中有许多肯定被认为是属于经典读物——对于使任何科学学科繁荣得以持久复兴具有潜在的力量。

　　接受撰写前言的要求会唤醒一个人某种自我本位的姿态，并促使他对未来做出预测，那么让我来尝试一下。社会科学广为流行的组织理论、研究和思想的近期发展，暗示着本学科领域在新世纪的某些可能的发展方向。我相信将出现普遍的、综合的理论。这种理论尝试把宏观(战略的)分析与微观(行为的)分析联系起来。我们对于地球不仅仅包括北美的认识将加速比较研究工作，这种工作既评估文化差异对于组织过程的贡献，也调查全球化对于这些差异是持续或修正的影响。对情绪、气质甚至心理的令人兴奋的研究工作可能成为组织中激励、满意和相关过程的新思想的源泉。最后，如同我们的社会试图抓住令人惊异的新技术的含义那样，我们必须转向对道德考虑的检验。从过去到将来，这些都是有趣和令人兴奋的展望。

马丁·M. 切默斯
于加利福尼亚大学圣塔克鲁兹分校

前　言

那些尚未完成硕士学位论文、博士论文和为杂志投稿的人，在其文章中开头就告诉我们，全世界从来没有人想到过如此杰出的、比地震还少见的新假设。它们展现在我们的惊讶和难以置信的目光中。而通常当它们拿出来时，恰恰是夸大其词。事实上，如果说出实情，对于许多初露头角的心理学家来说，心理学的历史是从他们上第一门心理学课程那天开始的。他们对尼古拉·马基雅维利的论著《君主论》仅仅作为"如何领导"书系中的一个早期版本表示惊讶，只有少数I/O心理学的研究生知道，心理学应归功于像切斯特·巴纳德、爱尔顿·梅奥、雨果·闵斯特伯格等有着怪异名字的、为产业和组织心理学奠定了起点的人们。

有人可能会问，学生们为什么应该关注在考试中不再需要知道的姓名呢？我们中的多数人感到，我们没有时间去挖掘"陈旧的"、过时的和在某些情况下已被摒弃的文章。到书库去仔细翻寻旧杂志并不是人们喜爱的工作，尤其在通过考试、准备下一节课或者准备另一篇更紧迫的待发表文章的时候，就更是如此。

然而，我们的确需要记住，我们正在他人工作的基础上添砖加瓦。如果不那样想，不仅是傲慢或自大的表现，而且也是无知或愚蠢的表现。此外，还有许多自以为是科学上的有益的发现：马克斯·韦伯有关个人魅力的论文的突然再现就是一个很好的例子。这个陈腐的笑话突然出现在组织学文献最活跃的当前话题中。要说明究竟已故的马克斯·韦伯的观点中有多少被我们现在重新发现就变得非常麻烦。

另外一个近来再次活跃的概念是有关领导者才智的工作。非常有趣的是，有关领导的最初的经验性论文的话题，就是领导者的才智如何对领导者的地位和效果发挥作用。在"关于领导的心理学和教育学的一个预备性研究"一文中，刘易斯·特曼(1904)预先讨论了领导的权变理论。他指出，领导人的挑选不仅取决于领导人本身的品质,还取决于团队的需要。与引用前人观点的学者传统很不同的是,在创建组织行为理论时,有关组织工作的许多伟大见解出现在今天我们称之为经典的论文中。我想起了有关马克·吐温的小故事。在他逐渐成长的过程中,他父亲怎样沉默不语,这个老人在年复一年中如何更加沉默不语,以及更令人吃惊的是,这个老人在他的儿子不在的几年里学到了那么多东西。

  这本有思想的经典文献集,为我们的思考做出了重要的贡献。它不仅友善地提醒我们,组织行为领域的研究并不是开始于我们进入大学后的第一年,而且还告诉我们,这些早期的论文之所以成为经典,是因为它们的见解在今天仍然有用。它们包含了尚未过时的智慧,它们还代表了仍有待于检验的各种假设的丰富来源。毫无疑问,这本文集将在研究生的课程中找到有用的位置,并为研究者提供有价值的和适宜的论文。这些论文扩展了组织行为的研究领域,但它们并不总是能够被很容易地从最近的图书馆中获得。

弗雷德·菲德勒
于华盛顿大学

序　言

　　《组织行为学经典文献》是为满足以下目的而设计的：(1)试图成为组织行为学领域最重要文献的最卓越文集；(2)作为组织行为学和管理实践方面本科生和研究生优秀教材的补充；(3)配合与补充杰伊·沙弗里茨和史蒂文·奥特的《组织理论经典》(2001年第5版)。《组织理论经典》中只有一章关注组织行为，沙弗里茨和奥特在他们的导论中为此做了解释："组织行为是一个十分广泛的研究领域，有着无数文献……在单独的一章中，除了提供一种该理论和研究的'味道'以外，不可能做得更多。"

　　正如《组织行为学经典文献》这一题目所表示的那样，本书汇集了已发表的经典文献。尽管包括了若干重要的近期著作，但是本书并不企图包括所有反映本领域近期趋势和发展的文献。本书不关注近期趋势；相反，本论文集提出了组织行为学中最具持久力的主题和著作，并按概念清晰合理、实务有用的方式加以组织，以帮助读者追踪最重要主题的历史发展轨迹。

　　本书没有包括过时的著作，因为它们只是有趣的遗迹，古怪但过时的想法。尽管在过去几十年里，组织行为学经历了显著发展并日趋成熟，但是许多基本问题仍未改变。事实上，有时让我们感到，这是一个对重要事物的了解越多而实际所知越少的领域。物理学定理和地心引力规律并不会随着知识模式和技术的进展而改变，同样人类基本的心理、文化和社会特征也不会变化。正如建造宇宙飞船需要从牛顿定律学起，在组织中工作的人必须从玛丽·帕克·弗洛特和切斯特·巴纳德这些20世纪30年代的作家学起。未来总是建立在过去的基础上。这就是本书的合理性所在——为那些寻求理解和/或推进组织行为的人提供一个合适场所，使他们能发现组织行为学过去的精华。曾经占据支配地位的有关组织的思想和见解也许离开了学术舞台的中心，但它们不会因此而消亡。它们的思考影响了后继的作者，即使他们可能不接受其基本假设和原则。尽管有些文章可能陈旧古老，但它们不会过时。经典之所以成为经典，是因为它们对新一代的每一个学生和实务工作者具有持续的价值。

组织原本就是社会和文化的一个部分，并在其中运作。人类行为，也就是组织行为，受到文化上的根本信念、价值、假设以及作用于组织生活所有方面的行为规范的深刻影响，因此，社会对组织中人的行为的思考途径不是在真空中发展的。它们反映出当代世界正在发生着的东西，因此，人们对组织行为的贡献会随着事物发生的地点和时间而改变，也会因不同的文化和亚文化而有所不同。第二次世界大战的出现，20 世纪 60 年代鼓吹爱情与和平的"嘻皮士"/反传统/自我发展时代，70 年代的计算机/信息社会，以及 80 年代来自日本工业的竞争性恐慌，所有这些都强烈地影响了我们对组织中人的思考和研究的演化进程。为了真实理解现存组织的行为，必须重视历史背景和文化氛围，由此才能认识蕴藏其中的组成本领域知识主要部分的重要贡献。为帮助读者弄清文献的历史背景，本书导论后的"组织行为学研究年表"对这个领域中最重要的事件和出版物进行了回顾。

挑选的标准

挑选这些特定文献进入组织行为学经典范围的标准有好几个。第一个标准就是要回答这个问题："一个严肃认真的组织行为学的学生能够认同这个作者及其基本主题吗？"如果回答为"是"，那么它就是经典文献了。将其他文章和作者排除在外而受批评是我们能够预料的事情，但是要诚恳批评我们所收录的文献就会困难得多，这些作者和所选择的经典片断是组织行为学领域的学生和研究者引用最广和重印最多的。我们觉得把少数可能重要的当代文章也包括在内是重要的，当然这些更新的文章并没有像 20 年前或 30 年前写的那些文章那样被广泛引用。因此，把它们包括在内就需要做出更加主观的判断。

第二个标准与第一个有关：每篇文章或书中的每一章必须做出一个基本的陈述，该陈述已在多年中获得一致的认同或反辩。所选的文章必须被认为是重要或有意义的，因此它必须已经成为（或即将成为）组织行为学领域根基的不可分割的组成部分。

第三个标准是文章必须具有可读性。幸运的是，这是一个相对容易满足的标准。大多数组织行为学文献是易懂和有趣的。但是，许多真正伟大的著作篇幅很长，在我们看来，常常远离他们的主要话题。结果，这些文章在本书中被缩略，但是唯一的编辑工作就是"删节"，但没有一句话被修改或增加。

本书的组织

本书根据组织行为学领域最重要的主题安排结构。每个主题包括的读物按照年代先后排列。作者对主题的选择及其出现的先后次序反映了他或她对该领域的概念框架。因此，一本书的内容和结构，隐含地表达了作者对这一领域的见解，本选集也不例外。本书的文献被分为6篇，反映了组织行为学文献中普遍深入的主题：

- 领导
- 激励
- 团队和群体中的个人
- 工作环境对个体的影响
- 权力和影响
- 组织的变革

行为科学理论的发展趋向于不断累积，但是几乎不能按照直线发展。有时，逐步积累的理论是通过采用先前理论家的逻辑和研究结果而完成的。用另外的例子来说，它是通过成功地尝试采用新的探究方向，对先前理论家的著作加以利用、剔除和修改。主题读物的年代次序应该能够帮助读者跟踪几十年中理论发展的一些重要进展和衰落。

与第二版的不同

本书第三版试图保留早期版本的特质。在介绍的水准、着眼点、目的或重点方面都没有什么改变。本书的范围扩展到本领域的重要发展，包括一直很复杂的综合的行为模型，该模型综合了学习理论、虚拟团队和网络工作组织，以及心理契约。

第三版的结构有些改变。在重要的心灵研究之后，我们将"团队工作和授权"与"群体和群体间行为"合并为一篇。新的一篇取名为"团队和群体中的个人"，其内容有了明显的改变。我们还决定，作为本书的开始章，"领导"比"激励"更好（在第二版中的第一篇是"激励"）。我们相信，这些改变使本书更为流畅和更具逻辑性，我们希望读者也这么认为。

许多曾经使用过先前版本的人要求我们，把本书的范围"更新"成能包括那些"使本书带入新千年"的文献。其他的评论者并不同意这样，他们敦促我们要抵挡住冒险将未经时间检验的新作品纳入其中的诱惑。第三版试图走不偏不倚的路线,既保留其中的经典,又能吸收少量新近的重要著作。例如,第三篇是有关工作团队和授权的,这是两个已经在过去15年中深刻影响组织行为学领域的主题。这些读物可能是更加新近的,因为在人力资源多样化(按照其最新的用法)或虚拟团队方面没有"更老的"文章。

根据各章的次序,从第二版删除和在第三版增加的内容列示如下:

第一篇　领导

从第二版删除的:

沃伦·G. 本尼斯,"为何领导者不能领导"(1990)

玛格丽特·J. 惠特利,"领导和新科学:探索一条领导组织的更简便途径"(1992)

第三版新增的:

丹尼尔·高尔曼,"何以造就领导人"(1998)

诺埃尔·M. 蒂奇、大卫·O. 乌里克,"领导力的挑战——对变革型领导者的呼唤"(1984)

马丁·M. 切默斯,"效力与效能:领导能力与才智的整合模型"(2002)

第二篇　激励

从第二版删除的:

艾德温·洛克,"理论上目标设定技术的普遍性和激励雇员的途径"(1978)

理查德·茂带,"对组织中行为的公平理论预测"(1983)

第三版新增的:

南希·H. 利奥纳德、劳拉·L. 博维亚斯和理查德·W. 肖勒,"工作激励:'自我意识动机'的引入"(1999)

艾德温·A. 洛克,"刺激和个性的协调因素——自定目标和自我效能感"(2001)

第三篇　团队和群体中的个人

从第二版删除的:

唐纳德·F. 罗伊,"香蕉时代:工作满意和非正式交互作用"(1960)

J. 理查德·哈克曼和戈雷格·R. 奥德汉,"为群体设计工作和为工作设计群体"(1980)

安·I. 密特鲁夫,"企业并非寻常:现在来建立未来的组织"(1987)

J. D. 奥斯本、L. 莫瑞恩、E. 麦赛尔怀特、J. H. 桑格和C. 波林,"自我导向的工作团队"(1990)

马文·R. 威斯宝,"转换团队工作:快速改变的世界中的工作关系"(1991)

大卫·E. 波文和爱德华·E. 劳勒,"授权给服务工作者:什么、为何、如何和何时?"(1992)

第三版新增的:

鲁斯·威格曼,"建立完美的自我管理团队所需的关键性成功要素"(1997)

杰西卡·里普纳克和杰弗里·斯坦普斯,"虚拟团队:工作的新途径"(1999)

第四篇 工作环境对个体的影响

从第二版删除的:

威廉姆·H. 怀特,"组织人:结论"(1956)

南茜·E. 贝尔和巴里·M. 斯陶,"作为雕塑家和作为雕塑的人:个性的作用和组织中的个人控制"(1989)

第三版新增的:

杰弗里·普费弗,"组织理论和管理中的结构观点"(1991)

丹尼斯·M. 卢索,"组织中的心理契约"(1999)

第五篇 权力和影响

从第二版删除的:

约翰·科特,"权力、依靠和有效管理"(1997)

第三版新增的:

杰弗里·普费弗,"用权力进行管理"(1992)

第六篇　组织的变革

从第二版删除的：

罗莎贝丝·莫斯·坎特,"文化体系和战略改变"(1983)

理查德·贝克哈德和温迪·普里查德,"关注努力:驱动变革的关键主题"(1992)

第三版新增的：

沃伦·G. 本尼斯,"变革:新的形而上学"(2000)

理查德·T. 帕斯卡尔,"丛林法则和新企业法则"(2001)

里勒斯·M. 布朗和巴里·波斯纳,"探索学习与领导能力之间的关系"(2001)

第二版和第三版最大的区别就是增加了两位新的合作编辑——桑德拉·J. 帕克斯和理查德·B. 辛普森。我们在一起合作要比单独一个人更能做好本文集的组织和编撰工作。这两位非常有才华的新同事为第三版带来了新思想、新见解、创造力和许多能量。

致　谢

许多人为我们汇集、编辑和撰写本书第三版提供了极其宝贵的见解和帮助。我们不愿罗列姓名,因为任何罗列都一定会疏漏某些应该得到认可的人。同样,过于简单的姓名列表是完全不恰当的感谢。然而,有些人是必须感谢的。第一位也是最重要的一位就是匹兹堡大学的杰伊·谢弗里兹。从很多方面讲,他就是本书的一部分。

我们非常高兴加利福尼亚大学圣塔克鲁兹分校的马丁·切默斯答应为本版撰写"前言之前言",并且他竭力要求我们保留弗雷德·菲德勒为本书第二版所写的"前言"。两个前言一起成为本书绝妙的序幕,并为组织行为学提供了有洞察力的介绍。我们感谢美国国际管理研究生院的约翰·赛波特多年来给予我们的才智上的刺激和友谊。我们感谢对本书第二版进行评论以及为了强化第三版的内容和结构而提供了极其有用的建议的三位学者:威斯康星大学的道格拉斯·埃罗科、西佛罗里达大学的卡·基顿和新墨西哥大学的马里奥·里维拉。斯蒂文·尼尔森提供了完全、准确和持久的帮助。汉森·科斯巴勒班在寻找文献方面给予了帮助。我们对失去三位宝贵的同事——特德·

赫伯特、温迪·莱斯和大卫·威廉姆斯表示深切的悲伤,在我们最需要的时候他们曾经始终给予我们支持、鼓励和建设性意见。

最后,我们想告诉读者的是,语言标准在一些文献中有明显的改变。根据现在的标准,许多具有男性至上与种族主义的术语和短语在 20 年前或 30 年前是很常用的。在可能的情况下,我们在编辑句子和段落时将攻击性语言从文章中剔除掉,但是,少量词汇和短语对于原文来说是实质性的,因此没有删除。

J. 史蒂文·奥特
桑德拉·J. 帕克斯
理查德·B. 辛普森
于渥太华大学

目 录

前言之前言/1

前言/1

序言/1

导论/1

组织行为学研究年表/10

第一篇　领导/23
   1　命令的下达/38
   2　执行人员的职能/45
   3　领导者生命周期理论/53
   4　权变模型：一种领导效能理论/64
   5　领导力的挑战——对变革型领导者的呼唤/76
   6　作为企业文化管理者的学习型领导/86
   7　何以造就领导人/97
   8　受到合理怀疑的领导能力/106
   9　效力与效能：领导能力与才智的整合模型/115

第二篇　激励/137
   10　霍桑实验/150
   11　人类激励理论/161
   12　企业中人性的一面/174

13　认知失调的激励作用/182

14　工作与激励/188

15　再论:如何激励员工?——不通过改善工作环境、加薪或任务重组/196

16　工作激励:"自我意识动机"的引入/205

17　刺激和个性的协调因素——自定目标和自我效能感/227

第三篇　团队和群体中的个人/241

18　群体间行为的基础和动力学/254

19　群体动力学的起源/264

20　关于群体动力学的群体间观点/276

21　组织中的文化多样性:群体间冲突/289

22　为什么团队能带来高绩效的组织/301

23　建立完美的自我管理团队所需的关键性成功要素/314

24　虚拟团队:工作的新途径/327

第四篇　工作环境对个体的影响/333

25　群体压力对判断扭曲和修正的效应/344

26　长壁采煤法的某些社会和心理后果:在有关社会结构及工作系统的技术内涵的工作群体中对心理情境和防卫的检验/353

27　官僚制结构和个性/363

28　群体思考:不顾一切达成共识/370

29　对工作效果的社会影响/378

30　组织理论和管理中的结构观点/391

31　组织中的心理契约/404

第五篇　权力和影响/423

32　权力:社会心理学中一个被忽略的变量/433

33　社会权力的基础/441

34　复杂组织中低级别参与者的权力来源/453

35　谁获得权力以及如何保持它:权力的战略权变模型/462

36　用权力进行管理/474

第六篇 组织的变革/479
  37 克服变革的阻力/493
  38 群体决策和社会变革/508
  39 干预理论及方法/514
  40 社会干预的道德规范:目标、方式和结果/519
  41 第五项修炼:学习型组织的艺术与实践/533
  42 变革:新的形而上学/542
  43 丛林法则和新企业法则/548
  44 探索学习与领导能力之间的关系/557

术语对照表/568

译者后记/581

导 论

组织行为学的定义

组织行为学是一门探究人在组织环境中的行动的学科。它考察的是人在组织环境中处理问题和机遇的方式。它会提出以下问题：
- 为什么人在组织中会有这样的行为？
- 人在组织中的行为在什么情况下会发生改变？
- 组织会对个人行为、正式组织(如部门)、非正式组织(如来自不同部门但固定在公司餐厅中碰面的人)产生怎样的影响？
- 为何同一组织中的不同群体会形成不同的行为规范？

个人、群体和他们的工作环境三者之间复杂的相互影响产生了组织行为。为了弄清这种相互影响，首先要明白一般意义上的人和组织的行为、组织和组织环境、组织中的人和群体的行为。

组织行为学至少有两种完全不同的含义，了解两者之间的区别非常重要。首先，组织行为学是研究人和群体在组织中的真实行为。为了弄清人在组织中的行为，组织行为学运用了行为科学的原理、方法和研究成果，特别是心理学、社会心理学、社会学、人类文化学，以及一定程度上的经济学、政治学的运用。然而，理解不是组织行为学的唯一目标，组织行为学的实践者运用知识、理解和行为科学的技术去尝试改进组织的功能，以及提高组织和组织成员之间需求的满意度。

虽然行为科学家对任何组织背景下人的行为都感兴趣，但他们一直主要关注的是工作场所的行为——一种与雇佣有关的行为。组织行为主要是指个人受到约束并且在与他们所属组织之间存在一种工作关系背景下的行为。个人和组织还存在其他类型的关系,这种关系并不像他们建立或终止雇佣关系那样自由。它通常包括:一种有组织的角色、一种阶级组织关系和一种不间断的、有目的的活动(虽然官方机构不一定批准这个目标)。

其次,组织行为学是众多组织运动的框架和观念之一。一种观点认为,组织变动是非常重要的,它必然会引起管理人员和组织研究学者的注意。另一种观点认为,组织行为是当人在观察一个组织时所看到,并且在试图改变或稳定一个组织时所采用的手段。但是这种观点不仅仅是一种观察和研究组织的方式,它也是一套基本的观念和标准。例如,这种观念和标准包括组织的基本目的、组织的基本生存权、组织和周围环境的关联性,以及对于组织行为学来说最重要的一点——工作中人与人之间的关系。

研究人员和从事管理工作的人一直热衷于关注组织中人的行为。但是,从人类尝试把人们组织起来到最近几十年前,关于人在工作中行为的基本假设从未发生过根本的改变。雨果·闵斯特伯格(1863—1916)是一位出身于德国的心理学家,他晚年在哈佛大学的研究工作使他获得了工业或应用心理学之父的称誉。他是将实验室中得到的心理学研究成果运用到实践中去的先驱。他探寻将雇员的能力与公司的需要相匹配,以便积极地影响雇员对工作、公司的态度,同时弄清楚心理状况对雇员生产效率的影响。闵斯特伯格所使用的方法,成为了在20世纪50年代行为科学如何被很好地运用到组织中去的典型。在第二次世界大战期间及其后,军队特别热衷于进行和发起如何能够挑选和培养他们所需要的人的研究。这就是众所周知的工业心理学,近来又被称为工业组织心理学。

与雨果·闵斯特伯格对组织行为的观点不同,"现代培育"派应用行为科学家集中关注了如何回答诸如组织是如何以及应怎样引导和鼓励其成员发展或成长这样的问题。在他们看来,组织的创造性、灵活性和成长性将自然地来自于雇员的增长和发展。组织与其成员之间的关系在本质上是在从依赖到相互依赖的过程中不断调整的。组织成员被当成或高于组织本身。20世纪60年代和70年代的组织行为学方法和技术不可能在闵斯特伯格的时代得到运用,因为那时人们并不相信(假定)相互依赖是组织与其雇员间的"正确"关系。所有这一切都是由看法而引起的。

虽然管理人员和研究人员在很长一段时间内一直把关注点放在组织中人的行为上,但是大约在1957年,当我们将组织和雇员之间相互关系的基本假设真正发生改变时,组织行为学的观点才开始出现。那些采用组织行为学的观点来观察组织中的人,将其关注的焦点放到了雇员、群体和他们相互之间的

关系以及组织环境上。例如,当组织行为主义者关注一种新技术的介绍时,他们立刻开始考虑以下的一些问题:

- 在设计这种改变的介绍中,如何把包括在其中各种水平的人的恐惧感降至最低?
- 如何使这种改变对工人群体(如年老者、缺少技能的人、年少者)的负面影响最小化?
- 如何增选非正式领导人,特别是那些可能会成为反对者的人?
- 对那些仍然坚持自己个人目标而不愿看到改变的雇佣者,如何考虑他们的替代人选?

因为组织行为学对作为个体的人有很高的标准,做事情时都是公开、公正的,并向雇佣者提供尽可能多的准确信息,以便雇佣者能自由地对自己的未来做出明智的选择 (Argyris, 1970)。

但是,同样还有其他的观点,每种观点都有它自己的假设、标准和工具——例如,用以探索组织改变和稳定的途径(Shafritz & Ott, 2001)。系统的观点主要是关注一个组织的信息系统和它的决策过程等(Kast & Rosenzweig, 1970; Thompson, 1967)。结构观点强调的是组织结构安排、结构中的工作组织、维持规则的程序和法规(Blau & Scott, 1962; Burns & Stalker, 1961; Mintzberg, 1979)。权力观点更关心的是管理冲突及构建、维护、使用联合的权力关系特征(Kotter, 1985; Pfeffer, 1981, 1992; Salancik & Pfeffer, 1977)。

因此,组织行为学作为一种组织理论的观点,是观察和思考组织和人的方法之一。它通过一系列关于人、组织、相互关系、原动力以及它们彼此之间的紧张状态的假设来做出界定。组织行为学的第二种含义,常常是指人的关系或人力资源学派(观点)或组织理论框架。为了清楚地区别并避免混淆这两种含义,在本书中使用的"组织行为"这个词,指在特定的组织及其周围的人或群体的行为。为了加以区别,组织行为观点或人类关系观点是指反映关于雇员的基本管理假设的学派或组织理论观,类似于道格拉斯·麦吉戈系统阐述的X理论和Y理论(参见第二篇)。

组织行为学牢固地建立在理论和经验研究的基础之上。它运用通常意义上有关人和群体行为以及社会组织和特定组织中的人的原理、方法和研究成果。这些原理、方法和研究成果来源于长期建立的行为科学规律之中。其他任何一种组织观点从来都没有这样一笔可以任意支配的研究财富。

因为非组织行为会影响组织中的行为,所以很难区分组织行为和非组织行为,反之亦然。然而,通常意义上说,只要是与组织动机相联系的行为,或是增强组织功能或与组织目标相关联的行为,我们就可以认为是组织行为。

有关人类行为的假设,对于理解组织中管理者和工人之间的相互影响是非常重要的。有关组织的每一种观点都有自己不同的原则和假设。表1列出了现代结构观点和组织行为观点各自的原则[如 Bolman & Deal(1997)系统描述的那样)][1],强调了它们之间的差异以及这种差异如何导致了这两种学派各方面的不同。

假设高于信念或价值观,它们是给定的或被坚信为真理,以至于不再被质疑,甚至都不应经常去思考它们。对于观点的信仰、真理、价值和行为方式来说,假设是它们的基础和理由(Sathe,1985)。

闵斯特伯格是一位早期的工业组织心理学家,他的假设一直持续到20世纪50年代。他假设人们只有满足组织的需求才能适应组织的需要。因此,在古典组织理论阶段——从19世纪末到20世纪40年代,应用行为科学中组织的作用主要是帮助组织寻找和培养雇员,作为组织机器中的补充部分。但是在组织行为学占主导地位的理论家就是德雷克·温斯洛·泰勒及其科学管理原理学派的弟子们,以及马克斯·韦伯——一位官僚研究方面的杰出理论家(Shafritz & Ott,2001)。

表1　　　　　现代结构观原则和组织行为观原则

现代结构观	组织行为观
组织是一个其首要任务为完成既定目标的合理机构。合理的组织形式是通过明确的规则和正式的权力而形成的。组织的控制和协调是维护组织合理性的关键。	组织是为满足人的需要而存在的。
对任何组织来说,根据既定的目标,都会存在一种最好的结构。	组织和人是相互需要的。组织需要人提供主意、能力和才干;人需要组织提供职位、薪水和工作机会。
专业化和分工提高了产品的数量和质量,特别是在高技术水平的生产行业里。	当个人和组织彼此不适应时,其中之一或两者就会感到痛苦。个人将会被剥削或尝试剥削组织,或者两者都会存在。
组织中的大多数问题都源于结构的缺陷,但可以通过改变结构来解决(pp.48,49)。	当个人和组织相适应时,两者都会受益。如果组织向个人提供了完成组织目标所需要的资源,那么个人就可以做出有意义的、令人满意的工作(pp.102,103)。

资料来源:引自 Lee G. Bolman and Terrence E. Deal(1997). *Reframing Organizations*, 2nd ed. San Francisco:Jossey-Bass.

---

[1] 鲍曼和迪尔(1997)采用了"人力资源框架"和"结构框架"的标签。

虽然工业组织心理学家闵斯特伯格的论点为组织行为学提供了早期的背景材料,但它更重要的还是与应用心理学相联系。使组织行为学成为有意识的研究领域的事件之一,是埃尔顿·梅奥于1927年在美国西方电器公司霍桑工厂开始进行的实验(Mayo,1933;Roethlisberger & Dixon,1939)。其他三个有意义的思路或人员也指出了20世纪50年代社会心理学研究和实践的多种方向(Haire,1954)。

1. 20世纪30年代末科特·莱温在群体动力学上的贡献、李比特(群体氛围和领导主旨)和巴弗拉斯(作为团体问题的领导)的重要贡献。

2. 雅各布·莫雷诺关于社会测量(人在群体中的关系网)和社会戏剧(角色的扮演)的著作。

3. 在第二次世界大战期间,随着工业的迅速发展和政府乐于向社会心理学家求助,出现了社会学家担当起一种明显有别于内容顾问的(过程)顾问角色的趋势。

在早期,工业社会心理学家在兴趣与假设方面明显区别于工业组织心理学家。工业组织心理学家主要致力于解决组织的问题(如挑选适合工作岗位的人);而工业社会心理学家则进一步发展了对工作设置的心理定义(不是制度上或技术上)的早期关注。在这方面,梅奥和他的合作者所从事的霍桑实验是一个非常杰出的贡献。

再者,工业组织心理学家所使用的手段和方式与梅奥、罗特利斯伯格和他们的同伴在霍桑工厂所做的实验之间的差别就在于他们的假设不同。工业组织心理学家采用古典组织理论的假设并形成了符合他们所信奉的理论的领域:

1. 组织的存在是为了完成与生产有关的经济目标。

2. 存在一种最好的可以通过系统、科学的求证方法而获得的生产组织方式(在此处,也指系统的、科学的、心理学的求证)。

3. 专业化和分工可以实现产出最大化。

4. 人和组织依照合理的经济原则而行动。

我们应该注意到,如同工业组织心理学团队那样,梅奥的研究小组是从试图满足符合古典主义组织理论模型的角度开始工作的。这个小组提出了在语言和观念方面工业习惯使用的、观察和解释与生产率有关的因素的问题,例如,光线总量、原料流动比率、替代性的薪金支付计划等。梅奥的研究小组仅仅是在它重新把霍桑问题作为社会心理问题进行定义后,才成功地在理解上获得有意义的突破。这些问题被概念化为以下的术语:团队中的人际关系、团队标准、自我环境控制和个人认识。在获得这种突破后,梅奥的研究小组变成了组织行为领域和组织中的人际观点的先驱者。霍桑实验建立在一系列假设之上,这些假设在十年之后才完全成为系统的整体并取代了古典组织理论的假设。

尽管工业社会心理学家开始研究的时间较晚,但他们领悟到,不能仅仅把行为当作一种组织现象或者仅仅从组织优势观来理解或控制组织行为,这要领先于工业心理学家好几年。组织不能被操纵或被用来改变作为自变量的行为,虽然组织支付雇员工资以帮助组织实现目标。相反,组织必须被看成是行为发生的环境。它既是自变量,又是因变量。组织影响人类的行为,如同行为塑造了组织。这种相互作用使得工作、人际交流、工作团队中的相互影响和对于参与个人工作、角色、领导角色决策有关的影响变得概念化。

1957~1960年间,组织行为观完全登上了舞台。在1957年4月9日,道格拉斯·麦吉戈在麻省理工学院对工业管理学派发表了第十五次年会演讲。他演讲的题目是"人类事业观"。麦吉戈三年后把他的演说扩充成为组织行为和组织理论中最具影响力的书籍之一,在这本1960年出版的《人类事业观》中,麦吉戈系统地阐述了关于雇佣者的管理假设成为自我表现实现的预言。他把这两种相对比的假设命名为X理论和Y理论,但是它们仅仅是理论。麦吉戈还系统地阐述了组织行为观的基本假设。

组织行为观是所有组织理论中最乐观的一种观点。建立在道格拉斯·麦吉戈X理论和Y理论之上的组织行为学假设提出:人和组织在合适的环境中可以共同成长和繁荣。人类的终极价值是人类关系运动的首要价值(一种有价值的自身终结),而不仅仅是为了得到更高级别组织终结的手段或过程。个人和组织不一定是对手。管理者能够学会释放以前被压抑的能量和创造性。组织行为学者所信奉的信念、价值和教条是壮丽的、向上的和令人振奋的。它们给人类特别是那些在组织中奋斗终生的人带来了希望。

当期望建立在一系列非常乐观和人性化的假设与标准之上时,组织行为学的策略就变得相当规范。对于众多20世纪60、70、80年代的组织行为实践者来说,这种观点的假设和方法变成了一种目的。本书传达了积极的教条和标准,并系统阐述了符合逻辑的、线性的原因。组织行为观把这种原因变成一种事实上的运动。在我们看来,这就是组织行为学的实质。

当我们从20世纪90年代进入到21世纪,组织行为学仍然保持了它中肯、有活力和乐观的观点。对于我们这些从事组织行为学研究、写作和实践的人来说,新世纪是一个令人振奋的时代。组织行为学一如既往地包含了各学科的贡献。它包括社会行为科学、健康生物科学,以及商业、社会工作、机械和计算机科学等专业学派的贡献。当组织行为学认识到电子信息时代、新的雇佣关系、改革的积极性和消极结果——国际化或全球化对组织的影响时,有意义的工作将会出现。

我们现在都意识到了全球的不稳定性、经济的飞速发展、市场的循环、快速增长的统计人口和保持上升的经济增长率。随着世界的改变,研究人员将会被迫去研究那些可能影响到组织优越性的新的模型、理论和策略。作为一个团体、组织、组织网络,我们共同的最重要挑战就是,不断提高能力去适应领导关系的改变并满足重要组织成果的需要。

用交响乐团作比喻

在每一章的开始,我们都使用一个比喻(一支交响乐队)来说明给生活带来活力特征的理论和观点。这些简洁的花边小文强调了出现在组织行为领域的财富、美丽和复杂性。当你从第一篇文章读到最后一篇文章时,我们希望这支"乐队"能够帮助你感受到对这些经典读物作了独特补充的艺术效果并给生活带来不断前进的故事。当你在章节中前进时,你也可以去思考并创造你自己的比喻,这可能是一种令人愉快的学习经验。

参考文献

Alderfer, C. P. (1972). *Existence, relatedness, and growth: Human needs in organizational settings*. New York: Free Press.

Allport, G. W. (1954). The historical background of modern social psychology. In G. Lindzey (Ed.), *Handbook of social psychology: Volume II: Special fields and applications* (pp. 3—56). Reading, MA: Addison-Wesley.

Argyris, C. (1970). *Intervention theory and method*. Reading, MA: Addison-Wesley.

Bell, D. (1956). *Work and its discontents*. Boston: Beacon Press.

Bennis, W. G. (1976). *The unconscious conspiracy: Why leaders can't lead*. New York: AMACOM.

Berelson, B., & Steiner, G. A. (1964). *Human behavior: An inventory of scientific findings*. New York: Harcourt, Brace & World.

Blau, P. M., & Scott, W. R. (1962). *Formal organizations: A comparative approach*. San Francisco: Chandler Publishing.

Bolman, L. G. & Deal, T. E. (1997). *Reframing organizations: Artistry, choice, and leadership* (2d ed.). San Francisco: Jossey-Bass.

Burns, T., & Stalker, G. M. (1961). *The management of innovation*. London, UK: Tavistock Publications.

Cohen, A. R. , Finks, S. L. , Gadon, H. , & Willits, R. D. (1984). *Effective behavior in organizations* (3d ed.). Homewood, IL: Richard D. Irwin.

Dunham, R. B. (1984). *Organizational behavior*. Homewood, IL: Richard D. Irwin.

Gantt, H. L. (1908). Training workmen in habits of industry and cooperation. Paper presented to the American Society of Mechanical Engineers.

George, C. S. Jr. (1972). *The history of management thought* (2d ed.). Englewood Cliffs, NJ: Prentice-Hall.

Haire, M. (1954). Industrial social psychology. In G. Lindzey(Ed.), *Handbook of social psychology: Volume II: Special fields and applications* (pp. 1104—1123). Reading, MA: Addison-Wesley.

Hampton, D. R. , Summer, C. E. & Webber, R. A. (1987). *Organizational behavior and the practice of management* (5th ed.). Glenview, IL: Scott, Foresman and Company.

Hersey, P. & Blanchard, K. H. (1982). *Management of organizational behavior: Utilizing human resources* (4th ed.). Englewood Cliffs, NJ: Prentice-Hall.

Kast, F. E. , & Rosenzweig, J. E. (1970). *Organization and management: A systems approach*. New York: McGraw-Hill.

Kotter, J. P. (1985). *Power and influence: Beyond formal authority*. New York: Free Press.

Kuhn, T. S. (1970). *The structure of scientific revolutions* (2d ed. , enlarged). Chicago: University of Chicago Press.

Lewin, K. (1947). Frontiers in group dynamics: Concept, method and reality in social science: Social equilibrium and social change. *Human Relations*, 1, 5—41.

Lewin, K. (1948). *Resolving social conflicts*. New York: Harper.

Luthans, F. (1972). *Contemporary readings in organizational behavior*. New York: McGraw-Hill.

Mayo, G. E. (1933). *The human problems of an industrial civilization*. Boston: Harvard Business School, Division of Research.

McClelland, D. C. (1962). Business drive and national achievement. *Harvard Business Review*, July-August, 99—112.

McGregor, D. M. (1957, April) The human side of enterprise. Address to the Fifth Anniversary Convocation of the School of Industrial Management, Massachusetts Institute of Technology. In *Adventure in thought and action*. Cambridge, MA: M. I. T. School of Industrial Management, 1957. Reprinted in W. G. Bennis, E. H. Schein, & C. McGregor(eds.)(1966). *Leadership and motiva-*

tion:Essays of Douglas McGregor (pp. 3—20). Cambridge. MA: The M. I. T. Press.

McGregor, D. M. (1960). *The human side of enterprise*. New York: McGraw-Hill.

Mintzberg, H. (1979). *The structuring of organizations*. Englewood Cliffs, NJ: Prentice-Hall.

Münsterberg, H. (1913). *Psychology and industrial efficiency*. Boston: Houghton Mifflin.

Münsterberg, M. (1922). *Hugo Münsterberg, his life and work*. New York: D. Appleton and Company.

Organ, D. W. , &Bateman, T. (1986). *Organizational behavior: An applied psychological approach* (3d ed.). Plano, TX: Business Publications.

Pfeffer, J. (1981). *Power in organizations*. Boston: Pitman Publishing.

Pfeffer, J. (1992). *Managing with power: Politics and influence in organizations*. Boston: Harvard Business School Press.

Reitz, H. J. (1987). *Behavior in organizations* (3d ed.). Homewood, IL: Richard D. Irwin.

Roethlisberger, F. J. , & Dixon, W. J. (1939). *Management and the worker*. Cambridge, MA: Harvard University Press.

Salancik, G. R. , &Pfeffer, J. (1977). Who gets power and how they hold on to it: A strategic-contingency model of power. *Organizational Dynamics*, 5, 2—21.

Sathe, V. (1985). *Culture and related corporate realities*. Homewood, IL: Richard D. Irwin.

Shafritz, J. M. , &Ott, J. S. (2001). *Classics of organization theory* (5th ed.). Fort Worth, TX: Harcourt College.

Taylor, F. W. (1911). *The principles of scientific management*. New York: W. W. Norton.

Thompson, J. D. (1967). *Organizations in action*. New York: McGraw-Hill.

Weber, M. (1992). Bureaucracy. In H. Gerth & C. W. Mills (Eds.). *Max Weber: Essays in sociology*. Oxford, UK: Oxford University Press.

Wilson, J. A. (1951). *The culture of ancient Egypt*. Chicago: University of Chicago Press.

Wren, D. A. (1972). *The evolution of management thought*. New York: Ronald Press.

组织行为学研究年表

公元前 2100 年	巴比伦的国王汉谟拉比,确立了一项由 282 条法规构成的书面规范,以控制巴比伦人生活的各个方面,其中包括个体行为、人际关系和其他的社会事务。这可能是最早的员工政策手册。
公元前 1750 年	古埃及人在建造金字塔时给每个监工分配了 10 名工人。这可能是最早有记载的对控制幅度概念的运用。
公元前 1491 年	出埃及时,摩西的岳父约瑟罗敦促摩西沿着等级链给以色列部落授权。
公元前 525 年	孔子认为,服从组织(政府)是最"可敬的公民目标"。这成了职权系统合理化的基本依据。
1200 年	中世纪欧洲行会发挥了质量圈的作用,以确保精制的手艺。
1490 年	约翰·卡尔文(新教宗教改革者)提出了量才录用的制度,答应给予"从事上帝的工作的忠诚者在天堂中永恒的生命",清教徒运动引出了时间管理概念、工作责任和激励理论。浪费时间被看作是"最致命的罪恶"。
1527 年	马基雅维里的《君主论》给管理人员提供了在组织中组建独裁结构的可行劝告。他的理由是"所有的人都是坏人,时刻准备着表现出他们邪恶的本性"。
1651 年	在托马斯·霍布斯的《极权论》中,他鼓吹高度集权的领导是给"由人所制造的混乱带来秩序"的手段。他为独裁统治提供了辩护,从而为整个 19 世纪确立了一种组织模式。
1690 年	在约翰·洛克的《政府的两个条约》一书中,他为美国的独立宣言提供了合理化的哲学框架。实际上,洛克认为领导是由被统治者赋予的,从而提出了参与管理的思想。
1762 年	让·雅克·卢梭在《社会契约论》一书中提出,当政府是由被统治者选择和控制时,这样的政府工作最有效。这个概念进一步深化了参与管理的思想。
1776 年	亚当·斯密在《国富论》中彻底改革了经济和组织思想,提出在工厂中劳动力和设备要集中利用,要对专业性劳动力进行分工,并在工厂中实行专业化管理。
1800 年	在英国,罗布克和盖里特公司通过把工厂只置于工人被看到是"可靠、忠诚和可控制"的地方,以追求维护组织的和谐。
1811 年	卢德派,英国纺织厂的工人们,试图捣毁正在取代他们的新纺机。这是管理当局准备组织变革的早期例子。
1812 年	在罗伯特·欧文的"对工厂负责人的讲话"中,他鼓励管理人员要对他们"有生命的机器"(员工)给予同"无生命的机器"一样的关注。
1832 年	在最早的管理教科书《厂主助手的计分和纺纱》及《棉纺工人手册》中,詹姆斯·蒙特高利提出了管理的控制职能:管理人员必须"公正和公平,坚定和果断,总是尽量避免而不是找出员工的错误"。
1883 年	弗雷德里克·W.泰勒开始在米德维尔和伯利恒钢铁厂做试验,最终提出了科学管理的思想。

1902年	维弗雷多·帕累托成为"社会系统"概念之父。他的社会概念后来被艾尔顿·梅奥及人际关系学派应用于组织框架内。
1903年	弗雷德里克·W.泰勒所著的《工厂管理》一书解释了管理当局在激励工人避免"磨洋工"——人们"偷懒"的自然倾向中的角色。
1909年	"组织心理学之父"雨果·闵斯特伯格写下了"市场与心理学"一文,他告诫管理人员要关注"所有的精神问题,如疲劳、单调、兴趣、学习、工作满意度和报酬等"。他是第一个鼓励在工业心理学领域从事政府资助研究的人。
1911年	弗雷德里克·W.泰勒的《科学管理原理》一书调查了工资、机器设计和工作布局对个体工作绩效的影响,以找到完成给定任务的"最佳方法"。
	沃尔特·D.斯考特的系列论文"企业心理学"在《系统》杂志上发表,这是最早把心理学原理应用于工作地的激励和生产效率上。
1912年	爱德沃德·卡德布利利用他的巧克力工厂做试验,在他的《工业组织的实验》一书中对工业心理学领域进行了探索。
1913年	雨果·闵斯特伯格的《心理学和工业效率》一书强调人事选拔、设备设计、产品包装和其他的一些考虑,试图使"最好的人"与"最好的工作"相匹配以达到"最佳的可能效果"。
	莉莲·M.吉尔布雷斯的"管理心理学"发表在《工业工程》杂志上,成为对理解工业环境中的人类行为做出贡献的最早著作之一。
1924年	作为一个合作项目,国家研究委员会、麻省理工学院和哈佛大学开始在芝加哥西方电器公司下属的霍桑工厂中对群体行为和工人的情绪进行调查。
	艾尔顿·梅奥在《泰勒社会手册》上发表的"工业心理学基础"中解释说,短暂的工作休息可以改善工人的积极性、降低员工的离职率。这个概念支持了工作地的"社会环境"的重要性。
1926年	玛丽·帕克·福利特的文章"命令的下达",是要求运用参与型领导风格的最早呼吁之一,即员工与雇主共同合作,一起审查环境,共同决定该做什么。
1933年	艾尔顿·梅奥在他的题为"工业文化中的人性问题"的霍桑实验中期报告中,首次提出了人际关系运动的重要号召。
1937年	组建美国应用心理学学会以研究工业和组织心理学。
	沃特·兰格出版了《心理学和人类生活》一书,首次对人类的需要、个性的压制和统一,以及它们在工作地的运用进行了重要的探讨。
1938年	切斯特·I.巴纳德所著《管理人员的职能》一书,提出了管理人员的目标是在组织和工人的需要间取得平衡。这鼓舞和预示着战后对组织行为思考的革命。
1939年	库尔特·卢因、罗纳德·利皮特和拉尔夫·怀特的文章"在实验性创建的社会氛围中的进取性行为的模式"发表在《社会心理学》杂志上,这是第一份有关各种领导风格的效果的实证研究。他们的这项工作成了参与管理技术普及化的基础。
	F.J.罗特利斯伯格和W.J.迪克荪出版了《管理和工人》——霍桑实验的最终成果。
1940年	罗伯特·莫尔顿在《社会力量》上的论文"官僚结构和个性"中解释了官僚结构如何对人施加压力,使之屈从于职责要求,最终导致人们盲目服从,严守规则。

1942 年	卡尔·罗杰斯的《咨询和精神疗法》为人际关系训练提供了克服沟通障碍的方法,以提高人际技能。这些技能导致"通过领导而非强制来实施控制"。
1943 年	亚伯拉罕·马斯洛的需求层次论首次出现在《心理学评论》中:"一种人类激励的理论。"
1945 年	库尔特·卢因在麻省理工学院创建了群体动力学研究中心,以从事群体行为的实验。1948年,勒温的研究中心转移到密歇根大学,成为社会研究学院的一个分部。
1946 年	伦西斯·利克特发展了密歇根大学的社会研究学院,开展社会科学领域的研究。
1947 年	应用行为科学国家培训实验学院的前身——群体发展国家培训实验室,在缅因州的贝瑟尔成立,从事群体行为的实验和培训。
1948 年	在《人际关系》杂志上的"克服变革阻力"一文中,列斯特·考科和约翰·R.P. 小福兰指出,当把变革的需要向员工做有效的沟通并且员工们也参与了变革的计划时,员工对变革的阻力就会减小。
	肯尼斯·D. 本尼和保罗·希司的文章"群体成员的职能角色"发表在《社会问题》杂志上,提出了三种群体角色类型:群体任务、群体建设和维护、不参与。这成为未来领导研究和培训计划的基础。
1949 年	在诺顿·朗发表在《公共管理评论》杂志上的文章"权力和管理"中,他发现权力是管理的生命线,管理人员的工作远不只是在解决问题时应用科学的方法,他们还必须获得、维护和增加他们的权力,不然就有可能无法完成他们的使命。
	"行为科学"这个术语是福特基金会在描述它对社会科学领域中交叉学科研究的资金赞助时首次提出使用的,以后被一群芝加哥大学的科学家在寻求这样的资助时所采用。
1950 年	拉尔夫·M. 斯托格迪尔在他发表在《心理学手册》上的论文"领导、成员和组织"中,指出了在影响群体朝着目标设定和目标实现做出努力过程中领导角色的重要性。他的思想逐渐成为现代领导学的基础。
1951 年	亚力克斯·巴维拉斯和德莫特·巴雷特的文章"组织沟通的实验方法"发表在《人事》杂志上,提出组织的有效性是建立在信息的可得性上的,而沟通是"导致所有其他职能发挥作用的基本过程"。
	艾里克·特里斯特和 K. W. 班福斯对英国矿工的社会技术系统的先驱性的研究——"长壁采煤法的社会和心理后果",显示了新的结构和技术系统的引入会破坏重要的社会系统。
	所罗门·阿什的"群体压力对判断修正和扭曲的影响"描述了他所做的实验,揭示出相当数量的少数派成员会改变他们的判断以与多数派保持一致,即使事实清楚地显示出多数派是错误的。
	库尔特·卢因在他的"社会科学学科理论"一文中提出变革的一般模型包括三个阶段:解冻、变革和再冻结。这个模型成为组织发展的概念性框架。
1953 年	在多温·卡特赖特向社会问题心理研究学会所作的题为"权力:社会心理学中被忽略的变量"的演讲中,把领导和社会角色、公众舆论、谣言、宣传、偏见、态度改变、士气、沟通、种族关系和价值观的冲突,看作是离开权力就无法理解的最主要的社会问题。

1954年	彼得·F.德鲁克的《管理实践》一书提出了他著名的目标管理(MBO)方法：一种管理当局可以给予"个体全面的权力和责任,同时给予远景和努力的指导,建立团队,协调个体目标的方法"。
	巴纳德·M.巴斯发表在《心理学手册》上的文章"领导者群体论"中提出了领导者培训计划,通过这种计划使领导者从群体任务中脱颖而出,而非通过选择机制。
	爱德加·F.博加塔、罗伯特·F.巴利斯和阿瑟·S.考什发表在《美国心理学评论》上的文章"与领导的伟人理论相关的一些发现",提出了作为识别个体的领导能力方法的领导者评价中心的概念。
1955年	阿瑟·H.布雷菲尔德和沃特·H.克劳克特发表在《心理学手册》上的文章"员工态度和员工绩效",声称工作满意度对工人的绩效没有直接的影响。换言之,快乐的工人未必是好工人。
	威廉·H.小瓦特的《组织人》描述了关于接受组织价值观和服从所有政策而感到和谐的个体的实验发现。
1957年	克里斯·阿吉利斯在他的第一本重要著作《人格和组织》中断言,成年人的人格与现代组织的需要之间有着内在固有的冲突。
	菲利普·塞尔兹尼克在《行政管理中的领导》一书中,预言了20世纪80年代所谓的变革型领导,他断言制度型领导的职能就是帮助塑造制度运作的环境,并通过招聘、培训和谈判来指明新的制度方向。
	第一个组织发展(OD)计划由赫伯特·施帕德和罗伯特·布莱克设计,并在(埃索)标准石油公司实施。
	4月9日,道格拉斯·M.麦吉戈在麻省理工学院下属的工业管理学院五周年庆典上作演讲,其演讲稿"企业中人性的一面"在1960年扩展成同名书籍。
	利昂·费斯廷格的《认知失调理论》提出失调是人类行为的激励剂。
	阿尔文·W.古德纳发表在《管理科学季刊》上的研究"世界主义还是本土化:对隐藏的社会角色的分析",发现角色不同的人在他们的影响能力程度、组织中的参与程度、接受组织规则的意愿和工作中的非正式关系上都是不同的。
1958年	罗伯特·坦南鲍姆和沃伦·H.施米特发表在《哈佛商业评论》上的文章"如何选择一种领导模式",描述了"民主式管理",并提出了从独裁到民主的领导连续流。
	詹姆斯·G.马赫和赫伯特·西蒙所著的《组织》,对行为科学对组织理论的影响做了概括。
	认知失调理论之父利昂·费斯廷格,写出了"认知失调的激励效应",成为"激励的不公平理论"的理论基础。
1959年	约翰·R.P.福兰克和波特拉姆·拉文在他们的论文"社会权力的基础"中,提出了五种权力基础(专长、参照、奖励、合法和强制)。他们认为管理人员不能仅仅依赖强制权和专长权,因为它们是无效的。
	赫兹伯格、莫斯纳和斯尼德曼的《对工作的激励》,提出了对工人进行激励的激励保健理论。
	在《现代组织理论》中,塞尔特和马赫所写的一章"组织目标的行为理论",提出权力和政治对组织目标的形成有影响。他们的著作是权力和政治学派的先驱。

1960年	赫伯特·考夫曼的《丛林看护人》,描述了组织和职业的社会化努力如何促使员工一致性的提高。
	唐纳德·F.劳伊发表在《人类组织》上的研究"香蕉时间:工作满意度和非正式交往",发现从事单调工作的工人可以通过非正式交往消除心理疾病。他们通过一种不停顿的、有固定模式的交谈和开玩笑来避免自己成为"怪人"。
	道格拉斯·M.麦吉戈的《企业中人性的一面》提出了组织行为理论的基本假设,成为组织行为和组织理论领域最有影响力的著作。
1961年	波恩斯和斯托克的《创新管理》鼓吹一种领导的权变模型,提出在不同的环境下需要不同类型的管理系统。
	兰瑟斯·利克特的管理新模式为参与管理和组织发展技术提供了实证依据。
1962年	阿诺德·S.坦南鲍姆发表在《管理科学季刊》上的文章"组织中的控制:个体调整和组织绩效",解释了在组织中广泛地分配控制职能有助于鼓励成员的参与和对群体规范的服从。
	大卫·梅凯尼克发表在《管理科学季刊》上的文章"复杂组织中低度参与者的权力来源",探讨了组织中低层次参与者的权力构成要素。
	罗伯特·L.卡恩和丹尼尔·卡兹在"从生产率和士气的角度看领导实践"一文中,提出了对组织群体的生产率和士气水平有影响的上司的角色、监督的距离、支持的质量和群体凝聚力的强度等有关的发现。
	在"权力的概念和人的概念"一文中,梅森·海尔追溯了从国家到组织性所有者的组织性权威的最终来源上的变革,并预言最终将向工作群体的权威转变。
	罗伯特·普雷萨斯的著作《组织社会》提出了他对组织成员类型的三层分类法:向上运动者,即那些把组织的目标和价值观作为自己的目标和价值观的接受者;冷淡者,即那些拒绝组织的价值观而从工作中寻找自身满意感的人;矛盾者,即那些不能服从组织的需要但仍想得到报酬的人。
	布劳和斯考特写下了《正式组织:一种比较方法》,提出所有组织既是正式结构也是非正式结构,如果不首先理解组织的非正式结构,也就无法理解其正式结构。
	大卫·麦克利兰在他的文章"企业动机和国家成就"中,发展了已学到的需要理论,认为激励是与可通过文化和社会获得的学习的概念紧密联系的。这些需要包括成就需要、归属需要和权力需要。当一种需要非常强烈时,就能激励个人以满足其需要的方式行事。
1964年	被称为交易分析(TA)之父的艾里克·伯尼在他的著作《人们所玩的游戏:人际关系心理学》中,提出了三种自我状态:家长、成人和儿童。他认为,成功的管理者应努力追求成人—成人关系。
	罗伯特·布莱克、赫伯·施帕德和詹妮·S.穆顿在《管理工业中的群体间冲突》中断言,组织中两个成员的相互行为取决于三个要素:正式角色的要求、他们的培训和经验背景,以及他们对自己在组织中作为特定群体代表角色的认识。
	罗伯特·布莱克和詹妮·穆顿所著《管理网:通过人来完成生产的关键导向》,是一种诊断领导发展计划的方法,在对人和生产的管理假设基础上提供了一种领导风格的可能性网络。

1964 年	维克托·弗罗姆在"工作和激励"中提出了一种以期望理论而著名的个体激励的过程型方法。他把激励解释为个体在众多自愿性活动中做出选择的过程。弗罗姆认为,人们对结果有着自己的偏好,而期望值就是对某种特定行为导致的结果产生的可能性的判断。
1965 年	罗伯特·L. 卡恩的《组织压力》是对组织角色冲突及其模糊性的心理健康结果最早的重要研究。
	詹姆斯·G. 马奇筹备了《组织手册》,这是一本试图集中所有组织和组织行为方面的科学知识的论文集。
1966 年	《思考》杂志发表了大卫·麦克利兰的文章"哪个促进成就",该文提出了两群人:多数者群体,即那些不关心成就的人;少数者群体,即应对成就机会挑战的人。这种提法成为未来激励研究的基本前提。
	丹尼尔·卡兹和罗伯特·L. 卡恩所著的《组织社会心理学》,试图用开放系统理论来统一组织行为学领域的行为科学发现。
	弗雷德·菲德勒在"权变模型:领导有效性理论"一文中,提出组织不应试图通过改换领导来适应组织;相反,应改变他们的环境来适应领导者的风格。
	沃伦·本尼斯在他的著作《变革中的组织》中的一章"把行为科学应用于有计划的组织变革"中,提出了有计划的变革是连接理论和实践的桥梁,也是促使变革代理人和顾客系统共同解决问题的思考和合作过程。
1967 年	沃伦·本尼斯发表在《人事管理》上的文章"未来的组织",认为由于快速和不可预料的变化、组织规模空前的增长、现代技术复杂性的提高、管理控制和行为的复杂变革,官僚结构将最终消失。
	罗伯特·A. 布莱克和简·S. 穆顿发表在《人事管理》上的论文"网络式组织发展"提出了组织目标决定管理者的行动。他们为"组织发展"提供了一种创新性的、系统的方法。
	弗雷德·E. 菲德勒出版了他的著作《领导有效性理论》,提出领导风格必须与环境相匹配,在实施领导任务中不存在唯一的最佳方法。
	诺曼·梅伊发表在《心理学评论》上的论文"群体解决问题中的资产和负债"中认为,与个体相比,群体解决问题的优势取决于"问题的性质、要实现的目标和参与讨论的领导者的技能"。
	安东尼·道恩的《透析官僚结构》试图提出一些有助于对官僚组织和官僚主义的行为做出预测的规则和命题。
	威廉·G. 斯考特的《组织理论:管理的行为分析》,提出"在工作中自我实现的个人机会"可以通过运用"工业人本主义"的概念,诸如降低组织中的独裁倾向、鼓励各个层次的参与决策和把个体目标与公司目标相结合而得以实现。
	安东尼·杰的《管理和马基雅维利》把马基雅维利的政治原则(源于《君主论》)应用于现代组织管理中。
1968 年	多温·卡特赖特和阿尔文·赞特在《群体动力学》中提出了对群体动力学的系统研究将增加有关群体性质、群体如何被组织起来,以及个体、其他群体和更大机构间关系的知识。
	约翰·P. 卡姆贝尔和 M.D. 顿内特发表在《心理学手册》上的"管理培训和发展中T群体经历的有效性"一文,对T群体理论做了重要评论。他们的结论是"个人对T群体经历的积极感受"无法得到科学的测量,而且它们也不应完全建立在"存在主义的基础上"。

1968 年	弗雷德里克·赫兹伯格发表在《哈佛商业评论》上的文章"再论你如何激励员工",在组织激励理论前沿提出了激励或满意因素和保健因素。
1969 年	弗雷德·E. 菲德勒发表在《今日心理学》上的文章"风格还是环境:领导之谜",提出了三个有效领导的要素:领导者的权力、手头的任务以及领导者与成员间的关系。他认为应使工作适合于个体领导风格,而不是相反。
	保罗·赫西和肯尼思·R. 布兰查德的"领导生命周期理论"发表在《培训和发展》杂志上,该文断言某一特定环境下合适的领导风格取决于员工的教育和经验水平、成就激励和下属接受责任的意愿。
	文德尔·弗伦奇发表在《加利福尼亚管理评论》上的文章"组织发展:目标、假设和战略",把组织发展定义为整个有计划的变革系统。
	哈洛德·M. F. 卢什的《行为科学:概念和管理应用》要求管理者更好地理解行为科学,以更有效地激励那些受过更好教育并且在政治上、社会上和经济上更精明、更难控制的"新员工"。
	理查德·E. 沃顿和约翰·M. 杜顿发表在《管理科学季刊》上的文章"部门间冲突的管理:模型和评论",为管理者决定需要哪些变革以防止或终止部门间的冲突提供了一种诊断模型。
1970 年	埃德加·H. 沙因在他的著作《组织心理学》中,对组织内的正式组织和非正式组织进行了区分,提出有效的群体工作是考虑"成员的特征,评价他们能够一起工作,满足彼此的需要的可能性"的结果。
	在"期望理论"中,约翰·P. 卡姆贝尔、马文·D. 顿内特、爱德华·E. 劳勒和卡尔·E. 小威克提出了激励的期望理论,即人们是通过计算他们希望得到的程度、认为他们将得到多少,以及别人在同样境况下得到了多少而受到激励的。
	克里斯·阿吉里斯的《干预理论和方法》一书,成为组织变革咨询中最被广泛引用、最持久的著作之一。
1971 年	伦西斯·利克特发表在《密歇根商业评论》上的文章"人类组织的测量:经济成功的关键",强调对组织中人力要素的评价可以使组织问题识别于产生前。他认为对人类组织进行测量有助于确保组织的长期成功。
	B. F. 斯金纳在《超越自由和尊严》一书中要求改变当前对人以及他们在组织中的激励的看法。在他提出的方法中,包括通过应用可操作的条件反射原理,采用行为修正战略来改善员工的激励。
	在 J. 理查德·哈克曼和爱德华·E. 劳勒发表在《应用心理学》杂志上的文章"员工对工作特征的反应"一文中,他们提出了四种核心工作维度:多样化、自主性、任务完整性和反馈。他们认为这些维度与工作满意度、激励、工作质量和降低缺勤率有关。
	伊文·詹尼斯的"群体思维"首次发表在《今日心理学》上,提出群体凝聚力可以导致对有效群体决策工作的破坏。
1972 年	克雷顿·奥尔德弗在《生存、关系和成长:组织环境中的人类需要》中同意马斯洛提出的需要是按层次排列的,但又提出了一个包括生存、关系和成长的需要层次。
1974 年	罗伯特·J. 豪斯和特伦斯·R. 米歇尔发表在《当代企业》杂志上的"领导的路径—目标理论"一文,提出了路径—目标理论作为解释在特定环境下某种领导风格有效性的有用工具。

1974年	维克多·H.弗鲁姆发表在《组织动力学》上的文章"管理决策新视野"，提出了一种领导者可以对环境做出诊断以决定哪种领导风格最合适的有用模型。
	史蒂文·科尔发表在《管理科学》杂志上的"想要B，却奖励A的愚蠢做法"一文中，证明许多组织的报酬系统是"混乱的"，因为他们对不当行为而不是他们所寻求的行为进行奖励。
1975年	由莱曼·波特、爱德华·劳勒和理查德·哈克曼所著的《组织中的行为》，研究了个体与工作组织的相关作用。它考察了个体—组织之间的关系是如何产生和发展的，包括群体如何对组织中的个体施加影响，以及这些社会影响如何与工作有效性相联系。
1976年	道格拉斯·W.布雷的作为《培训和发展手册》一部分的"评价中心方法"一文，提出了出于评价的目的，在模拟性的工作相关环境（评价中心）中观察个体行为的思想。
	迈克尔·马考彼运用精神分析法与250名公司管理者进行面谈，发现了"博弈人"，即主要兴趣在于"可以证明自己是个赢家的竞争性活动"的管理者。
	在"道德赌注：所有的领导们都去哪儿了"一文中，沃伦·本尼斯创造了"社会建筑师"这一词语，用来描述他认为的组织领导者的最重要角色：理解组织文化、具有远景意识、鼓励人们创新。
1977年	沃特·R.诺德发表在《美国心理学家》上的文章"工作满意度再思考"认为，如果要改变组织的权力分配，那么对已被接受的经济和政治思想意识进行改造是必要的。
	杰拉尔德·萨兰西克和杰弗里·普费弗发表在《组织动力学》上的文章"谁得到权力——如何保持它：权力的战略一权变模型"一文，把权力看作是由各个亚单位组成的连接组织与其主要需要的重要手段，因此，对权力使用的抑制会降低组织的适应性。
	约翰·P.科特发表在《哈佛商业评论》上的文章"权力、依赖和有效的管理"，描述了成功的管理者如何通过创造一种对别人负责的感觉、创造出各种形象、培育对这些形象的无意识识别、灌输人们相信他们依赖于这些形象等方法建立自己的权力。
1978年	丹尼尔·卡兹和罗伯特·L.卡恩出版了《组织的社会心理学》，创造了开放的系统方法这一术语。他们提倡创建欢迎变革的组织。
	艾德温·A.洛克的文章"员工激励理论和方法中目标设置技术的普遍性"，认为目标可以激励人。例如，通过对霍桑实验数据的回顾，他揭示了相比广泛讨论的社会影响，工人们对建立在目标基础上的经济刺激更敏感。
	威廉·G.大内和艾尔弗雷德·M.杰戈在《管理科学评论》上发表的"Z型组织：在变动中谋求稳定"一文中，普及了第三种组织的理想类型。这三种类型包括：A型（美国式）、J型（日本式）和Z型（综合了两种类型的优点）。这篇论文已成为研究日本管理战略的先驱。
	托马斯·J.彼得斯发表在《组织动力学》上的文章"符号、形式和情景：使事情做成的一个乐观案例"，是对组织中的符号管理进行重要分析的先驱，受到了组织理论主流文献的极大关注。
	赫伯特·C.凯尔曼和唐纳德·P.沃里克在《社会干预伦理》中，考察了会导致各种重要伦理问题出现的组织干预的各个阶段。

1980 年	J. 理查德·哈克曼和戈雷格·R. 奥尔德姆在《工作再设计》中试图回答一个普遍的问题:"个体与群体孰优?"有些任务必须由个体来做,有些则由群体来完成。在后一种情况下,必须为群体重新设计工作,同时必须根据任务的性质重新设计群体。
1981 年	杰弗里·普费弗所著的《组织中的权力》提出,由于观点上固有的差异和争夺稀缺的组织资源的持续竞争,群体间的冲突在组织中是不可避免的。联合是人们出于政治性抗争的目的而积聚权力的手段。
	在"作为等级制和异化的'民主'"一文中,弗雷德里克·萨伊提出通过消灭等级制可以终止员工的异化,而只要等级制还存在,异化就不能根除。
1982 年	巴里·斯陶在"组织中的激励:综合和改变方向"一文中,对现有激励理论有效性的普遍不信任做出了回应,并试图通过把个体视为改变传统激励理论"规则"的行动者来拓宽激励的概念。
1983 年	亨利·明兹伯格在《组织内外的权力》中,提出"每个人都在追逐权力",组织的动态性建立在控制组织的各种影响者之间的斗争上。由此,他把组织理论中的权力和政治学派塑造成统一的管理政策理论。
	在"组织中对行为预测的公平理论"中,理查德·T. 莫蒂认为不公平的出现会激励个体通过行为或认知手段来改变环境以恢复公平认知。
	丹尼尔·C. 菲德曼和休治·J. 阿诺德的《管理组织中的个体和群体行为》提出,个体激励是建立在内在和外在激励的共同基础上的,而不仅仅取决于管理者的激励能力。
	在《变革能手》一书中,罗莎贝丝·莫斯·坎特把变革能手定义为组织变革的设计师。他们是在合适的时间与合适的地点上的合适的人。
1984 年	托马斯·J. 瑟基奥瓦尼的"作为文化表达的领导"一文提出,组织的领导是一种文化现象:领导的形式和风格来自于组织文化和领导能力强度的独特组合。
	蒂奇和乌里克发表在《斯隆管理评论》上的文章"领导力的挑战——对变革型领导者的呼唤",描述了变革型领导在急剧的组织变革中作为拉拉队队长和信仰榜样的作用。
	卡林·西赫和朱安纳·马丁在"符号管理的作用:管理者如何有效地传播组织文化"一文中,第一次对组织文化进行了定量和定性的实证研究,并提出了他们的发现。
	在《目标设置:能起作用的激励技术》中,艾德温·A. 洛克和加利·P. 拉沙在他们有关个体工人的绩效随着目标困难度的增加而提高(假设这个人愿意并有能力从事工作)这个发现的基础上,鼓励管理人员设置目标。
1985 年	埃德加·沙因在《组织文化和领导》中对组织文化学派做了综合、完整的论述。
	在《管理政治学》的一章中,道格拉斯·小也特认为政治冲突管理是管理拥有不同资源形式的行动者之间战略冲突的过程,同时提醒管理人员,运用权力是有代价的:它将耗尽一个人所储存的所有可靠的权力。
	沃伦·本尼斯和波特·纳纽斯在《领导者:承担责任的战略》一书中,重新强调在组织中建立领导权威时远景、权力及其关系的重要性。

1986年	S. G. 哈里斯和 R. I. 舒顿发表在《管理科学》杂志上的论文"在衰败的组织中告别形式的作用",强调在组织衰败过程中象征性领导的特殊重要性。
	在《变革型领导者》一书中,诺埃尔·蒂奇和玛丽·安妮·德瓦纳为变革型领导提出了一种勒温式的"三个行动框架",即"对变革、创新和创业的领导"。
1987年	在发表于《组织动力学》上的文章"质量圈:蜜月之后"中,爱德华·劳勒和苏珊·莫赫曼的研究发现,从长期看,质量圈与传统的管理方法共存很困难。质量圈要求基本的管理变革,否则它们不会有效,同时还要求运用各种战略。
	克雷顿·R. 奥尔德弗的分析报告"从群体间的视角看群体动力学",探讨了个体与集体社会过程之间持续的有问题的关系会对群体间的分析产生影响。他断言群体间理论对个体、人际、群体、整合的群体和组织关系提供解释。
1988年	拉尔夫·基尔曼和特雷莎·乔斯·考文在《公司改造》中,第一次发表了有关实施改造型变革的综合研究论文集和实践心得。在《领导要素》中,约翰·科特拓展了他原先对组织中的权力和领导的研究,解释了组织为什么经常缺乏足够的领导能力,并提出了解决这个问题的步骤。
1989年	在"作为雕塑家而不是雕塑的人:个性和组织中个人控制的作用"一文中,南茜·E. 贝尔和巴里·M. 斯陶证明,人们并非如所想象的,尤其在组织社会化文献中所描述的那样遵从或接受组织的影响。人们会尽可能地塑造他们的工作环境,而不是被他们的环境所塑造。
1990年	沃伦·本尼斯断言我们不再需要领导者,并小视他们。周边环境及美国人民都毫无意义地与他们作对。《为什么领导者不能领导:无意识的贬低在继续》预言有可能使这种情况变好,但是领导的前景不容乐观。
	在"个体在工作中参与和不参与的心理状况"一文中,威廉·卡恩指出影响员工参与或不参与工作组织的三个最重要的心理因素是心理上感觉有意义、心理上的安全感和心理承受力。
	杰克·奥斯本、琳达·莫沁、爱德·姆塞瓦特和约翰·增格在《自我指导型工作团队:美国的新挑战》中,对自我指导型工作团队——接受严格培训、对生产出优质的最终工作成果负有完全责任的员工群体,进行了详尽的分析。
	彼得·圣吉的《第五项修炼:学习型组织的艺术和实践》提出,我们应该建立这样的组织,即人们在其中不断地扩大他们的创造能力,集体智慧得到激发,人们不断地学会如何共同学习。
1991年	马文·R. 威斯宝的《高效率的工作场所》探讨了在快速变化的世界中有效团队的重要性。团队正渐渐成为"口头禅",但这个术语与"质量"一样,成了企业的陈词滥调。管理者必须有意识地努力使个人和群体转变成高效团队。
	杰弗里·普费弗的文章"组织理论和管理的结构性视角"陈述了一个有说服力的观点,即个体在组织中的结构性地位影响着组织的行为。"结构性地位"包括网络位置、物理位置对其他人的人口学意义上的关系。

1992年	在《变革基本点》一书中,理查德·贝克哈德和温迪·普里查德认为领导行为对于发动和管理组织的基本变革是必不可少的。他们还试图找到应付短期压力以及强调组织形象和命运的长期战略管理之间的摩擦的管理方法。
	在"服务业员工的授权:什么,为什么,如何及何时"一文中,大卫·鲍恩和爱德华·劳勒Ⅲ提出了决定对服务业员工授权是否有利的那些关键的商业特征。管理者必须确保在决定授权给一线服务业员工前,在组织需求与(授权)方法之间有个良好的匹配。
	在《领导和组织文化》第二版中,埃德加·H.沙因揭示了在组织发展和成熟的不同阶段,领导者如何创造、切入、开发和时常有意识地试图改变文化设定。
	玛格丽特·J.惠特利的《领导和新科学》提出管理者必须关注量子物理学、自主排队系统和混沌理论这些"新科学",以发现如何改进他们在组织中的领导行为的线索。
	杰弗里·普费弗在《运用权力的管理》中探讨了权力、影响、决策及实施之间的关系。有效的组织需要不惧怕使用权力和影响的领导者。管理者对权力重要性的认识和理解越深刻,他们就越能有效地实施决策和取得组织的成功。
1993年	由泰勒·小考克斯所撰写的《组织中的文化多元化》中的一章"群体间的冲突",考察了文化多元化给组织带来的潜在利益及困难。小考克斯揭示了文化一致群体间的多种冲突源以及群体间的冲突如何在组织中显露。同时,他还提出了使群体间冲突降低到最小的方法。
1995年	丹尼斯·卢梭在"组织中的心理契约"一文中,提出尽管人们在组织中常常不能遵守心理契约的条款,但更重要的问题是人们是否把这种不能遵守心理契约的行为看作是"毁约"。当个体感觉到毁约行为发生了,那么接下来的行为就包括了降低对组织的忠诚度以及增加诉讼。
1997年	鲁思·韦杰曼在"创建超级自主管理团队的关键成功要素"一文中,解释了为什么自主管理型工作团队常常不能达到绩效期望。她对施乐公司自主管理工作团队的研究,断言如何组建和支持团队比团队领导者或教练的行为更为重要。
1998年	在"伟大群体的秘密"一文中,沃伦·本尼斯强调我们所面临的问题太复杂,以致个体无法解决。有成就的个体组成的强悍的"伟大群体"提供了多方位的视角、心理支持和个人服从以及帮助追随,并有助于形成激励。因此,他们能够做成个体无力完成的事。
	丹尼尔·高尔曼的论文"何以造就领导人",强调智商和技术技能都很重要,但是情商对于领导是个绝对的前提条件。这篇论文是在他1995年的畅销书《情商》的基础上提炼而成的。高尔曼指出情商对于领导者的总体绩效起着关键作用,并提出了工作中的五大情商要素:自我意识、自我约束、激励、同情和社交技能。
1999年	杰西卡·利普纳克和杰弗里·斯坦普斯在"虚拟团队:工作的新方法"一文中考察了由于虚拟团队和网络团队构成的21世纪组织的出现而导致的复杂问题。虚拟团队的网络化组织引发了巨大的挑战,要求有新的管理形式和领导技能来体现罗伯特·普特南提出的开发社会资本的三大必备要素:信任、互动和广泛的社会网络。

1999 年	利奥纳德·博维亚斯和肖在"工作激励:自我概念基础上的过程结合"一文中,试图把各种工作激励理论综合成一个"超理论",其中还包括对自我概念如何影响组织内行为的理解。
2000 年	罗伯特·普特南的《独自投球》对美国 30 年来社会资本的衰弱原因和后果进行了深入分析。通过运用来自几个主要数据库的数据,普特南描述了我们在日常工作生活中如何逐渐相互疏远,而我们的社会资本如何逐渐削减。
	卡尔·威克探讨了"领导与怀疑的合法性"。威克认为,21 世纪的特点将包括不可预见性和不可知性。他继续发展了不确定性的价值,以及利用激励、即兴创作、兴奋、鉴别和学习来克服不确定性的路径。
	沃伦·本尼斯出版了《管理梦想:在领导和变革中的反映》。在题为"新的形而上学"一章中,本尼斯探讨了变革的道路,对创新者和领导者做出了评价,并探讨了在变革期间如何避免灾难。
2001 年	艾德温·洛克在他的论文"作为刺激和个性媒介的自我设置目标和自我效能"中,提出"自我设置或个体目标和自我效能是行为最直接、最激励性的决定因素,它们在其他激励因素的效应之间起到媒介或联系作用"。
	在"丛林法则和新企业法则"一文中,理查德·帕斯卡尔提出主宰组织生存,并决定组织是否卓越的两个规则是:面对不确定性和外部环境急速变化时的灵活性,以及适应活生生的、有机的竞争环境的文化变革。在这种类型的文化中,持续的学习和变革支持着不断探索机会的创业性创新。
	马丁·切默斯在"效力与效能:领导能力与才智的整合模型"一文中,提出了才智(不是固定和无变化的能力)是在与环境的交互作用中变化和发展的一系列技能和知识的总和的假设。切默斯与劳亚·阿曼一起继续从事这方面的研究。
	在"探索学习与领导能力的关系"一文中,里勒斯·布朗和巴里·波斯纳提出积极、技能全面的学习者会更多地参与到领导行为中。更成功的领导者必然是终身的学习者。因此,对领导和学习的研究应该是一体的。

第一篇

领　导

第一章

早晨

赶着去听一场精彩的交响乐晚会，我们中很多人都有这种共同的经历。作为听众，我们企盼着能够"舒舒服服坐下，然后欣赏表演"。在表演开始前，我们很放松，悠闲地与家人和朋友交谈着，好像我们正在观看一个有趣的活动编排。管弦乐演奏家们来回走动、交谈，坐着演奏或调试他们的乐器。这些看起来杂乱无章的、不协调的、个人主义的、预备性的活动，预示着管弦乐队已"准备"演出。

随着演出的临近，情况变化了。就在乐队指挥进入舞台之前，会出现一个"安静的"或"平静的"片刻和一种即刻"聚焦"的感觉。然后，这个"领导者"迈步走向他或她的位置。所有的目光都集中到了这个地方。乐队指挥为了给听众制造一种魔力，立即向管弦乐队成员谋求援助和支持。

管弦乐队演奏者了解需要演奏的乐曲，因为他们手中有一个演出总谱。更为广泛地说，他们还了解管弦乐队在社区、宗教、国家、民族的作用和意义。确实，他们还会了解在管弦乐队国际大家庭中的地位。

有时，这种魔力确实会出现，听众全都沉醉其中。也有其他时候，听众会失望地离去。管弦乐队成员对于演出也会经历这些不同类型的感觉。

什么是领导动力学？显然，指挥联系每一个管弦乐队成员的方式是一个重要的变量。这个领导者的严厉程度和组织技能影响到演出进程。管弦乐队的发展阶段也很有关系。例如，这个指挥已担当这个角色多长时间？同样的问题也可以向管弦乐队成员和乐器部分提出。重要的是，管弦乐队这个群体和这个领导人的风格间的"适合度"。还必须考虑这个管弦乐队群体的特性，诸如规范、期望、氛围和状态等在内的关键性文化问题。这个领导人的特性，例如情感才智（或其他才智），也是重要因素。

如同所有的艺术，在音乐中某些不确定或混乱因素会造成演出是庄重或是平淡的差异。奇异的或独特的事件也会成为演出的因素，"某些事情"恰好发生了——结果就产生了魔力。最后，增长和变化着的事件将领导和学习结合起来，并且促使管弦乐队变成某种新的和不同的东西。这种集体的认同能力、才能和变化的潜能使管弦乐队具备了生存和发展的竞争力。

什么是领导？

多年来，领导地位的重要性，使无数的实践家和理论家去回答一个无法回答的问题："究竟怎样才能成为一个有效率的领导者？"而许多行为科学家已经提供了答案。本章将讨论一些更重要的方法，以解答有关领导这个最基本但却难以回答的问题。

虽然为了讨论这个问题我们需要知道什么是领导,但重要的是要认识到领导并没有确切、通用的定义。伦巴多和麦考尔(1978, p. 3)对这种情况做了很好的描述:"'领导'是英语语言中最有魅力的词汇之一。提到它,就会联想到激动的敏锐气息,接近造化的神奇……然而,如果'领导'是明亮的橘黄色,那么'领导研究'就是暗灰色了。"把这个问题复杂化是因为我们必须将领导(或领导者)与管理(或管理者)进行区分。虽然这两者的功能和角色在实质上有重合,但是管理者是指组织正式将权力赋予的那个人。管理包含了权力(通常是正式的权威),是由更高级组织权威通过授予职位而产生的。随着管理的权力而来的是使用组织资源的责任和义务。相反,领导力是指对影响力的有效运用,它与权力机关授予的地位不相关。领导力不能通过更高权力机关授予。好的管理者同样必须是领导者,同时许多管理者成为了领导者,但是这两者的角色和功能是不同的。

有一群作者最近开始把成功的领导者界定为这一类人:他们在环境需要某些行动时,能够改变组织(Bennis, 1984; Bennis & Nanus, 1985; Tichy, 1983; Tichy & Devanna, 1986)。目前接受程度最高的定义是,把领导看作是一种人际间的作用过程,通过这个过程,一个人影响另一个或者一群人的态度、信仰尤其是行为。

领导这门学科产生了许多复杂的问题,多年来困扰着行为科学家们。比如,是什么给管理者或者领导者以合法性呢?谢弗里兹(1988, p. 324)描述了合法性是"政府、家庭(或者组织)这样的社会机构的一个特征,而这些社会机构拥有合法的并且可以获得的权力,从而去做出有约束力的决定"。因此,由于管理者在拥有组织地位的同时就拥有了合法的和可获得的权力,所以他们先决地拥有了合法性。与管理者的合法性不同,提到领导者的合法性,就不能不引入"个人魅力"这个概念。个人魅力就是指"领导关系的建立是来自于领导者的令人信服的个人号召力而不是正式职位"(Shafritz, 1988, p. 89)。这个观点最早由德国社会学家马克斯·韦伯发现,他将个人魅力产生的权威和独裁者的传统权威以及通过法律获得的权威区分开来。法定的组织执行官,就是通过法律获得权威的。

虽然存在差异以及无法解决的问题,但有两个重要的、明确的前提:首先,领导关系建立在这样一种人际关系之上,在这种人群里影响和权力并不是在法定基础上平等分配的;其次,领导者不能在孤立的环境中起作用。为了使领导者产生,人们就必须服从(Fiedler & Chemers, 1974, p. 4)。在切斯特·巴纳德的不朽篇章"执行人员的职能"(1938)一文中,他定义了执行人员的三种不同的领导职能:提供信息交流的体系,促进个人做出必要的努力,以及提出并制定组织的目标。他在论证首席执行官最关键的职能就是建立一个体现其组织价值的体系并在组织成员中进行交流这一点上，一直处于其时代前沿。

特性理论

多年来，领导学的研究基于不同视角采取了不同的方法。特性理论在20世纪50年代开始占据主导地位。特性理论假设领导者具有与追随者截然不同的特性。特性是指"个性或者与其他独立于环境的人们相互影响的一种方式，也就是说，是个人而不是环境的特征"(Fiedler & Chemers, 1974, p. 22)。特性理论的主导者假设某些个人具备促使他们能够"鹤立鸡群"的特征和品质，而不是每个人都拥有成为领导的特性从而成为领导者(Hampton, Summer, & Webber, 1982, p. 566)。在特性理论中，行为科学的工作就是去识别那些特性，并且学会如何去发现具有那些特性的人。

现在坚持认为人们只要拥有了某些特性就能成为实际领导者的观点已经过时了，在那些特性之外还应该考虑其他影响领导效果的变量。反对特性理论的争论很具有说服力，它们有一大堆观点。首先，特性理论因为与现实不符而赞同者甚少。取而代之的是，从20世纪50年代末期开始，把领导关系视作一种人际关系成为标准惯例。这种相互作用被称为"交易"，因此交易领导理论在20世纪50年代、60年代、70年代发展了许多其他领导理论。其次，情景也在很大程度上影响了领导理论。正如斯托格迪尔(1948)所说的那样，在决定领导所需具备的品质、特征和技能时，情景产生了积极的影响。

然而，对特性理论最严厉的抨击，也许就是它无法确定到底是哪种特性才能产生出好的领导者。即使那些已经被广泛引用的特性，比如智慧、活力、成就、可靠性和社会经济地位，在研究中也缺少一致的认同。领导力不仅仅包含那些特性，一个领导者可能在一个环境中很有效率，而在另一个环境中就没有，它取决于情景条件(Fiedler, 1969)。

领导学中的交易理论

领导学中的交易理论早在20世纪30年代就已经开始出现了，但是直到50年代才开始成为主流思想。其原因有两个：一是对于特性理论的灰心和不满意；二是第二次世界大战后应用行为科学方面的空前进步。

特性理论将领导能力视作领导者内在的某种东西，而交易学派则将领导关系看作在两个或者多个个人之间形成的一系列职能和角色。领导者和被领导者之间的关系被称为"交易",这与交易分析(Berne, 1964; Harris, 1969; James & Jongeward, 1971)非常相似。虽然在众多相互作用的领导理论中,各种理论的侧重点存在巨大差异,但它们都关注交易,关注什么发生了、为什么会发生,关注产生这种交易的直接与间接影响因素等。因此,比如交易领导理论家菲德勒(1966)在领导者和追随者匹配的环境中更强调的是领导者。相反,赫西和布兰切特(1969)在领导者—追随者的关系中更强调的是下属。

领导风格理论

早期的交易领导理论通常假设人们具有固定的领导风格,因此这些理论常被称为领导风格类型理论。最近很多理论都包含了领导风格,但是由于摒弃了早期对于风格不变的假设,它们通常被称为情景或者权变理论。然而,在这两种理论中,领导关系都被看作是一种交换关系。特性理论的核心问题是"谁来行使领导权力",而交易领导理论的核心问题则是"领导关系如何建立和执行"。

领导风格导向的交易领导理论,都是在勒温、利彼得和怀特关于领导风格对群体生产率的效果的研究基础上发展而来的。他们研究了参加兴趣活动小组的十岁儿童。每组的领导被划分为专制型、民主型或者放任型的。专制型的领导决定所有政策,分配所有工作任务,对批评很个性化,他们是任务或者工作导向型的。民主导向型的领导与下属分享制定决策的权力,将分配工作的决定权留给整个小组,他们参加集体活动并尽力做到不垄断,他们更体贴和细心。自由放任导向型的领导允许其小组个人和集体进行自由决策,只在被要求时提供信息(或支持),并且在没有被要求时不参加小组活动,他们的功能更像项目推进者。

拥有民主领导的小组满意度和效率最高。专制型领导的小组成员表现出更多的敌意行为,满意度也较低,但效率很高(也许是由于对领导的惧怕)。而自由放任型领导的小组成员满意度最低,效率也低,并且对小组成员和其他小组都表现得很有敌意。

领导风格导向的交易领导理论,试图找出导致有效组织绩效的领导者行为风格。应用这种方法的最著名研究团队,或许就是密歇根大学和俄亥俄州立大学,他们就是著名的密歇根学派和俄亥俄学派。

密歇根学派主要分析了两个极端领导风格类型:结果导向型和员工导向型。结果导向型的领导风格关心的是组织任务的完成。这种风格表现出的行为是设定组织目标,分配工作任务给下属,并且随时评估(下属)表现。员工导向型领导风格更关心下属是否工作得好,并关心他们的感受和态度。

密歇根学派的典型做法是要下属对比如"他对待下属时是否不考虑他们的感受"或者"他是否给予下属个人恩惠"的程度做出评价(Fleishman & Harris,1962,p.10)。密歇根研究发现,两种领导风格都有可能导致高效率,但结果导向型的领导者更常见,但他们的员工工作不满意度更高,离职率和缺勤率更高(Fleishman & Harris,1962,p.53)。最后,其他研究显示工作效率与监督者给予工人的自由度有关,在更宽松的监督环境中工人的产出要比在更紧的监督下更多。

像密歇根学派一样,俄亥俄学派将领导者行为区分为结果导向型和员工导向型,但是他们运用了不同的术语:结构创设和关怀。俄亥俄学派将这两种行为看作是独立的维度。换言之,一个领导者能够有很高的主导性结构同时也有很高的或者低的关怀性。因此,领导者可以被划分为四个象限。

"结构创设"是指"领导者确定自身和工作团队中其他成员之间的关系、建立明确的组织模式、沟通渠道和工作程序的各种行为"(Bozeman,1979,p.208)。它是许多种"使工作完成"的领导者行动。领导者可以计划、指导、制定标准和控制下属的工作。

"关怀"是指"领导者所采取的用来察觉下属的个人需要并且支持下属满足其需要的任何行动"(Hampton et al.,1982,p.569)。或者像斯托格迪尔所说的那样,关怀是"在领导者和广大员工关系中表示友谊、相互信任、相互尊重和温暖的任何行为"(Bozeman,1979,p.208)。

俄亥俄学派发现当领导者是结构创设型时,个人和小组的效率要比领导者不是主导型时更高。有些研究发现关怀与产出效率正相关,但另外一些研究却显示负相关或者不相关。至于满意度,研究表明结构创设的接受程度因人而异,并随着情景的变化而不同。比如,豪斯(1971)的研究工作就说明,组织越大,员工就更需要稳定、秩序和方向。在另一端,关怀行为总是被表示为可以提高员工的满意度(Fleishman & Harris,1962,p.47)。

俄亥俄学派和密歇根学派有着有趣的并行之处。在赫西和布兰查德1969年的文章"领导者生命周期理论"(本篇中已收录)中,他们强调领导关系必须适应特定的情景。他们把工作组的成熟程度看作是影响(领导者)风格效果的一个变量。通过使用结构创设和关怀作为维度,他们建立了一个包括四种领导者风格的矩阵:告知型、推销型、参与型和授权型。当工作组织没有成熟到能够承担工作任务的时候,领导者就应当具有很高的结构创设性(在任务上)和低的关怀性(在关系上),从而帮助小组成员理解他们所需要进行的工作。另一方面,如果小组成员是成熟的,领导者就应该有高的关怀性(在关系上)和低的结构创设性(在任务上),因为小组成员能够在没有指导的情况下完成工作任务。然而,这个模型有一个重大缺陷,那就是缺乏"衡量成熟性的系统工具"(Schein, 1980)。

情景或者权变理论

很有可能最早的情景论者是经典组织哲学家玛丽·帕克·福利特。在她1926年的文章"命令的下达"(本篇中已收录)中,她讨论了如何把命令发布给所有组织:必须使它们非个性化,并"聚集所有在环境研究中的相关事项,找出环境的规律且服从它"。弗洛特因此提出了参与式领导风格,这种风格是员工和雇主相互合作来评估环境,并且决定在那种环境情形之下应该做什么。一旦发现了环境的规律,"员工就可以将它告诉雇主,反之亦然"。由于没有一个人必须位于另外的人之下,所以它易于产生组织内的更好态度;而且,每个人都有自己对于环境的领悟。

早期相互作用的领导理论中的风格理论,假设领导者应该被训练成能够按照其组织的要求做出恰当的行为。这已被证明是该理论的一个主要缺陷。当领导者经过一系列培训回到组织的时候,他们很少表现出改变。虽然经过了训练,当部门主管的监督者没有采取支持他们行动的时候,他们也不必要对下属进行关怀式管理。一个值得注意的解释是,必须在整个组织中进行改变,而不是仅仅对某些特定员工。

在实践中,领导者在不同的情形下运用不同的风格。因此"纯"领导风格假设理论让位于权变理论。权变理论与特性理论和领导风格理论不同,它将可能影响领导者风格的许多因素纳入考虑范围。它认识到,在一种组织中成功的领导可能在另一个组织内不能成功,因为两个组织已经不同了。由于环境已经改变,选择的风格也应该随着环境有所变化。正如斯托格迪尔提到的,权变理论强调以下这些因素:

1. 类型、结构、大小和组织目标;
2. 组织发挥作用的外部环境;
3. 方向、价值观、目标、领导者的期望值以及他的上级与下属;
4. 职位所需要的专家或专业知识。

权变理论宣称,在不同的情景下,不同的领导者风格会产生不同的效用。情景(而不是管理者自己的特性和风格)决定了领导风格或者某一个领导者成功与否。因此,权变理论认为没有有效领导的"最优方式"。

坦南鲍姆和施米特(1958, 1973)进行了早期研究,逐渐证明领导者在开始一种特别的领导风格之前需要评价情景因素。坦南鲍姆和施米特把领导者决策行为从以老板为中心到以下属为中心,依次分为 7 种类型。每种分类都建立在一个独立变量的基础上,这个变量就是下属获得的参与决策的程度。比如:

- 第一种类型假设领导者做出所有决策并向下属宣布这些决策;
- 第七种类型假设领导者描述决策的限制范围,但是允许团队成员定义问题并做出最终决定。

坦南鲍姆和施米特(1973)还指出在做决策时的三个影响因素。这三个因素是领导者的力量、下属的力量和情景的力量:

成功的管理者的特点不应该被描述为强势领导者或者宽容领导者。他应该在以下方面都是一个高命中率者,他能够准确地估计自己在任何时间做出合理行为的能力,能够在现实中做到与时俱进(p.180)。

坦南鲍姆和施米特主要关注包括追随者在内的变量,而弗雷德·菲德勒则强调领导者(但是仍旧从交易领导理论视角)。在"权变模型:一种领导效能理论"(本篇中已收录)一文中,菲德勒(1966)讨论了与比利时海军的合作研究。早期领导学理论家相信,领导者可以通过受培训来获得适应情景的风格,但是发现事实却相反。改变工作环境和情景来适应领导风格很容易。一个人内在的领导风格取决于他或她的个性特征。菲德勒认为,一个领导者的管理风格不会因为一些讲座或者几个星期的深入培训而改变。因此,一个组织不应该选择让领导者去适应情景,而是应该改变其情景以适应领导者(同样可以参见 Cooper & Robertson,1989, p.84)。

文化和转型理论

越来越多的领导学理论家最近都开始从相互作用理论转向了撰写从组织文化视角出发的领导理论,或者也被称为象征管理理论(Ott,1989;Sharritz & Ott,2001)。毫无疑问,埃德加·沙因是最出名的组织文化学家,他的《组织文化和领导力》一书自从 1985 年发行第一版之后,被广泛引用。第二版(1992)里的一章"作为企业文化管理者的学习型领导",在本篇中已被收录。在这篇文章中,沙因认为"领导力和文化是密切联系的……领导者创造、植入、发展,有时还蓄意试图改变企业文化设想"。在组织的成长期和成熟期,需要不同种类的文化管理;在组织的发展中期,需要文化创造;然后是成熟期和潜在的衰退期。沙因研究了这些文化管理阶段如何影响组织策略的形成,并讨论了领导者的选择和发展。

沙因总结说未来的领导者将是终身学习者。"如果今天的领导者要想建立一种组织文化,那就应该知道他们必须做出这样一个榜样:领导者自身就是学习者并且让大家都一起投入到这种学习过程中去……最后,文化理解力和文化学习始于自我洞察力。"

转型领导理论是最近领导学上的新起之秀,它与组织文化理论是一脉相承的。交易型领导理论主要应用在领导角色、职能和现存组织文化行为中;而转型领导理论是关于改变一种文化的领导学。转型领导理论关注的是渐进递增的变化,而转理论则是关注激进的变化。可以有趣地发现,转型领导理论与特性理论有很多相似之处。转型领导理论接近"伟人"理论:领导者是天生的,而不是后天造就的。在许多方面,领导理论再一次陷入了在特性品质方面寻找领导的基础,而不是在人际关系和文化因素方面。

诺埃尔·蒂奇和大卫·乌里克1984年发表在《斯隆管理评论》上的文章"领导力的挑战——对变革型领导者的呼唤"(本篇中已收录),将转型领导描述为"必须发展新的前景并且使其他人不仅看到这个前景,同时也赞同此前景的人"。他们将转型领导描述为那些能够将员工从担忧和不确定性引导到去实现前景的稀有个人。转型领导能够成功改变人们对组织的感知。转型改变远不是理性的、技术的和渐进的变革。领导者的首要职能,就是在整个精心构想的变革阶段进行引导和支持,他应该像一个拉拉队长和信念楷模那样,将变革具有益处的信念通过口头或者非口头的方式传递给所有将从变革中成长的参与者。

领导理论:由此向何方?

在最近的50年里,领导理论沿着崎岖而往往少有建树的小路弯弯曲曲地前进。理解上的每一次发现,都会产生更多需要解答的新问题。寻找一个全面的领导理论,仿佛是无止境的追求。自20世纪40年代以来,探索已引导我们经历了特性理论、万能交易理论和转型—文化理论。现在,我们似乎正在回归到用情商(Goleman, 1998,本篇中已收录)和多元智商(Gardner, 2000)的概念与整合理论相结合的观点来思考"特性"(Chemers, 2002),从而创造性地融合了特性理论、领导交易理论和转型文化理论。马丁·切默斯最近完成了一篇新的文章"效力与效能:领导能力与才智的整合模型"(Murphy, Riggio, & Pirozzlo, 2002)。切默斯指出:

当代的理论……沿着如何将人与环境之间易变的相互作用概念化的方向发展,其基础是承认个人的行为在对环境建立和重塑中的作用,而非仅仅对环境做出反应。因此,才智(或是领导能力)并不是固定的、一成不变的能力,而成为一系列的知识与技巧,它随着与环境相互作用的变化而变化、发展,同时通过塑造与修正使其更易成为一个好的(有效的)工具。

显然,我们正在进入一个新的时代。在这个时代中,领导能力被看作是一种在充满不确定、混乱和变化的世界中的多维工作方法。领导需要所有的组织成员开发和增强其技能、知识和才能,以便使组织变得更具优势而做出有效的贡献。适应持续、迅速变化的组织,学习将继续成为研究的重点(特别参见本书第六章篇中圣吉、布朗和波斯纳的文章)。

没有人真正相信关于领导理论的最基本问题已经得到了解答。然而,我们似乎正在向"正确综合"的方向发展。当遇到实际中的领导问题时,我们很多人都有和沃伦·本尼斯(1990)相同的困惑:为什么领导者不能领导?所有那些领导者都跑到哪里去了?另外,正如卡尔·威克(2001,本篇中已收录)指出的那样,现实中的领导学是一种"怀疑的合法化"。威克描述了21世纪领导能力中的卓越之处是,如何在持续不断的不确定性、混乱和变化的世界中必然地从来自科学和艺术的创造力那儿获得开发和提升。

我们在本书的最后一篇再回到这些领导概念上来,并把它们与许多大师的著作联系起来,比如彼得·圣吉、艾索斯·帕斯卡、沃伦·本尼斯、布朗和巴里·波斯纳。他们都是在组织变化、学习、不确定性和混乱等方面进行最前沿研究的大师。

参考文献

Allaire, Y., & Firsirotu, M. (Spring, 1985). How to implement redical strategies in large organizations, *Sloan Management Review*, 26(3), 19—34.

Barnard, C. I. (1968). *The functions of the executive*. Cambridge. MA: Harvard University Press(Originally Published in 1938).

Beckhard, R. (1988). The executive management of transformational change. In R. H. Kilmann & T. J. Covin(Eds.), *Corporate transformation*(pp. 89—101). San Francisco: Jossey-Bass.

Bennis, W. G. (1961). Revisionist theory of leadership. *Harvard Business Review*, 39.

Bennis, W. G. (1976). Mortal stakes: Where have all the leaders gone? In W. G. Bennis, *The unconscious conspiracy: Why leaders can't lead* (pp. 143—156) New York: AMACOM.

Bennis, W. G. (1984). Transformative power and leadership. In. T. J. Sergiovanni & J. E. Corbally(Eds.), *Leadership and organizational culture*(pp. 64—

71). Urbana: University of Illinois Press.

Bennis, W. G. (1990). *Why leaders can't lead: The unconscious conspiracy continues*; San Francisco: Jossey-Bass.

Bennis, W. G. , & Nanus, B. (1985). *Leaders: The strategies for taking charge.* New York: Harper & Row.

Bergquist, W. (1993). *The postmodern organization: Mastering the art of irreversible change.* San Francisco: Jossey-Bass.

Berne, E. (1964). *Games people play.* New York: Grove Press.

Block, P. (1991). *The empowered manager: Positive political skills at work.* San Francisco: Jossey-Bass.

Blunt, B. E. (1981). *Organizational leadership.* Ann Arbor, MI: University Microfilm International.

Bozeman, B. (1979). *Public management and policy analysis.* New York: St. Martin's Press.

Cattell, R. B. (1951). New concepts for measuring leadership in terms of group syntality. *Human Relations*, 4, 161—184.

Chemers, M. M. (2002). Efficacy and effectiveness: Integrating models of leadership and intelligence. In R. E. Riggio, S. E. Murphy, & F. J. Pirozzlo (Eds.), *Multiple intelligences and leadership* (pp. 139—159). Mahwah. NJ: Lawrence Erlbaum.

Cooper, C. L. , & Robertson, I. (Eds.). (1988). *International review of industrial and organizational psychology.* New York: John Wiley.

Deal, T. E. (1985). Cultural change: Opportunity, silent killer, or metamorphosis? In R. H. Kilmann, M. J. Saxton, & R. Serpa (Eds.), *Gaining control of the corporate culture* (pp. 292—331). San Francisco: Jossey-Bass.

Dublin, R. (1951). *Human relations in administration.* Englewood Cliffs, NJ: Prentice-Hall.

Dunnette, M. D. (1976). *Handbook of industrial and organizational psychology.* Chicago: Rand McNally.

Fiedler, F. E. (1966). The contingency model: A theory of leadership effectiveness. In C. W. Backman & P. F. Secord (Eds.), *Problems in social psychology* (pp. 278—289). New York: McGraw-Hill.

Fiedler. F. E. (1967). *A theory of leadership effectiveness.* New York: McGraw-Hill.

Fiedler. F. E. (March, 1969). Style or circumstance: The leadership enigma. *Psychology Today*, 2(10), 38—43.

Fiedler, F. E. & Chemers, M. M. (1974). *Leadership style and effective management.* Glenview, IL: Scott, Foresman.

Fiedler, F. E., Chemers, M. M., & Mahar, L. (1976). *Improving leadership effectiveness: The leader match concept*. New York: John Wiley.

Fleishman, E. A., & Harris, E. F. (1962). Patterns of leadership behavior related to employee grievances and turnover. *Personnel Psychology*, 15, 43—56.

Fleishman, E. A., & Hunt. J. G. (1973). *Current developments in the study of leadership*. Carbondale: Southern Illinois University Press.

Follett, M. P. (1926). The giving of orders. In H. C. Metcalf(Ed.), *Scientific foundations of business administration*. Baltimore, MD: Williams & Wilkins.

Gardner, H. E. (2000). *Intelligence reframed: Multiple intelligences for the 21st century*. New York: Basic Books.

Goleman, D. P. (Nov.-Dec., 1998). What makes a leader? *Harvard Business Review*, 73—102.

Hampton, D. R., Summer, C. E. & Webber, R. A. (1982). *Organizational behavior and the practice of management*. Glenview. IL: Scott, Foresman.

Harris, T. A. (1969). *I'm OK—You're OK*. New York: Harper & Row.

Hemphill, J. K. (1950). *Leader behavior description*. Columbus: Ohio State University Press.

Hersey, P., & Blanchard, K. H. (May, 1969). Life cycle theory of leadership. *Training and Development Journal*, 26—34.

House, R. J. (1971). Path-goal theory of leadership effectiveness. *Administrative Sciences Quarterly*, 16, 321—338.

House, R. J., & Mitchell, T. M. (Autumn, 1974). Path-goal theory of leadership. *Journal of Contemporary Business*, 3(4), 81—97.

Lacocca, L. (1984). *Iacocca, an autobiography*. Toronto: Bantam Books.

James, M., & Jongeward, D. (1971). *Born to win*. Reading, MA: Addison-Wesley.

Kahn, R. L., & Katz, D. (1962). Leadership practices in relation to productivity and morale. In D. Cartwright & A. Zander (Eds.), *Group dynamics* (2d ed., pp. 554—570). New York: Harper & Row.

Kouzes, J. M., & Posner, B. Z. (1993). *Credibility: How leaders gain and lose it, and why people demand it*. San Francisco: Jossey-Bass.

Leavitt, H. J. (June, 1962). Applied organizational change: A summary and evaluation of the power equalization approaches. Seminar in the Social Science of Organizations. Pitts-burgh, PA.

Lewin, K., Lippitt, R., & White, R. K. (1939). Patterns of aggressive behavior in experimentally created social climates. *Journal of Social Psychology*, 10. 271—299.

Likert, R. (1961). *New patterns of management*. New York: McGraw-Hill.

Lombardo, M. M. & McCall, M. W. Jr. (1978). Leadership. In M. W. McCall Jr. & M. M. Lombardo(Eds.), *Leadership: Where else can we go?* (pp. 3—34). Durham, NC: Duke University Press.

Ott, J. S. (1989). *The organizational culture perspective*. Chicago: The Dorsey Press.

Riggio, R. E., Murphy, S. E., & Pirozzolo, E. J. (Eds.). (2002). *Multiple intelligences and leadership*. Mahwah, NJ: Lawrence Erlbaum.

Schein, E. H. (1980). *Organizational psychology* (3d ed.). Englewood Cliffs, NJ: Prentice-Hall.

Schein, E. H. (1992). *Organizational culture and leadership* (2d ed.). San Francisco: Jossey-Bass.

Schön, D. A. (1984). Leadership as reflection-in-action. In T. J. Sergiovanni & J. E. Corbally (Eds.), *Leadership and organizational culture* (pp. 36—63). Urbana: University of Illinois Press.

Selznick, P. (1957). *Leadership in administration: A sociological interpretation*. New York: Harper & Row.

Sergiovanni, T. J. (1984). Leadership as cultural expression. In T. J. Sergiovanni & J. E. Corbally (Eds.), *Leadership and organizational culture* (pp. 105—114). Urbana. IL: University of Illinois Press.

Shafritz, J. M. (1988). *The Dorsey dictionary of politics and government*. Chicago: The Dorsey Press.

Shafritz, J. M. & Ott, J. S. (2001). *Classics of organization theory* (5th ed.). Fort Worth, TX: Harcourt College.

Stogdill, R. M. (1948). Personal factors associated with leadership: A survey of the literature. *Journal of Psychology*, 25, 35—71.

Stogdill, R. M. (1974). *Handbook of leadership: A study of theory and research*. New York: Free Press.

Stogdill, R. M., & Coons. A. E. (Eds.). (1957). *Leader behavior: Its description and measurement*. Columbus: Ohio State University Press.

Tannenbaum, R. J., & Schmidt, W. H. (March-April, 1958). How to choose a leadership pattern. *Harvard Business Review*, 36(2), 95—101.

Tannenbaum, R. J. & Schmidt, W. H. (May-June 1973). How to choose a leadership pattern. *Harvard Business Review*, 51(3), 1—10.

Tannenbaum, R. J. Weschler, I. R., & Massarik, F. (1961). *Leadership and organization*. New York: McGraw-Hill.

Tichy, N. M. (1983). *Managing strategic change: Technical, political and cultural dynamics*. New York: John Wiley.

Tichy, N. M., & Devanna, M. A. (1986). *The transformational leader*. New

York:John Wiley.

Tichy, N. M. , & Ulrich, D. O. (1984). The leadership challenge—a call for the transformational leader. *Sloan Management Review*, 26, 59—68.

Vroom, V. H. (Winter, 1976). Can leaders learn to lead? *Organizational Dynamics*.

Vroom, V. H. , & Yetton, P. W. (1973). *Leadership and decision making*. Pittsburgh, PA: University of Pittsburgh Press.

Weick, K. E. (2001). Leadership and the legitimation of doubt. In W. Bennis, G. M. Spreitzer, & T. G. Cummings (Eds.), *The future of leadership* (pp. 91—103). San Francisco: Jossey-Bass.

Wheatley, M. J. (2000). *Leadership and the new science*. San Francisco: Brett-Koehler.

Zaleznik, A. (1967). *Human dilemmas of leadership*. New York: Harper & Row.

1 命令的下达*

玛丽·帕克·福利特

对某些人来说，下达命令似乎是一件非常简单的事情；人们总是希望他们所下达的命令能够确定无疑地被服从。然而，另一方面，许多商界经理人敏锐的常识表明，下达命令总是困难重重。要求人们毫无疑问地去服从那些不受赞同甚至可能是让人难以理解的命令，是不可取的商业政策。进一步从心理学的角度和我们的观察来看，通过命令或是规劝的方法，不仅不能让人们做出令人满意的工作，而且即使你已经从道理上说服了他们，甚至使他们在理性上确信了，也未必就足够了。甚至得到了"被监管者的赞成"，也往往不能使命令得到完全的执行。这是雇员代表制度提倡者的一个重要考虑。因为我们过去的全部生活，早期的学习以及后来的经历、情感、信仰、偏见、希望，所有这些形成了某种思维定势，心理学家们把它们称为习惯模式、行为模式或运动趋势。

因此，在命令下达者和执行者之间仅仅达成理性的一致几乎不起作用，除非你改变人们的习惯模式，否则你就不能真正地改变你的下属。

如果要进一步分析这一问题，我们有必要做以下三件事情，让我用心理学的语言来描述：(1)树立某种态度；(2)准备释放这种态度；(3)增大已释放的反应。用商业的语言来表述，这意味着什么呢？心理学家为我们提供了一个推销员的例子。推销员首先在你身上激起购买他的商品的念头；接着，就在你进行"心理活动"的一瞬间，他为你准备好了合同等待你签署，你的想法也就因此

---

* 来源："The Giving of Orders"by Mary Parker Follett, in Scientific Foundatios of Bussiness Administration(Baltimore：Williams &. Wilkins Co. ,1926)。

而释放了。然后，正当你准备签字的时候，一个人跑过来对你说他非常满意他所买的这件商品，这也就增强了你做出的反应。

如果我们把上述原理应用于命令的下达和遵守就会看到，只有当借助于已有的习惯模式或者创立新的行为模式的时候，人们才能很好地服从命令。

这是需要我们慎重考虑的一个问题，因为从一个角度来说，商业上的成功主要取决于我们的商业活动是否被很好地组织和管理，并由此形成一定的习惯和心理态度。对于许多思想陈旧的雇主来说，很难理解"命令不会取代训练"这样的理念。我想强调这一点。雇主经常因为工人"不愿"按他的指令做事而生气。而事实的真相是这个雇员不会，确实不会这样做。因为这样做，违背了他长期以来形成的习惯。整个问题可以放在教育的论题之中，因为在那里我们可以看到许多企图用独断专权来代替培训的例子。历史上所有变革的结局，都显示了由于缺乏训练而造成的后果。

一个男孩可能对老师和同学所提出的同一个建议有着不同的反应。而且，他可能对老师在教室里或者和他一起散步时所提的同一个建议有着不同的反应。把这些事实应用于命令的下达，我们发现，命令下达的地点、环境都有可能对命令的接受产生影响。随着命令从总裁到主管的层层下达，命令的影响在逐步削弱。由此就可能认为，命令被有效执行的程度与命令下达路径的长度成反比。无论何时，以远程命令取代面对面的建议，总是有可能危害生产效率。然而，还有另外一个原因，我马上将要讨论。

我们说，命令的下达与命令的执行应该是通过循环行为进行整合的过程，那么我们所要做的就是寻找一些方法以促成这种整合。

关于发布命令或下达指示这一问题，心理学还有另外一项重要贡献：在命令发布者和接受者整合之前，在他们一方或双方个体内部通常先要进行一次整合。个体内部往往有相背离的两面性，如果你能够聪明地将这些都辨别出来，那么有时你就能预防弗洛伊德式的冲突，在急性期出现之前完成整合。

企业管理不得不经常考虑如何去解决这种在个体和团体内部产生的思想上的相背离性，不过成功解决这一问题的方法已经在一些部门得到了长足的发展。尽管我们仍然不能将之归结为对待雇员的技巧问题，但聪明的推销员知道这是他工作的主要部分。潜在的顾客在犹豫是否购买这个商品。一个能干的推销员是不会压抑顾客头脑中反对购买的念头的，因为那样可能会在购买之后让顾客心里产生后悔念头。他只有将顾客心里买与不买这件商品的原因统一、整合起来，这样他的推销才是成功的，否则他以后的生意将很难做成，最终他也不会成为最优秀的推销员。

上文所述已经超出了在文章开头所引用的心理学家告诉我们的那些内

容,他说"推销员必须在你身上激发起买这件商品的念头"。是的,但是他只能通过整合而不是通过压制来达到目的。

将这些应用于命令的下达,情况又将是怎样呢?一个命令传达下去,将会在命令执行者的内心激起是否执行它们的冲突。一个好的命令的下达应该能很好地对这种冲突进行协调统一。法院裁决往往武断地要求其中一方服从另一方,而不去尝试寻找两者协调的可能方法。也就是说,个体通常要对自己这方面的内部冲突承担起责任。这是法院和企业管理中应该尽力去避免的东西,即个体或团体的内部冲突。

也许,生产上的损失更多是由于不妥的命令传达方式而不是其他原因所造成的。在英国政府出版的《关于工人罢工和业主停工的报告》中,大量罢工的原因被描述成"据说是领班肆意干涉工人"、"据说是副领班的独裁专横行为"以及"据说是官员的傲慢专横"。我要说,将上层领导的独裁明确陈述为罢工的一个直接原因却很罕见,然而怨恨却潜伏着并且会在其他问题上爆发出来。改善待遇的要求总是足够明显的。我们发现有这样的情况,在飞机制造厂的金属和木工行业里,工人们宣称,只要他们遭受无视其感情和自尊的待遇,他们将以罢工回报之。我们也发现在与雇主签订的某些协议中有"应当以正确的态度对待工人,应当禁止威胁与谩骂"这样的规定。

在商店、银行或是工厂,当一项命令被主管、部门经理或雇员的顶头上司以不适当的方式发布时,在命令接受者身上会有什么反应呢?他会强烈地感到自己的自尊受到伤害,他内心的避难所被人践踏,接着便会变得怒气冲冲或者闷闷不乐或者戒心十足;他开始思考自己的"权力"——对任何人而言都是致命的一种态度。接着,用我们的话来说就是错误的行为模式被激发了。也就是说,他将随时可能做出有损于所在公司利益的行为。

这里也有一个更加微妙的心理变化过程。当你越是被"指挥",你在这一指挥模式中发生的思想活动就越多,你在这一模式中的地位通常也与指挥相对立。

雇员对上司喋喋不休的谩骂及专横跋扈的支使早已怨声载道,对我们来说这一情况并不陌生,但我们也忽视了这样一个极端:过于亲密的上下级关系使得上级在管理中忽视了自己的职责所在。他没有把自己当成是一个强有力的领导者,因此经常忽视了他工作的最主要问题:如何做好一个领导者应该做的事情。

接下来我们要讨论的问题是什么呢?那就是我们将如何避免这样的两个极端:在下达命令的时候过于专横,以及根本不下达命令。我想问你们将如何解决这个问题呢?我的解决办法是,在下达命令时命令者应该不带任何的个人色彩,把研究现状中所有的因素结合起来,找出规律并遵循它。只有这样,我们的管理才是成功的管理。这种命令的下达方式,正是当两个平级的人之间发生问题时采取的,也是应该采取的方式。销售经理是不会给生产经理下达命令的,反之亦然。他们各自研究市场,最终的决策都是根据市场的需求做出的。从理想化的角度来看,在领班与普通工人之间以及领导者与其下属之间就应该是这样的一种关系。一个人不应该命令另一个人做什么,而是应该两个人一致遵循来自当前状况的命令。如果命令仅仅是状况的一个部分,那么就不会产生谁来下达与谁来接受的问题,双方都接受状况的命令。雇主接受状况的命令,雇员也接受状况的命令。这样一来,不就是给整个企业的管理带来了一点不同的面貌吗?

科学管理一个最大的贡献就在于它使命令非人格化。从这点来看,科学管理的本质就在于找到现状中存在的规律。在科学的管理中,命令是凌驾于管理者和工人之上的,因为两者都必须遵循现状中的规律。我们所要做的不是如何让人们服从命令,而是如何去想出一些办法,使我们能够最好地发现特定现状所需要的命令。到那时,雇主可以下达命令给雇员,雇员也可以将命令传达给雇主。这些通常是发生得那么随意和自然。例如,我的厨师或速记员向我指出现状的规律,如果我认可我就会接受,即使这与我先前下达的某个"命令"相反。

如果领导者们能够使他们的命令非人格化,那么一方面专制的权威将不复存在,另一方面由于害怕行使权威而造成的自由放任给企业带来的危险也将消失。当然,我们应该行使权威,但这是基于现状考虑的权威。至此,尽管我们没有找到一个彻底解决矛盾的方法,但我们至少已经明白了问题之所在。

由于时间仓促,不能对这个问题进行深入的探讨,所以我们姑且把它称之为命令的非人格化,但更确切地说,这应该是一个命令再次人格化的问题。人与人之间存在着千丝万缕的联系,但我们需要通过人们周围的现状找到这些关系。一旦这些关系与赋予其意义和价值的环境分离,我们就无法拥有合理的关系。人与环境的分离会造成严重的伤害。我们刚刚已经说过,科学管理是非人格化的;更深的科学管理理念则告诉我们在整个情景中作为其一个组成部分的人际关系。

前面已经提到我们为什么应该用面对面的命令方式取代远程命令方式。通过上文的论述,我们找到了对这一原因的更令人信服的回答。并不是我们想要使面对面的命令方式成为对问题的共同研究,而是雇员及他的顶头上司或者雇员与该问题的专家可以最好地进行共同研究。

在本文之初,我强调要明智地预先建立起一个执行命令所需要的态度,正如我们在前文中考虑过的为了整合而预先建立一种态度。但是在我们考虑对现状的共同研究以及强调遵守其内在规律之后,可能会有所超越。或者说,我们现在更需要考虑:我们希望在何种意义上采纳心理学家的"预备态度"学说。

我们不应该试图创造我们"想要"的态度(尽管这是常用的措辞),而是要创造合作研究与决策所要求的态度。这一点即使对推销员也很重要。正如上文所提到的那样,一个好的推销员应该能够激起顾客购物的欲望,这样做的时候应该采取整合而不是压制的方法。至此,我们对如何实现这种整合已经有了一些头绪。

得体的语言在维持良好人事关系中的重要性,在前面我们已经论述过了。我们认为不管是"委屈"、"报怨",或者福特所说的"专门制造麻烦者",都不会引起错误的行为模式。而"命令"却会。如果这个词并不意味任何外部的权威或者独裁的权威,而只是现状的规律性,那么就需要用一个新词来取代它。命令通常为人们所反感,所命令的事情也会令人反感。人们不喜欢被命令,即使是被命令去度假。这样的例子不胜枚举。毋庸置疑,能够支配自己的生活是我们每个人最基本的愿望之一。把其称之为"坚持己见的本能"、"自发的本能"也还是没有完全将其说清。这是比"自我冲动"、"坚持己见的本能"还要复杂的东西,这正是人类的本性所在。

对命令下达这一问题的研究已经把我们引到了整个权威与服从问题的核心。当我们把权威与服从看作是整个环境的一个部分的时候,问题是否就变得明朗化了?这个观点已摆脱了人们在对待服从时感到为难的困境。在工会运动以及煤炭委员会的证词中,类似于"低人一等"、"下属"、"屈从"及"为某人意志所控制"这样的字眼频频出现。另外,有人这样对煤炭委员会说道:"'与'人共事是可以的,而明显感觉到低人一等地在别人手下工作则是令人不快的。""与"是一个非常好的介词,并不因为它意味着民主,而是因为它意味着职能的统一,这比民主的通常含义还要重要。对现状的研究便包含了对这一问题的探讨。

我曾两次碰到这样的情况,申请工作的女仆问我是否会把她当作一个下人来对待。第一次有人这样问我的时候,我还不明白她的真正用意。我想她可能不想去做那些最苦的工作,但后来我渐渐明白了,把她当一个下人来对待的时候就意味着她不得不在某人的意志下工作,她得无条件地服从而不能有自己的一丝判断。如果我们认为增强自尊能够提高人们工作效率的话,那么我们就应该自己做主。

与这一问题有密切联系的是工作中的骄傲问题。如果一个命令违背了工人或职员自己认为能带来最好结果的做这件工作的方法,那么他将可能不执行这一命令。这一难题就不能通过对现状的共同研究来解决吗？据说英国的工人有这样的特性："我知道怎样做我的工作,不需要别人告诉。"只要了解他们可能会比任何其他人都对该项研究有利,英国工人的这种特殊情况就可以通过对情景的共同研究来处理。

对于那些处于领导地位的人来说还会遇到另一个进退维谷的情况,那就是如何让下属在遵守命令的同时又能承担起本应由他承担的一定程度的责任？实际上,就我个人的经验来说,那些不假思索盲目遵守命令的人往往是那些不愿承担责任的人。按照能力与职责承担责任,通常是每个人生活中不可避免的,就如同分派责任是商业管理中至关重要的部分一样。

一个年轻的贸易工会会员曾对我说："仅仅作为一个雇员,我究竟会有多少尊严呢？"只要使他能够对工厂做出他最大的贡献,并相应担起他应担的责任,他就能够拥有他所有的尊严。

现在摆在我们面前的一个最棘手的问题是,如何在接受命令与承担责任之间进行协调。从我们对情景规律的研究中,我想这一问题是有可能得到解决的。

我们已经考虑了代号问题,显然命令就是一种代号。裁判员在起跑线一声令下："跑!"这是一个命令,但这个命令仅仅是一个代号。我们可以对雇员说"做这个,做那个……"但我们这样说是有其前提条件的,那就是我们双方对下达的事情已经公开地或心照不宣地达成了一致,我所命令的事情就是应该做的最好事情。这样命令就只是一个代号。如果从哲学或心理学的角度来看,我们仅仅把服从归之于我们为之奉献的职能性统一,那么我们就应该记住,更准确的叙述应该是:我们的职责就是为了这种统一以及这个过程。

接下来我们将面临一个在命令下达问题中最为复杂的问题。这个问题是很重要的,但我们只能作一个大概的分析。这就是我们所提到的情景演变。在这里我们一直强调命令必须同情景相融合,也必须被认为是如此。但是我们看到情景总是在发展变化的。如果情况一直不固定,那么可以说,命令就一直不能确定。如何阻止这一现象发生是我们的问题之所在。情况发生变化,可能是在命令被执行的时候,因为正是命令贯彻执行才造成了这样的结果。命令如何才能跟上情景变化的步伐呢？外部的命令是做不到这一点的,只有那些来自情景的命令才能解决这一问题。

进一步来说,如果对经验采取一种负责任的态度包含了对情景演变的了解,那么,对经验的自觉态度就意味着我们已注意到,情景的变化使我们自身也发生了变化;我们自身不发生变化时,情景也是不会改变的。

当我问一个很聪明的女孩子雇员代表以及利益共享制将给她工作的工厂

带来什么样的结果时,她微微一笑,回答我说"我们将不再需要工头"。她完全没有考虑到一个工头的职责并不仅限于监督工人工作,她的回答是有些好笑的,但是当我们透过她的回答,就能看出工人反对被监视这一问题真正意味着什么。

我已经看到过相似的例子被引用。许多工人感到被人监视是难以容忍的。关于这一问题,我们能够做些什么呢?不采用让工人反感的监视,我们如何才能行使正确的监督?监督是必要的,监督也是会遭到反感的,那么我们如何才能实行平等相待呢?有人说:"让工人自己选举监督者。"我认为这并不可行。

最后,我还想对同本文密切相关的几个问题略作说明。第一,何时以及如何去指出错误和明知故犯的行为?对于这一问题我们可以遵循这样的原则:不要为了批评而批评,只说那些对工作来说非说不可的话,以适当的方式,在适当的时候、适当的场合说话,要使你的话对你的下属有真正的教育意义。第二,由于命令的发布者被认为不是一个受欢迎的人,那么,他有时可以通过向下属发布一些好消息,或者将雇员们非常渴望的创新归功于他,以此来弥补他的不足。一个经理告诉我,他一直试图这样去做。我猜想这是一种行动主义心理学,但我仍然不能确信这是我完全赞同的方法。然而,就一个已经发布的错误命令来说,情况就不同了。错误命令的发布者也应该是将之改正过来的人,这并不是一个策略的问题,而是因为这种做法对他也更加有利。

2 执行人员的职能 *

切斯特·巴纳德

努力进行协调对于需要合作的系统来说是至关重要的,正如我们在具有沟通的组织系统中看到的那样。这样的沟通体系包含着众多的互联中心或者结点,只有在配置了执行人员后才能运作。可以说,由于沟通必须最终经过中心位置,执行人员就充当了沟通的渠道。但是既然沟通体系的目标是协调组织的各个部分,那么执行人员的功能就与组织活力和耐力本质上相关的工作相联系。至少到目前为止,沟通的目标必须通过正常的协调来完成。

执行人员的职能就是维持协作努力的系统。他们是非个人的。执行人员的职能并非如通常所说的那样是对一群人的管理。我认为,如果持有这种狭窄、片面的,严格意义上来说甚至是错误的概念,就不可能正确理解执行人员的工作。认为执行人员的职能就是对组织的管理也不是很确切,因为组织是作为一个整体由自身来管理的,而不是由执行机构来管理的。执行机构只是整个组织中的一部分而已。我们所讨论的执行人员职能可以看成是包括大脑在内的神经系统与人体其他部分之间的关系:神经系统通过引导,调节身体各部分更有效地适应环境从而来维持整个人体系统。但是很难说神经系统就管理着整个人体,因为人体很大一部分功能并不依赖于神经系统,相反神经系统倒要依赖于人体。

正如我将介绍的那样,执行人员的基本职能是与组织的各个部分相适应的。

首先,为组织提供沟通体系;其次,促进对基本努力的保障;再次,提出并

---

* 来源:Reprinted by permission of the publishers from "The Functions of the Executive" by Chester I. Barnard, Cambridge, Massachusetts: Harvard University Press, 1938.

确立目标。既然组织内各部分是相互联系、相互依赖的,那么执行人员的职能也是如此,不过它们又具有显著的特点,在实践上可以明显地区分开来。我们只会在结构复杂但规模并不一定很大的组织中遇到这样的情况。

Ⅰ. 维持组织沟通

在前面的章节中我们已经注意到,对于一个由多部门组成的组织来说,沟通中心和相应的执行人员是必需的。所以,建立一个沟通体系成为组织者的首要任务,也是管理机构的直接起源。如果一个组织是由某个人独自组建的,那么他可能很早就发现必须挑选一个代理人;而如果一个组织是自发组成的,那么这个组织的首要任务就是选出一个领导人。既然沟通只是通过人的代理来实现的,那么执行人员的物色和配置就成为建立沟通手段的一个具体方法,随后就是设置职位,这就创建了一个沟通体系;并且特别是在一个已建立的组织内,一旦职位出现空缺,马上就会被填补。

因此,建立并维持一个沟通体系的问题,即执行组织的首要任务,就始终是保持这两个阶段——执行人员与管理职位之间的有效结合。每个阶段又依次是执行人员问题的战略要素,一个发生变化,另一个的工作也要相应随之调整。这是执行人员职能的中心问题。其解决方案本身并不能完成所有这些职能的工作,但离开它其他功能就无法实现,没有它的圆满实现,其他功能也不能圆满实现。

1. 组织的架构

我们可以把执行人员职能的第一阶段——组织中职位的界定称为"组织的架构"。组织的架构受到了相对过分的正式关注,因为它可以简化为一整套明显的组织系统图、职位说明书、分工说明等。组织的架构在于调和组织需要完成的工作,即目标进一步细化成子目标、专项、任务等(这些还将在本文第Ⅲ部分做进一步讨论),能够利用的人员的劳务种类和数量,为了实现组织目标必须配备的人员的种类和数量,所需的激励,以及将这些因素结合在一起的时机和地点(这个内容在此不作详细讨论)。

很明显,这些因素都是相互影响的,而且会涉及将在后面要讨论的其他执行人员的职能。至于组织的架构是单独被提到的,那是建立在这样一个假设上:它才是战略要素,而其他因素则是固定不变的。但是,既然组织架构的任何一个变化的潜在目标都是要有效地影响所有其他因素,那么任何一个给定时期的组织架构都必然是先前组织架构经过一段时间演变的结果。所以,我们在讨论组织架构的时候,总是有必要基于当前的环境。

2. 人员

组织的架构不单在整体上依赖于组织的一般因素,还依赖于执行性职位可获得的各种服务,这是一个战略要素。一般来说,适用于其他更普遍的人事问题的激励的经济原则在这里也同样适用。但是,在这一特别阶层上各种影响因素和技术问题的平衡,不仅有别于其他形式的经济组织,而且在不同类型的组织中的表现也各不相同。

对执行人员而言,要求具备的最重要也是最基本的一种品质就是忠诚,自愿服从组织支配。要保持沟通渠道的正常运转,执行人员必须做到守时、尽职,而不允许玩忽职守。这种个人品质在普通组织中被称为"负责任",在政治组织中被称为"守规则",在政府机构中被称为对信仰和上级权威的"完全服从"。

忠诚和服从的品质是最难用有形的刺激来影响的,除了所有其他一切与其相同的东西外,它不能用物质或其他实在的刺激来换取。这在行业组织和其他组织中也一样。我们都知道,尽管有责任感的人常会被给予金钱或其他物质奖励,但责任感本身其实并不是从这样的物质刺激中产生的。

对于执行人员来说,他们比其他人更重视名誉。另外,对工作的兴趣以及对组织的自豪感也是不容忽视的激励因素。但是,这些因素对商业组织而言显得不太有效,相反物质激励却显得更为有效。这一部分是因为,在商业组织中给予物质激励来得更为容易,一部分也是因为在商业组织之间只有物质激励才是唯一可以区别价值的因素,而其他激励则大致相等。在很多情况下,物质激励也是对职员个人的一种重要辅助激励,因为名誉和职位责任已经在这些职员身上压上了很重的物质负担。因此,无论是教会还是社会主义国家,都不可避免地会给予高层官员直接或间接的物质激励。但是,在所有的组织中,物质激励可能都是非主要的和表面的。事实上,要想给执行人员以恰当的激励是很难做到的。在当前最容易实现的是有形的和物质的激励,但总的来说,它们都不充分且常常是失败的。[1]

---

〔1〕经过一定的实验和观察,我发现从某种意义来说那些志愿服务或半志愿服务(如半薪工作)的效率是最低的。它们看起来成本很低廉,但实际上却并非如此,因为那些非物质激励,如个人声誉、对工作的狂热、过分夸大个人作用等,往往会引起内部摩擦,最终造成令人不快的结局。但相反,在一些紧急状态下,或者在很多政治、慈善、公益、教育和宗教组织中,必不可少的服务往往不能通过物质激励来获得。

除了忠诚、责任感和对组织的认同外,个人还具有一些更为明确的素质。它们大致可以被分为两类:一类是相对比较普通的品质,包括机敏、兴趣广泛、灵活、适应能力、沉着、勇敢等;另一类是掌握的专业知识和技能。对于第一类素质,我们难以评价,因为它们是在先天品质的基础上经过长期生活实践形成的,难以通过短期教导获得。而第二类素质就相对比较容易获得,因为劳动分工,即组织本身在自动地培养这种素质,而且它是可以(花费一定成本)通过培训和教育得到的。到目前为止,我们有意识地培养了越来越多的业务专家,但是却没有投入太多的精力来培养执行人员,实际上我们对如何培养也知之甚少。

职员在组织的管理链中所处的位置越高,对他所要求的能力就越广泛。如果职员缺乏所要求的能力,加之组织必须使管理链尽可能地短,这些都支配着管理机构的工作,致使正式执行人员的职位被削减至最低限度,在许多情况下由其他专门职员在时间、精力和技能上补充了他们。通过精心而又细致的安排来纠正、克服由过分专业化以及管理链短小所造成的弊端,使得这种做法具有可行性。

于是,随着组织架构的发展,人员的选聘、提升、降职、解雇就成为维持沟通体系的根本手段。人员的选聘,尤其是提升、降职、解雇,都要依靠实力监督或者叫所谓的"控制"。

控制并不只和执行人员的工作有关,也和整个组织的工作有直接的关联,而且被有意识地应用于整个组织的运作。由于管理机构的正常运作对协作的成功至关重要,所以控制也就覆盖了大部分的管理机构。如果一个组织被认为是不成功的或者是低效的,如果一个组织不能促使它的职员努力工作,那一定是组织的管理出了问题,也就是说,组织的沟通体系或人际关系乃至两者都出了问题,或者说是与其直接相关的管理部门出了问题。当然有时情况并非如此,但大部分情况下往往可以下这样的结论。而且,要摆脱这些困境,首先还得依靠管理机构。由于控制所采用的方法和手段多种多样且涉及大量专业知识,所以在此不做具体讨论。

3. 非正式管理机构

维持一个非正式管理机构的一般方法是在选聘和提升执行人员中保持人员的适应状况。也许经常有人得不到提升或选聘,甚至反而被免职,这是因为他们在某一个环境中不能很好地发挥才能或者不适应这样的环境,而不是竞争力的问题。这里所说的适应涉及职员的学历、经验、年龄、性别、个性、声誉、种族、国籍、宗教信仰、政治观点、经历等,以及言谈举止、外表等个人特征。这方面几乎没有规则可循,除非基于其他一些正式的考虑。在正式组织中,这些情况能全面反映一个人的各方面关系。我猜想在政治、劳工、宗教、大学院校组织中这些个人情况会受到更多的关注,因为,相比众多其他组织,尤其是工业组织,这些无形的个人标志影响对政治、劳工、宗教、大学院校组织来说显得更为重要。当然毫无疑问,这对所有的组织来说都十分重要。

教育的需要(军队、教会、学校)提高了这种适应能力;某种生活背景(欧洲的军队、工会、专制政府、政党)提高了这种适应能力;各种会议、特别的社会活动、海陆军队、教会、大学院校中与特权和"权威"有关的阶级差别也能提高这种适应能力。某种不成文的,但有时会正式实行,用反说法表达的规定,比如说某些人的"举止不像个绅士或官员",也要求某种特定的适应性。还有许多其他程序,但它们很多本质上并不是自觉地用于这种目的。

有一点必须指出,这种适应程度并不总是一样的或者是越高越好。相反,我认为过分的适应和协调会导致职员的思想过分一致进而僵化,还会导致职员丧失责任感。尽管如此,我从好几个新的应急组织的运作经验得知,在这种组织中,缺乏完全与正式组织协调的非正式组织成长的时间和直接基础,因而要想保证实在和有效的合作任务是不可能的。

非正式管理机构的作用就是针对观点、建议、疑虑等一些无形的东西进行沟通。这种沟通是不可能通过正式渠道进行的,因为它不要求做出决策,也不需要高层的重视,也没有增加管理人员的工作负担。正因如此,非正式管理机构可以减少职员由于意见和观点相左所引起的分帮立派,还可以促进团队的自律;也有助于扩大各级领导人在组织中的个人影响力。当然,也许还可能有其他的作用。

下面我将只针对非正式管理机构的两个功能展开讨论。对一个组织来说,除非出现紧急事件或规定例行事务,否则应尽量避免发出过多的正式命令,这一点很重要[1],所以一些高级执行人员很少会通过正式文件的形式发布重大决定或命令,尽管他们始终在发挥着作用。而政治家们避免发布重大决定(并强加给反对方)的主要出发点则是基于组织的整体感觉。在人类发展的当前阶段,无论是权威还是合作方,对于正式的决定和命令都不会有太多明显的分歧,所以大部分的法律、命令、决定都会通过正式公告生效,这样就可以

---

[1] 当写到这里的时候,我努力地想回忆起自己在作为一家电话公司的执行人员的两年中曾主动做出的重大决定,但是根本就想不起来,而事实上,经我查阅事本,发现自己还是做出过几条的。相反,我却能不翻阅记事本立即回忆起自己作为救济官员时所做的一些主要决定,在任此职的 18 个月里,我每天平均至少要做出 5 个决定。在后面这个例子中,我所在的是一个非常崇高但又是非常不正式的应急组织。

使大家的思想达成一致，有助于威信的形成。

个人的影响力在组织中十分微妙。大多数好的组织都会有一个领导集团，其中很多人发挥着远超过他们本身正式职位所具有的影响力，但如果此时给予他们和这种影响力相称的职位，反而会使他们失去这种影响力。造成这种现象的原因可能是由于很多人处在和影响力相称的正式职位上时会承受不了相应的压力，无法发挥出本身的潜力。与此相类似，我注意到许多一流的高尔夫选手在公开比赛时常会发挥失常……

Ⅱ．保证职员履行本职

管理机构的第二个作用是保证职员履行本职，因为这些职责构成了组织的本质内容。

管理机构的这项工作可以分为两个主要任务：一个是吸收职员并使其融入组织；另一个是在职员融入协作关系后促使他们努力履行工作职责。

1. 第一个任务的特点是组织要对外部人员产生吸引力。这个任务的目的不仅是为稳定新组织的人员或为已有组织的扩张招募新人，也是为了补充因死亡、辞职、移民、解雇、开除等所造成的人员空缺。为了达到这个目的，组织就必须提供一系列有诱惑力的待遇条件来吸引人才。相应的这一任务又可再细分为两部分：一是吸引有才能的新人靠近组织；二是努力将他们招募进入组织。尽管这一任务的两部分往往都是由组织中相同部门或人员来实施的，但是这两部分还是有明显的区别，各自具有不容忽视的特点。

(1)不同的组织在招募职员或发展新成员时，对新成员的来源范围会有不同的限制，所采取的招募方法也各有不同。一些宗教组织特别是天主教会、新教教会、摩门教会都有一种理想，希望能让所有的人都皈依该教，认为整个世界都是他们传教布道的领域。美国曾有很长一段时间大开门户欢迎全球的移民。但是也有些组织限定活动的数量和限制宣传的范围，例如，一些国家为了控制人口持续增长而限制移民，只允许在本国出生的人才能成为该国公民；美国退伍军人协会只吸收曾服过兵役的人加入组织，等等。而有些组织则是用某种比例来进行限制，例如，一些大学虽然原则上向所有人开放，任何人都有入学的资格，但是学校为了既保持学生来源的世界性，又保证本国学生的优势，往往会按学生的地域、种族、阶级设定一定的名额分配比例，从而限制学生的入学申请，等等。从理论上说，工业和商业组织在理论上则是受社会适应性加上宣传成本两方面的限制。如果由于地理位置太远而使招募新职员的效率很低，这些组织就会放弃这种努力……

(2)努力引导被招入组织的新职员认同其组织,是招募新人工作更为正常和例行的一部分,这其中包括前面描述过的劝导、激励和直接协商等方法。总之,所使用的方法数量很多、范围很广……[1]

2. 虽然招募新人的工作在大多数组织中都很重要,特别是在那些新成立或正在迅速扩张的组织,或者是在人员流动很大的组织中;然而在那些比较平稳的组织中,提高职员工作的数量和质量则通常更为重要,往往会占用人事部门很大一部分的精力。由于成为雇员就获得了显而易见的成员资格,招募新人的工作比较容易被视为人事工作,而不是提高职员努力和影响实际成就,而后者是对一个组织来说真正最为重要的事。[2]成员资格,这种名义上的归附只是一个起点,只做好这些是无法使一个组织充满活力而富有效率地生存下去的……简而言之,任何组织想要生存下去,就必须倾注更多的努力来保持组织内部的良好沟通、有效性和高效率,而这些则取决于对已与组织发生关系的职员的吸引力……

Ⅲ. 目的和目标的形成

执行人员的第三个职能是确定组织的目的和目标。严格来讲,目的是行动的总和,而不是语言的堆砌;而且,行动的总和是在一定的环境中,大家按照一定的目的所做努力的结果,它最终会变成具体的行为。前面已经强调,目的必须被组织内所有成员所认同,而且必须分解成具体的目标——不仅要根据协作工作的进展情况及时分解成更为细小、具体的目标,同时也要根据地域、社会、职能分解得更具有针对性,便于组织内各部门执行。与其他执行人员职能相比,这个职能更为明显地需要由整个组织来参与完成,单个执行人员在任何情况下都是不可能单独实现这个功能的,他最多只能做好与自己在管理机构那个位置上相关的那一部分职能。

因此,这个职能的关键就是职责的分配,也就是权力的授予。在某种意义上,这一职能的潜在作用就是设置职位结构和沟通体系,这在前面已经讨论过了。它还有其他方面的作用,就是进行实际的决策,使组织真正运作起来。例如,首席执行官会说:"这是目的,这是目标,这是方向,总而言之,我们希望今年

---

[1] 在此我不得不重复一遍,尽管我一直在强调职员对组织的重要性,但只要涉及工业组织,仍然还是要强调顾客的重要性。在此讨论的招募新人的原则同样适用于营销工作。

[2] 举个例子来说,在公务员规章和政府任命中,大家都非常重视职位的获取和维持,而对服务却相对很少关注。

就要达到。"而他的部门经理或大区负责人会对自己部门或下属部门说："这些是我们现在要做的,那些是下个月要做的,其他以后再做,大家先干起来。"而他们的下属部门的负责人会说："某某现在处理这些事情,某某现在处理那些事情,其余明天处理。"然后一层一层延续下去将任务分解得越来越具体……

目标的制定和确立是一个广泛分布的职能,而执行只能算是其中一个较总体的部分。事实上,合作组织运作最大的困难在于:使组织的底层成员清楚了解组织的目的、重大决定,从而一方面增强凝聚力,一方面保证他们最终的具体行为和组织的目的保持一致;同时使组织的高级成员始终了解具体情况并详细掌握最终的执行者是谁、来自哪个部门。如果没有目的决策从上到下一条线的协作体系,那么总体决策和总体目的只能是被层层误解与现实隔离的组织真空中的一种智力游戏。要孕育并出台一个重大的决定需要一个灵敏的沟通体系,需要有诠释的经验、想象力和责任委派。

也许没有人能把执行人员的职能想得那么深刻和全面,也没有人像我那样把执行人员的职能加以描绘,但我还是要指出,上面描绘的这些执行功能都只是一个有机整体的组成要素而已。它们在工作体系中的结合才构成一个组织。

而这种结合会受两个相互对立因素的影响。首先,执行人员职能之间的相互作用和调整部分地取决于组织的环境因素,即作为一个整体的组织体系及其所处的环境。这又在根本上涉及分析的逻辑程序和关键因素的辨别……

3 领导者生命周期理论*

保罗·赫西,肯尼思·布兰查德

近年来,"对任务和人际关系的重视"被视为领导行为的两个要素频繁出现在各种管理理论著作中。这两方面被贴上不同的标签,如"专制"与"民主"、"独裁主义"与"平均主义"、"雇员导向"与"生产导向"、"目标管理"与"团体管理"、"工作能力"与"沟通能力"、"机械化"与"人性化"、"效率"与"效能"等。这些成对的概念与"任务和人际关系"这对概念之间在文字表述上的差异似乎要比实质内容上的差异更大些……

俄亥俄州立大学关于领导行为的研究

曾有人认为注重任务和注重人际关系是两种不同的领导模式,在实践中只能选择其中之一,但是最近几年,这种观念已逐渐转变。尤其是,俄亥俄州立大学商业研究所在1945年开始的领导能力研究,对于领导模式是否可以被描述为一种单一的连续体提出了质疑。

为了更好地描述领导者的行为活动,俄亥俄州立大学的研究人员将领导行为划分为"创设结构"(任务)和"关怀"(人际关系)两个最重要的方面。"创设结构"就是指"领导者确定自身和工作团队中其他成员之间的关系,建立明确的组织模式、沟通渠道和工作程序的各种行为"。而"关怀"指的是"在领导

---

*来源:This article is reprinted as originally presented in the May 1969 issue of Training and Development Journal. The current information is available from The Center for Leadership Studies, Inc. , Escondido, California. Used by permission.

者和员工之间建立和维持友谊、相互信任、相互尊重、友好关系的各种行为"。

研究人员在随后的研究中发现,事实上领导模式因人而异,差异很大:有些领导者喜欢严格地安排下属的活动,促使他们完成任务;有些领导者注重和下属建立并保持良好的个人关系;有些领导者则会两者兼顾,但也有些领导者对两者中的任何一方都基本不感兴趣。总之,并不存在一种占绝对优势的领导模式,相反,更多的是各种模式的组合。因此,要在注重任务和注重人际关系两者中确定领导模式并不像在独裁和民主之间只能选择其中之一。事实上,这些领导模式可以用一个坐标体系的不同象限来分别表示。俄亥俄州立大学的研究人员用"创设结构"和"关怀"做坐标轴建立了一个坐标体系,用四个象限分别代表四种不同的领导模式,如图 1 所示。

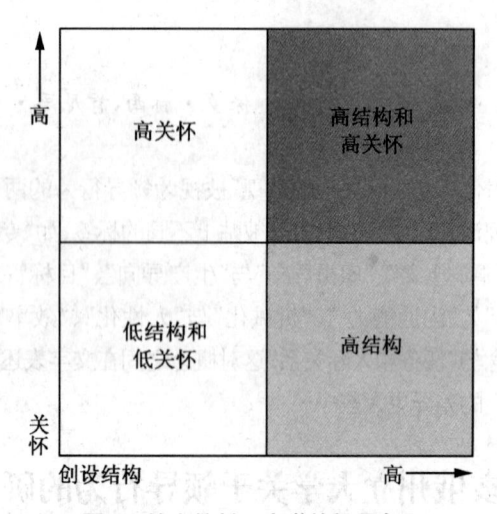

图 1 俄亥俄州立大学的领导象限

管理方格

罗伯特·R. 布雷克和简·S. 穆顿在他们的管理方格中将领导行为的任务和人际关系这两个要素通俗化,并将它们广泛运用到各种组织和管理开发项目中。

在管理方格(见图 2)中,根据对生产(任务)的注重程度和对人员(人际关系)的注重程度的高低将领导模式划分为五种,并将它们相应地标注在由俄亥俄州立大学研究人员提出的四象限坐标体系中。

横轴代表的是对生产的注重程度。刻度越大,表明领导者对生产的关怀程度越高。刻度为9时，领导者对生产的关怀达到了最大。

纵轴代表的是对人员的注重程度。刻度越大，表明领导者对人员的关怀程度越高。刻度为9时，领导者对人员的关怀达到了最大。

这种方格图，实质上是在为俄亥俄州立大学研究的四象限体系上的五个点做出了更为通俗的解读。

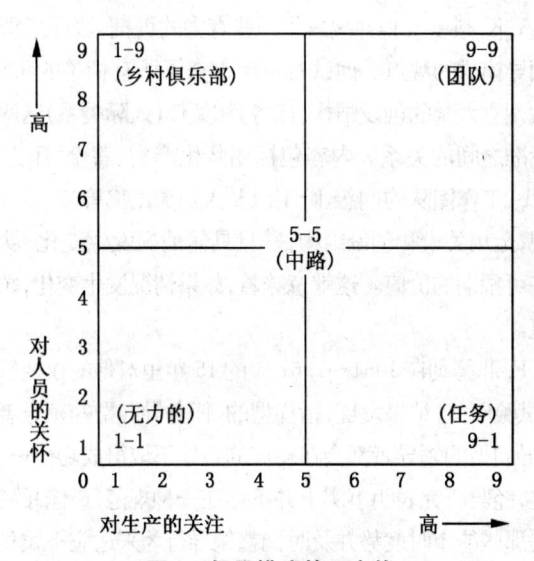

图2　领导模式管理方格

"最佳"领导模式

在认识到任务和人际关系是任何领导行为的两个核心要素后，一些管理学著作提出了"最佳"领导模式的概念。他们中大部分人或者支持一种结合型的领导模式（即高任务加高人际关系），或者坚持随意的、民主的人际关系领导模式（即高人际关系）。

俄亥俄州立大学的安德鲁·W.海尔平在对学校主管人员的管理行为进行研究后指出："有效的或是令人满意的领导行为应该同时具备高等级的创设结构和关怀；相反，低效的或者是令人不满意的领导行为则在两方面都处于比较低的等级。"也就是说，海尔平认为高度关注和高度创立结构型模式就是理论上最理想的或者是"最佳"的领导行为；而两方面都低的模式则是理论上"最差"的领导模式。

布雷克和穆顿在他们的管理方格上也指出最理想的领导模式是"团队管理"（即对生产和人员的最大重视），而最不理想的则是"无力管理"（即对生产和人员的最小重视)。事实上,他们也开发了一些相应的培训课程,专门帮助管理人员向"团队"模式转变。

领导模式应因地制宜

1966年,A. K. 科曼收集并披露了一些有力的证据,驳斥了那些认为存在单一"最佳"领导模式的观点。他试着重新审查了所有相关的研究,这些研究考察了俄亥俄州立大学的创设结构(任务)和关怀(人际关系)这两个要素与各种效能衡量标准之间的关系。内容包括团队生产力、薪金、压力下的业绩表现、管理的声誉、工作团队的抱怨、旷工以及人员流动率等。

科曼发现,运用关设和创设结构,一旦具体情况发生变化,从效能的角度来看并不存在可预期的价值。这就意味着,如果情况发生变化,领导模式也要做相应的调整。

弗雷德·E. 菲德勒在1951~1967年的15年里对他的权变领导模型进行了50多例的试验研究,结果发现,指挥型的、任务导向型的领导者和非指挥型的、人际关系导向型的领导者都会在相应的条件下取得成功……

总而言之,经验研究表明事实上并不存在一种规范(最佳)的领导模式,成功的领导者是那些能审时度势并及时调整领导行为来适应下属和所处环境的人。效能取决于领导者、下属和其他环境因素。为了提高效能,领导者必须能根据他所处的环境来诊断自己的领导行为,除了审视下属,还包括处理好机构、上级、合作伙伴以及工作需求等各种变量。这里所列举的虽然并不全面,但还是包含了许多对不同组织领导者很重要的相互影响因素。

增加效能要素

为了更确切地衡量领导者在特定情况下发挥的作用,研究者在原有的俄亥俄州立大学的二维模型上又增加一个代表"效能"的维度,如图3所示。

由此构成了一个三维模型,称之为领导效能模型。这一模型试图将领导模式的概念和特定环境的要求结合起来。如果结果显示某种领导模式是适合特定环境的,那么就认为它是有效的;反之,如果不适合特定环境,那么就认为它是无效的。

如果我们接受这个观点——领导者领导行为的效能取决于他所采用的领导模式和所处的环境状况(下属、其他环境变量)之间相互作用的结果,那么我们就可以得出这样的结论,即俄亥俄州立大学模型描绘的四种领导模式中的任何一种在特定环境中都有可能是有效的,也有可能是无效的……

注重任务的领导模式对于一名作战指挥官可能是有效的,但在其他情形下却不尽然,即便是在军队里。在西点军校就曾出现过这样的事例,一些受过训练的指挥官被派往隶属于一个高级警戒系统的远程预警线指挥所,但其任务导向的领导模式并没有受到住在北极地区封闭营房中的科研人员的积极响应,这些人员的受教育程度高,也很成熟,在工作中并不需要太多的指挥,相反,他们还可能会对此产生抵触情绪。

其他一系列针对技术人员和科研人员的调查研究也表明,这类人群中的很多人其实只需要一点点社会情感支持。也就是说,有些情况下,一些人所认为在理论上低效的低任务和低人际关系模式也许是最适宜的领导模式。

总而言之,一位出色的领导者必须能及时诊断所处环境的需要,然后要么调整自己的领导模式以适应这些需要,要么采用一些手段来改变部分乃至所有的环境变量。

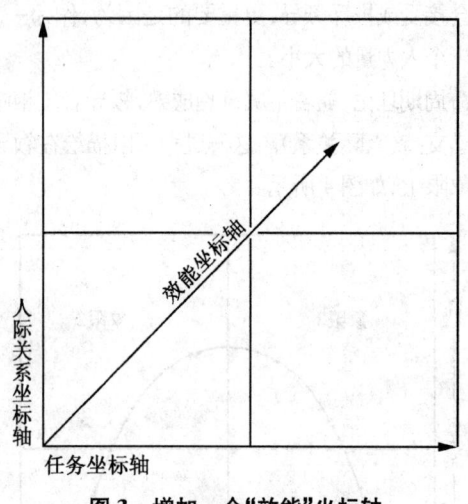

图3 增加一个"效能"坐标轴

态度模型与行为模型

进一步分析管理方格可以发现,其中无论是对人员的关怀还是对生产的注重都是态度性的,即对某种事物的感觉或情感。相反,俄亥俄州立大学模型(创立结构和关注)和领导者效能模型(任务和人际关系)则是建立在对领导行为进行观测的基础之上。这就是说,俄亥俄州立大学模型和领导者效能模型用来评测领导者的行为表现,而管理方格则用来评测领导者对生产和人员的偏好程度。如前所述，领导者效能模型源于俄亥俄州立大学模型，但两者又有所区别，前者在后者的行为二维坐标体系上又增加了一项"效能"坐标轴。

尽管管理方格和领导效能模型是从不同角度来评测领导模式的，但这两者并非是相互排斥的。然而，由于人们习惯于通过分析管理方格这一态度模型来选择最佳领导模式，这样便会产生一个矛盾：尽管在很多组织中都需要充分注重生产和人员，但偏好这种领导模式的管理人员会发现，建立一个高度的结构和提供充分的社会与情感支持并不总是合适的。

……科曼认为，创立结构和其他变量之间的关系更有可能是曲线关系而不是线性关系。我们研究出来的领导生命周期理论就基于这一点，即将任务、人际关系以及"成熟度"之间的关系理解成是曲线型的。这一理论将有助于领导者理解有效的领导模式与下属的成熟度之间的关系。领导生命周期理论的重点是下属。正如菲尔摩·H. 桑福德所指出的，有理由认为，下属"是任何领导行为中最为关键的要素"。在任何情况中，下属都至关重要，这不仅仅是因为作为个体他们会接受或排斥领导，更重要的是因为，作为一个团队，他们实际上决定着领导者个人力量的大小。

根据领导生命周期理论，随着下属日趋成熟，领导者应相应逐步减少结构（任务）和社会情感支持（人际关系）。这一过程可以描绘在领导效能模型的四个基本领导模式象限上，如图 4 所示。

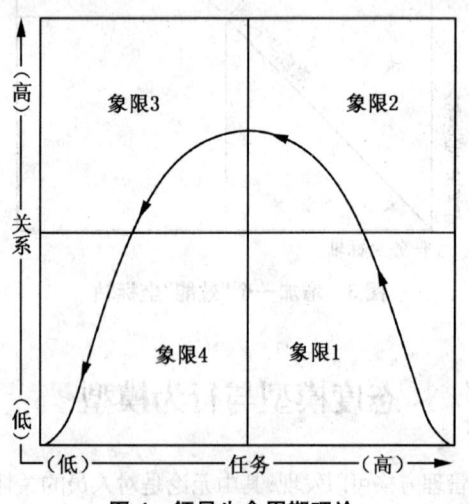

图 4　领导生命周期理论

在领导生命周期理论中，成熟度被定义为一个人或一个团体的相对独立性、承担责任的能力以及进取心。成熟度的这些组成因素通常受成员教育水平和工作经验的影响。在这当中，年龄虽然也是一个因素，但它并不是一个与成熟度直接相关的因素,因为这里所关注的是心理年龄,而不是生理年龄。该理论认为,开始时下属并不成熟,需要指挥(任务)型的领导模式,但是随着下属的日趋成熟,领导者应该相应地依次采取(1)高任务—低人际关系模式;(2)高任务—高人际关系模式;(3)高人际关系—低任务模式;(4)低任务—低人际关系模式。

大家都非常熟悉的父母—子女关系可以作为一个例子来说明这一理论。随着孩子逐渐长大成熟,父母应更多地给予社会情感支持,而少一些指挥和安排。经验告诉我们,如果父母在孩子足够成熟前给予过多的自由度,反而会将孩子惯坏,只有在孩子逐渐成熟而能自己承担责任时,父母才可相应给予他们更多的自由……

领导生命周期的其他方面

父母—子女关系只是领导生命周期的一个例子。在其他组织的上下级关系中,也可以看到这种周期的存在。在研发型工作中就可以找到这样的有趣例子。在和受过高级训练和高等教育的研发人员一起工作时,低任务—低人际关系模式可能是最有效的领导模式。然而,在某一项目进展的早期阶段,领导者还是需要做出一些必要的指挥、安排,以建立起该项目的各项规定、制度,而一旦这些规定、制度建立完善,领导者就要迅速从"项目阶段"领导模式转回到成熟的低任务—低人际关系领导模式。

我们注意到,现实中大部分团队都不能达到周期曲线的后部弯曲部分。但一些证据表明,随着团队教育程度和经验的增加,领导模式会相应地往这个方向发展。但是,另一方面,工作性质往往会成为员工成熟的一个限制因素,如汽车厂装配流水线的操作工作,这种工作指令性强,难以提供成长的机会。工人在这种单调的工作中很少能控制周围环境,往往会变得被动、依赖。

生命周期与管理权限

多年来,众多的管理学著作家议论纷纭,认为一个管理人员只能够做到监管为数不多的几个人,所以,任何管理人员的管理权限都应该被控制在一定的范围内……

……然而,领导生命周期理论却认为,管理权限可能并不取决于管理等级,而取决于下属的成熟度。下属越独立、承担责任的能力越强、越有进取心,那么管理人员就能管理越多的人。理论上,如果每个人都完全成熟并能对自己的工作负责,那么管理人员能管理的人数应该是无限的。但这并不是说在这种情况下已经不再需要控制和管理,而只是因为下属能控制自己从而不需要外在的管理人员。既然在一个组织中处于较高层次的人往往更加"成熟",他们需要的控制和管理要比处于较低层次的人少。因此,似乎可以认定,高层管理人员能比低层管理人员管理更多的人。

结　论

伦西斯·利克特经过研究发现,表现最好的管理人员都是以雇员为中心(注重人际关系)的,而那些以工作为中心(注重任务)的人往往都是些低效率部门的管理人员。这里面似乎存在着某种关联,但哪个才是因果关系的根本因素呢?究竟是管理人员的领导模式决定了工作效率,还是工作效率决定了管理人员的领导模式?利克特认为,实际情况很有可能是这样的,在高效率部门里只需普通的监管就够了而用不着过多的监督,只需要沟通就够了而用不着过多的指挥,所以管理人员很快就明白他的下属已相当成熟并能控制自己的环境,于是他就能腾出更多的时间来处理其他事务。相反,在一个低效率部门里,管理人员会发现除了以任务为中心外,他别无选择,如果他试图采用注重人际关系的领导模式,那么很有可能会被误解为在容忍甚至鼓励这种低效率。因此,最关键的还是管理人员要能审时度势,改变领导模式。

改变领导模式

利克特和其他行为科学家得出的结论所遇到的问题来自于执行。专业人员认为,以雇员为中心的管理要比以任务为中心的管理更有效率。为了让他们的发现一夜之间付诸实施,他们鼓励所有的管理人员都朝雇员导向的领导模式发展。于是,一个多年来一直奉行任务为中心的专制型管理者很可能会被要求转变领导模式,做到"与时俱进",而他在参加了"人际关系"培训课程后,也会试图在工作中运用他所学到的那些人际关系技巧。但问题是,他的性格并不适应这种新的领导模式。如果他仍坚持要试,那么一切顺利的话,也许不会有什么麻烦,但一旦出现重大问题或危机,他很容易就会再次回到原来的领导模式上。最终,在新学的人际关系领导模式和旧的任务领导模式之间摇摆不定,毕竟他已习惯了老的领导模式。

通用电气公司曾对它的一个涡轮发电机厂进行过一次调查研究,这个研究项目证实了上述的观点。该研究项目对约 90 名领班的领导模式进行了分

析,将它们划分为"民主型"、"专制型"和"混合型"。索尔·W.盖勒曼对研究结果做出了这样的报告:

在该工厂中,那些领导模式被评定为"混合型"的领班所带的工人士气最低。通用调研小组认为,这些领班很可能在工作中经常变换策略,有时候很宽容,有时候又很残暴,这在一定程度上使他的工人不知所措,搞不清楚他到底会怎么对待他们。往往是那些接受过人际关系培训而天性又是很严厉的管理人员会采用这种方式;而这种领导模式使他比得到"合作"前更难开展工作。

因此,转变管理人员的领导模式是一个艰难的过程,需要花费相当长的时间才能实现。那种希望一夜之间发生奇迹的想法只会给管理人员和他的下属带来挫折和不安。但尽管如此,各行各业还是每年都投入数百万美元来开展此类培训和开发项目,希望有效地转变管理人员的领导模式。费德勒指出:

一个人的领导模式……反映了他个人的基本动机和需求结构。最快也要用两三年的时间进行密集的心理培训,才能使一个人的性格结构发生转变。但是,在绝大多数情况下,只经过几个小时的讲座和角色扮演,或是一两个礼拜的强化训练课程,是不可能改变一个人的核心价值观的。

他的这一观点得到了广泛的认同。确实,要想一夜之间转变管理人员的领导模式非常困难。但这也不是毫无希望的,最多只是一个缓慢而代价高昂的过程,需要精心的计划和极大的耐心。实际上,利克特研究发现,根据规模和复杂度的不同,在一个组织中有效推广、实施新的管理理念大概需要 3~7 年的时间。

改变工作表现

上面讨论的是很难在一夜之间改变管理人员的领导模式,而我们下面要讨论的是这样做是否合适。如果一个团队一直表现不佳,那么在引进一位以雇员为中心的管理人员后,工作业绩是否马上就能得到提高呢? 实际上,下属们很有可能会利用他,认为他"好欺负"。这些下属还不够成熟,尚未能承担更多的责任。因此,管理人员必须循循善诱,随着他们逐步成熟,才渐渐地从以任务为中心转向以雇员为中心。如果一个人的工作表现差,我们不应寄希望于一夜之间他会有急剧的转变,而应该改变对他的期望,并改善激励机制。关键是要经常奖励他们的"逐步接近"。所谓逐步接近,就是指下属的行为表现不断变好,逐渐接近管理人员的期望。就像对待孩子学习新行为一样,管理人员不应该期望下属在一开始就会有高水平的表现。作为一名家长或老师,随着孩子的行为逐渐接近所希望的水平,就应不断地给予积极的奖励。所以,管理人员必须及时注意到下属的任何一点进步,并给予适当的奖励。

从象限1到象限2、3和4(图4),这样一个周期的转变是渐进的。这一过程本质上不是一种革命,而是一种进化,即是一种渐渐进步的变化,它是按照计划发展的结果,是相互信任、相互尊重的产物。

参考文献

1. Robert F. Bales. "Task Roles and Social Roles in Problem‑Solving Groups."in *Readings in Social Psychology*. E. E. Maccoby, T. M. Newcomb and E. L. Hartley(eds.), Holt, Rinehart and Winston, 1958; Chester I. Barnard, *The Functions of the Executive*, Harvard University Press, 1938; Dorwin Cartwright and Alvin Zander(eds.), *Group Dynamics: Research and Theory*, second edition, Row, Feterson and Co., 1960; D. Katz, N. Maccoby, and Nancy C. Morse, *Productivity Supervision, and Morale in an Office Situation*, The Darel' Press, Inc., 1950; Talcott Parsons, *The Social System*, The Free Press, 1951.

2. Roger M. Stogdill and Alvin E. Coons(eds.), *Leader Behavior: Its Description and Measurement*, Research Monograph No. 88, Bureau of Business Research, The Ohio State Univ., 1957.

3. Stogdill and Coons, *Leader Behavior*... See also Andrew W. Halpin. *The Leadership Behavior of School Superintendents*, Midwest Administration Center, The University of Chicago, 1959.

4. Robert R. Blake and Jane S. Mouton, *The Managerial Grid*, Gulf Publishing, 1964.

5. Halpin, *The Leadership Behavior of School Superintendents*.

6. Robert R. Blake, et al., "Breakthrough in Organization Development," *Harvard Business Review*, Nov.-Dec. 1964.

7. A. K. Korman, "'Consideration,''Initiating Structure,'and Organizational Criteria— A Review," *Personnel Psychology: A Journal of Applied Research*, Vol. 19, No. 4(Winter, 1966), pp. 349—361.

8. Fred E. Fiedler, *A Theory of Leadership Effectiveness*, McGraw-Hill, 1967.

9. Paul Hersey and Kenneth H. Blanchard. *Leader Behavior*. Management Education & Development, Inc., 1967; see also Hersey and Blanchard, *Management of Organizational Behavior: Utilizing Human Resources*. Prentice-Hall, Inc., and William J. Reddin, "The 3-D Management Style Theory," *Training and Development Journal*, Apr. 1967.

10. Fillmore H. Sanford. *Authoritarianism and Leadership*, Institute for Research in Human Relations, 1950.

11. Chris Argyris, *Personality and Organization*, Harper & Row Publishers, Inc. ,1957; *Inter-personal Competence and Organizational Effectiveness*, Dorsey Press, 1962; and *Integrating the Individual and the Organization*, Wiley, 1964.

12. David C. McClelland, J. W. Atkinson, R. A. Clark, and E. L. Lowell, *The Achievement Motive*, Appleton-Century-Crofts, Inc. ,1953, and *The Achieving Society*, D. Van Nostrand Co. ,1961.

13. Peter E. Drucker, *The Practice of Management*, Harper & Bros. ,1954, pp. 139—40.

14. Rensis Likert, *New Patterns of Management*, McGraw-Hill, 1961.

15. Saul Gellerman, *Motivation and Productivity*, American Management Assn. ,1963.

16. Fiedler, *A Theory of Leadership Effectiveness*.

17. Likert, *New Patterns of Management*.

4 权变模型:一种领导效能理论*

弗雷德·E.菲德勒

领导能力,作为一个社会心理学的难题,主要解决两个问题,即一个人如何成为一位领导者和一个人如何能成为一个好的领导者,也就是说,一个人如何发展有效的团队绩效。既然已有许多优秀的文章(Stogdill,1948;Gibb,1954;Mann,1959;Bass,1960)解决了第一个问题,那我们在这里就不再赘论了。

第二个问题,即某一个领导者在类似情况中是否比其他人更为有效,已经成为一个更难的研究课题,而这一问题在心理学文献中也没有得到相应的重视。对这个问题的理论探讨状况目前被布朗和科恩(1958)描述为:有关领导问题的文献是一堆相互之间没有凝结物把它们聚合在一起或协调起来的东西。麦克格雷斯(1962)也有相类似的观点,他将这种情况归因于研究者趋向于选择不同的变量去解决关于领导能力的特质性度量和定义的问题。然而,他也指出,在这个领域的大多数研究者都已经被吸引到关于领导态度和行为的推测为关键的两大类型,即批评的、指挥的、专制的任务导向型,以及民主的、宽容的、体谅的人际关系导向型。这种分类无疑是过分简单化了。这个领域的主要论战存在于两种观点之间,一种是较为正统的观点,体现为传统的

---

* 来源:"The Contingency Model: A Theory of Leadership Effectiveness" by Fred E. Fiedller, in Problems in Social Psychology, edited by Carl W. Backman and Paul F. Secord, pp. 279—289. New York: McGraw-Hill Book Company, 1970. Reprinted by permission of the author.

监管训练和军事化的教条,即领导者应该是果断而强有力的,领导者应该能够为他的团队做出计划和思考,应该能够协调、指挥和评价他下属的行为;另外一种观点反映在一种比较新的以人际关系导向的训练及在非指挥型和集思广益技术背后的哲学之中,这种观点强调需要民主的、宽容的、团队导向的领导技巧。两种学派的领导艺术思想都有忠实的支持者和支持他们观点的证据(Gibb,1954;Hare,1962)。

对于其他研究人员相互矛盾的研究结果,我们总能合理地归咎于糟糕的研究设计或者不同的检验和标准,而当这样的问题出现在自己的研究中时,问题就显得困难了。在过去13年里,我们已经进行了大量关于领导和团队绩效的研究,采用的是相同的可操作的定义和实质上相类似的领导者态度来进行度量。我们在自己的研究程序中获得的不一致性,要求一种统一的理论框架对貌似混乱的结果予以更好的解释。

我们进行的研究用人际关系感觉或态度分值来作为对团队绩效的主要预测指标,该分值来自领导者对他的最易共事和最难共事的同事的描述。他被要求对他共过事的所有人进行思考,然后描述一个他认为和自己最易共事和一个最难共事的同事。如果可能,这些描述应该在这个领导者被分配到他的团队之前获得。然而,即使当我们对一个现有团队进行研究时,所描述的应该是研究对象过去认识的人而不是在实验期间他所共事的人。

描述一般通过20个1~8分的两极形容词来衡量,类似于奥斯古德语义分化表(Osgood,et al.,1957)。例如:

快乐_:_:_:_:_:_:_:_不快乐

友好_:_:_:_:_:_:_:_不友好

它用来衡量评价的高低,对于最喜欢的给8分,最不喜欢的给1分,两个主要的得分来源于这些描述。第一个被我们用在早期研究中的是基于最易共事和最难共事的同事之间的相似性度量D值(Cronbach and Gleser,1953),该分值我们称为对立面之间的假设相似性,它描述了不同个人认为其最易共事和最难共事同事之间的差异程度。第二个分值仅是基于个人对他最难共事的同事的描述,并以相对友好或不友好的方式评估该同事难以相处的程度。这两个指标具有比较高的相关性(0.8~0.95),所以可以相互替代使用。

由于这些分值表现出与通常的人格和态度度量不相关,因而我们就很难去解释它们。然而它们与俄亥俄州立大学所研究的"结构创立"和"关注"(Stogdill and Coons,1957)相关。内容广泛的分析(Meuwese and Oonk,1960;

Julian and McGrath, 1963; Morris and Fiedler, 1964)和一系列的研究,包括霍金斯在 1962 年的研究,以及巴斯、菲德勒和克鲁格在 1964 年的研究,都得出了一致的结果。他们指出,能够与最难共事者和睦相处的人或者说认为其最易共事和最难共事同事之间的差异很小的人,对他最难共事的同事的看法相对友好,趋向于以一种更为包容的、宽厚的、关心的和人际关系导向型的方式与同事相处。而那些认为他最易共事的同事和最难共事的同事会截然不同地,并以一种非常不友好和抵触的态度来看待最难共事的同事的人,则倾向于在互动中采用命令、任务主导和控制相关任务的团队行为。

这些调查清楚地显示了,相关性的方向和大小视领导者面临的团队任务情境的性质而定。我们的问题也就分解为:(1)开发一个有意义的系统来对团队任务情境进行分类;(2)导出一个相应的理论模型,它能够将我们的研究中看起来不一致的结果统一起来;(3)用适当的研究来检验模型的有效性。

模型的发展

关键定义。我们这里将仅仅涉及相互作用的任务团队而不是共同合作的任务团队。相互作用的任务团队,指的是一个面对面的团队情境(如一个篮球队),队员在一个共同的目标下相互依赖地工作。在这种类型的团队中,个人的贡献并不能轻易地与整个团队的表现分开。而在一个共同合作的团队中,例如在一个保龄球队或者是射击队,整个团队的绩效总的来说就是由每个成员个人绩效分值加总决定的。

领导者的效能在这里是根据团队所完成的主要任务的绩效而界定的。

团队任务情境的分类。领导实质上是一个运用影响力和权力的问题。当我们论及不同的团队要求不同类型的领导者时,我们的意思是它们要求领导者通过不同的关系来行使影响力和权力。既然在一些团队中比在另一些团队中更易运用权力,我们对分类的尝试就可以从探问这种条件是什么开始,即在这种情况下,团队任务情境将促进还是抑制领导者的权力实施。在我们之前的研究工作基础上,我们假定在整个情境中影响管理者角色的有三个重要方面:

1. 领导者—成员的关系。富有个人魅力的领导者,受到团队成员的尊敬,享有非常大的权力(French,1956)。如果他在团队成员中享有信任和忠诚,那他实际上不需要什么行政的等级。这主要通过社会测量指数或者团队气氛等级来测量(Fiedler,1962),它们显示出了领导者体验到的团队乐趣和恰当指挥的程度。

2.任务结构。任务主要指从公司权力层或高层机构传下来的指令。违背任务的团队成员将面临更高权力层的纪律处罚。举个例子,一个士兵没能执行长官的合法命令的时候就将可能不得不去面对团长。如果这个任务是相对结构化的,也就是说它能被规划或者能一步一步地理解,那么这个任务的命令就可以得到强化。你不可能有效地强制一个团队很好地完成非结构化的任务,比如像开发一个新产品或写一部好剧本。因此,结构化任务的领导者将能依靠他的高层组织支持,但是非结构化任务的领导者就必须依靠他自己的资源去激励和鼓动他的下属。相对于高度结构化的任务,非结构化的任务导致了管理者缺乏有效的权力。

我们利用肖在1962年提出的划分团队任务的四个方面来使这个量度可操作化。那就是:(1)决策的可证实性,指解决方案的正确程度能被客观地演示;(2)清晰明确,指任务要求的程度能被清楚地表述和被团队理解的程度;(3)目标路径的多样性,指执行任务需要程序多少的程度(负分);(4)解决方案的特异性,指一个而不是无限个正确解决方案的程度(比如,讲一个故事和解一个方程)。依靠这四个维度所进行的评分得出的相互评分可靠性为0.8~0.9。

3.职位权力。第三个维度被定义为领导职位所固有的权力,这与在职者和其团队成员的个人关系无关。这包括职务上或传统上领导者所享有的奖励和惩罚权,团队规则和法律给他确定的权威,以及组织给予他在处理与下属关系时的支持。

三维的团队分类。现在,团队任务情境可基于领导者—成员关系、任务结构和职位权力三个维度来进行评估。将每个组放进一个三维空间,通过二等分每一个维度,我们得到8个立方体(见图1),这样,一个粗略的分类就可以完成。由此我们可以得知,每个单元格中领导者态度和团队绩效之间的相关性是否在方向和大小之间相对类似。如果是那样的话,团队的分类就成功地完成了,因为它表明同一单元格中的团队要求相类似的领导者态度。

基于我们之前的研究,一篇早期文章对归纳出52种团队任务情境(Fiedler,1964)进行了总结。这52种团队任务情境被顺序地安放在各个八分格中。就像在表1中所示,落在相同格子中的团队显示出领导者能否与最难共事者和睦相处同团队绩效之间的相关性在大小和方向上相对类似。我们因此可说团队划分已经相当成功地完成了。

图1表明,根据团队任务情境赋予领导者的有效权力,或者更准确地说是根据情境对领导者实施其权力和影响力是否有利,可以对单元格进行进一步划分。

表 1 在各个八分格中领导者与最难共事者的相处情况和团队绩效的中值相关性

	领导者—成员关系	任务结构	职位权力	相关性中值	中值中的关系数量
分格 1	好	结构化	强	−0.52	2
分格 2	好	结构化	弱	−0.58	3
分格 3	好	非结构化	强	−0.41	4
分格 4	好	非结构化	弱	0.47	10
分格 5	较差	结构化	强	0.42	6
分格 6	较差	结构化	弱		0
分格 7	较差	非结构化	强	0.05	10
分格 8	较差	非结构化	弱	−0.43	12

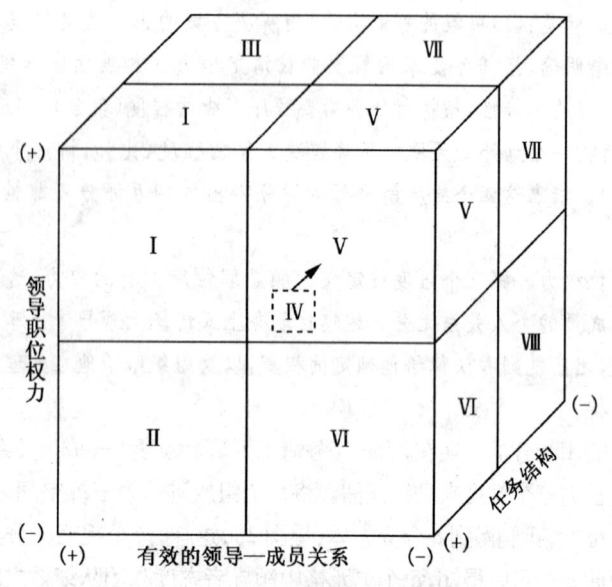

图 1 团队任务情境划分的模型

这样的排序可以在两个极点之间的连续区间中毫无困难地完成。一个得分高的让人喜欢、信任的领导者和一个结构化的任务，将比一个不受欢迎、没有能力的领导者和不明确的任务处于更有利的地位。由于很受人喜欢和尊敬的领导者是不太需要职位权力和体现在任务结构中的更高级别权威的权力，我们在当前可假定系统中最重要的维度是领导者—成员的关系。由于一个有较高结构化任务的领导者不要求一个强有力的领导职位，那么在大多数团队任务情境中第二重要的维度便是任务的结构化。这样我们对团队任务情境的排序首先是领导者—成员关系，其次是任务结构化，最后是职位权力。诚然这并非是唯一的解决方案，但是这个排序结果构成了一个合理区间，用于说明团队中领导者有效权力的程度。[1]

就像表1所反映的那样,领导者态度和团队绩效之间的关系视团队任务情境的准确划分而定。我们现在作图,一个坐标轴是与最难共事者的相处情况和团队绩效之间的相关性,另一坐标轴是按照有效权力或者领导者的顺利程度维度排序的八分格,这个权变关系将会出现一个更有意义的模型,如图2所示。注意在图中的每一点是预测领导绩效和团队有效性的相互关系。这个图因此表示集合了800个团队的53个团队集。

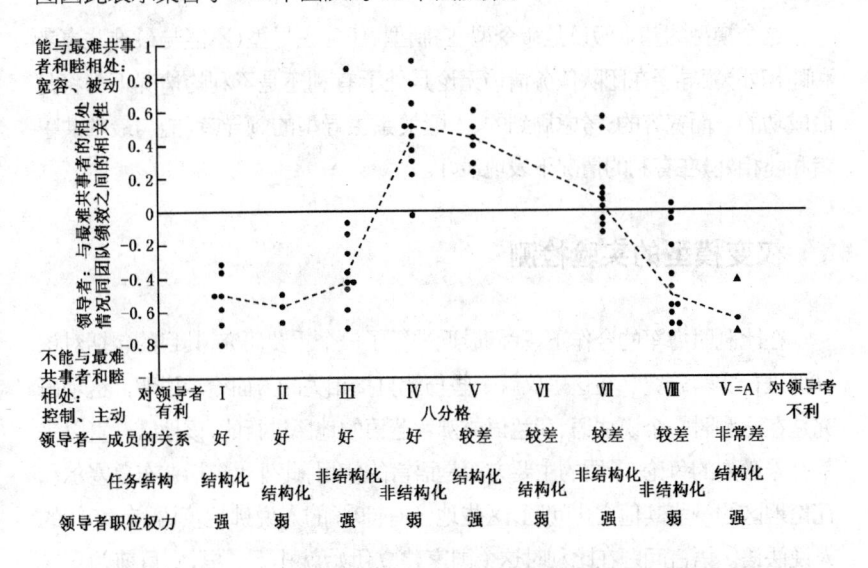

图2 八分格中领导者与最难共事者相处情况与团队绩效相关性图形

如图2所示,管理型、控制型和指挥型(不能与最难共事者和睦相处)的领导者绩效无论在有利的情境下还是在不利的情境下都是最有效的。因此,我们获得了与最难共事者的相处情况和团队绩效得分之间的负相关性。考虑周全的、宽容的、易于接近的领导者在处于对其有利的情境时获得最优的团队绩效。这些情况是:(a)任务是结构化的,但领导者不受人喜欢,因此他必须精于世故;(b)一个受人喜欢的领导者有一个模糊的、非结构化的任务,因而他必须能够充分发挥他下属的创造性和协作精神。这样我们就获得了与最难共事者的相处情况和团队绩效得分之间的正相关性。当任务高度结构化而领导者很受欢迎时,采用非命令的或者宽容的态度,就既不适宜也无利了。当情境非常

---

[1] 应该加入另一个格子,内容是现实生活中拒绝领导者的团队。在这种情况下权力的执行将会非常困难,这个格子应当被放在区间的负值端点。

不利的时候，比如一个志愿者团体不受欢迎的主席面临一个模糊的任务的时候，领导者可能会变得专制和强横，因为实际的非命令型的领导风格在这种情况下可能导致团队无所作为。因此，这个模型也会使我们的数据以及其他研究者数据的不一致更清楚明白地显示出来。

模型拓展的实证实验

这个模型的基本假设是命令型、控制型、任务主导型(不能与最难共事者和睦相处)领导者在团队任务情境无论是处于有利还是不利的情况下都将是最成功的。而宽容的、考虑周到的、人际关系主导型的领导者(能与最难共事者和睦相处)在有利的情况下表现最好。

权变模型的实验检测

在比利时海军的合作下，我们最近进行了一个重要研究，其目的包括对该模型进行实验研究。在这里仅就一些与此直接相关的方面给予说明。这项研究是在比利时一个说法语、荷兰语或佛兰芒语的地区进行的，该地区一直以来都有着激烈的争论，矛盾的主要方面是语言的使用，此外也包括在布鲁塞尔和瓦伦地区的一些其他文化问题，这些地区有60%的人说佛兰芒语，有40%的人说法语。语言问题在比利时这个国家建立伊始就扎下了根，到目前为止导致了公众持续不断的争论，还造成了频繁的抗议集会和偶尔的骚乱。

既然一个由不同母语、文化和理念的人员组成的团队比由相同文化和语言的成员组成的团队领导起来更加困难，那么语言问题就是一个特别有趣的问题。因此我们就可以检验模型的主要假设，并且将其扩展到研究语言和文化异质的团队需要的领导类型。

设计。这个实验是在位于圣科瓦布鲁日的海军训练中心进行的。[1] 我们在前一次试验中获得了与最难共事者的相处情况、智力、态度和语言理解的

---

[1] 该调查得到J. M.那丁博士及其学生的协助，当时作者是鲁汶大学的福特研究员(1963—1964)。实验获得了当时的比利时海军参谋长L.普蒂特让准将的许可，在圣科瓦布鲁日的海军编队中心进行。笔者在此特别感谢中心的司令官V.凡·利瑟姆上校，他不仅为我们提供了中心人员和设施上的便利，而且积极参与了项目的计划和执行，从而使项目得以顺利进行。我们尤其感谢国防部社会研究中心主任U.布维埃博士、W.卡法拉塔上校、驻布鲁塞尔的军事协助与顾问集团的美国海军高级代表，以及J.鲁滨逊准将和驻布鲁塞尔的美国海军专员等人提供的联络与指导。

分值,在此基础上一共从546人中选择了48位士官和240名新兵。

实验是精心设计的,以体现图1所示的划分主要团队的三个维度,即领导者—成员关系、职务权力和任务结构,此外还添加了团队同质和异质这个维度。具体说来,有48组是较高职位权力的领导者(下级军官),另48组是低职位权力的领导者(新兵);有48组从非结构化的任务开始,而另外的48组则从两个结构化的任务开始;有48组是同质的,由3个说法语的人或者3个说荷兰语的人组成;而另48组是异质的,由1个说法语的领导者和2个说佛兰芒语的成员或者1个说荷兰语的佛兰芒人领导者和2个说法语的成员组成。领导者—成员关系的质量通过我们在前文中提到的在每次任务会议后领导者总结的团队气氛等级来衡量。

团队绩效标准。执行两个实质上相同的结构化任务。每个持续25分钟,要求各组为给定燃料量和指定到达港口的船只找出最短路线,该船只必须巡回航行,分别在10~12个港口停靠。任务的分值以航行所需的海里数客观地测量,出现错误将进行适度的调整和处罚。

非结构化的任务要求团队写一封信给十六七岁的年轻人,激励他们来参加比利时海军。信的长度大约是200字,必须在35分钟内完成。每封信将会根据其使用的语言,由说荷兰语和法语的评判人评估其风格和语言用词,以及兴趣值、新意和说服性。说法语和荷兰语的评判人的可靠性据估计分别是0.92和0.86。

应该指出,在这种联系中写一封信并非如我们想要的那么非结构化。因此,在本研究中高和低的任务结构化与以前的一些研究相比可能并没有那么大的差异。

结果。权变模型明确指出,控制型、管理型以及不能与最难共事者和睦相处的领导者,无论在有利还是在相对不利的团队任务情境中都是最有效率的;而宽容型、考虑周全型以及能与最难共事者和睦相处的领导者,在情境难度适中时更有效率。

利用评分更可靠的第二个结构化任务的同质小组中领导者与最难共事者的相处情况和团队绩效之间的相关性,该假设可以很容易地得到检验。我们在这里做个简单的假设,即强有力的领导者或者感觉起来易于接近和受人欢迎的领导者,他们将比低等级的领导者或者那些把团队视为不愉快和让人紧张的领导者更易面对轻松的团队任务情境。每一种情况分别以6组中的2个单元来表示。由于有两种顺序——一半小组首先做结构化任务,另一半小组做非结构化任务,因此按照对领导者的有利程度顺序排列团体任务情境,可得到如下的结果:

	顺序 1	顺序 2
高团队气氛和高职位权力	−0.77	−0.77
高团队气氛和低职位权力	0.6	0.5
低团队气氛和高职位权力	0.16	0.01
低团队气氛和低职位权力	−0.16	−0.43

当然,模型预测的相关性在大小和数量上有一种趋势,那就是不能与最难共事者和睦相处的领导者在有利和不利的团队任务情境中再次显示是最有效率的;而更为宽容的、考虑周全的、能够与最难共事者和睦相处的领导者在适中的情境中则更有效率。

这些结论进行加权处理,得到一个从 0 到 12 的度量,12 表示最有利的情况。如果我们将 48 组团队任务情境的中值相关系数和对应的表示对领导者情境有利的程度做个图,我们便得出图 3 中表示的曲线。

可以看到,我们将再次得到与图 2 中类似的曲线图形。拥有较低职位权力和较差领导者—成员关系的异质型组落到了刻度 6 以下,从而比拥有控制型、命令型领导者表现更好。然而,拥有宽容的、关怀的、能与最难共事者和睦相处的领导者的异质组则仅仅在非常有利的条件下才表现得更好。也就是说,在有着高团队气氛特征和高职位权力的团队任务情境下,6 个相关性团队中的 4 个(66%)是正的;而在不利的团队任务情境中,18 个团队中的 5 个(28%)是正的。

有趣的是:曲线在靠近不利刻度的一端时变得平坦,有着相对低的负相关性。这个结果支持了穆威斯在 1964 年的研究中所显示的:领导者与最难共事者的相处情况同团队绩效之间的相关性,以及领导者智力和团队绩效之间的相关性在有压力的条件下趋向削弱。这个结论揭示,团队任务情境中,压力和困难超过一定的范围时,领导者影响和控制团队的能力将会下降。

		两位数的代码表示所涉及的团队类型				
组成	职位权力	高团队气氛	低团队气氛	任务	第一阶段	第二阶段
同质	高	1	5	结构化一	1	2
同质	低	2	6	结构化二	3	4
异质	高	3	7	非结构化	5	6
异质	低	4	8			

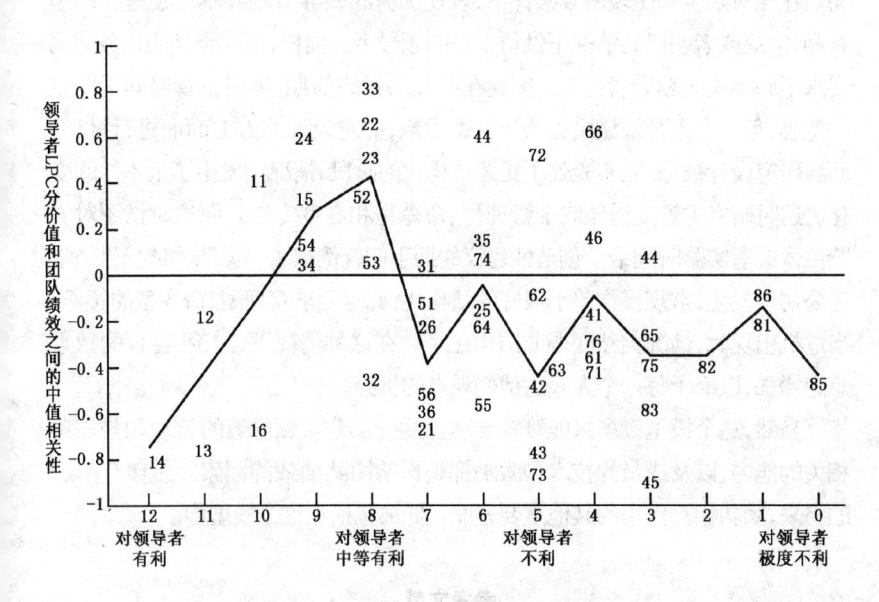

图 3　比利时海军中领导者与最难共事者的相处情况和团队绩效分价值
与领导者有利程度的中值相关性调查示意图

讨　论

权变模型寻求能使现在看来不一致和难以理解的结果协调起来。

模型对挑选、培训以及领导者安排和组织战略都有许多启示。我们的研究认为,首先领导者职位的人选可以来自于广泛的个体范围。既然无论是谦让型、民主型、人际关系主导型,还是管理型、专制型、任务主导型的领导者都可以有效地被利用,那么问题就变成了职位安置和培训问题而不是挑选问题。领导者可以通过培训知道他们自己的领导风格,以及与其风格相匹配的条件。

模型也指出了组织可以采用的各种管理和监督战略,以满足领导者需要的团队任务情境。毕竟,通过给予非常具体的、详细的或者模糊的、笼统的指导,任务可以或多或少地结构化;团队职位权力也能增加或者减少,甚至团队的同质性和领导者的被接受程度都可以通过适当的管理行为加以影响,比如增加或者减少团队的同质性。

模型也对我们很难用社会心理学概念来解释的现象做出了新的解释。比如说,为什么在相类似的任务中,团队表现有明显的不同？模型和我们的数据显示,当团队从陌生的情境过渡到一个熟悉的情境时,对领导者而言将变得容易。在相对陌生和比较困难条件下,表现优秀的领导者则并不一定是在环境有利、常规或者明确的情况下做得很好的领导者。同样,不同类型的任务结构要求不同类型的领导者行为。因此在研究项目的前期,项目主管趋向于民主和宽容,每一个人都被激励去为计划做贡献,并对设计的方方面面进行批评。而当研究设计被冻结、实验处于更为结构化的阶段,情况则发生了根本性的变化。这时研究主管变得倾向于管理型、命令型和高度专制。而这时试图对实验主体或者实验时间给予创造性建议的助手们就倒霉了。类似的情况也经常在公司中发生,常规操作趋于很好的结构化,此时要求管理型、命令型的领导。当危机出现时,情况突然变得非结构化了。在这种情况下,讨论、会议的数量急速增加,以给予每一个人表达他们观点的机会。

当然,这个模型最多只能算领导理论的一部分。领导者的智力和与任务相关的能力,以及成员的技术和激励都是影响团队绩效的因素。希望在不远的将来,团队相互作用的其他重要方面也能被包括在这个模型中。

参考文献

Bass, A. R., Fiedler, F. E., and Krueger, S. Personality correlates of assumed similarity(ASo) and related scores. Urbana, Ill.: Group Effectiveness Research Laboratory, University of Illinois, 1964.

Bass, B. M. *Leadership psychology and organizational behavior*. New York: Harper Brothers, 1960.

Browne, C. G., and Cohn, T. S. (eds.) *The study of leadership*. Danville, Illinois. The Interstate Printers and Publishers, 1958.

Cleven, W. A., and Fiedler, F. E. Interpersonal perceptions of open hearth foremen and steel production. *J. Appl. Psychol.*, 1956. 40, 312—314.

Cronbach, J. J., and Gleser, Goldene, C. Assessing similarity between profiles. *Psychol. Bull.*, 1953, 50, 456, 473.

Fiedler, F. E. Assumed similarity measures as predictors of team effectiveness. *J. Abnorm. Soc. Psychol.*, 1954, 49, 381—388.

Fiedler, F. E. Leader attitudes, group climate, and group creativity. *J. Abnorm. Soc. Psychol.*, 1962, 64, 308—318.

Fiedler, F. E. A contingency model of leadership effectiveness. In L. Berkowitz (ed.) *Advances in Experimental Social Psychology*. New York: Academic Press, 1964, Vol. I.

Fiedler, F. E., and Meuwese, W. A. T. The leader's contribution to performance in cohesive and uncohesive groups. *J. Abnorm. Soc. Psychol.*, 1963, 67, 83—87.

Fiedler, E E., Meuwese, W. A. T., and Oonk, Sophie. Performance of laboratory tasks requiring group creativity. *Acta Psychologica*,1961,18,100—119.

French,J. R. P. Jr. A formal theory of social power. *Psychol. Rev.* ,1956,63, 181—194.

Gibb,C. A. "Leadership"in G. Lindzey(ed.) *Handbook of Social Psychology*,Vol. II,Cambridge,Mass. :Addison-Wesley,1954.

Godfrey, Eleanor P. , Fiedler, F. E. , and Hall,D. M. *Boards, Management, and Company Success*. Danville,Illinois:Interstate Printers and Publishers,1959.

Hare,A. P. *Handbook of Small Group Research*. New York: Free Press, 1962.

Hawkins,C. A study of factors mediating a relationship between leader rating behavior and group productivity. Unpublished Ph. D. dissertation,University of Minnesota,1962.

Hutchins, E. B. , and Fiedler, F. E. Task-oriented and quasi-therapeutic role functions of the leader in small military groups. *Sociometry*,1960,23,293—406.

Julian,J. W. ,and McGrath,J. E. The influence of leader and member behavior on the adjustment and task effectiveness of negotiation groups. Urbana,Ill. :Group Effectiveness Research Laboratory,University of Illinois,1963.

McGrath,J. E. A summary of small group research studies. Arlington Va. : Human Sciences Research Inc. ,1962(Litho.).

Mann,R. D. A review of the relationship between personality and performance in small groups. *Psychol. Bull.* ,1959,56,241—270.

Meuwese,W. A. T. The effect of the leader's ability and interpersonal attitudes on group creativity under varying conditions of stress. Unpublished doctoral dissertation,University of Amsterdam,1964.

Meuwese, W. , and Oonk, Sophie. Enkele determinanten von creativiteit, structuur en proces in kleine experimentele groepen. Unpublished Working Paper. Amsterdam:University of Amsterdam,1960.

Morris,C. G. ,and Fiedler,F. E. Application of a new system of interaction analysis to relationships between leader attitudes and behavior in problem solving groups. Urbana. Ill. :Group Effectiveness Research Laboratory,University of Illinois,1964.

Osgood C. A. , Suci, G. A. , and Tannenbaum, P. H. *The Measurement of Meaning*. Urbana,Ill:University of Illinois Press,1957.

Shaw, M. E. Annual Technical Report, 1962. Gainsville, Florida: University of Florida,1962(Mimeo.).

Stogdill,R. Personal factors associated with leadership:a survey of the literature. *J. of Psychol.* ,1948,25,35—71.

Stogdill, R. M. , and Coons, A. E. Leader behavior: its description and measurement. Columbus,Ohio:Ohio State University,*Research Monograph* ,No. 88,1957.

5 领导力的挑战
——对变革型领导者的呼唤*

诺埃尔·M. 蒂奇,大卫·O. 乌里克

在这个高生产力时代,一些乐观主义者正在为向服务经济的转变以及美国公司在世界市场上更加光明的竞争前景而欢呼。我们当然愿意相信未来更加美好,但我们的心情却更加谨慎。我们感到,这些年来美国公司变得"臃肿、无力"的事实,将不会因为一两年的"速成节食"而有所好转。作为世界性的竞争经济,我们是否继续逐渐滑坡将在很大程度上取决于我们的商业和政府组织中高层梯队的领导力质量。所以我们相信,现在是这些公司改变它们生产方式的时候了。

为了使通用汽车、美国电话电报公司、通用电气、霍内韦尔公司、福特公司、波诺公司、大通曼哈顿银行、花旗银行、美国钢铁、联合碳化物公司、德州仪器公司和数据控制公司等这些企业复兴——这里仅提及一些正在经历重大变革的公司,有必要创立一种新的领导品牌。新的领导者们不能继续沿着老路经营企业,必须对企业进行革新,带领企业走上新的轨道。这类领导应当有能力帮助企业开拓前景、动员企业接受该前景并为之工作,而且将必须持续进行的革新制度化。除非将培养这样一种领导提到国家议事日程上来,否则美国经济的复苏将不容乐观。

---

* 来源:Reprinted from "The Leadership Challenge—A Call for the Transformational Leader" by N. M. Tichy and D. O. Ulrich in *Sloan Management Review* (Fall 1984), pp. 59—68, by permission of the publisher. Copyright © 1984 by the Sloan Mangement Review Association. All rights reserved.

我们把这些新领导者们称作变革式领导者，因为他们必须破旧立新：必须从旧的状态中开拓并传播新的前景，不仅让别人看到这一前景，还要让大家都致力于此。通常交易型管理者们对企业的目标、结构和人力资源管理只做细小的变动，而变革型领导者不仅要在这三个方面做大的调整，还要根本改变企业的基本政治和文化体制。对政治和文化体制的改革正是区分变革型领导和交易型管理者的地方。

李·亚科卡：一个变革型领导者

20世纪80年代早期，变革型领导和企业复兴的一个典型例子就是亚科卡的领导，他当时是克莱斯勒公司的总裁。他的领导使一个公司从破产的边缘走向了盈利。他首先勾画了一个成功蓝图，然后动员大部分核心雇员去实现那个蓝图，同时还裁减了6万雇员。亚科卡领导的结果是，到1984年克莱斯勒公司的利润就达到了新纪录，公司员工士气高昂并且感到工作有意义。

在亚科卡接手克莱斯勒公司之前，公司内部的基本政治结构几十年都没变过。然而，亚科卡先生知道他需要改变这些行政传统，先从改变克莱斯勒公司与外部利益相关者的关系开始。因此，政府获得了对克莱斯勒公司很大的控制权，作为使克莱斯勒公司免遭破产的政府担保贷款的回报。政治体制的改革还需要其他方面的调整，包括对管理层冗员的裁减，限制所有员工的货币报酬并对汽车联合工会做出大的让步。重大政治转变的一个标志就是作为对汽车联合工会让步的一部分，道格拉斯·弗雷泽进入克莱斯勒公司董事会。

公司文化体制也相应发生了同样显著的变化。首先，公司必须意识到它作为联邦紧急援助对象的独特状况。这种援助意味着一种耻辱，所以亚科卡先生的任务是将一个失败企业的文化价值转变成一个成功企业的文化价值。他还意识到，员工们只有比他们的竞争者更有效率、更富有创新精神，才能成为成功者。亚科卡对新文化的打造清晰可见，他不仅通过内部交流的方式来示意革新，而且通过亲自出现在克莱斯勒的广告中来加强这种革新。很快，内部文化就转变成一种渴求胜利的企业文化。克莱斯勒公司以后是否可以维持这种现象还有待观察。如果可以的话，它将为伯恩斯所提出的变革型领导者提供一个有力的企业例证。[1]

今天管理中缺乏的一个很重要的因素可能正是亚科卡的高度洞察力和知名度：现在在各阶层的公司当中，看上去很少有变革型领导者的角色模式。

---

[1] J. M. Burns, *Leadership* (New York: Harper & Row, 1978).

组织变化动态

假设 1：触发事件表明需要革新

如果没有发生一个显示企业需要革新的触发事件,企业就不会改革。这个触发事件可以很极端,如克莱斯勒公司即将倒闭;也可以是温和的,如对公司未来可能会失去竞争力这种抽象的担忧。例如,通用电气革新的触发事件是,他们认为,到 1990 年,如果在生产力、创新和市场行销方面没有大的改变的话,公司将不再具有世界性的竞争力。对于通用汽车来说,世界性竞争、消费者偏好改变和技术创新这些经济因素推动了它的革新。

在一个信息增加、国际竞争和技术进步的时代,革新的触发变得很普遍、很紧迫。然而,不是所有的潜在触发事件都可以引起企业的反应,也不是所有的触发事件都可以引发企业的革新。触发事件必须要在公司的领导者中产生一种迫切的需要。没有这种迫切需要,"煮蛙现象"就有可能发生。

煮蛙现象。这个现象建立在生物学中一个经典试验的基础上。一个被放在一盆冷水中但仍有跳跃自由的青蛙,能被缓缓增加的温度煮沸,因为青蛙没有意识到不可察觉的温度变化。相反,掉进一壶沸水的青蛙会马上跳出来:它感到了生存的需要。同样的道理:对逐渐变化的临界点反应不灵敏的企业就有可能变成"煮沸的青蛙",它们无视环境的触发事件,最终注定要失败。这种失败,部分就是因为企业没有对革新产生迫切的需要。

假设 2：革新释放出混杂的情感

对革新的迫切需要释放出一种混合的力量,既有对革新的正面推动力,也有个体与企业强烈的负面阻力。这些阻力产生于三个相关的体制——技术体制、政治体制和文化体制——这是在企业变革过程中必须控制的(见表1)。[1] 如果一个企业要复兴,这三个体制中个体与企业对革新的阻力就必须被克服。[2]

---

[1] N. M. Tichy, *Managing Strategic Change: Technical, Political and Cultural Dynamics* (New York: John Wiley & Sons, 1983).

[2] 同上。

管理技术体制是指对技术、资本信息和人的协调进行管理,以提供外部市场需要和使用的产品及服务。控制政治体制指的是管理酬劳分配(比如薪水、地位、权力和职业机会)和行使权力,让员工和各部门看到平等与公平。管理文化体制是对用于指导企业成员行为的共同价值观和标准进行管理。

当企业领导觉察到需要革新时,企业的领导集团一定是对现状感到不满……

在企业变革的早期,技术、政治和文化的阻力非常明显。20世纪80年代早期,通用汽车在一些技术问题上面临大量的不确定性,比如市场策略、生产策略、企业设计、工厂自动化和国际管理的发展。在政治上,许多强有力的联合受到威胁。汽车联合工会被迫做出工资让步,同意裁减员工。白领员工亲眼看到收益的减少,并见证了管理层的大量裁员。在文化上,曾经的主要管理方式无法适应变革的压力,"通用汽车方式"再也不是正确的方式了。

必须提防这些革新的阻力,因为它们将导致企业的停滞而不是复兴。事实上,1983年底通用汽车公司的一些管理者们就在等待着美好过去的回归了。这样的阻力是对迫切需要的机能失调性反应的一个例证。如图1所示,阻力是否导致不进行革新或进行不适当的革新,从而使企业衰落或复兴,关键就在于企业的领导层。防卫型、交易型的领导是不能打破阻力的。

表1　　　　　　　　技术、政治和文化体制阻力

技术体制的阻力包括:
习惯与惰性。习惯与惰性会对革新产生任务相关性阻力。总按一种方式工作的个体可能不会对革新产生政治或文化上的阻力,但由于技术原因,他们在改变行为模式时可能有困难。例如,一些办公文员可能很难由使用电子打字机转变为使用 WORD 文字处理器。
因对企业未来的无知和迷茫所导致的恐惧。对未来预期有困难或根本不了解,会引起焦虑,从而在很多个体中产生阻力。例如,办公自动化设备的引进就常常伴随这种阻碍。
沉淀成本。企业即使意识到革新会带来潜在的补偿,却往往不能进行变革,因为在原有工作方式下企业已投入了无法挽回的沉淀成本。

政治体制的阻力包括:
强有力的联合。新旧领导者之间的冲突被认为是一个普遍的威胁。对新成立的 AT&T 美国贝尔公司前主席阿奇·麦克吉尔引退的一个解释是,老的看守联盟向新的看守联盟领导索取太高的代价。
资源限制。在经济馅饼可以稳定增加而资源又不是很有限的日子里,革新比较容易推行。因为每一方都有所得——这就是几十年来汽车工业劳动力管理协议的本质。现在馅饼正在缩小,我们就需要决定谁分到较少的资源。这些零和决策在政治上就更难进行。由于越来越多的美国公司要对付生产力、规模减小和剥夺,政治阻力一触即发。
革新的检讨性质。革新的最大阻力可能来自于领导者不得不检讨他们自己过去的决定和行为,以带来变革。例如,通用汽车总裁和首席执行官罗杰·史密

斯作为上层管理者的一员,当他提出对通用汽车公司的经营进行革新时,就必须毫无保留地检讨他自己过去的行为。从心理上来说,如果要人们努力去改变正是由他们自己造成的问题,这是很困难的。而对于一个外来的领导来说,就容易些。比如亚科卡,每次他指出公司存在哪些问题的时候,就不需要做自我检讨。

文化体制的阻力包括:
选择性的观点(文化过滤)。一个企业的文化可能强调企业的某些因素,从而使员工很难去设想其他的工作方式。如果一种企业文化引导了员工们的观念,那么革新可能要来自于外部人或不囿于受公司观念引导的异类人。

基于过去的安全感。革新需要人们放弃老一套的做法。过去总是存在一种安全感,那么现在问题之一就是,改革要让人们克服回到美好昨天的想法。例如,在今天的通用汽车公司里,仍然有大量的白领员工正在等待美好往日的归来。

缺乏革新的氛围。各个企业从革新中的获益是不一样的,要求大一统的文化就通常缺乏足够的对革新的接受能力。例如,通用汽车公司和其内部资深管理者们就必须克服那种阻碍变革的气氛。

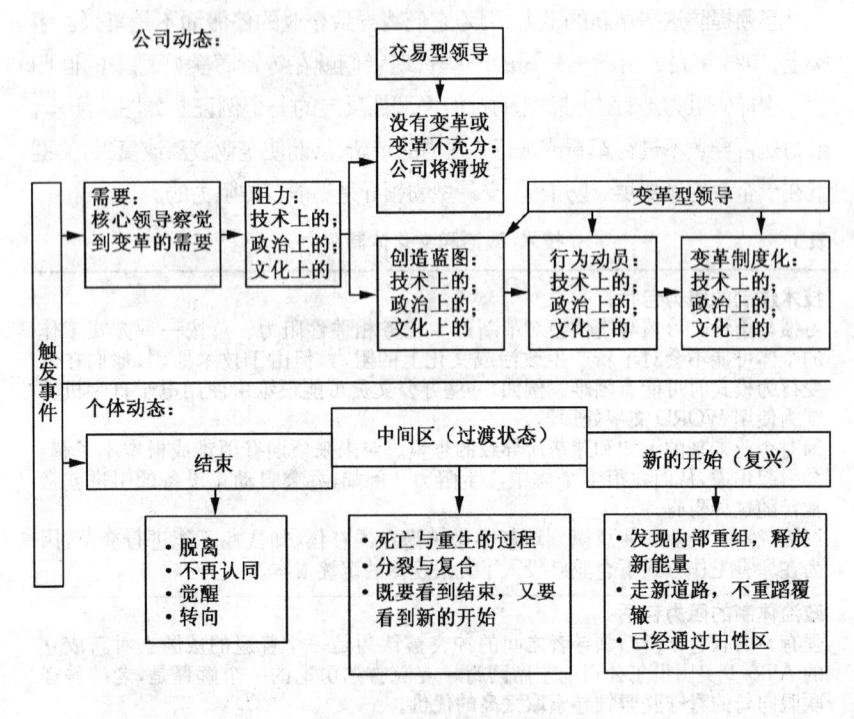

图 1　变革型领导

假设 3:速决型领导导致衰落

战胜革新的阻力需要变革型领导者,而不是防卫型、交易型的管理者。后者常追求一分钟就解决问题。变革型领导者要避免陷入以简单、快速的方法来解决企业主要问题的陷阱。目前,这种快速解决的想法大量存在:《一分钟管理者》这种书在需要根本变革的公司中畅销;[1]同样,《寻找最优》也已成为革新的"食谱"。[2]事实上,很多首席执行官们已经接受了"优秀"企业的八个特征,并不加考察适合与否就将其盲目照搬到他们自己的公司。例如,一些不稳定的公司试图拷贝其他公司的实践,诸如惠普公司的企业价值观。因为他们读后觉得惠普公司对企业价值观有一个准确的表述——"惠普十戒"——他们也想创造他们自己的"十戒"。

十条戒律速成法的问题在于,首席执行官们忽视了摩西几千年前得到的教训,即写下并传达"十戒"是容易的,而执行却是一个挑战。摩西获得这个戒律已经有好几千年了,然而现今在执行上似乎依然存在挑战。变革型的领导与防卫型、交易型的领导是不同的。亚科卡就不需要为了找寻自己公司成功的秘诀而去看别人做了什么。

假设4:复兴需要变革型领导

有三个与变革型领导相关的明确的行动计划。

1. 设计蓝图。变革型领导者必须给企业提供一个受欢迎的未来蓝图。即便这个任务有企业其他主要人员分担,蓝图依然是变革型领导的核心责任。领导需要将分析、创造、直觉和推理思维整合起来。每个领导必须开创一个蓝图,给企业指明与领导者和公司思想及风格一致的方向。

比如,在20世纪80年代的通用汽车公司,经过委员会和职员好几年的工作和分析,草拟出了公司的未来蓝图,包括一个任务陈述和八个目标。其描述是自艾尔弗雷德·斯隆领导以来通用汽车公司第一个战略蓝图的清楚表述。这个新的蓝图与罗杰·史密斯的领导思想和风格一致。很多人参与了对通用汽车的机遇和制约因素做出的仔细评估。职员们的细致工作在委员会的讨论中达到了巅峰,从而导致目标陈述的一致和赞同。通过这个过程,蓝图制定出来了,这给通用汽车下一步的变革做好了铺垫。

在克莱斯勒公司,亚科卡给出了一个蓝图,而不需要委员会和大量员工参

---

[1] K. H. Blanchard and S. Johnson, *The One Minute Manager* (New York. Berkeley Books,1982).

[2] T. J. Peters and R. J. Waterman, Jr., *In Search of Excellence* (New York: Harper&Row,1982).

与。相反,他更多地依赖自己的直觉和指令性的领导、思想和风格。通用汽车和克莱斯勒最终都有了新的蓝图,因为变革型领导者塑造了一个新的企业目标和蓝图。

2. 行动动员。这里,企业(至少其关键部门)接受了新的目标和蓝图并使其开展起来。在通用汽车,罗杰·史密斯曾令他的 900 名高层管理者撤回本部共同讨论这个蓝图。这件事持续了 5 天,不是为了花这么长时间去阅读一小段关于目标的陈述,而是因为展开行动和动员支持的过程需要大量的对话和交流。应该注意到行动动员的时间远远超过了 5 天。然而,正是在这个阶段中,变革型领导者对他们的追随者有了深入的了解……在变革型领导者制定了蓝图并开展动员行动之后,他们必须决定怎样使新的任务和蓝图制度化。

3. 革新的制度化。只有新的行为模式被采用,企业才能够复兴。变革型领导者们需要将他们的蓝图变成现实,让任务得到执行,让思想得到实践。新的现实、行为和实践必须由整个公司共享。交流、决策和问题解决系统的改造是工具,通过它转变才能被分享,从而使得蓝图变为现实。在更深层次上,革新的制度化需要塑造和加强适合复兴企业的一种新文化。实行选择、发展、评价和奖励的人力资源系统则是革新制度化的主要杠杆。

个体变化动态

前面的部分勾勒出了企业复兴所必需的过程。虽然组织步骤是必需的,但在开创和施行革新中只有这些是不够的。在管理变革的过程中,集中在变化的个体心理中的那些问题必须要加以理解和控制。重大的革新会释放人们内部强大的冲突力量。革新会同时引发正面和负面的个人情绪,如恐惧和希望,焦虑和安慰,压力和激励,离开老方向和接受新方向,旧意义的消失和新意义的产生,自尊的威胁和新价值感的产生。对变革型领导者的挑战就是要认清这些混合的情绪,采取行动帮助人们从消极情绪转变为积极情绪,然后将对个体更新和企业复兴都必要的能量动员和集中起来。

图 1 为理解个体变化动态提供了一套概念。这些概念(摘自布里奇斯的著作)提出个体变化的三阶段过程:首先到来的是结束,然后是中间区,最后是新的开始。[1] 在每个过程中,可以清晰地看到一套明显的心理任务,它需要个体成功地完成以便接受革新。

---

[1] W. Bridges, *Making Sense of Life's Transitions* (New York. Addison-Wesley, 1980).

三阶段过程

结束。所有个体的转变都从结束开始。在转变开始之前,结束就必须被接受和理解。那些拒绝接受传统行为已经结束这一事实的员工将不能接受新的行为。实现结束的第一个任务是脱离,这通常伴随着一个有形的转变。比如,当从一个工作换到另一个工作时,个体必须学会接受新的实际环境,脱离旧的岗位;如果转岗的员工经常回去找原来的同事,这就是脱离不彻底的表示。第二个任务是不再认同,即不再认为自己是以前的自己。个体的自我认同通常与工作岗位联系在一起。这样的话,当一个厂长转为在营销部工作的公司员工时,他(她)就必须不再与工厂和工人搅合在一起,不再自我感觉为一个厂长。在更深的层次上,个体的转换还需要觉醒。觉醒就是需要认识到,对过去情景的陶醉和乐观情感在将来不可能重现……最后,个体需要经历方位的迷失,即失去熟悉的环境。当成熟的企业开始复兴时,个体必须对过去的事情做到脱离、不再认同、觉醒、转向,并在新企业中发现新的价值感。

为了帮助个体应付结束,变革型领导者需要用未来的机会代替过去的荣誉。然而,在转变的过程中,变革型领导者必须承认个体的抵制和失落感,鼓励员工面对和接受失败,把失败当成学习的机会。紧紧抓住过去的成功和记忆不放,而忽视失败和改革的需要,就是 W. T. 格兰特、国际哈维斯特和勃兰尼夫这些公司在复兴过程中无法成功的原因。在所有的结束中会有一种将死的感觉,装作可以毫不费力地将过去掩埋是没有助益的。个体应该把过去视为对新方向的指示。

中间区。个体能够充分转变的关键在第二个阶段中,这被布里奇称作中间区。[1] 这个过程可以被认为是看上去没有产出物的一段暂停时间,此时,个体会感觉到与过去的人和物以及现在都没有关系。事实上,该阶段是一个重新调整方向的时段,这里个体完成了结束并开始了新行为模式。通常,西方文化,尤其是美国文化,会避免经历这一阶段。他们将中间区看成一条繁忙的街道,应当尽可能快地穿过它,这不是一个适于沉思和体验的地方。但是,太快通过中间区,对过去的结束就难以完成,新的开始也不能适时地产生。一个死而后生的过程是必需的,这样企业的员工才能在分裂与复合中工作。通过中间区需要花时间和思考,以获得对结束和新开始的看法。对于结束的看法包括:什么不对劲?为什么要革新?在态度和行为改变中要克服什么?对开

---

[1] 同上。

始的看法包括：新的要务是什么？为什么需要它？需要哪些新的态度和行为？在这个阶段，最需要熟练的变革型领导。

在带领个体通过中间区时的失败可能导致新的开始夭折。1983年，国际哈维斯特公司就陷在中间区中。要让它重新开始，就必须让员工对未来的公司有一个清楚的崭新的认识，同时接受老公司的结束。这样一种变革成功地发生在克莱斯勒公司。在该公司中，员工士气和集体精神与亚科卡开创的新蓝图一起成长。最后，只有个体接受过去的失败并采取新的行为和态度，企业复兴才有可能发生。

新的开始。在个体通过中间区而接受了结束之后，他们便可以带着新的热情和投入来工作了。新开始的特征是：员工从过去吸取教训而不是沉迷于过去；寻找新的轨迹而不沿袭过去；对现在和将来的工作机会表现积极和兴奋而不是在过去的成败中停留。当亚科卡先生在克莱斯勒执行他的蓝图时，一些长期员工就发现了新的开始。他们将新克莱斯勒看作成功的机会，恢复了以往的工作活力。

变革型领导者们拥有什么品质？

拿什么来转变一个企业的技术、政治和文化体制呢？无论先天就懂或是后天学习的，变革型领导者必须对企业及其在整个社会和个人生活中的位置有深刻的理解。建立一种新制度需要有一种像我们开国元勋那样的政治对话能力，就像杰斐逊、汉密尔顿、亚当斯和其他人就公平、平等、分权、制衡和自由的问题进行争论时那样。这种语言听上去好像与企业的设置无关，但是当进行重大的企业复兴时，这些概念就在某种程度上值得采用了。在克莱斯勒公司，平等、公平、权力和自由的问题都潜藏在亚科卡先生的决策中。所以，从一开始变革型领导者就需要理解平等、公平、权力和决策动态学的概念。除了要修改体制，变革型领导者还必须理解和重新组合文化体制。

除了管理政治和文化体制，变革型领导者还必须快速做出一些困难的决定。领导者们需要知道何时推进何时收回。变革型领导者通常被看作是自身幸运的创造者。这些领导者善于抓住机会并且知道什么时候行动，结果一些持因果论观察者们可能把幸运作为这些领导者们的成功的合理解释。然而事实上，是变革型领导者本身知道何时行动而何时不行动。同样，亚科卡先生被视为要么是一个极其幸运的人，要么是一个拥有伟大能力可以判断何时行动及何时不行动的人。

企业文化的意义

近年来,关于企业文化的著作有很多……[1]

文化在企业里扮演着两种核心角色。第一,它给企业成员提供了一种理解的方式,并表明事件及标志的意义。这样,当员工在面临复杂的问题时,就"知道"怎样"正确"处理。正如爱斯基摩人拥有一套可以分辨五种不同类型雪的词汇,企业也可以创造词汇去描述企业的办事方法。在 IBM 公司,所有内部人士都很清楚如何组成工作组去解决问题,因为在 IBM 的文化中,工作组和解决问题是一种生活方式。

第二,文化提供理念。它体现了一套价值观,有助于判断为什么某些行为受到鼓励,而另外一些却受到排斥。具有强大文化的企业,能够使员工致力于企业,并与公司的成功保持高度一致。浅显地说,这种文化可以在一些喧闹的活动中看到,比如 IBM 的销售会议、塔珀塑料制品公司的聚会或者安利分销商会议。外部的人常嘲笑这种活动,然而它们正是成功企业文化理念管理过程的一个部分。在一定层次上,企业文化类似于宗教团体举办的仪式。评价企业文化中最关键的一点是要意识到,为了使企业转型,对提供价值观的企业文化必须要进行评估和修改。变革型领导者需要清楚地描述新的价值和标准,然后运用多种革新杠杆(比如,行为榜样、象征性行为、仪式创造、人力资源系统更新和过程管理)去支持新的文化信息。

结 论

在公司根本变革的压力将加强而不是减弱的前提下,我们坚信企业复兴需要变革型领导而非交易型领导。归根结底,是领导者去选择正确的领导类型和企业生存方式。

---

[1] T. E. Deal and A. A. Kennedy, *Corporate Cultures* (Reading, MA: Addison-Wesley, 1982); "Corporate Culture: The Hard-to-Change Values That Spell Success or Failure," *Business Week*, 27 October 1980, pp. 148—160; W. Ulrich, "HRM and Culture: history, Rituals, and Myths," *Human Resource Management* (23/2) Summer 1984.

6 作为企业文化管理者的学习型领导*

埃德加·沙因

在一个组织中,领导的作用无处不在。领导层决定着检验和管理企业文化的态度和动机。层级越低的分支机构实现这一目标就越困难,但是像管理整个企业文化一样地去管理子文化是完全有可能的。

在企业的发展中需要不同类型的领导能力,引起这种差异的原因主要有两个方面:第一,组织发展的不同阶段需要不同类型的文化管理;第二,不同的企业发展战略使企业文化关注的重点也不同。这些观点将在下面进行简要的分析。

企业文化创建时期的领导

在一个正在成长的组织里,学习型领导者通常将他们自己的设想具体化并逐步地、始终如一地深入到组织的任务、目的、结构和工作程序中去。不管我们把这种基本设想称作什么,诸如指引的信念、实际应用的理论、思想模型、基本原则或者是创始者的指引性远见,它正在成为组织新兴文化的主要基础,这是毋庸置疑的(例如,Argyris, 1976; Bennis, 1989; Davis, 1984; Donaldson and Lorsch, 1983; Dyer, 1986; Kotter and Heskett, 1992; Pettigrew, 1979;

---

*来源:Adapted from *Organizatioonal Culture and Leadership*, Second Edition, by Edgar, H. Schein, pp. 374—392. Reprinted by permission of John Wiley & Sons.

Schein,1983)。

在这样一个飞速变化的世界里,学习型领导者(创业者)不但要有远见,而且必须要善于运用这种远见,在外部环境发生改变的情况下将其进一步发展。由于组织的新成员往往记着先前组织和文化的经验,因此只有当这个团队自己遇到危机并且从危机中幸存下来后,才能通过一些明确而一致的启示建立起一套共同的设想。因此,作为文化的创造者,一个领导者需要坚持和耐心。不过,作为一个学习者,他同时必须足够灵活,时刻准备应变。

随着团队和组织的发展,某些重要的思想问题出现了。这些问题与对领导者的依赖、同事关系以及如何更有效地工作有关。这就需要领导来帮助团队认识问题、解决问题。在这个过程中,当事情并不按照它们应有方式运行的时候,领导者必须经常化解并且包容因此而带来的焦虑(Hirschhorn,1988;Schein,1983)。领导者可能没有问题的现成答案,但是在解决方法研究出来之前,他们必须给人们提供暂时的稳定和情感上的放心。在学习阶段,当旧的传统正在被抛弃而新的方式正在学习中时,这种"焦虑包容"功能显得特别重要。此外,如果环境持续变化下去,这种"焦虑"可能会成为一种永久性的负担,这就需要学习型领导者担任一个永久的支持性角色。成长的代价是如此的巨大并且会一直持续,以至于如果没有一个强有力的领导者担当焦虑和危机的消化者角色,一个组织就不可能度过它的早期成长阶段而陷入失败。如果一个领导者同时又是这个组织的所有者,这对组织有好处,因为每个人都会认识到实际上所有者正在承担一个巨大的个人财务风险;但是,所有权决不会自动地创造吸收和消化焦虑的能力。对很多领导者而言,这是他们必须要学会的最重要事情之一。

当领导者开创一个新企业的时候,他们必须注意将其自己的设想施加于企业的权力,这些设想有:什么是正确的和适当的事情、世人是如何工作的以及如何去做好事情。领导者不必对自己的设想感到抱歉或者太过于小心谨慎。事实上,领导者的角色就是从混乱中建立秩序,人们也期望领导者能够以他们的设想作为一个不确定的未来的初始蓝图。领导者对这一过程知道得越多,他们在执行这一过程时就越能够坚持一致性和效率。

企业文化的建立、植入和强化过程会产生新的问题,但也带来了解决方案。很多组织成功地生存了下来并且得到了发展,但同时,这些组织的运作过程却充满了前后不一致,甚至做出了一些前后矛盾的事情。对这一现象的常见解释是:领导者不仅向他们的组织植入了他们有意识想要植入的东西,而且也将他们自己本身具有的内在矛盾冲突传输了进来(Schein,1983;Kets de Vries and Miller,1984;Miller,1990)。下属反应最强烈的信号就是那些一贯能够引起领导者注意的事情，尤其是从情感上引起他们注意的事情。但是很多那些引起领导者情感性反应的事情不全是表现了领导者有意识的倾向，而是更多地表现了他们无意识的冲突。组织要么在这些不一致和冲突的基础上继续发展，从而使这些不一致和冲突成为企业文化的一部分，要么如果领导者的行为开始看起来实在太具有破坏性或者实际上已经出现破坏作用，领导者就会逐渐地失去他们的影响力。在极端的情况下，组织甚至会孤立或者驱逐它的创建者。然而，即使在这种情况下，也并不是创建者的所有设想都被否定，而只是那些与组织得以建立的核心设想不一致的设想才被否定。

因此，企业文化的创建阶段给创建者一个额外的负担——获得足够的自我洞察力以避免不经意间会破坏他们自己的创造成果。创建组织的领导者经常会发现，要认识到这样一个问题是非常困难的，即最初使他们成功的那些因素——强烈的自信，往往会成为以后出现困难的根源，他们也必须随着组织的成长而学习和成长。这种自我洞察力在组织面对领导者的继任问题时显得特别重要。

所有这些，对一个处于发展中的组织的领导者来说，意味着他们必须拥有强大的自我洞察力并且认识到他们所扮演的角色不仅是要建立文化而且要担负起植入和发展文化的重任。由于企业文化是年轻组织认同的初始来源，建立和发展文化的过程就必须要慎重处理，要明白一旦这种认同受到挑战，焦虑就会表现出来。

企业处于中年时期的领导

随着组织经过了一段坚实的发展历史，它的文化正在逐渐成为一种原因，而不是一种结果。由于子团体都发展了自己的子文化，因而建设性的应用文化多样性及整合问题出现的机会都大大增加了。领导者应该能够对这些文化之间的差异和多样性引起注意，并清楚地估计到有多少对组织进一步的发展有用而有多少是潜在无用的。现在企业文化已经较少地与领导者的个性联系在一起了，这就使客观地对文化进行评估更加容易，尽管它可能会变成一种由创建时期延续而来的神圣不可侵犯之物，从而需要对其谨慎对待。

这个时期的领导者必须能够分辨出企业文化是如何影响组织的战略、结构、流程以及影响团队成员之间相互联系的方式。企业文化对组织成员的理解力、思维方式、感情都有重要的影响。这些特性又和外部环境因素一起，影响到了成员的行为。正因为企业文化具有这样一种重要的降低焦虑感的功能，因此，即使当企业文化在与环境的机会和约束关系中不起作用时，成员们也会依赖它。

　　这个时期的领导者需要一种诊断的技巧,不仅能指出企业文化的影响是什么,而且还能够指出企业文化对整个组织变化和学习的能力有什么样的冲击。创建企业文化时期的领导者最需要的是自我洞察力,然而中期的领导者最需要的是能够成功诊断和解读周围文化和子文化的能力。为了帮助组织在未来的发展中更有效率,领导者也必须具有文化管理方面的技能。在某些情况下,这也许意味着增加文化的多样性,让成长阶段建立起来的文化一致性部分销蚀。在另外一些情况下,这也可能意味着使一系列文化各异的组织单元同心协力并给它们施加一些共同的设想。在每一种情况下,领导者都需要:(1)能够足够细致地分析企业文化,知道采用哪些文化会对完成组织目标有帮助,而哪些相反会阻碍目标的完成;(2)拥有进行干涉的技巧从而能够使期望的变化发生。

　　这一时期关于如何维持企业有效性的说明性分析,更多地是强调领导人必须有一定的洞察力、清晰的远见以及表达、交流、执行远见的技巧,但这些分析没有提到现有的企业如何发现和安置这样的领导。尤其是美国的企业,外部董事成员可能在这一过程中发挥至关重要的作用。然而,如果企业具有很强的创业文化,它的董事会就可能由清一色的与创立者具有相同想法的人组成。结果,直到企业经历了严重的生存困难,并开始寻找具有不同观念的人来领导,才有可能发生方向的实质变化。

　　这方面值得探讨的一个领域是首席执行官自己在选择继任者上的作用。中年时期企业的领导能否在足够的程度上觉察到企业文化的某些方面潜在的异常,从而确保其继任者能够朝着正确的新方向引导文化?首席执行官在其继任者的选择问题上具有很大的影响力。就企业文化而言,他们是否会明智地使用这一权力?例如,据说作为通用电气CEO的雷金纳德·琼斯挑选杰克·韦尔奇作为其继任者的一个原因是,他把韦尔奇看作一个能够创造让通用电气保持活力所必需的变化的人。同样,史蒂夫·乔布斯挑选约翰·斯卡利来领导苹果公司,即使在一定程度上他已经意识到这种选择可能最终将导致冲突,其结局是迫使自己离开苹果。这里最终的自相矛盾在于,真正的学习型领导可能不得不面临这样一个结论:他们必须自动让贤,他们不具备中年期企业保持自身与快速变化的世界同步所需要的远见。

企业处于成熟和潜在衰退时期的领导

　　在成熟阶段,如果企业已经制定了统一的强大文化,那么该文化甚至会界定出什么应该被视为领导,什么是英雄和可耻的行为,威信和权力如何分配和管理。因此,如今领导所创造出的,要么是盲目地使自己不朽,要么是创造出对领导的新界定,其中甚至可能不包括最初设立企业时对企业家的那种设想。那么对成熟和可能衰落的企业的首要问题是:找到一个能够授权给有潜质的领导人的程序,该领导人可能会有足够的洞察力来克服一些约束性的文化设想。

此时,领导必须要做的事取决于企业文化实际上能使该企业调整自身以适应现实环境的程度。如果企业文化未能为这种调整创造便利,企业要么不能生存,要么设法改变企业文化。如果要改变企业文化,企业必须由这样的人来领导,他们事实上能够突破旧文化的专制。这不仅需要洞察力和诊断技巧来明确什么是旧文化,而且要认识到现有可替代的文化理念是什么,如何朝着认可这些理念的方向开始这一变化过程。

正如已经反复声明的,成熟企业的领导必须使自身在企业中足够边缘化,以便能客观和非防御性地看待其设想。因此,他们必须寻求多种方式向外部环境扩展,这样才能便于自身的学习。如果他们自己不能学习这些理念,就不能觉察在其企业中什么是可能的。更糟的是,他们可能会破坏来源于企业内部的创造性努力,如果这些努力包含反主流文化的理念的话。

能够如此管理文化变革的领导人可以来自企业内部,如果他们已经具备客观性和对文化因素的洞察力。这种文化的客观性看来与具备一种非传统的职业或在企业内部接触众多的亚企业文化相关(Kotter and Heskett, 1992)。然而,现有企业中正式任命的高级经理可能不愿意或不能成为这种文化变革的领导。那么领导可以来自企业内部其他跨领域的人士或外部,甚至可以是来自企业内部的许多人。在这种情况下,谈论转型团队或多元领导是有意义的。

如果领导来自企业外部,那么他们必须具备技能,以精确诊断企业文化是什么,什么因素能够适当调整,什么因素会对未来的调整造成问题,及如何改变那些需要改变的东西,等等。换言之,领导必须是一个善于变革的管理者,他能够最先了解目前的文化情况,解除对它的控制,重新定义和改变它,重新把新的理念稳固下来。有才华的转型式领导看来能够管理变化的全部阶段,但有时在相当长的时期里,不同的领导将参与不同的步骤中。他们将利用前面讨论的机制,并以恰当的组合来完成工作,前提是他们具有采用极端措施的权威和权力,例如撤换坚持旧有文化理念的人员。

总之,领导在组织发展的每一阶段都扮演了重要的角色,但角色会随着每一阶段功能的不同而不同。领导做的最多的应是持久地诊断文化的特定设想,以及考虑如何建设性地利用这些设想,或者当这些设想成为制约时如何改变它们。

战略制定中的领导和企业文化

许多公司发现,他们自己或者他们的顾问尽管能够想出对财务、产品或营销有意义的新战略,但他们却不能实施这些战略,因为这类实施需要有不同于企业现有设想的设想、价值观和工作方式。在某些情况下,组织甚至不能孕育一些战略选项,因为它们与企业工作方式和共享的企业使命假设背道而驰。对此,洛尔斯将之恰当地称为"战略近视"。

我们必须记住,文化设想是以往成功的产物。结果,这些设想不断被视作理所当然的东西,像无声的过滤器般过滤着感觉到的或想到的东西。如果组织的环境发生改变并需要新的对策,那么危险就在于变化没有被注意到;或即使注意到,企业因遵循深植于其中的、促成以往成功的常规而不能进行调整。文化通过限制CEO或其他高级经理能够感觉到和首先认识到的东西,来制约战略。

因而学习型领导的一个重要作用,首先是注意到环境的变化,然后思考需要做些什么以保持组织的适应性。在本文,我是以作用而非职务来定义领导的。CEO或其他高级经理也许能或不能发挥领导的作用,在这种意义上我定义的领导能够在组织中的任何位置上产生。然而,如果真正的改变和学习即将发生,可能就需要CEO或其他高级经理能够成为这一意义上的领导。

领导者必须在某种程度上是边缘化的,同时在某种程度上又根植于企业的外部环境,以便充分发挥领导作用。同时,领导必须与组织中那些与环境密切联系的部门很好地沟通,如销售、采购、营销、公关及法律、财务和研发部门。领导必须能够听取来自上述部门不一致的信息,并评估这些信息对组织未来的意义。只有当领导真正理解所发生的一切和组织改变过程所需要的一切,他们才能开始采取行动,发起一个学习过程。

关于领导需要远见已经说得太多,但对领导需要聆听、吸收、研究环境以了解趋势、建立组织的学习能力却提得很少。尤其是在战略层面上,能够观察和认识问题的复杂程度的能力至关重要。认识问题复杂程度的能力也许就意味着,承认不稳定性及包容实验和可能错误以作为学习的唯一途径的意愿和情感力量。在关于领导远见的困扰中,我们也许可以让领导承认,他们的远见是不清晰的,以及整个组织不得不共同学习。此外,正如我反复说的,在成熟组织中,只有当组织处于不安及成员感到焦虑并需要解决方案时,远见才会起作用。学习型领导所必须做的事,大多发生在远见甚至还没有显露之前。

归纳起来,在战略形成和执行中领导的关键作用是:(1)准确、深入地认识到环境中所发生的一切;(2)创造出足够的不确定信息以刺激组织改变,但并不制造过多的焦虑;(3)通过提供如何以及向何方改变的远见,或者创造一个允许组织自身找到方法的远景过程,来提供心理安全;(4)承认不确定性;(5)认识到学习过程中的错误是不可避免的和所需要的;(6)管理变化过程的所有阶段,尤其是管理因抛弃原有的一些文化设想和开始新的学习阶段所带来的焦虑。

领导者选拔和发展的含义

组织文化的动态分析明确了领导能力是与文化的形成、进化、转变和消亡交织在一起的这一论断。文化首先是由领导行为创造的,并被领导者所牢记和强化。当文化功能失灵时,需要领导帮助组织清除某些文化设想和学习新的文化设想。这种转化有时需要有意识和故意去破坏组织文化要素。这反过来需要超越理所当然的假设的能力,看出需要做些什么以确保企业的健康和生存,并策划使组织沿着新的文化假设发展的事件和过程。缺乏这种意义上的领导,组织将不能调整自身以适应变化的环境条件。让我们总结一下成为这种意义上的领导所需的条件。

感知能力和洞察力

首先,领导必须能够认识到问题,对自身、企业文化及其失灵因素有洞察力。这种跨边界的感知是困难的,因为它要求领导能够认识自己的弱点,认识到自我保护的防御不单单是有助于驾驭焦虑,而且也妨碍了自己有成效的努力。成功的变革设计者必须对自身和自己的组织有高度的客观立场,这种客观立场来源于领导者在不同环境中形成的职业生涯,这能使他们比较与对照不同的文化。国际经历因此是最强有力的学习方式之一。

个人经常通过咨询和心理治疗获得帮助以便客观地看待自己。也许可以推测,领导受益于比较的过程,如强调实验学习和自我评价的培训与发展项目。从这个角度而言,外部顾问或董事会成员的最重要功能就是提供能产生文化远见的咨询。因而比这更重要的是,顾问要帮助领导认清正在发生的和应该做什么,以便为组织的下一步提供建议。顾问还可以作为"文化治疗师"帮助领导厘清现有文化以及其中各个部分是否具有适应性。

动机

领导能力不仅要求对文化的变迁过程能够予以洞察,而且需要对介入自己文化进程的动机和技巧有深入的洞察力。要想改变文化的任何因素，领导者必须愿意给他们的组织"解冻"。"解冻"意味着否定，这是一个对很多组织来说都会不可避免地带来痛苦的过程。领导者必须找到一种方法来向其下属表达"事情并不是很完美"，如果必要的话，他们还必须谋求某些组织外部的人的帮助以使这些信息被理解。这种意愿需要一种伟大的能力，它考虑的是组织至上并超越个人，以及为团体做出承诺和贡献至上并超越个人利益。

如果组织的界限变得松散，那么一个更进一步的动机问题便产生了：一个领导者最后的忠诚归于何方——是归于组织、归于行业、归于国家，还是归于一些更宽广的最终为全球或者为全人类服务的职业社团？这个问题是越来越不清楚了。

情感力量

给组织"解冻"需要建立心理上的安全。这就是说，领导者必须有足够的情感力量来化解组织变化所带来的焦虑；以及当组织处于变革时期，如果成员变得歇斯底里和不知所措的时候，还必须对组织保持支柱性的能力。根据定义，领导者可能成为发火和批评的对象，因为他(她)必须向团队成员已经认为理所当然的某些事情提出挑战。这可能包括关闭某些曾是公司增长的源泉并且是很多员工引以骄傲和自豪的部门。这可能也包括解雇和辞退一些忠诚的、曾为公司做出巨大贡献的员工和老朋友。最糟糕的是，这还可能包括要证明一些曾经被公司的创始者珍爱的设想和观念在现阶段是错误的。在这种时候，特别需要拿出方法来向组织证明，领导者真正关心的是整个组织的福利，即使其中某一部分面临挑战。领导者必须记住：放弃原有文化(或者是其中的一部分)会使自己冒一定的风险，即感到焦虑甚至最后会受损，虽然这样，领导者仍然需要巨大的勇气去闯进这片未知的领域。

改变企业文化设想的能力

如果一个设想将要被放弃，它就必须用另一种形式进行替换或者进行重新定义，这是领导者的责任。换言之，领导者必须具有能够通过清楚的表达和建立新的远景和新的概念来引入认识上的新定义。领导者必须能够将团队的一些基本设想拿到桌面上来进行考察并且改变。

创造参与性的能力

对于文化变革的领导而言，这里有一个悖论：领导者不仅要做好领导工作，而且要善于倾听，要从情感上鼓动团队参与，从而使团队自身具有对企业文化困境的洞察力，领导者要真正地参与到他(她)学习和改变的进程中去。虽然在社会、宗教或者政治运动中，领袖可以依靠个人魅力而让追随者按照领导者的意愿做事，但是在一个组织里领导者将不得不与在场的团队成员合作，因为他必须依靠他的团队成员去完成组织的任务。领导者必须认识到，只有当所有的人都积极地参与到企业文化的改造过程中去，最后认识上的重新定义才会在很多成员的头脑中形成。只有当整个组织形成一定程度的洞察力并发展出变革的动力，真正的改变才会发生。而领导者就是去创造这种参与性的人。

让其他人参与进来并倾听他们的声音，这种能力也能够使领导者免犯这种错误——去改变一些不应被改变的事情。尤其当一个领导者是从组织外部来的时候，这个问题就会显得特别重要。因为在组织中运作的一些理念可能并不适合这个领导者自己的理念，但是这些理念仍然是组织成功所必不可少的。为了说明这种可能发生的错误，我们只需要回想一下阿泰日公司历史上的一件事情：这个公司的母公司——华纳传播公司，为了提升这个公司的经营业绩，决定将一名来自食品行业的经验丰富的市场执行官派到这家公司担任总裁。这位执行官带来的理念是：成功的关键在于个人绩效的充分激励和高报酬制度。于是他建立并实施了一个激励系统。这个系统被设计为在发明和设计新的电脑游戏软件中选拔最好的工程师，并给予他们大量的金钱奖励。很快那些最好的工程师就离开了公司，公司陷入了技术上的困难。是哪里出现了问题呢？

新的执行官创造并描述了一个清楚的制度模型，而公司里的每个人也都想帮助他完成好这件事情。很明显，真正的问题是出在建立在个人努力基础上的激励机制的设计。新总裁来自于食品行业，有着个人化产出的丰富管理经验，但是他没有能够理解，电脑游戏是由一个集体合作设计的，因此，工程师们会认为个人责任分配制度既没有必要也没有实施的可能性。他们会乐于成为一个设计集体的一员并且会对针对集体的激励机制感兴趣；可惜的是，由于新总裁没能掌握这一实际情况，他无疑选择了错误的机制。而且，工程师们也注意到了，来自非科技背景的总裁并不善于选择最好的工程师。因为这个组织最关键的理念是：最好的产品出自集体的努力，而不是个人的才华。正因为两种不相容的理念，总裁任期不长也就不足为奇了。不幸的是，员工离职和士气损失已经无可挽回。

学习新的企业文化的能力

公司文化变革的领导者经常不得不接管一个自己以前没有任何经验的公司。如果他们想要去诊断并且可能要去改变这个公司的文化,首先他们就必须学习并领会这个企业文化的本质。这就提出了一个问题:一个人能对全新的东西领会多少?我的假说是,根据许多对领导学和管理学方面的研究,如果处于核心技术相类似的行业中,领导者能够相当容易地穿越界限而进入一个新的组织文化。从一个化工公司成长起来的经理很有可能可以成为另一家化工公司成功的 CEO,并且领会这家公司的企业文化。真正困难的是跨越行业或者国家的界限,因为对一个经理人来说,在他职业生涯过程中建立起来的认知框架往往是根深蒂固的。像约翰·斯卡利这样能够成为苹果公司成功的领导人的例子是罕见的。

在任何情况下,进入一个新组织的领导者都应该非常注意:在对原有的企业文化进行评价并试图改变它之前,真正理解和掌握这种文化是非常重要的。如果情况允许,这种学习过程往往需要一年或者更长时间。当然,如果情况更严峻,领导者应该通过系统地使其下层的团队参与文化解读训练来加快他的学习过程……

小结和结论

现在可以很清楚地说,未来的领导者将不得不做一个永久的学习者,这就需要:(1)对现实世界以及他们自身更深层次的感知能力和洞察力;(2)超常的动力,以经受因不断学习和改变而带来的不可避免的艰辛,尤其是在现在的世界里,一个人最终皈依的界限越来越难以确定;(3)当学习和改变已经越来越成为生存的一种方式时,控制自己和他人的焦虑的情感力量;(4)分析和改造文化理念的新技巧;(5)争取别人参与并引发其积极性的意愿和能力;(6)学习领会一个全新组织文化理念的能力。

学习和变革不能强加于别人。如果一个组织想要判断会发生什么、知道如何应对,并去真正实施,那么整个组织全体成员的参与和投入是非常重要的。这个世界越是混乱、模糊和难以控制,学习过程就越应该和所有社会组织的成员一起分享。如果今天的领导者想建立一个组织的文化,那就应该知道他们必须做出这样一个榜样:领导者自身就是学习者并且让大家都一起投入到这种学习过程中去。

这种学习过程的关键是要给组织文化以应有的地位。作为组织和公司的成员,作为经理、教师、研究者,有时还是领导者,我们是否认识到了我们的认知、思想、感情是在多么深地被企业文化所影响吗?最终,如果我们不能发现存在于我们身上的文化理念,我们就无法得到要生活在这个形形色色的混乱世界中必须具有的文化谦卑。最后,文化理解和文化学习始于自我洞察力。

参考文献

Argyris, C. *Increasing Leadership Effectiveness*. New York: Wiley-Interscience, 1976.

Bennis, W. *On Becoming a Leader*. Reading, Mass.: Addison-Wesley, 1989.

Davis, S. M. *Managing Corporate Culture*. New York: Ballinger, 1984.

Donaldson, G., and Lorsch, J. W. *Decision Making at the Top*. New York: Basic Books, 1983.

Dyer, W. G. Jr. *Culture Change in Family Firms*. San Francisco: Jossey-Bass, 1986.

Hirschhorn, L. *The Workplace Within: Psychodynamics of Organizational Life*. Cambridge, Mass.: MIT Press, 1988.

Kets de Vries, M. E. R., and Miller, D. *The Neurotic Organization: Diagnosing and Changing Counterproductive Styles of Management*. San Francisco: Jossey-Bass, 1984.

Kotter, J. P., and Heskett, J. L. *Corporate Culture and Performance*. New York: Free Press, 1992.

Lorsch, J. W. "Strategic Myopia: Culture as an Invisible Barrier to Change." In R. H. Kilmann, M. J. Saxton, R. Serpa, and others, *Gaining Control of the Corporate Culture*. San Francisco: Jossey-Bass, 1985.

Miller, D. *The Icarus Paradox*. New York: Harper & Row, 1990.

Pettigrew, A. M. "On Studying Organizational Cultures." *Administrative Science Quarterly*. 1979, 24, 570—581.

Schein, E. H. "The Role of the Founder in Creating Organizational Culture." *Organizational Dynamics*, Summer 1983, pp. 13—28.

7 何以造就领导人*

丹尼尔·高尔曼

每个实业家都听过这样一个故事:一个智商极高并有极熟练技能的经理人员被提升到领导职位,结果却在工作中未尽所能。同时他们也听到另一个故事:一个有着扎实而不是非凡智力和技能的人被提升到相类似的职位上,尔后在此职位超水平发挥。

如此奇闻支持了这样一种普遍的信念,即通过"正确的要素"去判别一个人是否适合做领导与其说是一种科学,不如说是一种艺术。毕竟,高层领导们的个人风格是互不相同的:有些领导少言寡语、精于分析;另一些人则高谈阔论、提纲挈领。而且同样重要的,不同的情形要求有不同类型的领导。多数并购者需要一个反应敏捷的谈判专家作为把握方向的领导人物。而许多欲转变经营方向的企业,却必须有一个强有力的权威领导。

不过,我发现,最有效率的领导们在一个最重要的方面是相似的,即他们都有很高的情商,它不是智商,并且与技能是不相关的。智商和技能的确起作用,但主要是作为"起点能力"。也就是说,它们是领导职位的入门要求。然而,我的研究以及最近其他一些研究清楚地表明,情商是成为领导的必要条件。不考虑这一点,一个人,即使头脑敏锐、条理清晰,有着无穷无尽的精明主意,而且能够接受世界上最好的培训,也仍然不会成为一个卓越的领导。

在 1997 年,我的同事和我集中研究了情商如何在工作中起作用。

---

* 来源:Reprinted by permission of *Harvard Business Review* from "What Makes a Leader?" by Daniel Goleman,1998。

我们专门在领导中调查了情商与绩效之间的关系,并且还观察了情商在工作中如何显现出来。你如何去识别一个人的情商是否高呢?比如,你如何认定你自己的情商是高还是低呢?接下来,我们将要探究这些问题,依次探讨情商的各个成分:自我意识、自我调节、动机、移情和社交技能(请参见表1)。

表1　　　　　　　　　工作中情商的五个组成要素

要素	定义	特征
自我意识	认知和理解情绪感情和内在驱动力及它们对别人影响的能力	自信 客观的自我评价 自嘲的幽默感
自我调节	控制及疏导具有破坏性的冲动和情绪的能力 不妄下判断的倾向,在思考之后才采取行动	信用和忠诚 对不确定性的释然 容易接受改变
积极性	为超越金钱和地位而工作的激情 充满精力和毅力地追求目标的倾向	获得成功的强烈内在驱动力 即使面对失败也能保持乐观 对组织承担义务
移情	理解别人感受的能力 根据别人的情感反应来对待对方的技巧	培养和挽留人才的知识 跨文化的敏感性 对客户和顾客的服务
社交技能	处理人际关系及建立人际关系网的能力 发现日常摩擦和建立亲善关系的能力	引导变革的效能 说服力 发展和领导团队的知识

评价情商

现在多数的大公司都聘请了受过专业训练的心理学家来建立所谓的"能力模型",以帮助他们在领导阶层中辨别、训练和提拔合适的明星。心理学家已经为较低水平的职位建立了这样的模型。在最近几年,我已经分析了188家公司的能力模型,这些公司多数是大型跨国公司,包括朗讯科技、大英航空和瑞士信贷这样的公司。

为了完成这项工作,我的目标是确定在这些组织里是哪一项个人能力推动了杰出业绩的产生,以及它们的作用达到何种程度。我把能力分为三类:纯粹的技能,例如会计和商业计划能力;认知能力,例如分析推理能力;情商展示能力,例如与别人一起工作,领导变革的效能。

当我分析所有这些数据时,我发现了戏剧性的结果。可以肯定的是,智力是杰出业绩的驱动器。像全局思想和长远目光这样的认知能力是特别重要的。但是,当我计算了作为杰出业绩三要素的技能、智商与情商之间的比率后,结果证明,对所有层面的工作来说,情商的重要性是其他要素的2倍。

我的分析表明,在公司最高层次的工作中,情商扮演着越来越重要的角色,而技术能力的差别则无足轻重。换言之,被认定为业绩明星的某人的级别越高,情商在其获得绩效的原因中所占的比例也越高。当我将高级领导职位上的一般人与业绩明星们对比时,他们个人能力中的差异几乎90%可归因于情商因素,而不是认知能力。

自我意识

自我意识是情商的首要成分:当一个人想到数千年前特尔菲城神谕给予人类"认识你自己"的忠告时,情商就起作用了。自我意识意味着要深刻认识自己的情感、实力、弱点、需要以及内在驱动力。有着很强自我意识的人既不过分挑剔,又不至于凭空妄想。更确切地说,他们对自己和他人都是诚实的。

具有高度自我意识的人,知道自己的感情如何影响自己、他人和他们的工作业绩。因此,一个清楚限期太紧会使自己手忙脚乱、有着自我意识的人会仔细规划自己的时间,并提前做好自己的工作。另一种有强烈自我意识的人能够与苛刻的客户一起工作。她能够明白客户对她情绪的影响以及导致自己挫败的深层原因。"他们琐碎的要求使我们远离了我们应做的实际工作。"她会这样解释。她会采取下一步行动,并将愤怒化为某种释疑。

自我意识会延伸到一个人对他(或她)的价值观及目标的理解。一个具有高度自我意识的人明了其方向何在且原因何在。举例来说,对于一个在收入上极具诱惑性的但并不符合他的原则及长远目标的工作,他能够很果断地拒绝它。一个缺乏自我意识的人会轻易做出决定,而这一决定会因为践踏了其已被抛弃的价值观而引起内心的骚动。"金钱看起来是如此诱人,所以我签下了协议,"他总会这样为自己辩解,"但是这个工作对我而言实在没什么意义,我总是觉得厌烦。"而有自我意识的人的决定和他们的价值观是相符的;因而,他们通常会发现工作能给他们带来动力。

那么,一个人要怎么样才能认识到自我意识呢?首先也是最重要的是,它表现为直率和能客观地评价自己的能力。一个具有高度自我意识的人能够准确和坦率地——虽然不必是热情洋溢或忏悔般地——讲出他们对自己工作的感情及其对工作的影响。比如,我认识的一个经理对她的公司(一个大型连锁百货商店)即将引进的一个私人购物者服务系统充满了怀疑。未经她的同事或老板的提示,她这样解释说:"要我躲开这种服务的首次运作是很难的。"她承认:"因为我真的很想去管理这个项目,但我没被选中。请容忍我这样对待它。"实际上她的经理是在观察她的感受;一个星期之后,她就完全地支持这个项目了。

这种自我认知经常会在招聘过程中显示出来。要求一位求职者描述一件他被感情左右并做出了后来引以为憾的某事的经历。有自我意识的人将会很坦率地承认他的失败,并且常会面带微笑讲述他的故事。自我意识中的一个特点是自嘲的幽默感。

自我意识在绩效回顾中也可以被识别出来。自知的人知道——并且乐于谈论——他们的局限性和他们的实力。并且他们通常显示出对建设性批评的渴望。相比之下,那些自我意识能力较低的人,会把他们需要改进的信息看作是一种威胁或者是失败的征兆。

有自我意识的人也可能通过他们的自信来确认。他们对自己的能力有着很肯定的把握,而且也不太可能由于过分夸大任务而导致失败。他们还知道何时要求帮助。并且他们对工作中的风险也精心计算过。他们不会去请求他们自知无法单独完成的挑战。他们将依据自己的实力而自由发挥……

自我调节

生物性冲动驱动着我们的感情。我们无法消除它们,但是我们可以做一些事去控制它们。自我调节,就像一个正在进行的内心对话,是情商的一个组成部分,它使我们不致成为感情的俘虏。进行着这样内心对话的人也会有坏情绪和感情冲动的时候,就像任何其他人一样。但他们会想办法去控制它们,甚至采纳有益的方式引导它们。

让我们想象一个经理,他刚刚看完其雇员团队向公司董事会递交的一份拙劣分析。在接下来的黑暗时刻,这个经理会情绪低落,可能会气得想捶桌子,或是踢翻椅子;也可能会跳起来,对着这群人大吼;或者会保持冷酷的沉默,怒视着大家,然后怒冲冲地走开。

但是如果他有自我调节的天赋,他会仔细选择他的用词,承认他的团队业绩差,而不急于做出草率的判断。然后他会回去仔细分析失败的原因:他们个人是否缺乏努力?还是有什么轻微的原因?他在这次失败中的角色是什么?在考虑完这些问题之后,他会把这些队员都召集过来,列举出这一事件的后果,并说出他对这件事的想法。然后他会表述他对这个问题的分析及一个经过深思熟虑的解决方法。

为什么自我调节对一个领导人的关系如此重大呢？首先，能控制自己感情和冲动的人——也就是一个理性人——能够创造一个充满信任和公平的环境。在这样的环境里，政见分歧和暗斗会极大地减少，生产力大大提高。有才能的人会聚集到这个组织中来而不愿离去。同时，自我调节还有一个递延效果。如果老板以冷静的处事方式而出名，那他的下属中不会有人愿意被看作是急性子。领导层的坏情绪越少，意味着整个组织里的坏情绪也越少。

　　其次，自我调节对竞争理性是重要的。大家都知道现在的商业经常面临着不确定和变化。企业经常合并与分拆。技术以令人眼花缭乱的速度改变工作。那些能掌握自己感情的人能够应对改变。当宣布一个新的改变项目时，他们不会惊慌，相反，他们不急于做出判断，而是会找出信息，听执行人员解说新的项目。当行动向前进时，他们也跟着一起前进。

　　我想强调自我调节对领导者的重要性，比如说，它会加强廉洁，这不仅是个人美德，也是一个组织的力量。公司里发生的许多坏事情都是冲动行为的结果。人们往往很少会计划去夸大利润、抬高费用账目、侵占备用资金，或为个人目的滥用职权。相反，机会总是自己出现的，那些控制冲动能力较低的人就会说"好"……

　　因而，感情上的自我调节标志是容易辨认的：深思熟虑的倾向，对不确定和变化感到坦然，廉洁……一种对冲动的欲望说"不"的能力。

　　就像自我意识，自我调节常常难以达到预期效果。那些态度冷淡的人有时显得高傲自大——他们经过深思的反应会被认为是缺乏激情。那些有着火暴脾气的人经常被认为是"经典的领导人"——他们的感情爆发被认为是感召力和权力的特征。但当这样的人脾气坏到极点时，他们的冲动经常会与他们的意愿背道而驰。在我的调查中，负面情感的极端爆发还从来没有作为一种好领导的驱动力而出现过。

动　机

　　如果真的存在着一个有效率的领导所共有的特性，那就是积极性。积极性驱使他们获得多于他们自己以及他人共同期望的成果。这里的关键词是获得。许多人被外部因素（例如高薪、拥有一个打动人心的头衔或者成为一家声名显赫的公司的一员所带来的地位）所驱使。相反，那些有领导潜质的人是被一种内心深处对成功的渴望所驱使的。

　　如果你在找寻领导时，怎么能识别一个人是否是被外部回报以外的东西所驱使呢？第一个标志是对工作的激情，这样的人会主动寻找创造性的挑战，热爱学习,并以做好工作而骄傲。他们还会显示出要做好事情的不屈不挠的精神。有这种精神的人通常不会安于现状。他们会一直探索为什么事情用这种方式而不是另一种方式解决,他们渴望探索运用到工作中去的新方法。

那些努力要获得成功的人还有两个普遍的共性。他们在乐于维持业绩线不下降的同时,还孜孜不倦地提高自己的标准。先看看业绩线。在业绩评定中,有着高度积极性的人会要求他们的上级给予他们更多的业务量。当然,一个能够把自我意识与内在积极性结合起来的雇员能够认识到自己的局限性,但他(她)不满足于做那些看起来太容易完成的事。

自然地,那些被积极性驱使要做得更好的人也会想找到一个方法紧跟他们自己的、他们团队的以及他们公司的进程。然而,成功动机不高的人往往对结果缺乏清醒的认识。而那些对成功有高度积极性的人经常通过利润、市场份额等衡量标准来保持业绩。

有趣的是,那些积极性极高的人,即使成绩违背了他们的意愿,也能保持乐观。这样,自我调节与成功动机就会一起克服因挫折和失败而带来的灰心和消沉。

领导人想确认其团队是否具有高水平的成功积极性,可以寻找最后一个证据:对组织承担义务。当一个人热爱他的工作时,他们往往会对他们的组织有责任感。忠诚的职员即使被猎头公司以高薪引诱时也会想着和他的组织在一起。

要理解获得成功的积极性如何以及为何会转化成为强硬的领导能力是不难的。如果你会为自己设定一个更高的业绩标准,那么,当你处于领导位置时,你同样会为你的组织设定更高的标准。如果你的职责要求你去这样做的话,你就会按这个新标准去做。同样地,在保持业绩时,想超越目标和利润的驱动力也是有传染性的。具有这些特性的领导们往往会在他们的周围培养一些同样有这些特性的管理团队。当然,乐观和对组织承担义务也是做领导的基础——想想看,如果没有这些特性的人去管理一个公司会是什么样!

移情能力

在所有情商的尺度中,移情能力是最容易识别的。我们都曾感受过一个敏感的老师或朋友的移情能力;我们也都被一个缺乏移情能力的教练或老板刺痛过。不过,一谈到商务领域,我们很少听到人们因为他们擅长移情而受到表扬,更不要说被奖赏了。这同一个词仿佛缺少点商业味似的,或者,正是这同一个词,好像不属于商务领域,在残酷的市场现实面前有点不合时宜。

但移情并不意味着那种"你好,我也好"的过度示爱。也就是说,对一个领导而言,它并不是意味着总要把别人的想法当成自己的,并努力去取悦别人。这简直是一件可怕的事情,它会使你没法工作。相反,移情意味着在制定英明决策的过程中要体贴地考虑职员的感受——这与其他方面是同样重要的。

举个关于移情能力的实际例子。想象一下,当两个大型经纪公司合并后会使得所有分公司中都存在的工作岗位出现冗余时会发生什么事。一个分公司经理把他的职员召集起来,令人沮丧地强调将有多少人要被解雇。另一个分公司的经理则以不同的方式告诉他们这一切。他首先表达了自己对此事的困惑与忧虑,同时他向他的员工表示他会让他们知悉一切情况,并会公平地对待他们。

这两个经理之间的差别就是移情能力。第一个经理只顾为自己的命运担心,而不去考虑他那些满怀焦虑的同事们。第二个经理直觉地知道其员工的感受,他用自己的言词回应了他们的担忧。如果第一个经理看到他的分公司失败了,他那些士气受挫的员工,特别是那些最有才智的人离开了,你会觉得吃惊吗?相比之下,第二个经理一直是个强有力的领导,他那些最优秀的员工留下来了,他的分公司和以前一样多产。

移情能力作为有效领导才能的一个组成部分在今天显得尤其重要,至少出于下列三个原因:团队作用的不断增加;全球化的步伐加快;保留人才的需求上升。

考虑一下领导一个团队要面临的挑战。正如每一个曾参与一个团队的人可以证明的,团队就像一个正在沸腾、汩汩冒泡的感情熔炉。他们往往要承担达到一致意见的任务——这在两个人中已经够难了,随着人数的增加,难度也大大提高。即使在一个人数少到只有四五个人的团队中,结伙和冲突也会存在。团队的领导应该能够知晓和理解其周围每个人的观点。

全球化是移情能力对商业领导者的重要性上升的另一个原因。跨文化对话容易导致失误和误会。移情能力是一个协调器。善于移情的人可以很好地协调微妙的身体语言;他们可以听出别人说话的言下之意。除此之外,他们还对文化和种族差异的存在及重要性有很深刻的认识。

最后,移情能力在挽留人才中起到了关键作用,特别是在现在的信息经济中。领导们总是要运用移情能力来培养和保留好的员工,但现在利害关系更大了,当好的员工离开时,他们带走了公司的信息。

现在很时兴素质培养和就业指导。已经反复证明:素质培养和就业指导是成功的,它不仅带来了更好的业绩,而且增加了工作满意度和减少了补缺人员数与雇佣人员总数的比值。但是,使素质培养和就业指导能够达到最佳效果的是和谐的人际关系。杰出的素质培养专家和就业指导专家会想到他所帮助的人的心里去。他们知道怎么给予有效的反馈。他们知道何时促进更好的业绩及何时暂时地停顿一下。在他们激励员工的方式中，他们以实际行动演示了移情能力。

社交技能

情商的前三项组成要素都是自我管理的技能。后两项，即移情能力和社交技能，关系到一个人处理与他人关系的能力。作为情商的一个组成部分，社交技能可不像听起来的那么简单。尽管具有高水平社交技能的人很少是自私吝啬的，但社交技能不只是友善的问题。更确切地说，社交技能是有目的的友善：在你希望打动他的方面去打动他人，而不论那是关于新营销战略的协议还是开发新产品的热情。

社交技能高超的人往往有一个很宽的熟人圈子，并且对于各种类型的人，他们都有一种能够找到共同话题的技巧，即一种建立亲善关系的诀窍。这并不意味着他们总是无休止地去参加社交活动。他们是在这样的设想下工作的，即任何重要的工作都不可能单独完成。当他们需要采取合作行动时，他们总有一个适当的人际关系网络。

社交技能是情商其他尺度的最高标准。如果一个人能理解并控制好自己的感情并能够想别人所想，那么他就能很有效地处理好与别人的关系。连激励也有益于社交技能。要记住，一个被激励想获得成功的人往往是乐观的，即使其面对着挫折和失败。当一个人很乐观时，他会在谈话或其他社会交际场合"发光"；他会很受欢迎并且具有说服力。

由于社交技能是情商其他尺度的成果，社交技能在工作中可以通过许多听起来熟悉的方法辨认出来。例如，社交技能高明的人，在管理团队中会得心应手，那是他们的移情能力在工作中起了作用。同样地，他们也是很高明的劝说者，这是自我意识、自我调节和移情能力相结合的表现。假定有了这些技能，好的劝说者知道要在什么时候做出带感情的请求，而在什么时候诉诸于理性会更有效。激励显而易见会使这样的人成为优秀的合作者；他们对工作的热情会传递给别人，他们会努力地去寻找到解决问题的方法。

但是有时社交技能会以和情商其他组成部分不同的方式表现出来。比如，有着社交技能的人有时看起来却不像在工作。他们看起来像是在随意地闲谈——在大厅里与同事们聊天或是与那些与他的"实际"工作毫不相干的人开玩笑。然而，有着社交技能的人，并不认为武断地限制他们的社交范围有什么意义。他们广泛地建立交际网是因为他们知道在可另派用场的时候,某天他们可能需要这些当前刚认识的人士的帮助。

是否在所有的公司中社交技能都被认为是一个领导的最重要的能力呢?答案是肯定的,特别是在与情商的其他组成部分相比较的时候。人们好像都直觉地认为,领导者必须有效地处理好人际关系,没有哪一个领导者是个孤岛。毕竟,领导者的任务是要让别人做好工作,而社交技能让这变得可能。一个不能表达出自己移情能力的领导者也不可能会拥有社交技能。一个领导者如果不能和他的组织成员交流他的移情能力,那么他的激励也会变得毫无意义。社交技能使得领导者们能把他们的情商用到工作中去。

如果断言老式的有益智商和技术能力不是坚强领导的重要组成要素,那是很愚蠢的。但是缺少了情商,这个配方就显得不完整。过去人们曾认为,情商的组成要素是商界领导者"乐于拥有"的东西。但是,现在我们知道,为了追求更好的业绩,这些是"必须拥有"的要素。

然而,幸运的是,情商是可以学到的。但过程不是那么简单,这需要花费时间,并且最重要的是,要有奉献精神。但是,考虑到得到良好培养的情商给个人及组织所带来的好处,付出这些努力是值得的。

8 受到合理怀疑的领导能力*

卡尔·威克

    本章先用一个例子来引出对领导能力的研究。这是发生在沃伦·本尼斯身上的真实事件。在担任辛辛那提大学校长期间,本尼斯曾到哈佛大学教育学院讲学。当晚,报告非常精彩,但在现场回答提问时却出现了意外。哈佛大学的教导主任保罗·伊尔维萨克平静地问:"沃伦,你真的愿意当辛辛那提大学校长吗?"本尼斯没有立即回答。实际上,他自己也不知道答案。当时,报告厅一片寂静。沉默了一段时间后,本尼斯只说了句"我不知道"。此后不久,他意识到自己愿意做大学校长,但不愿意承担校长的工作,于是就辞职离开了辛辛那提大学。

    "是否愿意当校长?"这不是一个决策问题,却比决策更有深度。这是一个关于价值、方向和感性判断的问题。本尼斯当时并没有直接回答是或否。站在哈佛的讲台上,他面对的是对一项工作、一所大学、一种职业以及对自己领导理念的困惑、矛盾和诚实。在同样的处境下,面临新千年的领导者,如果既不是夸夸其谈,也不是一言不发、保持沉默,就会面临和本尼斯一样的心理状态。

    本尼斯回答"我不知道"的处理是恰当的。"我不知道"恰恰体现出他具备了高超的领导才能,因为他认识到这首先是感性判断,而不只是做仓促的决定,因为决策只是感性判断后才能得出的一个不重要的副产品而已。新世纪

---

* 来源:Bennis, *The Future of Leadership: Today's Top Leadership Thinkers Speak to Tomorrow's Leaders*. Reprinted by permission of John Wiley & Sons.

的领导工作更需要感性判断,而不是做决策(Weick,1995)。这也是本文我要阐述的主题。

首先设想一下,伊尔维萨克提问时本尼斯所面对的世界。这个世界是不能完全把握和预期的,但我们身在其中,无法回避。既不能让时光倒流,也不能事先预测行为的后果,只能不断地用言语来解释。然而,这种解释本身也不能保证总是正确的。人们所说的每句话实际上是由被描述的事物本身和说者自己的观点两部分构成。这些观点实际上就是一种感性判断。

从量子理论和混沌理论中,我们可得到这种既无法拒绝不可知、不可预测的现实环境,又不得不对其进行探求的心理困惑。两种理论均认为,世界不像一台机器,而更像不断变化的关系模型。首先,这些模型是不可知的,因为任何评估它们的努力都会导致其改变。其次,它们也是不可预测的,因为最初的细小差异随着时间的推移,在一个系统将来的状态中可能变成很大的差别(McDanniel,1997)。在不可知、不可预测的世界中,我们所能做的只有感性判断。罗本·麦克丹尼尔就此做了以下描述:

因为世界的本质就是不可知、不可预测的(量子理论和混沌理论),我们所能做的只有对其进行感性判断。即使我们有能力做得更多,但可能效果甚微。量子理论告诉我们,世界的当前状态最多是一种可能性的分布;而混沌理论告诉我们,世界的下一个状态也是不可知的。因此,我们必须把世界视为一种开放的状态加以研究。也正因为如此,我们所能选择的最好办法就是感性判断,否则就会由于自身能力有限而产生苦恼和困惑。有时,信念能产生行动,行动又导致更多的认知,而有时采取行动也会产生更多的认知,是感性判断将两者联系起来。

在不确定的现实世界中,确定方向是每个人面临的关键问题,领导者也不例外。感性判断如同航海中使用的指南针,而不是地图。"地图只能在以前曾到过并确定的范围内有用。在不能确定方位时,指南针更有价值。指南针可以帮助我们找到大概的方向"(Hurst,1995,p.168)。地图可以说是行动的主心骨,而指南针就像人的价值观一样,是学习和创新的主心骨。如果人们发现自己处于一个只是局部知晓的世界,如果领导者也承认自己对此知之甚少,那么,两者就会共同把资源动员起来去制定方向,而不是行动。

如果我必须把这一挑战领导能力的宽泛特性转换为一组对比,那么它们就应被包括在以下内容中。由于不可知和不可预见性成为21世纪更为突出的特点,我们可以期待发现以下这些情况:

- 不确定性更多基于所考虑问题的不充分,而不是事实的不充分。
- 少些专家,多些新手。
- 多鼓励行动,少提倡超然和反省。

- 多让掌握专门知识的人决策,少让因级别任命的人决策。
- 多努力构建有情节发展空间的大故事,少去捕获静止不变的大图片。
- 多注重更新和可行性,少关注预测和精确性。
- 多些即兴发挥,少些循规蹈矩。
- 多些谦虚,少些骄傲。

不确定性的价值

如果一位领导者具备上面提到的特征,我们就能理解为什么会有"我不知道"这种回答了。优秀的领导者总是在不停地质疑,接受新手,积极行动,引导最合适的下属做决定,精心构造故事情节,鼓励即兴发挥和创新,同时对个人的认识局限性有深刻的理解。这种领导者也能很好地帮助下属了解现实。感性判断不是遵循教条或是做选择和决策,它不能正确回答是"冒险"还是"守规则",它所提供的只是如何与情景保持接触。

面对"新规则"一词的许多解释,我们不要夸大"新"这个事实,也不要低估这种"新"不可避免地要采用某种规则形式的可能性。"新"体现在新的环境和由此产生的对重新定位的需求,体现在对创新的鼓励,体现在依靠指南针而不是地图。人们或许会记得康特·库兹波斯基的一句告诫"地图不是领土",但却总忘记这句话的真正含义。地图和领土只代表过去,只有指南针指引着人们未来的发展方向,即使与使用地图相比可能会离目标远一些,但在它的指引下,出错的可能性会很小。指南针告诉我们的是方向而不是明确位置,当地图上的位置标注与实际不符时,则指南针更有价值。明确的位置对人们来说并不重要,重要的是要把握我们现在在哪里、我们是谁以及处理问题的能力,这也正是感性判断的目的所在。虽然优秀的领导人有时会做出一些强制性的决策,这也是因为他们具有了确定方向的能力的结果。

当困惑的人们问"故事的内容是什么"时,关键是让他们积极参与、观察、创新并对可行性与合理性进行探讨。"我也不知道,但我们可以一起来发现",这是作为领导者的一种有效回答。一个情节合理的故事实际上不是被某人"发现的",当领导人说"让我们来发现"时,他所要表达的真正含义是"让我们一起来创造这个故事"。好的故事不会放在某个地方等你来发现,相反,它来自于过去的经验,并对其不断地修改、再加工和再发现。虽然这是一个不断从外部注入的过程,但根源仍来自于组织的内部。

举一个例子进一步说明我对领导能力的见解。保罗·克里森是全世界最好的5名森林消防员之一,他以成功完成500多次重大的消防任务而出名。

作为 19 名消防队队员的头,克里森说,在组织消防时,他更倾向于感觉判断,而不是做决策。他说:"如果我把做决策视为自己的特权,就会自以为是,并竭力要维护它,不愿听取他人不同的意见;但如果我是进行感觉判断,这将是一个动态的过程,我会听取其他人的意见,并不断地调整。做决定只是最后一道打磨工序而已,而感觉判断却是下一阶段的方向。"

如果克里森认为他的工作只是做决策,为了做出"完美"的决策,他会不断地拖延时间,并会在做出决策后尽力去维护这个决策,而不会根据环境的变化进行调整。这种打磨和维护只会消耗掉宝贵的时间,造成可怕的后果。相反,如果他把火情作为感觉判断中的问题,他就会在不确切的阶段给其他的队员一种方向,而这个方向也是动态的,可以随时修正、自我改正和反馈;其道理也会更加透明。

克里森相信感觉判断是很突出的。队员们在灭火时,他们会指定专人负责对未来火情发展情况与消防员的关系进行监测,当距离太近时发出警报。在执行一些特别危险的消防任务中,如石块松动或有大风,最多曾安排过 16 个人做监测工作,只留 4 人灭火。在亚利桑那州佩松附近一个叫都德的地方,克里森在执行一次非常危险的灭火任务时,为了能够更充分地感知天气状况,有时不戴消防手套。他穿上衣服,但似乎并不知道周围发生了什么。但这样结果带来了回报。在灭火的第一天下午,大概 1:45 左右,他感到手背上有雨滴,由于事先知道这个地区没有暴雨,他因此推断这是由于巨大的烟雾柱在顶部结冰而形成的水滴,大规模倒塌即将发生。于是他立即采取措施,在大规模倒塌发生前把消防员撤离到了安全地带。就在此时,倒塌将大火向四周推去,结果 6 名处于安全区之外的消防员丧生。

由指南针引导

克里森的例子使我们不得不认真地考虑在面对不可知、无法预测的环境时,领导的真正含义。在这种环境下,人们最希望的是一个可行的方向和随机应变。这也是哈佛大学的本尼斯和基层领导者都要面临的问题。公开讨论的领导的本质含义具有一些不同的属性。我的建议是:面对不确定性,领导更要关注激励、即兴发挥、灵活性、可靠性和学习。

富有活力

当人们处于活跃状态并具有方向感、警觉性、经常更新和坦诚交流时,感觉判断的成功性就会很高。这个逻辑推论可以从一个相关的基本过程得到。这个基本过程体现在这样一个修辞学问题中："如果不知我们所云,又如何了解我们所思。"要弄清面对的现实环境,就要采取行动;要弄清所思,只能通过交谈;要弄清真正的含义,人们需要去感受。"说"包括行动和活力;"知"包括有目的的观察;"思"包括对原有思考的更新。而使这一切都发生的"我们",则采用信任、值得信任和自尊融为一体的坦诚对话的形式来实现。

微妙的是,内容本身竟然并不重要。在某种程度上,任何旧的规定、流程、教条都可以发挥作用,只要工作计划能够激发人们行动起来,进行排除机遇的实验,提供方向,通过改进了的环境意识和对现实状况的更加关注来鼓励创新,并且推进彼此尊重的互动。在这种互动中,信任、值得信任和自尊可得到同样的发展(Cambell,1990),并使人们确立对所面临环境的稳定反应。不论人们变得富有生机是否由"新经济规则"、全面质量管理、学习型组织、组织转型、观点改变、行为学习、文化转变等其他原因所引起,这些因素都会或多或少地由工作程序是促进还是阻碍感性判断的因素来决定。这进一步说明了工作计划的内容在本质上并不能解释成功与失败。重要的是,能否触动并形成可持续的活力、方向、关注和互动。这四种行为正是在使人们共同理解所面临的环境以及如何处理方面难易与否的关键。

即兴发挥

当人们被投入到一个不可知的、无法预期的环境中时,还要鼓励即兴发挥。即兴发挥可以定义为:在现场操作的特定环境下,能够在事先没有准备的情况下,基于经验进行临时构思、创作(Berliner,1994,p.241)。它也包括对事先已准备过的素材进行灵活处理。它并不是凭空想象、无中生有,实际上它来自于以往的实践、经验和知识。在此期间,人们挖掘和锻炼直觉理解力,而其行动仍会有所差异(Schon,1987,pp.26-27)。即兴发挥行为中最重要的就是确定无疑的特别敏捷(Ryle,1979,p.129)。在即兴创作和修饰一段音乐时,常常先采用一个简单的旋律或主题作为基础。在音乐领域之外,方向就像旋律一样对感觉判断有着重要的作用。

丹·伊森贝格(1985)用战场指挥官的例子来说明即兴发挥中领导者的作用。在战场上,指挥者经常根据作战经验发现面对的是什么样的敌人。"而精通战术的指挥官,在战场指挥时的最初目标是更好地掌握敌人的位置、武器装备和实力,以及自己的实力、机动性和对战场形势的理解。有时,指挥官在不需要事先明确问题和找到解决问题的方法时就要采取行动,然后通过采取行动和观察行动结果,才会更清楚地了解问题是什么,或者发现问题已在行动中解决"(pp.178—179)。指挥者通常会对形势做初步判断,并把理解贯穿到行动中。这类似于将简单的旋律进行不断加工修饰从而产生更完美的旋律。一种容易把握的直觉就是要追随的方向,而不是要加以维护的决定。调整方向比推翻决定要容易得多,危险也会更小。这正是克里森和本尼斯的例子要告诉我们的。

轻松灵活

一个领导人说"我不知道",就像一位消防队长对正在专心灭火的队员说"扔下消防工具"一样。消防队员如果不服从命令,继续拿着电锯之类的重型工具,只会导致慢速的撤离,结果通常会被大火所吞噬。1990年以来,在发生上述事故的地方至少有23人丧命。我认为,当一个领导人说"我不知道",而其追随者不能放弃逻辑推理和理性思维这些沉重的工具时,也将会遇到相似的险境。这些工具假设世界是已知的、稳定的和可预测的,这个领导人则否认这样的看法。说"我不知道"的这个领导人,实际上是要表示团队面对的是新局面,原有的规则已经取消。放弃这些工具并不是指放弃寻找有效的答案,只是放弃不再适应新环境的原有方法。放下逻辑推理和理性思维的工具约束,就是要使用如直觉、感性、说事、经验、主动倾听、分享人性、及时警觉、魅力、让人敬畏、新鲜语言和移情能力等形式以变得轻松灵活。这些非逻辑性活动会引起有时具有可行性和灵活性的理解。所有这些活动也使领导人所说的"我不知道"变得更为合理。这种承认迫使领导人抛弃做作、无所不知、强人、专家、权威和自说自话,从而进行轻松的倾听和开拓。

放下包袱,轻装上路,并不是新名词。古训(Muller,1999,p.134)中就有:

为追求知识,每天必须收获一些东西;

为追求智慧,每天必须丢掉一些东西。

尽管"放下包袱,轻装上路"及其所要表达的哲理很早被人理解,但在领导人和下属被知识管理、获取知识和迫切获取知识占优先地位的年代,这句话的真正含义却都往往被忘记了。当本尼斯在对伊尔维萨克说"我不知道"时,实际上是暗示了某些东西或许比当校长更重要。当本尼斯说我不知道时,那是一种礼貌的表述方式,这根本就不是一个关于知识和获取的问题,而是一个不同的、更耐人寻味的问题,更像是一个对未知方向的询问。当领导人意识到智慧比知识、放弃比获取更有价值时,会对下属产生深远的影响。领导人坦诚布公地放弃沉重的包袱,会激励下属同样地去做。只有放弃沉重的包袱,人们才会在一个更好的位置上去密切关注他们所面临的处境,并在彼此互动中对此环境形成某种观念。所有这一切,都依靠他们轻装上阵的能力。

鉴别

在最先致力于组织领导行为研究的哈佛大学的弗里兹·罗特利斯伯格看来,许多领导者所抱怨的大部分问题是类似的。例如,他们都抱怨组织中许多人不做该做的事,尽管也制定了大量的规章制度和标准来保证员工们做他们应该做的事,但总是不尽如人意。例如,财务人员提不出应该提供的信息,监管人员不能进行有效监管,营销人员不能和生产人员进行沟通,等等。罗特利斯伯格甚至认为,人们根本没有按照管理者的计划、指示和要求执行。他进一步推测,这种不作为就像数学上的倒数特征,管理者与组织的关系就像是乘除法,结果为1;或像是加减法,结果为0。这两种情况下,行政人员的贡献都是0。罗特利斯伯格想分析是什么原因造成了这种明显的不作为。

在讨论到这个问题时,罗特利斯伯格给出了两个扩展了的案例:一个是名为丹史曼公司的著名的哈佛大学案例;另一个是他的一个学生的真实经历。这个学生名叫哈尔,是一个性格固执的工程师,他在学习罗特利斯伯格所开设的课程后不久,被任命为单位维修部的高级主管。在丹史曼案例中,新上任的采购部副总经理波斯特先生,要求20家分散的采购机构,从现在起凡超过10 000美元的采购合同都要提交总部进行审核。这20家机构都表示他们愿意合作,但事实并非如此,实际上没有一份合同提交给波斯特。于是,这位新上任的采购部副经理只好向公司的老职员(他的助手拉森先生)请教他该如何处理。学生们就这个案例在课堂上进行了分析。在下课铃响前一刻,罗特利斯伯格说了这样一段话:

如果我们静下来想一想,就会发现其实我们没有人真正知道公司里的具体情况,因为我们都没有对其进行实地调查。我们只是在推测公司可能是什么情况。拉森先生和我们是一样的,在这些推测得到检验前,也许我们是错的。因此,拉森先生提出的使事情朝更好方向发展的任何建议,可能是所需的最简单的第一步。也许,拉森先生可以用一句话就可以使波斯特先生在迈出第一步时豁然开朗。现在,亲爱的同学们,在下一个小时我们再见前,请认真思考一下用什么如此简单的一句话来回答波斯特先生"现在我该怎么办"这个请求。

罗特利斯伯格想到的这句话就是:"我不知道,但或许你、我或我们通过到这些机构进行调查,就能找到症结所在。"(第177页,原文为意大利文。)但遗憾的是,即使经过几天的思考,也很少有学生能想出这句话。而想出答案的同学也都认为,通过调查就会让这些机构合作。哈尔也这样认为,学习结束回到公司后,他被提升为维修部的监管主任。新上任不久,他就接到公司商店职员的投诉电话:"你们部门到底在搞什么名堂?"当时,哈尔真想说"你以为你在跟谁说话",但是,他克制了自己的情绪,回答道"我不知道你想和谁争吵,为什么不来这儿和我谈谈"。这位职员来了后说出了自己的不满,哈尔认真地倾听,然后双方通过沟通解决了分歧。

这些都是 20 世纪 50 年代的经典案例,但对今天仍有价值。当领导人说"我不知道"时,这是一种真实的反应。它是符合实际的,因为他描述了现状;它能帮助领导人在未知的世界中建立可信度;它有助于去发现而不是阻止答案;它让人们正视现状、增强联系。就形成感觉判断的 7 个条件(社会资源、清楚鉴别、回顾、利用暗示、不断发展的印象的更新、花言巧语和规定,简称为 SIR COPE)来说,"我不知道"这句话是合适的,因为它激活了这七个条件。反过来,它们的关系对感觉判断是十分和谐的。当领导人说"我不知道"时,他不会就此打住,接下来会说的是:"但我们可以知道","如果你们知道,我洗耳恭听","我所知不是现在的讨论主题","但我知道如何寻找","我们可以就当前知道的情况进行讨论",等等。所有这些,都是对不确定性的承认,并由此作为新的起点。

学习

领导最终和最明显的成果始于"不知道"而终于"有所获"。具有说服力的是温斯顿·丘吉尔在其最黑暗的日子里重铸辉煌的例子。在第二次世界大中,丘吉尔没有能意识到日本人很容易就侵占了新加坡。这个大错导致了新加坡的沦陷。这件事发生后,丘吉尔反省了 4 个问题:为什么我不知道? 为什么没有人告诫我? 为什么我不问? 为什么我不说我不知道? (Allison,1993,pp.11—12)。这些问题是相互关联的,都是感性判断时的问题,都建立在怀疑的基础上。这四个问题所强调的思想是,知识不仅是每个人头脑中拥有的东西,更是人们一起合作的东西。

本尼斯"我不知道"的回答,其背后体现出的是智慧,因为这让所有领导者要坦诚地面对现实,放弃傲慢,敢于承认"我不知道"。奥斯卡·王尔德说过一句名言:我不是年轻时就已通晓一切(Kellman,1999,p. 133)。

参考文献

Allinson, R. E. (1933). *Global disasters*. Upper Saddle River, N. J. :Prentice-Hall.

Berliner, P. E. (1994). *Thinking in Jazz : The infinite art of improvisation*. Chicago: University of Chicago Press.

Campbell, D. T. (1990). Asch's moral epistemology for socially shared knowledge. In I. Rock(ed.), *The legacy of Solomon Asch : Essays in cognition and social psychology* (pp. 39—52). Hillsdale, N. J. :Erlbaum.

Hurst, D. K. (1995). *Crisis and renewal*. Boston: Harvard Business School Press.

Isenberg, D. (1985). Some hows and whats of managerial thinking: Implications for future army leaders. In J. G. Hunt &·J. D. Blair (eds.), *Leadership on the future battlefield* (pp. 168—181). Dulles, Va. :Pergamon-Brassey's.

Kellman, S. G. (1999). Swan songs. *American Scholar*, 68(4), 111—120.

McDaniel, R. R. Jr. (1997). Strategic leadership: A view from quantum and chaos theories. *Health Care Management Review*, 22(1), 21—37.

Muller, W. (1999). *Sabbath : Restoring the sacred rhythm of rest*. New York: Bantam.

Roethlisberger, F. J. (1977). *The elusive phenomena*. Cambridge, Mass. : Harvard University Press.

Rvle, G. (1979). Improvisation. In G. Ryle, *On thinking* (pp. 121—130). London: Blackwell.

Schön, D. A. (1987). *Educating the reflective practitioner*. San Francisco: Jossey-Bass.

Weick, K. E. (1995). *Sensemaking in organizations*. Thousand Oaks, Calif. : Sage.

9 效力与效能：领导能力与才智的整合模型*

马丁·M. 切默斯

个人才智在领导效果中的作用

除了一个非常有名的特例外,当代领导能力的研究者与理论家大都忽视了个人才智在领导效果中的作用。即在过去三四十年的领导学理论中,只有认知资源理论(Fiedler & Garcia,1987)将个人才智视为一个重要变量。但事实并非总是如此。在对重要结果的预测中,如对军事训练成绩的预测中,智力测试深刻地影响了早期对领导能力的研究。关于领导能力的特点,斯托格迪尔(1948)在他的评论中指出,单独的这些特点并不足以预测领导能力的显现或效力,同时他也认为,才智是与领导能力联系最为密切的特点之一。(在涉及才智与领导能力的研究中,大约有 35% 都揭示了两变量间的重要关系。)

我将做出这样的假设:一方面才智可以作为一种理解有效领导过程的有用工具;另一方面,当代研究才智的理论可以以类似方法研究领导能力的理论提供有用的模型。有趣的是,在研究两者形成过程的历史中,的确有着相似之处。领导才能如同智力能力一样,首先被看作为一个人与生俱来的特性,而

---

* 来源:"Efficacy and Effectiveness: Integrating Model of Leadership and Intelligence," by Martin Chemers, 2002. Used by permission of Lawrence Erlbaum Associates.

很少有人会注意到处境或环境因素会削弱这种特有才能的发挥和运用。

随后的模型将强调个人性格特点与环境自然属性之间的相互作用。这种相互作用是某种介于稳定性格特性与相对静态环境之间的机械性适应。在领导能力中,这种方法将会证实这样一个假设,即某种类型的领导者行为(比如指明方向或者给以情感支持)在某些情况下会比其他情况下(比如在条理性和结构性高的情况或低的情况)更有效。

最后,当代研究方法(Sternberg,1998;Cantor & Kihlstorm,1987;Chemers,1997)沿着如何将人与环境之间易变的相互作用予以概念化的方向发展,其基础是承认个人的行为在对环境的建立和重塑中的作用,而非仅仅对环境做出反应。因此,才智(或是领导能力)并不是固定的、一成不变的能力,而是一套知识与技巧,它随着与环境相互作用的变化而变化、发展,同时通过塑造与修正,使其更易成为一个好的(有效的)工具。

领导效果的功能性模型

在将当代才智模型运用于领导能力理论之前,建立一个领导效力模型是有帮助的,该模型可将现今公认的使一些领导比其他领导更有效率的因素予以整合。我将领导能力定义为"一个人在完成共同任务中谋取他人支持和帮助的社会影响过程"(Chemers,1997,p.1)。这一定义的重点是,领导能力是社会化的,包含影响力,并且以一个任务为中心。这一定义相当简单,但其所指的领导能力的现实意义却非常复杂。

其复杂性部分来源于组织功能的属性。一个组织为了具有效力,必须满足两个关键的要求:第一,必须制定系统的章程、规范和标准,并以此来保证处理周期性和常规性内部工作的有序性、可靠性和可预见性;第二,组织必须给其成员分配工作、授予头衔、分派办公室、支付薪水,还要向供应商付款、填写政府的报表等。可是因为组织也是生存于动态环境中的,所以它们必须逐渐形成相应的体制与策略,以使组织能及时察觉到新的变化,并采取灵活的应对措施。组织的繁荣(甚至生存)取决于两个有点不太相容的功能——稳定性与变动性之间的适当平衡。

组织的效力来自于领导的效力。领导者必须帮助团体和个人完成任务,通过这些任务来保证组织内部环境的稳定和对外部环境的适应。为了做到这些,他们必须谋取下属的帮助和支持,引导并鼓励下属们一起努力,并指引团队集体向完成任务的方向努力。领导的效果通过以下方式依赖于领导者的行为:(1)获得下属的信任与忠诚(形象管理);(2)鼓动下属充满激情地努力工作

(关系发展);(3)运用组织的努力、知识和物质资源来完成使命(资源配置)。虽然描述领导能力的文献既多又广,并且有点儿不成体系,但在决定以上三个要素的因素方面高度一致。

形象管理

使自己像一位下属那样决策对个人来说(例如,放弃一些个人的自主性和行为的独立性)意味着某种社会成本,因此必须用一些收益来弥补,认识到这一点是很重要的。当领导者能够令下属更大程度地满足个人需求、达到自我目标时,这种使得交换平等而又有吸引力的收益就会出现。

霍兰德(Hollander,1958,1964;Hollander & Julian, 1970)关于团队中地位自然增长的"特质信用"模型直接地揭示了这种交换。霍兰德指出,不论通过实验室研究还是实地研究,当领导者被视为在与工作任务相关的领域内具有才能,同时又致力于团队的核心价值时,下属愿意给予领导者最大限度的行动支持和对其权威性的服从。领导者与任务相关的工作能力是使团队朝着目标前进的基础,同时领导者对团队价值的忠诚度也确保了其所追求的目标必将是服务于团队集体利益的。那么,下属如何对此做出一般的判断呢?

虽然许多研究者都已撰写过关于领导能力属性的文章,罗伯特·洛德及其同事们(Lord,1985;Lord,Forti, & De Vader, 1984)的著作是该领域最完整且深入的研究。洛德和马赫(1991)在他们的信息处理模型中指出,领导能力是通过识别和推断过程来评价的。以识别为基础的过程是依赖于一固有理论,该理论认为每个人都具备领导能力所包含的特点和性格特征。"优秀"领导的固有模式形成了一些原型(Rosch,1978;Cantor & Mischel,1979),这些原型具有那种我们有意识或无意识间将其与领导地位相联系的整套特征。当一个人看起来(通过其外表或行为)具有足够的上述特征时,观察者会认为此人已具备领导才能(即做出这样的结论)。一旦对一个人做出这样的判断,即他很有领导能力,随后所注意到的、说明的和留下的记忆似乎都与最初的判断相一致并加强了这一判断。

当我们把团体的成功归因于领导者个人的行为或能力时,就会出现推断归因过程。这种将因果关系视为行为者(此例中指领导者)内在能力的趋势是如此普遍,以至于社会心理学家将其称为"基本的归因错误"(Jones & Nisbett,1997)。与成功结果相连的领导者被视为是有效力的,这一论断是建立在领导者促成了成果的假设基础上的。门德尔(Meindl,1990)认为,在我们的文化中,将组织内部中发生的一切——好的或坏的——都归因于领导者的倾向是如此强大,以至于形成了"领导传奇"。

一些关于领导者特有性格的研究也对领导模型做了补充(Lord, Foti, & De Vader, 1984)。虽然不同行业的领导者(从事商业、军事、运动等)模型有一些差异,但在各类型中存在共性的因素。在库泽斯和庞斯纳(1987)的一份简单研究报告中,要求1 500名管理者和工人描述他们所知道的杰出领导者应具备的品格特征。当诚实与能力都列于表上时,有超过80%的回答者提到了诚实,这又肯定了霍兰德(1964)按此方法较早得出的结论。

文献中对领导能力的理解和归因的一贯主题是这样的判断充满了偏见。已有的假设、固有理论和理想观念将导致观察者只看到他们期望看到的,并记住与他们的期望相一致的东西。然而,制造有才能又值得信赖的印象是有效领导的一种必备元素,但是在领导形象没有确立起来以前,这种印象所产生的影响微乎其微。

关系发展

通过能力与可信赖感建立起来的领导者的合法性成了领导与下属关系的基础。成功的领导—下属关系包括三个特点:第一,领导必须给下属提供一个带有监督的工作环境,这种环境既要有激励也要允许下属有效地开展工作;第二,给下属提供正向的引导和支持,这一能力依赖于对下属的需求、目标和能力的准确判断;第三,这种关系必须是对等的和公平的。

内在动机的研究(Deci & Ryan, 1985; Hackman & Oldham, 1976)揭示了工作任务具有某种程度的激励性,能够提供给个人自治、反馈以及运用个人技术和能力实现有意义目标的机会。对绩效的反馈使对完成得比较好的工作做出积极的自我评价成为可能。自治(或是控制自己的工作)会加强正向反馈中个人的重要性。能够使用各种技巧的机会是有趣的,同时如果任务的目标是重要的,那么所做的全部努力就更有深远的意义。这些内在动机的特征为有效监督提供了基础。

领导必须提供给下属足够的方向和引导,这样部下才能较好地完成任务,并获取积极的反馈。然而,监督性指导的水平是一个关键而又微妙的因素。如果引导得太少,将使工作变得极度的模糊不清和困难,最终减少获取积极反馈的可能性。另一方面,如果引导得太多,将剥夺下属的自治权利,而这种权利是做出有个人意义的反馈所必需的。

路径—目标理论(House, 1971; House & Dessler, 1974)描述了领导者具有的两种一般性行为:一种是结构上的指导(例如提供指导和与工作相关的反馈），另一种为情感上的关怀（例如给予情感上的支持）。根据这一理论，当下属的工作不明确或困难重重，从而使得指导对达到目标尤为重要时，领导的结构化行为对下属的士气和工作业绩有十分积极的影响。相反，当下属已明确自己的工作，结构行为会被视作过度监督、过于看重业绩和剥夺下属的自治权。当下属的工作枯燥乏味、令人不愉快时，关怀和鼓舞士气的领导行为就非常有效了。但如果下属的工作非常有趣且有吸引力，领导的关怀会被认为是多余的和分散注意力的。领导必须熟知工作的要求和下属的能力，这样才能判断出多大程度的结构引导和情感关怀才是有帮助的。但是，实际情况更加复杂。

路径—目标理论的研究结论是相当混杂的。格瑞芬（1981）的研究论述了缺乏一致性结论的一个原因。格瑞芬不仅测度了下属工作的性质，而且测度了下属的个人性格特征，即"成长需求强度"。哈克曼和奥德汉姆（1976）也测算了个人在工作中对于地位提高和挑战的欲望。格瑞芬发现，成长需求强度削弱了领导行为和下属动机及业绩间可预测的关系。成长需求强度高的下属，即那些被困难和非结构化任务所激励的人，不论在什么工作环境下对领导的结构指导都表现得很消极，但当工作有很强的结构性又令人厌烦时，他们对领导的关怀却有积极的反应。成长需求强度低的下属显示出相反的形式。令人厌烦的工作并不会产生对领导的支持和关怀行为的强烈积极反应，即使任务已经相当结构化了，结构指导却总是备受感激。格瑞芬的研究指明了，作为领导不仅要对工作属性和下属的技术非常敏感，而且要了解下属的个人特征、需求和期望。准确判断成为有效领导的一个关键部分。

领导—下属的关系是动态的。下级很好或很差地完成了分配的工作，接下来便轮到领导采取行动，并且给下属安排新的工作。下级被奖励或处罚；送出去培训或被委以重任；提升或不提升。这样一来，判断领导能力的另一重要特征就是围绕着领导如何表达这样的行动和绩效流程。米谢尔和他的同事们（Green & Mitchell, 1979; Mitchell, Larson, & Green, 1977; Mitchell & Wood, 1980）的研究表明，领导者判断下级的功过遵循着许多经典的归属理论（Jones & Davis, 1965; Kelley, 1967）原则。也就是说，领导者集中起有关下属如何去完成其他工作的信息，同时，在另外场合收集其他人员如何完成与之相似的工作的信息。领导从下属一贯的和独特的工作业绩（即有别于其他工人的一贯的成功或失败）中，有可能推断出下属的能力，并采取与该判断相一致的行动。

然而，领导能力关系中的归因过程还有其他一些特点，而且它们并没有被研究个人认识的社会心理学经常提及。这些附加过程与这一事实有关，即领导者与下属处于一种互为因果并会产生相关结果的关系中。通过上述内容我想说明,下属的工作表现可能是因为领导的缘故。糟糕的领导是下级工作业绩不佳的潜在原因。此外,下属不佳的工作业绩也会对领导者的成败和更高一级领导对其工作的评价产生重要的暗示。

这种相互之间的依存性使得下属的行为、业绩以及随后与业绩相关的解释说明,对领导者而言是至关重要的。它会使领导者的判断变得自我防范、自我保护,有时甚至走向极端。因为领导者将依据所做的判断对下属采取一定的行动,若这一过程有所偏颇,将带来非常恶劣的后果。下属因不在其职责范围内的失误而受到责罚,那么他们极有可能变成充满怨恨,成为有问题的雇员;领导者与下属的关系将持续下降。这一可能性将引出对关系发展的第三个要素的讨论。

从根本上讲,领导者与下属的关系是一种交换,其中下属向组织付出努力和忠诚,而领导者则在交换中帮助他们实现个人目标。格里安等人(Grean,1976;Grean & Cashman,1975; Grean Cashman, Ginsburgh, & Schiemann, 1978;Grean & Scandura,1987)提出了领导者和下属的交换模型,该模型从定性关系上承认了这一交换的范围。因为领导者需要下属的帮助来达到其个人和集体的目标,所以领导者和下属将会达成一个可能是不需要挑明的但却是很重要的关于他们关系属性的协议。领导者或许会把下属当作有价值的伙伴,给他分配有意义的工作,在内部通报中把他作为当事人,向他提供培训和发展的机会并给予较好的报酬;抑或将其看作"帮手",没有给他什么具吸引力的选择余地。研究表明较好的上下级交换是与较融洽的工作交流(Grean & Schiemann,1978)和较大满意度(Grean & Ginsburgh,1977)相关联的。

资源配置

成功的形象管理和关系发展将为领导的权威性提供合理的基础。这种权威性可被用于培养一支有目标的团队,他们将运用知识、技能和精力来完成自己的使命。该团队实际的有效性将取决于如何成功地组织团队的人才、思想动机和物质资源来实现目标。犹如军队的指挥官依据对敌军兵力和策略的估计来配备自己的军队、武器和物资,一个有效的领导基于对该任务和使命的环境所要求基本需求量的判断来配置团队资源。

实现资源配置要达到两个层次:第一个是组织内的每一个成员都必须最有效地运用个人的资源,例如才能、知识、技能等;第二个是团队成员的个人努力必须与任务环境以某种最有效的资源利用方式进行协调和应用。无论是自我配置还是团队资源配置,都将深受环境变量、个人和团队特征的相互协调的影响。

自我资源配置是指个人最有效地使用自身资源的能力。领导效力的权变模型(Fiedler,1967;Fiedler & Chemers,1974,1984)的基本假设是当领导者个人的方向和动机模式(例如,是为了工作还是个人成就)与外界情形相符合(或相匹配)时,领导者行使职责最为有效。更深入的研究(可以在后面 Peters, Hartake, & Pohlmann, 1983; Strube & Garcia, 1981 的分析中看到)表明,当领导周围的形势(例如工作、权威和与下属的关系)给领导者提供了一个稳定的可预期工作环境时,以工作为目标的领导者最有效力。当形势的偶然性使工作环境变得复杂、不明确和不可预期时,由以关系为动机的领导来指导工作最为有效,即带出优异的业绩和满意的下属团队。

在将权变模型运用于研究工作压力时,切默斯、海斯、罗德沃尔特和怀索奇(1985)发现,"相匹配"的领导报告的工作压力和与之相关的疾病水平低于"不匹配"的领导。切默斯、艾曼、索若德和阿克莫图(1991)的报告也指出,有证据表明不论在实验室还是实地工作的研究中,称职的领导比不称职的领导有更积极的心态、更多的自信心和更高的满意度。

费德勒和格拉西亚(1987)通过扩展权变模型的逻辑,说明了合理配置领导的认知资源(如智力和经历)会达到有效的集体成绩。认知资源的模型研究已经表明,能否最有效地应用智力和经验取决于两个因素:一个是领导者所能承受的压力水平;另一个是领导者为下属提供清晰指导的意愿。在压力下进行领导会减弱领导者解决问题的能力,从表面上看是因为焦虑影响了思考过程,但有的人却能充分使用已掌握信息,这种信息来源于先前在相似情形下的经验。从这一点可以看到积极的和消极的情绪对个人运用自身资源能力的影响。

费德勒和莱斯特(1977)也指出,除非领导者积极地指导下属的活动,否则智力和经验对团队成功的作用不大。费德勒(1993)提出领导者的风格和工作环境的协调是与领导者的指导能力相关的。这一看法与伊格利和约翰逊(1990)基于性别对领导能力影响的整合性分析所得出的研究结论相一致。他们发现,当领导所处的环境被认为是合意的(也就是说,这一环境使领导者感到最舒服)时,观察者会发现领导者更有指导性而且也会被旁观者认为更有效。

斯陶和巴塞德(1992)观察了模拟评估中心的 MBA 学生,他们发现有积极影响力的领导在同类型组的任务决策中更有效,使用更多的信息并做出更为复杂的决定,而且他们更有可能被看作是无领导讨论小组中的新兴领导者。

有积极影响力的个人同样更有可能承担风险(Isen, Nygren, & Ashby, 1988)，创新地解决问题(Isen, Daubman, & Nanicki, 1987)，做出更好的决策(Carnevale & Isen, 1986)。所有这些都是与有效的领导能力相关的特征。

随后可以看到，信心在个人有效地运用自身资源这一能力中的重要地位。信心的一个来源是领导者个性、领导风格、性别或个人性格特征同工作、团队或组织内环境特点相互适应的程度。我将在后面的章节中进一步详细说明这一想法。

团队配置是指在团队内有效地协调和运用个人和集体的资源，以此来完成团队或组织的使命。权变理论(Fiedler, 1967; Vroom & Yetton, 1973)提出了认识团队配置最相关的解释性前提。

前面部分关于领导功能的讨论是建立在主观认识上的。在多大程度上领导者看起来像个领导(也就是说，符合领导典型)或是在多大程度上下属觉得领导者的结构化和关怀行为具有恰当性和激励性，都从根本上受到我们内在对领导者和下属关系的认识和判断的影响。

团队资源的协调与否决定着任务能否完成，然而，用于影响团队资源协调性的策略和行动与外部环境中更为具体的限制相关。一般来说，在高度可预测的情形下使用指导性的、高结构化的策略更有可能产生积极结果；而在那些更加复杂、不可预测的环境中，采用更多参与性的具有灵活性的策略，使共享信息和创造性地解决问题更有可能。例如，弗鲁姆和耶顿(1973)认为错误的决策策略(如独裁一下属，低参与，特别是领导者在缺乏相关的信息和对组织结构认识不足的情况下做出的决策)，可能导致资源的低效率使用和较低的领导效力。关于权变模型(Fiedler, 1978; Strube & Garcia, 1981)的文章也支持这一观点，即团队的效力依赖于领导的风格与环境因素的恰当配合。

有效地调节团队内的资源，要求使用与环境相协调的沟通方法和决策制定结构。成功的领导者一定得对环境的属性和适合采用的战略做出准确的判断。

变革型领导能力

领导能力的研究者们总是对那种特别有效的领导者感兴趣，政治史学家詹姆斯·麦格雷戈·伯恩斯(1978)将其称为"变革型"领导，即那些超越了"交易型"的领导，他们以自己领导阶层的权威性作为交换将下属转变为集体成就的忠实代理人(Bass, 1985, 1998; Conger, 1989; Conger & Kanuago, 1987; House, 1977; House & Shamier, 1993)。如同韦伯(1947)所说的"魅力型"领导者,这种类型的领导者与和他们地位相当的平常领导者有天壤之别。但我并不认为它具有说服力或者是有用的差别。而且,我认为这种所谓的变革型领导就是那些显示出有高水平三要素能力,即具有形象管理、关系发展、资源配置能力的人。

变革型理论一直强调形象管理在树立下属对领导者的高度信奉方面的重要性,正是这种信奉表明了领导者的个人魅力或变革型领导能力。豪斯(1977)关于历史人物个人魅力对其下级影响的研究强调了运用形象管理,比如果敢的姿态、勇于承担风险等,来树立值得委任的形象以及获得因献身于使命而受到的信任。康格和卡浓戈(1987)将领导者的专业技术知识和达到理想目标所需的知识深度放在了很重要的位置。巴斯(1985)使用了"理想化的影响力"这一术语来表述领导者的形象无可比拟的能力,同时用"鼓舞性动机"来强调表达团队目标的必要性,以激发对领导和使命的信任和献身精神。豪斯(1977)及夏米尔(1993)强调了变革型领导对他们自身和下属都表现出了很大的信心,这种信心使得下属们都对自己的能力有了自我认识,随之有了更高的期望和目标。

关系发展与判断和指导因素均是变革型理论的重要特征。巴斯(1985)称变革型领导通过"个性化关怀"(如对下属的需求和能力的非常个性化的理解和反映)来创造"才智刺激"(例如提供指导使得下级增强独立的和有创造性的思考)。这与关系发展的基本要素非常类似,它是对下属需求和能力的感性理解,以此来提供训练和指导,增强下属的能力,提高他们的知识和技能。

最后,领导者必须通过判断并按一定的程序有效地配置资源来协调团队活动,康格和卡浓戈(1987)已非常清楚地表述了这一想法,他们认为杰出领导能力的一个重要之处就是准确评估影响完成领导者愿景的战略性因素。

有效的领导能力可被视为从极差到极好的连续统一。成功地运用形象管理、关系发展、资源配置这三要素,将成为向好的方向发展的基础。

才智在领导效力中的作用

对领导能力的研究从来都没有重视过领导者可能具有的一些专门技术或知识基础。从斯托格迪尔(1948)对领导能力特征所进行的批判性研究开始,研究者只对才智(作为特点或技术)显示出了极小的兴趣,直到费德勒和格拉西亚(1987)提出了认识资源理论为止。然而,近几年来,这一概念由一个特征变成了一个过程。现代关于才智的方法为揭示成功领导的基础提供了保证。我将要提出当代有关才智的最为著名的三个概念,并验证它们是如何对前述功能性、一体性领导能力观点做出贡献的。这三个才智模型分别是斯坦伯格(1988)的才智三元论,坎托和基尔斯托姆(1987)的社会才智理论,萨罗维(1990)、梅耶尔和萨罗维(1993)的情感才智理论。

才智的现代模型

这种观点把才智视作一个适应过程,并且把才智的新概念与那种认为"才智是不变特征"的陈旧观点区分开来。认识的技能及知识与环境需求在共同塑造和发展的相互作用中,增强了个人对环境的改造能力。罗伯特·斯坦伯格(1988)的智力三元论就是按这一方法来研究的。他认为人们具有一种形成认识能力的内在资源,例如用以解决生活环境中各种问题的专门知识和学习策略。自身内在资源的相对效用是用这些资源与环境需求的符合程度来界定的。通过与环境的相互作用,个人培养和提炼出提高效力必需的资源,并不断地挑选、修正和适应环境,以此更好地适应现有的和正在培育的内在资源。有效适应性的中心过程就是将那些新鲜的和不熟悉的环境转变为可预测的常规性环境,并通过对它们的管理来达到预定目标。有才智的人就是那种能用灵活的方法把现有知识和能力与环境问题联系在一起的人,这种灵活有助于获得可帮助个人发展达到目标所必要的解决方案。

坎托和基尔斯托姆(1987)的社会才智理论对才智也得出了相似的见解,他们认为才智能"在一定的环境中解决问题"。有社交才智的人是那种具有老练的"感觉灵敏"能确切地解释社会生活并对社会形势做出有效反应的人,即能通过处理人际关系来达到个人目的的人。如同斯坦伯格所述的"元成分",个人在社会领域内具有内在资源和专业知识,如一定的概念、解释规则和手稿等。这种内在资源被运用于"生活任务环境"中,为个人完成他或她的生活中心目标提供了机遇。才智成为一种妥善处理人际关系的能力,包含选择和塑造环境,使之与自己的知识和能力更加匹配。有才智的人懂得处理社会关系的文化期望和标准程序,并能够认识到使用社会规则的时机和方法。

萨罗维和梅耶(1990)、梅耶尔和萨罗维(1993)的情感才智理论同样注意到了情感和认知知识一样,是有效处理个人环境的重要部分。他们讨论了四种类型的情感才智:(1)准确地把握自己和他人情绪;(2)使用情绪促进思考(即创造适合工作的情绪,以此来帮助人们关注工作要求的能力);(3)情感的知识和理解,包括移情及判断;(4)促进个人发展的情绪规制(即自我控制、缓解工作压力)。情感才智有助于个人提高控制自己、理解和影响他人的能力。

才智对领导效力的贡献

重新审视有效领导能力的关键要素,使我们有机会认识各种类型和各方面才智的作用。

形象管理包含着建立领导的可信度和合理的权威性,它们符合下级对典型的领导能力的期望。所有类型的领导应具有的代表性能力就是能力和诚信。符合下属期望的潜在的领导能力依赖于两个因素:一个是对典型领导能力所包含的内容的理解;另一个是表现出这种被期望的行为和属性的能力。显然,社会才智是第一个要求的基础,而情感才智则对后者有所贡献。

社会才智包括典型的性格特征和环境知识。有社会才智的人能够从环境的特征中得到线索和启示,这种线索和启示界定了人际环境的属性以及环境中的适当行为。有效的领导者明白在何种环境下需要正式的权威和讲述,以及何种环境下需要随意的、亲密的交流风格。一个CEO在参加股东大会时,身穿牛仔裤、运动衫,斜靠着桌子做年报,这样是不合时宜的。当然,一个人参加公司野餐时穿着正规的三件套也是令人难以想象的。作为一个令人信服的领导,社会才智是必不可少的。

典型的领导形象不仅包括着装得体,也包括得体的态度、情绪和行为。在我们的文化中,"遇事不惊"、"冷静而又自信"、"满腔激情"都成为描述受尊重领导的通用语。社会才智让人们能够区分何时保持冷静、何时热烈;情感才智则在领导者自我控制和调节符合情境要求的情绪状态能力中起重要作用。

如果前面对形象管理中使用才智的描述给人留下了操纵或不真诚的印象,那一定是一种误导。知道别人"来自何方"并且能够控制自己的情绪以应对环境要求的挑战,这并不意味着任何不真诚。从长期来看,只有具有遇事不惊和奋起面对挑战的人才值得认可并被赋予领导的地位。

关系发展最核心的特征就是确切判断下属的需求和期望,并以鼓励雄心和促进成长的方式对其进行培训和指导。社会才智和情感才智是这种能力的基础。训练由于总是有纠正和鼓励相对的成分,所以它也是社会互动中最微妙和潜在的变量之一。了解周围互动的标准、认识反馈的影响以及如何表达批评与表扬,这些因素都是确保在训练环境中有效行动的关键。这种理解别人的能力和考虑下属的感受,并以此来工作的方式被我们称为"关怀"。

然而,变革型领导理论(1985)清楚地提到,杰出的领导已经超出了这样的一般认识:关怀行为可以达到一种对特定下属的独特性格和特殊环境非常敏感的"个人化关怀"。我们也讨论了领导者面对批评的脆弱性和为自己自尊辩护的需要,对下属敏感理解的固有阻碍。从更深层次理解,情感才智变得更加重要。领导者首先必须控制他或她对指导环境的情绪反应,这既包括对发出反馈的焦虑,也包括对自我竞争的威胁。其次,对他人情绪的识别和理解的能力,即移情能力,形成了真正个人化关怀的基础。

资源配置是领导能力中能够动员并运用团队内集体资源来完成任务或使命的一个方面。从这个层次上讲,才智理论既为理解有效的领导能力提供了有用的模型,也提供了醒目而贴切的比喻。斯坦伯格(1988)的才智三元论指出,才智就是使用(或称为配置)个人的内在资源来达到追求的目标。为了做到这点,个人要利用环境,以此来回应现有的知识,并通过对环境需求的取样决定发展什么样的知识或技术。这一与环境的结合部分被塑造得符合个人的能力,即那些扩展和发展到可以适应环境的能力。这一过程的特点就是将环境中异常的、不可预测的方面转变为人们熟知的、可以被常规管理的——因而可以释放个人能力来应付新的异常问题。

如果我们用别的词语来描述,那么我们对有效的领导能力就会有很好的描述。对于一个团队,为了达到目标和完成使命,它必须使团队内各成员的能力、知识、技术、精神都满足工作环境的要求。它通过挑选与重塑使问题符合现存的知识,同样它也激发着每个成员的学习过程。正如使用个人才智一样,团队的直接目标就是处理信息和做出决策,即将环境异常的、不可预测的特性转变为常规性事件,这样的事件可用现实的、可预测的方法来有效处理。

虽然这一比喻的某些方面已非常清楚,但还存在着一些不太清晰的地方。团队是一个通过不断重组、扩展知识和技术来应对挑战的学习型机体,这样的观点在一些有关组织的研究方法中或多或少有所体现(Senge,1990),但这种想法并没有清楚地与领导能力理论结合起来。同样地,有效地解决问题的方法是将异常的情况变为有序的,这一想法并不是新概念,但对于当代领导理论确实相对比较新颖。

社会才智和情感才智同样也影响资源配置的过程。显然,情感才智,也就是说对自己和他人情绪的控制,是自我配置(有效释放个人资源)的中心。通过克制焦虑情绪、保持积极的态度并且成功地处理压力,领导者和下属就能更好地运用他们所具有的知识和技能资源。而且,如豪斯和夏米尔(1993)所指出的,激励那些有益于任务绩效的动机(例如,完成艰巨任务的激励,或在竞争环境中的"进取心")是能够增强能力的。情感才智为理解领导者的行为如何能激发自己和下属适当的情绪或动机提供了基础。

领导效力和领导业绩

个人性格和领导能力

除了对自尊的一些研究(Korman,1968),关于领导能力的实证文献并没有反映出学术研究中对积极影响和自我认知的极大兴趣。关于研究领导能力特点(Bass,1990;Yukl,1994)的更为综合的观点也只揭示了对信心的一些研究,但结论是杂乱的。在大部分对领导信心能力的研究中(如 Kipnis & Lane,1962),自尊、自信、自我效能,并没有被清楚地区分开来。

对领导能力的一些定性研究触及到了这些问题。例如,通过与公私部门90位杰出领导者较为随意的访谈,本尼斯和纳努斯(1985)得出了这样的结论:所有这些人都对自己的能力有很高的信心并对他们的行为结果很乐观。公司的 CEO、政治领袖、专业运动教练、交响乐团的指挥和其他一些杰出的领导者们都共有这样的信念:(1)他们有能力去完成他们所做的事(自我效能);(2)如果他们去做该做的事,那么周围的环境将会积极地配合(乐观)。以相似的方法,博韦特兹(1982)对253名依据高效率排序而预选出的经理进行了重要的访谈。对访谈内容的分析表明,有效的管理者都显示出一种对自己能力的强烈信任(自我效能)和内心的控制点。

在豪斯(1977)、豪斯和夏米尔(1993)、夏米尔、豪斯和阿瑟(1992)的纯理论研究中,他们列举了历史上最有魅力的领导者所具有的性格特征,其中包括了自信和对自己及下属的高期望。换言之,当分析者想到非常有效的领导者时,自信和乐观这种特点就会冒出来,但在反映组织内领导阶层更平凡一面的实证研究中,却不常见。

在一些实证研究中,积极影响总是士兵与他们长官的良好关系相联系的(Solomon, Mikulincer, & Hobfall, 1986)。强烈的自尊是与对个人控制地位的强烈感觉(Deci & Ryan, 1985)和对假设领导职位的强烈意愿相联系的(Linimon Barron & Fallbo,1984)。自我效能是与工作动机(Gist & Mitchell,1992)和在压力下良好的工作表现(Murphy,1992)相联系的。

关于自我效能更深入的研究(Bandura,1982,1997)揭示了,通过各种途径对效能的认识可增强或削弱工作动机和业绩,例如影响人们所选择从事的各种活动(Bandura,1982)、人们制定目标的层次(Locke, Frederick, Lee & Bobko,1984),以及他们达到目标的努力程度和意志力(Bandura & Cervone,

1983)。对自我效能的判断非常重要,因为它不但影响人们感觉到自己拥有什么样的技术,而且影响到人们认为可以运用自己所拥有的技术来完成什么样的工作。自我效能的信念能够影响专心和思考过程,并且通过正向的结果引发自信,或者带来自我怀疑(Bandura & Wood,1989),从而导致退缩、放弃的倾向(Carver,Peterson,Follansbee,& Scheier,1983)。班杜拉和究登(1991)发现,被给予强效反馈的 MBA 学生在模拟管理和任务决策中的成绩都提高了。

虽然这些不同的个人的观点并没有描述出一个单一的、一维的特征,但是他们都关注了对个人能力保持自信和对行为结果保持乐观的预期带来的正效应。总之,能够增强自我效能的情感是与高水平的动机相联系的,这种动机能影响人们的志向、目标制定、面对困难时的意志力和热情,使领导能更努力、更长久地为实现目标而工作。这种情感也会传递给下级,影响他们的信心和相关的认识。

领导能力的效能与效果

班杜拉(1982,1997)认为,自我效力局限于非常特殊的领域内。因此,只有领导阶层的效能,而非一般的自尊或积极影响,才能够带来特定的领导效果。在现今的一系列研究中,我和我的同事们(Chemers,Watson,& May,2000;Watson,Chemers,& Preiser,1996)已经发现了关于领导力的自我效能在团队和组织绩效中可预见性作用的有力支持。

切默斯、沃森和梅(2000)测量了大约 100 名在校生领导能力的自我效能,他们都是来自于南加州和亚利桑那州 5 所大专院校已报名参加预备役的学生。三年级的军校学生用来测度自尊的方法有修改过的"珍尼斯—菲尔德梯度法"(Brockner,1998);还有领导能力自我评价度量,它包括对一些领导技巧(例如决策制定、授权和口头交流能力)和一般的领导能力(例如,"我知道如何使团队成员更好地配合起来工作")的自我评价,以及一般乐观程度测量,即生活定位测验(Scheier & Carver,1985)。这些军校学生的军事科学课教导员(职业军官)为他们的潜在领导能力排了序。结果表明领导能力的效力和乐观程度,而不是一般的自尊,都与领导能力的潜在地位有强烈的关系。

关于这些在校生的进一步数据是在他们参加美国军队为期六周的领导能力培训夏令营中获取到的。将近 40 个学生组成的连队同住在一个军营中,他们轮流实施领导的职责。这些学生不但要接受更深入的领导能力培训,也要学习一些非领导能力的技巧(例如,射击能力、导航能力),他们还要参加高逼真度、严要求的领导能力模拟训练。对这些学生领导能力的排序来源于他们同级战友、上级军官(正规军队的)和模拟训练的观察员(经五角大楼培训的评估者)。在所有的分析中,领导效力(既不是自尊也不是乐观)是与各方对领导能力排序强相关的因素,但与非领导能力测量无关。作者得出了这样的结论,对领导效力的测量提供了非常一致的(教员员的排序)、可预测的(夏令营的排序和成绩)和有区别的(非领导能力的测量)有效证据。

沃森、切默斯和普雷色(1996)用收集到的大学男子和女子篮球队的集体效率、球队成绩来验证领导效力在其中的影响。在篮球赛季开始之前,小学校的篮球队成员按照对领导能力功效、个人篮球技术功效和球队集体功效的量度做出评估,按照结果鉴别出作为球队领导的球员。结果表明,被视为领导的球员(通常是队长)的领导能力功效对球队的集体功效和赛季中球队的胜负得分都有很强的预测力。有高领导效能的领导可以使球队更加自信、更有希望获胜。事实上,效能比那些常用的"客观的"对才干的测量,例如以前年度的输赢纪录、归队的优秀队员或离队球员人数等对成绩更具预测力。

结 论

本章阐述了关于领导能力的综合理论,认为有效的领导能力应具备三个重要的功能。形象管理是树立领导的可信度和下属对其影响的接受性的关键,而且它依赖于下属对领导能力和可信赖度的认识。关系发展是培养团队内成员动机和能力的基础,它依赖于领导对下属的才能和需求的识别,并提供本质上的激励性培训和指导。最后,资源配置包含了领导者采用与环境相协调的策略来最大限度地发挥个人和集体努力的能力。

本章的另一论题是所有这些领导能力因领导者对个人效能在领导能力中的作用的理解而得到了显著提高,事实上,没有很强的信心是不会有杰出的高水平领导的。从三个主要研究中得到的经验证据也支持这一观点,即领导能力功效的价值在于它可在很多方式下作为衡量领导能力、团队和组织绩效的预测指标。

本章也提供了引导将来研究的一个有趣假设——例如,环境的自我效能(本文中的领导能力功效)根源于才智,而才智为行动者提供了一种对个人作用的理解。特别是,社会才智和情感才智与成功的形象管理和关系发展高度相关,也与领导者对任务环境予以识别和反应的一般才智紧密相关。未来令人兴奋的研究方向是证实社会才智和情感才智对领导能力的功效和作用。

参考文献

Bandura, A. (1982). Self-efficacy mechanism in human agency. *American Psychologist*, 37, 122—147.

Bandura, A. (1997). *Self-efficacy: The exercise of the self*. New York: W. H. Freeman & Company.

Bandura, A. & Cervone, D. (1983). Self-evaluative and self-efficacy mechanisms governing the motivational effects of goal systems. *Journal of Personality and Social Psychology*, 45, 1 017—1 028.

Bandura, A. & Jourdan, F. J. (1991). Self-regulatory mechanisms governing the impact of social comparison on complex decision making. *Journal of Personality and Social Psychology*, 60, 941—951.

Bandura, A. & Wood, R. (1989). Effect of perceived controllability and performance standards on self-regulation of complex decision making. *Journal of Personality and Social Psychology*, 56, 805—814.

Bass, B. M. (1985). *Leadership and performance beyond expectations*. New York: Free Press.

Bass, B. M. (1990). *Bass & Stogdill's handbook of leadership: Theory, research, and managerial applications* (3rd ed.). New York: Free Press.

Bass, B. M. (1998). *Transformational leadership: Industry, military, and educational impact*. Mahwah, NJ: Lawrence Erlbaum Associates.

Bennis, W. G. & Nanus, B. (1985). *Leaders: The strategies for taking charge*. New York: Harper & Row.

Boyatzis, R. E. (1982). *The competent manager*. New York: John Wiley.

Brockner, J. (1988). *Self-esteem at work: Research, theory, and practice*. Lexington, MA: D. C. Heath and Company.

Burns, J. M. (1978). *Leadership*. New York: Harper & Row.

Cantor, N. & Kihlstrom, J. E. (1987). *Personality and social intelligence*. Englewood Cliffs, NJ: Prentice-Hall, Inc.

Cantor, N. & Mischel, W. (1979). Prototypes in person perception. In L. Berkowitz (ed.), *Advances in experimental social psychology* (Vol. 12). New York: Academic Press.

Carnevale, P. J. D. & Isen, A. M. (1986). The influence of positive affect and visual access on the discovery of integrative solutions in bilateral negotiation. *Organizational Behavior and Human Decision Processes*, 37, 1—13.

Carver, C. S., Peterson, L. M., Follansbee, D. J., & Scheier, M. F. (1983). Effects of self-directed attention on performance and persistence among persons high and low in test anxiety. *Cognitive Therapy and Research*, 7, 333—354.

Chemers, M. M. (1997). *An integrative theory of leadership*. Mahwah, NJ:

Lawrence Erlbaum Associates.

Chemers, M. M. & Ayman, R. (1985). Leadership orientation as a moderator of the relationship between performance and satisfaction of Mexican managers. *Personality and Social Psychology Bulletin*, 11, 359—367.

Chemers, M. M., Ayman, R., Sorod, B., & Akimoto, S. (1991). Self-monitoring as a moderator of leader-follower relationships. Presented at the International Congress of Psychology, Brussels.

Chemers, M. M., Hays, R., Rhodewalt, F., & Wysocki, J. (1985). A person-environment analysis of job stress: A contingency model explanation. *Journal of Personality and Social Psychology*, 49, 628—635.

Chemers, M. M., Watson, C. B., & May, S. (2000). Dispositional affect and leadership effectiveness: A comparison of self-esteem, optimism, and efficacy. *Personality and Social Psychology Bulletin*, 26, 267—277.

Conger, J. A. (1989). The dark side of the charismatic leader. In J. A. Conger (ed.), *The charismatic leader*. San Francisco: Jossey-Bass.

Conger, J. A. & Kanungo, R. A. (1987). Towards a behavioral theory of charismatic leadership in organizational settings. *Academy of Management Review*, 12, 637—647.

Deci, E. L. & Ryan, R. M. (1985). *Intrinsic motivation and self-determination in human behavior*. New York: Plenum Press.

Eagly, A. H. & Johnson, B. T. (1990). Gender and leadership style: A meta-analysis. *Psychological Bulletin*, 108, 233—256.

Fiedler, F. E. (1967). *A theory of leadership effectiveness*. New York: McGraw-Hill.

Fiedler, F. E. (1978). The contingency model and the dynamics of the leadership process. In L. Berkowitz(ed.), *Advances in experimental social psychology*. Vol. 11. New York: Academic Press.

Fiedler, F. E. (1993). The leadership situation and the black box in contingency theories. In M. M. Chemers & R. Ayman (eds.), *Leadership theory and research: Perspectives and directions*, San Diego: Academic Press.

Fiedler, F. E. & Chemers, M. M. (1974). *Leadership and effective management*. Glenview, IL: Scott, Foresman & Company.

Fiedler, F. E. & Chemers, M. M. (1984). *Improving leadership effectiveness: The leader match concept* (2nd ed.). New York: Wiley.

Fiedler, F. E. & Garcia, J. E. (1987). *New approaches to effective leadership: Cognitive resources and organizational performance*. New York: Wiley.

Fiedler, F. E. & Leister, A. F. (1977). Leader intelligence and task performance: A test of the multiple screen model. *Organizational Behavior and Human*

Performance, 20, 1—14.

Cist, M. E. & Mitchell, T. R. (1992). Self-efficacy: A theoretical analysis of its determinants and malleability. *Academy of Management Review*, 17, 183—211.

Graen, G. (1976). Role-making processes within complex organizations. In M. D. Dunnette(ed.), *Handbook of industrial and organizational psychology*. Chicago, IL: Rand McNally.

Graen, G. & Cashman, J. (1975). A role-making model of leadership in formal organizations: A developmental approach. In J. G. Hunt and L. L. Larson(eds.), *Leadership frontiers*. Kent, OH: Kent State University Press.

Graen, G., Cashman, J. F., Ginsburgh, S., & Schiemann, W. (1978). Effects of linking-pin quality on the quality of working life of lower participants: A longitudinal investigation of the managerial understructure. *Administrative Science Quarterly*, 22, 491—504.

Graen, G. & Ginsburgh, S. (1977). Job resignation as a function of role orientation and leader acceptance: A longitudinal investigation of organizational assimilation. *Organizational Behavior and Human Performance*, 19, 1—17.

Graen, G. & Scandura, T. A. (1987). Toward a psychology of dyadic organizing. *Research in Organizational Behavior*, 9, 175—208.

Graen, G. & Schiemann, W. (1978). Leader-member agreement: A vertical dyad linkage approach. *Journal of Applied Psychology*, 63(2), 206—212.

Green, S. G. & Mitchell, T. R. (1979). Attributional processes of leaders in leader-member interactions. *Organizational Behavior and Human Performance*, 23, 429—458.

Griffin, R. N. (1981). Relationships among individual, task design, and leader behavior variables. *Academy of Management Journal*, 23, 665—683.

Hackman, J. R. & Oldham, G. R. (1976). Motivation through the design of work: Test of a theory. *Organizational Behavior and Human Performance*, 16, 250—279.

Hollander, E. P. (1958). Conformity, status, and idiosyncrasy credit. *Psychological Review*, 65, 117—127.

Hollander, E. P. (1964). *Leaders, groups, and influence*. New York: Oxford Press.

Hollander, E. P. & Julian, J. W. (1970). Studies in leader legitimacy, influence, and innovation. In L. Berkowitz(ed.), *Advances in experimental social psychology*. Vol. 5. New York: Academic Press.

House, R. J. (1971). A path-goal theory of leadership. *Administrative Science Quarterly*, 16, 321—338.

House, R. J. (1977). A 1976 theory of charismatic leadership. In J. G. Hunt & L. L. Larson(eds.), *Leadership: The cutting edge*. Carbondale, IL: Southern Illinois University Press.

House, R. J. & Dessler, G. (1974). The path-goal theory of leadership: Some post-hoc and a priori tests. In J. G. Hunt & L. L. Larson(eds.), *Contingency approaches to leadership*. Carbondale, IL: Southern Illinois University Press.

House, R. J. & Shamir, B. (1993). In M. M. Chemers & R. Ayman(eds.), *Leadership theory and research: Perspective and directions*. San Diego: Academic Press.

Isen, A. M., Daubman, K. A., & Nanicki, G. P. (1987). Positive affect facilitates creative problem solving. *Journal of Personality and Social Psychology*, 51, 1 122—1 131.

Isen, A. M., Nygren, J. E., & Ashby, G. F. (1988). The influence of positive affect on the subjective utility of gains and losses: It's not worth the risk. *Journal of Personality and Social Psychology*, 55, 710—717.

Jones, F. E. & Davis, K. E. (1965). From acts to dispositions: The attribution process in person perception. In L. Berkowitz(ed.), *Advances in experimental social psychology*. Vol. 2. New York: Academic Press.

Jones, E. E. & Nisbett, R. E. (1971). *The actor and the observer: Divergent perceptions of the causes of behavior*. Morristown, NJ: General Learning Press.

Kelley, H. H. (1967). Attribution theory in social psychology. In D. Levine (ed.), *Nebraska symposium on motivation*. Lincoln: University of Nebraska Press.

Kipnis, D. & Lane, W. P. (1962). Self-confidence and leadership. *Journal of Applied Psychology*, 46, 291—295.

Korman, A. K. (1968). The prediction of managerial performance: A review. *Personnel Psychology*, 21, 295—322.

Kouzes, J. M. & Posner, B. Z. (1987). *The Leadership challenge: How to get extraordinary things done in organization*. San Francisco: Jossey-Bass.

Linimon, D., Barron, W. W., & Falbo, T. (1984). Gender differences in perceptions of leadership. *Sex Roles*, 11, 1 075—1 089.

Locke, E. A., Frederick, E., Lee, C., & Bobko, P. (1984). Effect of self-efficacy, goals, and task strategies on task performance. *Journal of Applied Psychology*, 69, 241—251.

Lord, R. G. (1985). An information-processing approach to social perceptions, leadership, and behavioral measurement in organizations. In B. M. Staw & L. L. Cummings(eds.), *Research in organizational behavior*, Vol. 7. Green-wich, CT: JAI Press.

Lord, R. G. , Foti, R. J. , & De Vader, C. (1984). A test of leadership categorization theory: Internal structure, information processing, and leadership perceptions. *Organizational Behavior and Human Performance*, 34, 343—378.

Lord, R. G. & Maher, K. J. (1991). *Leadership and information processing: Linking perceptions and performance.* Boston: Unwin Hyman.

Mayer, J. D. & Salovey, P. (1993). The intelligence of emotional intelligence. *Intelligence*, 17, 433—442.

Meindl, J. R. (1990). On leadership: An alternative to the conventional wisdom. In B. A. Staw(ed.), *Research in organizational behavior* (Vol. 12, pp. 159—203). New York: JAI Press.

Mitchell, T. R. , Larson, J. R. , & Green, S. G. (1977). Leader behavior situational moderators in group performance: An attributional analysis. *Organizational Behavior and Human Performance*, 18, 254—268.

Mitchell, T. R. & Wood, R. E. (1980). Supervisor's responses to subordinate poor performance: A test of an attribution model. *Organizational Behavior and Human Performance*, 25, 123—138.

Murphy, S. E. (1992). The contribution of leadership experience and self-efficacy to group performance under evaluation apprehension. Unpublished doctoral dissertation. University of Washington, Seattle.

Peters, L. H. , Hartke, D. D. , & Pohlmann, J. T. (1983). Fiedler's contingency theory of leadership: An application of the meta-analysis procedure of Schmidt and Hunter. *Psychological Bulletin*, 97, 274—285.

Riggio, R. E. , Murphy, S. E. , & Pirozzolo, F. J. (2001). *Multiple intelligences and leadership.* Mahwah, NJ: Lawrence Erlbaum Associates.

Rosch, E. (1978). Principles of categorization. In E. Rosch & B. B. Lloyd (eds.), *Cognition and categorization.* Hillsdale, NJ: Lawrence Erlbaum Associates.

Salovey, P. & Mayer, J. D. (1990). Emotional intelligence. *Imagination, Cognition, and Personality*, 9, 185—211.

Scheier, M. F. & Carver, C. S. (1985). Optimism, coping, and health: Assessment and implications of generalized outcome expectancies. *Health Psychology*, 4, 219—247.

Senge, P. M. (1990). *The fifth discipline: The art and practice of the learning organization.* New York: Doubleday.

Shamir, B. , House, R. J. , & Arthur, M. B. (1992). The motivational effects of charismatic leadership: A self-concept-based theory. *Organizational Science*, 4, 577—594.

Snyder, C. R. , Harris, C. , Anderson, J. R. , Holleran, S. A. , Irving, L. , Sigmon, S. T. , Yoshinobu, L. , Gibb, J. , Langelle, C. , & Harney, P. (1991). The will and the ways: Development and validation of an individual-differences measure of hope. *Journal of Personality and Social Psychology*, 60, 570—585.

Solomon, Z. , Mikulincer, M. , & Hobfall, S. E. (1986). Effects of social support and battle intensity on loneliness and breakdown during combat. *Journal of Personality and Social Psychology*, 51, 1 269—1 276.

Staw, B. M. & Barsade, S. G. (1992). Affect and managerial performance: A test of the sadder-but-wiser vs. happier-and-smarter hypothesis. *Administrative Science Quarterly*, 38, 304—331.

Sternberg, R. J. (1988). *The triarchic mind: A new theory of human intelligence*. New York: Viking.

Stogdill, R. M. (1948). Personal factors associated with leadership: A survey of the literature. *Journal of Psychology*, 25, 35—71.

Strube, M. J. & Garcia, J. E. (1981). A meta-analytical investigation of Fiedler's Contingency Model of leadership effectiveness. *Psychological Bulletin*, 90, 307—321.

Vroom, V. H. & Yetton, P. W. (1973). *Leadership and decision-making*. Pittsburgh: University of Pittsburgh Press.

Watson, C. B. , Chemers, M. M. , & Preiser, N. (1996, June). *Collective efficacy: A multi-level analysis*. Presented at the annual meeting of the American Psychological Society, San Francisco, CA.

Weber, M. (1947). *The theory of social and economic organization*. (A. M. Henderson & T. Parsons, Transls. ; T. Parsons, ed.). New York: Free Press. (Originally published in 1924.)

Yukl, G. (1994). *Leadership in organizations* (3rd ed.) Englewood Cliffs. NJ: Prentice-Hall.

第二篇
激 励

第二集

戲劇

在一个我们用作比喻的管弦乐队里,许多因素可能是也可能不是个体成员热情高昂和精力充沛地工作的激励因素。如雷的掌声、音乐的声响、与乐队其他成员的关系、个人的目标、对为其支付学费的父母的承诺、首席地位的荣耀、成功的驱使、金钱的回报、公众的认可,甚或指挥的一个令人快意的微笑——所有这些都是由潜在的无限选择而产生的可能性。这些激励因素促使每一个音乐家联合起来创作、表演、创造,并且可能作为一个管弦乐队整体上表现出众。

一个指挥家是如何在一幕又一幕、一季又一季的演出中让音乐家们始终处在被激励的状态?是不是这个指挥家专门负责激励管弦乐队的成员,或者是否是每一个音乐家因其各自的自我观念和职业目标而有责任心呢?对音乐家而言,必须满足哪些其他的需要才能使他们变成或总是这个管弦乐队中受激励的成员?在什么程度上,理事会、音乐家联盟、管弦乐队赞助者和听众的见解会成为这个管弦乐队的激励因素呢?在这个管弦乐队的结构内可以得到什么样的自我发展机会——可以激励个人成长和完善的机会?这些问题是几十年以来激励理论和研究一直关注的。

几百年来,对管理实践家和组织行为的研究者来说,对劳动者的激励一直是"彩虹过后发现的一坛金子"。如果雇员在激励下生产得只稍微多一些,那么单个组织和社会因此而得到的经济回报却是巨大的。尽管对于受到激励的雇员的需要一直没有一致的看法,但是可以说,有关如何诱导激励达到更高水平的看法同样也没有达成共识。不仅有关激励的流行观点(或理论)在组织历史的过程中已发生根本性变化,而且各不相同的理论在相同的要点上通常也不能随时保持一致。有些激励理论是根据经验研究提出来的,但是大多数激励理论并非如此。某些理论假设雇员理性地行动:经理们只需要理性地并且相当一致地运用奖励和惩罚就行了。其他理论则认为关于雇员的管理假设——隐含地嘲笑奖惩制度——实际上扼杀了对雇员的激励。

即使在今天,关于组织中激励的本质仍然存在广泛的多样性看法。本篇试图对一些已提出多年的更重要的理论进行挑选、组织和总结。如本书中所有各篇一样,文献是按照年代先后组织的。为了更深入的观察,本篇的分析从18世纪60年代开始,也就是从工业革命的初期开始。

霍桑研究之前的激励理论

即使在工业革命(大约开始于1760年)的前几年,雇员纪律已成为大规模生产的工厂制度中经理们面对的最头痛的问题之一。激励雇员和负面性惩罚的策略性使用成为维持生产和纪律所必需的策略。工业革命以前,大多数劳动者是在传统的手工作坊中或者耕地上劳作,因而具有一定程度的独立性(Wren,1972,ch.3)。但是,新型工厂需要的工人必须适合工厂制度的生产观念,这一观念就是劳动分工(Smith,1776)的原理。工人必须按作业表而不是按照自己的选择来生产。昂贵的机器必须保持开工。生产从劳动密集型向资本密集型转变,社会对于劳动者的基本概念也随着这种经济基础的转变而变化(Haire,1962)。尽管据说一些早期的工业家放弃了定期的宴会而试图真心实意地创建公司、减少旷工现象以保持高生产,但是激励战略的支柱仍然是刺激性的计件补偿制。工人是按产量而不是按工作时间得到报酬。

由弗雷德里克·温斯洛·泰勒、莉莲·弗兰克·吉尔布雷思、亨利·甘特及其他人所推动的20世纪的科学管理运动,自然地起源于工业革命工厂生产制的计件支付制伦理(参见 Shafritz & Ott,2001,ch1)。在科学管理原理中,激励方法是以将工人看作是理性经济人的概念为基础的。人们为金钱而工作:如果将报酬和生产相联系,雇员将生产更多的数量(Gantt,1910)。但这种方法只是用来对付单个雇员的,此外还要试图阻止组成团体,因为团体会限制产量并驱向组成工会。为了克服限制产出,泰勒发现生产率之所以受到限制主要是因为工人们不知道如何使生产最大化。在泰勒看来,对生产过程的科学研究(被他称作科学管理)就是答案。它将提供标准化的工作程序、改进实际做法和发明减少工人疲劳的各种技术。雇员的收入和公司利润,都将因更好的生产程序和更低的工人疲劳而增加(Taylor,1911)。

霍桑研究

1924年,在国家科学院的全国研究委员会的资助下,一个研究小组来到芝加哥附近西方电器公司所属的霍桑工厂,对改进生产率的方法进行研究。研究小组按照科学管理的观点——假设、规范和原理着手研究。科学调查程序(包括控制团队)被用来发现和证实环境改变将增加工人的生产率。他们的调查集中在房间的温度、湿度和照明度的水平上(Pennock,1930)。有趣的是,照明度被当作一个实验变量,因为弗雷德里克·温斯洛·泰勒(1911)15年前所进行的科学管理研究就已经将照明度确认为影响生产率的一个易控变量。但早期的霍桑实验却使人困惑不解,因为即使在照明度下降的情况下,工人的产出仍然持续增加。

直到1927年,实验结果仍然混乱不清,以至于西方电器公司和国家研究委员会打算放弃全部努力。这一年,作为西方电器公司的监察总管,乔治·潘诺克在一次会议上聆听了哈佛大学教授埃尔顿·梅奥的讲演,于是就邀请他带一个小组去霍桑工厂。小组最后将弗里兹·罗特利斯伯格、乔治·霍曼斯和T. N. 怀特海德也作为成员。结果具有传奇性。但是,在梅奥领导的霍桑小组抛弃理性经济人/科学管理理论对工作中人的假设之前却并非如此。他们将基础设定为本书我们一直称为组织行为的领域——自身具有各种非常不同的假设的一种视角(见本书导论)。这个工业/组织心理学长期持有的假设,即人们可能并应该适合组织的假设,受到了挑战。丢弃科学管理关于人和如何激励人的陈旧假设的过程开始了。

霍桑实验成为组织行为学和现代激励理论的感性与理性的源泉。霍桑实验表明复杂的、互动的变量造成了人们激励中的差异,如将工人作为个体加以关注、工人对其自身工作的控制、个人需要的差异、管理方倾听的意愿、团队的规范和直接的反馈。

哈佛商学院的弗里兹·J. 罗特利斯伯格是霍桑实验的最好记录者。罗特利斯伯格与西方电器公司的威廉姆·J. 迪克森一起,在《管理和工人》(1939)一书中对霍桑实验做了最全面的说明。罗特利斯伯格所写的"霍桑实验"一文在本篇中被收录,取自他1941年一本较薄的书——《管理和士气》。

激励中的需要理论

所有有关激励的需要理论的讨论肇始于亚伯拉罕·马斯洛。他的需要层次理论与霍桑实验和道格拉斯·麦吉戈的X理论和Y理论一起并肩而行,成为研究组织中激励理论的起点。这里,介绍一下马斯洛的基本需要理论的一个概述,它取自于他1943年发表在《心理学评论》上的文章——"人类激励理论"。马斯洛的理论基础可以总结为几点:

所有人都有构成其激励结构的需要。

随着较低水平需要的满足,它们不再"驱动"行为。

已满足的需要不再是激励因素。

当工人较低水平需要得到满足的,更高次序的需要取而代之成为激励力量。

马斯洛的理论一直受到不断攻击。只有极少数实证研究支持这个理论,但这个理论过分简化了人类需要和激励的复杂结构(例证可见 Wahba & Bridwell, 1973)。多年来,已经提出了几个修正的需要层次理论,据报道它们能更好地接受实证测试(例证可见 Alderfer, 1969)。但是,尽管马斯洛的理论受到批判以及应用科学在各方面不断取得进展,但它仍然在组织行为学和管理学的教科书中占据最荣耀和突出的位置。

X 理论和 Y 理论

道格拉斯·麦吉戈的"企业中人性的一面"(1960)一文不仅讨论了工作中人的激励问题，而且总的说来令人信服地表述了组织行为学中的基本方假设。X理论和Y理论对应了雇员的基本管理假设，用麦吉戈的话来说，就是自我完善的预示。管理假设引出了雇员行为。X理论和Y理论是观察和思考人的行为的途径，并反过来影响人的行为。因此，《企业中人性的一面》是激励理论的一个里程碑。

X理论的假设重述了科学管理运动的信条。例如，人类天生不喜欢工作并想方设法逃避工作。大多数人必须被强制、被控制、被指挥和受到惩罚的威胁，才能使自己的工作实现组织目标；人类乐意被指挥、喜欢逃避责任、愿意寻求安全而不顾其他。这些假设成为与麦吉戈Y理论完全相反的另一个极端。

例如，Y理论的假设认为人们不是天生讨厌工作；工作可以成为满足的一个来源。如果人们被赋予承担起实现组织目标的义务，他们会把握自我方向和自我控制。人们愿意寻求和接受责任；推脱责任并非天然的，它是经历造成的后果。大多数人智力方面的潜力只在工作中部分地得到利用。

认知失调和激励不平等理论

当一个人面对两个或更多的人或事时，他就处于不一致、不平衡和不协调的状态中。这种不平衡就造成了失调（或不适）。根据认知失调理论，人们将采取行动——将做点什么事——来降低或消除失调。例如，我喜欢两个人，即"A"和"B"，但"A"不喜欢"B"。一种不平衡出现了，它造成了失调，那么我就要采取行动来消除它。认知失调理论并不能预测我将做什么，但它说出我将被激励去做些事情。我可能尝试去改变"A"对"B"的感觉，或者我会改变我对"A"或"B"的感觉并且将他们排除在我喜欢的人的范围之外。同样，即使我相信我系上安全带不会在汽车事故中救护我的生命，但还是扣紧安全带，只是因为州法律规定我必须那样。这样，我的信念和行为之间不一致所造成的失调就产生了。认知失调理论预测我将被激励去降低或消除这种失调。我可能停止系上安全带（例如，通过使自己确信遭受违法的可能性很小或法律的惩罚太小而不必担心）；或者，如州法律的制定者所希望的那样，我可能改变我的信念。如果我的信念确实改变了，那么我可能继续"扣紧安全带"，哪怕安全带法律某一天被废止了。

认知失调理论对激励雇员有许多实际管理上的应用。例如,管理方可能要求工人按照他们所希望的态度和信念去做某些事情——恰如安全带的例子一样。另一方面,管理方可能试图改变人们的态度和信念(Zimbardo & Ebbesen,1970),希望正在造成的认知失调会激励行为的改变。相对应地,根据认知失调理论,动机是被故意造成失调但不允许所需状态改变所激发的(此处所用的例子,就是信念和行为)。

认知失调为被人所知的激励公平理论提供了理论基础。公平理论假定工人是受到其环境中不公平观念的激发而采取行动的(例如,多生产或少生产),这些观念包括他们和其他人之间的工作和报酬的水平(Mowday,1983)。这个认知失调理论假定一个与其他人表现相同但报酬明显少的工人会做一些事情来消除这种不一致。这个工人可以选择的行动有要求增加工资、限制产量或者另找一个工作。由认知失调理论之"父"利昂·费斯廷格写于1958年的"认知失调的激励作用"一文已在本篇中被收录。

激励的期望理论

期望理论认为人们受两股动力的激励:他们希望得到某种回报的多少(或者希望避免多少负面惩罚)以及其行为将得到回报的期望(可能性)。维克托·弗鲁姆(1964,1969),一个最令人尊敬的期望理论家,确认了组成期望理论的四种变量:

1. 个人得到的工资、地位、认可度和影响力这些结果的特定种类的数量。
2. 这个人对于结果的企望或厌恶的强度。
3. 这个人认为其他类似的人取得这些结果的数量。
4. 这个人期望获得或在早期已经获得的这些结果的数量(1969,p.207)。

非常简单,期望理论认为人们是通过计算希望得到多少东西,认为自己得到多少这些东西,他们的行为促使他们得到这些东西,以及在相同情况下比其他人已得到多少东西而受到激励的。

另一个需要理论

弗雷德里克·赫兹伯格是20世纪60年代许多研究和写作组织中激励问题的学者和理论家中被引用得最多的人之一。赫兹伯格是从亚伯拉罕·马斯洛的需要理论开始进行其激励理论的建设的,他同时受到了道格拉斯·麦吉戈的 X 理论和 Y 理论假设的巨大影响。

赫兹伯格的激励理论是从广泛的实证研究中演化而来的。赫兹伯格及其合作研究者会询问人们,以便确认他们对工作感到特别满意或特别不满时的状态(Herzberg, Mausner & Syderman, 1959)。根据数以千计的回答,赫兹伯格提出了激励保健理论。该理论可以表述如下:

激励因子或满足因子是工作(或工作内容)的核心变量,它们会满足自我实现型的需要(Maslow, 1943)并导向更高的需要。赫兹伯格的激励因子的例子有成就、对成就的认知及自我发展的机会。

相对应地,保健因素是维持者——不满意的预防者。保健因素的一些例子有监督、行政实践和报酬(最主要方面)。

根据赫兹伯格的理论——在此描述的是其 1968 年的论文"再论:如何激励员工?",激励因子和保健因素在不同的方面或层面是完全不同的。他们并不是一个单一的梯型连续体上的两个极点。出现保健因素并不起激励作用,它只是预防不满意;而缺少激励因子也不会造成雇员不满,它只是产生了未受激励的雇员。如果管理者想满足雇员,他们应该对保健因素予以关注,例如关心他们的工资和工作条件。但是,保健因素不能"玩转雇员";它们只是压制了负面的情绪。为了增加激励,管理者应该用激励因子行事。

赫兹伯格的工作已受到来自两个方面的有力攻击:第一,许多行为研究者未能成功地尝试重复他的结果,因而对其研究方法的有效性提出了严重的质疑(Vroom, 1964)。针对赫兹伯格的第二个批评实质上已成为一个针对任何和所有过分简单的、静态的以及一维或二维空间的激励理论的争论,乃至更复杂的和可能性类型理论的争论(Behling, Labovitz, & Kosmo, 1968; Schein, 1980)。尽管有时激励保健理论受到了激烈的批判,但是在管理实践家和培训者中间依然很流行。它的最大的弱点——简单化——同样也使其具有可信性。

自我导向理论

激励理论发展到现在已经形成许多歧义的分支。对理解组织中激励的探索将我们带回到根本性的问题:是什么促使个人以不同程度的热情和承诺去做他们要做的事?

许多长期存在的激励理论对这一问题提供了某些答案,但是利奥纳德、博维亚斯、肖勒(1999)在"工作激励:'自我意识动机'的引入"一文中(在本篇中收录)指出,"有一种不断增长的现实,即传统激励模型并不能解释组织设置中发现的行为的多样性"。他们寻求将工作激励理论整合为一个"后理论"。这一理论将传统的激励理论同对自我概念如何影响组织中行为的理解相结合。由利奥纳德、博维亚斯、肖勒提出的这个理论将个人的特性、能力和价值观整合在一起,并且认识到影响这个理论发展和自我理解的不同力量。他们认为有5种基本的激励源:"内在的过程、外在的/工具性的报酬、外部的自我观念、内部的自我观念,以及目标内在化。"个人具有支配性激励源用来帮助他们集中其行为,这样他们就有相对的预计性获胜。

本篇中收录的最后一文是艾德温·洛克于2001年发表的"刺激和个性的协调因素——自定目标和自我效能感"。与利奥纳德、博维亚斯、肖勒一样,洛克的关注点是自我导向:自我或个人设定目标和自定效能成为最主要的中介,它们是行为的激励性决定因素;它们调解或联系着其他激励因子的影响。"许多年以来,洛克因其在强化和激励目标理论方面的工作而闻名。该理论假定人们对目标做出正面反应,换言之,就是目标激励。在更早一些时候,洛克(1978)已证实需要和价值——不是目标——是激励的最重要因素,因为它们决定了目标。但是,在2001年的这篇文章中,他认为个人目标和意图与完成特殊任务的自信一起,成为行动的最直接激励的决定因素。其他因素,包括需要、价值、动机、个性和刺激,也需要根据情况要求而加以考虑。

洛克对以下的一些研究做出了评论:这些研究调查了个人试图去做的事情(目标)与他们对其实际能做的事情的信心(自我效能)间的关系。他还验证了与激励相联系时分配目标和自设目标间的差异,并且考察了反馈、参与、金钱、工作设计、领导和个性对目标设定和行为的影响。

结 论

本篇我们提供了一个更加重要的激励理论的平衡样本。如果结果令人混淆和无法确定,我们表示歉意。在许多方面,激励就是"彩虹过后人所共知的一坛金子"。我们可能从没有完全解开这个谜团。人类是复杂的、始终在变化和类型不同的生物。组织是人类必须在其中生活和工作的一个复杂的社会系统,理解和预测也是相当困难的(Schein,1980,ch.6,ch.11)。发现有关组织中是什么东西在激励着人的全部真相,可能就是寻找一坛不现实的"金子"。另一方面,对于促使或不促使人们在工作中处于"启动"或"关闭"状态的因素,我们已获益匪浅。

参考文献

Adams, J. S. (1963). Toward an understanding of inequity. *Journal of Abnormal Social Psychology*, 67, 422—436.

Adams, J. S. (1965). Inequity in social exchange. In L. Berkowitz(ed.), *Advances in experimental social psychology*. Vol. 2(pp. 267—299). New York: Academic Press.

Alderfer, J. S. (1969). An empirical test of a new theory of human needs. *Organizational Behavior and Human Performance*, 4, 142—175.

Atkinson, J. W., & Raynor, J. O. (1974). *Motivation and achievement*. New York: John Wiley.

Behling, O., Labovitz, G., & Kosmo, R. (1968). The Herzberg controversy: A critical reappraisal. *Academy of Management Journal*, 11(1), 99—108.

Behling, O., & Starke, F. (1973). The postulates of expectancy theory. *Academy of Management Journal*, 16, 373—388.

Campbell, J. P., Dunnette, M. D., Lawler, E. E. III, & Weick, K. E. Jr. (1970). Expectancy theory. In J. P. Campbell, M. D. Dunnette, E. E. Lawler III, & K. E. Weick Jr. (eds.), *Managerial behavior, performance and effectiveness* (pp. 343—348). New York: McGraw-Hill.

Cohen, A. R., Fink, S. L., Gadon, H., & Willits, R. D. (1988). *Effective behavior in organizations* (4th ed.). Homewood, IL: Richard D. Irwin.

Deci, E. L. (1971). The effects of externally mediated rewards on intrinsic motivation. *Journal of Personality and Social Psychology*, 18, 105—115.

Festinger, L. (1954). Motivations leading to social behavior. In M. R. Jones (ed.), *Nebraska symposium on motivation*. Lincoln, NE: University of Nebraska Press.

Festinger, L. (1957). *A theory of cognitive dissonance*. Stanford, CA: Stanford University Press.

Festinger, L. (1958). The motivating effect of cognitive dissonance. In G. Lindzey(ed.), *Assessment of human motives*(pp. 69—86). New York: Holt, Rinehart & Co.

Fink, S. L. (1992). *High commitment workplaces*. New York: Quorum Books.

Gantt, H. L. (1910), *Work, wages, and profit*. New York: Engineering Magazine Company.

Hackman, J. R., & Oldham, G. R. (1976). Motivation through the design of work. *Organizational Behavior and Human Performance*, 16, 250—279.

Haire, M. (1962). The concept of power and the concept of man. In G. B. Strother(ed.), *Social science approaches to business behavior* (pp. 163—183).

Homewood, IL: Richard D. Iwin.

Herzberg, E. (January/February 1968). One more time: How do you motivate employees? *Harvard Business Review*, 46(1).

Herzberg, E. , Mausner, B. , & Snyderman, B. B. (1959). *The motivation to work*. New York: John Wiley & Sons.

Katzenbach, J. R. , & Smith, D. K. (1993). *The wisdom of teams: Creating the high-performance organization*. Boston: Harvard Business School Press.

Kerr, S. (December 1975). On the folly of rewarding A, while hoping for B. *Academy of Management Journal*, 18(4), 769—782.

Lawler, E. E. III, & Porter, L. W. (1963). Perceptions regarding management compensation. *Industrial Relations*, 3, 41—49.

Leonard, N. H. , Beauvais, L. L. , & Scholl, R. W. (August 1999). Work motivation: The incorporation of self-concept-based processes. *Human Relations*, 52(8), 969—998.

Litwin, G. H. , & Stringer, R. A. Jr. (1968). *Motivation and organizational climate*. Boston: Harvard University Press.

Locke, E. A. (July 1978). The ubiquity of the technique of goal setting in theories of and approaches to employee motivation. *Academy of Management Review*, 594—601.

Locke, E. A. (2001). Self-set goals and self-efficacy as mediators of incentives and personality. In M. Erez, U. Kleinbeck, & H. Thierry(eds.), *Work motivation in the context of a globalizing economy*. Mahwah, NJ: Lawrence Erlbaum.

Maslow, A. H. (1943). A theory of human motivation. *Psychological Review*. 50.

Mayo, E. (1933). *The human problems of an industrial civilization*. New York: Macmillan.

McClelland, D. C. (1961). *The achieving society*. Princeton, NJ: Van Nostrand.

McClelland, D. C. (1966). That urge to achieve. *Think*(published by International Business Machines Corporation), 82—89.

McGregor, D. M. (April 1957a). The human side of enterprise. Address to the Fifth Anniversary Convocation of the School of Industrial Management, Massachusetts Institute of Technology. *In Adventure in thought and action*. Cambridge, MA: M. I. T. School of Industrial Management, 1957. Reprinted in W: G. Bennis, E. H. Schein, & C. McGregor(eds.), *Leadership and motivation. Essays of Douglas McGregor*(pp. 3—20). Cambridge, MA: The M. I. T Press, 966.

McGregor, D. M. (November 1957b). The human side of enterprise. *Management Review*. 22—28, 88—92.

McGregor, D. M. (1960). *The human side of enterprise*. New York: McGraw-Hill.

Mowday, R. T. (1983). Equity theory predictions of behavior in organizations. In R. W. Steers & L. W. Porter(eds.), *Motivation and work behavior* (3rd ed., pp. 91—113). New York: McGraw-Hill.

Organ, D. W., & Bateman, T. (1986). *Organizational behavior: An applied psychological approach* (3rd ed.). Piano, TX: Business Publications.

Pennock, G. (1930). Industrial research at Hawthorne. *The Personnel Journal*, 8, 296.

Roethlisberger, F. I. (1941). *Management and morale*. Cambridge, MA: Harvard University Press.

Roethlisberger, F. J., & Dickson, W. J. (1939). *Management and the worker*. Cambridge, MA: Harvard University Press.

Ross, I. C., & Zander, A. (1957). Need satisfactions and employee turnover. *Personnel Psychology*, 10, 327—338.

Schein, E. H. (1980). *Organizational psychology* (3rd ed.). Englewood Cliffs, NJ: Prentice-Hall.

Shafritz, J. M., & Ott, J. S. (2001). *Classics of organization theory* (5th ed.). Fort Worth, TX: Harcourt.

Smith, A. (1776). Of the division of labor. In A. Smith, *The wealth of nations* (chapter 1).

Staw, B. M. (1982). Motivation in organizations: Toward synthesis and redirection. In B. M. Staw & G. R. Salancik(eds.), *New directions in organizational behavior* (pp. 55—95). Malabar, FL: Robert E. Krieger.

Taylor, E. W. (1903). *Shop management*. New York: Harper & Row.

Taylor, E. W. (1911). *The principles of scientific management*. New York: Harper & Row.

Urwick, L. (ed.) (1956). *The golden book of management*. London, UK: Newman Neame.

Vroom, V. H. (1964). *Work and motivation*. New York: John Wiley.

Vroom, V. H. (1969). Industrial social psychology. In G. Lindzey & E. Aronson (eds.), *The handbook of social psychology*, Vol. 5 (2nd ed., pp. 200—208). Reading, MA: Addison-Wesley.

Vroom, V. H., & Deci, E. L. (eds.) (1970). *Management and motivation*. Harmondsworth, UK: Penguin Books.

Wahba, M. A., & Bridwell, L. G. (1973). Maslow reconsidered: A review of research on the need hierarchy theory. Boston: Proceedings of the 1973 meetings of the Academy of Management.

Wren, D. A. (1972). *The evolution of management thought*. New York: The Ronald Press.

Zaleznik, A. , Christensen, C. R. , & Roethlisberger, F. J. (1958). *The motivation, productivity and satisfaction of workers: A prediction study*. Cambridge, MA: Harvard University, Graduate School of Business Administration.

Zimbardo, P. , & Ebbesen, E. B. (1970). *Influencing attitudes and changing behavior* (rev. printing). Reading, MA: Addison-Wesley.

10　霍桑实验*

弗雷德里克·J. 罗特利斯伯格

我们需要用一套复杂的理念来解决我们所处的这一繁杂世界的复杂问题,这似乎是今天的一种假设。我们假设,解决大问题需要大思想;解决复杂问题,需要复杂的思想。结果,我们的思考方法变得越来越拐弯抹角且混乱不堪。就人类行为方面的研究而言,同样如此。我认为要回到心智健全的思考之路——这也就是我的题目形成的地方——似乎在于:

1. 对我们所处的世界要保持一种简洁而清晰的观念。

2. 要使我们的思想复杂化,不能凭空进行,而应当与我们所能观察、看到、感觉到、听到、触摸到的事物做参照。我们不要从口头的定义中作归纳;我们应确切地了解我们所谈论的事情。

3. 我们应当运用一种简单的方法来探索复杂的世界。我们需要一种能使我们从我做出的归纳中得到理念工具。我们需要一种能使我们与有时我们称之为"现实"的东西保持接触的简单方法。

4. 要"坚强",也就是说,不要让我们自己太失望,因为这纷繁的世界从来不会完全满足我们大多数人对它所抱有的希望。让我们记住:许多具体的现象会阻止我们从中做出任何抽象的理论。

5. 要清楚地了解与我们的观念和方法相联系的现象的类别。正如谚语说的那样:"不要把锯子当作锤子来使。"锯子之所以是一种很有用的工具,是因

---

* 来源:Reprinted by permission of the publishers from Management and Morale by F. J. Roethlisberger,Cambridge,Masschusetts:Harvard University Press,1941.

为它被限定和设计为某种用途。不能因为锯子不能当作锤子用而否定锯子的用途……

以我的一孔之见,人的问题需要一种人性化的解决方法。首先,当我们发现人的问题时,我们必须学会去承认它;其次,在承认的基础上,我们必须将其当作人的问题来处理,而不是其他问题。我们在口头上谈论人的因素的重要性是如此之多,而采取实际行动来解决这一问题又是如此之少。人的问题的人性化解决,需要人的资料和人的工具。我用西部电气公司的研究人员来说明我的陈述,是因为他们值得公开出来,他们获得的成就应得到称赞。在我看来,他们很好地证明了他们在管理—雇佣关系方面的研究上正逐步回到心智健全的方法上来。

照明试验

西部电气公司的研究始于16年前,霍桑工厂进行了一系列照明实验。这一研究的目的是试图找出照明的质量和数量与产业工人效率之间的关系。这一研究持续了好几年,但我并不想在此做详细介绍。值得指出的是,调查结果与预期的情况大相径庭。

在一个实验中,工人被分成两组。被称作"测试组"的那组人在不同的照明强度下工作,而"控制组"则在尽可能保持不变的照明强度下工作。在第一次实验中,测试组分别在24、46和70英尺烛光[1]递增的强度下工作。这一早期试验的结果如何呢?两个车间中的产量都增加了——无论是测试组还是控制组,并且增加的幅度大体相同。

在另一次实验中,测试组工作地方的照明从10英尺烛光降低到3英尺烛光,而控制组则在恒定的照明强度下工作。在这一试验中,测试组的产出不减反增。当然,控制组的产出也增加了。

同样在另一次试验中,设法使工人相信他们的照明状况得到了改进,但实际上并没有改变原先的照明强度。工人们对照明条件的改善表示了欢迎,但并没有感到产出有什么变化。在另一个实验中,工人们被告知照明强度正在降低,尽管事实上并非如此。虽然工人们对差劲的照明状况有些抱怨,但同样没有对产出有什么可感知的影响。

最后,在另一个试验中,照明强度被降低到0.06英尺烛光,这几乎与一般

---

[1] 一英尺烛光表示,一支发光均匀的蜡烛在距离一英尺时各点所接受的照明度。——校译者注

月光的强度相当。同样,产出并没有因此而下降。

从这个试验中我们能得出些什么呢?显然,正如斯图亚特·蔡斯所说的那样,有些东西被"扭曲"了,但实验人员难以确定是谁或者什么被扭曲了——他们自己,实验主体,还是结果?但有一点是明确的:结果并不可靠。因为这些实验并没有找出照明度和工厂效率之间的联系。如果只对实验结果作一下表面分析,似乎可以得出这样的结论:照明度和工厂效率之间不存在任何联系。但是实验人员并不认可这个结论,因为他们发现要在一个存在多个不可控变量的环境下测试其中某个单一变量的效果是相当困难的。所以,应当设计另一种实验。在该实验中,由其他的相关变量引起的工人产量的变化能很好地加以控制。

少数坚定的试验者,已开始对他们关于人的动机的基础观念和假设提出了质疑。他们意识到,问题不是出在结果本身或者被调查的主体,而在于他们审视被调查者行为的观念——仅仅是条件反射般的观念,即工人工作环境的某些物理变化和工人因此而产生的反应两者之间的直接联系。这种观念完全忽略了这些变化对于被调查主体是人的意义。

因此,照明实验就是一个试图用非人性化方法来处理人类境遇的典型例子。实验者没有收集与人相关的任何资料,他们只是触摸了一下电灯泡,并画出了平均产出曲线。所以他们得出的结果没有人性化的意义,这就是它们之所以被扭曲的原因。但我认为,结果并没有扭曲,而是实验者本身是"扭曲"的人,因为他们没有遵照人类本身具有的价值行事。

继电器组装测试车间

在另一个设计的实验中,一群被隔离的工人按照计划在不同的工作环境下工作。这个想法非常简单:5个姑娘组成的一个小组被安排在一个隔离的房间里,她们的工作环境能小心地加以控制,她们的产出能正确地加以衡量,她们的活动也能很好地加以观察。此外还决定每隔一段时间变换不同的工作环境,希望借此找出这些变化会对产出发生何种影响……在这种紧密观察的条件下,这些姑娘被研究了5年,收集的文字资料成吨。也许,世上再没有任何其他地方在如此之长的时间里收集了关于一小群人的如此之多的资料。

但是结果如何呢?可以简单地描述一下。该说的和该做的都进行了,结果大致如下:一个训练有素的统计学家花了几年时间试图将产出的变化与这5个工作者所处的物理环境的变化联系起来……这种尝试的结果是,物理环境的变化与产出变化之间不存在具有统计意义的简单关联。任何合格的统计学家都不承认它们的意义。

当然,仅以此断定这个消极结果是得出的唯一结论,未免有失偏颇。同时,也有积极的发现,实验者在不到两年的时间里就发现了他们的错误。经过两年的工作后,某些事情的发生提醒了他们。在这个继电器组装测试车间里,引入了不同的工作环境,如中间休息次数和时限的变化,一个工作日或一个星期工作时间的变化等。例如,调查者首先采用了两次 5 分钟的休息时间,一次是在早上,一次是在中午。然后他们增加了休息时间的长度,继而又在一天中的不同时段推出这个休息时间。在某个实验期间,他们在休息时间为操作者提供特定的午餐。随后他们又缩减了工作日的时间,从半个小时到一个小时。他们又在一段时间内给操作者放半天假(每星期六上午)。在一开始的两年内,共引入了 13 种不同的工作环境。

在实验最初的一年半内,每个人都很高兴,无论是实验者还是操作者。实验者高兴是因为随着工作环境的改善,产量也在稳步提升,这就很好验证了她们的疲劳是阻止产量提升的主要因素的预测。操作者高兴是因为她们的工作环境得到了改善,她们能得到更多的报酬,并且她们受到了来自高层管理者的关注。然而,有一位调查者——少数坚定实验者中的一位——提议恢复到原先的工作条件,即一周工作 48 小时,但不提供休息、午餐及其他东西。这就是 XII 时期。这样一来,原来按理可以令人高兴的事情一下子变味了,但是产出并未如预期那样狂降下来,反而保持了原有的高水平。

调查者又一次不能不意识到人的境遇看来是错综复杂的。在任何人的境遇中,不论原有条件发生如何细微的变化——如一次短暂的休息,就会带来另外一些意想不到或不能预期的变化。我在这里所说的非常简单。如果对一些石头做实验,这些石头并不知道自己正在被试验,这就使人们对石头做实验变得很简单。但如果对一个人做实验,他就会意识到自己正在被当作实验的对象。因此,在他决定对所处的状况做出反应时,他对实验和实验者的态度就是一个至关重要的因素。

这就是在继电器车间实验里发生的事情,对调查者来说,工人能全身心配合试验这一点至关重要。他们不希望工人们工作得更卖力或更松懈取决于她们对所给予的工作条件的态度。他们希望工人们能像他们所感觉的那样工作,以便可以测定工作中不同物理条件的单独变化会对产量变化产生什么样的影响。对于每一次实验的变化,他们都不希望实验主体受到所谓"心理因素"的影响。

为了实现这一点,调查者力所能及地做了所有可能的事情,以确保被调查者与自己完全合作。结果是车间中所有的惯常规定几乎都改变了。调查者向操作者请教对即将实施的变革的看法，并且，的确有几项计划因这些姑娘的反对而被取消了。调查者热情地询问她们对所处工作条件的反映。许多这样的会议在主管的办公室里举行。这些姑娘被允许在工作时互相交谈，令她们"害怕"的规定被取消了。她们的健康状况和福利成为管理者极为关注的事情。她们的意见、希望和忧虑都得到了管理者热切的征询。结果是：在设定测试——所谓"可控性"实验——的工作条件的过程中，实验者彻底改变了车间中的社会环境。在不经意间，这一实验产生了比原计划的改革更重要的变革：车间的传统监管机制发生了变革。这就是为什么这些姑娘工作态度更好和工作效率更高的原因。

一个更卓有成效的新观点的发展

在继电器组装测试车间实验的第 XII 时期之后，调查者决定彻底改变他们原来的观念。所有他们曾经做过的实验都显著并明确地显示了雇员态度和情绪的重要性。很清楚，工人对正在发生变化的与他们相关的事物所做出的反应，取决于这些事物对他们自身状况的重要性。在大多数的工作环境下，变化的意义与变化本身同样重要，甚至更为重要。这是一个伟大的发现，是从该项研究中得到的新启示。这一启示与他们原先希望从照明实验得到的结论截然不同。说来也怪，这一发现并非是全新的和令人震惊的，因为那些在处理他人关系方面有具体经验的人早就凭直觉意识到了这一点，并按此行事了。

一个人是否能全心全意地为所处的团队服务，在很大程度上取决于他对工作、同事和监管者的态度，即周遭事物对于他意味着什么。

但是，当试验者决定着手解决雇员态度问题以及决定态度的因素时，即当他们想解决"意义"这一问题时，他们发现自己进入了一个模糊地带，情形并不如他们所想象的那样。而且，一夜之间他们发现原先精心设计出来的分析工具都不管用了，因为原先的分析工具都是非人性化的，它们只关心对产出、温度、湿度之类的测试。这些工具对于他们现在想要获得与人的态度有关的资料来说，不会再有所帮助。实验者现在想要知道的是一个人如何感觉，他最初的想法和反应是什么，当务之急是什么，以及哪些是他喜欢或不喜欢的工作环境，等等。简言之，他周遭的一切事物——工作、被监督的情况及工作条件——对他来说意味着什么？这些都是与人的主观感受相关的资料，而当时不存在或者至少实验者并不知道能够获取并评价此类资料的分析工具。

幸运的是，调查者中有一些具有奋斗精神的有识之士。这些人不是空谈家、心理学家、学者、教授、智力超群者，不是任何你所想象的人。他们是平凡而具有实践经验的人。他们并不满怀壮志想要改变世界,他们是真正的试验者——是能积极投身于自己所从事的职业的人。他们所做的一切都朝着一个方向努力。他们会有所突破吗?答案是肯定的。

与工人面谈的实验

　　一些坚定的实验者决定亲自下车间——完全放弃原有的那一整套精确的逻辑运算工具并且以完全谦虚的态度——看看他们能否学会如何使工人将自己认为重要的东西告诉他们,学会理解工人将要告诉他们的东西。1928年,当这一面谈方法被推出的时候,这是一个革命性的理念。这一理念要求试验者让工人向他倾诉,并且耐心但有目的地去倾听工人所说的一切。在那一年,人际关系的新时代就此诞生了。这是第一次真正地尝试收集与人相关的资料并设计人性化的工具。一个新颖的理念就这样产生了,试验者们依稀察觉到了一种人性化控制的新方法。他们义无反顾地走上了寻找新方法的道路,就像穿过卢比肯河(Rubicon)那样,再也不想回到"过去的好时光",因为他们现在已进入了一个令人兴奋、惊奇而又充满希望的新领域,这使得"过去的好时光"的方法像小孩子的游戏那样幼稚可笑。

　　当这些实验者带着不多的工具,但怀着强烈的好奇心和了解愿望决定进入"意"这个领域的时候,他们经历了许多有趣的冒险。如果将所发生的一切,哪怕是其中的一小部分说出来的话,都可能是一个太长的故事。虽然他们犯了许多错误,但他们并不害怕学习。

　　首先,他们发现,既要全神贯注地倾听一个人的讲话又要在他说完前不打断他的讲话,这是难以学会的。他们发现,很难不向被访者提建议,很难不对被访者的话语作道德判断,很难不去与他争论,很难不去试图控制谈话主题,很难不自作聪明,很难不去提一些引导性的问题。他们发现,很难引导受访者去谈论对他们来说很重要而不是对被询问者来说很重要的话题。最重要的一点是,他们发现很难认识到那些虽然对受访者来说具有重大意义却对工作环境没有什么意义的事情。

　　但是,他们慢慢地认识到了这些事情。他们发现,一个人迟早会向那些富有同情心而又有经验的倾听者吐露他的心声,而且他们越来越能熟练地了解一个人正在说的和他想要说的事情。当然,他们向每一名受访者保证,他所说的一切都不会用作不利于他的用途。渐渐地,他们形成了一种简单的人性化工具——确实不是很完美——来获取他们想要的此类资料。他们称这种方法为"面谈"。我说不准形成这种工具花了多长的劳动时间。自从这些研究以后,通过运用这一工具,对于工人及其行为的见解逐渐发生了变化。

一种观察雇员满意和不满意的新方法

当试验者一开始试图去发现雇员的好恶的时候,他们首先假设,他们会发现一个人的好恶与他所处的直接工作环境中的某些因素存有某种简单而又有逻辑的关系。他们希望找出某种简单的关系,比如工人的抱怨与他抱怨的对象之间的简单关系。这样一来,解决方法就很容易了:如有可能,就尽快纠正他们所抱怨的对象!抱怨也就将不复存在了。但不幸的是,人的行为世界并非如此简单,观察者辛苦了数年时间才发现了这一点。我想只提一些他们曾有过的有趣经历。

有好几次他们改变了抱怨的对象,结果却发现抱怨声并没有因此而停息。在这些案例里,改变了抱怨的对象却没有改变抱怨本身和抱怨者的态度。一个牢骚消失了,另一种牢骚可能马上又随之出现。这有可能是调查者碰上了所谓的"慢性抱怨者",这些人的不满意植根于他们个人的历史……

许多次,他们发现人们并不真正希望对他们所抱怨的对象做些什么。他们真正需要的是能向那些富有同情心的倾听者倾诉他们内心苦闷的机会。更令人惊讶的是,虽然那些工人所抱怨的许多事情往往发生在很多很多年之前,但他们却活灵活现地描述成好像是在前几天发生的一样。

在这里,又有些东西被"扭曲"了,但这一次,试验者发现是他们的假设被扭曲了,他们假设人们基本上是用逻辑的方法来评定某个经历的意义的。他们被假设成为"经济人",完全受经济利益的驱使来行事,他们的逻辑能力完全服务于自身利益的需要。

在越来越多的证据面前,试验者们不得不忍痛完全丢弃原有的关于人及其行为的一整套观念。只有用一套新的工作假说,他们才能搞明白他们所收集到的资料的意思。他们所发展的这一套理念既不新颖也不令人吃惊,因为那些有效的管理者早就凭直觉发现了这套观念,并以它们为指导来处理人际关系。

首先,他们发现不能将工人的行为与他们的感觉和情感割裂开来。这里所提到的"情感"不单单指感觉、情绪,还包括那些不能笼统地用感觉、情绪来描述的现象,比如"忠诚"、"正直"、"团结"等。

其次,他们发现情感很容易被伪装,所以很难去认识和研究它们。情感的表现方式多种多样。例如,一个人的诚恳可以通过握手表现出来;但当被侵犯时,则用静坐罢工来表现。另外,人们习惯于将情感理性化和客观化。我们宁愿说"这个世道很坏",而不愿说"我觉得很不好"。换言之,我们喜欢将外界事物描述成具有某些特征,而这恰好可以代表我们对该事物的感觉和情感;我们习惯于将自己的情感影射在外界事物上。

再次,他们发现对于情感的了解不能拘泥于情感本身,而应当联系周围的环境通盘加以考虑。要理解一个人为什么会觉得那样,我们必须考虑很多相关的因素。图1~图3大致描述了这一观点的发展:

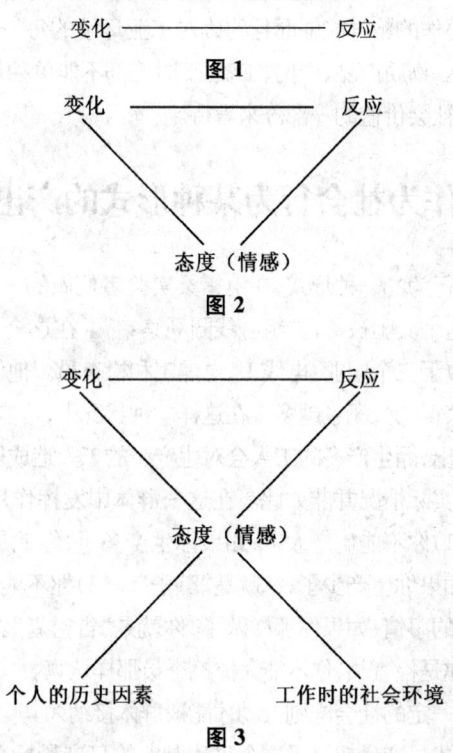

变化 ——————— 反应

图 1

变化 ——————— 反应
　　＼　　　　／
　　　＼　　／
　　　态度(情感)

图 2

变化 ——————— 反应
　＼　　　　　／
　　＼　　　／
　　态度(情感)
　　／　　　＼
个人的历史因素　　工作时的社会环境

图 3

回想一下,首先调查者假定工人环境条件的某些物理变化和他们对此变化的反应之间存在简单而直接的关系,这就是图1中所描述的观点。但是早期实验的所有证据表明,雇员对直接工作环境变化的反应只能通过他们的态度,即这些变化对他们的"意义"来理解,这在图2中得到体现。但是,那些变化对工人的"意义"并不完全具有逻辑性,因为它们充满感觉和价值标准。因此,任何个人对于某一特定变化的"意义"的理解取决于:(1)他的社会"环境",或者因他先前的家庭和群体交往而使他工作中的情感(价值、希望、担心、期望等),从而使变化和情感之间产生了某种关系;(2)他从与其他同事和监督者在其本身也作为一员的最接近的工作群体的参与中所取得的满意程度。因此,变化就对他习惯的人际关系产生了影响。这种分析工人反应的方法(既是口头上的,也是显而易见的)在图3中被描述出来了。可以简述如下:情感并非凭空产生,它们是在特定的社会背景下发生的,因此必须联系这些背景来考虑它们,如果将其割裂开来,可能产生误解。

需要进一步诠释图3中"工作时的社会环境"这一项。实际上该项的含义是,每个人都不是孤立存在的个体,而是一个或者许多群体中的一员。在每一个群体中,成员相互间建立了某种情感,这促使他们精诚合作,团结在一起。此外,这种团结协作的精神能够而且的确对工业环境的每一个项目和客体甚至产出产生影响。物质产品、产出、工资、工时等都不能单独加以对待,而应该把它们当作整个社会价值的一部分来看待。

作为社会行为某种形式的产出

产出是社会行为的一种形式,在由霍桑实验者们做的一个实验中已得到了很好的阐释,这个实验被称作"组合线圈观察室"。在这个车间里一共有40个工人,分别归属于三个职业:电线工、电焊工和检查员。他们按件计酬,即他们生产得越多,获得的报酬也越多。在这样一种状况下,可能有人会认为他们会尽力提高总产出,而生产多的工人会对生产少的工人造成压力,从而迫使后者提高效率。但实际情况并非如此。在这一群体中发挥作用的有四大情感,可以简述如下:(1)你不能生产太多;如果你生产多了,你就是"财迷"。(2)你不能生产太少;如果你生产少了,你就是"骗子"。(3)你不能向管理员举报任何有损同伴利益的事情;如果你那样做了,你就是"告密者"。(4)你不能太官腔化;意指如果你是检查员,你不能太像检查员那样认真。

人们必须按一定的社会准则行动才能被群体接纳为其中的一员。如果这个群体中有一个成员产量超过了这个群体制定的日产量标准,虽然社会压力迫使他与这一产量标准保持一致,但没有作用,因为这个成员喜欢做别人不喜欢的事情。这一群体中最受欢迎的是那些能将产量恰好保持在群体中所有成员都认可的水平上的人。

既然有这么多的成员都对他们所制定的日产量达成了一致意见,人们可能会以为该群体中每个工人都具有相同的产出率。但事实并非如此,而是具有明显的差异。起初,实验者认为,个人业绩的不同与其能力有关,所以他们将每一工人产量与他的智力状况和灵巧性联系起来加以比较,并做了一些实验。结果是有趣的:产量最低的工人在智力方面排第一,在灵巧性方面排第三;产量最高的工人在灵巧性方面排第七,智力却是最低的。显然在此情形下,人们的潜在能力并没有完全显现出来。从逻辑的经济行为观点来看,这个观察室没有什么意义,只有用有力的情感分析,才能解释这些个人的产量差异。每一工人的不同产量反映了他在群体非正式组织中的地位。

是什么使工人不想合作

在组合线圈观察室之后,霍桑实验者们对公司正式组织中的非正式员工群体产生了越来越浓厚的兴趣,尽管这些组织并没有在组织图表中被列示出来。他们开始对某些信仰和信条产生兴趣,这些信仰和信条能影响每个个体成为某一群体中的一员以及能使这些群体成为一个独立单位。他们还对社会准则感兴趣,这些社会准则能使雇员自发结成某一群体,却不担心合作是否会成功。他们研究了这些群体对于其成员所发挥的重要社会功能,这些非正式工作群体的历史——它们是怎样自发出现的,又是怎样延续下来并最终消失的,怎样由于技术变革而一直处于危险之中,以及是如何抵制改革的。他们特别关心那些行为规范和准则与公司的技术和经济目标格格不入的群体。他们考察了迫使雇员们从整个组织中分离出来组成自己的群体的社会条件。根据这种现象,他们认为他们终于找到了有效协作的关键问题。他们从当前的工业状况中获得了一种新的启迪。从这一观点出发,许多复杂的问题都迎刃而解。

例如,一些人宣称,工人工作最关心的是工资袋的大小。工人所需要的不过是被告知他们应该去做什么,以及为此能获得的报酬。如果我们从情感的观点来看待工人及其工作,上述观点完全是错误的。绝大多数人都希望有种满足感,这种满足感来自朋友和同事的接受与认同。金钱只是组成社会认同感中的一小部分。受到上司的关照,被指派去帮助一名新同事,被指令去负责一项难度较高的项目,获得一份需要特殊技能的工作——所有这些都是社会认同感的组成部分。它们告诉我们,我们在某一群体中是处于何种地位,我们都希望自己在一个组织中扮演重要角色,我们希望获得能带来社会认同感的技能。我们需要一种安全感,并不完全源自银行中的存款数目,而是更多地来自于被某一群体的认同。一个人的工作如果不带有社会功能,就像是一个没有国籍的人,他所进行的一切活动也就被剥夺了作为一个人的意义和重要性⋯⋯

因此,总的来说,我认为西部电气公司的调查者们在雇员关系调查方面开了个好头,因为:(1)他们提供了一种卓有成效的工作假说,一些研究和理解营业活动中人的处境的简单而又相对清晰的思想;(2)他们提供了一种我们可以据以发现和解决营业组织中复杂的人的问题的简单方法——这是一种人性化的方法,可用于处理对人来说很重要的事情;(3)发现了一种预测有效协作的新方法。我们通常认为人们之间的协作可以通过理性而合理的设计来加以实现,但西部电气公司的实验却表明,这更多地要归因于人性化方面的因素,而非理性。工人并非是独立的、彼此间没有关联的个体,他们是社会动物,因此应当像对待社会动物一样对待他们。

这个结论——工人是社会动物,因此应当像对待社会动物一样对待他们——看似简单,但要系统地而又持之以恒地加以贯彻实施,却并非容易。如果能够系统地实施这一理论,将对当今工人的工作带来革命性的影响。我们的技术在过去的几百年中已经取得了巨大的发展,但在处理人际关系的方式上却一成不变。如果这样的文明还将持续下去,我们必须对营业组织中人们的动机和行为有一个新的理解,这种理解应该简单而有效地付诸实践。西部电气公司的调查者们已经向这个方向迈出了第一步。

11 人类激励理论 *

亚伯拉罕·H. 马斯洛

引 言

在以前的论文(13)[1]中,我曾提出过各种主张,它们都应包含在任何一种自以为确定无疑的人类激励理论中。这些结论可以简要概括如下:

1. 有机组织的统一整体是激励理论的基石之一。

2. 不能把饥饿驱动(或其他生理驱动)看作是确定的激励理论的要点或模型。任何以身体为基础以及可以地域化的驱动力在人类激励理论中都是非典型的。

3. 这样一种理论将强调和集中关注的是最终的或基本的目标,而不是部分的或表面的目标;强调的是目的而不是实现这些目的的手段。这就意味着这种理论把重点更多地放在无意识的动机而不是有意识的动机上。

4. 通常可以经由各种不同的文化路径通向同一个目标,因此,有意识的、具体的、带有地方文化色彩的欲望,不像更为基本的、无意识的目标那样是激励理论的基础。

5. 任何受到激励的行为,无论是预备性行为还是已完成行为,都可以理解为是一条通道。许多基本需要可以通过这条通道同时表现出来或得到满足。

---

* 来源:"A Theory of Human Motivation," by Abraham H. Maslow, *Psychological Review*, 50. Copyright © 1943 by the American Psychological Association.

[1]13是指本文参考文献中的第 13 篇文献,下同。——译者注

典型地说,一种行为并不只是一种激励。

6. 所有机体的状态都可以被看作是受到激励的状态和正处于激励中的状态。

7. 人类需要本身按照强烈程度梯状排列。这就是说,一种需要通常出现在前一种也是更优先的需要被满足之后。人是一种不断产生需求的动物。我们不能把需要和驱动力看作似乎是孤立的或分离的,每一种驱动力都和是否满足另一种驱动力的状态有关。

8. 由于存在多种理论和实践,驱动力一览表将使我们迷失方向。而且,对动机的任何分类必然要考虑被分类动机的特殊性和普遍性的层次问题。

9. 对激励的分类必须以目标为基础,而不是以鼓励性的驱动力或受激励的行为作为基础。

10. 激励理论应以人而不是动物为中心。

11. 必须考虑有机体发生反应的情境或场地,但是场地本身不能用来全面解释行为。而且,场地本身必须根据有机体来解释。场地理论不能替代激励理论。

12. 不仅要考虑有机体的整体性,而且要考虑有机体做出孤立的、特殊的、部分的或局部的反应的可能性。

现在必须再补充一种肯定意见。

13. 激励理论和行为理论并非同义词。激励只是行为的决定因素之一。行为几乎总是受到激励,但也几乎总是由生物的、文化的和情境的因素所决定。

本文试图阐明一种积极的激励理论,它将满足理论上的要求,同时也符合已知的、临床的、观察的和实验的事实———我们必须把现有的理论看作是有利于进一步研究的建设性计划或框架。我们与其坚持或关注已有的事实或已提出的证明,不如根据本文提出的问题,坚持或关注迄今为止已完成的研究和可能做出的研究。

基本需要

"生理"需要。通常,作为激励理论出发点的需要就是所谓的生理驱动力。近来的两条研究路线促使我们有必要修正我们对这些需要的习惯看法。首先是体内平衡概念的发展,其次是食欲(对食物的优先选择)相当有效地指明了体内实际的需要或者匮乏。

体内平衡是指身体为了维持血流的持续正常状态所进行的一种自动努

力。坎农描述了这个过程:(1)血液的含水量;(2)血液的含盐量;(3)血液的含糖量;(4)血液的蛋白质含量;(5)血液的脂肪含量;(6)血液的含钙量;(7)血液的含氧量;(8)恒定的氢离子标准(酸碱平衡);(9)血液的恒温。很明显,这个过程还可以扩展并包括其他矿物质、荷尔蒙和维生素等。

杨在最近的一篇文章(21)中对食欲和身体需要的关系做了总结。如果人体缺乏某些化学物质,人就会产生一种特别的食欲或需要那种食物要素的特殊饥饿……

应当再次指出的是,任何生理需求以及相关的满足行为,与所有各种需要一样,都是起到沟通渠道的作用。这就是说,一个感到饥饿的人,可能实际上更多地是在寻求安慰或依赖,而不是蛋白质或维生素。反之,有可能通过其他活动,如喝水、抽烟等部分地满足饥饿感。也就是说,这些生理需要是相对独立的,但并非完全独立。

毫无疑问,这些生理需要在所有需要中是最优先的。具体地说,在一个人身无一物的极端情况下,生理需要成为他的主要动机。一个同时缺乏食物、安全、爱和尊重的人,对于食物的需要可能最为强烈。

如果所有需要都没有得到满足,并且机体因此而受到生理需要的支配,其他需要则可能完全消失或者隐藏起来。对于这个饥饿已达到危险程度的人来说,除了食物,不存在其他任何兴趣。他梦见的是食物,回忆的是食物,想的是食物,感情的对象是食物,看见的是食物,他渴望的也只是食物。即使是在有条不紊地进食、饮水或性生活的过程中,通常与生理驱动力融合在一起的更为微妙的决定因素也没有因此而完全被淹没,以至于我们在此时(但仅仅在此时)可以用解除痛苦这一绝对目标来谈论纯粹的饥饿驱动力及其行为。

当人的机体被某种需要支配时,它的另一个独特的特性是对未来趋势的整体看法也会改变——对于一个长期处在极度饥饿状态的人来说,乌托邦仅仅是一个食物充足的地方。他往往会想,要是在有生之年有食物保证,那就太幸福了,并且也就别无他求了。此时,生活本身的意义就是吃,其他任何东西都是不重要的。自由、爱、社会感、尊重、哲学,都被当作无用的东西被弃置一旁,因为它们不能填饱肚子。可以说,这种人仅仅是为面包而活着。

不能否认这类事实的真实性,但可以否认其"普遍性"。在正常运行的和平社会里,紧急状态几乎肯定是罕见的。

此时,其他("更高级的")的需要会立即出现,这些非生理上饥饿的需要开始控制机体。当这些需要被满足之后,又有新的("更高一级的")需要出现了,依此类推。这就是我们所说的人类基本需要组成一个具有相对优先层级的含义。

这句话的一个重要含义是:在激励理论中,满足是与匮乏同样重要的概念,因为它使机体摆脱了许多生理需要的控制,从而允许更具社会性的目标出现。生理需要及其局部目的得到长期满足时,就不再作为行为的活跃的决定因素和组织者而存在了。它们只是以潜在的方式存在,即如果遭受挫折,它们会再次出现并控制机体。但是,已被满足的要求就不再是一种要求了,机体仅仅受到尚未得到满足的需要的支配,并在这种支配下组织它的行为。如果饥饿得到满足,它在人的当前动力系统中就无足轻重了……

安全需要。如果生理需要相对充分地得到了满足,接着就会出现一系列新的需要,我们可以将其大致归为安全需要。

尽管本文的兴趣主要是成人的安全需要,但是我们可以通过观察婴儿和儿童来更有效地获得对这种需要的理解。在他们身上,这些安全需要表现得更为简单和明显。婴儿对于威胁或危险的反应更为显著,原因之一在于他们根本不压抑这种反应。而我们社会中的成人却学会了不惜代价去压抑它。因此,当成年人真正感觉到安全受到威胁时,我们可能在表面上看不出来。假如婴儿受到干扰或突然跌倒,或者因高声喧闹、闪电及其他异常的感官刺激而受惊,或者受到粗鲁的对待,或者失去母亲的怀抱,或者感到失去依靠等等,他们会全力以赴地做出反应,仿佛他们已深陷危机。[1]

从婴儿身上,我们还可以看到他们对于各种身体不适所做出的更直接的反应。有时,这些不适似乎立即具有本质上的威胁,使孩子感到不安全。例如,呕吐、腹痛或者其他剧烈的疼痛,会使孩子用不同的方式看待整个世界。可以假设,孩子在遭受这些痛苦时会感到,整个世界突然从阳光灿烂变得暗无天日,仿佛变成了一个什么事情都会发生的地方。一切过去曾经是稳定的东西现在变得不稳定了。因此,一个因为食用了不良食物而得病的孩子可能会在一两天里感到害怕、夜里做噩梦,并且产生了一种其生病前从未有过的需要:要求保护和一再的保证。

儿童的安全需要还表现在他喜欢一种安稳的程序或节奏。他似乎需要一个可以预见的有秩序的世界。父母的非正义、不公平或者相互矛盾似乎使孩子感到焦虑和不安。这种态度与其说是来源于不公正本身或者由于不公正造成的痛苦,不如说这样的遭遇是预示着世界变得不可靠、不安全和不可预见的

---

[1] 随着孩子的成长、知识的完备、对周围环境的熟悉以及运动神经的发展,这些"危险"会变得越来越不可怕,并且越来越容易控制。可以说,在人的一生中,教育的一个最重要目的就是,通过知识来使危险的事物化险为夷。譬如,我不害怕打雷,因为我知道打雷的原因。

凶兆。年幼儿童似乎更适合于在一种至少有一种刚性框架的系统中更好地成长。在这种系统里,无论现在还是将来,都有某种程序和常规,都有某些可以依靠的东西。也许,这个意思可以这样表达得更精确:儿童需要一种有组织、有结构的世界,而不是无组织、无结构的世界……

从这些以及其他类似的观察中我们可以归纳出一点:我们社会中的普通儿童一般更需要一个安全、有序和可以预见及有组织的世界。在这个世界中,出人意料、无法应付、混乱不堪的事情,或者其他有危险的事情是不会发生的;而且在这个世界里,无论遇到什么情况,也会有强大的父母保护和掩护他免遭伤害。

在儿童身上可以很容易地观察到这些反应。这从某个方面证明了我们社会中儿童不安全的感觉极强(或者说,他们的抚养条件很差)。生活在没有威胁、充满着爱的家庭中的儿童,通常不会有我们描述过的那种反应(17)。在这类孩子身上,大部分威胁反应往往起因于成年人也觉得有危险的事物或情况。[1]

在我们的文化中,健康、正常和幸运的成年人对其安全需要是非常满意的。和平的、平稳运行的和"健全的"社会通常都会使其成员感到非常安全,绝不会使他们受到野兽、极端气候、犯罪、人身伤害、谋杀以及暴政等的威胁。因此,从一种非常现实的意义上看,不会再有什么安全需要能成为他的有效的激励因素。正如,一位吃饱了的人不再感到饥饿那样,一个安全的人不再感到危险……

试图在世界上寻求安全与稳定的其他更为广泛的方面还表现在对熟悉而非陌生事物,或对已知领域而不是未知领域的普遍偏好之中。某些宗教或世界观想把宇宙和人类组成某种令人满意的、和谐的和有意义的整体的倾向,部分地也是受到安全的激励。在此,我们同样可以认为,一般科学或者哲学在一定程度上说是由安全需要促成的(我们在后面将会看到对科学、哲学或者宗教活动的其他激励因素)。

此外,安全需要只有在真正的危急状态中才能被看作是调动有机体潜能的活跃和支配因素。这些危急状态包括:战争、疾病、自然灾害、犯罪浪潮、社会解体、精神错乱、脑损伤及长期恶劣的环境等。

---

〔1〕 用来测试安全的方法可以是:让孩子面对一次小型的爆竹燃放,面对一张长满胡须的脸,让母亲离开房间,把他放到梯子的高处,对他进行皮下注射,让老鼠爬到他身上,等等。当然,我不会向大家郑重地推荐这种"测试",因为它们也许会对受测试的儿童造成很大的伤害。但是,这些以及其他类似情形也会出现在儿童正常的日常生活中,并同样能够观察到。至于这些刺激为什么还没有用于诸如年幼的黑猩猩身上,当前还没有什么说法。

爱的需要。假如生理需要和安全需要都很好地得到了满足,爱、情感和归属的需要就会产生。现在,这个满足了生理和安全需要的人空前强烈地感到缺乏朋友或一个心爱的人、妻子或孩子。他渴望同人们建立一种充满深情的关系,就是说他渴望在他的群体中占有一个位置,并将为达到这个目标而顽强努力。此时,他希望获得一个位置胜过希望获得世界上任何其他东西。他甚至忘了他饥肠辘辘时还曾嘲笑过爱呢……

有一点必须强调:爱和性不是同义词。性可以作为一种纯粹的生理需要来研究。一般的性行为是由多方面因素决定的,也就是说,不仅由性的需要也由其他需要决定的,其中主要是爱和感情的需要。爱的需要既包括给予他人的爱,也包括接受他人的爱,这是一个不可忽视的事实。[1]

尊重的需要。我们社会中的所有人(除了少数病态的人以外),都有希望得到来自他人的、稳定的、有坚实基础的、(通常)较高评价的需要或欲望。人们渴望自尊、自重,也渴望获得别人的尊重。所谓有坚实基础的自尊,是指完全以他人对自己真实能力和成就的评价为合理基础。这种需要可以分为两类:第一,对力量、成就、适应性、面对世界的信心、独立和自由的欲望;[2]第二,对名誉或威信(可定义为来自他人对自己的尊敬或尊重)、公认、注意、重要性、赞赏的欲望[3]。埃尔弗雷德·阿德勒及其拥护者对这些需要已给予了相当的强调,而弗洛伊德和精神分析学家们则忽略了这些需要。然而,目前它们突出的重要性受到了越来越广泛的关注。

自尊的满足使人感到自信,感到自己在这个世界上有价值、有力量、有能力、有用处和必不可少。然而,这些需要一旦受到挫折,就会产生自卑、弱小以及无能的感觉。这些感觉又会使人丧失基本的信心,使人要求补偿或者产生神经病倾向。从对严重创伤性神经病的研究中,我们很容易明白基本自信的必要性,并且理解如果没有这种自信人们会感到多么无助(8)。[4]

自我实现的需要。即使所有这些需要都得到了满足,我们可以经常(假如

---

〔1〕 更进一步的详细说明,见参考文献第 12 篇和第 16 篇第 5 章。

〔2〕 我们还不知道这一特殊的欲望是否带有普遍性。关键的问题是,尤其是对于今天来说,"那些命中注定要成为被奴役与被统治的人会感到不满和反抗"?根据众所周知的实际数据,我们可以认为,一个懂得真正自由的人(这种自由不是以放弃安全感为代价得到的,而是建立在充分安全感之上的)是绝不会自愿或轻易地允许他的自由被夺走的。但我们并不十分确切地知道,那些生来就是奴隶的人的情况是否也相同。今后十年内发生的事情将会给我们提供答案(5)。

〔3〕 也许,对声望与尊重的渴望从属于对自尊或自信的渴望。对儿童的观察似乎证实了这一点,但实际数据并没有给这个结论以足够的支持。

〔4〕 对常见的自尊的更广泛的讨论,以及不同研究者的报告,参见参考文献第 11 篇。

并非总是)预料到新的不满足和不安又将很快发展起来,除非个人正在做着他所适合的事情。一位作曲家必须作曲,一位画家必须绘画,一位诗人必须写诗,否则他始终都无法快乐。一个人可以成为什么样的人,他必定会成为什么样的人。这种需要我们称为自我实现。

这一术语是由库尔特·戈尔茨坦首创的,本文在一种更加特殊和有限的意义上予以采用。它指的是自我完成的欲望,也就是一种使自己的潜力得以实现的趋势。这种趋势可以被说成是一个人期望至今越来越成为最本色的自我,成为他所能成为的一切。

这些需要所采取的具体表现形式当然会因人而异。有人也许渴望做一个理想的母亲,有的人可能想在体育上一展身手,还有的人可能想在绘画和发明上实现自我。虽然具有创造能力的人将采取发明创造的方式,但它不一定是一种创造性的冲动。

自我实现需要的明显出现,通常取决于前面所说的生理、安全、爱和自尊需要的满足。我们将把这些需要得到满足的人称作基本满足的人。正是从这些人身上,我们有希望看到最充分(和最旺盛)的创造力。[1] 因为在我们的社会中,除了对基本满足的人有所了解外,我们在实验上和临床上对自我实现需要都还所知甚少。这仍然是一个需要进一步研究的富有挑战性的课题。

满足基本需要的前提条件。有一些条件是基本需要得到满足的直接前提。危及这些条件似乎就是危及基本需要本身。像言论自由、在不危害他人前提下的行动自由、自我表达的自由、调查研究和获取信息的自由、防卫自由以及集体中的正义、公平、诚实、秩序等,这些条件都是基本需要满足的先决条件的例证。这些自由遭受挫折会使人们做出遇到威胁或者紧急情况的反应。这些条件本身不是目的,但它们几乎又是目的,因为它们与基本需要的关系太密切,而基本需要显然本身就是唯一的目的。

因此,我们必须提出另一个假设,并且讨论与基本需要有关的紧密程度。因为我们已经指出,由于任何有意识的欲望(部分目标)所具有的或大或小的重要性,是随着这些欲望与基本需要的紧密程度而变化的。这个论点对于各种行为也同样成立。如果一个行为直接有助于满足基本需要,它在心理上就

---

[1] 显然,像绘画那样的创造性行为,如同其他行为一样,是由多种因素决定的。我们可以从"天生富有创造力的"人身上看到他们是满意还是失意、是幸福还是不幸、是饥饿还是饱食。另外一个显而易见的事实是,创造性活动可以是补偿性的、起改善作用的或者纯粹是经济性的。在我的印象中(尚未经过证实),通过特别检查,要把基本满足的人的艺术与智力作品同未获得基本满足的人的作品区分开来是可能的。在任何情形下,我们必须在此用动态的方式将公开行为本身与其多种动机或目标区分开来。

是重要的;如果这个行为对此间接有益或者贡献较小,那么根据动力心理学观点,这个行动就不那么重要。有一个类似的论点适合于各种防御或者应付机制。其中,有一些与保护和达到基本需要直接相关,另一些则只有微弱的和疏远的联系。的确,如果我们愿意,可以说防御机制有更为基本和不太基本之分,并且断言,危及到更基本的防御机制威胁就更大(切记这些都仅仅在于它们与基本需要的关系)。

基本需要的更深层次的特点

基本需要层次的固定程度。至此我们把这个需要层次系统说成仿佛像一个等级固定的系统,而实际上并非像我们所表达的那样刻板。的确,我们所研究的大多数人的这些基本需要,似乎都是按照已经说明过的等级排列的,但也有一些例外。

1. 例如,在有些人身上,自尊似乎比爱更重要。这种最普通的需要层次的颠倒,通常起因于以下观念的发展:最有可能获得爱的人是那种强有力的、能令人尊敬或者敬畏的、充满自信并敢作敢为的人。因此,缺乏爱并且寻找爱的人也许会竭力表现得具有进攻性和自信心。但是,他们实质上是在追求高度的自尊及其行为表达。这种行为与其说是为了自尊本身,不如说是将它作为达到一种目的的手段。他们的自我表现是为了爱,而不是自尊本身。

2. 另有一些显然是天生具有创造力的人,他们的创造驱使力似乎比其他任何一种反向的决定因素都更重要。他们的创造性,并非因基本需要的满足所释放出的自我实现而出现,即使缺乏基本需要他们仍然要创造。

3. 某些人的志向水平可能永远处于微弱或者压抑的状态,这就是说,他们可能会轻易地失去一个并不怎么高的目标,可能永远消沉。因此一个在一种很低水平上生活的人,如一个长期失业的人,可能在其余生中一直仅仅满足于获取足够的食物。

4. 所谓心理变态人格是永久丧失爱的需要的另一个例证。根据掌握的最好数据,这些人从生命的最初几个月开始就缺少爱,因而几乎永远丧失了给予和接受情感的愿望和能力(就像动物出生后并未立即练习而丧失吸吮或者啄食的反应能力一样)。

5. 需要层次发生颠倒的另一个原因是,当一种需要长期得到满足时,其价值就可能被低估……

6. 对于需要层次表面上颠倒的一个不完整解释是,我们一直是从有意识地感到需要或欲望而不是从行为来讨论需要层次优先性问题的。观看行为本身可能给我们带来错误的印象。我们的观点是,当一个人同时缺乏两种需要时,他将需要其中更为基本的一个。这并不意味着他一定按照自己的欲望行动。让我们再次强调,除了需要和欲望外,还有许多决定行为的因素。

7. 也许,比这些例外更为重要的例外是那些涉及理想和社会准则、高尚的价值观等。具有这些价值观的人会成为殉道者,他们可以为追求特定的理想或价值而放弃一切。至少在某种程度上我们可以根据一个基本概念(或假设)来理解这类人。这个概念可以称为"因早期的满足而增强的挫折容忍度"。那些在生活中基本需要一直得到满足的人,特别是在早年就得到满足的人,似乎发展出一种能够承受基本需要遭受挫折的罕见力量。他们之所以会这样完全是因为他们具有强壮和健康的性格结构,而这种性格结构是他们的基本需要得到满足的一个结果。他们是"坚强的"人,能够经受住非议和反对,能够力排众议,能够为坚持真理而付出个人的巨大代价。正是那些给予了爱并且获得了充分的爱,与许多人有着深厚友谊的人能够面对仇恨、孤立、迫害而岿然不动。

……关于增强的挫折容忍力这种现象,最重要的满足似乎来自生命的最初两年。这就是说,那些在早年锻炼得有信心和坚强的人,在其后岁月里面对任何威胁都会仍然保持坚强和信心。

相对满足的程度。至此,我们的理论性讨论可能造成一种印象:这五个层次的需要有点像一个梯子,相互间或者全有关系或者全无关系。我们这样来说:"当一个需要得到满足时,另一个需要就出现了。"这种说法可能会造成一个虚假的印象,即一个需要必须被百分之百地得到满足,后面的需要才会出现。事实上,对于我们社会中的大多数正常人来说,其全部需要都是部分地得到了满足,同时又都在某种程度上未得到满足。更加真实地描述这个需要层次序列,就是在这个逐级上升的层次中满足的百分比逐级递减。例如,我可以任意假定一些数字来说明情况,也许普通公民满足了85%的生理需要,70%的安全需要,50%的爱的需要,40%的自尊的需要,10%的自我实现需要。

就一个新的需要在优势需要得到满足后出现这个概念来说,这种出现并不是一种突然的、跳跃的现象,而是缓慢地、从无到有地逐渐出现。例如,如果优势需要A仅满足了10%,那么需要B可能还无影无踪。然而,当需要A得到25%的满足时,需要B可能会显露出5%;当需要A满足到75%时,需要B也许显露出90%;等等。

需要的无意识特征。这些需要不一定是有意识的,也不一定是无意识的。然而从整体来看,它们在一般人身上经常是无意识而不是有意识的……

需要的文化特性和共性。这种对基本需要的分类还试图考虑不同文化中隐藏在特殊愿望的表面差异背后的相对统一性。当然,任何特定文化中某个人的有意识的激励内容通常会在另一个社会大相径庭。然而,人类学家的共同经验是,人与人之间甚至在不同社会的人们之间的相似性,远比我们初次接触他们时产生的印象要大得多。随着我们对他们了解的加深,我们似乎发现越来越多的共同性……

行为的多重激励。……大多数行为受到多种因素的激励。在激励的决定因素范围内,任何行为往往都是同时由几个或者全部基本需要所决定,而不是由其中的一个决定。后者比前者可能更是一种较少的例外。饮食可能部分地是为了果腹,部分是为了舒服和改善其他需要。

行为的多种决定因素。并非所有的行为都是由基本需要所决定的。我们甚至可以说,并不是所有的行为都有动机。除了动机以外,行为还有许多决定因素。[1] 例如,有一类重要的决定因素是所谓"现场的"决定因素。至少在理论上,行为完全可以由现场决定,甚至由具体的、孤立的外界刺激决定,如联想或一些条件反射。如果对"桌子"这个词的刺激做出反应,我马上就感觉到记忆中桌子的形象,这种反应当然与我们的基本需要无关。

其次,我们可以再次提请注意有关"基本需要接近程度"或"激励程度"的概念。有些行为受到很强的激励,另一些行为则只受到很弱的激励,还有一些行为根本就不受激励(但所有行为都有决定因素)。

另外一个要点[2]是,表现性行为与应付性行为(功能性的抗争,有目的的追求)之间具有根本的区别。表现性行为并不试图做什么,它只是个性的反应。傻子行为愚蠢,并不是他想要或者试图这样,也不是受到激励才这样做,而完全是因为他就是这样愚蠢的人……

那么,我们要问,是否所有行为都表现或者反映了性格结构呢?回答是"不"。机械的、习惯的、自发的或者传统的行为可能是也可能不是表现性的。大多数受到"刺激约束"的行为同样如此。

最后有必要强调的是,行为的表现性和行为的目的导向性不是两个相互排斥的范畴,一般行为通常总是两者兼而有之。

作为激励理论中心原则的目标。我们可以观察到,我们对需要进行分类

---

[1] 我知道许多心理学家和心理分析家,如弗洛伊德,将"被激发"和"被决定"当作同义词。但我认为这是一种混淆。为了理清思路、确保实验的精确性,有必要将它们严格区分开来。

[2] 这一点将在以后的文章中全面讨论。

的基本原则,既不是激励也不是受到激励的行为,而是行为的功能、效果、目的或目标。许多不同的人已充分证明,这是任何激励理论核心的最适应点。[1]

以动物为中心与以人为中心。这一理论是以人类而不是以任何低等的和假定为"更简单的"动物为起点。在动物身上获得的许多发现,被证明适合于动物而不是人类。为了研究人类的动机而先从研究动物开始是毫无道理的……

激励和精神病理学理论。如前所述,日常生活中有意识的激励内容随着其与基本目标关系的远近而表现出各自不同的重要性。一种对冰淇淋的欲望可能实际上是一种对爱的欲望的间接表达。如果真是如此,这种对冰淇淋的欲望就成为极为重要的动机。但是,如果冰淇淋只被当作爽口之物,或它仅仅引起偶然的食欲,这种欲望就相对不那么重要了。日常有意识的欲望应该被看作是征兆,即是"更基本需要的表面指示物"。如果我们只从表面上承认这些表面欲望的价值,我们就会发现自己处于一种完全混乱的状态。这种状态永远无法解除,因为我们始终忙于认真处理的是征兆而不是潜伏在征兆后面的东西。

阻止不重要的欲望不会导致精神病理学后果,但是对根本上重要的需要的挫伤却必定会导致这种后果。因此,任何一种精神病理学理论都必须以一种合理的激励理论为基础。冲突或者挫折不一定会致病,只有当它们威胁或者严重阻碍了基本需要或者与基本需要密切相关的局部需要时,才会致病(10)。

已满足需要的作用。上面已经多次指出,我们的需要通常是在占优势的需要得到满足后才会出现,因此,在激励理论中满足具有重要作用。然而,不仅如此,需要一旦满足,就不再起积极的决定作用或者组织作用。

这意味着,例如,某个基本需要已经满足的人不再有自尊、爱、安全等需要……

正是这些考虑使我们提出了这个大胆的假设:一个基本需要得不到满足的人完全可以被设想成一个病人,这种说法相当于我把缺乏维生素或者矿物质的人说成为"病人"。谁会说缺少爱不如缺少维生素更重要呢?既然我们了解缺少爱的致病作用,谁能说我们叩问价值问题的方式比医师诊断和治疗培拉格病[2]和坏血病[3]的方式更不科学、更不合逻辑呢?如果允许,我干脆

---

〔1〕 有兴趣的读者可以参阅默里在《人性的探索》中所进行的非常出色的讨论(参考文献第15篇)。

〔2〕 培拉格病,又称糙皮病、玉蜀黍疹等,是由烟酸类维生素缺乏所引起的,临床有皮炎、舌炎、肠炎、精神异常和周围神经炎。该病典型的三联症是皮炎、腹泻和痴呆。三者同时存在较少,常见皮肤和胃肠道症状。——译者注

〔3〕 坏血病是由长期缺乏维生素C所引起的疾病,主要有角化性毛囊丘疹、牙龈炎和出血等症状。——译者注

说,一个健康人基本上是被其发展和实现自己全部潜力和能力的需要所激励的。

如果这一论点似乎有些非同寻常或者似是而非,那么读者可以认为它只是我们用不断修正的方式探究人类更深层的激励时要出现的许多似是而非的论点之一。当我们叩问人究竟想从生活中得到什么时,我们就触及到了人的真正本质。

小 结

1. 至少有 5 组我们可以称为基本需要的目标。简要地说,它们是生理、安全、爱、自尊和自我实现。此外,这些基本需要的满足取决于各种不同的条件,我们受到实现或保持这些条件的欲望及某些更理智的欲望的激励。

2. 这些基本目标彼此关联,并且按照一定的优先次序排列。这意味着,最优先的目标将在人的意识中占据垄断地位,并使自己倾向于组织和动用机体的各种能力。不占优势的需要几乎消失,甚至被遗忘或否认。但是,当一种需要得到充分满足时,下一个优先("更高级的")需要就会出现,转而支配意识活动并成为行为的组织中心,因为已满足的需要不再是一个活跃的激励因素了。

因此,人是一种永不满足的动物。通常,这些需要的满足并不是完全相互排斥的,只是有这种倾向而已。我们社会中一般社会成员的全部需要通常是一部分得到满足,一部分未得到满足。我们通常可以经验性地观察到需要层次系统的原理,即当我们的满足程度在需要的层次系统中上升时,没有得到满足的百分比也在上升。我们有时也可以观察到这个系统中一般顺序出现颠倒的情形。我们还可以观察到,处在社会环境中的个人可能会永远失去这个需要层次系统中较高层次的需要。人的一般行为受到多种激励,而且除了动机外还有许多决定因素。

3. 这些基本的人类目标遭受挫折或可能受挫,保护这些目标的防卫机制遇到危险,或者这些目标所依赖的条件遇到危险,都被认为是一种心理威胁。除了少数例外,所有的精神病理学都可以从这种威胁中寻根溯源。任何基本需要受挫的人都可以称之为"病"人,如果我们愿意这样说的话。

4. 正是由于这种威胁,才使人们产生普遍的紧急反应……

参考文献

1. Adler, A. *Social interest*. London: Faber & Faber, 1938.
2. Cannon, W. B. *Wisdom of the body*. New York: Norton, 1932.

3. Freud, A. *The ego and the mechanisms of defense*. London: Hogarth, 1937.

4. Freud, S. *New introductory lectures on psycho-analysis*. New York: Norton, 1933.

5. Fromm, E. *Escape from freedom*. New York: Farrar and Rinehart, 1941.

6. Goldstein, K. *The organism*. New York: American Book Co., 1939.

7. Horney, K. *The neurotic personality of our time*. New York: Norton, 1937.

8. Kardiner, A. *The traumatic neuroses of war*. New York: Hoeber, 1941.

9. Levy, D. M. Primary affect hunger. *Amer. J. Psychiat.*, 1937, 94, 643—652.

10. Maslow, A. H. Conflict, frustration, and the theory of threat. *J. Abnorm. (soc.) Psychol.*, 1943, 38, 81—86.

11. ——. Dominance, personality and social behavior in women. *J. Soc. Psychol.*, 1939, 10, 3—39.

12. ——. The dynamics of psychological security-insecurity. *Character & Pers.*, 1942. 10, 331—334.

13. ——. A preface to motivation theory. *Psychosomatic Med.*, 1934, 5. 85—92.

14. ——, & Mittelmann, B. *Principles of abnormal psychology*. New York: Harper & Bros., 1941.

15. Murray, H. A., et al. *Explorations in personality*. New York: Oxford University Press, 1938.

16. Plant, J. *Personality and the cultural pattern*. New York: Commonwealth Fund, 1937.

17. Shirley, M. Children's adjustments to a strange situation. *J. Abnorm. (soc.) Psychol.*, 1942, 37, 201—217.

18. Tolman, E. C. *Purposive behavior in animals and men*. New York: Century, 1932.

19. Wertheimer, M. Unpublished lectures at the New School for Social Research.

20. Young, P. T. *Motivation of behavior*. New York: John Wiley & Sons, 1936.

21. ——. The experimental analysis of appetite. *Psychol. Bull.*, 1941, 38, 129—164.

12　企业中人性的一面 *

道格拉斯·默雷·麦吉戈

在某种程度上,当今社会科学的地位类似于原子能科学在20世纪30年代的境况。我们知道,过去关于人的本性的观念是不恰当的,而且在许多方面是不正确的。我们越来越确信,在适当的条件下,在组织环境内利用人的创造力资源所能达到的高度是不可想象的……

管理方的任务:传统观点

管理方的任务是利用人类的能量实现组织的需要。这个传统的观念可以用三个命题加以广泛说明。为了避免采用标签式而造成的复杂性,让我们将这组命题称为"X理论":

1. 为了实现经济利益目标,管理方的职责是把生产性企业的各种组织要素——资金、材料、设备和人员——组织起来。

2. 在人员方面,这是指挥他们工作、激励他们、控制和纠正他们的行为以便适应组织需要的一种过程。

3. 没有管理方的积极干预,人们就会消极地对待——甚至抵制——组织的需要。因此,必须对他们进行说服、奖励、处罚和控制——他们的行动必须

---

　*来源:Reprinted by permission of the publisher, from "The Human Side of Enterprise," by Douglas Murray McGregor, 1957, *Management Review*. Copyright © 1957 by the American Management Association, New York. All rights reserved.
　此文根据道格拉斯博士在麻省理工大学工业管理学院举办的第五次年会上的讲演。

听指挥。这就是管理方的任务。我们常用以下一句话来概括：管理就是通过他人完成任务而构成的。

在这个传统理论的背后，有几条附加的信念——虽然不很明确但流传甚广：

4. 一般人的天性是懒惰的——想尽可能少工作。
5. 他缺乏雄心壮志，不喜欢承担责任，乐于被别人领导。
6. 他天生以自我为中心，对组织的需要漠不关心。
7. 他在本性上是抵制变革的。
8. 他容易上当受骗，不很聪明，容易受到骗子和煽动家的愚弄。

今天对经济企业中人性方面的看法，是根据上述这些命题和信念而形成的。传统的组织结构、管理政策、实际做法和计划方案都反映了上述这些假设。

管理方以这些假设为指南，在完成任务的过程中已设想了一系列可能性。从一个极端说，管理方也可以是"严厉的"或"强硬的"。指挥行为的方式包括强制和威胁（通常是假装的），对行为严密监督和严厉控制。从另一个极端说，管理方也可以是"温和的"或"软弱的"。指挥行为的方式包括宽容，满足人们的要求，取得和谐一致。于是，人们将变得温顺，接受指挥。

在过去的半个世纪里，管理方对以上的各个方面进行了相当全面的考察，并从中学到了一些东西。"严厉的"管理遇到了种种困难，因为控制会产生反控制力：抑制产出量、情绪对抗、暴力性的工会活动、隐蔽却有效的破坏管理目标的行为。在充分就业的情况下，这种"严厉的"管理方法就特别困难。

"温和的"管理方法也遇到了困难。它往往导致放弃管理——或许是为了得到和谐一致，但还是导致业绩不佳。人们会利用这种温和的管理方法。他们贪得无厌，但他们的付出却越来越少……

传统观点是正确的吗？

社会科学家并不否认今天工业组织中人的行为近似于管理方所认为的那样。事实上，他们已对这种行为进行了观察和相当广泛的研究，但他们确信这种行为并不是人的天性的结果，而是工业组织的本性所致，是管理哲学、政策和实践的成果。X理论的传统方法是建立在错误的因果关系的判断基础上的。

也许，证明传统管理观点不适当的最好方式是考察人的动机这一主题。

生理需要

人是一种不断产生需要的动物——一旦他的一个需要得到满足,另一个需要就会出现并取而代之。这个过程是无止境的,是一个从生到死、绵延不绝的过程。

已得到满足的需要不再是一种行为激励因素!这一事实意义深远,但在人员管理的传统方法中却常常被忽视。设想一下你对空气的需要,除非没有空气,否则空气对你的行为不会有明显的激励作用。

安全需要

当生理上的需要得到合理满足时,下一个较高层次的需要开始支配人的行为——激励他。这些需要被称为安全需要,是免遭危险、威胁和剥夺的需要……

一个无需强调的事实是,由于每一个产业雇员都处在一种依附关系中,因此安全的需要可能被认为相当重要。专横武断的管理行为、使人有可能丢失工作的行为、偏袒或歧视性行为、难以捉摸的管理政策——这些都存在于从工人到副总裁的每一层雇佣关系中,都是他们感到有安全需要的强有力动机。

社会需要

当人的生理需要得到满足,不再为其物质福利担忧时,他的社会需要就成为重要的行为激励因素。如归属的需要、与他人交往的需要、获得同事的认可以及获取和付出友谊与爱情的需要。

管理方现在已经知道存在这些需要,但却常常非常错误地认为社交需要对组织构成了威胁。

……当人的社会需要——或许还有安全需要——因此而受到妨碍时,他就会采取使组织目标失败的行动,变得抵制、对抗和不合作。但是,这种行为是一种结果,而不是一种原因。

自我需要

这是一种处于社会需要之上的需要——从这种意义上说,只有在较低级的需要得到合理满足后它们才会成为一种激励因素——对于管理方和个人来说它们都是极为重要的需要。这种需要被称为自我需要,可以分为两类:

1. 与个人自尊有关的需要——对自信、独立、成就、能力和知识的需要。

2. 与个人声誉有关的需要——对地位、尊重、赞誉和同事应有的尊敬的需要。

……典型的工业组织很少向处于底层的人员提供满足自我需要的机会。特别是在大规模生产的企业里,传统的组织工作方法几乎忽视了人类激励的这些方面。如果精心计算的科学管理的实际做法妨碍了这些需要的满足,它们就几乎不能更好地实现科学管理的目的。

自我实现的需要

最后一种需要——人的需要层次系统中的最高顶点——可称为自我实现的需要。这是一种实现个人潜力、不断自我发展、广义上使人更具创造力的需要。

显然,现代生活条件为这些不太强烈的需要所提供的机会是很有限的。大多数人在较低层次的需要还没有得到满足的情况下,将精力转移到满足这些需要的斗争中去了,而使自我实现的需要仍然处于休眠状态。

管理方和激励因素

……在安全、交往、独立或地位方面的需要遭受挫折的人,就像得了软骨病一样,完全是一个病人。他的病症将产生行为上的后果。如果我们把他由此产生的消极状态、对立情绪、拒不负责的态度归罪于他天生的"人性",我们就错了。这些行为上的表现形式正是疾病的症状——社会和自我需要没有得到满足。

较低层次需要得到满足的人,继续满足这些需要就不再起激励作用了。从实际的角度看,这些需要已经消失了。管理方经常会问:"为什么人们不能生产得更多一些呢? 我们支付了它们较高的工资、提供了良好的工作条件、优厚的福利待遇和稳定的就业保证,而他们好像总是只付出最起码的努力。"

事实是,在管理方对生理需要和安全需要给予保证的情形下,激励的重点就已转移到社会需要和自我需要上来了。除非在工作中具有满足更高层次需要的机会,否则人们会处于被剥夺的状态,他们的行为就会反映出这种被剥夺的状态。在这种情况下,如果管理方继续将注意力集中在满足人们的生理需要上,他的各种努力就必定是无效的。

在这种情况下,人们将具有对更多金钱的迫切需要。此时,它比购买物质商品和劳务显得更为重要,虽然后者对满足受挫的需要只能发挥有限的作用。尽管在满足最高层次的需要时,金钱的价值是有限的,但如果它是可以唯一利用的手段,就会成为利害关系的焦点。

胡萝卜加大棒的方法

胡萝卜加大棒的激励理论(像牛顿的物理理论一样),在某种环境中能够合理地发挥很好的作用。满足人的生理需要和(在有限的范围内)满足其安全的需要是提供给管理方或由管理方掌握的手段。雇佣本身就是这样的一个手段,工资、工作条件和福利也都是手段。只要个人为生存而斗争,这些手段就可以被用来控制他。

……因此,管理方发现自己处在一个奇特的情境中。我们的现代技术知识已经创造出很高的社会标准,这使生理和安全需要得到相当充分的满足。唯一重要的例外是在"合理倒闭"中管理实践不能创造信心——安全需要也就因此而受挫。管理方在满足了人们较低层次的需要后,就不能再把传统理论教给他的办法——奖励、许诺、利诱、威胁以及其他强制方法——作为激励的手段。

依靠命令和控制的管理哲学——无论是强硬的还是温和的——都不适合于发挥激励作用,因为这种方法所依赖的人的需要在今天已不是重要的行为激励因素了。实际上,对于追求社交需要和自我需要的人来说,命令和控制基本上毫无用处。此时,软的和硬的方法都失效了,因为这些方法不适合于这种情境。

在工作中被剥夺了满足其重要需要的人就会表现出与我们准确预料的那样——懒惰、消极、抵制变革、缺乏责任心、愿意追随煽动家、提出不合理的经济利益要求。我们似乎是在作茧自缚。

一种新的管理理论

由于这些和许多其他原因,我们需要一种对人进行管理的新理论,它建立在对人的本质和人类激励更为适当的假设的基础之上。我在此冒昧地提出这样一种理论的主要方面。如果你愿意,不妨称其为"Y理论"。

1. 管理方的职责是将生产企业的各种要素——资金、原料、设备、人员等组织起来,目的是为了实现经济利益。

2. 人们不是生来就是消极或对抗组织的需要的,而是他们在组织中的经历才使他们变成这样。

3. 激励、发展的潜力、担当责任的能力、将自己的步调与组织目标相一致的意愿,在人们身上都存在。管理方对这些不能置之不理。管理方的职责就是要使人们自己有可能认识和发展这些人类所有的特性。

4. 管理方的根本任务是安排好组织的条件和操作的方法,使人们通过将自己的努力集中于组织的目标来最好地实现自己的目标。

这基本上是一个创造机会、释放潜能、排除障碍、鼓励成长和提供指导的过程。这就是彼得·德鲁克所说的"通过目标进行管理",它与"通过控制进行管理"形成对照。它并不意味着放弃管理、放弃领导、降低标准或者放弃在X理论指导下与"软"方法相关联的其他特征。

某些困难

今天创立一个充分和有效运用这种理论的组织,其可能性并不比在1945年建立一座原子能发电厂更多。有许多巨大的障碍需要克服。

过去半个世纪以来,按照传统组织理论和科学管理方法形成的条件,将人们束缚在有限的工作中。这种工作不能发挥人的能力,使人们丧失承担责任的信心,刺激消极情绪,使工作失去意义。人的习惯、态度、期望——作为工业组织中一员所具有的全部观念——都受制于在这种环境中的经历……

换言之,X理论完全依赖于对人的外部控制,而Y理论则主要依靠自我控制和自我指挥。值得指出的是,这两者的差异在于一种是把人当作孩子来看待,另一种是把他们当作成熟的大人来看待。前者已经持续了好几代,我们不能指望一夜之间就转向后者。

正确方向的步骤

在我们被这些障碍压倒之前,让我们牢记,理论的实施过程通常总是缓慢的,进展总是从一些小的步骤中取得的。一些与Y理论完全吻合的创新观念,今天已经取得了某些成功。

权力分散和授权

这是一些把人们从传统组织中过于严密的控制状态下解脱出来的方法：给他们一定程度的行动自由，让他们承担责任，更重要的是满足他们的自我需要……

工作拓展

这个观念是由 IBM 和底特律爱迪生公司首先提出的，它完全符合 Y 理论。它鼓励组织的基层承担责任；它提供满足社交和自我需要的机会。实际上，工厂层面的工作重组，为符合 Y 理论的创新提供了一个更具挑战性的机会。

参与和协商管理

在适当的条件下，参与管理和协商管理可以鼓励人们将创造力投向组织目标，它鼓励管理方在对员工有影响的决策中给他们一些发言权，为他们满足社交需要和自我需要提供重要的机会。斯坎伦计划[1]是这些思想在实践中的杰出体现。

绩效评估

即使对管理阶层所使用的传统行为评估程序做一个粗略的考察，你也会发现它与 X 理论完全一致。事实上，大多数这种项目往往把个人当作是一件在装配线上接受检验的产品。

---

[1] 斯坎伦计划是指 20 世纪 30 年代中期，美国曼斯菲尔德钢铁厂的工会主席约瑟夫·斯坎伦提出的一项劳资协作计划。该计划指出，如果雇主能够将因大萧条而倒闭的工厂重新开张，工会就同工厂一同努力降低成本。40 年代中期，斯坎伦又提出了一种以工资总额与销售总额的比例数来衡量工资绩效的办法。此后，斯坎伦计划不断得到补充和完善，成为人力资源开发管理的一种经典模式。斯坎伦计划包括下列 5 个基本要素：合作理念（philosophy of cooperation）、认知（identity）、技能（competence）、融合系统（involvement system）和利润构成分享（sharing of benefits formula）等。其核心是设计一个促进合作、参与和利润分享的新型的劳资关系和企业管理系统。——译者注

少数几家公司,其中包括通用面粉公司、安苏尔化学公司和通用电气公司,正在试验新方法,即让个人为自己设定"靶子"或目标,每半年或每年对工作绩效进行自我评估……

这种方法鼓励个人在规划和评估自己对组织目标的贡献方面承担更多责任,同时对其满足自我和自我实现需要产生重大影响。

新思路的运用

这一新思路并没有如预料的那样经常取得成功,人们常常把它归因于这样一个事实:管理方只是"购买了这种思想",却仍然将其运用于 X 理论及其假设的框架内。

权力分散并不是一种有效的控制管理方式。如果参与被当作是一种推销把戏或者是一种骗人的自以为了不起的摆设,它就是一种胡闹……

企业中人性的一面

工业管理部门在追求经济目标方面的独创性和执著精神,已把许多科学和技术的梦想变成普通的现实。现在很清楚的是,把同样的才能用到企业中有关人的方面,不仅将不断增加物质方面的成就,而且将使我们更进一步接近"美好的社会"。

13 认知失调的激励作用 *

利昂·费斯廷格

作为激励因素的认知失调

让我来假设认知失调作为一项激励因素而存在。因为你们中的绝大多数人都没有听说过认知失调,因此,我假设目前我所提供的信息,不会比我将一个未知数 X 设为激励因素的信息更多。然后,我将试图对认知失调进行定义。

失调的定义。用"失调"来描述这个激励因素并非是任意选择的。它被选中是因为它的一般含义与我想赋予它的专业含义最接近。字典里列出的"失调"的近义词有"刺耳的"、"不和谐的"、"摩擦的"、"不悦耳的"、"嘈杂的"、"不一致的"、"矛盾的"、"不符的"、"不调和的"、"差异的"等。这个词的一般含义,定义了两个事物之间的关系。它通常运用在描述音调的时候,指两个音调合奏时听起来不顺耳。总的来说,存在失调关系意味着同时发生的两件事不相容或者不一致。

认知失调,就是指一个人身上同时存在的不同认知之间的关系。比如说,如果一个人有两种不同的认知,一个是关于他自己,另一个是关于他所生活的世界。但这两个认知相互不协调,我们就可以称其为认知失调。举例来说,一个人可能认为自己是一个非常聪明、非常有能力的人;同时,让我们假设他也

---

* 来源:"The Motivating Effect of Cognitive dissonance," by Leon Festinger, from assessment of Human Motives, edited by Gardner Lindzey (New York: Holt, Rinehart & Winston, 1958), pp. 69—85. Reprinted by permission.

知道自己遇到了连续的失败。这两个认知之间可能就失调了——它们不一致。一般来说，单独考虑两个认知元素，如果一个认知元素与另一个认知元素的反面相符，这两个元素就失调了。因而，在前面的例子中，一个人非常有能力，那就不会连续遇到失败……

认知失调与其他需要因素的相似之处。到目前为止，我还没有提到认知失调的激励特征。这是下一步的内容。我将假设认知失调与其他任何需要因素相类似。正如饥饿能够起到激励作用，认知失调也能够起到激励作用。认知失调能够引起减少或消除失调的活动。成功地减少失调所产生的有益效果，就如同饥饿的人获得食物的感觉一样。

换言之，就是如果一个人的两个认知相互失调时，这个人就会有试图改变其中一个认知来恢复一致状态的倾向，从而减少或消除失调……

用来证明认知失调的激励特征的数据。在进行下去之前，让我们来略加考虑，证明认知失调是一种激励因素的这个论点所需的数据种类。至少需要以下几种数据：

1. 认知失调状态存在的决定因素(Time 1)。可以通过度量或者实验操作完成。

2. 减少或消除认知失调程度的决定因素(Time 2)。

3. 有关一种行为过程的数据，这种行为过程就是人们通过成功地改变某一认知而减少失调。

实际上，以上三项是所需的最基本数据，可能还不足以完备地证明认知失调理论的正确性……

更能令人信服地证明认知失调的激励特征的数据，是从另一个方向减少失调的例证。比如一则老笑话所讲述的一个精神病医生的故事。医生有一个认为自己已经死了的病人。该医生便和病人达成一致意见，认为死人不可能流血，在确定该病人理解了这个意思之后，医生在病人的手臂上割了一道伤口，当鲜血滚滚流出时，医生靠在椅背上笑了。而病人一脸沮丧，说："噢，你知道什么，死人也会流血。"这种事情如果在现实中发生，用两者必居其一的方式解释就会更加困难。

换言之，当失调的效果不能用其他现存的理论很好地解释时，我们就不得不来证明这些效果。事实上，如果不能这样做，就应该质疑这个新概念的有效性了，因为它什么也不能解释，甚至它自身还不被理解……

以下是一个关于以一种奇特的方法来减少失调的有趣例子。它来自我与里肯和沙切特(1956)针对一个群体所做的研究，这个群体的成员预言在一个特定的日子里，一场灾难性的大洪水会淹没几乎整个世界。这个关于大洪水的预言直接来自他们与上帝的沟通,并且是他们宗教信仰的一个必要组成部分。当预言的日期来临并过去,这些人的心理就出现了明显的失调。他们仍然信仰他们的上帝以及与上帝沟通的有效性,同时也意识到大洪水预言的错误。我们作为参与者,在这些人的信念遭到毫不含糊的反驳之前两个月到之后一个月的时间里,观察了该运动。这个研究的关键当然是观察他们如何应对失调。让我来描述这个失败的预言以及他们对此所做出的反应的一些细节。

有一段时间,组织成员被明示在大灾难发生之前,被选中的成员将被飞碟接走。其中一些信徒——主要是大学生——被劝说回家,单独等待飞碟并获得拯救。这是合理的也是可行的,因为大灾难碰巧将发生在学校假期。而大多数成员,其中包括最核心、最虔诚的成员,聚集到一位收到信息的妇女家中,一起等待飞碟的降临。对于后面这帮人,在预言的事情发生前四天,预言的反证就明显地以信息无效的形式发生了。一则消息通知他们飞碟将在下午4点降落在房子的后院里。他们拿着外套等候着,飞碟却没有来。稍后的一则消息又告诉他们时间将会推迟,飞碟将在午夜到达。在绝对保密的情况下(邻居和媒体都不知道),他们在寒冷下雪的夜晚,在户外等候了一个多小时,但是飞碟仍旧没有来。另一则消息又告诉他们继续等待,但是飞碟仍旧没有到来。在凌晨3点左右,他们放弃了,解释说那晚的事件是为真正搭载所做的一次测试、操练和彩排,飞碟不久就会降临的。

他们紧张地等待着最后的命令——飞碟降落的确切时间、地点和程序的消息。最后,在大灾难降临的前一天,消息来了:在午夜,一个男人将上门来带领他们去飞碟停放的地方。那一天还来了更多的消息,一个接着一个,通知他们上飞碟必须知道的密码,告诉他们准备程序,比如去掉衣服上的金属物品、去掉身份证明、在某段时间内保持安静等。那一天,成员们忙着准备工作和必要程序的演练,并且当午夜来临时,成员们都准备就绪坐着等待。但是,没人敲门,没人引领他们去飞碟。

从午夜到凌晨5点,成员们坐在那儿,努力去理解到底发生了什么,努力去找到某个合理的解释,以便使自己从正在被粉碎的现实——不能被飞碟带走,以及后来的大洪水并没有像预言的那样发生——中恢复过来。如果缺乏其他人的支持,任何个体很难经受得住预言被否定的冲击。事实上,那些回家单独等候的成员——在他们没有与其他成员共同等候这一点上是单独的意思——确实承受不住了。后来,几乎所有这些人都成了怀疑论者。换言之,如果不能容易地获得社会支持来减少失调,无论一个人如何献身于这个信仰,失调都足以使他抛弃这个信仰。但是聚集在那个妇女家中的成员,彼此间都提供了社会支持。他们坚持使彼此相信消息的可靠性以及最终能找到某种解释。

当天凌晨4点45分,他们找到了一个至少暂时满意的解释。事实上,来自上帝发布的一个消息说,正是由于该群体成员以及他们在当晚向全世界发出的光芒和力量,上帝已经制止了大洪水,拯救了世界。

从那一刻开始,这些人的行为与之前的行为形成了显著的反差。这些曾经对公众的注意不感兴趣甚至回避的人,变成了渴望获得公众注意的人……

他们几乎竭尽全力地去吸引公众和潜在的信徒去相信那些消息的真实性。事实上,如果越来越多的皈依者出现,即越来越多的人相信消息及其内容,则他们的信仰和不正确的消息之间的失调就会减少……

一个实验性研究。在这个实验之中,我们通过敦促被试者陈述与他们个人观点有分歧的话语,从而产生失调。很显然,在他所相信的事实和他自己所说的话语之间,确实产生了失调。当然,在他身上也存在着认知协调的部分,他对于敦促他去做公开表态这一事件的认知,与他已经做的事情(即去做公开表态)之间是一致的。所有其他相关认知和他的公开表态之间的总失调程度,理所当然地是失调的数量和重要性的函数,同时这种总失调程度也与协调的数量和重要性相关。因此,我们就能通过保持其他参数不变,而只改变敦促被试者公开陈述与他们观点有分歧的话语的强度,来控制总的失调强度。对被试者的敦促力度越强,总的失调强度就越弱……

以下是实验的详情。我将描述发生在实验对象身上的一切,偶尔会加以解释性的评论。每个实验对象都签署了一项两个小时的、关于"工作计量"的实验协议。实验对象都是斯坦福大学"心理学导论"课程的学生,他们都被要求担任一定时数的实验对象。学生到达之后,与实验者见面,并只得到极少量的解释,然后就开始做一项重复性的机械工作……

从我们的观点来看,(实验的)开始一部分的目的是为每位被试者提供一个非常乏味、枯燥甚至有些疲劳的工作经历。然而,我们让学生们相信这就是实验的全部。我们给学生们有关实验的解释是,该实验的目的是研究工作准备装置的功效。实验对象被告知实验中有两种情景,其中一种是被试者在参与实验之前不被告知任何实验内容,另外一种情景是被试者在参与实验之前就被告知(实验工作)充满了趣味和快乐。实验者又解释说,在后一种情景中实验对象的工作程序将会按以下的方式进行:我们的一名工作人员将假装成一名刚完成实验的实验对象,向等待着的实验对象做少许关于实验的描述。我们的工作人员将告诉他们实验非常愉快、有趣。通过这种方法,我们将我们所希望的安排给予实验对象。结果其实是把一个错误的实验体验传递给学生;而在对照实验组中,没有做这一步。

然而,在实验组中,实验者不断地告诉实验对象他将做一项不寻常的工作。仿佛下一个实验对象肯定将在一个有趣且愉快的环境之中工作,如同他之前所得到的保证一样。通常我们会说做这件事的工作人员虽然很可靠,但是,他今天不能来工作。我们认为我们需要请他(那个学生)来做这个工作。如果他愿意,我们会以与其他雇员同样的待遇来雇佣他。只要他告诉还在等待的其他实验对象,实验是愉快而且有趣的,我们就将把他的名字放进工资名单中,并付给他一大笔钱;同时我们告诉实验对象,为防止工作人员不能来工作的这种情况再次出现,我们将可能再次雇佣他(作为工作人员)为我们工作。

事实上,我们有两种实验情景。除了实验对象获得的"一大笔"报酬的数额不同之外,程序是绝对一样的。在一种实验情景中,实验对象立即将要做的工作和今后可能会做的工作的报酬是 1 美元;而另一种实验环境中的报酬是 20 美元。当该学生同意后,他就得到了这笔钱,并写下收据。然后他被带到下一个实验对象等待的房间里,由实验者介绍他为刚完成实验的实验对象,他将告诉她(下一个实验对象)一些与实验有关的事情。然后实验者走出房间,给那个学生和"等待中"的实验对象留下两分半钟的时间。那个"等待中"的实验对象其实是我们的一位女性雇员。她受到的指示很简单。当学生告诉她实验非常愉快且有意思时,她就会这样说:"噢,我的一个朋友昨天参加过这个实验了,他告诉我实验非常枯燥,如果有可能,我应该避免参加。"然后,她就假装同意学生所说的一切。正如通常情况发生的那样,如果学生再次强调实验很愉快,她就会说她很乐意听到这个说法……

然后,实验者感谢了实验对象,并与实验对象做了一个简短的谈话,他说大多数实验者都认为实验工作很有趣并很喜欢,他自己考虑了一下,也认为确实如此。这个简短谈话的目的是,在假设失调存在的前提下,为实验对象提供减少失调的认知材料。当然,针对对照实验组也有相同的谈话。

现在实验唯一的问题是,如何度量实验对象对完成了一个小时的任务的真实态度。在某个实验对象愿意坦率发表观点的场合,自然是最好的……

学生被告知某个来自心理学导论课程的人可能想要面试他。实验者坦白说他不清楚将要进行的面试内容,但说他被告知这个实验对象知道面试内容。通常在这时,实验对象会点头,或者明示他知道面试的内容。然后,实验者带他去面试者等候的房间,然后告辞离开。

面试非常简短。有 4 个问题:实验是否有趣和愉快?实验对象从实验中学到了什么?他认为实验的科学价值有多少?他今后是否愿意再参加这样的实验?对于我们来说,最重要的问题是第一个,即实验是否有趣和愉快。因为这是实验对象失调产生的关键。

然后让我们来看看结果如何……

在"1美元实验"组,相对于对照实验组,(对于枯燥工作的评价)有明显提高,平均评价比率是+1.35,而对照实验组的平均评价比率为负数,两者之间有置信度为1%的显著差异。换言之,"1美元实验"中,他们关于实验的个人意见和向"等待中的"实验对象描述的意见之间的失调,通过改变对待枯燥工作的个人意见以接近他们公开发表的意见,从而得到了显著的减少。

但是现在让我们来看"20美元实验"。由于与他们的公开表态相一致的认知(比与他们的公开表态失调的认知)更加重要,实验造成的失调程度比"1美元实验"更低。毫无疑问,20美元明显比1美元更吸引人。因此促进失调减少的压力也就更小,实际上,"20美元实验"中(对枯燥工作)的平均评价比率是-0.05,仅仅略高于对照实验组,且与"1美元实验"组的平均评价比率有置信度为2%的差异。

概括和总结

以下是设想认知失调是一种激励的正确性和有效性的证据:

1. 当仅仅从大众所能接受的动机来看,认知失调的存在有时导致事实上非常怪异的行为。限于时间,本章我只能给出两个例子来说明这个现象。

2. 失调减少的大小是失调程度的直接函数。我通过描述一个在控制环境下的实验室实验,在其中失调程度能够通过实验手段进行控制,说明了上述观点。

参考文献

Festinger, Leon. *A theory of cognitive dissonance*. Evanston, Ill.: Row-Peterson, 1957.

——, Riecken, H. W., and Schachter, S. *When prophecy fails*. Minneapolis: University of Minnesota Press, 1956.

Janis, I. L., and King, B. T. The influence of roleplaying on opinion change. *J. Abnorm. (soc.) Psychol.*, 1954, 49, 211—218.

King, B. T., and Janis, I. L. Comparison of the effectiveness of improvised versus nonimprovised role-playing in producing opinion changes. *Human Relations*, 1956, 9, 177—186.

Prasad, J. A. Comparative study of rumors and reports in earthquakes. *Brit. J. Psychol.*, 1950, 41, 129—144.

Sinha, D. Behavior in a catastrophic situation: a psychological study of reports and rumors. *Brit. J. Psychol.*, 1952, 43, 200—209.

14 工作与激励 *

维克多·H. 弗鲁姆

激励的本质

在处理有关激励的讨论时,通常有两种不同的问题。其中一个问题是关于有机体的动力。为什么有机体能够活动呢?到底是什么激励了行为,并决定它的持久时间以及最后的终止呢?有待解释的现象包括有机体的活动水平和丰富行为的动力。第二个问题是关于行为的方向。是什么决定了行为发生的形式?在什么样的情况下,有机体会选择一种反应或者另一种,选择一个方向或者另一个?这个问题用来解决有机体在本质不同的行为之间的选择。

在这两个问题中,有关方向或决策的第二个问题,对于心理学家来说应该更加重要……

是不是所有的行为都是由激励引起的呢?问题的答案多少取决于某种过程的范围,这种过程归类于激励。我们遵循非常普遍的常识,(认为)只有在集中或者是自主控制下的行为才叫作被激励……

概括地说,我们将激励的中心问题,看作是对有机体在不同的自主反应之间所作选择的解释。虽然有些行为被定义为无激励的,特别是那些不在自主控制下的行为,但这些只构成了成年人行为的极小一部分。可以说,个人在其

---

* 来源:Adapted from Work and Motivation by Victor Vroom, pp. 9—33. Copyright © 1995 by Jossey Bass Inc., Publishers. Reprinted by permission.

工作以及"职场"中表现出的行为,大多数是自主的,并且是由激励产生的。

一个认知模型的描述

在这一章的后面,我们描述了一个认知模型,这个模型将会指导我们探讨和解释本书其余部分的研究。这个将要被描述的模型与其他一些调查研究者的相似,他们包括:卢因(1938);罗特(1955);匹克(1955);戴维逊、苏佩斯、西格尔(1957);阿特金森(1958b);托尔曼(1959)。它在形式上基本是无历史记载的。我们假设一个人在一系列可选行为中做出的选择,与该行为同时发生的心理事件密切相关。现在我们来考虑模型中的概念及其相互联系。

效价的概念。我们从简单的假设开始,也就是在任意时间点上,人们对于状态的结果都有其偏好。对于任意一对结果 x 和 y,一个人选择 x 而不是 y,或者选择 y 而不是 x,或者对于得到 x 或 y 保持中立态度。偏好,指的就是一个人对于两个结果的期望或被吸引之间的关系……在我们的体系中,当这个人选择达到一个结果而不是不达到这个结果(比如说,他选择 x 而不是不选择 x),那么这个结果就是正效的;当他对达到这个结果与不达到这个结果无所谓时(比如说,他对选择 x 和不选择 x 都无所谓),结果的效价就为零;当他选择不达到这个结果而不是达到它(比如说,他不选择 x 而不是选择 x),这个结果就是负效。可以假设效价能够表示大范围的正效用和负效用。

当被谈及的事物是对结果等级的偏好时,我们就使用激励这个术语。正的激励(或者说接近)表示结果在正效范围内,而负的激励(或者说回避)表示结果在负效的范围内。

将一个结果的效价和它对一个人的效用区别开来是很重要的。一个人也许会渴望一个事物,但获得这个事物所给他的满足却很少;或者他可能试图回避某个事物,但后来却发现它非常令人满意。在任意时间内,在对一个结果的预期满意度(比如它的效价)和它所提供的实际满意度(比如效用)之间,都有着显著差异。

有许多结果对于人们来说是正效或者负效的,但是在之前的期望里它们并不被认为是令人满意或者令人不满意的。一个人对它们的欲求或者憎恶的力量,不是根据它们的固有特征,而是根据被预期的满意或不满意,这与它们被预期将会带来的其他结果有关。人们可能期待加入某个团体,因为他们相信该团体的成员身份能够改变他们的社会地位;他们可能期望在工作岗位上表现得有效率,因为他们认为那样会使他们获得提升。

事实上,我们将获取效价的方法看作是它们和目标间期望关系的结果……如果一个人相信一个事物将导致一个期望的结果或者避免一个讨厌的结果，这个人就肯定对它持有正面的态度；相反，如果一个人相信一个事物将导致一个讨厌的结果或者妨碍了期望结果的发生，那么这个人就肯定对它持有负面的态度……

我们不是说结果效价的所有变量都能被它们的期望结果所解释。我们必须假设，"由于它们自己的某种原因"，有些事情是被期望的，而有些是被憎恶的。按照原则，废除种族隔离必然遭反对，但不是因为它导致了其他一些令人不满的事情；人们必须做好自己的本职工作，即使他们认为获得物质奖励的可能性并不高。

我们没有假装能够解决包含效价决定因素在内的所有棘手的理论问题，但我们能够用下面的命题来详细表述出结果的效价和它们的期望结果之间的函数关系。

命题1。对于一个人来说，一个结果的效价，是所有其他结果效价与他对达到那些其他结果的手段的主观认识的乘积的代数和的单调递增函数。

该命题可由如下等式表示：

$$V_j = f_j \left[\sum_{k=1}^{n}(V_k I_{jk}) \right] (j=1,\cdots,n)$$

$f_j > 0 ; I_{jj} = 0$

其中：$V_j =$ 结果 j 的效价

$I_{jk} =$ 达到结果 k 时结果 j 的作用，$-1 \leqslant I_{jk} \leqslant 1$

期望的概念。个人所达到的具体结果，并不仅取决于他所做的选择，也取决于非他控制的一些事件。比如说，一个决定去买彩票的人并不确定他就能获得期望的奖金。他能否中奖是许多偶然事件的函数。同样，到医校就读的学生很难确信他能够成功地完成所有学习科目；谋求政治权利的人很难保证他定能在选举中获胜；希望获得晋升的工人很难确保他能从其他候选人中脱颖而出。大多数决策情景都包含了风险成分，而决策行为理论必须在人们做决策时把握好这些风险所起的作用。

当个人在含有非确定结果的可选方案之中进行选择时，很显然他的行为不仅仅受他对于那些结果的偏好的影响，还受到了他对于结果实现的可能性大小的主观判断的影响……

期望是努力与结果的关系。它的数值在 0 到 1 之间，0 表示个人主观认为某种行动将不会得到某种结果，1 表示个人确信某个行动必然得到某个结果。另一方面，手段是结果与结果之间的关系。它的数值在 -1 到 1 之间，-1 表示通过一阶结果肯定不能达到二阶结果，而 1 表示一阶结果是达到二阶结果的充分必要条件。

激励力量的概念。以下将要具体论述效价和期望如何结合起来决定决策。我们模型中的指导概念是卢因的力场理论。人的行为被假设为某些拥有方向和大小的力场的结果……

在数学上有很多种可行方案,将效价和期望结合起来以产生假设的力量。在人们所做出的决策是主观上合理的这个假设前提下,我们就应该认为,激励力量是效价和期望值乘积的单调递增函数。命题2阐述了这个函数关系。

命题2。激励个人去执行行动的力量,是所有结果效价和他对行为能够导致结果的期望这两者的乘积的代数和的单调递增函数。

该命题可由如下等式表示:

$$F_i = f_i\left[\sum_{j=1}^{n}(E_{ij}V_j)\right] \ (i=n+1,\cdots,m)$$

$f_i > 0$; $i \cap j = \Phi$,Φ是空集

F_i = 执行的力量

E_{ij} = i 能够产生结果 j 的期望值,$0 \leq E_{ij} \leq 1$

V_j = 结果 j 的效价

另外还有一个假设,那就是个人会从众多可选决策中挑出与最多正效价的(或者是最少负效价的)力量有关的决策。这个公式与决策理论的概念相似,决策理论指的是人们会选择正期望效用最大的方案。

在将激励力量表述成效价和期望乘积的单调递增函数时,需要明确一系列含义。高的正效价或负效价对激励力量的产生没有影响,除非存在可以通过某些行动来达到结果的期望值(也就是说,主观的概率大于零)。随着行为产生结果的期望值的升高,结果效价的变化对激励力量的影响也在增加。同样,如果结果效价为零(即某个人对结果持中立态度),那么结果期望的绝对值和变量都对激励力量没有作用。

我们的两个命题是分开阐述的,但事实上它们之间高度相关。只有在不同的条件下描述行为和结果时,这种分离才是有用的。在第一个命题里,我们有一个基础是假设结果的效价,而在第二个命题里,有一个基础是人们在行动时要考虑结果……

实践中,通过限定行为和结果的情景相互独立来维持这两个命题的分离是很有用的。我们将用行动这个术语来表示人们的理智行为,比如,申请一个工作职位;而结果这个术语将用来描述更短暂的远期事件,这些事件不总是在完全的行为控制之下的,比如获得某项职位的资格。

模型的测试

到目前为止,我们所描述的模型都是不可测试的,因为它的概念还没有与观察到的事件联系起来。为了从这个模型中推导出经验假设,我们必须详细说明正式概念的操作定义,必须提出进一步的假设,从而对概念进行测量和实验操作……

模型中唯一与潜在可观察事件有直接联系的是激励力量概念。我们已经假设了个人的行为,反映了激励力量对他产生的作用的大小。如果一个人做了 x 而不是 y,那么与 x 相关的激励力量就更强,反之亦然。

然而,我们对一些可观察的事件没有做出描述,这些事件能够引导我们推论出一个结果对于某人来说有某种效价,或者推论出一个人认为某个行为能导致某种结果的期望有特殊的效用。现在我们就来解决这类问题。

我们解决这个问题的方法是"兼收并蓄"。我们不是提出每个概念各自独立的操作性定义,而是概括出一系列宽泛的方法来进行测量和实验操作。

效价的测量。用什么方法来测量效价呢?需要对行为做什么样的观察,从而使我们能够下结论说一个结果是正效的而另一个是负效的,或者说一个结果比另一个更有正效价?

一种方法是口头报告法。如果个人表示一个事件是具有吸引力或者令人满意的,那么就可以假设它具有正效价。如果他表示另一件事不具吸引力,或者让人不满意的,那么就可以假设它具有负效价。通过要求个人应用一种标准评价尺度,这个过程可以延伸对一系列事件或者结果相吸引或乏味的度量做出判断。

对口头报告法度量的作用最有力的反驳是这样一种理论:如果一个人关于需求或憎恶的报告是自主反应,那么就应该能够用包含在其他自主行为中的类似过程来解释它们。因此,一个人的报告说他偏好结果 x 而不是结果 y,只能更多地说明他的期望结果,而不是达到 x 和 y 的期望结果。使用这种口头报告法来度量激励的调查者们意识到了这个问题,于是他们使实验对象相信他的反应是机密或者匿名的,从而构造了实验情景来试图减少或消除"伪装"。

第二种方法建立在阿特金森(1953)、麦克利兰和他们的助手们(1958a)的工作基础之上。他们假设个人的激励能够从幻想分析中推导出来。这种方法(Murray, 1938)是用来引起幻想的主要工具。被试者被要求看图讲述故事,然后根据其故事中不同种意象的出现频率打分。研究成果的激励因素使用最多的就是这种方法，但是这项工作也运用到其他激励因素的研究上，如关系、力量和性别。

这个方法的支持者与反对者势均力敌……

第三种效价衡量的方法是通过结果来创造新知识。如果一个结果强化了一个反应的倾向，那么就说它是正效价；如果它削弱了反应倾向，那么就是负效价。结果依反应而定，效价的度量就是反应概率中变化的数量或频率。我们可以说这种数据在区分效价的正负状态时可信度很高，但是对正负效价的量的衡量就尤其不敏感。

第四种方法建立在一种假设上，这种假设认为能从人们在若干可选行为方案中做出的选择来推导出结果的效价。如果在一个人对达到结果 x 和 y 的期望相同（比如两个结果都为确定）的条件下，并且他可以在这两个结果中任意选择，那么他在两者中做出的选择就可以反映它们的相对效价。选择 x 表示 x 比 y 具有更多的正效价，而选择 y 则表示 y 具有比 x 更多的正效价。这种方法能方便地对一系列结果进行排序。如果我们将不同风险引入选择条件中，间隔度量就变成了一个概率。这个概念最开始由冯·诺依曼和摩根斯坦（1947）提出，之后，摩斯德勒和诺基（1951）以及戴维逊、苏培和西格尔（1957）又对获得不同金额货币效用的间隔度量方法作了阐述。

第五种方法是对完成行为的观察。它主要适用于诸如食物、水等已完成的结果。我们可以假设一个饥饿的人，他越饥饿，食物的效价就越高，他就会吃越多的食物。因此，吃、喝的数量或频率的量，就表示了结果正效价的程度。

最后，我们就可以用"决策时间"来表示不同结果效价的差别。如果一个人可以在结果 x 和 y 中自由选择，那么他在做出决定之前所耗费的时间，就被认为反映了两个结果效价之间的差别程度。一瞬间即决定了选择一个结果而放弃另一个，表示两者效价的差别显著，而如果作决定消耗了很长时间，则表示差别小得多。怀特（1941）提出了将决策时间与人所受到的作用力的差别联系起来的理论。应该值得注意的是，决策时间最多只能被用于表示结果效价的差异程度，而不能表示哪个结果更具有正效价。然而，对于决策时间和同时做出的选择的观察，使我们能够推断出结果效价在数量和方向上的差异……

期望的度量。期望的力度是如何被度量的呢？用什么行为来证明一个人相信一个行为之后结果发生的概率是 0 或者 0.5 或者 1？这个问题并不简单。有大量的解决方法，但每种方法都存在一些问题。

其中一种方法是建立在一种假设基础之上，这种假设认为个人对于结果发生概率的口头报告能够反映期望。正如口头报告法可以作为结果效价的证据，它们也可以构成期望的主要证明形式。如果一个人说一个行为必然产生某种结果,那么我们就认为该期望值为1;而当他认为该行为产生该结果的可能性是50%,那么我们认为该期望值为0.5。这种方法没有获得决策理论倡导者们(Davidson, Suppes, and Siegel, 1957)的强烈支持。反对意见与前文提到的针对口头报告法的反对意见相似……

其他研究者认为最好从个人的实际选择或决策中推导出期望。比如,普莱斯顿和巴莱特(1948)就假设了获得既定奖金的心理概率和被试验者期望通过下赌注来获得奖金的机会之间存在线性关系。如果被试验者期望通过5美元的赌注获得50美元的奖金,他的心理概率就被认为是0.1。以这种程序来测量的心理概率总体上与数学概率相关。然而,在期望值很低时它们常常大于数学期望,而在期望值较高时常常小于数学期望。

这个方法的问题是要去解决期望和偏好在实际决策中的作用……

参考文献

Atkinson, J. W. (ed.). *Motives in fantasy, action, and society*. Princeton: Van Nostrand, 1958a.

Atkinson, J. W. Towards experimental analysis of human motivation in terms of motives, expectancies, and incentives. In Atkinson, J. W. (ed.). *Motives in fantasy, action, and society*. Princeton: Van Nostrand, 1958b, pp. 288—305.

Cartwright, D. Decision-time in relation to the differentiation of the phenomenal field. *Psychol. Rew.*, 1941, 48, 425—442.

Davidson, D., Suppes, P., and Siegel, S. *Decision making: An experimental approach*. Stanford, Calif.: Stanford University Press, 1957.

Lewin, K. The conceptual representation and the measurement of psychological forces. *Contr. Psychol. Theory*. Durham, N. C.: Duke University Press, 1938, 1, No. 4.

McClelland, D. C., Atkinson, J. W., Clark, R. A., and Lowell, E. L. *The achievement motive*. New York: Appleton-Century-Crofts, 1953.

Mosteller, F., and Nogee, P. An experimental measurement of utility. *J. Pol. Econ.*, 1951, 59, 371—404.

Murray, H. A. *Explorations in personality*. New York: Oxford University Press, 1938.

Peak, Helen. Attitude and motivation. In Jones, M. R. (ed.). *Nebraska symposium on motivation*. Lincoln: University of Nebraska Press, 1955, pp. 149—188.

Preston, M. G., and Baratta, P. An experimental study of the action-value of an uncertain outcome. *Amer. J. Psychol.*, 1948, 61, 183—193.

Rotter, J. B. The role of the psychological situation in determining the direction of human behavior. In Jones, M. R. (ed.) *Nebraska symposium on motivation*. Lincoln: University of Nebraska Press, 1955, pp. 245—268.

Tolman, E. C. Principles of purposive behavior. In Koch, S. (ed.). *Psychology: A study of a science*. Vol. 2. New York: McGraw-Hill, 1959, pp. 92—157.

Von Neumann, J., and Morgenstern, O. *Theory of games and economic behavior*. Princeton: Princeton University Press, 1947, 2nd ed.

15 再论：如何激励员工？
——不通过改善工作环境、加薪或任务重组*

弗雷德里克·赫兹伯格[1]

用 KITA 来"激励"

在我给企业人员针对此问题所作的演讲中，我发现听众们非常期待快速且实际的答案，因此我将以一个直接和实际的方案作为开头来献给那些令我感动的人们。

什么是促使一个人去做某事的最简单、最确定和最直接的方法？要求他？但是如果他的答复是他不想做，那么就需要进行心理咨询来确定他固执己见的原因。告诉他？他的答复显示他不理解你，那么现在就需要有一个沟通方面的专家来告诉你如何去说服他。给他金钱上的激励？我不需要提醒读者建立和管理一个激励系统的复杂性和困难。演示给他看？这意味着昂贵的培训计划。我们需要一种简单的方法。

---

*来源：Reprinted by permission of the Harvard Business Review. "One More Time: How do You Motivate Employees?" by Frederick Herzberg (January/February 1968). Copyright © 1968 by the President and Fellows of Harvard College; all rights reserved。

[1]作者注释：我感谢美国电话电报公司（AT&T）的罗伯特·福特对本文中的思想的贡献，尤其是将改善工作绩效和员工工作满意度的思想的成功运用。

每一个听众都有"行动果断型"的管理者——嚷着"踢他一脚!"这种"直接行动型"的管理者。这类管理者是正确的。让一个人做事的最明确而且最快捷的方法就是踢他一脚——这种形式就叫KITA。

KITA有多种形式,以下是其中几种:

消极的身体KITA。这是这个术语的字面含义的运用,而且在过去多被应用。然而,它有三个主要缺陷:(1)它是不体面的;(2)它与大多数组织所珍视的宝贵的仁慈形象相悖;(3)因为它是一种身体攻击,它直接刺激了自主神经系统,于是经常导致消极反馈——员工可能会反过来踢你一脚。这些因素因此产生了许多禁忌,反对消极的身体KITA……

消极的心理KITA。它比消极的身体KITA拥有更多优点:第一,其残忍性是看不出来的;伤害是内部的而且在后来才显现。第二,因为它通过抑制力量影响更高级的大脑皮层,从而减少了身体强烈反应的可能性。第三,由于个人所体会到的心理痛苦的量是无限的,所以KITA产生的方向和可能的地点就成倍增加。第四,管理者能够高居其上,让系统去完成这个"肮脏"的工作。第五,尽管他们可能发现抽血是令人厌恶的,执行它的人们能够获得某种自我满足(一种高人一等的感觉)。第六,如果确实有员工抱怨,但是由于缺少事实攻击的有形证据,此人可能被指责为妄想狂。

那么,消极性KITA到底达到了什么呢?如果我在后面踢你(身体上或者心理上的),那么谁被激励了呢?是我被激励了;而你只是移动了一点!消极性KITA没有产生激励,却产生了移动。因此:

积极的KITA。让我们来考虑激励。如果我对你说:"为了我或者公司而做这件事吧,作为回报我会给你奖励、鼓励、更高的地位、升职以及公司所能提供的所有补偿。"我是在激励你吗?我从管理层人员那里得到的绝大多数观点都是:"是的,这是在激励……"

为什么管理者们会很快认为消极性KITA不是激励,而几乎一致地判定积极性KITA才是激励呢?那是因为消极性KITA就像是强奸,而积极性KITA是诱奸。但是实际上,被诱奸比被强奸糟糕得多;后者是不幸事件,但前者则表示你已经是堕落的一部分了。这就是为何积极性KITA如此流行的原因:它是一种传统,是一种美国方式。组织不需要来踢你,你自己踢自己。

激励之谜

了解了这些之后,我们就可以考察一下用来灌输"激励"的积极性KITA的人事实践:

1. 减少工作时间——这代表了一种激励人们工作的绝妙方法——使他们从工作中解脱出来。在过去的50~60年中,我们一直在(正式或者非正式地)减少工作时间,直到我们最后到了"63天周末"的阶段。此方法有一个有趣的变种,就是工作后的娱乐计划安排。这个观点认为(人们)应该一起工作,一起娱乐。事实上被激励者寻求更多的工作时间,而不是更少。

2. 螺旋形工资——这种方法能激励员工吗?是的,为了寻求下一次的加薪……

3. 额外福利——工业组织已经超越了最具福利化观念的福利国家,分发从摇篮到坟墓的救济……

这些好处不再是奖励;它们变成了权利……

除非筹码越加越高,否则员工的心理反映就会是公司的行为违背了常理。

4. 人际关系培训——在许多案例中,近30年的教学和心理方法实践产生了大量人际关系培训计划,而到最后,也还是同样的问题:你如何激励员工?……

从通过人际关系培训产生激励的失败中,人们得出了一种结论,那就是监督者或管理者在其人际礼仪实践方面没有对自己保持心理上的诚实。因此一种先进的人际关系 KITA 形式——敏感性培训——就逐渐展开了。

5. 敏感性训练——你确实了解你自己吗?你确确实实相信他人吗?你确确实实真正能够与人合作吗?敏感性训练的失败之处现在被一些人——那些人已经成为该方法的机会主义探索者——解释为在现实中是否确实(此处确实可以重复5遍!)能执行合适的敏感性训练……

6. 沟通——沟通方面的教授被邀请参加管理培训项目,并帮助员工们明白管理层正在为他们所做的事情。机构的报纸、简介会、关于沟通重要性的管理教育以及各种各样的宣传手段层出不穷,直到今天甚至都还有一个国际行业编辑理事会。但结果是没有产生任何激励作用,并且很显然管理层根本没有听到员工们的声音。于是产生了下一种 KITA。

7. 双向沟通——管理层安排了士气调查、建议计划以及团队参与项目。然后雇员和管理层开始更多地沟通与倾听对方,但是在激励方面仍旧没有多大进展。

行为科学家们开始另外关注他们的观念和他们的数据,并把人际关系研究更进一步。真理开始在那些所谓的更高层次需要的心理学家著作中崭露头角。正如他们所说,人们想要使他们自己更现实化。不幸的是,"现实化"的心理学家和人际关系心理学家搅和到了一起,于是一种新的 KITA 产生了。

8. 工作参与——虽然工作参与并不是理论目的,但它经常成为一种"给他们一个远大愿景"的方法。比如说,如果一个人在一条生产线上每天能够用扳钳旋紧10 000个螺母,那就告诉他,他正在制造一辆雪佛兰轿车。另一个方法的目标,是给员工一种他在一定程度上对自己所做工作有决定权的感觉。这个目标是提供一种成就感,而不是其任务的实际成果。当然,实际成果应该是一件能使它称为可能的工作。

9. 员工咨询——这种形成系统风气的KITA方法的最初应用,可以追溯到美国西部电气公司在20世纪30年代早期所做的霍桑实验。那时,研究者们发现员工们所持有的非理性情绪干扰了工厂的理性运作。那时,咨询只是一种方法,这种方法让员工通过向某人谈论他们的困惑,从而使他们放下心中的负担。虽然咨询技巧很原始,但项目确实是大型的……

由于KITA的结果只是在短期运作中出现,所以能够确切预计到这些方案的成本会稳定增加,随着旧的积极性KITA达到了饱和点,新的替代方案就会被提出来。

保健与激励

让我再来重新定义反复强调的问题:你如何在员工身上建立起激励机制?在提出理论和实际建议之前,有必要简要地回顾我的关于工作态度的保健激励理论。这个理论最初是从一些工程师和会计师生活中的事件里得出来的。至少另外有16位研究者已经完成了研究,他们利用包括社会主义国家在内的大范围人口(数据),在工作态度领域做了有高重复率的原始研究。

这些研究的发现,以及其他研究者通过不同程序所做的确证,都提出产生工作满意和激励的因素与导致工作不满意的因素是相互独立和有区别的。由于在研究工作满意或者工作不满意时,需要考虑不同的因素,所以这两种感觉并不是彼此的相反面。工作满意的反面不是工作不满意,而是不具有工作满意;而同样地,工作不满意的反面不是工作满意,而是不具有工作不满意……

这里有人类的两种不同需要。一类需要可以被看作是由人的动物本能产生的——逃避环境带来的疼痛的内在驱动力,加上其他所有后天的以获取基本生理需要的驱动力。比如说,饥饿,这一基本生理需要,使得赚钱成为必须,然后金钱就成了具体的驱动力。另一类需要与古老的人类特征有关,那是一种去完成目标、通过努力完成目标以及体验心理成长的能力。这种成长需要的刺激因素就是引起成长的工作;在工业环境中,它们就是工作内容。相反,引起回避痛苦的行为的刺激因素则是在工作环境之中。

工作内部的激励或者成长因素是:成就、赏识、工作本身、工作责任,以及成长和发展的机会。在工作之外的不满—回避或者说是保健(KITA)因素包括：公司政策和行政管理、监督、人际关系、工作环境、薪水、地位和安全感。

产生工作满意和工作不满意的因素组合来自1 685名员工的样本。结果显示激励因素是满意的主要原因，而保健因素是工作不满意的主要原因。在12个调查中被研究的员工，包括了低层管理者、职业女性、农业管理者、即将从管理职位上退休的人、医护设施维修人员、车间管理人员、护士、食品加工者、军官、工程师、科学家、管家、教师、机械师、女装配工、会计师、芬兰工头和匈牙利工程师。

他们被问及在工作中哪些事件让他们特别满意或者特别不满意，他们的回答在图表中显示为占全部"积极"事件和"消极"事件的一个百分比……

举例来说，针对产生消极效果的工作结果，一种典型的回答是："我不开心，因为我没有成功地完成工作。"在公司政策和行政管理组中为数不多的典型积极事件是："我很开心，因为公司将部门重组了，而我就不再需要向那个讨厌的家伙汇报了。"

正如图1所示，在所有产生工作满意的因素中，有81%是激励因素。而在所有造成员工对工作不满的因素中，69%都是保健因素。

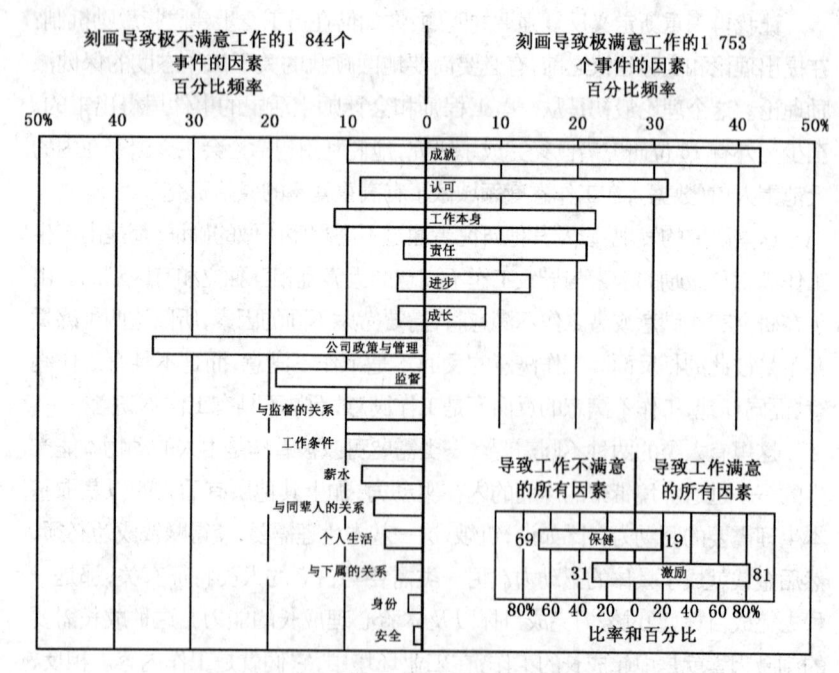

图1 在12项调查报告中影响工作态度的因素

永恒的三角关系

在人力资源管理方面有三种主要的理论观点。第一个以组织理论为基础,第二个以工业工程为基础,而第三个是建立在行为科学的基础之上。

组织学理论家相信人类的需要或者是非理性的,或者是变化多端并且适应于具体情景的,以至于人力资源管理的主要功能就如同个别需求一样注重实效。他们推论说,如果以一种合适的形式将工作组织起来,那么结果会形成一个最有效率的工作结构,并且理所当然地产生最满意的工作态度。

工业工程师认为,人具有机械性倾向,并由经济利益所驱动,将他与最有效率的工序相协调就能够使他的需要得到最好的满足。人力资源管理的目标就应该是策划最合适的激励系统,并设计具体的工作环境来促进"人力机器"的最有效使用。工程师们相信通过打造能够产生最有效操作的工作,这些"人力机器"就能够获得最佳的工作组织和最恰当的工作态度。

行为科学家则关注团队情绪、员工的个人态度,以及组织的社会和心理环境。他们的主张中强调一种或者多种不同的保健和激励因素。他们的人力资源管理方法主要集中于一些人际关系教育,希望因此产生健康的员工态度和组织环境,并有助于实现个人价值。他们相信合适的态度能够产生有效率的工作和组织结构。

这三种理论观点可以被描绘成一个三角形(如图 2 所示),每一种见解都占据了三角形的一个角。激励—保健理论所占据的角与工业工程理论的一样,但是目标相反。这个理论不是通过使工作合理化来提高效率,而是认为应该使工作多样化来提高人力资源的利用效率。这种通过应用激励因素来激励员工的系统尝试还刚刚起步。

工作丰富化这个术语指的是一种尚未成熟的动向。而另一个更老的术语"工作扩大化"则应该避免,因为它与某个错误观点有关,而这个错误观点是由于过去对这个问题的误解而产生的。工作丰富化为员工提供了心理成长的机会,而工作扩大化仅仅使工作在结构上扩大了。因为科学的工作丰富化理论还很新颖,本文只阐述从最近几个成功的工业实验中产生的原则和实践步骤。

工作负载

在使员工工作丰富化的努力中,管理者通常是成功地减少了员工个人的贡献,而不是在他熟悉的工作岗位上给他成长的机会。这样的努力被我称为

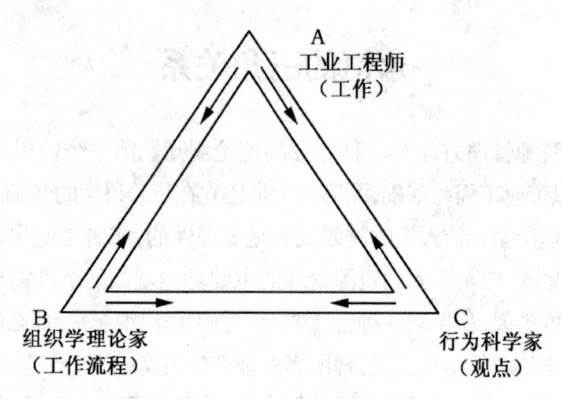

```
              A
         工业工程师
          （工作）


    B                    C
 组织学理论家            行为科学家
 （工作流程）             （观点）
```

图2　人力资源管理理论三角

水平工作负载(与垂直工作负载或提供激励因素相反)，它是早期工作扩大化项目的弊端。这种活动仅仅将工作量毫无意义地扩大了。以下是这种方法的一些例子以及它们的效果：

1. 通过提高员工的期望工作量来给他挑战。如果他现在每天旋紧10 000个螺母，那么就看他能不能每天旋紧20 000个。而其中的数学算式则显示0乘以0仍旧等于0。

2. 在现在的工作之外加上另一个无意义的工作，通常是一些机械的文书工作。这里的数学算式是将0加到0之上。

3. 将需要丰富的工作进行轮换。这个方法就等于是洗一会儿盘子，又去洗一会儿银器。数学算式是用一个0代替另一个0。

4. 改善工作中困难的部分，以使工人能够做更多的简单工作。这种传统的工业工程方法本来想做加法，但实际上做的却是减法。

这些常见的水平设计方式，通常在工作丰富化的早期献策阶段出现。垂直设计的原理还不完整，它们只是一些笼统的东西，但我已经提供了7条有用的初始论点(见图3)。

原则	激励因素
A. 在保留责任的基础上减少部分控制	责任感和个人成就
B. 增加个人所负责工作的责任	责任感和认可
C. 给予员工完整的工作(组件、部门、区域等)	责任感、成就和认可
D. 在员工的行动方面给予额外的职权；工作自由	责任感、成绩和认可
E. 定期直接向员工本人而不是向监督者报告	自我认可
F. 引进新的、更困难的、以前没有做过的工作任务	成长和学习
G. 给员工布置具体的、细分的任务，使他们成为专家	责任感、成长和提升

图3　垂直工作负载原则

工作丰富化的步骤

既然我们已经在实践中阐述了激励思想,以下就是经理们应该用来与他们的员工建立工作原则的步骤:

1. 在以下工作中选择:(1)工业工程中的投入没有使变化的代价太高昂;(2)态度糟糕;(3)保健因素变得代价高昂;(4)在行为上激励没有带来变化。

2. 以工作能够被改变的信念来调整工作。多年的传统使管理者相信工作内容是神圣不可侵犯的,而他们行动的范围只限制在激励员工的方法上。

3. 用集思广益的头脑风暴法列表找出一系列能够使工作丰富化的改变,而不用考虑其可行性。

4. 筛选该列表,剔除包含保健因素而不是实际激励的建议。

5. 再在列表中筛选出那些笼统的、没有什么实用价值的建议,比如"给他们更多责任感"。这是显而易见的,但这些激励词汇并没有偏离实际,其实质已经合理化与条理化了。比如说,像"责任感"、"成长"、"成就"和"挑战"这些词,被提升成为了所有组织中的经典赞扬性词汇。模式化的效忠誓词甚至比为祖国所做的(实际)贡献更为重要。长久以来,这就是一个问题——只注重形式,而不是实质。

6. 筛选列表,剔除所有横向的负载建议。

7. 不要让那些工作将被丰富化的员工参加讨论。虽然他们先前所表述的思想无疑是建议变化的宝贵源泉,但是他们的参与会破坏人际关系这个保健因素,特别是只会给他们一种做贡献的感觉而已。工作将要被改变,并且是由工作内容产生激励,而不是由参与其中的态度或者建立一种工作所固有的挑战性来产生激励。

8. 在工作丰富化开始之初,设立一个对照实验。至少应该选择两个同等的小组:一个是实验组,将在一定的时间内系统地引进激励因素;而另一个组是对照组,不做任何改变。两个组中,保健因素将以其自然状态发展,在实验阶段不受限制。实验前和实验后,都需要用行为和工作态度测试来评估工作丰富化实验的效果。态度测试必须限制在激励因素范围内,以避免员工对自己所从事工作的态度,与周围可能会有的保健因素混淆在一起。

9. 在开始的几个星期里,对于实验组的业绩将会下降这种可能事件,应该有心理准备。转换到新的工作,可能会产生短暂的效率下降。

10. 希望你的一线监督者会对你正在做的改变产生一些紧张和敌意。紧张来源于他们的恐惧,他们担心改变会导致本单位内的低效。当员工们开始把监督者认为的东西设想为他们自己应尽的责任时,敌意就产生了。没有控制好行为职责的监督者们可能会被弄得无事可做。

然而,在成功的实验之后,监督者通常发现自己忽视了监督和管理功能,或者他根本没有发挥那些功能,因为他将所有时间都花在检查下属的工作上面了……

所谓以员工为中心的监督风格,不是通过监督者的教育,而是通过改变他们所做的工作而形成的。

结 论

工作丰富化不是一种一次性的建议,而是一种长期的管理功能。然而,初期的改变应该持续相当长一段时间……

不是所有的工作都能够丰富化,也不是所有的工作都需要丰富化。如果现在只对保健因素投入了一小部分时间和金钱,但已尽力使工作丰富化了,那么员工的满意度和经济利益的回报,就是企业界和社会长久以来致力于改善人力资源管理的努力的最大红利之一了。

有关工作丰富化的论点可以简单地总结起来说:如果要某人做一项工作,那么就用他。如果你不能让他做那项工作,那么就通过自动化或者任用能力更低的人来甩掉他。如果你既不能让他做工作,又不能甩掉他,那么你就遇到了一个激励问题了。

16 工作激励:"自我意识动机"的引入*

南希·H.利奥纳德、劳拉·L.博维亚斯和理查德·W.肖勒

引 言

人们逐渐认识到,传统的激励模式已难以解释组织行为的多样性。目标设计、奖励制度、领导科学和工作设置领域的研究和理论,也加深了我们对组织行为学的理解。这些工作都是基于这一前提,即组织中的个体是以与组织交换的价值的最大化行为为原则的。此外,一些学者开始注意到在激励模式中个人情绪和意志力作用的地位(Kanfer, 1990)。而有些学者转向用"自我理论"作为激励行为模式的一种解读(Bandura, 1982, 1986; Beach&Mitchell, 1990; Gergen, 1984; Schlenker, 1985; Stryker, 1980, 1986; Tajfel & Turner, 1985)。学术界的这种状况使得许多学者认为我们有着众多的激励理论,但没有一个统一的主题,也不能得到研究的有力支持(Locke & Henne, 1986)。正如克莱因(1989)所指出的,这一领域内充满了"凌乱和困惑"。激励理论给研究人员带来的是概念上的困惑,给试图运用这些理论的实践者带来的是操作时的混乱。整合现存理论的一条出路,就是发展关于工作激励的"超理论",为现有的研究提供一个整体的框架(Landy & Becker, 1987)。本文的目的就是试图提出工作激励方面的一种"超理论"。

---

* 来源: Human Relations, 1999. Reprinted by permission of Sage Publications, Ltd. 。

我们首先回顾一些传统的激励理论,并特别关注在考虑外部有效性和普适性的时候这些理论存在的缺陷。然后解释"自我意识"理论的相关概念,并以此作为这些缺陷的解决办法,同时我们会讨论"自我意识"如何影响组织中的各种行为。接下来,我们将对激励的来源进行分类,其中包括了自我意识,这些分类将会引导出工作激励"超理论"的各种命题。我们将以一些管理运用上的推断和对未来研究工作的建议作为本文的结尾。

工作激励的现有理论

工作激励被定义为"对组织环境中的行为进行激发、引导和保持的过程"(Steers & Porter, 1991)。在学术研究中,有大量的理论对驱动这一过程的因素进行了不同的概念化。在本文中,我们将这些因素称为激励的"来源"。

德查姆斯(1968)的早期理论对激励的不同来源进行了调查。他提出用内部和外部激励的二分法来体现因果关系的不同轨迹。受到内部激励的行为(比如,那些没有外部影响条件下出现的行为)被认为是体现了内部诱因;相反,外力引发的行为表现了外部的诱因。德西(1975)研究了外部奖励对内部激励的效用,揭示了内部激励的意义。他认为受到内部激励的行为分为两大类:第一类包括了个人努力寻求挑战的行为,所谓挑战是指激励与比较标准之间的不调和;第二类是指意图减少此类不调和的行为(比如,克服这些挑战)。这样,根据德西的想法,内部激励的行为可以概括为不断寻找并克服挑战的过程。

对内部和外部激励的另一种理解来自于凯茨和卡恩(1978)。他们认为激励的基础可以分为遵从规章、外部奖励和内在激励。内在激励又进一步分为自我表现和内在价值。自我表现直接来源于角色扮演,内在价值是在集体目标被纳入个体价值体系时产生的。埃齐奥尼(1975)采用了类似的观点,他将组织成员的参与分为以下三种:疏远的、算计或是道义的。我们后面所说的交换过程可以解释疏远的和算计的相关内容。与"道义的"有关的动机则更加复杂。埃齐奥尼认为,道义方面的动机可以分为两类:单纯的和社会性的。单纯的道义动机是社会规范主观内在化的结果,而社会性的道义动机来源于个人对主要相关群体及其成员压力的敏感度。道义上的行为动机不是以期望的"满足感"为基础,它甚至是否定个人的某种需求和对牺牲个人的愉快感。

这些学者的著作指出了激励的三种来源:内在动机、目标内在化为基础的动机和外来动机。当员工仅仅是因为"有趣"做某件事时,他就是受到了"内在动机"的驱动。也就是说,激励来自于工作本身,人们乐意工作,并感觉到做这项工作是对个人的奖赏。当没有外部的监控来规定个人的行为时(de Charms,1968),有挑战性的工作(Deci,1975)对有些人来说就可能是一种享受。这也是凯茨和卡恩所说的自我表现。哈克曼和奥尔德姆(1976)描述了以内在动机为基础的激励模型。

他们总结出来的第二类激励来源是目标的内在化。当一个人因为意愿与价值体系相一致,从而采取某种态度和行为的时候,目标内在化激励就在起作用(Kelman,1958)。这就是凯茨和卡恩所说的基于内在化价值的激励,也是埃齐奥尼所说的单纯的道义上的动机。一些学者也将目标内在化作为组织承诺的一部分(Becker, 1992; O'Reilly & Chatman, 1986)。

第三类激励来源是外部力量。凯茨和卡恩认为这类激励来源是规章制度和外部奖励,埃齐奥尼则认为这就是与前面所说的"疏远的"或"算计的"相关的动机,德查姆斯认为这种行为存在外部诱因。此类关注外部激励的理论,都假设每个人都是"个人利益的理性最大化者"(Shamir, 1990, p. 39)。比如说,预期理论假定,这种激励是人们对各个层次类别的个人行为进行计算评定后的结果,也是这些行为的结果之间的平衡。公平理论可能会考虑"算计"的影响,因为该理论假定人们会自发地通过比较自己和对照人的投入/产出比,来对自己的态度和工作绩效做出评估。如果这个比率显示投入和产出不平衡,不公平的感觉就由此产生。这种不平等引发了认知失调,而这种失调正是人们想要去避免的。这种感知上的选择或算计模式都把这类行为假设为"享乐主义"行为的结果(例如,人们按照最大化正面结果和最小化负面结果的原则行事)。

由此看来,当人们相信他们的行为会得到诸如报酬、升职等特定结果时,外部奖励就会成为激励的来源。在巴纳德(1938)、马赫和西蒙(1958)的研究中,基本的假设是个体和组织之间存在一种交换关系。现在,预期和公平理论都接受了基于交换关系的激励模式。

尽管过去 20 年中,决策过程、职业选择和成就激励方面的研究已经有力地支持了这些"算计模型",但是这些模型仍然不能够概括激励行为的各个方面。举例来说,这些模型不能解释当预期和行为价值保持不变时,在不同情况下行为的变化(Atkinson & Birch, 1970)。此外,每个个体都会对外部信息有不同的反应(Rynes & Lawler, 1983)。

为了解决这些缺陷,一些专家开始转向个体理论,试图解释那些环境因素不能够解释的行为。心理学家早就认为个人的性情和品格对其行为有显著的决定作用。这样的假设是依照下面的程序展开的:(1)在行为方式方面每个个体都有所差异;(2)个体的行为在一定时间内相对稳定;(3)个体行为在不同情形下也有一定程度上的稳定性(Pervin, 1975)。与上述观点相反,其他人认为环境因素决定了个体的行为,并且在相似的环境下会导致相似的行为(Davis-Blake & Pfeffer, 1989; Mischel, 1968)。争论焦点就是个体特点在不同环境中的差异。但是,最近的一些学者开始重新揭示个性观点的预测效度(House, Shane, & Herold, 1996)……

当前,大多数学者都接受了互动的观点,认为环境和个性对个体的行为同时起着作用(Mitchell & James, 1989; Pervin, 1989)。特别是这些研究者提出了个人和所处环境之间动态的相互作用过程。所以,我们还需要发展那些能够解释人们如何适应不同环境的激励模型,这样的模型必须展示个体行为的不同模式,同时又要保持对个性构成的可认知性(House et al., 1996; Pervin, 1975)。自我理论被认为是同时解释个人工作行为在不同情况下的稳定性和变化性的一种途径。

近年来,众多基于自我意识的理论获得了发展,其中包括社会认同理论(Stryker, 1980, 1986; Tajfel & Turner, 1985)、自我表现理论(Beach & Mitchell, 1990; Gergen, 1984; Schlenker, 1985)和自我效能理论(Bandura, 1982, 1986)。所有这些理论都是基于这么一个假定:"人类都有保持并发展出众自我的根本需求"(Snyder & Williams, 1982, p.258)。因为有这样的根本需求,即人们表现出来的行为方式与自我认识相互一致,所以这些理论可能会有助于扩展我们对不同工作环境下行为激励的认识。

可惜的是,由于在这些研究领域中存在大量不同的流派,我们对自我理论的认知仍然是凌乱而不成体系的;并且,出现了意思重复的术语和概念。要使自我理论对组织行为学的研究有所贡献,我们还需要做大量的工作。第一,必须对自我理论的结构和内容进行详细的描述,并深刻理解其发展过程。第二,必须解释自我意识在组织中是如何对个体行为产生影响的。在下一部分中,我们将会对自我意识理论的构成和发展过程进行一个大致的概括,然后,解释它将如何影响组织中的行为。

自我意识理论的构成

自我意识的理论模式可以分为两大类:一维的和多维的。一维的模型是对自我意识理论的早期认识(Soares & Soares, 1983)。这一类观点认为自我意识是对个体本质的全面反映。这样,自我意识被认为是稳定的、加成的或是对自我的总体感知。

近期的社会心理学研究(Greenwald & Pratkanis, 1984; Schlenker, 1980)已经把自我意识定义为由感知、形象、计划和范例构成的复合现象(Markus & Wurf, 1987; Marsh & Hattie, 1996)。社会学界也做出了相似的改变,把"自我"定义为多种身份(Schlenker, 1985; Stryker, 1980)。基尔斯托姆、坎托和他们的同事提出,个人对自我的认知来自以下几个方面:特质和价值(Kihlstrom & Cantor, 1984)、属性、经验、思想、行为(Cantor & Kihlstrom, 1985, 1987)、形体外观、人口统计学属性以及各种性情。在衡量自我意识时,罗伯茨和多纳休(1994)把特质作为自我感知的计量单位。更确切地说,在他们看来,人们通过一系列品质特征来感知和描述自己,同时可以用人性的"五大"层面来衡量这一系列特质(Goldberg, 1990)。吉卡斯(1982)认为自我意识是由对社会和个体的身份、特质、属性和占有的认知构成。此外,班杜拉(1986, 1991)的自我效能理论认为可以用个人能力来进行衡量。

本文将提出的观点本质上也是多维的。我们把个体的感知分成三大类,其中吸收了早期研究的大部分成果。这三类分别是:特质、能力和价值。

特质。特质(品质特征)是广泛反应趋势的标志,也表现了相对恒定的行为模式(Cattell, 1965)。这个定义的基础,就是假设人们在没有明显外部原因造成的不同情况或不同时间下,保持某一特定行为的原因是来自个体内部。所以,特质就成为我们用来描述自己或他人的固定行为模式的简便"标签"。比如,在对人们的特定行为模式进行多重观察之后,我们用有野心的、懒惰的、可靠的或保守的这类词语来形容一个人的主要特征。

能力。认知自我的第二个要素就是个人能力。我们可以察觉到每个人都拥有一定的技能、能力、天分和知识。这些能力或许是非常具体的技能,比如操作六角车床;或者是更概括的能力,比如能够开创并管理变革的领导能力。诸如"我能很好地解决问题"、"我是一个不寻常的高尔夫球手"和"我擅长建立数据库"之类的自我感知,代表了个体自我意识的第二类要素。

价值。人们将价值定义为对满意的结果状态或行为的观念和信仰,这种观念和信仰超越了具体情景、选择指南或对行为事件的评价;同时,可以按照重要性对价值进行排序(Schwartz & Bilsky, 1990)。人们通过自身的言行表达了某种自我价值。

于是,品质特征、个人能力和价值构成了个体自我意识的主要内容。进一步来说,一个人的自我概念由三个相互关联的自我感知组成:感知的自我、理想化的自我和一系列社会身份。在我们理解自我概念这一概念是如何与激发、引导和保持组织行为之间的关联时,其中任一要素都能起到至关重要的作用。本文在下面的内容中描述了这些自我代表。

感知的自我

感知的自我,是个人按照自己实际的品质特征、个人能力和价值判断所进行的一系列自我描述。我们可以从两个独立的方面来描述"感知的自我",分别是层次和强度。自我感知的层次,是指个人认知自我特质的层面。比如说,一个人认为自己是否内向(品质特征),或者是否是一个优秀的网球选手(个人能力),或是否是一个勤奋的员工(自我价值)。层次方面的考虑解决了这么一个问题,即一个人是从哪个层面上来看待自己。

自我感知的第二个方面是感知的强度,即对各个感知范围所持有的认识的强烈程度。一个自我感知度较强的人,对于某一层次属性的自我认知相对坚定。一个自我感知度较弱的人,对自己的品质层次的认定态度就不够确定。

理想的自我

可感知的自我是人们对自身实际品质特征、个人能力和自我价值的真实感受;而理想的自我则代表了一个人希望"拥有"的品质、能力和价值(Rogers, 1959)。用"拥有"这个词,我们试图表示个人渴望让自己相信他/她真正拥有特定的品质特征、个人能力和价值,或者想要让其他人相信他/她具有某种品质、能力和价值。这种理想自我的观点与施伦克(1985)的"理想化形象"(例如,最想成为的个人形象),以及班杜拉(1991)的"标准个人"概念相似。

社会身份

阿什福思和梅尔(1989)认为社会认定是一个人将自己和其他人划分为不同社会类别的过程,比如"女人"、"牧师"和"工程师"等。这种分类过程使个人能够将自己在社会环境中进行定位和定义。这样,社会认定部分地回答了这么一个问题:"我是谁?"社会身份可以说是源于个人所归属的社会类别的那一部分自我意识(Tajfel & Turner, 1985)。

自我概念的发展

可感知自我的发展

一个人与自身环境的相互影响决定了自我意识。态度形成、改变的过程和个人品质(Jones, 1990)都能够对整个自我意识的发展起作用。与环境的相互作用提供了关于个人特质、能力和价值的反馈,也提供了一些显示个人属性的社会价值的相关信息。当这种反馈是明确、丰富和稳定的时候,一系列稳固的自我意识就得以建立了。相反,如果这种反馈缺失、不明确或不稳定,那么这一系列的自我意识就是相对弱化的……

理想自我的发展

在与参照组进行互动的最初阶段,不管参照组是初级群体(比如,一个孩子的家庭成员)或者是次级群体(比如一个人的同事或同龄人),选择和决策都是由外部现存的社会系统所引导的。当一个人与其参照组进行互动时,将会得到来自参照组的反馈。如果这些反馈是正面的和无特别条件的,个人将会把那些对参照组比较重要的特质、个人能力和价值内在化。按照这样,个人就能够自我引导,利用那些内在化的特质、能力和自我价值来判断自己是成功还是失败。内在化的个人能力和价值被认为是理想自我的基础(Higgins, Klein & Strauman, 1987),以及作为衡量人们行为的内在标准(Bandura, 1986)。如果一个人得到的是负面的反馈,或者反馈虽然是正面的但同时也是有条件限制的,那么个人就可能不会或者只是部分地将那些品质、能力和价值内在化了。这一类人就变成"受人支配"(缺乏自主性的)的人,于是,他们要么回避那个"参照组",要么努力寻求来自群体成员的持续稳定的反馈……

社会身份的发展

个人在社会环境下与相关群体的交往逐渐确定了他的社会身份。对于社会身份,"参照组"提供了三种主要功能:(1)确定某一特定社会身份所应该具备的特质、能力和价值;(2)确定不同社会角色或身份的地位和相对价值;(3)提供社会反馈的基础,而这个社会反馈表现了一个人的品质、能力和价值的范围。

个人至少要确定两种社会身份:全局或整体的身份和特定角色的身份(Robers & Donahue, 1994)。整体的身份是指在所有情形下、扮演不同角色时以及面对不同的"参照组"时,都显现出来的那种身份。整体身份的存在独立于任何特定的社会角色和身份。其参照组包括个人的初级群体的成员。个人的文化加强了与个人相关的特质、能力和价值。整体身份在一个人的早年生活中便已形成,个人的家庭成员作为初级群体发挥了前面提到的三大主要功能。

整体身份为特定身份的发展提供了一个起点。随着个人的成熟,初级群体对个人的控制就减弱了,个人也开始建立起确定的特定社会身份。特定角色的社会身份是指为特定参照组或特定社会角色建立的那些社会身份。这是一个"选择"和"争取"某种身份的过程,这种身份在不同参照组面前对"自我"做出了界定。"争取"这个身份的过程,就是个体尽力符合这一角色(正式或非正式要求的)的参照组的基本期望的过程。

当一个人开始与参照组的成员以一个特定的社会角色进行交往时,整体身份就促进了这一特定身份的形成。但是,当个人保持一个特定角色身份并得到群体成员肯定的反馈时,这个特定的身份会反过来促进整体身份的巩固。在这些社会环境下,参照组(例如同事、朋友等)开始扮演原来由初级参照组扮演的角色。这时,个人易受到新参照组所看重的特质、能力和价值的影响。特定身份的"参照组"也为"感知的自我"的发展提供了重要的社会反馈。

当长时间扮演一个社会角色后,参照组本身也成为了该身份认定的基础,参照组的成败也成为了个人所获反馈的主要来源。根据社会身份理论的定义(Ashforth & Mael, 1989; Turner, 1985),社会身份就是对参照组的一致性或归属性的认知。当一个人认同一个社会参照群体之后,他就会把这一群体的命运当作自己的命运(Foote, 1951; Toleman, 1943)。个人对一个社会身份的认同越多,个人就越把自我意识归属在社会身份之中。

自我概念如何影响组织中的行为

在上一节中,我们描述了自我概念的构成和发展。当自我概念进一步展,就成了个人保持和增强内在化自我看法的激励源泉(Korman, 1970; Gecas, 1982)。在这一节中,我们将会讨论自我概念作为一种动机来源,如何对内在的和外部的激励以及目标内在化激励进行补充。

不少人尝试建立基于自我概念的激励模型,但是没有一个模型能够整合成为组织行为学研究中的主流学说(Bief & Aldag, 1981; Gecas, 1982; Korman, 1970; Schlenker, 1985; Sullivan, 1989; Shamir, 1991)。我们提出的以自我概念为基础的激励来源,补充了传统的激励模式。不管是对算计的(或称为斟酌的)行为还是对不算计的(反应性)行为都做出了相对合理的解释。

人们每天都会被繁多的信息包围着,他们通常会根据自身的"感知的自我"对这些信息进行说明和赋予其意义。正如我们前面所说的,他们得到这些信息并不一定意味着对个人的特质、能力或价值产生影响。但是,人们对那些信息所赋予的意义,常常能够加强对他们的自我意识和满足自我肯定的需要。任务与/或社会反馈提供了对个体行动的"刺激",个体对反馈的"评价"是个人"应对"行为的基础。为了分析自我意识的作用,我们从两个方面来解释组织行为:斟酌过程和反作用过程。

斟酌过程

一个社会身份被确认之后,结合相关的特质、能力和价值,个人在各种行为模式中做出选择,设置并接受目标,承担项目,其努力大体上会指向获取符合自我概念的任务和社会反馈。用预期理论框架来描述自我概念的作用,即个人会有意识地根据给定行动得到的社会反馈对自我概念的符合程度进行评估。这一反馈的有用性,即效价,是以由参照组决定的"特定身份"相关联的价值为基础。换言之,个人的行为可以看成是努力获得与理想自我的特质、能力和价值相一致的反馈过程(Gecas, 1982; Korman, 1970)。一个人选择采取的行动和执行的任务应该符合其自我意识,并要与理想自我相匹配。

因此,斟酌就是个人自觉行动以接受任务和社会反馈的过程,接受任务和社会反馈将确认和增强构成自我概念的重要的社会身份。举个例子,当一个人自认为"有良心"时,他或她就会倾向于按时完成分配的任务,坚持完成未完的项目,并为了完成工作而放弃社交活动。一个人被定义为"领导"的角色时,他就会展现那些他认为符合"领导"身份和为完成公众目标的工作的行为,当然这些目标的完成必须能够有益于他的领导能力和技巧。也就是说,他将会被"激励"去从事那些能够强化他的"领导"身份和相应特质、能力和价值的活动。当此类活动使这一身份巩固时,自我意识也得到了加强。

反作用过程

根据认知失调理论(Festinger, 1957),两种感知因素的不一致性,不管是理念、态度或是行为上的,都会导致不和谐的产生。假设一个人感到不愉快,"不和谐"的出现就会"激励"他去改变一个或是更多的"感知因素",以试图避免不愉快的状态。而在自我概念理论中,这种不和谐的产生是因为社会反馈与自我意识的差异。当不和谐出现后,个人就会用许多潜在的适应性策略来应对。这样,这些适应性策略就会反映个人为了保持"自我意识"的反作用过程。

适应性策略

适应性策略是个人用来应对不和谐(即自我概念和社会反馈的冲突)的首要机制。这些策略可能是可认知的,或者是以可认知的形式出现(比如行为模式),并且人们是在面对不适宜的反馈时有规律地采用适应性策略。所以,个人可能会有意识或是无意识地采用适应性策略。在为数众多的适应性行为之中,可能包含了下面一些策略:

- 动机。为了改变未来的反馈,付出更多的努力或者改变自己的行为。
- 弱化反馈。寻求正面反馈以弱化负面反馈,或者对负面反馈的来源抱以怀疑的态度。
- 改变反馈。提出证据,或是争辩对自己的评价是不正确的。
- 分裂。把个人从行为的后果或影响中分裂开来。公开表明个人并不是有意为之,这样个人的特质、能力和价值与行为后果之间的联系就不成立了。
- 联合。试图把个人的特质、能力和价值与某项任务的结果建立一个稳固的联系。把自己与成功或是有名望的组织或群体联系起来。
- 反作用的形成。说服并使外界和自己相信某一特定的特质、能力或价值是无足轻重的。
- 逃避反馈。避免接受反馈的场合,使自己的特质、能力和价值没有机会得到别人的评价。
- 贬低他人。试图表明其他人的特质、能力和价值不如自己。
- 减少个人责任。试图表明某一行为的后果是外部力量的结果,而不是个人的能力所及,从而不能反映他的特质、能力和价值。

斟酌过程和反作用过程,都解释了自我概念影响个人行为的潜在机制。现在我们将讨论两种主要的以自我概念为基础的动机:外部的和内部的动机来源。

外部的以自我概念为基础的动机

当一个人主要受到外部的支配(缺乏主见)时,自我概念动机就以外部因素为基础。在这种情况下,通过不断调整以适应参照组的预期,产生了理想的自我。个人为了符合其他人的期望,会努力去做那些能引起与"自我意识"相一致的社会反馈的事情。当获得正面的社会反馈时,个人会发现有必要将这个结果与参照组的成员进行交流。个人满足参照组成员的行为方式是这样的:首先获得接受和认同,然后赢得地位。这两种需求与麦克利兰(1961)提出的归属需求和权力需求相似。个人会被持续不断地激励着去争取参照组成员的认同和群体中的地位。这种对地位的追求通常会导致一个自我评估的顺序标准。此类动机同样与埃奇奥尼(1975)的社会道德投入相似。

内部的以自我概念为基础的动机

当一个人是"主见型"的人时,自我概念动机就来自内部。内部自我概念动机是以为个人制定内部标准的方式来激励个人行为,这些标准就成了理想自我的基准。在个人最初想要增强某一能力的感知并随后试图获取更高层次的能力的过程中,个人就会倾向于使用固定的而不是排序的自我衡量标准。这里所说的对获得高层次能力的需求与麦克利兰指出的对成功高层次的需求相似。对那些内部驱动或是受自我概念激励的人们来说,激励力量就是任务反馈。对这一类人来说,自己的努力能够对获得成果起到关键作用,以及自己的想法和行动能够有益于做好工作,是他们感觉最为重要的事情。相对那些受外界影响较多的人来说,其他人的正面反馈对他们来说并不重要。

每个人都在不同程度上同时受到内部和外部的自我概念动机的影响。一个人是否被其自我概念所激励,动机的来源是内部的还是外部的,取决于很多因素。正如我们上面所说的,一个人的自我概念可能有高有低,自我感知有强有弱,自我评估的标准可能是固定的或是排序的。为了演示这些自我意识的动机是如何加深我们对组织行为的认识,我们将着重讨论其中的两种类型。

第一类是那些缺少自主性的、自我概念层次较高但是强度较弱的并运用排序标准的人。这样的人是高度竞争性的,自我表现十分重要。他们希望获得成功、远离失败。他们最关心的是当失败降临时过失的归咎,以及取得成功时荣誉的分配。这类人是地位和权利的追求者,有着获得外部或者社会认可的强烈需求。

第二类是有主见的、自我概念层次较高但是强度较弱,并运用固定自我评价标准的人。他们为自己设定了较高的自我标准。他们所做的每一个项目都是对自身能力的一个测试。他们寻求任务反馈,投身于那些能测试能力并涉及这类反馈的项目之中。他们必须对任务的结果有控制权。因为他们有着高度的自我概念,但是强度较弱(即态度不坚定),所以他们必须不断地在任务执行中寻求反馈。

表1给出了16种以自我概念为基础的动机的详细描述。该表考虑了内向和其他导向,自我感知的高低和强弱,以及自我评估标准的固定和排序等。这些类型或许不能完全代表所有的人群,但确实展现了以自我概念为基础的激励过程的潜在多样性。这些描述尽管是从我们的模型中逻辑推导出来的,

但是在我们的理论构建阶段还是高度理论性的,需要在实践中检验它们的外部有效性。

表 1 基于自我概念的行为类型

	高的		低的	
	强的	弱的	强的	弱的
自主排序型的	努力实现比其他人更高的目标(如:最好、最快、最聪明)。依赖任务反馈,热衷于那些能强化个人TCV(特质、能力、价值)的重要项目。如果目标实现,不在乎个人荣誉。如果任务失败也不会改变对重要的个人TCV的自我认知。不重视他人对自己TCV方面表现的正面或负面反馈。	努力实现比其他人更高的目标(如:最好、最快、最聪明)。依赖于任务反馈,热衷于那些能强化个人TCV的重要项目。需要成功地完成与他人有关的任务,以强化个人的自我感知。如果不能达到绩效的高标准或是在项目中表现不如他人,可能会表示自己与该项目的结果之间没有关系。	努力达到低于他人的中等目标或标准。依赖绩效评估的任务反馈。忽视或轻视对任务执行情况的积极反馈。用对其完成的任务的负面反馈来确认自己较低的个人意识。	努力达到低于他人的中等目标或标准。依赖绩效评估的任务反馈。对任务绩效的积极反馈可能会鼓励未来更高的目标设置和更好的绩效。忽视或轻视对任务执行情况的积极反馈。把自己与任务的成果分开,或是贬低那项任务。
自主固定型的	努力达到高的、固定的目标或标准,以反映个人的TCV。依赖任务反馈,热衷于那些能强化个人TCV的重要项目。如果目标实现,不在乎个人荣誉。如果任务失败也不会改变对重要的个人TCV的自我认知。不重视他人对自己TCV方面表现的正面或负面的反馈。	努力达到高的、固定的目标或标准,以反映个人的TCV。依赖任务反馈,热衷于那些能强化个人TCV的重要项目。需要他人的成功的承认,来强化个人的自我感知。如果不能达到绩效的高标准,可能会表示自己和该项目的结果没有关系。	努力达到比固定标准低的中等目标。依赖绩效评估的任务反馈。忽视或轻视对任务执行情况的积极反馈。用对其完成任务较低的个人意识。	努力达到比固定标准低的目标。依赖绩效评估的任务反馈。对任务绩效的积极反馈可能会鼓励未来更高目标的设置和更好的绩效。忽视或轻视对任务执行情况的积极反馈。把自己与任务的成果分开,或是贬低那项任务。

续表

	高的		低的	
	强的	弱的	强的	弱的
其他排序型的	努力实现比其他人更高的目标（如：最好、最快、最聪明）。倾向于获得地位和权力。依赖社会反馈，加强本来就持有的自我意识的重要感知。忽视或者轻视那些不支持自我意识的人的反馈。不信任或贬低那些提出负面反馈的其他人的地位。	努力实现比其他人更高的目标（如：最好、最快、最聪明）。倾向于获得地位和权力。依赖社会反馈，热衷于那些十分显眼的项目。需要他人对成功的承认，来强化自我意识。需要回避他人可能提出的负面反馈。不信任或贬低那些提出负面反馈的其他人的地位。	努力达到相对于他人低的中等目标。努力达到相对于他人低的中等目标。忽视或轻视对任务执行情况的积极反馈。用对其完成任务的负面反馈来确认自己较低的个人意识。	努力达到相对于他人低的中等目标。努力达到相对于他人低的中等目标。对任务绩效的积极反馈可能会鼓励未来更高目标的设置和更好的绩效。忽视或轻视他人的消极反馈。贬低那些提出负面反馈的其他人的地位。
其他固定型的	努力达到高的、固定的、反映了重要的 TCV 的目标或标准。依赖社会反馈加强本来就持有的对重要自我意识的感知。忽视或者轻视那些不支持自我意识的人的反馈。贬低那些提出负面反馈的其他人的地位。	努力达到高的、固定的、反映了重要的 TCV 的目标或标准。依赖社会反馈加强本来就持有的对重要的自我意识的感知。需要他人的对成功承认，强化自我意识。需要把自己与失败分开，以避免可能的负面评价。贬低那些提出负面反馈的其他人的地位。	努力达到比固定标准低的中等目标。依赖绩效评估的任务反馈。忽视或轻视对任务执行情况的积极反馈。用对其完成任务的负面反馈来确认自己较低的个人意识。	努力达到相对于他人低的中等目标。依赖绩效评估的社会反馈。对任务绩效的积极反馈可能会鼓励未来更高目标的设置和更好的绩效。忽视或轻视对任务执行情况的积极反馈。贬低那些提出负面反馈的其他人的地位。

动机来源的理论综合

内部过程的激励、外部或制度上的激励和目标内化的激励，这些理论已被以前的学者广泛讨论过,也普遍被接受为工作激励的有效理论。但是,我们前面也指出,这三种来源并不总是能够解释员工行为的多样性。我们提出把自我概念作为激励的另一类来源,特别是从内在和外在的两类激励来考虑问题。如果内在的和外在的自我概念是区别于其他来源的有效动机,那么它们必须能够独立解释行为及其动机。在这一节中,我们将提出一个关于动机来源的新理论,相信可以为以后的工作激励研究提供一个完整的框架。

根据所引用的研究文献和我们的自我概念理论,我们提出了下面的一些观点:

命题1 行为动机有五种基本来源:内部自发作用、外部的/工具性奖励、外部自我概念、内部自我概念、目标内在化。

命题2 个人的特征可以根据反映五种动机来源相对强度的行为动机来刻画。

命题3 对每一个个体来说,总会有一个主要的激励来源,它是个人做出决定并引导行为的主要着眼点。

命题4 当两种或更多的动机来源在个人身上产生冲突时,主要的那个动机来源将会获胜。

命题5 人们在扮演不同身份时或在不同场合下会有不同的激励来源。

我们在下面会分别讨论与任务选择和反馈反应相联系时的五个动机来源。为了能够更好地理解这些动机来源对我们行为的影响作用,我们将会举例说明,在一个团队的决策过程中,每一种激励来源如何影响个人行为。

内部自发作用

那些主要受到内部自发作用影响的人只会去做那些他们认为有趣的事情。他们更多的是寻找那些他们喜欢的任务,而不是那些与特定目标相关的任务。这样,只要某一个团队的工作让他们感到愉悦,这些人就会在这个团队中持续、有效地工作。既然他们相对漠视外界的反馈,那么这样的反馈也不能作为稳定的动机来源。所以,我们可以进一步得出以下命题。

命题6 当面临可选择的任务时,那些主要受内部自发作用影响的人将会选择那些能够让他们感到更多愉悦的工作,当他们不再对这个任务感兴趣时,他们受激励的行为也将停止。

外部的/工具性动机

主要受到这一类来源激励的人肯定会认识到,完成群体的目标就能得到外界更高层次的奖励。目标完成奖金、所得分成和基于群体绩效的表彰都可能提供指向群体目标的外部工具性动机。在考虑纯工具性动机的情况下,人们通过确定那些最可能达到目标并进而获得他们外部利益的行动、任务和程序来消除多种选择的行动过程中的冲突。只有当群体的成员不能对哪一种行动方案最为有效达成共识,并且不能确定自己个人倾向的方案可能优于其他方案时,才可能赞同一种行为过程。任务反馈和社会反馈通常反映在与行为相关的手段和预期概率上,为此我们提出以下命题。

命题7 当面临多种选择任务时,那些主要被外部褒奖动机激励的人会选择那些最有可能获得外部褒奖的任务。并且,只要这类褒奖的可能性一直存在,他们的行为就会保持不变。

外部的自我概念

当一个人有着层次高、强度较弱、排序型的自我概念时,它的主要动力来源就是外部的自我概念。这类动机有两种形式:一种是基于个人的社会身份,另一种基于与成功群体的关系(也就是说,成果公开地分配给个人)。关于第一种形式,个人对其组织成功的渴望和努力,是因为他或她把个人重要的社会身份置于作为一个团队或组织成员的基础上。也就是说,作为一个成功团队或组织的成员能够获得他人更多的接受和更高的声望,正是这一点激励了这一类人。对于第二种类型,个人的评价(即特质、能力、价值)公开地与所属群体的成果紧密联系在一起。当群体获得成功时,个人的技能和能力就在群体取得的绩效中体现出来。也就是说,为了向公众证明他的自我意识,个人会为群体的成功而努力工作。

不管是哪种类型,当个人意识到群体的成功或失败会分配到他们每个人身上时,这类激励才是强烈的。不仅群体成功达到目标是重要的,但更重要的是其成员技术上、行为上或观念上的技巧为群体的成功做出的贡献。所以说,当对于两种活动计划或路线的选择产生矛盾时,那些以基于外部的自我概念动机为目标的个人会强烈地推荐自己合意的计划。这类个人会很不情愿地把成功的"荣誉"分配给其他人。个人的声望也是这类动机产生的动力之一。基于此,我们得出以下命题。

命题 8　以外部自我概念动机为主要激励的人们，会根据自己的特质、能力和价值在任务中的重要性来选择那些能够提供他们积极的社会反馈的任务。只要能预期到相关的正面社会反馈，个人的努力行为就会持续，一旦能够证实无望获得他人正面的社会反馈，个人的行动也就终止了。

内部的自我概念

当一个人有着层次高、强度较弱、固定型的自我概念时，内部的自我概念就成为他们占主导地位的动力来源。与外部的自我概念相似，这些个人能够把群体的成功与个人评价联系在一起。但是，这里更重要的是个人自己感知到这一关联的存在，其他人的认定和强调就相对变得次要了。班杜拉(1986)关于个人标准的概念有助于我们理解个人是如何受到这种激励。

在一个团队中，如果在行动战线或计划的选择上产生了矛盾，受到内部自我概念激励的人就会强烈地推荐那些能够对个人特质、能力和价值提供评估反馈的行动路线或计划。这些个人并不需要因为有成效的成果带来"荣誉"，但是必须要发自内心地相信这样的成功是来自于个人的贡献。个人对"控制权"的感知是这类激励动机的驱动力之一。

命题 9　主要受以内部自我概念为基础的动机所激励的人会选择那些能够对他们的特质、能力和价值提供肯定的任务反馈的工作项目。只要积极的任务反馈可以预期，行为就会持续下去；如果得不到正面的反馈，努力的行为也就停止了。

目标内在化

被目标内在化激励的人们之所以接受群体目标，是因为这些目标的取得对个人来说意义重大。实现这些目标，与个体的外部利益，他们对成功贡献的大小，以及通过实现这些目标而获得的个人荣誉无关。任务反馈和社会反馈同样被用于衡量目标实现的进展。

在行动计划的选择过程中，他们会认定那些最能够获得群体目标的活动计划。从成功中获得"荣誉"，在他们和他人眼里，都是不那么重要的。实现内在化的团队或组织价值和目标是这类激励动机的驱动力。为此，我们提出下面的命题。

命题 10　当面临任务的选择时，主要受目标内在化激励的人就会致力于那些最有可能实现团队或组织目标的任务。只要任务的进程一直指向该目标,个人行为也将持续不断。

关于未来研究方向的讨论和推断

在这篇文章中,我们已经把传统激励理论和自我概念激励理论相结合,提出了关于激励的"超理论"。将现行的激励理论扩展到自我概念的范围,使得我们有能力同时对不同环境下行为的多样性和个人行为一定程度的整体性和稳定性做出解释。我们认为在不同环境下,个人动机会大致描绘出个人的支配性激励来源。这个支配性的来源在特定环境下指导着个人行为,并解释了人们如何在不同的行动计划或路线中做出选择。我们相信这个"超理论"对动机进行了一个相对现实的描述,也为未来理论的构建和研究提供了基础。

这个新理论也提供了未来研究的众多领域。首先,对上面提出的那些命题的证明很重要。要做到这一点,必须对五个动机来源进行可靠有效的衡量。这里的衡量不仅能够把五个动机区分开来,而且精确到能够在变化的环境中确定一个支配性的动机。特别是,我们需要拓展对不同社会身份的不同动机侧面的研究。这个理论必须通过观察性研究、投射技术的运用,以及在多重工作设置中进行深入的个案分析,从解释性范例的角度来检验。

如果我们认为五个动机来源可以作为激励的发展性模型的基础,一个有趣又丰富的研究领域便随之而来。也就是说,个人在他们心理上和社会性的成熟过程中,是否也经历了一个激励动机的发展阶段?个人开始采取某些行为可能仅仅因为它们是令人愉快的。随着时间逐渐成熟,他们开始体验到不同行为所导致的反馈,个人开始学会为了外部的褒奖、接纳、身份等而采取特定的行为。有可能只有在心理成熟的高级阶段,个人才会把内部化的目标和组织或社会的价值作为行动的基础。对这种发展进化过程的认知,需要长时间的研究,从而调查人们动机发展的历程,记录在时间变化中有哪些主要和次要的动机来源,并且研究这些来源是否能够以及如何影响个人的行为。

我们在本文勾勒的自我概念理论同样也丰富了研究方法。首先,我们相信在自我概念的简单表述中,已经吸纳了大部分文献中有关自我构建方面的内容。但是,我们也可能忽视了其中的一些方面。具体来说,需要进一步扩展对自尊在自我概念中的地位的研究(Korman, 1970)。我们认为,当个人体验到理想和现实感知的自我差距时,以及经历我们前面所说的"适应性策略"的自主能动的回应时,自尊会起到不小的作用。一些文献(Campbell & Fairey, 1985; Rosenthal & Rosnow, 1991)赋予自尊这一概念的重要性,也使得在我们模型中发展这一观点成为必然。

其次，在我们发展这个模式时，仅仅着眼于从自主和受支配两个维度来考虑自我概念激励方面的性质。我们在表1中列出的不同类型的自我概念导出的激励方面的结论，带有高度的推测性。用挑剔的眼光来看，表1所列示的16种类型在人群中可能实际上并不存在。我们需要更进一步研究以确定那些能够标准化地描述大众行为的类型，以及这些类型对行为动机的影响。为了做到这一点，我们需要对自我概念的维度进行进一步衡量，并在不同情况下的众多员工行为的研究上应用它们。

本文提出的超理论给那些对工作激励理论的应用有兴趣的人也提供了一些实际引导。比如说，在团队管理、纠纷解决、领导和组织变革领域中，对不同的动机来源是如何在行为导向、努力程度和行为持续性方面影响员工的选择的认知将十分重要。这样的认识可以使得经理人警惕那些"大小通吃"的激励方法。通过本文介绍的激励来源的认识，经理人将能设计出更好的激励方案，这样的方案对受不同动机来源的个人来说将更加贴切。比如说，通过设计激励方案，就能够根据需要引导出那些以某一特定动机来源为基础的员工行为。最普遍考虑到的激励系统就是奖励性、任务性、管理性和社会性的激励系统。奖励性激励系统涉及组织中正式的激励制度的设计和执行，比如说补偿和提拔制度。任务性激励系统涉及工作和任务的设置。管理性激励系统具有的激励性质来自于员工对管理者领导方式的接受程度。最后，社会性激励系统的定义为：对工作组织中或群体中行为具有激励性影响的社会和文化系统。举一个例子来说明，报酬或是奖励机制的改变可能会对那些主要受外部褒奖激励的人产生预期的效果，但对那些主要受到内部自我概念激励的人则没有什么效果。另外，领导风格的变更对那些受内部化目标激励的人的影响很强烈，但对那些主要受到内发或是外部褒奖动机激励的个人作用不佳。

当对组织结构做出改革时，这一模式也可能帮助管理者更好地理解为什么对组织进行变革的努力常常不能获得预期的效果。变革代理人和经理人必须认识到激励员工动机的多样性，才能设计正确的方案，激励员工行为的改进或使得原来抵触的行为得到改正。比如说，当一个组织从个体各行其是的状态演化到有很强的团队氛围，那些自主型的个人会对员工参与管理方式更加积极，而不是独裁型的领导方式。员工参与管理方式的领导风格使员工更多地参与决策过程，从而获得更多的直接的任务反馈，而独裁型的领导方式则缺乏这类直接的反馈。

本文试图把我们对动机的认知组织和综合起来成为一个紧密的框架。特别是当实际操作者们需要面对形形色色的、不断变化的员工行为时，我们相信这个理论模式为他们提供了一个有效的理论框架。

参考文献

Ajzen, I. , & Fishbein, M. *Understanding attitudes and predicting social behavior*. Englewood Cliffs, NJ: Prentice-Hall, 1980.

Ashford, B. E. , & Mael, F. Social identity theory and the organization. *Academy of Management Review*, 1989, 14, 20—39.

Atkinson, J. W. , & Birch, D. *The dynamics of action*. New York: Wiley, 1970.

Bandura, A. Self-efficacy mechanism in human agency. *American Psychologist*, 1982, 37, 122—147.

Bandura, A. *Social foundations of thought and action: A social cognitive theory*. Englewood Cliffs, NJ: Prentice-Hall, 1986.

Bandura, A. Social cognitive theory of self regulation. *Organizational Behavior and Human Decision Processes*, 1991, 50, 248—287.

Barnard, C. *The functions of the executive*. Cambridge, MA: Harvard University Press, 1938.

Beach, L. R. , & Mitchell, T. R. Image theory: A behavioral theory of decision making in organizations. In B. Staw and L. L. Cummings (eds.), *Research in organizational behavior*. JAI Press, Greenwich, CT, 1990.

Becker, T. E. Foci and bases of commitment: Are they distinctions worth making? *Academy of Management Journal*, 1992, 35, 232—244.

Brief, A. P. , & Aldag, R. J. The self in organizations: A conceptual review. *Academy of Management Review*, 1981, 6, 75—88.

Campbell, T. D. , & Fairey, P. J. Effects of self-esteem, hypothetical explanations, and verbalization of expectancies on future performance. *Journal of Personality and Social Psychology*, 1985, 48, 1 097—1 111.

Cantor, N. , & Kihlstrom, J. F. Social intelligence: The cognitive basis of personality. *Review of Personality and Social Psychology*, 1985, 6, 15—33.

Cantor, N. , & Kihlstrom, J. F. *Personality and social intelligence*. Englewood Cliffs, NJ: Prentice-Hall, 1987.

Cattell, R. B. *The scientific analysis of personality*. Baltimore, MD: Penguin, 1965.

deCharms, R. *Personal causation: The internal affective determinants of behavior*. New York: Academic Press, 1968.

Davis-Blake, A. , & Pfeffer, J. Just-a mirage: The search for dispositional effects in organizational research. *Academy of Management Review*, 1989, 14, 385—400.

Deci, E. L. *Intrinsic motivation*. New York: Plenum, 1975.

Etzioni, A. *Comparative analysis of complex organizations* (enlarged ed.). New York: Macmillan Publishing Co. , 1975.

Festinger, L. *A theory of cognitive dissonance*. Stanford, CA: Stanford University Press, 1957.

Foote, N. N. Identification as the basis for a theory of motivation. *American Sociological Review*, 1951, 16, 14—21.

Gecas, V. The self concept. *Annual Review of Sociology*, 1982, 8, 1—33.

Gergen, K. J. Theory of the self: Impasse and evaluation. In L. Berkowitz (ed.), *Advances in experiential social psychology*. Orlando: Academic Press, 1984, pp. 49—115.

Gerhardt, B. How important are dispositional factors as determinants of job satisfaction? Implications for job design and other personnel programs. *Journal of Applied Psychology*, 1987, 72, 366—373.

Goldberg, L. R. An alternative description of personality: The big-five factor structure. *Journal of Personality and Social Psychology*, 1990, 59, 1 216—1 229.

Greenwald, A. G., & Pratkanis, A. R. The self. In R. S. Wyer and T. S. Srull (eds.), *Handbook of social cognition*. Hillsdale, NJ: Erlbaum, 1984.

Hackman, J. R., & Oldham, G. R. Motivation through the design of work: Test of a theory. *Organizational Behavior and Human Performance*, 1976, 16, 250—279.

Higgins, E. T., Klein, R. L., & Strauman, T. J. Self discrepancies: Distinguishing among self-states, self-states conflicts, and emotional vulnerabilities. In K. Yardley and T. Hones (eds.), *Self and identity: Psychosocial contributions*. New York: Wiley, 1987, pp. 173—186.

House, R. J., Shane, S. A., & Herold, D. M. Rumors of the death of dispositional research are vastly exaggerated. *Academy of Management Review*, 1996, 21, 203—224.

Jones, E. E. *Interpersonal perception*. New York: W. H. Freeman, 1990.

Jones, E. E., & Gerard, H. B. *Foundation of social psychology*. New York: Wiley, 1967/1990.

Kanfer, R. Motivation and individual differences in learning: An integration of developmental, differential, and cognitive perspectives. *Learning and Individual Differences*, 1990, 2, 219—237.

Katz, D., & Kahn, R. L. *The Social psychology of organizations* (2nd ed.). New York: Wiley, 1978.

Kelman, H. The induction of action and attitude change. In G. Nielson (ed.), *Proceedings of the XIV International Congress of Applied Psychology*, 1958, pp. 81—110.

Kihlstrom, J. F., & Cantor, N. Mentla representations of the self. *Advances* in *Experimental Social Psychology*,1984,17,1—47.

Kihlstrom, J. F. , Albright, J. S. , Klein, S. B. Cantor, N. , Chew, B. R. , & Niedenthal,P. M. Information processing and the study of the self. *Advances in Experimental Social Psychology*,1988,21,145—180.

Klein, H. J. An integrated control theory model of work motivation. *Academy of Management Review*,1989,14,150—172.

Korman, A. K. Toward a hypothesis of work behavior. *Journal of Applied Psychology*,1970,56,31—41.

Landy, F. J. , & Becker, L. J. Motivation theory reconsidered. *Research in Organizational Behavior*,1987,9,1—38.

Locke, E. A. , & Henne, D. Work motivation theories. In C. L. Cooper and I. Robertson(eds.), *International review of industrial and organizational psychology*. Chichester, England: Wiley,1986,pp. 1—35.

March, J. , & Simon, H. *Organizations*. New York: Wiley,1958.

Markus, H. , & Wurf, E. The dynamic self-concept: A social psychological perspective. *Annual Review of Psychology*,1987,38,299—337.

Marsh, H. W. , & Hattie, J. Theoretical perspectives on the structure of self-concept. In B. A. Bracken(ed.), *Handbook of self-concept: Developmental, social, and clinical considerations*. New York: Wiley,1996.

McClelland, D. C. *The achieving society*. Princeton, NJ: Van Nostrand Reinhold,1961.

Mischel. W. *Personality and assessment*. New York: Wiley,1968.

Mitchell, T. R. , & James, L. R. Conclusions and future directions. *Academy of Management Review*,1989,14,401—407.

O'Reilly, C. III, & Chatman, J. Organizational commitment and psychological attachment: The effects of compliance, identification, and internalization of prosocial behavior. *Journal of Applied Psychology*,1986,71,492—499.

Pervin, L. A. *Personality: Theory, assessment & research*. New York: Wiley, 1975.

Pervin, L. A. Persons, situations, interactions: The history of a controversy and a discussion of theoretical models. *Academy of Management Review*, 1989, 14,350—360.

Roberts, B. W. , & Donahue, E. M. One personality, multiple selves: Integrating personality and social roles. *Journal of Personality*,1994,62,199—218.

Rogers, C. R. A theory of therapy, personality, and interpersonal relationships as developed in the client-centered framework. In S. Koch(ed.), *Psychology: A study of a science*. New York: McGraw-Hill,1959,pp. 184—256.

Rosenthal, R. , & Rosnow, R. L. *Essentials of behavioral research: Methods and data analysis*. New York:McGraw-Hill,1991.

Rynes,S. ,& Lawler,J. A. A policy-capturing investigation of the role of expectancies in decisions to pursue job alternatives. *Journal of Applied Psychology*, 1983,68,620—631.

Schlenker, B. R. *Impression management: The self-concept, social identity, and interpersonal relations*. Monterey,CA:Brooks/Cole,1980.

Schlenker, B. R. Identities, identification, and relationships. In V. Derlega (ed.), *Communication, intimacy, and close relationships*. New York: Academic Press,1985.

Schlenker,B. R. Identity and self-identification. In B. R. Schlenker(ed.), *The self and social life*. New York:McGraw-Hill,1985,pp. 15—99.

Schwartz,S. H. ,& Bilsky,W. Toward a theory of the universal content and structure of values:Extensions and cross-cultural replications. *Journal of Personality and Social Psychology*,1990,58,878—891.

Shamir, B. Calculations, values and identities: The sources of collective work motivation. *Human Relations*,1990,43,313—332.

Shamir, B. Meaning, self and motivation in organizations. *Organizational Studies*,1991,12,405—424.

Sims, H. P. ,Jr. ,& Lorenzi,P. *The new Leadership paradigm:Social learning and cognition in organizations*. Newbury Park,CA:Sage,1992.

Snyder,R. A. ,& Williams,R. R. Self theory:An integrative theory of work motivation. *Journal of Occupational Psychology*,1982,55,257—267.

Soares,A. T. ,& Soares,L. M. *Components of Students' Self-Related Cognitions*. Paper presented at the American Educational Research Association Annual Meeting,Montreal,1983(ERIC Document Reproduction Service No. ED 228 317).

Steers,R. M. ,& Porter,L. W. *Motivation and work behavior*. New York: McGraw-Hill,1991.

Stryker,S. *Symbolic interactionism:A social structural version*. Menlo Park, CA:Benjamin/Cummings,1980.

Stryker,S. Identity theory:Developments and extensions. In K. Yardley and T. Hones(eds.), *Self and identity*. New York:Wiley,1986.

Sullivan, J. J. Self theories and employee motivation. *Journal of Management*,1989,15,345—363.

Tajfel,H. ,& Turner,J. C. The social identity theory of intergroup behavior. In S. Worchel and W. G. Austin(eds.), *Psychology of intergroup relations*. Chicago:Nelson-Hall,1985,pp. 7—24.

Tolman, E. C. Identification and the post-war world. *Journal of Abnormal and Social Psychology*,1943,38,141—148.

17 刺激和个性的协调因素
——自定目标和自我效能感*

艾德温·A. 洛克

在1935年出版的一份引起争论的报告中，C. A. 梅斯做了以下的描述：
"因此，总的来说，无论出于什么样的刺激或面临什么样的刺激环境，任何任务的执行都是由一些具体意图控制着……监督、书面鼓励或者批评，以及标准制定等都是有价值的，而且，它们都直接或者间接地控制着一些意图，这些意图在给定任务的执行中起到一定的作用。"（Mace, 1935, p. 2）

梅斯的观点过了50多年才被认真看待并加以系统的检验。基于梅斯以及瑞恩（1970）的观点，我将目标和意图的作用假设为激励理论的因果协调因素（Locke, 1968b）。根据最近的研究（Locke, 1991），我推出了一个关于"动机中心"概念的扩大协调模型。这里的中心是指一种"活动中心"。在激励理论中它指的是行动进行的场所，或者更确切地说是最接近于行动的激励顺序的那个部分。我所指的"最接近"是指在时间上和因果关系上的最接近。我提议的"激励顺序"模型（Locke, 1991）的中心是以需求和价值为出发点，以回报和满意为终止点。这里，我关心的是模型中最主要的几个因素（从需要、刺激到行动）之间的关系。这个模型可以参考图1[我在Locke（1991）的模型上稍作修改]。

----

*来源：Work Motivation in the Context of a Globalizing Economy. Reprinted by permission of Lawrence Erlbaum Assoc.。

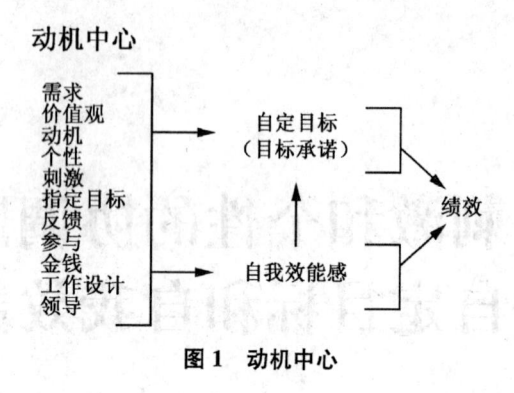

```
            动机中心
        ┌──────────┐
        │ 需求     │
        │ 价值观   │         ┌─自定目标─┐
        │ 动机     │         │(目标承诺)│
        │ 个性     │────→    └────┬────┘
        │ 刺激     │              │         ┌────┐
        │ 指定目标 │              ↓      →  │绩效│
        │ 反馈     │         ┌─────────┐    └────┘
        │ 参与     │────→    │自我效能感│
        │ 金钱     │         └─────────┘
        │ 工作设计 │
        │ 领导     │
        └──────────┘
```

图1 动机中心

协调关系模型

这个模型认为自定目标或个人目标(也就是梅斯所指的意图)和自我效能感(指对具体任务的自信)是行动的最直接、最有激励的决定因素(Bandura, 1986; Locke & Latham, 1990), 认为这两个因素调节或联系着其他激励因素的效果。出于本文的需要, 我把目标承诺看作是激励中心的一部分(当然, 目标本身是由许多因素调节的, 如关注程度、努力程度以及忍耐力, 反过来这些核心因素又相对自动地反映着目标)。在以前的模型中(Locke, 1991), 我讨论了两种激励因素: 需求和价值观(或动机), 并假定它们受目标和自我效能感调节, 这两个因素都是内部因素。现在我又在模型中增加了两个其他因素: 个性和刺激。其中个性反映价值观、动机以及个人特征, 刺激是行动的外部诱因(例如, 反馈、参与、工作特征、领导者以及金钱激励)。

这个中心模型的基本假设, 是自定目标和自我效能感能根据现有的具体情况考虑或反映其他激励因素。譬如拿价值观来说, 价值观可以影响个人的选择和对形势的判断。例如, 那些高度看重成就感的人比不怎么看重成就感的人更有可能寻找能够成功的环境; 对他们所面临的任务和形势与成就或有机会取得成就作出判断; 寻找衡量成就的途径; 设定较高的成就目标, 并且更加努力地去实现这些目标。设定哪种目标也会被个人从事手头工作时感知的自我效能感所影响。

这个原则同样适用于外部的刺激因素; 外部刺激因素也能帮助分析和判断形势。例如, 对金钱具有较高评价的人比对金钱评价较低的人会更乐于寻找赚钱的机会, 会想方设法去改变环境赚钱, 设定更高的财富目标(再次取决于自我效能), 并且在实现这些目标时比那些不看重这些目标的人更加投入(这里观察到的是外部刺激必须诉诸于价值感才会有效)。领导者也通过对形势的分析和判断来激励下属。领导者常常通过传达某个鼓舞人心的、表达他们价值观的愿景,使下属明白高质量工作的重要性,并表示他对下属完成任务的信心,相信他们有能力完成高质量的工作(Kirkpatrick & Locke, 1996)。

就像在中心模型中展示的那样,目标和目标承诺都不仅被价值观和激励所影响,而且被个人对涉及具体任务的自我效能感所影响(Bandura, 1986)。自我效能感也可能受到外在因素的影响(例如,参见 Latham, Winters, & Locke, 1994)。像目标一样,自我效能感也直接影响着绩效。

必须指出,我们所推出的模型有许多局限。一个明显的局限是这个模型并没有明确地包括认知(例如知识、技能、任务策略)。当然,我们知道知识和技能会影响行动,甚至超过激励变量的影响——假定一些激励因素已经存在。中心模型并没有排斥这些因素,但是由于它集中关注激励机制的研究,因而没有对其作进一步的阐述。当然自我效能感是一个认知的判断,是对工作能力的估计,但它也是行动的激发因素(Bandura, 1986)。另一个相关的认知要素是意志力,也就是思考与不思考的选择 (Binswanger, 1991)。一个人是否思考以及怎样思考会影响模型的各个部分(Locke, 1991)。

模型的第二个局限是它没有考虑到潜意识动机,即影响行动的动机独立于意识形态,它包括意识目标的设定和自我效能感。换言之,潜意识动机可能绕过了中心模型。例如,它可能会唤起对某种行为的注意或者影响注意力的方向,却没有影响到有意识的目标。至于其他途径也是有可能的。一个人可能并未意识到某种潜意识的价值观,而这些价值观可能会影响个人的意识目标或自我效能感。与潜意识动机研究相关的先决条件,是在任务执行设定中如何对这种动机进行衡量——这是一个非常困难的任务。

模型的第三个局限是它没有将情感作为行动的一个决定因素。完全因果序列模型(Locke, 1991),将情感置于因果序列的末尾,视其为对事件和环境进行价值评估的结果,包括其产生的自身绩效和回报。但这并不排除曾经历过的情感能够影响以后的绩效。这些是否通过或围绕中心模型起作用,是一个令人感兴趣的研究问题。同样,模型也没有包含体现感情状况的情绪问题。

因此,这个模型最好被认为是一个带有明显局限的工作假设。模型并没有详细说明目标与自我效能感在某一特定情况下哪一个更关键。尽管在概念上有明显的区别,但这两个概念代表了动机相互补充的两个方面:个体想要完成的目标和他对完成目标的信心。指定目标同样也能影响自我效能感,它们通常是高度相关的。本章中我们将对已经被检验的一些基本协调观点的研究加以总结。这将表明该模型的基本生命力……

指定目标

洛克和莱瑟姆(1990)认为指定目标通过对个人目标和自我效能感的作用影响绩效。虽然指定目标和自定目标明显地相互关联,但它们之间仍然有区别,因为个体并不完全投身于他人要求其完成的目标。指定目标同样影响自我效能感,例如,因为指定艰难的目标是信心的表示,它可能会形成皮格马利翁效应(Eden, 1990)或信念(Bandura, 1986)。自我效能感直接影响绩效,并且通过它对个人目标的作用影响绩效。

迈耶和格拉特利(1988)发现,指定目标同样能给对象提供在设定目标时使用的规范信息。在两个实验研究中,他们发现指定目标的困难程度对绩效的影响完全通过感知到—规范被个人目标和绩效预期(效力)调节。另一项由迈耶、舒克特—科尔和格拉特利(1988)进行的实验研究也发现了一个协调效应。由厄伊利和利图切进行的两个实验研究发现,个人目标和自我效能感相当大地但不是全部地调节着实验者指定目标的难度对绩效的显著作用。

在一项十分不同的研究中,齐默尔曼、班杜拉和马丁内斯—庞斯发现,9年级和10年级学生的个人学习成绩目标完全影响着他们父母的目标(即父母要子女取得的成绩),并影响他们的实际成绩。虽然自我效能感也能影响成绩,但它并不能调节父母的目标。

反馈

反馈,这里我指的是知晓结果,即知道你在某个工作中是如何行事的,这是在洛克和莱瑟姆(1990)发表他们的目标设定一体化理论时被研究最多的激励因素。洛克和布赖恩(1966)发现知晓结果对于从事复杂的计算任务的工作主体的绩效没有任何程度的影响,但当主体努力按照其报告的工作绩效水平去实现时,目标水平和绩效之间就有显著的关系。

洛克和布赖恩(1968)在进行一项设计较好的研究中,发现了一个运用同样计算任务的知晓结果(相对于没有知晓结果)的显著效应。但是,在知晓结果条件下的主体比不在知晓结果条件下的主体设置的目标要难得多。当知晓结果目标难度被分离出去时,知晓结果效应受到破坏,因此表明知晓结果效应完全受目标调节。

第三项研究(Locke, 1968)使用"时间反应"任务重复了这一发现。知晓结果和目标困难的程度在变化。当一个具有完全知晓结果和低(容易)目标的实验组织被排除出分析时,这些变量之间相互关联,并且与绩效也高度相关。当包括这一实验组织而其余条件不变的情况下,它会将知晓结果和目标水平之间原先存在的较高关系分离出去。当这些完成时,知晓结果效应就消除了,而目标效应仍然显著。

一些研究对研究对象给出的绩效反馈是二维或更多维度的,但指定目标只有一维,或者结果,或者说是衡量对象设定目标会有什么样的结果。在所有情况下,绩效只推动目标已设定的维度(例如,Locke & Bryan, 1969;Locke & Latham, 1990)。这些研究表明,知晓结果只能在一定程度上(即目标选出所要提高的绩效)提高绩效。

当然,一些反馈对设定有效目标是必要的(Locke & Latham, 1990),但这里的关键是单独的知晓结果不能直接地形成更好的绩效。当然,知晓结果必须从任务知晓(知晓如何有效地完成任务)中区别出来,后者确实对绩效有直接影响……

参与

决策参与问题在历史上引起了长时间的争论(参见 Locke & Latham, 1990;Locke, Alavi, & Wagner, 1997)。在这儿,我将只考虑与目标协调相关的一小部分。埃里茨、厄伊利和赫林(1985)在包含制定班级计划的一项实验研究中既改变了决策参与程度,又改变了研究对象是否设定个人目标。在研究的第一阶段,决策参与对象显著地胜过那些给定目标的对象。但这种影响受目标接受(承诺)程度的调节。目标接受显然与绩效相关,且在决策参与进入衰退前,破坏这种效应。这可被认为是一个微弱的协调发现,但由于 R^2 减少非常小,所以没有进行显著性检验。

与决策参与相关的其他研究是莱瑟姆、埃里茨和洛克(1998)进行的"研究3",这项研究使用与埃里茨、厄伊利和赫林(1985)相同的任务。有三个目标条件:告诉、告诉并说服以及参与。对能力较低的对象来说,目标条件对其有一个显著效应,决策参与比告诉对象致力于什么样的目标更能导致较高的工作绩效。但是,这种影响完全受目标承诺和自我效能感调节,目标承诺和自我效能感在决策参与状态中更高。

上面的两项研究表明在某种程度上决策参与的确能激发绩效,这可能是部分通过其对目标承诺和自我效能感的效应达到的。这并没有排除决策参与对目标水平的效应。莱瑟姆和尤克尔(1975)发现,未受教育的木工在决策参与情况下比指定目标情况下设置的目标更高,且参与决策的工人有更高的生产力,但他们没有进行正规的协调分析。

最近的研究表明决策参与有强烈的(但是偶然的——Scully, Kirkpatrick, & Locke, 1995)认知效应(Locke, Alvai, & Wagner, 1997)。这些决策参与的认知效应,同样会引起自我效能感(如 Latham, Winters, & Locke, 1994),可能比激励效应更显著、更可靠。考虑自我效能感可能有助于协调决策参与的激励和认知效应,这是一件很有趣的事。

金钱激励

一些研究已检验了目标和目标承诺在金钱激励效应方面的协调作用,但这些研究结果并不一致。消极的方面是,莱瑟姆、米切尔和多索(1978),普里查德和柯蒂斯(1973),以及赖德尔、内贝克和库珀(1988),这三组研究者的研究都发现,即使目标水平和目标承诺都被控制或排除,激励仍影响着绩效。而且,前面的两项研究并没有发现激励对目标承诺的影响。赖德尔、内贝克和库珀(1988)发现了激励对目标水平和承诺的影响。但正如我们指出的那样,这些因素并没有完全协调激励效应。这些研究都没有运用有效衡量目标承诺的手段,并且都没把自我效能感作为中介要素。

积极的方面是,赖特(1989)发现了激励因素影响个人目标和承诺的证据,这反过来影响着绩效。但是他没有发现激励对绩效的初始效应。在后来的一项研究中,赖特(1992)发现目标—激励对绩效的相互作用的效应受目标承诺调节。

关于以上研究需要考虑的一个因素是没有任何一个研究满足以下四个标准:(1)取得显著的激励效应或目标—激励的相互作用;(2)使用有效的目标承诺衡量手段(例如,霍伦贝克尺度);(3)在进行实验归纳后衡量个人目标;(4)衡量自我效能感。按照古素和汉吉斯(1997)对协调的定义,(1)项并非是必须具备的标准,但(2)、(3)和(4)项是必须具备的,以便能包括构成激励中心模型的所有潜在的协调要素。其中包括自我效能感特别关键,因为班杜拉(1986)发现并坚持认为激励不一定有效,除非人们认为他们有能力采取必要的行动来实现激励。

但是,最近由李、洛克和潘(1997)进行的研究的确满足了这四个条件。激励的三种类型(计件工资、奖金和计时工资)与指定目标的三种水平相互交叉。在绩效反馈的第二个试验中,一个显著的相互作用被发现与由莫温和米德尔米斯特以及路德(1981)早期进行的研究结果一致,即:在计件工资支付模式下,较难的指定目标比中等配置的目标的绩效高;但在支付奖金模式下,中等目标比艰难目标的绩效高。尽管目标承诺没有显著地受到实验方法的影响,但个人(自定)目标和自我效能感(与承诺程度关系紧密)却受到显著的影响。而且,目标和自我效能感完全调节着相互作用效应。例如,当对象承诺达到艰难的、几乎不可能的指定目标时,个人目标和自我效能感会下降或者不能增长(在支付奖金模式下),但在计件工资支付模式下却能增长。这些结果表明通过正确的设计,金钱激励的协调效应能够实现。

工作设计

对于工作设计,特别是工作丰富化,人们已经研究了几十年(Hackman & Oldman, 1980)。结果表明工作丰富化显著地提高了工作满意度(Oldman, 1996),但它们对绩效的影响则是比较有疑问的,特别是考虑到实际生产力而不是考虑与满意度有关的行为,如故意旷工和离职的时候(Kirkpatrick, 1992)。柯克帕特里克进行了一项研究,这个研究运用阅读证据任务,试图将能够提高工作设计的绩效要素孤立起来。自治和职责都要受到监控。对职责的监控提高了个人目标水平(直接地或用各种绩效水平的期望满足程度来衡量)和目标承诺。个人目标反过来提高了绩效。而目标承诺只与满意度相关。尽管监控的职责强烈地影响经验的职责,但后者与绩效无关。这些结果表明可能是激励中心变量而不是外部的干涉状况(Hackman & Oldham, 1980)同工作再设计有联系,并激励绩效的改善。

魅力型领导

在今天的领导学中,魅力型和变革型领导是个热门话题,但大多数相关研究在设计上相互交错。这里有个关于机制的问题,即通过这些机制,领导方式能否产生有益的组织结果。柯克帕特里克和洛克(1996)设计了一个实验研究,在一个真实的办公室工作环境中展开,这个研究将领导风格分离为三个要素:愿景、具有魅力的个性风格(从愿景中分离出)和任务信息(这与智力刺激类似)。他们发现愿景是组成要素中最强的一个。愿景(强调质量)显著地影响着个人目标水平的质量和自我效能感的质量,这反过来又影响工作绩效的质量。目标承诺与绩效无关。任务策略信息,即一个认知的变量,随着一个局部协调模型而产生;它通过对目标数量和效能感的影响来影响绩效数量,也可能是直接地影响绩效的量。愿景对一系列态度衡量变量具有潜在的影响力,例如,对领导的信任、自身的信念和愿景之间的一致性、灵感以及可感知到的超凡魅力等。而超凡的个性则对此几乎不起作用。这些结论表明：在领导力中,实体(愿景)比风格更为重要;愿景部分地通过它对目标和自我效能感的影响起作用。

当然,还有许多其他影响领导力的因素值得考虑,例如,沟通、报酬体系、选择、培训、团队建设、组织结构等。其中许多被广泛认知,但即使是这些,正如我们发现的如任务战略信息的例子也只是部分依靠中心变量而起作用。

个性

虽然有关前 6 类因素(指定目标、反馈、参与、金钱激励、工作设计和魅力型领导)的研究相对较少,有的甚至只有一个研究,但对个性这个协调因素的研究中,至少有 8 个研究将个性影响作为中心变量。第一个是由丘田、角山和松井在 1982 年进行的实验研究,他们发现一种成就动机的自我报告措施与一项感性的速成任务绩效紧密联系。这种影响完全取决于对象为自己设定任务的难度和目标水平。

泰勒、洛克、李和吉斯特在 1984 年考察了 A 型个性风格与大学教职员工的工作效率之间的关系。两者之间的密切关系完全取决于以下三个变量:效率目标、自我效能感和完整工作策略——同时工作于多项项目而不是一次只完成一个任务。A 型性格不可避免地使他们的工作变得很累。(最近几年,对 A 型综合症的定义已经改为强调将敌意和愤怒作为其核心内容。)

厄伊利和利图切在 1991 年进行的三项研究中,发现特性效力与个人目标和具体任务的自我效能感紧密相连,而个人目标和具体任务的自我效能感又同绩效紧密相连。

1992 年,约翰逊和珀洛发现控制的需要,也就是自我报告中成就需要的一个部分,与目标承诺关系密切,反过来又与复杂的实验任务成效相关。在这里,没有考虑个人目标和自我效能感。

巴里克、芒特和斯特雷斯在 1993 年对销售人员做了研究。他们发现,责任心("五大"个性特征之一)与销售量和上级的绩效评定有关。责任心与销售量的关系部分地取决于自主目标的设定;而责任心与绩效评定之间的关系则部分地由目标承诺所决定。既然这种决定是不完全的,那么很明显有另外的随机变量在起作用,包括能力等。注意,在这个研究中并未考虑到自我效能感。

1995 年,莫恩、贝克和杰弗里研究发现,大学生的自尊心虽然与成绩无关,但却与个人的成绩目标和自我效能感紧密相关,从而可以预知他们的学习表现。

勒纳和洛克 1995 年在体育领域进行了研究。他们在体育课上让学生进行仰卧起坐,给他们设定的目标难易不同,其中给一半人设定标准目标(指定目标),而另一半人则与具有指定目标水平的人进行比赛。这些学生在一项有关运动趋向的调查问卷中的回答与仰卧起坐的成绩紧密相关,而这个调查问卷是关于衡量诸如竞争力、目标趋向等特性的问题。这种相关性完全取决于个人(自我)目标的设定和自我效能感。目标承诺与绩效、自定目标和自我效能感密切相关,但却没有解释归因于其他两个调节因素之外的任何绩效变化。

最后一个研究(Gellatly, 1996)是利用一种简单的算术方法进行的实验调查。结果发现责任心因素与绩效紧密相关。这种影响完全决定于期望(实际上是对自我效能感的衡量)和两种实现个人目标的措施。一种是直接设定的目标项目,另一种是对各级绩效水平的满意预期。请注意,在责任心的六方面内容中,仅仅只有三项与绩效、与协调因素密切相关,即认知结构、命令和冲动。

潜意识动机

迄今为止,只有一项调查研究将有意识的目标和潜意识动机同时作为绩效的预期因素。霍华德和布雷在 25 年中对 AT&T 公司的经理们进行研究,并对研究数据进行重新分析,结果发现第一年的一个面试问题与他们随后 25 年中的提升紧密相关,这个问题是问应聘者想要在公司中得到多少次晋升,达到什么级别。相反,麦克利兰的 TAT 管理措施除了其中一种以外,都与晋升无关,即对非技术管理者的提升预言很弱(甚至为负)。有意识和潜意识措施之间没有相互作用。很明显,这方面的进一步研究是有用的,但是,问题是要找到能准确衡量潜意识的有效预测因素。

结 论

虽然迄今为止没有多少相关研究,但是,对于以下这一命题还是有相当多的支持,即激励效果和个性至少部分地通过诸如个人目标、目标承诺和自我效能感等"中心"变量来影响绩效。

令我们惊奇的是,在那些将目标承诺与个人目标和自我效能感进行衡量的研究中,目标承诺并不能超越个人目标和自我效能感来解释绩效的变化。一般地,目标承诺和个人目标、自我效能感紧密相关,这意味着,后两者可以作为目标的代理者。较为努力的人比不太努力的人会制定更高的目标,有更高的自我效能感(反之亦然)。

需要进一步探索的中心模型的限制条件在于它在某种条件下不能有效地运用。例如,塞尔沃纳和伍德发现当指定目标和反馈都不给定时,个人目标和自我效能感就不能对绩效进行预测。塞尔沃纳、吉瓦尼和伍德在1991年发现即使存在反馈而目标没有给定时,个人目标和自我效能感也无法预测绩效。究竟在这些案例中调控绩效的因素是什么,确实有点令人困惑。很明显这个问题值得进一步探索。

最后,随着我们知识的进一步发展,有必要在模型中加入相关的认知变量(如知识,技能),以提供一个更加综合的解释框架。然而,由于我是一个循序渐进理论的崇拜者,我更愿意等到我们拥有更多数据的时候,再来完成这个任务。

参考文献

Bandura, A. (1986). *Social foundations of thought and action*. Englewood Cliffs, NJ: Prentice-Hall.

Barrick, M. R., Mount, M. K., & Strauss, J. P. (1993). Conscientiousness and performance of sales representatives: Test of the mediating effects of goal setting. *Journal of Applied Psychology*, 78, 715—722.

Binswanger, H. (1991). Volition as cognitive self-regulation. *Organizational Behavior & Human Decision Processes*, 50, 154—178.

Cervone, D., Jiwani, N., & Wood, R. (1991). Goal setting and the differential influence of self-regulatory processes on complex decision-making performance. *Journal of Personality and Social Psychology*, 61, 257—266.

Cervone, D., & Wood, R. (1995). Goals, feed-back, and the differential influence of self-regulatory processes on cognitively complex performance. *Cognitive Therapy and Research*, 19, 519—545.

Earley, P. C., & Lituchy, T. R. (1991). Delineating goal and efficacy effects: A test of three models. *Journal of Applied Psychology*, 76, 81—98.

Eden, D. (1990). *Pygmalion in management*. Lexington, MA: Lexington Books.

Erez, M., Earley, P. C., & Hulin, C. L. (1985). The impact of participation on goal acceptance and performance: A two-step model. *Academy of Management Journal*, 28, 50—66.

Gellatly, I. (1996). Conscientiousness and task performance: Test of a cognitive process model. *Journal of Applied Psychology*, 81, 474—482.

Guzzo, R. A., & Hanges, P. J. (1997). *Reconsidering the traditional criteria for establishing mediator variables*. Unpublished manuscript, Department of Psychology, University of Maryland.

Hackman, J. R. , & Oldham, G. R. (1980). *Work redesign*. Reading, MA: Addison-Wesley.

Howard, A. , & Bray, D. (1988). *Managerial lives in transition*. New York: Guilford Press.

Johnson, D. S. , & Perlow, R. (1992). The impact of need for achievement components on goal commitment and performance. *Journal of Applied Social Psychology*, 22, 1 711—1 720.

Kirkpatrick, S. A. (1992). *The effect of psychological variables on the job characteristics-work out-comes relations*. Paper presented at Eastern Academy of Management.

Kirkpatrick, S. A. , & Locke, E. A. (1966). Direct and indirect effects of three core charismatic leadership components on performance and attitudes. *Journal of Applied Psychology*, 81, 36—51.

Latham, G. P. , Erez, M. , & Locke, E. A. (1988). Resolving scientific disputes by the joint design of crucial experiments: Applications to the Erez-Latham dispute regarding participation in goal setting. *Journal of Applied Psychology*, 73, 753—772.

Latham, G. P. , Mitchell, T. R. , & Dossett, D. L. (1978). Importance of participative goal setting and anticipated rewards on goal difficulty and job performance. *Journal of Applied Psychology*, 63, 163—171.

Latham, G. P. , Winters, D. C. , & Locke, E. A. (1994). Cognitive and motivational effects of participation: A mediator study. *Journal of Organizational Behavior*, 15, 49—63.

Latham, G. P. , & Yukl, G. A. (1975). Assigned versus participative goal setting with educated and uneducated woods workers. *Journal of Applied Psychology*, 60, 299—302.

Lee, T. W. , Locke, E. A. , & Phan, S. H. (1997). Explaining the assigned goal-incentive interaction: The role of self-efficacy and personal goals. *Journal of Management*, 23, 541—559.

Lerner, B. S. , & Locke, E. A. (1995). The effects of goal setting, self-efficacy, competition, and personal traits on the performance of an endurance task. *Journal of Sport and Exercise Psychology*, 17, 138—152.

Locke, E. A. (1968a). Effects of knowledge of results, feedback in relation to standards and goals on reaction-time performance. *American Journal of Psychology*, 81, 566—574.

Locke, E. A. (1968b). Toward a theory of task motivation and incentives. *Or-*

ganizational Behavior and Human Performance, 3, 157—189.

Locke, E. A. (1991). The motivation sequence, the motivation hub and the motivation core. *Organizational Behavior and Human Decision Processes*, 50, 288 —299.

Locke, E. A. (1996). Using programmatic research to build a grounded theory. In P. Frost & S. Taylor(eds.), *Rhythms of academic life*. Thousand Oaks, CA: Sage.

Locke, E. A., Alavi, M., & Wagner, J. (1997). Participation in decision-making: An information exchange approach. In G. R. Ferris(ed.), *Research in personnel and human resource management* (Vol. 15). Greenwich, CT: JAI Press.

Locke, E. A., & Bryan, J. F. (1966). The effects of goal setting, rule-learning and knowledge of score on performance. *American Journal of Psychology*, 79, 451—457.

Locke, E. A., & Bryan, J. F. (1968). Goal setting as a determinant of the effect of knowledge of score on performance. *American Journal of Psychology*, 81, 398—406.

Locke, E. A., & Bryan, J. F. (1969). The directing function of goals in task performance. *Organizational Behavior & Human Performance*, 4, 35—42.

Locke, E. A., & Latham, G. P. (1990). *A theory of goal setting and task performance*. Englewood Cliffs, NJ: Prentice-Hall.

Mace, C. A. (1935). Incentives—Some experimental studies. *Industrial Health Research Report No. 72*(Great Britain).

Matsui, T., Okada, A., & Kakuyama, T. (1982). Influence of achievement need on goal setting, performance, and feedback effectiveness. *Journal of Applied Psychology*, 67, 645—648.

Meyer, J. P., & Gellatly, I. R. (1988). Perceived performance norm as a mediator in the effect of assigned goal on personal goal and task performance. *Journal of Applied Psychology*, 73, 410—420.

Meyer, J. P., Schact-Cole, B., & Gellatly, I. R. (1988). An examination of the cognitive mechanisms by which assigned goals affect task performance and reactions to performance. *Journal of Applied Social Psychology*, 18, 390—408.

Mone, M. A., Baker, D. D., & Jeffries, F. (1995). Predictive validity and time dependency of self-efficacy, self-esteem, personal goals and academic performance. *Educational and Psychological Measurement*, 55, 716—727.

Mowen, J. C., Middlemist, R. D., & Luther, D. (1981). Joint effects of assigned goal level and incentive structure on task performance: A laboratory study. *Journal of Applied Psychology*, 66, 598—603.

Oldham, G. (1996). Job design. In C. Cooper & I. Robertson(eds.). *Interna-

tional review of industrial and organizational psychology. Chichester, UK: Wiley.

Pritchard, R. D. , & Curtis, M. I. (1973). The influence of goal setting and financial incentives on task performance. *Organizational Behavior and Human Performance*, 10, 175—183.

Reidel, J. A. , Nebeker, D. M. , & Cooper, B. L. (1988). The influence of monetary incentives on goal choice, goal commitment, and task performance. *Organizational Behavior and Human Decision Processes*, 42, 155—180.

Ryan, T. A. (1970). *International behavior*. New York: Ronald Press.

Scully, J. A. , Kirkpatrick, S. A. , & Locke, E. A. (1995). Locus of knowledge as a determinant of the effects of participation on performance, affect and perceptions. *Organizational Behavior and Human Decision Processes*, 61, 276—288.

Taylor, M. S. , Locke, E. A. , Lee, C. , & Gist, M. E. (1984). Type A behavior and faculty productivity: What are the mechanisms? *Organizational Behavior and Human Performance*, 34, 402—418.

Wright, P. M. (1989). Test of the mediating role of goals in the incentive-performance relationship. *Journal of Applied Psychology*, 74, 699—705.

Wright, P. M. (1992). An examination of the relationships among monetary incentives, goal level, goal commitment and performance. *Journal of Management*, 18, 677—693.

Zimmerman, B. , Bandura, A. , & Martinez-Pons, M. (1992). Self-motivation for academic attainment: The role of self-efficacy beliefs and personal goal setting. *American Educational Research Journal*, 29, 663—676.

第三篇
团队和群体中的个人

管弦乐队由若干演奏者组成,他们必须隶属于不同的乐器组(如管乐组、铜管乐组、弦乐组等),乐器组再组成乐队。优秀的演奏者并不一定能演奏出动听的管弦乐。个人必须融入有凝聚力的团队,他们拥有共同的使命,对于指挥(正式领导)和其他演奏者(个人)及乐器组(群体或团队)在整个演出过程中的每时每刻要做什么,都已达成共识。乐队需要非常有天分的个人,同时这些个人也必须是团队中的一员。

　　组织需要和个人主义之间的冲突,是所有工作群体和团队的核心问题。作为组织中的一员,就意味着拥有为组织利益牺牲部分个人利益的意愿。在本章中,我们将讨论组织如何将个人技能和创造力融入团队之中,从而达到组织目标。

　　无论在游戏比赛中,还是在工作中,人都是社会性的动物。我们组成群体,并在群体中相互开展社交活动;而群体则每天都在创建自身的规章、价值观、情感、成员标准、角色任务和志趣。绝大部分工作群体还培养了共同的信仰以及对待某些事物的态度,比如成员与组织之间的关系本质、对工作成果和报酬的预期、获得成功的代价、信任组织或向组织表示忠诚的积极/消极后果等。

　　决定是否成为一个群体的成员,常常会给人提出"趋避冲突"这样的问题。加入(组织)既有正面也有负面的意义。群体是人们满足归属欲望的初级方式。一起工作或者邻近的人们构成朋友、同志或交流的联系/关系。然而,成员身份总是要求个人放弃,或者至少暂时放弃某些个人的特性和行动自由。尽管群体各不相同,但它们大都要求个体成员做出某种程度的遵从行为,要求个体成员默认其他成员或者群体的"权利",而这些遵从和默认被看作是个体成员获取成员身份以满足其归属感所必须付出的代价。因此,决定是否在工作中加入某个群体,就通常带有尝试性和模糊性。

　　工作场所中群体的形成,当然不仅仅是为人们提供一种满足归属感的方式。自从工业革命以来,工作场所中的组织就按照专业化和劳动分工的原则来构建(Smith,1776)。在今天的复杂组织中,几乎没有什么工作可以由一个人从头到尾地完成。专业化使得组织可以更加系统化地使用人们的技术与努力,使他们的知识与精力可以集中于少数工作。雇员的学习曲线被最小化了。

　　通过劳动分工,从事专业工作的人被有组织地集中到工作群体、小组、部门、公司等之中。工作群体吸引具有相似背景的人,例如,相同的职业培训、社会化,或者作为会计师、教师、产品经理、人力资源经理等的共同经历;或者吸引具有类似社会背景的人,例如,来自古老的新英格兰家庭,或者来自某个种族。所有这些共同的背景把人们社会化融入共同的价值观/信仰/行为体系。

我们学习如何像医生、教师、会计师、信贷经理或者得州人、纽约人、南加州人那样思考和行事。

实际上,所有的群体,尤其是有目的、专业化的和有组织的群体,都会培育一系列规范(行为准则)、价值观、故事、英雄、传奇、神话、信仰,以及关于他们的组织环境和他们与其他群体的关系的设想。当一个群体成为一个组织的组成部分,比如生产单位或者分支机构,这些共同的信仰、价值观和设想就成为组织的子文化(Martin & Siehl, 1983)。大部分群体的子文化与整个组织的文化具有相似性,但也具有某些独特的元素,它们在事件、环境和个人的影响下,形成了以下一些东西(Ott, 1989, ch. 4):

- 组织所从事的业务的性质或类型
- 创始人或其他早期主要领导人的心理历程或基本性格
- 组织所在社会的一般文化

群体的成员在解决那些威胁到群体生存、身份认可或独立性的难题时,从共同经历的成功与失败中积累起来的学识,就发展成为群体的子文化(Schein, 1992)。

即使不考虑工作群体为什么大都有一些独特的子文化的问题,事实上它们也通常各具特色。那么,考虑到群体所要求的合理的忠诚度和满足其成员的归属需要,就很容易理解为什么组织中总会出现这些特征:"群体内"和"群体外","我们"和"他们"的感觉。

群体动力学是组织行为学的一个分支,"致力于探究群体的性质、发展规律以及群体与个人、其他群体和更大机构之间的相互关系"(Cartwright & Zander, 1968, p. 3)。库尔特·卢因也许是本世纪最有影响的社会心理学家(Marrow, 1969),他被公认创立并命名这一领域,并做出了最有影响的贡献。

卢因的群体动力学观点可纳入场论的总类之中,场论认为一个人的行为是其个人及其直接环境(群体或组织环境)的函数(摘录自卢因《群体决策与社会变革》第六章)。在20世纪40年代的大部分时间里,卢因和他在麻省理工学院群体动态学研究中心的同事们,将场、力场、场力等概念引入人类行为学的研究,他们专注于研究变革的阻力、领导对群体绩效的影响等。不过,卢因最伟大的个人贡献,或许在于把行为学理论和研究的焦点从个体转向了群体。

然而不仅是库尔特·卢因对群体动力学进行了研究。群体动力学第一次将无数社会科学中的理论、研究方法、经验发现综合在一起,获得"与群体相关的心理、社会力量"的知识。这个研究领域,致力于探究群体的性质、群体发展的规律,以及群体与个人、其他群体乃至更大机构之间的相互关系(Cartwright & Zander, 1968, p. 5)。群体动力学是许多著名社会科学家的贡献的集合,其中包括 R. F. 贝尔斯（1950）、多温·卡特赖特和阿尔文·赞德(1968)、乔治·霍曼斯（1950）、雅各布·莫雷诺（1934）、T. M. 纽科姆(1943)、M. 谢里夫（1936）及威廉姆·H. 怀特(1943, 1948)。

虽然组织行为学中的许多概念都存在不小分歧,例如领导者和激励的概念等,但是本篇所讨论的群体这一概念却没有太大争议。通常,群体在学术上被称为基本群体(或称为直接群体)——这是一个足够小的群体,可以让成员进行面对面的交流;而这个群体存在的时间也足够长,从而可以培养某种人际关系、情感、认同感和归属感等。沙因(1980)使用的心理群体也反映同一个概念:"某一些人,他们(1)互相作用、(2)心理上认同彼此的存在、(3)感到自己是属于一个群体"(第145页)。多年以来,对于不同类型的群体有各种各样的描述,但是要理解组织行为学,就要理解以下这些最重要的群体类型(Ivancevich & Matteson, 2002, p. 314—316):

1. 正式群体:经正式批准的群体,通常的目的是为了完成任务。雇员根据他们在组织中的职位被分配到正式群体中。正式群体有两种基本类型:

● 命令群体:列入组织结构图中的正式群体——包括监管者和直接向监管者汇报的人。这一类群体是组织结构的基石;例如,生产工作群体、办事处的人员、营销群体,或者空军飞行队等。

● 任务群体:经过正式批准的、短期存在的任务导向型群体。员工们为了完成特定项目和任务,如解决难题或为某个项目融资,组成任务群体在一起工作,工作任务结束后群体即解散。这种群体有特遣部队和委员会等。

2. 非正式群体:工作环境中人们的自然分组。人们自愿地联合起来,主要是为了满足社会需要。尽管工作中的非正式群体可能有目标和任务(例如,种族支持组织、投资俱乐部、午餐桥牌会),这些群体的主要存在原因是友谊、归属感和共同的兴趣。尽管非正式群体极少经过正式批准,但它们对于组织的工作却相当重要。它们的规范、价值观、信仰以及预期对于与工作有关的行为和态度会产生显著的影响。

对于研究组织行为学的学生和研究者来说,组织中各种类型的群体都具有高度的重要性。他们感兴趣的是群体中发生了什么和为什么发生这些事情,还有群体之间发生了什么。因此,本章包含了七个重要部分,从不同角度探讨群体和群体间的动力学。

本篇对群体这一概念进行探讨时,也不能忽略本书中其他章节讨论的重要变量,其中最重要的是领导力、激励以及组织环境。然而,为了避免重复,当其他章节的话题出现在本篇的时候,就不作深入探讨。

群体中的动力学

本篇中收录的多温·卡特赖特和阿尔文·赞德的文章"群体动力学的起源",是他们那部里程碑式的著作《群体动力学》一书的导论。多温·卡特赖特和阿尔文·赞德将群体动力学定义为"关于群体的性质和发展规律以及群体与个人、其他群体和更大机构之间相互关系的调查研究"。群体动力学与组织行为学中其他众多长期研究群体的学科之间的不同特性体现为:

1. 强调理论上重要的实证研究;不局限于概念性的理论和个人观察。
2. 对现象的动态性和相互依赖性感兴趣;动态要素比静态要素、单个变量理论和结构框架更重要。
3. 广泛的跨学科关联,重视把各种社会科学中的知识和方法糅合进来,包括社会学、心理学和人类文化学。
4. 努力将其发现尽可能适用于改善群体功能及其对个人与社会造成的后果;其结论必须可运用于社会实践。

"群体动力学的起源"完整地分析了该领域的历史发展,包括其他专业的进步带来的积极推动力,最负盛名的有群体心理疗法、教育、社会群体工作以及社会研究技术等,例如可控观察和社会测量法。卡特赖特和赞德是群体动力学最初的编年史作者,"群体动力学的起源"也一直是该领域的优秀概述。

群体间动力学

罗伯特·布雷克、赫伯特·谢泼德和简·穆顿合写的文章"群体间行为的基础与动力学"(1964年,本篇中收录),提出了群体内部以及群体之间的冲突。布雷克、谢泼德和穆顿指出了影响组织中两个或更多成员之间关系的一系列作用力:正式角色和责任、个人背景以及个人作为组织中特定群体的代表的作用。可以用这种三力结构将组织中由个人矛盾引起的冲突和由群体间矛盾引起的冲突进行区别。作者提出了关于组织间矛盾的三种假设,并分别根据每一种假设提出了解决矛盾的策略:(1)不同意见是不可避免的和永久的;(2)由于群体间的相互依赖不是必需的,因此冲突是可以避免的;(3)达成一致和保持相互依赖是可能的。

在"关于群体动力学的群体间观点"(1987年,收录在本篇中)一文中,克雷顿·P. 阿尔德弗提出了一种群体间关系理论,将个人、人际、群体、群体间以及组织的关系都融合在内。阿尔德弗认为透过群体间的视角,"能够解释更广泛的现象,而不仅仅是说明在两个或更多组织的交叉点发生了什么"。他的理论将群体间关系与群体所在的更大的组织体系联系在一起。这可应用于广泛的组织问题中,其中包括"高效工作团队的培养、组织文化的定义与管理、反歧视行动的分析与执行,以及在管理类院校中教授组织行为学"等。

泰勒·小考克斯所著的"组织中的文化多样性:群体间冲突"(1993)一文是他的开创性著作《组织中的文化多样性:理论、研究与实践》中的一章。考克斯认为组织中的大量人际冲突可以从群体间视角来分析,因为"群体身份是个人身份不可分割的一部分。因而,通常被称为'个性冲突'的很大部分原因,可能就是群体的身份—关系冲突的表现"。群体间冲突的五种根源,在组织文化多样化的背景下尤其重要,这五种根源分别是竞争性目标、对资源的竞争、文化差异、权力矛盾以及微观文化身份的同化与保留。考克斯总结出对组织中群体间冲突的管理办法,以及评价与多样性相关的冲突来源,每一种办法在实际操作中都相当有效。

在"为什么团队能带来高绩效的组织"(本篇中收录)一文中,乔·R.卡赞巴奇和道格拉斯·K.史密斯解释道,要达到"团队的智慧",远比他们在1993年开始撰写里程碑似的著作《团队的智慧》时所预期的要困难。比方说,团队合作确实必要,但是它应当被看作是手段而不是目的。"业绩是团队的症结",任何团队"都会达到比个人单独在非团队条件下所能达到的更高成果"。在美国,对个人主义的过分强调可能会破坏团队的潜力,但是这不应该也没必要发生。有效的组织通过细致地调和个人与团队绩效的方法来提高业绩。

卡赞巴奇和史密斯指出组织中抗拒使用团队的三种普遍情况:"缺乏关于团队比起其他选择来工作更有效的证据;使团队变得有风险或不舒服的个人风格、能力和偏好;无力的组织业绩道德规范可能会抑制团队繁荣"。他们还讨论了高效组织中的团队特征。最后,他们预言"未来的组织设计,将寻求比20世纪占主导地位的、臃肿的、多层次命令和控制的科层结构更简单且更具有灵活性的结构,并且强调团队是提高公司业绩的关键单位"。

团队与团队工作

私人与公共部门中组织的生产力已经成为公司董事会和立法部门最重要的话题。实际上,新的管理方法都在传统的、实验性的管理方法中,融入员工参与,从而寻找解决"生产力问题"的有效方案。在过去20年里,管理学"新"办法层出不穷,尤其是强调通过个人和工作群体的发展及授权来达到组织灵活性的那些办法。

"日本式管理",即对员工的长期承诺和在质量圈中强调沟通(Ouchi 1981;Pascale & Athos,1981),是日本在第二次世界大战后的工业实践中首次明确提出的参与/授权办法。20世纪70年代,生产力的显著提高可以主要归功于组织内高度目标导向的群体活动(Hyde,1991)。质量圈是指自发的工作团队提出解决组织问题的办法,目前,质量圈已经在很大程度上被并入或者让位于其后的更综合的管理方法,这些管理方法包括:

- "寻求卓越"(Peters & Waterman,1982)
- "M型社会"(Ouchi,1984)
- "全面质量管理"或"TQM"(Crosby,1984;Deming,1986,1993;Juran,1992)
- "政府再造"(Gore,1993;Osborne & Gaebler,1992)
- "社会技术系统"或"工作生活质量(QWL)"(Weisbord,1991)
- "生产力管理"(Hyde,1991;麻省理工学院工业生产力委员会,1989)
- "组织建筑学"(Nadler,Gerstein,& Shaw,1992)
- "再造"、"流程再造"和"业务再造"(Hammer & Champy,1993)

这些管理办法具有某些共同的要素,但是在重点、假设、具体方法,以及对个人的承诺和工作团队授权方面也有不同。例如,"再造"是一种激进的变革策略,不是渐进式的"基层"员工参与办法。再造的含义和其字面意义一致。"当有人询问业务再造的定义时,我们会说它意味着重新开始,而并不是在现有的基础上修修补补,或者在基本结构不变的情况下做一些增量变化……它包括回到起点并发明出一种更好的工作方式"(Hammer & Champy,1993,p.31)。

与再造的激进变革办法相反,工作生活质量(QWL)拥有自己的中心主题:自尊、工作和生活的意义,以及工作场所中的团体。"我们开发工作场所的团体,这种团体能大大提高劳动生产率。为此,我们必须捍卫个人尊严、提供均等的机会和相互支持,从而达到能量和生产力之间前所未有的平衡"(Weisbord,1991,p.xiv)。

"组织建筑学",将管理者应当如何进行管理比喻为实际的建筑物。这种方法介于流程再造和工作生活质量之间。这一新型组织管理方法运用了下列建筑学原理(Gerstein,1992,pp.14,15):

- 建筑学是一门实用的艺术。它的消费者是"普通人"。因为人们必须在其中工作和生活,所以任何建筑的最终评价都在于以人为本的实用性。
- 建筑学为生活提供了一个框架,而不是为生活具体应该是怎么样提供一种规范。建筑学应当促进、引导和提供环境,而不是提供蓝图。
- 一幅画是由一个艺术家单独完成的,而建筑则是由许多人共同工作,达到设计师的构想。

组织建筑学可以被视为，建构组织空间以满足人类需求和愿望的艺术。"组织建筑家们在'行为的空间'里工作……为行动提供机会，也就是我们通常所称的授权，并创造对行动的约束，这也是组织建筑家工作的中心"(Gerstein, 1992, p. 5)。这样，组织建筑学的支持者将实体科学和艺术的原理应用在对工作团队和个人的授权方面。

尽管存在差异，流程再造、组织建筑学和工作生活质量也有共同的要素，包括：要求组织具有更多的灵活性和创新性；重新认识到真正做某项工作的人对该工作最了解，也往往能提出最好的改进方案；坚信不可能在头重脚轻的、满是繁文缛节的官僚机构中提高生产力。

实际上，以上所有这些提升灵活性和生产力的管理手段，都假设群体为个人提供了自身和职业增长和发展、自我表达和创造力以及工作满意度的机会。它们还假设传统科层组织中的工人无法得到这样的机会。另外，对于这些方法十分关键的假设还有群体能够并且愿意为工作中的个人提供制度和纪律。因此，允许授权的组织并不需要多层级的监管者来协调、控制和监督个体工作者的生产行为。工作群体能够并且愿意为其生产的程序和产品承担责任。

鲁斯·威格曼在"建立完美的自我管理团队所需的关键性成功要素"(1997年，本篇中收录)一文中，解释了为什么自我管理团队经常无法达到预期的绩效。"当我们考虑到在许多美国公司中，团队工作是'不自然的行为'，那么存在功能紊乱的团队就并不令人惊讶了。"美国的组织具有长期的层级决策历史，这导致团队成员"没有互相依靠以完成工作的想法"。鲁斯关于施乐公司自我管理工作团队的研究发现，对于团队的成功而言，如何建立团队并获得支持，比团队领导或教练的日常行为更加重要。于是，团队成功的关键要素主要是结构性的，包括："明确的努力方向"；专门为团队设定的工作任务(真正的团队任务)；对进行良好自我管理的团队给予奖励；授权团队不受干扰地管理工作等。"领导在团队生活中确实占有重要地位，但是其地位在团队生活的不同时期会有变化"并随着团队的成熟而改变。

组织的官僚层级形式在19世纪工业年代和亚当·斯密时期发展起来，当时人们不得不在同样的地点一起工作。在21世纪的信息时代，"由虚拟团队和团队网络，而不是由层级的金字塔构成的组织，已经成为人们一起工作的概念模型"。在一篇前沿文章"虚拟团队：工作的新途径"(本篇中收录)中，杰西卡·里普纳克和杰弗里·斯坦普斯(1999)探讨了对于21世纪的组织经理和学生们具有重要意义的关键问题。他们比较了新的"组织网络、公司网络和国家网络"观点，以及巴克敏斯特·富勒的由"许多四面体在关节点结合"组成的网格化大厦的理论。在组织演变的最新阶段,可能分散于地球四处的虚拟团队与个人通过电子通讯技术连接起来。得益于先进通讯技术的发展,许多传统的层级制组织开始采用包含虚拟团队在内的、更加水平式和更加轮式,或称为中心—梯级式的设计。然而,虚拟团队的网络式组织提出了许多新挑战,需要"新型的管理和领导"。普通团队可能会跨越"语言、文化、政府、距离和神秘的人类行为"的边界,最终结合在一起。在罗伯特·普特南(2000)的社会资本发展三要素信任、互惠和密集的社会网络的基础上,里普纳克和斯坦普斯提出了虚拟团队的模型和原则。

参考文献

Alderfer, C. P. (1987). An intergroup perspective on group dynamics. In J. W. Lorsch(ed.), *Handbook of organizational behavior* (pp. 190—222). Englewood Cliffs, NJ: Prentice-Hall.

Asch, S. E. (1951). Effects of group pressure upon the modification and distortion of judgments. In H. S. Guetzkow(ed.), *Groups, leadership, and men* (pp. 177—190). Pittsburgh, PA: Carnegie Press.

Bales, R. E. (1950). *Interaction process analysis: A method for the study of small groups*. Reading, MA: Addison-Wesley.

Barzelay, M. (1992). *Breaking through bureaucracy: A new vision for managing in government*. Berkeley, CA: University of California Press.

Bennis, W. G. (1999). The secrets of great groups. In F. Hesselbein & P. M. Cohen(eds.), *Leader to leader* (pp. 315—322). New York: The Peter Drucker Foundation for Nonprofit Management; and San Francisco: Jossey-Bass.

Blake, R. R., Shepard, H. A., & Mouton, J. S. (1964). *Managing intergroup conflict in industry*. Houston: Gulf.

Cartwright, D., & Zander A. (eds.)(1968). *Group dynamics: Research and theory* (3rd ed.). New York: Harper & Row.

Cohen, A. R., Fink, S. L., Gadon, H., & Willits, R. D. (1988). *Effective behavior in organizations* (4th ed.). Homewood, IL: Richard D. Irwin.

Cox, T. H. Jr. (1993). *Cultural diversity in organizations: Theory, research & practice*. San Francisco: Berrett-Koehler.

Crosby, P. B. (1979). *Quality is free*. New York: McGraw-Hill.

Grosby, P. B. (1984). *Quality without tears*. New York: McGraw-Hill.

Daft, R. L., Bettenhausen, K. R. & Tyler, B. B. (1993). Implications of top managers' communication choices for strategic decisions. In G. P. Huber & W. H. Glick(eds.), *Organizational change and redesign: Ideas and insights for improving performance* (pp. 112—146). New York: Oxford University Press.

Davis, S. M. , & Lawrence, P. R. (1977). *Matrix*. Reading, MA: Addison-Wesley.

Deming, W. E. (1986). *Out of the crisis*. Cambridge. MA: Massachusetts Institute of Technology Press.

Deming, W. E. (1993). *The new economics*. Cambridge, MA: Massachusetts Institute of Technology Press.

Fink, S. L. (1992). *High commitment workplaces*. New York: Quorum Books.

Gerstein, M. S. (1992). From machine bureaucracies to networked organizations: An architectural journey. In D. A. Nadler, M. S. Gerstein, & R. B. Shaw (eds.), *Organizational architecture: Designs for changing organizations* (pp. 11−38). San Francisco: Jossey-Bass.

Core, A. (1993). *The Gore report on reinventing government*. New York: Times Books.

Gouldner, A. (1960). The norm of reciprocity. *American Sociological Review*, 25, 161−178.

Hackman, J. R. , & Oldham, G. R. (1980). *Work redesign*. Reading, MA: Addison-Wesley.

Hammer, M. , & Champy, J. (1993). *Reengineering the corporation*. New York: Harper-Collins.

Harvard Business Review (eds.)(1994). *Differences that work: Organizational excellence through diversity*. Boston: Harvard Business Review Publishing Corporation.

Homans, G. C. (1950). *The human group*, New York: Harcourt, Brace.

Hyde, A. C. (1991). Productivity management for public sector organizations. In J. S. Ott, A. C. Hyde, & J. M. Shafritz(eds.), *Public management: The essential readings*. Chicago: Nelson-Hall.

Ivancevich, J. M. , & Matteson, M. T. (2002). *Organizational behavior and management* (6th ed.). Homewood, IL: Irwin.

Janis, I. L. (November 1971). Groupthink. *Psychology Today*, 44−76.

Juran, J. M. (1992). *Juran on quality by design*. New York: The Free Press.

Juran, J. M. , & Gryna, F. M. (eds.)(1988). *Juran's quality control handbook* (4th ed.). New York: McGraw-Hill.

Katzenbach, J. R. , & Smith, D. K. (1993). *The wisdom of teams: Creating the high-performance organization*. Boston: Harvard Business School Press.

Lawler, E. E. III, Mohrman, S. A. , & Ledford, G. E. Jr. (1992). *Employee involvement and total quality management*. San Francisco: Jossey-Bass.

Lewin, K. (1943). Forces behind food habits and methods of change. *Bulletin of the National Research Council*, 108, 35−65.

Lewin, K. (June 1947). Frontiers in group dynamics: Concept, method and reality in social science; Social equilibria and social change. *Human Relations*, I(1).

Lewin, K. (1951). *Field theory in social science*. New York: Harper & Row.

Lewin, K. (1952). Group decision and social change. In G. E. Swanson, T. N. Newcomb, & E. L. Hartley(eds.), *Reading in social psychology* (rev. ed., pp. 207—211). New York: Holt, Rinehart & Winston.

Lindzey, G. W. (ed.) (1954). *The handbook of social psychology*. Cambridge, MA: Addison-Wesley.

Lipnack, J., & Stamps, J. (January/February, 1999). Virtual teams: The new way to work. *Strategy & Leadership*, 27(1), 14—19.

Marrow, A. J. (1969). *The practical theorist: The life and work of Kurt Lewin*. New York: Basic Books.

Martin, J., & Siehl, C. (Autumn, 1983). Organizational culture and counterculture: An uneasy symbiosis. *Organizational Dynamics*, 52—64.

M. I. T. Commission on Industrial Productivity. (1989). *Made in America: Regaining the productive edge*. Cambridge, MA: Massachusetts Institute of Technology Press.

Mitroff, I. I. (1987). *Business not as usual*. San Francisco: Jossey-Bass.

Moreno, J. L. (1934). *Who shall survive? A new approach to human interrelations*. Washington, D. C.: Nervous and Mental Disease Publishing Co.

Nadler, D. A., Gerstein, M. S., & Shaw R. B. (eds.)(1992). *Organizational architecture: Designs for changing organizations*. San Francisco: Jossey-Bass.

Newcomb. T. M. (1943). *Personality and Social change*. New York: Dryden.

Osborne, D., & Gaebler, T. (1992). *Reinventing government*. Reading, MA: Addison-Wesley. Ott, J. S. (1989). *The organizational culture perspective*. Belmont, CA: Wadsworth.

Ouchi, W. G. (1981). *Theory Z: How American business can meet the Japanese challenge*. Reading, MA: Addison-Wesley.

Ouchi, W. G. (1984). *The M-form society: How American teamwork can recapture the competitive edge*. Reading, MA: Addison-Wesley.

Pascale, R. T., & Athos, A. G. (1981). *The art of Japanese management*. New York: Simon & Schuster.

Peters, T. J., & Waterman, R. H. Jr. (1982). *In search of excellence*. New York: Harper & Row.

Pfeffer, J. (1981). *Power in organizations*. Boston: Pitman Publishing Company.

Pondy, L. R. (1967). Organizational conflict: Concepts and models. *Administrative Science Quarterly*, 12, 296—320.

Putnam, R. D. (2000). *Bowling alone: The collapse and revival of American community*. New York: Simon & Schuster.

Roy, D. F. (1960). "Banana time": Job satisfaction and informal interaction. *Human Organization*, 18, 158—168.

Schein, E. H. (1980). *Organizational psychology* (3rd ed.). Englewood Cliffs, NJ: Prentice-Hall.

Schein, E. H. (1992). *Organizational culture and leadership* (2nd ed.). San Francisco: Jossey-Bass.

Seashore, S. E. (1954). *Group cohesiveness in the industrial work group*. Ann Arbor: University of Michigan Press.

Shafritz, J. M., & Ott, J. S. (eds.) (2001). *Classics of organization theory* (5th ed.). Belmont, CA: Wadsworth.

Sherif, M. (1936). *The psychology of social norms*. New York: Harper.

Sherif, M., Harvey, O. J., White, B. J., & Sherif, C. (1961). *Intergroup conflict and cooperation: The robbers' cave experiment*. Norman, OK: University Book Exchange.

Smith, A. (1776). *The wealth of nations* (Chap. 1, of the division of labor).

Strauss, G. (1962). Tactics of lateral relationship: The purchasing agent: *Administrative Science Quarterly*, 7, 161—186.

Thibaut, J., & Kelly, H. (1959). *The social psychology of groups*. New York: John Wiley.

Thorndike, E. L. (1935). *The psychology of wants, interests, and attitudes*, New York: Appleton-Century.

Wageman, R. (Summer, 1997). Critical success factors for creating superb self-managing teams. *Organizational Dynamics*, 26(1), 49—61.

Walton, R. E., & Dutton, J. M. (March, 1969). The management of interdepartmental conflict: A model and review. *Administrative Science Quarterly*, 14(1).

Walton, R. E., Dutton, J. M., & Fitch, H. G. (1966). A study of conflict in the process, structure, and attitudes of lateral relationships. In A. H. Rubenstein & C. J. Haberstroh (eds.), *Some theories of organization* (rev. ed., pp. 444—465). Homewood, IL: Richard D. Irwin.

Weisbord, M. R. (1991). *Productive workplaces: Organizing and managing for dignity, meaning, and community*. San Francisco: Jossey-Bass.

Whyte, W. F. Jr. (1943). *Street corner society*. Chicago: University of Chicago Press.

Whyte, W. F. Jr. (1948). *Human relations in the restaurant industry*, New York: McGraw-Hill.

Zander, A. (1971). *Motives and goals in groups*. New York: Academic Press.

Zander, A. (1982). *Making groups effective*. San Francisco: Jossey-Bass.

18 群体间行为的
基础和动力学*

罗伯特·R. 布雷克,赫伯特·A. 谢泼德,简·S. 穆顿

人际关系层面的行为

当一个人作为群体的代表时,他的行为在某种程度上受到其作为群体成员这个身份的制约。相反,当一个人从自身工作职责的角度发表意见的时候,他只对自己负责。在后一种情况下,分歧是一个个人问题……

哪些因素在分歧成为群体间的问题时影响争论的解决

当人与人之间的相互作用由他们在群体中的成员身份或领导地位决定时,情况就大大不同了。在这些情况下,个人是不自由的,他不能独立于工作种类和级别之外而自由地开展工作。这时,许多附加因素将决定个人的行为。

---

*来源:*Foundations and Dynamics of Intergroup Behavior*, by Robert R. Blake, Herbert A. Shepard, and Jane S. Mouton, Gulf Publishing Company, 1964, pp. 1—17. Reprinted by Permission of Scientific Methods.

在解决争论时群体间相互影响的动力学

在两个人相互影响并且分别是各自群体的代表时,一些非常复杂的额外压力就会出现。当一个人作为个体开展工作时,他可以根据新的情况改变自己的想法。但是,作为群体的代表,如果他想改变自己的想法和立场,使它们不同于他所在群体的想法和立场,并且屈服于群体外的观点,那么他将很可能被他所在的群体看成是叛徒。另一方面,作为群体的代表,如果他可以说服其他群体的代表屈服于他的观点,那么他的群体就会把他看作是英雄。换言之,当一个人作为群体的代表而与另一个群体的代表产生分歧时,这个分歧已经不再是个人之间的问题,而是群体间的问题。正如我们将会看到的那样,这将成为这个人考虑自身行为方式的重要影响因素。

个体成员的群体责任

人们在关注自身工作职责的同时,一般也会非常关注自己作为群体的代表所负有的责任。但是,正式的组织实践和理论通常妨碍了人们产生这种意识或者讨论这样的问题。

例如,让我们来假设销售副经理和经营副经理之间的一段对话。正式组织理论一般假定个人拥有自己的工作和职责,每个人都代表自己的利益。然而,在实践中,每个人都可能强烈地感受到他正代表着群体的目标、价值和理念;而且,当他代表这些群体的目标、价值和理论时,他也代表了自己。当销售部门和经营部门之间存在分歧的时候,通常,这并不意味着固执己见、无法胜任工作或是个性冲突。相反地,它更有可能是在寻求解决方法,这种解决方法并不会违背他们各自所代表的群体中的其他大多数人的观点、价值和利益。

不相容的群体规范、目标和价值

如前所述,正式组织理论只承认个人的工作职责,每个人都代表自己,它无法认识到组织生活中的其他因素。正式组织理论假设,组织中的群体具有不同的功能,但这些群体的目标、规范和程序都是相似的、互补的,甚至完全相同……

然而,人们逐渐认识到这些情形没有一个能够准确地描述现代工业生活中的众多状态。事实上,每个人都是一个组织框架下各个群体的代表。另外,人们还提出一种新的认识和评价,即面对大量额外问题的时候,作为群体的一分子或群体的领导,一个人应当如何行事。如果要实现组织目标的统一性,最终解决问题,就必须从问题真正的复杂本质出发。

群体的代表们所面对的这些复杂问题的根源,是群体和个人的特性。正如我们将会看到的,群体间关系的特征使群体的成员身份更加复杂。在简要地考察了群体的这些特征之后,我们将把注意力转向群体间关系的动力学研究。

孤立群体的结构和程序

有许多方法用来描述孤立群体的特征,而我们在研究工业群体间关系之前,应该优先考虑孤立群体。

孤立群体成员之间依存行为的规律

从根本上说,一个由许多个体组成的群体,其成员必然在某个时期或某种程度上与群体其他成员构成互相依赖关系或分享"利益"。他们的难题是如何维持群体的存在,以实现某个意图或目标。如果说群体的成员必然清楚群体的目标,那么,要保证部分地或全部地实现群体的这些目标,就必须调整个人之间的关系。

群体结构、领导力和规则的出现

为了调整相互依赖关系,群体还有另外三个特征。当这些特征出现在群体生活中时,它们就成了影响个人行为的额外力量。让我们来考察这些特征。

1. 群体结构。每个人扮演不同的角色,往往是出于实现群体目标的需要。对于那些在不同程度上有能力影响他人行为的人来说,角色的不同是不可避免的。其结果就是在决定群体行为的方向、规范、价值和态度方面,一些群体成员比其他成员具有更大的影响力。

2. 领导力。当我们明确了非正式群体中的权力体系之后,通常会认为最有权力的那个人就是领导者。在某些群体中,领导者是老板,或者是管理者;其他成员是下级。群体成员们关注着领导者,把他们看作是导向和指南。领导者引导群体达到目标的能力,决定了他的权力和影响力的大小。但是,如果领导者是由一个拥有更大权力的群体任命,而不是由他所在的群体选举出来,那么以上的结论就会受到限制。例如,如果下级群体的目标与任命领导者的群体的目标发生冲突时,他将不会被认为是领导者,而是另一个群体的代表。

3. 指导行为的规则。伴随权力关系的产生,也演化出了规范化的"游戏规则"。它详细说明了群体成员之间相互影响的条件。换言之,根据一个人在群体等级制度中的角色和位置,群体认可了成员之间不同程度的亲密、影响、相互作用以及其他关系。一个成员在遵循规则和程序方面出现了偏差,就会受到来自同伴微妙却有力的压力,这种压力保证了越轨行为的"回归正轨"。这些压力具有塑造形象和个性的功能,虽然它对每个人的作用效果不同,但确实有效。

群体认同

前述三个群体的构成和管理特征——目标、领导力和规范——产生了不同程度的群体认同。当认同感很强烈时,这个群体被认为有很高的士气,有高度的凝聚力。当对群体目标的认同感微弱时,情况则相反。例如,如果权力分配令人无法接受或规范不合适,其结果就会给人一种士气低落、纪律涣散、缺乏凝聚力或疏远的感觉。成员对其所在群体的认同感越强,则驱使他追随群体的方向和意愿的力量就越大,有时甚至是盲从。

这些都是有组织群体的共同特征。一个群体的代表,不管是领导者还是成员,当他与其他群体的成员接触时,都不得不以某种方式承认他所在群体的特征,那些其他群体的利益可能有助于他的群体利益或相左。对一个代表来说,赞同那些其他成员认为与群体目标相左的行为,会导致其他成员认为他有背叛行径,或不可靠。另一方面,有力地反对反对派,支持群体的意图、目标并与内部的规范和价值保持一致,则可以保持和提升在群体中的形象。

个人和群体间关系的组织框架

在理解和把握群体间关系时,理解群体的内部特征只是其中的一部分。在一个复杂的组织框架内考察个人和群体的行为时,我们还要确认行为的其他决定因素。

相互依赖的组织子群体的框架

让我们来考虑一下在一个庞大而复杂的组织中出现以下的情况:组织的

全体成员被细分为许多更小的群体。每一个子群体都有自己的领导者和规章、准则。每个子群体都有自己的目标,这些目标可能与整体的组织目标相一致,也可能不一致。每一个群体都在其自身的凝聚力水平下运转,凝聚力的水平随失败或成功的感受而不同。在一个组织中,这些群体之间互相依赖。当它们从事一些需要协调努力才能完成的复杂任务时,它们会与在地理上邻近的群体相互依赖,或者根据组织奖励制度而互相依赖。对成员们来说,成员们之间的差别很快就显露出来了。

群体间的比较。群体间差别很自然地产生了对于"我们—他们"的定位。人们的注意力很快集中在相似之处和不同之处上面。此外,通过群体间比较由更高层次的权威来进行评价和奖励的趋势,加强了这些自发的比较。例如,对于最高销售业绩、最优安全纪录等的奖章、激励计划等象征组织成就的鼓励形式,所有这些都倾向于突出群体之间的差异。因此,在某种意义上,"成功"和"失败"的群体都是向他人的一种展示。组织的理论基础就是竞争,这是实现组织目标的"健康"动力。

另一方面,通过这些比较,有时能发现共同价值观和相互支持的机会,从而进一步提高群体间的凝聚力。这时,就有可能在群体间形成一个能够有效解决问题和进行合作的氛围。分担责任的感觉就会带来对整体组织目标的认同,以及加强对相似之处的认可,同时减少群体之间的差异和紧张状态。

群体间比较的缺陷。但是,无法保证群体间比较必然带来满意的结果。相反,在比较的过程中,群体可能会发现在待遇和特权、观点、目标、价值等方面的差异,于是产生了不同的后果。比较容易招来嫉妒。差异就像聚光灯那样吸引了公众的目光。群体成员的感受产生了扭曲,从而使得群体成员更偏爱群体内部,而与群体外部唱反调。每个群体都会在其他群体的运行中,发现实现本群体部分或全部目标的障碍。当这种情况超越某个临界点而扩展开来的时候,每个群体都可能把别的群体看成是自己生存的威胁。按照这个观点,分歧是永久的和不可避免的,并且唯一可能的解决办法似乎是击败其他的群体,从而实现自己的目标。于是,所有常见的权力斗争的工具都会被应用出来。

这样,群体的代表们相互影响的方式,被他们所代表的群体之间意见一致或不一致的背景和历史扭曲了。其中的压力是强有力的。群体的代表并不是从自身的工作职责或特别的培训背景出发来行事。他也不是完全按照他在群体中的位置来行事;相反地,他必须考虑他所代表的群体与其对立群体及其代表之间的已有关系。

对群体间关系的有效管理,要通过群体间的作用力进行评价。这种管理比在传统工业生活中需要更多的分析、理论和技术。为了达到必要目标,管理者必须在寻求有效方法解决群体间差异的同时,还要寻求规律防止产生让人不满意的或者不好的结果。存在许多常见的用以解决冲突的规律。这些常见的实践经验已经植根于群体和组织的传统意识之中,人们必须对这些规律和经验有所认识,才能避免因为考虑不周而重复犯错。

群体间分歧的三个基本假设

我们可以确定以下三个关于群体间分歧及其管理的基本假设或观点。

分歧是不可避免的和永久的

我们可以认为,分歧是不可避免的和永久的。当 A 和 B 之间产生分歧时,假设分歧必须根据 A 的偏好或 B 的偏好来解决,非此即彼。在这个假设下,似乎没有其他的选择余地。如果双方的观点是互相排斥的,并且如果没有任何一方打算妥协让步,那么可以运用三种主要解决机制中的任何一个:

1. 非赢即输的权力斗争使一方投降。
2. 通过第三方使问题得以解决。
3. 双方都不决定结果,而听天由命。

冲突可以避免是因为群体间的相互依赖并非必然

有关群体间关系的第二个观点有赖于这样的假设,即群体间分歧不是不可避免的,群体间一致的可能性也不是必然发生的。如果这些假设成立,那么相互依赖就不是必然的。因此,当冲突在群体之间出现时,可以通过减少群体间的相互依赖性解决冲突。可以通过以下三个途径减少群体间的相互依赖:

1. 其中的一个群体退出。
2. 当存在利益冲突的时候,保持或转而采取漠不关心的态度。
3. 使当事方之间互相孤立,或使当事方自己保持孤立。

上面的三个途径都共同致力于维护独立性,而不是试图实现相互依赖性。

一致和依赖是可能的

有关群体间分歧的第三个观点认为,一致性是可能达成的,并且能够找到解决冲突的方法。可以通过缓和冲突并保持相互依赖,从而解决冲突。例如,可以制定一些微小的措施,这些措施考虑了两个群体在某种程度上都认同的整体组织目标。这样,注意力就会从实质的问题转向保持表面上的协调。或者,一致性可以通过讨价还价、交易和妥协来实现。总的来说,一致性统一了那些使群体相分离的差异,同时保持了他们的相互依赖性。最后,群体间会做出一种努力以通过一种真正解决问题的方法来解决分歧。此时,不需要辨别谁对谁错;也不需要通过放弃一些东西以获得另一些东西。这里做出的努力,是为了发现创造性解决基本差异的方法。

正如前面所说的,在处理分歧时,上述的每个观点都有相应的尺度,来决定究竟采取哪一种方案。这个尺度从消极的态度或低风险到伴随着高风险的积极态度,可以用图1标出其尺度。

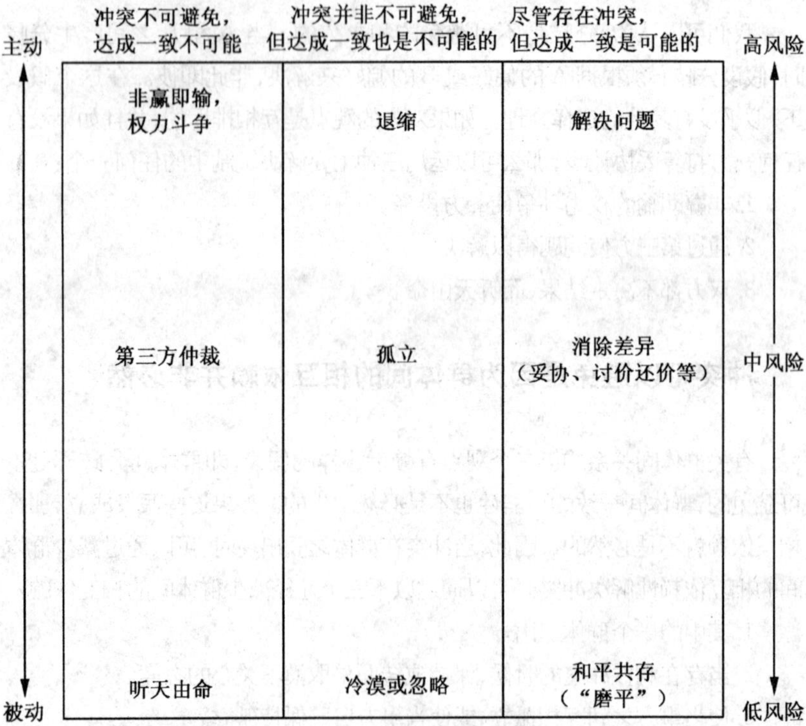

	冲突不可避免, 达成一致不可能	冲突并非不可避免, 但达成一致也是不可能的	尽管存在冲突, 但达成一致是可能的	
主动	非赢即输, 权力斗争	退缩	解决问题	高风险
	第三方仲裁	孤立	消除差异 (妥协、讨价还价等)	中风险
被动	听天由命	冷漠或忽略	和平共存 ("磨平")	低风险

图 1

对群体间冲突进行考察的框架

图1描绘出上述三种主要观点及其解决方案。这些观点(位于图1中的

顶端)分别为：
1. 冲突不可避免。达成一致是不可能的。
2. 冲突并非不可避免，但达成一致也是不可能的。
3. 尽管存在冲突，但达成一致是可能的。

在每种观点的最下方，是可能被用来解决问题的方法，那里，产生这种结果的风险很低。中部，显示了使用的机制，那里产生结果的风险中等。上部，那里冲突带来的风险很高，显示了可能采纳的机制。

最左边一栏(列)的观点假定在竞争的双方之间有一种非赢即输的情况。在风险较低时，采用听天由命的方案；风险中等时，适用仲裁的方案；而在高风险的情况下，采用非输即赢的权力斗争方案。

图1中最右边的纵列反映了与上述观点完全相反的解决分歧的方法。这些方法假设尽管存在分歧，但仍可以达成一致。这里最消极的方案是"磨平"。这个方法包括一些众所周知的文化现象，例如实现群体间的团结与共存，但它没有真正解决问题。这个方法的前提是假定群体间可能达到共存，并且人们也会朝这个方向努力。

更为积极的达成一致的方案是消除差异。这是一个比磨平差异更直接(积极)的方法，但是它遗留了许多有待解决的问题，因为它往往只是使问题暂时得到了解决。

图1右上角是解决问题的方案。这个方案的执行环境是，竞争的群体既要求寻找双方如何达成一致的方案，也探询双方不一致的产生原因。它也与双方的不信任和有所保留的动机相联系。在这里，群体都努力减少各自的保留。这种氛围促使人们积极探索真正达成一致的方案，而不是寻求缓和冲突或调和分歧。

小　结

不论是领导者还是普通成员，当一个人作为群体的一员和其他群体的成员之间发生了相互影响，他就成了所在群体的代表。作为代表，这个群体成员的看法和观点是根据全体成员共有的目标、规范和价值形成的。当他的群体和其他群体之间出现分歧时，他所在群体的行为规范和其他成员的预期，不允许他独立于群体的利益之外行事。

大型组织由许多小型群体构成。由于现代组织的规模、复杂性和本质特征，群体之间的比较，特别是具有某些引人嫉妒的特征的群体之间的比较，就一定会发生。在这样的环境下，强调的是目标的差异而不是相似之处和共同之处。这个结果,使得群体间并没有建立起足够的相互依赖和合作,群体的管理人员对于群体间关系的理解也不充分。

我们已经描述了有关群体间分歧的三个基本观点、不同结果及其解决措施……

参考文献

Sheppard, H. L. "Approaches to Conflict in American Industrial Sociology." *Birt. J. Sociol.* ,5,1954,324—341.

Blake, R. R. "Psychology and the Crisis of Statesmanship." *Amer. Psychologist*,14,1959,87—94. Blake, R. R. and Mouton, J. S. , *Group Dynamics-Key to Decision Making*. Houston:Gulf Publishing Co. ,1961,87.

Faris, R. E. L. "Interaction Levels and Intergroup Relations." In. M. Sherif (ed.), *Intergroup Relations and Leadership*. New York:John Wiley and Sons, Inc. ,1962,24—45.

Stogdill, R. M. Intragroup-Intergroup Theory and Research. In M. Sherif (ed.), *Intergroup Relations and Leadership*. New York:John Wiley and Sons, Inc. ,1962,48—65.

Sherif, M. and Sherif C. *Outline of Social Psychology*(revised). New York: Harper & Bros,1956.

Cartwright, D. and Zander, A. *Group Dynamics:Research and Theory*(2nd edition). Evanston, Ill. :Row, Peterson, & Co. ,1960.

Hamblin, R. L. , Miller, K. and Wiggins, J. A. "Group Morale and Competence of the Leader," *Sociometry*,24(3),1961,295—311.

Sherif, M. and Sherif, C. W. *Outline of Social Psychology*(revised). *op. cit.*

Cartwright, D. and Zander, A. *Group Dynamics:Research and Theory*(1st edition). Evanston, Ill. :Row, Peterson & Co. ,1953.

Gerard, H. B. "The Anchorage of Opinion in Face to Face Groups," *Human, Relat.* ,7,1954,313—325;and Kelley, H. H. and Volkart, E. H. ,"The Resistance to Change of Group Anchored Attitudes," *Amer. Sociol. Rev.* ,17,1952,453—465.

Pryer, M. W. , Flint, A. W. , and Bass, B. M. "Group Effectiveness and Consistency of Leadership," *Sociometry*,25(4),1962,391;and Sherif, M. and Sherif, C. W. *Outline of Social Psychology*(revised). *op. cit.*

Arensberg. C. H. "Behavior and Organization:Industrial Studies." In J. H. Rohrer and M. Sherif (eds.), *Social Psychology at the Crossroads*, New York: Harper & Bros. ,1951.

Cooper, H. C. "Perception of Subgroup Power and Intensity of Affiliation with a Large Organization. " *Amer. Sociol. Rev.* ,26(2),1961,272—274.

Wolman,B. B. "Impact of Failure on Group Cohesiveness,"*J. Soc. Psychol.* , 51,1960,409—418.

Sherif,M. and Sherif,C. W. *Outline of Social Psychology*(revised), *op. cit.*

Sayles,L. R. "The Impact of Incentives on Intergroup Relations:Management and Union Problem,"*Personnel*,28,1952,483—490.

Spriegel,W. R. and Lansburgh,R. H. *Industrial Management* (5th edition). New York:John Wiley,1955; and Strauss,G. and Sayles,L. R. *Personnel*. Englewood Cliffs,N. J. :Prentice-Hall,1960.

Sherif,M. "Superordinate Goals in the Reduction of Intergroup Conflict,"*Amer. J. Sociol.* ,43,1958,394—356.

Strauss, G. "Group Dynamics and Intergroup Relations. " In W. F. White (ed.), *Money and Motivation*. New York:Harper & Bros. 1955,90—96.

Sherif,M. and Sherif,C. W. *Outline of Social Psychology*(revised),*op. cit.*

Cohen, A. R. "Upward Communication in Experimentally Created Hierarchies,"*Human Relat.* ,11,1958,41—53;Kelley,H. H. "Communication in Experimentally Greated Hierarchies,"*Human Relat.* ,4,1951,39—56; and Thibaut,J. "An Experimental Study of the Cohesiveness of Under-Privileged Groups,"*Human Relat.* ,3,1950,251—278.

Blake,R. R. and Mouton,J. S. "Comprehension of Own and Outgroup Position Under Intergroup Competition,"*J. Confl. Resolut.* ,5(3),1961,304—310.

19 群体动力学的起源*

多温·卡特赖特,阿尔文·赞德

不论是想了解还是想改进人类行为,我们都必须尽量深入考察群体的性质……

那么,群体动力学是什么呢？自第二次世界大战以来,这个短语就非常流行。但是很不幸,随着它被越来越多地使用,其含义却变得含糊不清了。按照一种相当常见的说法,群体动力学是指一种关于如何组织并管理群体的政治意识形态。这种意识形态强调民主领导的重要性,强调群体成员参与决策,并通过群体中的合作而使社会和个人共同受益。批评这个观点的人,有时讽刺它把"一致"作为最高尚的美德,主张每件事都要群体内部共同完成,没有也不需要领导者,因为每个人都充分和平等地参与到工作中去。群体动力学这个术语的另一种流行说法是指一系列技术,如角色扮演、小组讨论、群体程序的观察和反馈,以及群体决策。在过去一二十年间,这些技术广泛被应用在培训项目中,这些培训项目用以改进人际关系和会议或委员会的管理。人们认为这些技术与国家训练实验室的最为接近,国家训练实验室在缅因州贝瑟尔的年度培训项目早已闻名遐迩。群体动力学的第三个解释,是指一个研究领域,该领域致力于研究群体的特性、群体的发展法则,以及群体与个人、其他群体和大型机构之间的关系。

……[我们]应该将群体动力学的定义限定在这样一个范围,即研究群体

---

*来源:Group Dynamics, 3rd ed,. By Dorwin Cartwright and Alvin Zaner, pp. 4—21. Copyright © 1968 by Dorwin Cartwright and Alvin Zaner. Reprinted by permission of Harper Collins Publishers, Inc.

生活特征的先进知识。

在这个方面,群体动力学是一个理论分支。由于它涉及人类行为和社会关系,可以将其定位在社会科学的范围内。但我们不能简单地认为它是某个传统学科的分支学科……

因此,总的来说,我们建议将群体动力学定义为一个研究领域,该领域致力于研究群体的特性、群体的发展法则,以及群体与个人、其他群体和大型机构之间的关系这些先进知识。它可以通过四个特殊的特征加以确认:(1)理论上强调显著的实证研究;(2)对众多现象的原动力及其相互依赖关系的兴趣;(3)与所有社会科学之间的广泛联系;(4)改善群体功能及其对个人和社会影响的潜在实用性。因此可以认为,群体动力学与群体组织管理方式的理论无关,也与群体管理的具体技术无关。事实上,群体动力学的基本目标就是为理论和实践提供一个更好的科学基础。

群体动力学的诞生条件

作为一个可认同的研究领域,群体动力学在 20 世纪 30 年代末产生于美国。作为独特的专业,它主要是由库尔特·卢因(1890－1947)创立的。他普及了群体动力学这个术语,对群体动力学的研究和理论都做出了重大的贡献,并于 1945 年创建了第一个明确致力于群体动力学研究的组织。卢因的贡献是巨大的。但是,正如我们将看到的那样,群体动力学并不仅仅是一个人的创造。事实上,它是许多年以来不同学科和不同专业中许多发展进步的结果。从历史的视角来看,群体动力学可以被看作是社会科学中某种趋势的集中点,更宽泛地,它也可以被看作是产生它的那个特定社会的产物……

一个支持性社会

在 20 世纪 30 年代,大量的资源被运用在了社会科学中。第一次世界大战期间大量使用智力测验,刺激产生了对人类能力的研究和运用于学校、工业和政府中的测验程序。尽管"科学管理"没有很快地认识到社会因素的重要性,但它是科学组织管理方法的基础。人们正在接受这样一种理论,即通过系统的实况调查促使"社会问题"的解决更加便利……因此,当第二次世界大战后群体动力学的研究出现快速膨胀时,美国社会中的许多重要部门都做好向这方面的研究提供经济资助的准备。资助不仅来自于学术机构和基金,还来自于工商业、联邦政府和各种与改善人类关系有关的组织。

发达的行业

在考察群体动力学的社会科学背景之前,我们先简要地描述一下促进群体动力学成长的行业的发展情况。

20世纪30年代,大量的不同行业在美国出现了,其数量可能比在其他任何国家都要多。其中许多人员密集型行业开始关心其运作效率的改进,于是开始制定生产管理程序和寻找管理群体的一般原则。人们渐渐发现,对经验的概括归纳只能进行到一定程度,要达到对群体生活更深入的理解,需要进行系统的研究。因此,当群体动力学开始作为一个独特的领域出现时,一些行业的领导者已经形成这样的观念,即对群体生活的系统研究可以给他们的行业带来巨大的贡献。结果,许多行业都帮助创造有利环境为群体动力学研究筹资,为研究群体功能及其假设提供本行业的经验,为开展研究提供便利,并且开创了一项技术以创造和控制群体实验中的变量。以下4个专业在群体动力学的诞生和成长过程中起到了特别重要的作用:

1. 社会群体工作
2. 群体心理疗法
3. 教育
4. 行政管理

发达的社会科学

群体动力学的一个基本假设是在群体研究中可以使用科学的方法。当然,只有当人们普遍接受了这样一种观念,即个人的行为和社会关系可以被精确地用于科学的调查研究时,上述假设才能被严格接受……直到19世纪的最后几十年,许多人才真正开始观察、测量人类行为或对此进行实验。第一个心理学实验室到1879年才建立起来。

群体的现实存在。学院科学的早期贡献在于阐明了某些关于社会现状的基本假设。研究人类行为的科学方法第一次拓展到与生物学相关联。实验和测量技术第一次应用于调查研究有机体对感官刺激的反应,也第一次应用于缓和由重复刺激而引起的反应。人们并不怀疑个体有机体的存在,但是当注意力转向大量人员和社会机构的时候,一个很大的疑惑就出现了。对这些问题的讨论要求助于一些术语,如"群体理念"、"集体代表"、"集体无意识"和"文化"。人们热衷于讨论这些术语是否描述了现实现象,或它们只不过是一种

"抽象"和"类比"。总的来说,关于制度的学科(人类学、经济学、政治学和社会学等)随意地就将具体的现实归因于超人的实体,而心理学,怀着对人类行为生理基础的兴趣,则不太乐意承认有机体行为之外的任何事物的存在。但是在所有这些学科中,"制度主义者"和"行为科学家"之间存在着冲突。

可能会出现一种奇怪现象,就是社会学家陷入对现实本质的哲学思考。但是,事实上,社会学家有关现实的观点与他学术上的行为产生了巨大分歧。首先,前者决定了他应该为进行实证调查准备些什么。卢因在下面这段话中简明地指出了这个事实(22, p. 190):

给某个事物贴上"不存在"的标签等于向科学家宣布它"不受约束"。把"存在"自动地归因于一个项目,便使这个项目成为科学家的研究目标;它包括一种必要性,即把它的特征看作是在全部理论体系中不会被忽略的"事实";它还表示关于这个项目的术语都会被当作科学的"概念"(而不是仅作"纯粹的词语")而接受。

其次,科学的历史反映了随时都可以开展的研究技术和对现实的普遍假设之间存在着紧密的相互作用。如果不能创造出合适的实证研究技术,那么坚持认为存在着当时无法被客观观察到、测量到或在实验中控制到的现象是没有科学价值的……

研究技术的发展。对群体动力学诞生极为重要的事情,是研究群体技术的发展。当然,这个过程需要时间。它是在19世纪后半期伴随着实验心理学的成长而产生的。在随后的许多年里,测量和实验技术开始应用于人类经验和行为的越来越多方面……当然,不仅对群体动力学的成长,而且对所有行为科学的进步来说,这些发展都是很重要的。

在这些主要的发展成果中,我们可能会注意到以下3个推动群体动力学成长的方法论成果。

1. 对群体中个人行为的实验。如前所述,群体动力学的研究在实验技术方面的发展,在很大程度上归功于实验心理学,这些都是对影响人类行为的条件所做的实验。但是首先,实验心理学没有把自身与社会变量联系起来;它只是在20世纪初,在个别调研者从事实验研究时,才开始研究与个人行为有关的变量的影响。

2. 对社会相互作用的控制观察……1930年,在儿童心理学研究领域,第一次出现了通过改进观察方法获得客观真实的定量数据的重大尝试。人们投入大量的努力,构建观察的种类,它使观察者在观察过程中能够简单地分辨出某种特殊行为或社会关系的存在与否。通常地,可以限定只观察特别明显的相互作用关系来加强观察的可靠性,人们能在很短的时间内找出这种明显关系的意义,同时,观察者无须对这种明显关系的分类作过多解释。研究方面也改进为能在一个很长的时期内从大量的人群中抽取相互作用关系的样本,以便在更有限的观察范围内做出对全部相互作用关系的有效评估,通过运用这些程序和对观察者进行细致的培训,我们就可以获得可靠性高的量化数据。对这些重大的进步做出贡献的主要的研究人员是古德诺(15)、杰克(19)、奥尔森(34)、帕滕(35)和托马斯(44)。

3. 社会测量法……在许多用于从群体成员中获得信息的策略之中,最早、最普遍使用的一个是社会计量测验,它是由莫雷诺(30)发明的。尽管社会计量测验基本上以个人的客观报告为基础,但它还提供了可度量的数据,这些数据是关于存在于群体内的吸引和厌恶的模式。在试验经验的基础上,莫雷诺于1934年出版了一本重要的著作,并与1937年创办了一本杂志《社会测量法》,这些都引导人们在大量的研究中使用社会计量测验及其各种变化形式。

社会测量法对群体动力学的重大意义在于两个方面:一是它提供了一种研究群体的有用方法;二是它把注意力指向了一些群体特征,如社会定位、友谊模式、子群体形成,以及更为普遍的非正式结构。

群体动力学的开端

在20世纪30年代中期,随着对群体的实证研究的快速发展,社会科学范围内的条件已经成熟了。事实上,在美国参加第二次世界大战之前,美国确实开展了一场这样的研究活动。此外,这个研究开始非常清楚地展现出与现在的群体动力学相联系的许多特征。在将近5年的时间里,许多重要的研究项目开始了,它们大都相互独立,但却都具有一些共同的特征。我们现在简要地考察一下这些研究中较有影响的四个。

社会规范的创新实验

1936年,谢里夫(42)出版了一本书,书中包括对社会规范系统的理论分析,以及一项关于群体社会规范起源的实验调查。这本书最重要的特色可能是它同时引入了社会学和人类学的观点和观察法,以及实验心理学的实验技术……

谢里夫为了系统地陈述他的研究问题,在感知领域大量引入了格斯陶特心理学的成果。他指出这项研究证实了物质刺激与经验及其所引起的行为之间并不必然存在固定的定点联系。一个人对某种情形的参照理论在不小的程度上影响着他如何看待那种情形。谢里夫建议在心理学上把社会规范作为这样一个参照理论。因此，如果两个规范不同的人面对相同的情形，他们将以完全不同的方式看待和处理它。但是，对他们每一个人来说，规范是一种可靠的方式，用来给出事物的含义并告诉人们对事物做出何种反应。

在将社会规范与感知心理学这样联系起来之后，谢里夫进一步追问规范是如何产生的。他想到可以通过把人们放到某个情景中去而获得这个问题的答案，在这个情形中没有清晰的理论结构，并且人们将不用忍受任何先前已取得的参考理论或社会规范……

……谢里夫的实验是这样的，将被试者分别安排在黑暗的房间里，让被试者回答光点移动的距离。他发现进行重复实验的时候，对于光点的移动距离，被试者会建立起自己的判断范围，但这个判断范围五花八门、因人而异。然后，当谢里夫又重复进行实验时，他让被试者组成群体，每位被试者都大声地报告自己的判断。这时他发现个人的判断范围向群体的判断范围靠拢，但是群体间的判断范围仍然各不相同。对于这些变化，谢里夫说道(42,p. 104)：

虽然每个人都在自己的环境中形成了各自的范围和规范，但当个体被一起放到一个群体之中时，他们的范围和规范就趋向于集中。

此外，"一旦他的群体的范围和规范确定了之后，当群体的一个成员之后单独面对同样的情景时，他就会以他从群体情景中获得的范围和规范认识现在的情景"(42,p. 105)。

谢里夫做了许多研究以证实将实验调查结果应用于群体现象的可行性……他的研究还在心理学中建立这样一种观点，即群体具有某种特征，正如他在书中总结的那样，"每个群体都会建立独特的规范，这也为社会心理学家和社会学家的争论提供了一个实际的心理学基础，社会学家坚持认为群体环境中可以产生新的超个体的性质"(42,p. 105)。

态度的社会寄托

在1935~1939年之间，纽科姆(32)对谢里夫感兴趣的主要问题进行了一个集中的研究，但他采取了非常不同的方法。纽科姆选择了"自然的"而不是"实验室的"环境，并在这样的环境下研究对社会规范和社会影响过程的管理。他主要通过使用态度测量的技术、社会测量法和采访来获取数据。本宁顿大学是他的研究地点，所有学生都是他的研究对象，对政治事务的态度作为社会规范的内容……

纽科姆的研究表明，个人的态度牢固地植根于他所在的群体，群体对个人态度的影响取决于个人和群体之间关系的性质,群体对其成员的评价,至少部分地建立在成员们遵守群体规范的基础之上。尽管早在社会科学的纯理论阶段,理论学家们就把这些观点中的大部分内容以这样或那样的形式写下来,但这项研究还是特别有意义,因为它提供了详细的、客观的和定量的证据。正如谢里夫以不同的方法所做的研究那样,它因此证明了对群体生活重要特征进行科学研究的可行性。

街头社会群体

群体动力学的社会学和人类学背景在这个时代的三大重要研究中是最显而易见的。1937年,W. F. 怀特搬到波士顿的一个平民区,开始了对社会俱乐部、政治组织和敲诈勒索行为长达3年半的研究。他的方法是成为"参与性观察者",这个方法已经在人类学研究中得到了最高度的发展。更具体地,他借鉴了沃纳和阿瑞斯博格的源于"美国城市"研究的经验。他通过很多渠道获得了进入社区社会和政治生活的许可,并忠实地记录下了他所看到和听到的各种事情。在其后所写的书中,怀特(51)非常详细地介绍了诺顿街帮派和意大利社区俱乐部的结构、文化和功能。这些社会群体在他们成员的生活中和在更大的社会政治结构中的重要性得到了广泛的印证……

这项研究对群体动力学随后工作的重要性有三点:(1)它极其详细地叙述和描绘了群体在个体生活中,以及在更大社会体系功能中的重大意义;(2)它推动了对群体特征的解释和个体间相互作用的过程;(3)它产生了许多有关变量关系的假设,这些变量包括相互作用的开端、领导力、地位、相互义务和群体凝聚力等。这些假设为怀特后来的许多工作以及许多其他方面的研究提供了指南。

群体氛围的实验控制

在群体动力学已有的研究中,最有影响的是卢因、利皮特和怀特所做的工作(23,25)。1937~1940年间,在爱阿华州儿童福利研究站所做的关于群体氛围和领导风格的调研,完成了对各种如前所述的趋势和发展的创造性综合……

这项调研的基本目的,是研究从某些实验中归纳出来的"群体氛围"或"领导风格"对群体总体和对群体成员的影响。10岁和11岁的孩子被分为几个组,在几个星期的时间里,在一个成年人的领导下定期见面,这个成年人促使他们之间产生不同的群体氛围。在分组的时候,要保证各组之间有最初的可比性;通过利用社会计量测验、操场观察和教师面试,各组的结构特征更尽可能做到相似;在学校记录和对孩子进行面试的基础上,各组成员的背景和个人特征对所有的组来说都是相同的;相同的群体活动和相同的体育设施。

实验控制由两部分组成:一是使成年的领导者在每个实验中都以规定的方式开展工作;二是为了找出领导个性的不同影响,每个人在各自的实验条件下领导一个组。他们对三种领导类型或群体氛围进行了考察:民主的、专制的和放任自由的。

……此外,每个组还逐渐形成了一种特有的进取心水平,并且可以证明当每个成员由一个组转到另一个组的时候,他们的进取心就会变化而与新的组相适应。我们可以看到进取心动力学的一个有趣例证:当一些恭顺服从专制领导的小组被给予了一个新的、更自由的领导者时,就会爆发异常强烈的情感……

随后对群体动力学的研究中,最重要的是卢因对这些实验基本目的进行系统表述的方法。领导力问题被作为调查研究的一项内容,部分因为它的实践在教育、社会群体工作、行政管理和政治事务中的重要性。然而,当我们在实验室中建立不同的领导类型时,并不需要反映或模拟任何可能在社会中存在的"纯粹类型"。相反,我们的目的是要找出一些领导者行为可能会发生变化的更为重要的路径,发现各种领导类型是如何影响群体的特征和成员的行为。正如卢因所说(21,p.74),目的"不是为了复制任何给定的专制或民主,也不是为了研究一个'理想的'专制或民主,而是为了建立一个能够发现潜在的群体动力学的体制"。这段话发表于1939年,在其中,卢因最早使用了群体动力学这个词。

仔细观察卢因如何使研究的问题普遍化是非常重要的。他可能已经把这项研究主要看作是对社会工作和教育中群体管理技术的一项贡献。或者他可能已经把它置于对领导力的研究背景之中。但是,实际上,他采用了与了解群体生活潜在动力相似的最抽象方式来描述这个问题。他相信构筑一个有关群体生活性质的经验主义知识体系是有可能的,就任何特定的群体来说,对这个体系的详细说明都将富有意义。因此,他设想了一个普遍性的群体理论,这个理论可以适用于各种明显不同的场景,如家庭生活、工作群体、教室、委员会、军事部门和社区。此外,他把一些特殊的问题如领导力、地位、交流、社会规范、群体氛围和群体间关系,看作是理解群体动力学性质的一部分……

小 结

群体动力学是一个致力于促进了解群体特性、发展法则,以及群体与个人、其他群体和大型社会事业机构的相互关系的研究领域。根据它对获得有理论意义的经验主义研究的依赖,强调对群体生活动力学的研究和理论,它与所有社会科学的广泛联系,及其成果对社会实践进行改进的潜在适应性,群体动力学得到了认同……

20世纪30年代末,许多趋势都已形成了一个结果,即群体动力学的一个新领域开始形成了。群体在实践和理论上的重要性在那个时候为经验所印证。对群体生活的动力进行客观和定量研究的可行性是毋庸置疑的。群体的现实存在已经不再神秘,而是被明确地放在了经验主义社会科学的领域内。群体规范可以被客观地加以衡量,甚至可以在实验室里创造出来,并且已经制定好了影响个人的行为和观点所依赖的一些程序。个人的某些情绪状态对于占上风的群体氛围的依赖已经建立。不同的领导风格在实验中创造了出来,并被用于对群体功能施加显著的影响。在经历了由第二次世界大战引起的中断期后,群体动力学在构建一个系统的、以经验主义为基础的、有关群体生活的动力学知识体系方面取得了飞速的发展。

参考文献

Allport, F. H. *Social psychology*. Boston: Houghton Mifflin, 1924.

Allport, G. W. The historical background of modern social psychology. In G. Lindzey(ed.), *Handbook of social psychology*. Cambridge, Mass: Addison-Wesley, 1954, pp. 3—56.

Bach, G. R. *Intensive group psychotherapy*. New York: Ronald Press, 1954.

Bales, R. F. *Interaction process analysis*. Cambridge, Mass: Addison-Wesley, 1950.

Barnard, C. I. *The functions of the executive*. Cambridge, Mass.: Harvard Univ. Press, 1938.

Bavelas, A. Morale and training of leaders. In G. Watson(ed.), *Civilian morale*. Boston: Houghton Mifflin, 1942.

Bion, W. R. Experiences in groups. I-VI. *Human Relations*, 1948—1950, 1, 314—320, 487—496; 2, 13—22, 295—303; 3, 3—14, 395—402.

Bogardus, E. S. Measuring social distance. *Journal of Applied Sociology*, 1925, 9, 299—308.

Busch, H. M. *Leadership in group work*. New York: Association Press, 1934.

Chapple, E. D. Measuring human relations: An introduction to the study of interaction of individuals. *Genetic Psychology Monographs*, 1940, 22, 3—147.

Coyle, G. L. *Social process in organized groups*. New York: Rinehart, 1930.

Dashiell, J. F. Experimental studies of the influence of social situations on the behavior of individual human adults. In C. C. Murchison(ed.), *Handbook of social psychology*. Worcester, Mass. : Clark Univ. Press, 1935. pp. 1 097—1 158.

Follett, M. P. *The new state, group organization, the solution of popular government*. New York: Longmans, Green, 1918.

Follett, M. P. *Creative experience*. New York: Longmans, Green, 1924.

Goodenough, F. L. Measuring behavior traits by means of repeated short samples. *Journal of Juvenile Research*, 1928, 12, 230—235.

Gordon, K. Group judgments in the field of lifted weights. *Journal of Experimental Psychology*, 1924, 7, 398—400.

Haire, M. Group dynamics in the industrial situation. In A. Kornhauser, R. Dubin, & A. M. Ross(eds.), *Industrial conflict*. New York: McGraw-Hill, 1954, pp. 373—385.

Homans, G. C. *The human group*. New York: McGraw-Hill, 1954, pp. 373—385.

Jack, L. M. An experimental study of ascendent behavior in preschool children. *Univ. of Iowa Studies in Child Welfare*, 1934, 9(3).

Lewin, K. Forces behind food habits and methods of change. *Bulletin of National Research Council*, 1943, 108, 35—65.

Lewin, K. *Resolving social conflicts*. New York: Harper, 1948.

Lewin, K. *Field theory in social science*. New York: Harper, 1951.

Lewin, K. Lippitt, R. , & White, R. Patterns of aggressive behavior in experimentally created "social climates." *Journal of Social Psychology*, 1939, 10, 271—299.

Likert, R. A technique for the measurement of attitudes. *Archives of Psychology*, 1932, No. 140.

Lippitt, R. An experimental study of authoritarian and democratic group atmospheres. *Univ. of Iowa Studies in Child Welfare*, 1940, 16(3), 43—195.

Marrow, A. J. *Making management human*. New York: McGraw-Hill, 1957.

Mayo, E. *The human problems of an industrial civilization*. New York: Macmillan, 1933.

Moede, W. *Experimentelle massenpsychologie*. Leipzig: S. Hirzel, 1920.

Moore, H. T. The comparative influence of majority and expert opinion. American Journal of Psychology, 1921, 32, 16—20.

Moreno, J. L. *Who shall survive?* Washington, D. C. : Nervous and Mental Diseases Publishing Co. , 1934.

Myrdal, G. *An American dilemma*. New York: Harper, 1944.

Newcomb, T. M. *Personality and social change*. New York: Dryden, 1943.

Newstetter, W. , Feldstein, M. , & Newcomb, T. M. *Group adjustment, a study in experimental sociology*. Cleveland: Western Reserve Univ. , School of Applied Social Sciences, 1938.

Olson, W. C. , & Cunningham, E. M. Time-sampling techniques. *Child Development*, 1934, 5, 41—58.

Parten, M. B. Social participation among preschool children. *Journal of Abnormal and Social Psychology*, 1932, 27, 243—269.

Radke, M. , & Klisurich, D. Experiments in changing food habits. *Journal of American Dietetics Association*, 1947, 23, 403—409.

Redl, F. , & Wineman, D. *Children who hate*. Glencoe, Ill. : Free Press, 1951.

Roethlisberger, F. J. , & Dickson, W. J. *Management and the worker*. Cambridge, Mass. : Harvard Univ. Press, 1939.

Scheidlinger, S. *Psychoanalysis and groups behavior*. New York: Norton, 1952.

Shaw, C. R. *The jack roller*. Chicago: Univ. of Chicago Press, 1939.

Shaw, M. E. A comparison of individuals and small groups in the rational solution of complex problems. *American Journal of Psychology*, 1932, 44, 491—504.

Sherif, M. *The psychology of social norms*. New York: Harper, 1936.

Slavson, S. R. *Analytic group psychotherapy*. New York: Columbia Univ. Press, 1950.

Thomas, D. S. An attempt to develop precise measurement in the social behavior field. *Sociologus*, 1933, 9, 1—21.

Thomas, W. I. , & Znaniecki, F. *The Polish peasant in Europe and America*. Boston: Badger, 1918.

Thrasher, F. *The gang*. Chicago: Univ. of Chicago Press, 1927.

Thurstone, L. L. Attitudes can be measured. *American Journal of Sociology*, 1928, 33, 529—554.

Thurstone, L. L. , & Chave, E. J. *The measurement of attitude*. Chicago: Univ. of Chicago Press, 1929.

Triplett, N. The dynamogenic factors in pacemaking and competition. *American Journal of Psychology*, 1897, 9, 507—533.

Watson, G. B. Do groups think more effectively than individuals? *Journal of*

Abnormal and Social Psychology, 1928, 23, 328—336.

Whyte, W. E. Jr. *Street corner society*. Chicago: Univ. of Chicago Press, 1943.

Whyte, W. H. Jr. *The organization man*. New York: Simon and Schuster, 1956.

Wilson, A. T. M. Some aspects of social process. *Journal of Social Issues*, 1951(Suppl. Series 5).

Wilson, G., & Ryland, G. *Social group work practice*. Boston: Houghton Mifflin, 1949.

20 关于群体动力学的群体间观点[*]

克雷顿·P. 阿尔德弗

引 言

对群体间关系的研究引发了多种多样的方法和理论,这些方法和理论来自关于多种困难社会问题的社会科学(Allport, 1954; Morten, 1960; Sherif, 1969; Van Den Berge, 1972; Pettigrew, 1981)。从字面上来看,群体间关系可以定义为两个群体之间或两个以上群体间(between and among)的活动。注意这两者之间的区别是非常重要的。人们在观察群体的时候,是一次只观察两个群体,还是观察更复杂的群体,在行动和理解两方面都非常重要。比起从两个群体之间的角度,或者两个以上群体间的角度,从群体间的角度出发能够解释更多的现象。研究的范围从个人如何看待偏见和旧习到各国如何处理相互之间的国际冲突。事实上,所有群体间分析主要都是关于个人与集体的社会程序之间的持久关系……

---

[*] 来源:*Handbook of Organiazational Behavior*, Jay W. Lorsch, ed., Prentice-Hall, Inc., 1987。

群体间关系和组织的理论

在前面两节中,我尝试建立两个超理论的观点:第一是建立思考人类行为的总群体间理论,其目的是使群体间理论区别于非群体间理论;第二是制定一个尺度,以定义群体间理论之间的转换,其目的是将群体间理论的多种版本加以区分。现在,本节将要探讨一个具体的群体间理论。

根据群体间理论的不同尺度,它具有以下特征:
1. 群体是主要的分析层面。
2. 群体植根于社会体系中。
3. 研究的方向是源于实践的。
4. 理论概念既适用于研究者,也适用于被研究者……

组织中群体的定义

在社会心理学的著作中,并不缺少对群体的定义,但是提出定义的那些人之间并没有达成清晰的一致(Cartwright and Zander, 1968)。因为社会心理学家们通常是在实验室内研究群体内在特征,从而得出对群体的定义,所以对群体外在特征的认识是比较有限的。但是,对组织中群体的观察,使得人们在定义群体时同时关注了群体的功能特征和外在特征。

人类群体是指个体的集合体,(1)这些个体之间存在着显著的相互依赖关系;(2)能准确地区分成员与非成员;(3)成员的群体身份获得非群体成员的认可;(4)作为单独行动或具体行动的群体成员,他们与其他群体之间存在着显著的相互依赖关系;(5)成员在群体中的角色是其自身、其他群体成员以及非群体成员的期望函数(Alderfer, 1977a)。

群体的概念最初是指相互依赖的一群人,然后,发展到认为群体是一种重要的社会存在,它的内部界限和外部界限都很分明,进而认识到群体总的来说是一个通过群体代表或集体行动而相互作用的单位,最终回到了成员个体,这些成员的思想、感觉和行动都是由其自身以及成员和非成员两方面力量所决定。群体的这种概念化,使得当每个成员一旦与其他群体的成员交往,或者处理一些至少在一定程度上属于群体间事务的时候,他就成了群体的代表(Rice, 1969; Smith, 1977)。

图1显示的是一个"个人之间的群体间交易"。这些交易经常被认为是人际关系方面的交易,但此处进行了重新定义。图中有三种力量,分别与个体自

身、群体内和群体间动力相对应。人们普遍认为,人与人之间的任何交易行为都在这三种力量作用下进行;大多数人(包括行为学家)主要从个体自身或人际间出发理解事务。在任何时候,哪一种力量更有支配力,取决于在每一个分析层面上的具体尺度是如何使不同人区分开来的。假设 I_1 是一个男性工程监理,I_2 是一名女性工会管理者。从他们自身出发,I_1 喜欢抽象思考,但在表达感情方面一直存在障碍;I_2 则喜欢具体思考,并善于表达感情。G_1 是一个男性占优势的专业群体,告诉 I1 他应该总是拥有控制权并且保持理智。G2 是一个女性占优势的办公室职员群体,告诉 I2 她应该更加确定地了解 G_2 的需要。$I-G_{1-2}$ 的关系中包括十年来时时中断的劳工与管理层的合作,打断这种合作的原因是一系列罢工(来自于工人方面)和解雇(来自于管理者方面)。许多行为科学通常是把关注的焦点聚集在 I 的动力上,对 G 或 I-G 的力量给予很少的关注,或不予关注(Argyris, 1962; Walton, 1969)。

通过群体间观点认识个人之间的交易,观察者学会了考察参与者所在的群体环境,参与者及其群体之间的关系,参与者所代表的群体之间的关系以及他们在每一个"人与人之间的"关系中的个性……

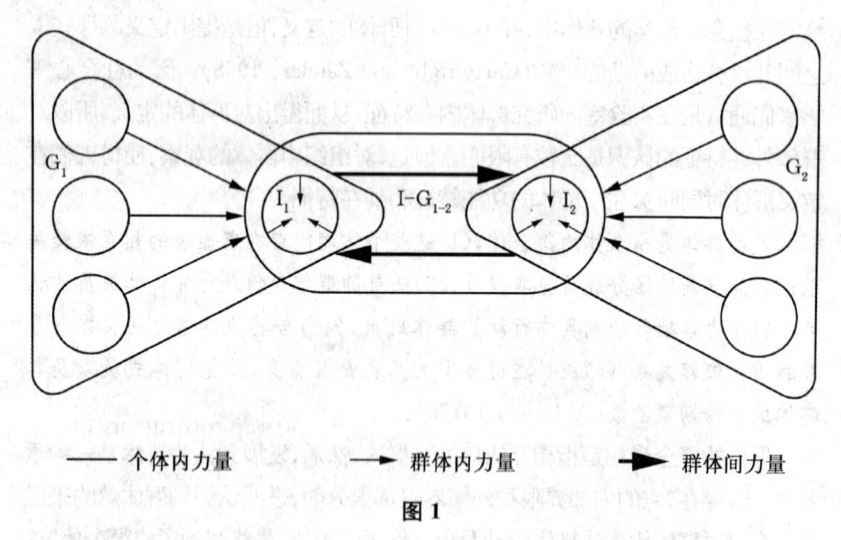

图 1

—— 个体内力量　　→ 群体内力量　　▶ 群体间力量

群体间关系的特征

对群体间关系的研究已经归纳出了许多群体间关系的特征,而不考虑特定群体和群体间关系发生的具体环境(Sumner, 1906; Coser, 1956; Van Den Berge, 1972; Levine and Campbell, 1972; Billig, 1976; Alderfer, 1977a)。这

些现象包括：

1. 群体界线。群体界线，无论是生理的和心理的，通过其渗透性的变化决定了谁是群体的成员，谁管理群体间的交易(Alderfer, 1977b)。界线的渗透性是指越过界线的难易程度。

2. 权力差别。群体在类型上，或在可以获得和使用的资源上存在差别(Lasswell and Kaplan, 1950)。衡量权力差别的尺度的多样性和在这些尺度下群体间矛盾的程度，影响着群体间界线渗透的程度。

3. 情感模式。群体界线的渗透性随着群体间感情的两极化而改变；也就是说，就程度而言，群体的成员将自己的感觉一分为二，以至于大部分积极的感觉都与他们自己的群体相联系，大部分消极的感觉都指向了其他群体(Sumner, 1906; Coser, 1956; Levine and Campbell, 1972)。

4. 包括"曲解"在内的认知的形成。作为权力差别和情感模式的一种功能，群体倾向于形成自己的语言(或语言要素，包括社会范畴)，影响其成员对客观和主观现象的洞察力，传达一系列主张——包括理论和意识形态——以解释成员所经历的事件的性质，并影响与其他群体的关系(Sherif and Sherif, 1969; Blake, Shepard and Mouton, 1964; Tajfel, 1970; Billig, 1976)。

5. 领导行为。群体领导者和代表群体成员的行为，反映了他们的群体与其他群体在界线渗透性、权力差别、情感模式和认知形成等方面的关系。群体代表的行为，包括经过正式指派的领导者行为，既是特定条件下群体间行为整体模式的原因，也是其结果。

组织中的群体关系

每一个组织都是由大量群体组成的，并且在与组织中的其他人交往时，每一个组织成员都代表若干个群体。组织中所有的群体可以被分成两个大类：身份群体和组织群体。可以认为身份群体是指其成员具有一些共同的生物特征(例如，性别)，具有相同的经历(例如，移居)，目前正承受着相似的社会压力(例如，失业)等，并因此而具有相同的世界观。那些在同一群体中的人的世界观能够相同，是因为他们有相似的经历，并通过与其他群体成员的交流分享了这些经验的意义。当人们进入组织时，他们就具有某些群体的成员资格，这些成员资格以一些变量为基础，如种族、性别、年龄和家庭等。在组织群体中，成员分享(近似)共同的组织职位，分享相同的工作经验并最终获得一致的组织观。组织根据劳动力分工原则和权力等级制度，将成员分配到组织群体中。理解组织中群体的一个关键因素，是身份群体的成员资格和组织群体的成员资格之间的频繁而高度关联。由于组织和组织所植根于其中的文化的性质，一些组织群体倾向于由某些身份群体的成员组成。例如，在美国，高级管理职位往往由老年白人男性担任，一些部门和等级往往更易被女性和少数民族所接受(Loring and Wells, 1972; Purcell and Cavanagh, 1972)。

通过对人类群体的定义，我们会发现身份群体和组织群体符合以下五条主要的标准。第一，身份群体的成员具有重要的相互依赖关系，是因为他们拥有过共同的经历；而组织群体成员具有重要的相互依赖关系，是因为他们有着相同的工作或组织经验；尽管他们可能没有注意到这个关系甚至努力否定这个关系，但这个关系确实导致了相似的命运。第二，组织群体和身份群体的成员能够凭借身份因素(属于某个种族、性别等)或其组织中的位置，准确地将作为成员的自己与非成员区分开来。但是，这种识别程序的准确性会产生变化，这种变化取决于群体界线的渗透性和这样一个事实，即许多个人具有多个群体的成员资格，随之而来的是，许多群体都存在着严重的重叠现象。一个相似的观点适用于第三个定义的特征，即非群体成员识别群体成员的能力；这还是会产生变化，它取决于群体界线的渗透性。界线越难渗透，成员就越容易被识别。当定义的第四个和第五个方面特征运用于身份和组织群体时，它们是高度相关的。例如，当与其他群体的成员发生联系时，作为某个群体代表的成员可能或多或少会关注自己的行为或被关注的程度。每个人都有许多身份群体和组织群体的成员资格。在任何既定的时候，即使不是代表全部群体，一个人也可能同时是许多群体中的一员。但是，在某个既定的时间，某个人代表什么群体，还取决于其他人代表了什么群体，以及什么样的身份群体和组织群体在处理当前的群体间交易时是最重要的。例如，在一个黑人占主导地位的组织中，一个白人，不管他的表现如何，他都不可避免地在一定程度上代表了"白人"。但是，还是这个白人，在一个白人占主导地位的组织中，就不会被看成是"白人"的代表，而是代表某个别的群体，如一个特殊的阶级。当个人在组织中工作时，他们就很难成为"公正的人"。当没有别的群体代表存在时，在其成员资格的背景下，个人可能自认为是"公正的人"，但当他被置于一个复杂多样的环境中的时候，这种主观的判断就不正确了。群体成员如何与其所在群体中的其他成员以及别人对他的期望相联系，在很大程度上取决于那时群体内和群体间各种起作用的力量的性质……

组织群体。组织群体的本质特征，是指个体作为与组织之间协商交易的函数而成为群体的一员。这种交易往往是自愿的，例如一个人决定靠工作来谋生，或为社区机构义务工作。但是，这种交易也可能是非自愿的，例如孩子们必须去上学，被征召入伍者必须去参军，以及罪犯必须坐牢。不管这种进入群体的交易是自愿的还是非自愿的,成为一个组织成员就意味着成为了任务群体和等级群体中的一员。无论什么原因,一个取消了成员资格的人也放弃了其在任务群体和等级群体中的成员资格。这样,任务群体和等级群体的成员资格就与身份群体的从属关系区分开来了。

任务群体的成员资格因一些活动(或者,在一些不寻常的场合,如监狱或医院,是一种静止状态)而产生,这些活动是由群体指派成员完成的。这些活动通常都具有一系列目标、角色关系和形成群体成员经验的其他特征。因此,人们对自己所属的群体、其他群体和组织形成了一个总体的看法,这个看法依次形成了他们的行为和态度。

任务群体的成员资格也常常从一个组织转移到另一个,因为如果人们离开一个系统而试图进入另一个系统中时,他们可以带着必需的知识和技能投入到特殊的任务中去。作为提高和保持这些知识和技能的一个方法,人们在属于雇佣(或限制)他们的组织之外,还可能是某些知名的专业或半专业组织的成员。来自于这些"外部利益群体"的支持,可能帮助人们在他们工作的系统中获得更多力量,同时使得人们更容易离开一个系统而进入另一个系统。

等级群体的成员资格,由那些在系统中有权决定等级的人分配。决定一个成员在组织中的等级位置,通常是一个谨慎控制的过程,并往往是高度机密的过程。一个人在等级制度中的位置,决定了这个人的合法权威、决策自主权、责任范围,并且也常常是获取成员资格利益的途径。群体等级制度的影响是由于工作的性质需要人们从事不同级别的工作,由于工作需要个体拥有不同的特征,由于在等级制中居于不同位置的人之间建立的关系(Smith, 1982; Oshry, 1977)……

没有一个组织成员可以逃脱等级制的影响。我们可以做出比已有的三种分类更精细的分类(例如,上上、中下等),但是在更精细分类的微观世界中,相同的基本结构还是会反复出现。等级制的影响是一种"系统"特征;任何在等级制中居于特殊位置的人,都将表现出与他的等级水平相适应的特征。

图2表示了身份群体和组织群体的交集。只要存在一种系统程序,按照身份群体的函数把人们分配到各个组织群体,那么在身份群体和组织群体之间就始终会存在着不可避免的矛盾。有时这些程序被称为"制度歧视"。[考虑以下这个问题:你所知道的大公司总裁中有多少是30岁(太年轻的年龄群体)的希腊女性(劣势的种族群体)?]在组织群体之间往往存在着许多矛盾冲突,完全占用了头等群体的感情精力,而这些头等群体拥有管理群体界线和交易的任务。因此,除非存在着特殊的力量强化组织中的身份群体界线(也就是,给它们更多的权力),处于较高位置上的群体通常都只会从组织群体的角

度出发来管理群体。组织在其环境中形成的习惯,和在这个环境中身份群体之间的关系,都会影响管理程序对身份群体和组织群体的反应程度,或只对组织群体的反应程度……

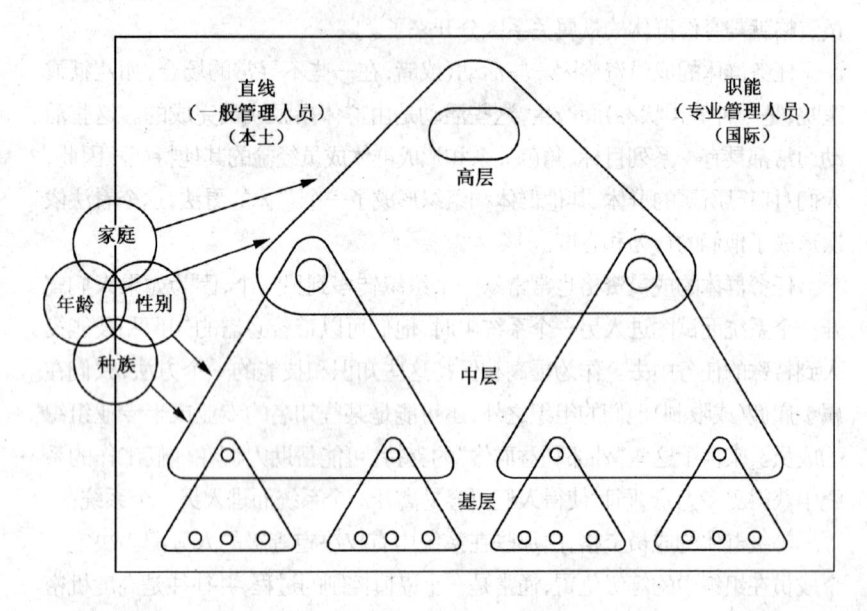

图 2 身份群体和组织群体

嵌入性的群体间关系

任何群体间关系都是在其根植的环境中形成的,而这种环境又是由上一级系统形成的。在考察群体间关系时,可以有多种视角。
1. 对那些在群体间关系中代表各自群体的个人的影响
2. 在涉及其他群体时,群体中子群体的重要性
3. 当作为一个整体的群体与其他重要的群体相联系时,该群体的成果
4. 上级系统的力量对被考察群体间关系的影响

不管是从什么层面上来考察,各个层面之间"相互渗透"的现象都会出现。由于个人扮演了一个具有代表性的角色,他们支撑起了自己群体和其他群体的形象(Berg, 1978; Wells, 1980)。在面对面的群体中分裂出子群体,反映出群体中身份认同和关联性的不同程度,这些程度由群体与其他群体之间的关系形成。那么,群体作为一个整体,形成了——或多或少是无意识的——一种认识,即有关它的利益是如何由其上一级系统照顾或滥用的。嵌入性的

群体间关系的概念适用于身份群体和任务群体(Alderfer and Smith, 1982)……

图 3 显示了在一个由 10 人组成的工作群体中,群体间动力学是如何在动力学领域内产生作用的。这个工作群体有 4 个子群体,由虚线表示。单从群体间动力学的视角来看,这个工作群体只受到群体内个人和子群体影响。但是,从群体间视角显示了工作群体内的子群体代表众多群体的成员资格,而这个成员资格超越了这个 10 人工作群体,由点线表示。假设 I_3 是该群体的一个新的女性领导,她最近才加入到这个群体中;I_1 和 I_2 是与群体的前任男性领导关系密切的男性;I_4、I_5 和 I_6 是工作群体中年轻的男性成员;I_7、I_8、I_9 和 I_{10} 是工作群体中年轻的女性成员。在整个过渡时期,或许还包括这之后的一段时期,嵌入性的群体间理论会预示新的女性领导和资格较老的成员之间的关系,将受到整体系统中女性权威的影响,它也预示着工作群体内年轻男性成员和年轻女性成员之间的关系将因群体领导更换成了女性而改变……

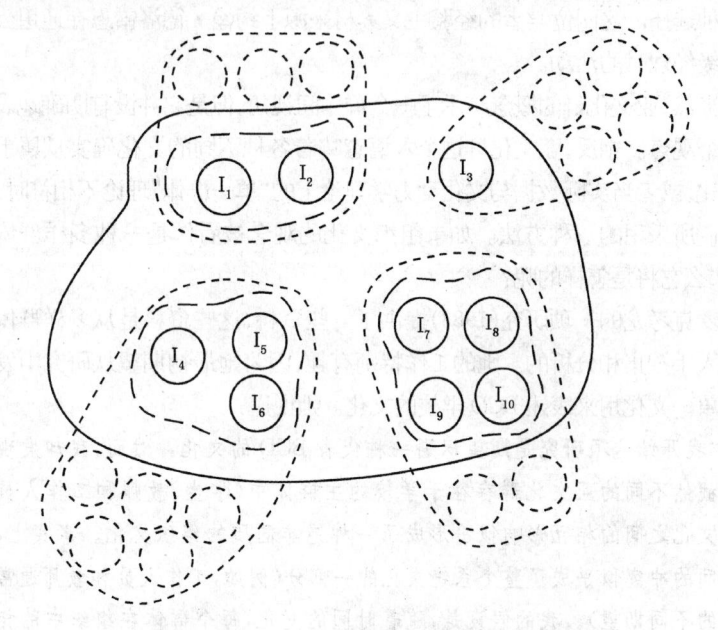

图 3 嵌入于一个小群体中的群体间动力学

将群体间理论应用于选择问题上

作为一个研究组织中群体行为的一般视角,群体间理论可以被用于解决多种人类难题。在本文结束部分……我挑选这些难题的原因,都是因为它们已成为我在过去几年中所关注的课题。这些难题是：理解组织文化；在男性白人占主导地位的组织中对少数种族和女性白人做出的反应。

理解组织文化

当调查人员和顾问把他们的关注目光从小群体转向整体组织时，就会出现一个概念研究，这些概念有可能对整体系统作出全面而明确的表述。在一定程度上，组织文化的概念就是因这些探究而出现的。[1] 从这篇文章的观点出发，关键的问题是在组织文化的理论家和群体间理论家之间会出现什么样的智慧对话？……

马丁和西尔(1982)……使用了亚文化群的概念。在他们的案例中，他们提出了"反文化"的概念。这一概念是围绕着一个具有超凡魅力的人物而形成的。这个人物提出了一系列巧妙平衡的设想和行为，它们提供了对主流文化的一种选择。这两位学者的经验主义素材来源于约翰·德洛雷恩在通用公司任高级经理时的活动。

当然，亚文化群的概念暗示了一个群体间视角，但是它并没有明确地表达出那个观点。相反，亚文化群这个术语意味着各种不同的文化确实从属于主流文化，或者当实际数据与文化动力学理论上的"单一群体"理论不相符时，理论家们所采用的一种方法。如果组织文化的观念被看作是一种多样群体现象，那么它将是怎样的呢？

麦克考龙的一项研究(1983)提供了一些资料，这些资料是从多样群体的视角入手搜集和分析的。她的工作特别有趣，因为她最初期望从研究中发现一种单一文化用来表述 BCD 学校的文化。她说道：

"我开始这项研究是期望识别一种代表 BCD 的文化。然而，我却发现了许多截然不同的亚文化群存在于学校的主群体中（学生、教师和工作人员）。这些文化之间的相互影响似乎形成了一种绝非同质的组织文化。事实上，群体之间的冲突似乎成了整个系统文化的一部分（例如，工作人员和教师通常所持有的不同期望）。我的假设是，随着时间的变化，每个群体在组织中的相对权力决定了文化的主要因素。"

这段表述是对于组织文化的群体间观点的一个例证。它使得整个系统文化成了关键群体文化在系统内与其他群体文化相互作用的产物。在麦克考龙

---

[1] 组织文化的概念也服务于其他功能，并且不是所有的组织文化研究者都会以整体的眼光来关注组织。

的研究中,这些群体中至少两个之间相互作用的主要模式是冲突。但是,为了使组织文化有效地成为一种动态群体间模式,冲突不应该作为处理群体间交易的主要形式。

麦克考龙与马丁和西尔(1982)之间的一个重要区别,可能是与他们所描述的文化有关的角色和群体成员资格。马丁和西尔是外行,他们阅读了关于通用汽车、德劳雷恩的材料,以及对那些采访类似情境下的人的材料。麦克考龙是她的研究组织的一员,并且负责检查她的群体成员资格所赋予她对其所研究的系统的视角。马丁和西尔很可能无法全面看到他们研究的组织中多样群体的性质,因为他们只研究一个群体。我再次提醒读者们注意调查者的群体间关系,以及这些关系如何影响他们获得的数据和据此数据得出的概念。

在男性白人占主导的组织中,对女性白人和少数种族群体的反应

对平等权利运动采用群体间视角,明显增加了思考和行动的复杂性。开始,也许是要认识到并接受这样一个事实,即男性白人不仅是一个个体,也是一种群体环境(见图1)。平等权利运动这个术语进一步说明了认识和改变男性白人独有的主导地位的方法。而男性白人的这种主导地位在美国的公共机构中占有很大的比重。只承认男性白人(或其他群体)之间存在着个体差异而否认群体影响,严重限制了可以理解和可以做的事。这些限制常常给某些群体和个人提供了重要的物质利益——或许特别是男性白人,当然同时也包括像个别女性白人和少数种族群体中的个别成员那样有意或无意地决定通过与男性白人竞争他们在群体中的地位(参见 Davis and Watson, 1982; Davis, 1983; Joseph and Lewis, 1981)。

但是,一旦一个人站在多样群体的视角,就不能那么容易得出答案了,行动也不会那么显而易见了。事实上,群体层面的精神伤痛,可能随着对自己群体与其他群体历史的以及现在的关系的关注而增加。对一些群体来说,可能存在着一种希望,即所有受压迫的群体能够联合起来向由男性白人组成的压迫别人的群体挑战。但是,到那时,新的意识又会出现。一个对女性白人和黑人关系的历史调查,揭示了一些重大合作的时期,但也揭示了在(白人)女权运动中许多根深蒂固的种族歧视的证据(Joseph and Lewis, 1981; Davis, 1983)。当男性黑人反对立即扩大女性的选举权时,也出现了一些历史趣闻(Davis, 1983)。当代研究提出了一些证据,证明女性黑人准备利用男性黑人的困境在男性白人主导的组织文化中得到提升(Davis and Watson, 1982),也利用了女性白人在种族清一色的女性组织中,表面上忘记种族动力,只有当具体出现问

题时,她们才会想起种族问题(Van Steenberg, 1983)……

结 论

从20世纪初开始,群体间视角开始形成了对人类行为的认识。学者们仔细考虑了各种不同的事件,如政治革命、部落战争、劳资关系和精神病,反映出他们在思考和行动中意识到了"群体对群体"关系。在过去的30年里,大量的群体间理论逐步发展并形成了一些方法论上的传统。现在,我们可以通过群体层面概念的相对集中程度,对相互联系的群体或孤立群体的关注程度,对研究者干涉行为的接受程度,以及研究调研者个人和群体行为的倾向,区分这些相互结合的理论与方法。

群体间理论提供了对个人、人际之间、群体、群体之间和组织关系的诠释。这里所给出的群体间理论的版本使用了一个与内部和外部特征都有关的群体定义。它从群体界线、权力、影响、认知和领导行为出发,解释了群体间动力学。它研究了身份和组织群体的性质。它把群体间关系的情形与他们根植的上级系统联系了起来。通过对相似的和无意识的程序的管理,它提出了一种对改变相互依赖的群体及其代表的关系的认识。

这个理论涉及一大批社会和组织问题,包括建立有效的工作团队,定义和管理组织文化,分析和实施平等权利运动,以及在管理学院中教授组织行为学。

群体间理论最重要的含义,也许是它给那些研究和教授群体与组织中人类行为的人,提供了一种人类行为理论的再定位。在那些把社会学的知识与其群体成员资格联系在一起的学者中,曼海姆是20世纪最杰出者之一。

相应地,认知过程的产物已经……被区分开来了,因为在群体成员的眼中,并非能够考虑到世界上每一个可能存在的方面,而只有那些若被忽略就会造成群体的困难和出现问题的方面,才会被考虑到。在更大的群体中,对下级群体来说,甚至这个共同的世界(没有以相同的方式与任何外界组织共享)都很难出现。之所以如此,是因为在一个分工明确的社会中,下级群体和阶层具有不同的经验方法……(Mannheim,1936,p.29)。

群体间理论提出,组织群体(例如,作为一个研究者相对于研究对象)和身份群体(例如,具有特定性别、年龄、种族和家庭的人)都会影响个人的群体间关系,从而形成了个人的认识。随着社会的变化,支持这个普遍见解的资料扩大了可充当研究功能的身份群众的范围。从而,"合理制定"的经验主义的一般化和概念框架的内容就成了问题。这些新的发展影响了研究发展以及实际运用的方法。在实施中,没有一个公认的方法可以逃脱研究者和回答者之间潜在的群体间影响。持这个观点的调研者无可避免地会对他们及其群体在知识形成的过程中所起的作用产生质疑。认识一个人的群体间关系,也许是有效研究人类的一个关键因素。

参考文献

Alderfer, C. P. 1977a. "Group and intergroup Relations," In *Improving Life at Work*, ed. J. R. Hackman and J. L. Suttle, pp. 227—96. Santa Monica: Goodyear.

———. 1977b. "Improving Organizational Communication through Long-Term, Intergroup Intervention." *Journal of Applied Behavioral Science*, 13: 193—210.

Alderfer, C. P., and K. K. Smith. 1982. "Studying Intergroup Relations Embedded in Organizations." *Administrative Science Quarterly*, 27: 35—65.

Allport, G. W. 1954. *The Nature of Prejudice*. New York: Doubleday.

Argyris, C. 1962. *Interpersonal Competence and Organizational Effectiveness*. Homewood, Ill.: Richard D. Irwin.

Balmary, M. 1981. *Psychoanalyzing Psychoanalysis*. Baltimore: Johns Hopkins University Press.

Berg, D. N. 1978. "Intergroup Relations in Out Patient Psychiatric Facility." Ann Arbor, Mich.: University of Michigan.

Billig, M. 1976. *Social Psychology and Intergroup Relations*. London: Academic Press.

Blake, R. R., H. A. Shepard, and J. Mouton. 1964. *Managing Intergroup Conflict in Industry*. Houston: Gulf.

Cartwright, D., and A. Zander. 1968. *Group Dynamics*, 3rd ed. Evanston, Ill.: Row-Peterson.

Coser, L. A. 1956. *The Functions of Social Conflict*. Glencoe, Ill.: Free Press.

Davis, A. Y. 1983. *Women, Race, and Class*. New York: Vintage Books.

Davis, G., and G. Watson. 1982. *Black Life in Corporate America*. Garden City, N. Y.: Anchor Press/Doubleday.

Eagly, A. H., and L. L. Carli. 1981. "Sex of Researchers and Sex-Typed Communications as Determinants of Sex Differences in Influence-ability: A Mera-Analysis of Social Influence-ability: A Meta-Analysis of Social Influence Studies." *Psychological Bulletin*, 90: 1—20.

Herman, J. L. 1981. *Father-Daughter Incest*. Cambridge, Mass.: Harvard University Press.

Joseph, G. I., and J. Lewis. 1981. *Common Differences: Conflicts in Black and White Feminist Perspectives*. Garden City, N. Y.: Anchor Press/Doubleday.

Lasswell, H. D., and A. Kaplan. 1950. *Power and Society*. New Haven: Yale.

Levine, R. A., and D. T. Campbell. 1972. *Ethnocentrism*. New York: Wiley.

Loring, R., and T. Wells. 1972. Breakthrough: *Women into Management*. New York: Van Nostrand Reinhold.

Mannheim, Karl. 1936. *Ideology and Utopia*. New York: Harcourt Brace Jovanovich.

Martin, J., and C. Siehl. 1982. "Organizational Culture and Counterculture: An Uneasy Symbiosis." Working paper, Stanford University.

McCollom, M. 1983. "Organizational Culture: A Case Study of the BCD School." Yale School of Organization and Management Working Paper.

Merton, R. K. 1960. "The Ambivalences of LeBon's *The Crowd*." In *The Crowd*, ed. G. LeBon, pp. v-xxxix. New York: Viking.

Oshry, B. 1977. *Power and Position*. Boston: Power and Systems Training.

Pettigrew, T. P. 1981. "Extending the Stereotype Concept." In *Cognitive Processes in Stereotyping and Intergroup Behavior*, ed. D. Hamilton, pp. 303—32. Hillsdale, N. J.: Lawrence Erlbaum Associates.

Purcell, T. V., and G. F. Cavanagh. 1972. *Blacks in the Industrial World*. New York: Free Press.

Rice, A. K. 1969. "Individual, Group, and Intergroup Processes." *Human Relations*, 22: 565—84.

Sherif, M., and C. Sherif. 1969. *Social Psychology*. New York: Harper and Row.

Singer, E. 1965. *Key Concepts in Psychotherapy*. New York: Random House.

Smith, K. K. 1977. "An Intergroup Perspectives on Individual Behavior." In *Perspectives on Behavior in Organizations*. 2nd ed., J. R. Hackman, E. E. Lawler, and L. W. Porter (eds.), pp. 397—407. New York: McGraw-Hill.

———. 1982. *Groups in Conflict: Prisons in Disguise*. Dubuque, Iowa: Kendall-Hunt.

Sumner, W. J. 1906. *Folkways*. New York: Ginn.

Tajfel. H. 1970. "Experiments in Intergroup Discrimination." *Scientific American* 223: 96—102.

Van Den Berge, P., ed. 1972. *Intergroup Relations*. New York: Basic Books.

Van Steenberg, V. 1983. "Within White Group Differences on Race Relations at CTCGS." Yale School of Organization and Management Working Paper.

Walton, R. E. 1969. *Interpersonal Peacemaking*. Reading, Mass: Addison-Wesley.

Wells, L. J. 1980. "The Group-as-a Whole." In *Advances in Experimental Social Processes*, vol. 2, ed. C. P. Alderfer and C. L. Cooper, pp. 165—200. London: Wiley.

21 组织中的文化多样性：群体间冲突*

泰勒·小考克斯

群体间冲突的定义

尽管学者们提供了许多不同的冲突定义,但他们似乎还是比较同意这样的定义,即冲突是公开表现出一方与另一方在目标和关切利益上的紧张状态。因此,冲突的核心是相关群体在利益上的对抗(Rummell, 1976)。在这一章,我们将关注群体间的冲突。因为所有的群体都由个体组成,而冲突行为经常是在个体之间进行的,因此群体间冲突可以被看作是人际间冲突的一种特殊情况。在存在文化多样性时,群体间冲突有两个特殊的特征:(1)涉及群体界线和群体差异;(2)冲突直接或间接地与群体的文化特征相联系。

关于第二点,至少有两个原因可以解释为什么可以从群体间视角来分析人们观察到的大量人际间冲突。第一,群体的特性是个体个性不可或缺的一部分。因此,许多一般被认为是"个性冲突"的情况,可能实际上都是群体特性冲突的表现。第二,在一些明显的情况下,对相关的群体和个体,或只对群体而非个体而言,冲突的基础是地方性的。例如,在佛罗里达州和加利福尼亚州

---

*资料来源:Reprinted by permission of the publisher. Cultural Diversity in Organizations: Theory, Research & Practice, Copyright © 1993 by Taylor H. Cox Jr., Berret-Koehler Publishers, Inc., San Francisco, CA 94104.

的一些地区,关于在何种程度上只用英语教学的问题就出现了相当多的冲突。冲突的主要群体是西班牙裔美国人(他们中大多数都能说两种语言,但以西班牙语为第一语言)和非西班牙裔美国人,后者基本上都只说英语。在这个例子中,冲突的来源根本上是群体之间不同的文化特性。

在组织文化多样性的条件下,以下这种认识可能是有帮助的:群体间冲突可以既发生于多数派群体和各种少数派群体之间,同时也发生于少数派群体之间。在接下来的章节中,我们将讨论在组织文化多样性的条件下群体间冲突的来源。

群体间冲突的来源

正如在上面的定义中提到的,冲突的核心要素是利益对立。对组织中群体间动力学文献的一项研究,揭示了无数会导致利益对立的问题、观点和行为(Alderfer, Alderfer, Tucker, & Tucker, 1980; Landis & Boucher, 1987; Arnold & Feldman, 1986; Daft & Steers, 1986)。但是,在组织文化多样性的背景下,我认为有5点非常重要,它们是:

1. 竞争性目标
2. 资源竞争
3. 文化差异
4. 权力冲突
5. 一致性,与身份认同

竞争性目标

如前所述,共同目标是文化群体阐释的特征之一。而这个特征确实适用于任何种类的群体。在多种文化并存的社会体系中,代表不同文化的各种群体可能会制定各自的竞争性目标,之后这些目标便成了群体间冲突的基础。对群体间冲突的这个认识在坎贝尔(1965)和谢里夫(1966)关于"现实的群体冲突理论……"的讨论中被广泛地提及。

……这里要说明的是组织功能往往由不同的规范体系、优先目标、工作作风等确定。换言之,它们可能被看成是具有不同的职业文化。它们之间的文化差异部分地由不同目标来表示,而这种差异为群体间冲突提供了舞台。

资源竞争

群体间冲突的第二个来源是资源分配的不一致。例如,在某些情况下,冲突发生在印第安人与美国白人之间,这些冲突的基础深埋于群体间关系的历史中。又或者例如,男性和女性为获得行政工作而关系紧张,这种冲突更直接地源于组织中的问题。我们将给出一些例子。

在一家大型国际电信公司的一个工厂中,我目前所参与的一个咨询项目说明了在资源方面的群体间冲突。许多年以前,这个工厂雇佣了大批老挝移民。后来,工厂规模大幅缩小,数以百计的职工被重新安置或失业。许多当地的老挝工人则在这次裁员中幸免于难。通过采访工厂里那些土生土长的非洲裔美国人、西班牙裔美国人和美国白人,大量因失业而对"外来者"的愤恨都发泄到了工厂的管理层和老挝人身上。而老挝人也意识到了这种愤恨,他们对土生土长的美国人所给予的、他们认为是不公正的待遇抱有敌意。这场冲突持续了好几年,它也为工厂内部自我管理团队的有效运行制造了障碍。

在上述例子(工作机会)中,对资源的争夺常常是由多样性引起的群体间冲突的根源。我们可以从最近发生在欧洲一些城市中的实例来理解这一点。在那些城市中,许多移民受到当地人越来越多的骚扰。这些移民中的绝大多数都不是白人,而当地人则认为他们威胁到自己的工作,从而视其为不受欢迎的外来者(例如,参见《德国人》,1991)。它也被看作是美国黑人和白人之间以及黑人和其他少数种族之间冲突的主要根源……

文化差异

不同群体间的冲突也可能因错误理解和错误感知而发生,而这些错误的理解和感知都是由于文化群体的不同世界观所致。例如,许多学者都引证了群体间认知差异是潜在冲突的主要来源,阿尔德弗和史密斯(1982)以及达夫特和斯蒂尔斯(1986)就是其中之一。阿尔德弗和史密斯以下面的文字描述了这些差异的性质:"(群体)制约了其成员对客观和主观现象的感知,构建了一系列见解从而解释其成员经验的实质,并以此影响它与其他群体的关系。"(p.40)

阿尔德弗和史密斯在对大型组织中种族关系的感性认识的研究资料中,提供了群体间不同认知定位的一个例子,这也是最令人惊讶的例子之一。他们通过研究一个大型公司中的2 000名管理人员,发现白人和黑人的感觉存在着巨大的差异。例如,他们发现 62% 的男性黑人和 53% 的女性黑人认为,公司中有资格的白人比同等有资格的黑人的晋升速度更快,而分别只有 4% 和 7% 的男性白人和女性白人是这么认为的。他们也向同样的人群询问了是否认为有资格的黑人比同等有资格的白人的晋升速度更快。这时,百分比颠倒了过来,只有 12%~13% 的黑人同意这个看法,但却有 75%~82% 的白人表示赞同。由于这些陈述都是相互排斥的,这些研究资料突出地反映了同一组织中不同群体的成员是如何以不同的眼光看待事物。这项研究的另一个有启发作用的发现,涉及对组织中两个支柱群体性质的感性认识。黑人经理协会是由组织中各个级别的黑人经理组成的,它的成员必须都是黑人。领班俱乐部则是由第一流的主管组成,他们几乎都是白人。但是,组织中任何符合级别规定的人,都可以参加这个俱乐部。将近一半的女性白人(45%)和超过一半的男性白人(64%)把黑人经理协会看成"本质上是一个种族主义者的组织"。相比之下,分别只有 25% 和 16% 的女性黑人和男性黑人这么认为。相反地,大部分黑人(男性和女性)把领班俱乐部看成实质上的种族主义性质,而只有不到 20% 的白人抱此观点。有人会说两个支柱群体在其成员标准上的差异,使得黑人经理协会更容易被当作种族主义而受到攻击,但是这里关键的问题是应注意到白人和黑人对两个组织的看法是何等的不同。

组织中支柱群体的这些类型在近几年越来越普遍(Cox, 1991),因此这些数据都与组织中文化多样性的普遍存在结果有关。我认为并不是这些组织的支柱群体本身制造了冲突,而是由于他们在认识上存在差异。因此协调这些感知上的差异,是对涉及文化多样性的组织发展工作的一个严峻挑战……

权力冲突

本文定义的多数派群体在权力结构方面比少数派群体拥有优势。正如许多学者所指出的,权力冲突是潜在冲突的一个主要来源(Landis & Boucher, 1987; Alderfer & Smith, 1982; Randolph & Blackburn, 1989)。这个逻辑是简单明了的。简单地说,"权力分析法"认为群体间敌意和对抗是群体间竞争的必然结果,而这种群体间竞争是为了控制社会体系的经济、政治和社会结构(Giles & Evan, 1986)。一般来说,权力视角的一种核心表现形式是,在应该改变还是维持现状这个问题上,少数派群体和多数派群体之间存在紧张状态……

……在将平等权利运动用于晋升决策这个问题上,多数派与少数派群体成员之间的紧张状态,说明了这种用以解释群体间冲突的权力分析法。大多数少数派群体的成员都赞成平等权利运动,他们把这个运动看成是一个组织权力再分配的方法,而许多多数派群体的成员则反对这个运动,他们认为这是一个没有根据且被误导了的反向歧视政策……但是,我们可以说,多数派群体对平等权利运动的强烈反对和类似的做法都是组织中群体间冲突最严重的形式之一……

少数派群体密度。少数派群体密度是指在一个社会体系的全部人口中,少数派群体所占的百分比。在政治科学和社会科学的领域中,有大量关于少数派群体密度对不同群体多数派与少数派关系影响的研究(Blalock, 1967; Giles & Evans, 1986)。大多数研究都把关注的焦点放在少数派群体密度是如何影响多数派群体成员对少数派群体成员的行为上。具体来说,"少数派群体规模不平等假设"(MGSI)是令人感兴趣的。这个假设认为当少数派群体所占比重超过了某个相对较低的值时,多数派群体成员就会倾向于减少对少数派群体的支持,而增加对他们的歧视(Blalock, 1967; Blau, 1977)。问题的实质是当少数派群体的数量相对较大时,多数派成员就会对他们非常不满,因为多数派成员将他们视为对自己现有权力的威胁。

布拉洛克有关 MGSI 假设的经验资料主要来源于对白人选举行为的记录,以及美国南部黑人和白人在教育和经济上的不平等状况。他得出的结论是,黑人在教育和经济上的不利程度和政治上保守的白人候选人得到支持的程度都与黑人在本地区所占的比重相关。与 MGSI 假设相一致,布拉洛克认为,对于那些在所处地区人数较少的黑人来说,上述情形会变得更有利(Blalock, 1967)……

第二个例子是奥特(1989)对荷兰两个警署中 297 名女性所做的研究。奥特发现,当女性的数量达到了一个临界值(15%～20%)时,男性对有女性存在的态度就由中立变成了反对。

在另一个相关的研究中,通过改变黑人和白人在政府机构管理层中所占的比例,霍夫曼(1985)考察了 96 个群体的沟通模式。他预言,在更高密度的群体中,沟通将会得到改善,因为在黑人占更大比重的群体中,黑人才不太会被孤立,才能破除陈规。但是,他发现,在更高密度的群体中,只有正式的沟通才会增加,如在职工大会上的沟通。而实际上,人与人之间的沟通会因非白人比例的增加而减少。

对于这样的一个观点,即权力分配是多数派与少数派群体冲突的关键,MGSI 理论和研究共同为其提供了相当多的支撑。晋升决策则是一个主要的机制,通过它,组织在正式权力结构下界定参与的范围,因此,变化同时带来了一种对已有权力结构的威胁,和一个使相对缺乏权力的人获得权力的机会。

一致性与身份认同

这里讨论的相互冲突的最终根源是在保持少数派群体身份的问题上,多数派和少数派群体成员之间的紧张状态。关于这个冲突根源,我认为很有用的一个观点是:"地位低的群体的身份无形中受到地位高的群体的威胁……但是,一个地位高的群体却不太可能感觉到有威胁,于是,也就不太有获得正面肯定的需求。因此,地位低的群体可能竭尽全力要将自己与地位高的群体区分开来,而后者相对来说则可能不关心这样的比较,对地位低的群体也没有明确的概念。地位高的群体的这种漠不关心,或许就是对地位低的群体特性的最大威胁,因为后者的身份仍未被社会认可。"(p.33)这个观点是由阿什福思和梅尔(1989)在他们关于组织中地位高的群体和地位低的群体的讨论中得出的。

地位不是由这些作者们界定的,而是在他们所给例子的基础上,与群体的相对权力和声望紧密相连的。因此,根据定义,组织中多数派群体比少数派群体的地位高。解释了这个问题,我们就可以从以上的引文中得出许多重要的观点。首先,它指出少数派群体往往比多数派群体更留意,也更关心群体身份。由于多数派群体自己没感到有"正面肯定"的必要,因此,对于少数派群体成员深切地感到的这种必要性,他们无法理解,也不以为然。少数派群体不断强调自我的努力可能会招致多数派群体的反感,后者将这种努力看成是一种出于不良企图的、没有必要的分类。组织里这种情况的一个重要例子就是多数派群体对由少数派群体成员组成的支持性群体的反应。许多多数派群体成员都轻视这些群体。对待这些群体需要什么和渴望什么的差异,往往成为群体间紧张状态的焦点。

历史上少数派支持性群体的盛行,证明了在多数派的组织中,少数派群体的成员往往感到有建立这样一个群体的必要,他们的意图往往也是很清楚的,即为了抵御对群体生存的各种威胁(即在某种程度上,这些群体是地位低的群体对自己处境的一种反应)。因此,在我所在的或我有机会考察的那些组织中,这些支持性群体在强调身份方面所起的作用确实是公认的。另一方面,我的经验是多数派群体成员往往无法认识到,他们对少数派支持性群体的反对,部分地是由于他们对少数派感觉到的身份威胁的反应迟钝。在阿什福思和梅尔的文章中,最后的部分对此进行了含蓄的指责。他们谈到,对于少数派群体为使自己与其他群体区分开来和强调自我所做的努力,地位高的群体表现冷淡。如前所述,我考察了大量特殊的群体,他们对少数派群体为使自己与其他群体区分开来所做的努力的态度,已由漠视发展到了敌视。多数派群体的成员拒绝承认支持性群体的需求,致使许多差异不被认可。少数派群体对这些差异很敏感,而多数派群体则基本上不在乎。因此,对于组织中群体间为保持身份而发生冲突的根源,阿什福思和梅尔是在偶然间获得了一个虽然难以捉摸但很重要的认识……

群体间为保持身份而发生冲突的最后一个例子,是有关在组织中使用非多数派群体成员语言的频繁争论。在我的研究中,最近在一家大型国际电信公司一个工厂中所做的采访说明了这个问题。本文前面曾经提到过这个采访:受访的这个工厂雇佣了大批老挝人。组织中的老挝人与非老挝人之间存在着相当严重的紧张状态。如前所述,产生这种紧张状态的原因,有一部分是由于工作而产生的冲突。但是,另一个原因是许多非老挝人喜欢在工作场所只用英语交流。许多老挝人认为这意味着剥夺了他们表达文化的机会,同时也不便于他们和那些懂老挝语的人进行交流。在这里,人们关心使用老挝语的主要原因有以下两个方面:一是即使在进行面对面直接交流的时候,人们是否能够相互理解和交流;二是老挝语的使用可能会妨碍英语技能的提高……

控制群体间冲突的方法

到此为止,在这一章中,我已经回顾了由组织中文化多样性引起的群体间冲突的五个主要来源。毋庸置疑,冲突的增加会降低工作群体中的多样性。但是,由于在许多情况下,多样性就是生活中的现实,是无从选择的,又由于多样性的潜在收益大于潜在成本(Cox & Blake, 1991),因此组织面临的挑战就是控制冲突。在最后这一节中,我将论述一些使得由多样性引起的群体间冲突最少化的建议。

管理学的作者们提出了一些解决组织中群体间冲突的一般方法(Arnold & Feldman, 1986; Randolph & Blackburn, 1989)。表1列出了一些最常见的策略,同时我也评价了这些策略在所讲的与多样性有关的冲突中,哪个来源才是最有效的。

竞争性目标

如表1所示,大多数策略都可用于解决由竞争性目标导致的冲突。我举两个例子。将组织改建成为功能交叉的工作团队,即组织的收益取决于协同合作的产出,于是销售和生产之间的竞争性目标就会出现。最有希望的解决方法之一,就是使两个部门都关注上级组织的目标,如利润和市场份额,而不是关注他们本部门的目标。最后一个例子,特别是在近几年,人们通常使用协商和调解的方法解决劳资双方的竞争性利益冲突,尽管成功的几率不高。

表1　　　　　　　　　不同工作群体中的管理冲突

解决策略	竞争性目标	资源	文化差异	权力冲突	身份归属
合作/谈判/讨价还价	×			×	×
改变环境/内容(如组织再设计)	×	×		×	×
程序/规则/政策		×		×	×
改变人事			×		×
改变/重新定义争论的主题	×		×		
等级诉求					
缓和(强调相似性,减少冲突)			×		
超级目标	×	×			
结构性互动	×	×	×		×
整体解决问题(调解+妥协)	×				×

应用超级目标的方法,以及用来消除组织中特别是与性别、种族和国籍相关的多样性的方法,都是利用了一般雇主共有的群体特征这个理论。为了能够做得成功,雇主对组织中少数派和多数派成员要一视同仁,而成员们也在某种程度上相信组织的目标与亚文化群体的目标即使不能互相支持,但也不会相互矛盾。

资源竞争

如前所述,在文化多样性的背景下,资源竞争最常见的一个表现,是为得到工作而进行的竞争。显而易见,当有更多的工作时,发生冲突的可能性就会大大降低。因此,在总的工作机会可以增长的条件下,可以无限制地改善群体间关系。不幸的是,资源的扩大往往不可能,特别是在短期内。

在许多组织中,用人方针——如施乐的平衡劳动力计划——试图在形式上承认群体的一些特征,如性别、种族和国籍,以控制为得到工作而进行的竞争。尽管其目标是为了保证公平竞争,然而如前面章节中所说的那样,多数派群体成员对这些计划的反应往往加剧了由工作竞争引起的群体间冲突。施乐在运用那个计划使冲突最小化和解决冲突方面取得了一些成功,这些成功部分地是由于他们将大量注意力放在如何使该计划能够被人接受的方面。

超级目标可以用于解决基于资源的冲突。让我们来看看两个部门为了在有限的培训预算中获得更大份额而进行竞争的情况。如果可以鼓励双方在考虑到组织整体培训的轻重缓急的基础上制定计划，那么这将有利于解决冲突。

最后，在所有的冲突来源中，资源竞争这个来源所导致的冲突可以由一个潜在而有价值的工具来解决。这个办法就是有组织的互动，即讨论争论的要点，获得一个对其他群体的观点更为正确的评价，进而增进相互的理解。

文化差异

这里我介绍三种策略，可以用来解决由文化差异引起的冲突。首先是人事变动。实现这个目标的一个方法就是教育现有人员，使他们对文化差异有一个更全面的认识。另一个方法就是雇佣和提拔宽容而又灵活的人，他们将会有效地支持在组织中开创文化多样性的变革。简单地说，面对文化差异，那些更为宽容和更易接受差异的人将不太会制造出冲突。群体间冲突的问题部分地是由个人情绪和感情的反应引起的。

重新界定问题也是解决文化冲突的一个方法。其中一个例子就是形成一种认识，即文化差异所带来的机会超过了需要解决的问题。例如，布劳(1977)认为群体间经验的发展激发了人的智慧。再定义的一种方法就是在组织关系词汇中更多地使用多样化的"价值"，而不是"忍受"多样化。

结构性互动也可以用于解决由文化差异引起的冲突。一个例子就是利用部门间的工作团队。尽管这些群体通常都有各自的工作任务要完成，但在各部门着手完成自身任务之前，应该组织活动使各部门的代表更好地了解其他部门的文化。熟悉其他群体的语言和规范，很可能会给完成工作提供便利。甚至非正式的会议也非常重要。例如，在最近一个研发公司的咨询项目中，许多工程师和科学家介绍了他们中一些人是如何通过使用交叉学科会议，从而理解彼此之间的功能差异，以及理解他们在整体任务中所起的作用。这些人报告说会议可以减少群体间的误解，结果，联合项目和功能交叉的交流也因此而增加了。

权力冲突

前面对这个因素的讨论清楚地表明，组织中多数派和少数派成员之间的权力差异或许是冲突来源中最致命的。权力冲突有时可以通过谈判解决，如当前正在进行的南非政府和非洲国民大会之间的谈判，该谈判是关于在民主框架下，南非黑人和白人在新政府中的代表权问题。权力差异也可以通过一些政策得以解决，如在政府中任命少数派群体的代表。例如，在新西兰的议会中，至少有4个席位是留给毛利人的。

另一个带有明显权力再分配目的的政策是晋升决策中的平等权利运动。尽管该运动是有争议的，但是不可否认，它在改变组织中的权力结构并使其多样化方面起到了作用。施乐的平衡劳动力计划和美国西部电话公司的兼职工作就是其中的两个例子。

对组织进行重新建构以帮助解决群体间权力冲突的一个例子，就是创造不同的顾问群体，向高级经理直接提供建议。美国西部电话公司和公平人寿保险公司就是创造了这种群体的两个公司。这些群体使得问题超出了多样性的范围，尽管他们没有从根本上改变基本的权力等级，但是它们有潜力使组织的权力结构发生适度的改变。

重新界定问题也是减少冲突的一个方法。例如，在晋升决策中采用平等权利运动的主要动机是什么？是为了纠正过去的歧视错误？是为了解决现在的歧视问题？是为了实现社会责任的目标？还是为了担负起组织的经济职责？……我认为如何回答这些问题，以及组织成员能在多大程度上理解和接受这些问题的答案，都会关系到能否成功解决组织中由权力引起的冲突。

最后，群体间有计划的互动，即讨论权力冲突的存在，讨论它们的影响，讨论该做些什么，都可以被用于解决多数派与少数派的矛盾。

一致性与肯定性认同的冲突

在最后这个部分，许多被视为潜在有效的策略列入了表1中。首先，由于存在着这样的一种期望，即同化多数派群体的规范，同时保护亚文化的规范，因此，谈判和妥协的方法似乎至少从理论上来说是合适的。例如，组织能够在多大程度上调整工作环境以适应雇员或潜在雇员的特殊残疾。在许多情况下，调整后的水平并不能消除全部障碍。但是，一些妥协可以减少残疾人与完全健康人之间的潜在冲突；后者认为适应性调整不合理地增加了公司的财务负担和社会负担。

在一些情况下，调解可能有助于解决由一致性引起的群体间冲突。其中一个例子，出现在劳动力多样化顾问被要求帮助改善双方关系的时候，双方分别是以身份为基础的雇员支持性群体和组织中的高级管理层。这个工作包括使高级管理层更多意识到少数派群体成员强调特性的重要性，以及使支持性群体的成员更易感受到高级管理层对这些群体的存在和目的的关心。

为了减少由一致性引起的潜在冲突，组织对结构和环境进行了改变，而这种结构和环境改变的一个例子就是选择一种文化移入的模式……但是,我们完全可以这么说:无论组织选择兼职的方式还是选择一种传统的同化模式来实现文化移入,对我们所讨论的由身份引起的冲突,都含有某种意义。

前述由身份引起的冲突的另一种形式,是可选择使用语言方面的分歧。组织可能希望通过制定在工作场所选择使用语言的规章制度来解决这种冲突,这种规章制度考虑到了双方组织的利害关系。一些公司,如 Esprit、Economy Color Card 和 Pace Foods,都采用了一种我认为合理的方法,即支持只说英语的员工学习其他语言,并允许在某些正式场合中使用非英语语言,例如在公司政策手册中使用(Cox,1991)。

这一节前面得出的关于文化差异的几点结论也适用于人事变动。心胸狭窄、目光短浅的人会通过强化强制手段,使其他群体遵守多数派群体的规范。对于那些对保护亚文化特征不感兴趣的人来说,限制雇佣少数派群体确实可以通过建立一个文化更为单一的群体而减少某些群体间的潜在冲突。但是,我并不推荐这种方法,因为它与世界性劳动力趋势不相符,还因为它带来了其他一些高额成本,例如,为了强调解决问题而丧失了不同文化的视角。

参考文献

Alderfer, C. P. , Alderfer, C. J. , Tucker, L. , & Tucker, R. (1980). Diagnosing race relations in management. *Journal of Applied Behavioral Science*, 16, 135—166.

Alderfer, C. P. , & Smith, K. K. (1982). Studying intergroup relations embedded in organizations. *Administrative Science Quarterly*, 27, 5—65.

Arnold, H. , & Feldman, D. (1986). *Organizational behavior*, New York: McGraw-Hill.

Ashforth, B. , & Mael, F. (1989). Social identity theory and the organization. *Academy of Management Review*, 14(1), 20—39.

Blalock, H. Jr. (1967). *Toward a theory of minority-group relations*. New York: Wiley.

Blau, P. M. (1977). A macrosociological theory of social structure. *American Journal of Sociology*, 83, 26—54.

Campbell, D. T. (1965). Ethnocentric and other altruistic motives. In D. Levine(ed.), *Nebraska symposium on motivation* (pp. 283—311). Lincoln: University of Nebraska Press.

Cox, T. H. (1991). The multicultural organization. *The Executive*, 5(2), 34—47.

Cox, T. H. , & Blake, S. (1991). Managing cultural diversity: Implications for organizational competitiveness. *The Executive*, 5(3), 45—56.

Daft, R., & Steers R. (1986). *Organizations: A micro/macro approach*. Glenview, IL: Scott-Foresman.

Germans try to stem right wing attacks against foreigners. (1991, December 4). *Wall Street Journal*.

Giles, M. W., & Evans, A. (1986). The power approach to intergroup hostility. *Journal of Conflict Resolution*, 30(3), 469—486.

Hoffman, E. (1985). The effect of race ratio composition on the frequency of organizational communication. *Social Psychology Quarterly*, 48(1), 17—26.

Landis, D., & Boucher, J. (1987). Themes and models of conflict. In J. Boucher, D. Landis, & K. A. Clark(eds.), *Ethnic conflict: International perspectives*(pp. 18—32). Newbury Park, CA: Sage.

Ott, E. M. (1989). Effects of the male-female ratio. *Psycholgy of Women Quarterly*, 13, 41—57.

Randolph, W. A., & Blackburn, R. S. (1989). *Managing organizational behavior*. Homewood, IL: Richard D. Irwin.

Rummell, R. J. (1976). *Understanding conflict and war*. New York: Wiley.

Sherif, M. (1966). *Group conflict and cooperation*. London: Routledge & Kegan Paul.

22 为什么团队能带来高绩效的组织*

乔·R.卡赞巴奇,道格拉斯·K.史密斯

团队已经存在了好几百年,它是无数书本的主题,并且在许多国家中倍受推崇。大部分人认为他们懂得团队是如何运作的,就像他们懂得团队所能带来的好处一样。他们自己已经拥有了第一手的团队经验,这些经验中有些是有益的,而有些是浪费时间的。然而,当我们探究团队的作用时,发现在单个团队对大型组织绩效的潜在影响和众多团队对大型组织绩效的集体影响方面的探索,是极度不足的,而且这种不足变得越来越明显,尽管人们对团队应起什么样作用的认识已有了迅速的提高。理解这个怪圈并解决它所需的方法,是我们学习有关团队绩效基础课程的关键。

这里有远超乎我们预期的关于团队的众多至理名言,以下就是我们关于团队和团队绩效关键课程的一些概括:

1.重大的绩效挑战将激活团队而不管其在组织中所处的位置如何。没有一个团队的出现不伴随着绩效的挑战,这种挑战对涉及其中的团队意义深远。举个例子,良好的个人意愿或者"变成团队"的渴望可以形成协同工作的价值观,但是,协同工作与团队并非是一回事。在大多数情况下,只有群体认为重要而要去实现的共同绩效目标才能引导绩效和团队。然而,当团队依然

---

*来源:"The Wisdom of Teams" © 1993 by the Harvard Business School Publishing Corp. Reprinted by permission.

是手段而不是目标时，绩效就成为了首要目标。

绩效是团队所面临问题的症结。它的重要性适用于许多不同的群体，包括从事生产性和管理性的工作团队。其中任何一个团队都将面对各自的独特挑战。与组织中其他类型的团队相比，从事生产性工作的团队必须经常开发新技能以实现自我管理；而从事建议性工作的团队在他们将自己的发现传递给那些必须应用它们的人时，将面临最大的挑战；最后，从事运作和管理工作的团队要比前两种团队面临更多的等级障碍和势力范围问题。但是，尽管存在诸如上述的这些特殊问题，任何一个团队，如果它无视其在组织中的位置和其所从事的工作而将精力致力于绩效，那么它所能带来的成果将远远超出那些个体在无团队工作环境下单独作业所能获得的成果。

2. 组织的领导人最好是通过建立强有力的绩效标准而不是单单建立促进团队的环境来培育团队的绩效。就我们学到的关于领导人如何建立起对团队友好的组织环境来说，关注绩效也是十分重要的。事实上，太多的管理人员陷入为了支持团队而只在表面上发展团队的陷阱。他们告诉整个组织要变成一个"团队"，并因此将团队等同于协同工作。或者他们认为他们的公司到处都是自我管理团队，并冒险地将正式任命的团队数量作为先于绩效的目标。他们有时轻易地将他们自己位于高层的小群体视为一个团队，而组织中的大部分人认为他们并非一个团队。

如果领导人将注意力集中于客户、雇员和股东的需要间进行了平衡的绩效成果，那么真正意义上的团队就更加有可能得到蓬勃发展。明确的目的和目标在我们这个变革驱动的世界里有着强大的作用。组织中各个层次上的大多数人都认识到工作保障依赖于顾客的满意和财务绩效，并乐意按此进行考核和得到相应的报酬。不太被人欣赏但同样正确的是，满足明确固定的顾客和财务需要的机会是如何丰富了工作并导致了个人的成长。

我们中的大部分人确实想有所创新。但是，在已经被浓厚绩效文化熏陶的公司中，推动团队的组织政策、设计和流程自然地可以加速以团队为基础的绩效。而在那些有着弱绩效标准或者绩效文化的组织中，领导人将通过说明和要求绩效而不是通过采用包括团队本身在内的最新组织设计时尚来为团队提供一个更加可靠的基础。

3. 对个人主义偏好的存在不应阻碍团队的绩效。我们中的大部分人是伴随着强烈的个人责任感而成长的。父母亲、老师、教练和所有类型的角色模型塑造了我们以个人成就为基础的价值观。强烈的个人主义被认为是与我们的国家和政治社会一块儿形成的。这些价值观念同样贯穿于我们的公司大家庭中，在那里，所有的进步和报酬体系都是以个人评价为基础的。即便团队是其中的一部分,但它也不是要牺牲个人成就。我们都被教育要公平竞争,但是却要"永远向往第一"。并且,与那些诸如"我们都团结在一起"或者"如果一个人失败,那么我们将全部失败"的观点相比,这种观点更加深深地印在我们大部分人的心中。

然而,自我保护和个体责任感具有两面性。如果弃之不顾,那么它们会排挤或者毁灭潜在的团队;但是,如果认识并指出它们是什么,特别是在处理如何面对一个绩效挑战的参考意见的时候,个体的关注和差异性就变成了集体力量的源泉。团队并非与个体的绩效相对立。真正的团队总是提供途径让每个成员做出贡献并因此取得显著成就。实际上,当我们被引向一个共同的团队目标时,我们每个个体的不同就变成了取得团队绩效的强大动力。在考察许多团队时,我们没有发现任何支持为了团队而大量放弃个人这种论点的东西,我们的书也没有提供诸如此类的建议。

4. 团队内部和跨组织的训练为团队绩效创造了条件。任何一个寻求团队绩效的群体,与任何一个寻求在他的组织中建立强有力绩效标准的领导人一样,都必须密切关注绩效。对一个组织的领导人来说,这包括提出一个与顾客、员工和股东的需要相一致的清晰和持久的要求,然后使自己和组织对此负责到底。除了这些要求外,还要有对群体最有成效的环境。一个类似的教程也将应用于团队……群体变成团队要经过训练。他们形成一个共同的目标,在绩效目标上达成一致,规定一个共同的工作方法,开发高水平的互补技能,并约束自己对结果共同负责。正如其他任何有效的训练一样,他们不能停止做这些事情中的任何事情。

对团队的需要

我们坚信,团队(真正意义上的团队,而不是那些管理者们称之为团队而实际上仅仅是群体的"团队")不论其大小,必须是大部分组织绩效的基本单位。在任何情况下,由于团队需要实时地对多重的技能、经验和判断进行组合,因此,团队一定能比在固定的工作角色和责任下操作的个体集合获得更高的绩效。团队能比大规模的组织更具灵活性,这是因为他们能更迅速地进行聚集、展开、再聚集和解散,通常这是通过增强而非破坏更为持久的结构和流程来实现的。团队比没有清晰绩效目标的群体更具生产力,这是因为他们的成员会相互传递有形的绩效结果信息。团队和绩效是无与伦比的完美组合。

团队绩效的事实将证实自己的重要性。在企业、慈善机构、学校、政府、社会群体和军队中，团队无一例外地对重大成果做出贡献。摩托罗拉近来宣称，在生产世界上最轻便、最小和最高质的手机方面，它已超越了日本竞争对手。与竞争对手相比，这种手机仅有几百个部件，而竞争对手有1 000多个，这主要是依靠团队来实现的。福特公司也一样，凭借其金牛座车型在1990年成为全美最有效益的汽车制造商。在3M公司，团队是实现公司众所皆知的目标的决定性因素，即从5年前的产品创新中获得的收入占每年收入的一半。通用电气公司已经把自我管理工人团队作为其新型组织方式的核心。

非商业性团队的效果同样是显著的。在海湾战争中，多国部队对伊拉克采取沙漠风暴行动所获得的巨大胜利要归功于许多团队。例如，有一个由现役军官和退役军人组成的团队，他们在1990年末团队形成到1991年战争结束的这段时期里，被安置在军队行进的关键地带，用7 000多万吨的装备、燃料和补给品来接待和维持30多万人的部队和100多万辆车。在布朗克斯教育服务中心，一个由雇员和理事组成的团队建成了第一所被全国认可的成人识字学校。在纽约的贫民居住区，一个由市民组成的团队在40多年内建成并运作了第一个小型互助联盟。

我们并不认为诸如此类的团队成就是一种崭新的现象，但是，我们确实认为当今社会对团队的绩效更为迫切，因为团队、个体的行为改变和高绩效之间存在着联系。一个"高绩效"的组织将在比如说十年或者更长的一段时期内，始终如一地超越其竞争对手。它同样会超越主要利益相关者——顾客、股东和雇员的期望。如今，几乎没有人怀疑一个崭新时代已经到来。在这个时代里，如此高水平的绩效依靠的是"以顾客为导向"，提倡"全面质量"，"持续地改进和创新"，"给员工更多的权力"和"与供应商和顾客合作"。然而，要做到这些就必须在整个组织中进行特定的行为转变，这种行为转变对任何个人来说都是困难和不可预知的，更别说整个公司了。相比而言，我们发现同样的团队动力学能在促进绩效的同时支持学习和行为转变，并且比大规模的组织和个人用自己的方法处理这些问题更为有效。因此，我们相信团队将在建设高绩效组织，以及随后的维持过程中起到越来越重要的作用。

当然，转变一直以来都是管理上的一个挑战。但是，直到最近，当管理人员们谈及管理转变的时候，他们所指的还仅仅是"一般"的转变，也就是新的环境正好在他们现行管理手段的范围之内。管理者们每天都要处理这种类型的转变。这种转变只是他们工作的一个基础部分，包括提高价格、处理顾客不满意问题、对付棘手的工会、更换人员，甚至转换战略重点。不过，许多人都会认同如今的转变已经具有完全两样的含义。当所有的管理者们必须不断地处理"一般"转变的同时，他们还必须面对越来越多的"大"转变。这种转变要求整个组织(包括那些广泛的基层组织)的许多人员在行为和技能方面变得更加优秀,至少他们现在还不很优秀。将转变视为首先与战略决策和管理再组织有关的年代将一去不复返……

有一些著名的现象可以解释为什么团队能做得这么好。首先,团队把互补性技能和经验糅合在一起,这些技能和经验无疑胜过团队中任何一位个人所拥有的。这种对技能和诀窍的更广泛组合使团队能够应对多方面的挑战,比如创新、质量和顾客服务。其次,在共同形成明确的目标和方法中,团队建立了沟通,这种沟通支持实时问题的解决和首创精神。团队非常灵活,并能对变化的事件和需求作出反应。因此,与深陷于更大组织联系网中的个人相比,团队能以更快的速度、更高的准确性和有效性调整它们的方法以适应新的形势和挑战。

第三,团队提供一种独一无二的社会空间来提升工作的经济和管理意义。真正意义上的团队,要到团队成员努力工作去战胜集体绩效的障碍时方告形成。通过共同战胜这些障碍,团队成员才建立起对彼此能力的信任。他们同样也强化彼此追求超越个体或者职能范围的团队目标的意愿。如何使群体变成团队就是要战胜绩效的障碍。直到团队绩效最终成为他们自身的报酬时,工作的意义以及其在工作上所付出的努力才会深化。

第四,团队有更多的乐趣。这并非是一个可有可无和微不足道的特点,因为团队所拥有的这种乐趣已经与他们的绩效融合成一个整体。我们所遇见的团队成员始终如一自觉地共同强调他们工作的乐趣部分。当然,这种乐趣包括聚会、游戏和庆祝活动。但是任何一个群体都可以举行一场很好的聚会。如何辨明团队的乐趣呢?这要看它如何维持团队绩效和团队绩效反过来如何维持它了。例如,在一个高效运作的团队里,我们经常会看到一种更普遍的工作幽默感,这是因为它可以帮助团队应对高绩效带来的压力和强度。并且我们无一例外地听说,乐趣最根本和最令人满意的原因是因为它"已经成为比自己更大的集体的一部分"。

行为转变更容易发生在团队中。由于团队是集体承担责任的,因此与自我照应的个人相比,它们受到的变革威胁较少;并且,由于它们的灵活性和拓展其工作空间的意愿,团队能比群体给予成员更多的成长和转变空间。而群体则由于与层级制工作分配相联系的固定工作安排,其发展空间就显得非常狭小。最后,由于对绩效的专注,团队会激励、挑战、回报和支持那些试图转变其工作方法的个人。

因此,在组织如今要越来越多地面对各种各样的变革时,团队有助于集中方向,提高自上而下的领导质量,培育新的行为方式,推动跨职能的活动。当团队运作时，他们代表着将最初的远见和价值观转化为一致行为模式的最佳证明方式，因为它们依赖于成员的共同工作。他们同样也是整个组织中形成一个共同目标的最实际途径。团队可以做出分层次的应对而不削弱这种应对，能加强跨组织边界的作用并带来应对困难问题的多种能力。

实际上，我们所听说过的大部分"未来组织"的最佳模型都是"网络型"、"集群型"、"非层级型"和"水平型"等，其前提是团队必定超越作为公司基本绩效单位的个人。根据这些假定，当管理者寻求更快速、更佳的方法来最好地分配顾客机会或者竞争挑战的资源时，关键的建筑基石将是团队而不是个人。但这并不意味着个人绩效和个人责任变得不重要。相反，对管理的挑战越来越变成如何平衡个人和团队的作用，替代或者偏重其中的一个。此外，用团队来取代管理层级，个人的作用和绩效对团队将变得越来越重要。也就是说，在许多情况下，是团队而不是管理者指明团队中的个人应该去做些什么和如何去做。

对团队的抵制

但是，关于团队的这些推定引发了许多怀疑。我们认为关注团队的更多的争论是不可避免的，并且我们所探访的绝大多数人也赞成这种观点。然而，当对他们自己或者他们所管理的那些人运用团队的方式时，同样这些人中的大多数却不愿意依赖团队。尽管可以明显看到我们周遭的团队绩效、团队在管理行为转变与高绩效中的重要性以及日常生活中团队经验的回报，但还是有许多人低估了它，忘记了它或者在自己面对绩效挑战时公开地质疑团队选择。我们无法全面地解释这些抵制，可能每一个人都有自己的原因和情感因素。而且，我们也无法说清这些抵制究竟是"好"还是"坏"。然而，我们确信这种抵制是强大的，因为它有很深的个人主义价值观根源。这种价值观是不可能被消除，也不应该被消除的。

人们不愿意运用团队的三个基本原因是：对团队能比其他模式运作得更好缺乏信心；个人的风格、能力和偏好令团队充满风险和使人不舒服；限制团队兴旺发展的脆弱的组织绩效标准。

1. 缺乏信心。有些人不相信团队除了在特殊的和不可预期的环境以外的情况下还确实能比个人做得更好；有些人认为由团队带来的麻烦多于它能带来的好处，因为团队成员把时间浪费于低效率的开会和讨论而得到的却是更多的抱怨而非建设性的结果。其他人认为，从人际关系观点来看，团队可能还是有效的，但当它运用到工作、生产率和决策活动中的时候却成为一种障碍；

还有些人认为,广泛应用于组织的团队协作和强化观念取代了对特殊小群体绩效担忧和控制的需要。

一方面,大部分人对团队拥有建设性的共识,但却没能严格地应用它。比如说,人们都知道团队不能没有共同目标而进行运作,然而,许多团队随意接受的目标既不符合要求、不准确、不现实,又不是实际上共同拥有的。另一方面,"团队"这个字眼的风靡导致它的不准确。人们在使用"团队"的时候很少关注它对他们所面对的问题有什么具体的含义。因此,大部分人依然不清楚什么是真正的团队。团队并不仅仅是任何一个人们聚集在一起工作而形成的群体。委员会、理事会和任务小组并非必定是团队。一个群体并不会仅仅因为某人给它贴上团队的标签而变成团队。一个大而复杂的组织中的全体员工不可能是一个团队。整个组织可以相信并实践团队协作,但是团队协作和团队是两码事。

大多数执行官坦率直言提倡团队协作,并且他们也应该这样去做。团队协作代表着鼓励这样一些行为的一种价值观:听取其他人所表达的观点并对其做出建设性的反应,用人不疑,对那些需要帮助的人提供支持以及认同别人的兴趣和成就等。当这种价值观被付诸于实践时,它有助于所有成员相互之间更有效地沟通和工作,因此它是一种很好并有价值的行为模式。显而易见,团队协作价值观有助于团队的运作。它们也能促进个人和整个组织的绩效。换言之,团队协作价值观自身并非独立于团队之外,而且它们也不能够确保团队的绩效。

团队是绩效的独立单位而不是一系列积极的价值观念。它们是区别于个人或者整个组织的一个绩效单位。一个团队一般是由20个以下的人组成的小群体,这些成员拥有互补的技能,致力于一个共同的目标和一系列具体的绩效目标。团队成员与其他成员一起参与工作以实现团队的目标,并紧密团结,共同对团队的结果负责。团队协作支持并有助于团队的成功,但是仅仅是团队协作还不能形成一个团队。因此,当高级执行官高喊着让整个组织成为一个"团队"时,他们实际上是在促进团队协作的价值观。无论其意图有多好,这种含糊会导致无效的混乱。此外,那些将团队描述成是可以让人们感觉良好或者很好相处的工具的人,不但将团队协作混淆为团队,而且忽略了把团队和非团队区分开来的最基本特征,即对绩效的不懈关注。

面对绩效挑战,团队有旺盛的生命力,没有团队我们将束手无策。如果没有一个以绩效为导向的目标来支持团队的持续存在并证明其有效,那么团队将不复存在。为了变成团队,为了强化工作,为了沟通,为了组织的有效性,或者甚至为了卓越而建立的群体,不大可能变成真正的团队。许多公司在经历了质量研究小组实践后所遗留下来的糟糕感觉正好说明了这一点。质量代表着一种极好的渴望,但是质量研究小组却往往不能把具体的、可获得的绩效目标同在质量研究小组中对质量的协作努力联系起来。

我们怀疑,忽视绩效同样能解释团队失败明显的许多迹象。举个例子,彼得·德鲁克已经论证了在通用、宝洁和施乐以及其他公司中过于强调"团队建设"时带来的困难。毫无疑问,团队和团队努力有时会以失败而告终。但是在大多数情况下,这样的失败是由于没有坚持使团队获得成功所需的原则。换言之,不明确的思考和实践能更好地解释那种失望,而非团队是否是恰当的绩效单位。然而,不管其原因是什么,在贴上团队标签的群体中,这种得不到回报的个人经历削弱了人们对团队甚至是对未来的信心。我们中的许多人都曾观察、参与或者关注过团队建设时的良好初衷,在被很快遗忘或者被人嘲笑后,就会变得愤世嫉俗、小心谨慎或者甚至是对团队怀有敌意。

2. 个人的不舒适和风险。许多人害怕或者不喜欢在团队方式下工作。有些人是真正的单干主义者,这种人如果让他们静静地以他们自己的方式工作,他们会做得最好。一些从事研究工作的科学家、大学教授和专门的顾问属于这种类型。然而,大部分人对团队感到不适是因为他们发现团队方式要耗费太多的时间,有太大的不确定性或风险。

一个反复出现的论调认为:"我就是担心开会或与一群我甚至不熟悉,或者熟悉但又不能确信是否完全喜欢的人相处。我的工作已经够辛苦了。我就是没有时间去做这些事情。"在这种观点看来,团队成了一种减缓个人取得成就和获得进步的危险的额外负担。一些人对大声发言、参与,或者在群体环境下引人注目而感到不安;一些人害怕做出他们可能实现不了的承诺;还有许多人仅仅是不喜欢必须依赖别人,必须听取或者同意别人的相反观点,或者必须忍受别人犯错误所带来的后果。对那些发现他们不当领导就难以融入团队的管理者来说,这些利害关系尤其让他们感到为难!

几乎没有人否认团队协作价值观的好处或者团队潜在有用绩效影响的益处。但是,在他们的内心深处,大部分人对个人责任和个人绩效的偏爱胜过任何形式的群体,不管其是团队还是其他形式。自我们出生以来,我们的父母、老师、官员和其他长辈就强调个人责任是极为重要的。对个人而非集体的绩效进行评估(考试成绩)、报酬(津贴)和惩罚(被叫到校长办公室),我们就是在这样的体制下成长的。无论我们准备做什么事,我们脑子闪过的第一个念头就是承担个人责任。

那么,发现个人面对加入团队时的强烈忧虑就不足为奇了。我们的文化中并不是没有团队和团队协作的观念。从"三个火枪手",到"肮脏的群体",再到"星际旅行",我们读到、听到和看到了著名团队实现奇迹的故事。我们所从事的大部分体育运动都是团队形式的。而且,我们的父母和其他老师也教导并期望我们去实践团队协作观念。但是,对我们中的大部分人来说,不管这些值得称道的观念有多大的潜在回报,它永远只能屈居于个人责任之下。个人责任和自我保护作为准则持久不变,基于对他人的信任而共同承担责任则仅仅是一种例外。因此,不愿意冒险和将自己的命运依附于团队绩效,几乎是与生俱来的。

3. 微弱的组织团队绩效标准。不愿意将自己的命运依附于团队,支配着大多数有着微弱绩效标准的组织。这样的公司缺乏强制性的目标来对其员工动之以情,晓之以理。它们的领导人不能够制定一个清晰和有意义的绩效要求以控制组织,以及最为重要的是不能使他们自身承担责任。对于一般的组织而言,这种行为表明了他们更多地关注内部的政治活动或者外部的公众关系,而不是致力于一系列用以平衡顾客、股东和雇员的期望的清晰目标。最为糟糕的是,这种环境破坏了团队所依赖的相互信任和开放性。有一种内在的期望,即任何一个有结果的决策必须是由高层管理人员做出,或者至少要被足够多的、能够覆盖其他层次的决策执行者所赞同。政治代替绩效成为日常关注的焦点。并且不可避免地,那些对个人不安全的政治反过来进一步破坏了人们参与团队方式的信心和勇气。糟糕的团队经历变成了自我实现的预示。

当然,随着团队变得越来越重要,有必要改变这种对个人责任的牢固的天生重视。然而,把重视个人的管理结构和方法替换成以团队为导向的组织设计将收效甚微,或者甚至是有害的,除非组织有一个强有力的绩效标准。如果组织有这种强有力的绩效标准,那么,把组织的重点由个人转换到团队将有利于个人和团队绩效,尤其当管理者还接受了关于如何处理团队情况的训练,那么这种作用将尤为明显。但是,如果团队不能确保绩效确实非常重要,那么世界上所有的团队推动政策将迅速遭到失败。当然,有些团队将超出所有理性预期而出现,但是他们永远是例外。由于团队和绩效有着重要的联系,因此,那些有着微弱绩效标准的公司将一直会滋生出对团队本身的抵触。

小　结

团队并不是解决每个人当前和未来组织需求的方法。它们并不能解决每一个难题、提高每个群体的绩效,同样也不能帮助高层管理人员应对每一个绩效挑战。而且,当团队被滥用时,它们既浪费时间,又具有破坏性。虽然如此,团队通常比其他群体和个人要做得更好,它们是支持高绩效组织所必需的广泛变革的最好方法之一。并且,那些真正相信以如质量、创新、成本有效性和顾客服务等特征为基础的行为会有助于建立可持续竞争优势的执行官,将最优先开发团队绩效。

然而,要想获得成功,他们和其他人还必须高度重视为什么大部分人谨慎接近团队的原因。这种阻力大部分源自不可忽视的经验和对信任别人时个人责任及风险的确信。例如,团队要求个人责任感和共同责任感相融合。团队还要求很多聚合的时间。实际上,认为团队不花费时间去形成并一致认可一个共同的愿景、目标系列和工作方法就可以运作是愚蠢的。而且,几乎没有一个群体不是冒着风险去战胜个人的、职能的和等级制度的障碍才可以变成真正团队的。并且团队成员在追寻共同绩效的过程中是相互依赖的。

那么,就不必惊讶我们中的许多人不愿意将关键性问题托付给团队来解决了。如果我们认为对"像团队一样做得更好"的善意渴望将足以消除对团队的抵制,那我们都完全是在愚弄自己。我们认为,在需要做得更好的组织中建立团队绩效是必需的。但是,这样做同时会产生许多远甚于我们所愿意接受的严重挑战。

好的方面是有一些关于团队的原理,如果这些原理得到严格的遵循,那么它可以将抵制转化为团队绩效。此外,如果这些原理中的一些因素是反直观的和必须要学习的——比如,"变成团队"不作为首要目标,那么,这些原理的大部分就是建立在像目标设置和共同责任感的重要性这些常识性观念之上的。更进一步,这些原理应用于运营型团队、建议型团队和制造型团队的效果是同样显著的。在生产领域起第一作用的东西,在执行者那里同样也起作用。

不好的方面是:就像所有的原理一样,成功的代价是不懈的坚持和实践。很少有人可以不经过不断的实践和训练就能减肥、戒烟或者学会钢琴或高尔夫。同样,很少有小群体可以不经过良好的培训就可以变成团队。获得团队绩效是具有挑战性的。长期存在的个人主义习惯、对团队和团队协作的强烈困惑,以及明显不利的团队经历,都会削弱团队在其越来越重要的绩效中所能提供的各种可能。群体不会仅仅因为我们告诉他们就会变成团队;创建成百上千的团队并不能必然地产生适当岗位上的真正团队;在高层建立团队始终是最艰难的试验。然而,事实仍旧是大部分组织的潜在团队通常能比他们现在所做的要好很多。我们相信这种未被开发的潜在作用确实需要得到重新关注,尤其是得到高层领导人的重新关注。我们也相信获得这种绩效的关键是认识团队的智慧,勇于尝试,然后运用原理从经验中学习……

团队与高绩效组织

我们相信,关注并提供绩效的团队将大大增加高层管理人员带领他们的公司走向高绩效组织的期望。再次强调,我们并不主张团队是实现这种期望的唯一答案。但是,它们是解决这个难题的一个非常重要的方法,这是因为简而言之团队是非常实用的,尤其是因为引导团队的动力学反映了高绩效组织所必需的行为和价值观。

如今,对高绩效组织能力的认同比对具体组织形态和管理方法的认同要高得多。包括我们在内,没有人反对诸如"以顾客为导向"、"信息化"、"关注全面质量"和对那些"持续进步和创新"的员工进行"授权"等公司特征的价值观。这些特征的背后内含着6个特性,其中只有"平衡的绩效结果"这个特性曾经在关于最优秀的公司往何方发展的讨论中被探讨过。这6个特性是:

1. 平衡的绩效结果。对"新范式"组织的首要标准应该是绩效本身。在很长的时期内(比如说10年)始终如一地胜过其竞争者的公司,不管其如何获得,它都是一个高绩效组织。有人会反对以10年作为评判标准。比如,可能唯一的真正高绩效组织应是永远战胜其竞争对手的组织。但是,我们发现很难去质疑把绩效作为高绩效组织的关键性标准。

在某一层次上,绩效作为高绩效组织的特征是显而易见的。但是,它经常未被阐明,因此任凭人们去假定其他高绩效特征都是目的,而不是实现目的的手段。我们所知道的一个执行官群体就持有这个观点。当要求他们列出将使他们公司有资格成为"高绩效组织"所需的特征时,他们在每张表上列出了他们所知道的所有特征,但是没有一个特征提出一个具体的绩效成果。

同样重要的是,一个有益于任何大型商业组织的基本利益相关者——顾客、雇员和股东或业主的平衡的绩效准则。诸如列维·斯特劳斯、宝洁、惠普、高登和沙奇等公司已被证明是高绩效者,都是因他们追求平衡的绩效而闻名于世。它们不懈地将上好的结果传递给雇员、顾客和股东。它们能吸引最优秀的人才,服务于令人羡慕的顾客群和维持最高的收入并非偶然。同样,公司的平衡绩效目标高度重视建立新的范例,建立面对未来的高绩效组织。众所周知的组织变革领袖,如通用、摩托罗拉和美国捷运的IDS都坦言要获得全方位的绩效结果。

2. 清晰的挑战性期望。不管是否冠以"远景"、"使命"、"战略意图"或者"指导强度"等名称,公司的目标都必须反映能为关键利益相关者带来好处的清晰的具有挑战性的期望。大多的远景说明仅仅是高层管理者为了迎合被广泛接受的"远景要求"而做的书面努力。它们可能被所有人传阅,甚至有可能被永久地刻在匾上并悬挂于墙上。但是,对那些被假定要影响其行为和价值观的人们却完全没有任何真正的情感意义。远景的目的、意义和绩效含义必须与所有与其相关的人进行沟通,告知他们其将从公司成功中获得理性和情感上的利益。

伸手去摘星星(努力去达到最好)并不仅仅是一种空想。过去、现在和未来的高绩效者都是名利双收的。因此,例如"成为最好"是高绩效组织的普通惯用语,虽然它在不同的地方有着不同的意味。不管其意义在多大程度上超越了金钱,它使人们对成为有追求的和具有挑战性的整体努力的一部分而感到自豪。

3. 鞠躬尽瘁和专心致志的领导层。有高绩效组织就有那些自己几乎全身心地追求绩效的领导人。通过他们的时间、注意力和其他象征性行为,这种领导人显示了他们对公司朝什么目标发展的不断关注和对达到目标所需的沟通、参与、评估和尝试的不懈奉献。真正鞠躬尽瘁的领导人会在整个组织中激发出信心,即对绩效的追求是通向经济目标和个人实现的唯一最好途径。

当然,这样的领导层不需要在高层建立团队。但是,团队的力量是不可否认的,因为团队成员互相之间是多么好地保持了鞠躬尽瘁和专心致志。而且,当组织面对重大变革时,在真正的高层团队中没有一个鞠躬尽瘁和专心致志的领导,那将是难以设想会成功的。

4. 专心生产和学习的充满活力的员工。高绩效组织"学习的"、"适应的"、"自我管理的"和"持久的"等特征取决于关键的一大群人,他们必须对成功和成功所需的变革有浓厚的兴趣。在一个快速变化的世界中,要取得绩效就需要变革。而变革,反过来必须在它能被控制之前得到理解和检测。几乎没有一个公司可以忍受员工陷在"这并非我的工作"或者"这里没有发明创造"这种态度之中。相反,组织的成员必须共享提出问题,尝试新的工作方法,从结果中学习总结经验和对促使变革产生承担责任的渴望。

在我们所知道的大公司中,没有一个是不通过有意识运用团队方式去追寻充满活力、富有生产力的员工。简而言之,整个组织范围的生产率和学习就是团队。

5. 来自于技能基础上的竞争优势。公司应该始终如一地寻求和最有效地利用具有内在价值的资产,比如获得自然资源,控制有效的分销渠道,强大的品牌和专利以及其他的政府特许。然而,人们普遍认为大部分产业已经跨入一个新的时代。在这个时代里,那些开发核心技术和核心竞争力的公司就具有可持续的竞争优势。这些核心技术和竞争力可以帮助公司在竞争中打赢更多地依赖"运作而非定位"的商战。事实上,创新、顾客导向的服务、全面质量和持续改进是要求高绩效的公司具备的能力的几个例子。

核心技术同样依赖于团队技术。举个例子,以顾客需求为基础的工作流程再造需要跨越职能边界而融合成整体的团队。每一次的价值增值都取决于多种技能、经验和判断的实时融合,团队绩效的挑战也由此而产生。并且,团队提供了一个极好的(经常是无法超越的)对在职技能发展的考验。

6. 开放的沟通和知识管理。许多来自学术界、商界和媒体的观察者认为,知识已经变成一个与资金和劳动力同等稀有和重要的生产要素。没有人真正怀疑信息技术对高绩效的重要性。但是,那种"技术"远远不止是那些人们称之为新工业革命所包括的硬件和软件。它还包括能形成开放的沟通和知识管理的共有价值观和行为规范。例如,某评论员提出在"信息时代的组织"中没有卫士,只有领路人。为了使公司的绩效"信息化",必须在恰当的时间让恰当的人得到恰当的信息以影响绩效。并且,那些人必须保证对自己的结果负责。否则,授权将是危险的。

我们已经知道了团队如何促进开放的沟通和知识管理……但是,正如我们再三谈到的那样,真正的团队总是在团队内部以及除团队以外的其他人中寻求新的事实和共享信息。真正的团队对完成工作所必需的一切东西进行沟通和学习;团队"大门"是永远开放的。而且,通过"扩展的团队"的影响,其他人的沟通和知识管理将更为有效。

具有前瞻性的思想家们提出了关于拥有上述这些特性和能力的高绩效组织实际看上去是什么样的各种有趣的想象。彼得·德鲁克把它描绘成一个"管弦乐队";奎因·米勒把它描绘成"簇群";罗伯特·沃特曼把它描绘成一个"特别委员会";拉姆·查兰把它描绘成"网络型"。甚至我们中的一个人也有他喜欢的词目——"水平型组织"。然而,虽然概念的范围很广,但是这些人看起来都认同三件事情:第一,未来组织的设计将追求比主导着 20 世纪严格分层的命令与控制等级制度更简化和更灵活的结构;第二,他们致力于一种基于流程而非职能或任务的有利于组织工作和行为的平衡;第三,他们都强调团队是公司的关键绩效单位。

23 建立完美的自我管理团队所需的关键性成功要素*

鲁斯·威格曼

自我管理团队迅速成为了组织选择的管理实践,这些组织渴望变得更加灵活,把决策推向第一线,并且充分发挥雇员的智慧和创造力。确实,关于团队在总体上,特别是在自我管理团队上具有令人瞩目的潜力的论断是极为丰富且与日俱增的。团队的狂热支持者宣称组织需要团队来完善,而制造型团队、跨职能团队、质量团队以及诸如此类的各种形式的团队的剧增,也意味着管理者们正在倾听这些意见。

自我管理团队背后的核心原理是:是团队本身而不是管理者对自身的工作负责和控制自身的绩效,并根据解决问题和适应环境变化的需要修正绩效战略。运行组织中日常事务的这种方法被认为是:

● 提高了组织的绩效,因为那些最接近消费者、最能够对消费者的需求做出反应的员工拥有满足这些需求的权利。

● 提高了组织的学习能力和适应性,因为自我管理团队的成员可以自主地从事他们的工作,并制定特别适用于他们任务的战略。

● 提高了雇员对组织的责任感,因为自我管理团队提供了更广泛的参与权和组织重要决策的自主权。

---

* 来源:*Organizational Dynamics*,Vol. 26,Summer 1997. Reprinted by permission of Elsevere Science。

显而易见,自我管理团队具有为提升组织竞争力做出多方面贡献的潜力。

结果为什么是多样的?

那些在理论上听起来简单明了的事物,如改变职权,在实践中却困难重重。无数获得自我管理团队所带来的绩效、学习能力和责任感的例子都是对他们价值观的验证,然而,越来越多的组织不再着迷于这个观念。管理者发现,团队成员努力承担原先属于管理者的决策责任时进展缓慢,有时甚至没有任何进展。他们注意到,在很多方面许多团队依旧按照他们以前的工作方式进行运作:成员分解他们的工作并独立地作业,很少去共同努力改进工作策略、承担高难度决策责任或者解决难题。

考虑到在许多美国公司中,团队协作是一种"非常规的行为",上述团队的功能失灵就不足为奇了。这些组织拥有以个人成就为基础的工作规范的漫长科层决策历史。在这种文化背景下,团队成员无法相互依赖去共同完成工作。

虽然他们做出了许多承诺,然而,许多自我管理团队从来都没有为组织的绩效和适应性做出过贡献,因为他们从未按预期的那样进行运作。这对许多公司来说就面临着一个重要的问题:即管理者如何让团队实现自我管理,并且确信那些团队将完美地进行运作,尤其当它意味着是对管理者导向和个体化工作漫长历史的一种冲击。

一个恰当的例子:施乐公司的消费者服务团队

这确确实实是施乐公司消费者服务部门所面临的问题。"单独工作"是这个部门文化的一部分。事实上,雇佣这些消费者服务工程师的部分原因,就是因为他们具有单独工作、独立及无须监督的能力。

多年来,每个消费者服务工程师负责处理特定的地区和消费者。但在部门高层管理者建立了相互依赖的自我管理团队后,这种情况有了改变。每个团队都包含多名消费者服务工程师,他们对团队所有的消费者共担责任。而且,这些团队将不仅仅负责修理设备,他们还将为他们的各种类型机器设计维修程序、分析和监控机器的性能等级,控制他们工作的成本和解决消费者的突发需求所引致的问题。

在许多情况下,管理层希望团队在决策方面有更大的动作:团队可以选拔他们自己的成员,向同事提供反馈,帮助设计支持系统。施乐团队成了连接公司和消费者的枢纽,并且他们的有效性对公司的最终成功是至关重要的。

这些自我管理的服务团队究竟能产生多大的功效呢？总体来看，结果是相当有效的。但是进一步的观察将发现这些团队还是有所差别的，差别体现在他们所蕴含的自我管理的程度和转变成"主动解决问题型"单位（他们意图达到的目标）的成熟程度。下面看看从我们所观察到的施乐团队中选出的两个例子。

其中一个团队是由一些经验丰富的消费者服务工程师组成的。他们通过与其他团队决然不同的方法来完成他们的机器维修任务。当我们的调查人员询问他们正在做什么时，一个团队成员解释说他们正在进行一项试验。这个团队试图通过更加频繁地清理机器的相关部位来延长某个复印机零件的使用寿命。每个团队成员都在几台机器上尝试这种方法，并记录下零件的使用时间。如果他们的试验被证明是成功的，那么他们就可以在零件费用上省下大量的钱。

同样是这个团队，他们在下班后举行了一次团队会议。这让我们的调查人员有机会一睹他们解决问题的动态过程。一位上午缺席的团队成员解释说，他实际上在度假，是专门赶回来参加这个会议的。我们问及是否经常发生类似情况，他回答说："根据我们的需要。我们负责制定自己的进度表，所以我们必须制定一个不影响对我们的消费者提供服务的休假计划。偶尔有些时候当顾客的呼叫频率太高或者当剩下的那些团队成员处理不过来的时候，所有在休假的成员都必须赶回来。"

我们观察的第二个团队也是由经验丰富的消费者服务工程师组成的。当时，正好赶上他们开会审核绩效数据。团队的领导（基层管理者）展示了图表数据，说明机器的可靠性问题——顾客经常需要再次打电话，要求修理重复出现的问题。团队将如何去处理这个问题呢？这个领导将这个问题置于桌面上，然后离席而去，期待着群体去分析并解决这个难题。

然而，领导一离开，会议就偏离了主题。一些团队成员把注意力放在了数据问题上，"这些资料是一个多月以前的，有谁知道它是否依然准确？"其他一些成员则把问题归咎于消费者："有一部分来电是为了些琐碎的问题，并且至少有些机器属于使用不当。"还有一部分成员不愿参与谈论："那些不属于我的消费者。"

尽管对数据和消费者的这些指责可能是准确的，但是，会议却一点也没去注意可以做些什么，甚至如何获得更准确的数据或者如何更好地管理好他们的消费者以防止机器使用不当的问题。

上述两个团队都对管理他们自身的工作负有责任，但在他们实际行为中表现出来的真正自我管理程度却有着天壤之别。真正实现自我管理的团队成员在他们处理自己工作的方法中具备以下3个特征：

- 他们对自己所在团队的绩效承担个人责任。

● 他们监控自身的工作绩效,积极收集与他们工作得怎么样有关的数据资料。

● 他们根据需要修正他们的工作策略,形成解决工作问题的恰当方法。

上述三个特征在前面讨论的第一个团队中可以观察到,而在第二个团队中却不存在。

一个手段问题:设计还是指导?

管理者应如何帮助他们的团队使其更趋向于上述中的第一个团队?他们应如何集中运用手中的资源和能量来引导他们的团队向有效的、主动的自我管理发展?越来越多的建议集中在两个基本的影响上:(1)团队如何建立和获得支持;(2)团队的领导人(或者指导者)如何与团队进行日常交往。

许多咨询实务、技能评估手段和培训课程都强调管理者的角色必须如何转变,一旦决定了工作目标,就必须从命令和控制工作转变为指导他们的团队。

相对于高质量的团队设计,高质量的指导究竟有多重要?为了回答这个问题,我们对施乐服务部门中的43个自我管理团队进行了深入的研究。调查者观察了团队的基本设计特征和团队领导人的日常工作,以此来断定哪些因素对有效的团队自我管理起更大的作用。这个调查研究试图回答下面这个问题:"如果我们仅有有限的资源(诸如时间和资金),那么,我们应该将这些资源集中用于哪几个关键因素,以增加我们的自我管理团队趋于完美的机会"。

对差异的深入观察

为了发起这次调查,我们首先请施乐管理层辨明哪些是完美的团队,哪些是低效率的。完美团队是:(1)始终如一地满足消费者需求;(2)随着时间的推移,可以看出团队运作的有效性得到不断加强;(3)由全身心投入自己的工作并对其感到满意的成员所组成。低效率团队是:(1)经常不能够满足消费者需求;(2)随着时间的推移,可以看出团队运作的有效性在不断下降;(3)由疏远自己的工作并对其感到不满的成员所组成。

然后,调查者对许多种团队特征进行评估,以此来断定哪种特征最能够区分完美团队和低效率团队。每个自我管理团队都要参与一个持续两小时的采访,描述他们的历史、工作和工作的环境。他们的基层管理人员提供了关于这些团队是如何建立和得到支持的详尽描述。最后,每个团队成员都要完成一份描述团队、团队的相互作用和团队的外部环境的详尽调查。

团队的自我管理水平通过这样的行为评价来衡量:团队监控自身绩效和无须等待上级指挥就采取行动改进工作策略的程度。

调查者同样衡量了一系列指导行为,有些行为可以推动自我管理水平,另一些则会破坏自我管理水平。正确的指导包括,提示团队要对他们自身的绩效负责,提供及时的反馈和信息,帮助团队制定解决问题的策略。无效的指导则包括干预团队的日常工作和为团队问题提供解决方案。

团队设计要素覆盖的范围很广,包括团队构成、团队规模、任务设计、薪酬体系设计和许多其他要素(见表1)。

这些衡量为下面这个问题提供了直接的测试,即哪一个因素造成了团队自我管理和绩效的更大差异:是领导人指导他们的团队好呢,还是团队被设计和支持得好?

表1　　　　本次研究对团队自我管理衡量的潜在影响因素

设计特征:
1. 清晰、催人奋进的宗旨
2. 任务的相互依赖性
3. 管理工作的职权
4. 绩效目标
5. 团队成员技能的多样性
6. 团队成员的个体差异
7. 团队的规模
8. 团队拥有固定成员人数的时间长短
9. 群体报酬
10. 信息资源
11. 培训的可得性
12. 基本的物质资源

指导行为

潜在的积极影响因素:
1. 提供群体对自我管理负责的强化刺激和其他暗示
2. 解决问题的适当咨询
3. 通过团队的程序性商议来处理团队中的人际关系问题
4. 参加团队会议*
5. 提供与组织相关的信息*

潜在的消极影响因素:
1. 个人(或者领导人、管理者)负责团队工作迹象突出
2. 干涉任务的进行
3. 鉴别团队的问题

4. 无视群体的决策**

---

* 因为所有领导人都热衷于这种行为,因此不能够判定它是否对团队行为有影响。

** 因为几乎没有领导人热衷于这种行为,因此不能够判定它是否对团队有效性有影响。

团队自我管理的关键因素

我们的调查资料显示,团队设计的质量对于团队自我管理水平的影响实际上比对团队的宽泛指导的影响更大。与设计拙劣的团队相比,经过良好设计的团队更能显现出更强的自我管理水平。尽管高质量的指导对团队的自我管理也有影响,但是它的影响程度是比较低的。

对团队领导人来说,应注意的一个最重要发现就是团队设计和指导的共同作用。图1显示了设计的质量和指导如何共同地影响团队的自我管理水平。左图显示了高质量指导分别对良好设计团队和拙劣设计团队的影响。从中可以注意到,好的指导对良好设计团队的影响远胜于对拙劣团队的影响。这意味着只有当团队结构设计良好时,经过领导人高质量指导的团队才能拥有更高的自我管理水平。

在恰当位置拥有许多关键设计要素的团队,当它们的领导人为其提供有效的指导,诸如帮助它们建成解决问题的指令系统时,它们将具有更高的自我管理水平。然而,拙劣设计的团队对良好的指导是几乎没有反应的。尽管那些试图帮助拙劣设计团队的领导人完全遵循有效指导的原则,但是他们对增强团队的自我管理能力是徒劳无功的。

并且,比起设计良好的团队来,无效的指导对拙劣设计的团队具有更大的破坏作用。同时,指导失误(诸如干涉团队工作和妨碍决策)对良好设计的团队没有什么不利的影响。不管领导人的错误如何重大,这些良好设计的团队依旧活力十足,保持着高度的自我管理,而那些拙劣设计的团队将遭受领导人错误的阻碍(图1中的右图显示了无效指导分别对良好设计团队和拙劣设计团队的影响)。

这些发现告诉我们:建立有效的自我管理团队的第一步是进行团队的完美设计。只有在第一步完成之后,进行作为领导人和团队日常互动的一部分的指导和咨询才变得有意义。然而,要想拥有尽可能大的影响力,团队领导人必须具备:

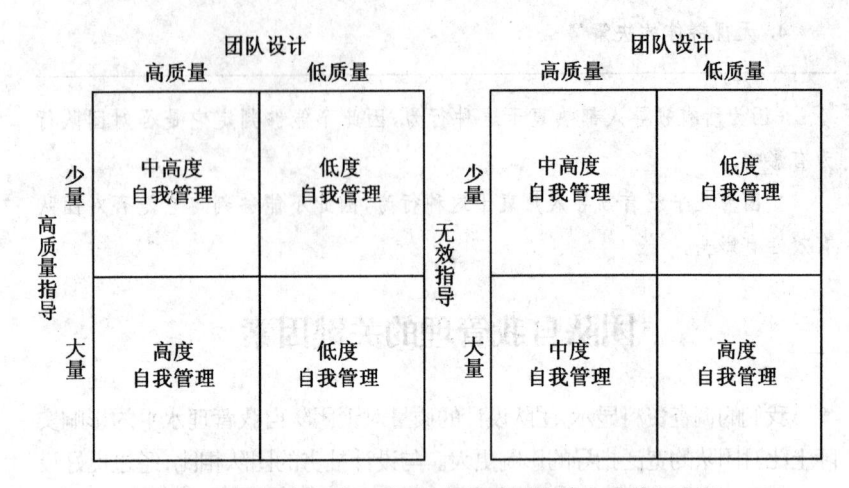

	团队设计			团队设计	
	高质量	低质量		高质量	低质量
高质量指导 — 少量	中高度自我管理	低度自我管理	无效指导 — 少量	中高度自我管理	低度自我管理
高质量指导 — 大量	高度自我管理	低度自我管理	无效指导 — 大量	中度自我管理	高度自我管理

图 1　团队设计和指导质量如何影响团队的自我管理水平

1. 对自我管理团队有效性最具影响力的设计要素的知识；
2. 辨别什么要素存在和什么要素不存在的判断能力；
3. 将遗漏的要素放置于恰当位置的行动能力。

下面的讨论将一一论述这三个要点。我们首先关注我们的研究所揭示的7个最具影响力的关键要素。为了论述第二个要点，我们提供了一系列诊断性问题以帮助评价某个特定要素是否适合于团队。为了论述第三个要点，对关键要素的讨论还包括领导人合理配置高质量设计要素的行动实例。

关键的成功要素

在完美团队中最可能观察到这7个特征，在无效率团队中却无从观察。这7个特征共同与众多的绩效评估紧密相关，诸如顾客满意度、对顾客需求的反应速度和费用管理。

并且这7个特征中的每一个都是团队领导人所能影响到的。也就是说，基层管理者能够判定他们的团队是否具有下述7个支持性特征，并且可以采取行动使团队获得所遗漏的特征。下面将按照它们的重要程度从高到低地来讨论这7个成功特征。

要素1. 清晰和催人奋进的方向

完美的团队拥有一个清晰并催人奋进的方向，这是无效率团队远不能及的。所谓的方向也就是团队存在的价值和使命。例如,有一个团队将其使命描述如下:"本团队的存在是为了保持顾客对施乐足够的满意,以致忠诚于施乐,并且本团队将尽可能有效地利用施乐的资源去那样做。"这个方向的描述是典型的,原因如下:

第一,它是简明易懂的。也就是说,它仅仅包含少数几个目标。

第二,它指明了目标而非手段。也就是说,它清晰地描述了团队的目标,但它并没有说明要如何去达到目标。

此次研究中暴露出设置使命的两个常见错误:(1)没有设定任何一个目标;(2)所设置的使命全部是关于手段的(如何做),而不是关于最终目标的(为什么那样做)。

要素 2. 一个真正的团队任务

一个自我管理的团队需要有一项为团队而设计的工作。即,这项工作的基本要素必须要求全队成员共同努力去完成有意义的任务。整个团队的共同工作是至关重要的,尤其是在成员几乎没有团队协作经验的组织中。

在施乐消费者服务团队中,基本的任务要素包括:对他们的所有顾客共同承担责任(相对于把顾客分配给特定的个人而言)、控制成本、设计基本的工作准则和解决问题。拥有真正团队任务的群体是共同处理所有事务的。也就是说,群体成员没有各自单独的工作领域,相反,成员对任何一个来自团队顾客的要求都必须作出响应(经常商定由哪一个成员来处理某一特定的要求)。他们共同设计他们的工作准则,并监督成员服从于那些准则;他们每周或者每两周开会;他们都经过完全的跨职能培训,因此可以在任何时候相互帮助;他们得到的是群体预算,以及群体层次的成本信息,也就是说,他们作为一个群体来管理他们的部门预算。

两个常见的任务设计错误是:(1)设置了一项"仅仅以团队名义设置"的任务;或者,更为糟糕的是,(2)设计了一个仅仅偶尔才需要真正团队的任务。第一种设计错误会导致在没有转变工作性质的情况下把一些由个人组成的群体指定为团队。第二种设计错误设置了一项有时需要大量团队行为,而有时需要大量个体行为的任务,即所谓"混合型"任务。在这项研究中,有一个典型的混合型任务设计,它要求团队既以团队形式去处理一系列活动(比如,成员共同地设计他们的工作准则,偶尔开会,群体作为一个整体来控制成本),也以个体形式去处理另外一系列活动(比如,成员有特定的顾客和产品类别)。

"混合型"任务设计会给团队带来麻烦,因为它们同时向群体传递出其

"是/不是一个真正团队"的混乱信号。往两个方向发展(以个体形式运作和以团队形式运作)将导致这些群体步履艰难,因为一些成员更专注于他们单独的工作而非共同的工作。并且,混合型设计阻止群体投入大量的时间去学习如何以团队形式有效地运作。既然成员仅仅偶尔在一起工作,他们发现要"聚集在一起"会很困难,并且聚集在一起的效率往往低于单独工作的效率。最终,团队成员和他们的领导人相信团队协作终究不像所说的那么好。

自我管理团队需要这样的一种任务:被确定为团队的任务,要作为团队任务来衡量,并需要成员花费大量的时间去共同完成其中一些工作。以这种方式设计的任务会创造学习如何以一个整体进行有效运作的机会。实际上,这是必要的。

要素 3. 卓越团队的报酬

本项研究和以往的研究一样,揭示了团队报酬(非个人的或者混合的报酬)与完美的团队自我管理是紧密相关的。在我们的研究中,如果可利用报酬的80%是在团队成员中均分的,那么我们将视其为团队报酬。例外的情况是:(1)来自领导人的小部分报酬给予个别团队成员作为其支持团队的奖励;(2)虽然报酬给予整个团队,但是由团队成员自己进行有差别的分配。

混合报酬是指将一半报酬提供给个人而另一半提供给团队,它是薪酬体系设计中最常出现的错误。领导人提供混合报酬的原因同他们创建混合型任务一样,认为这是引导团队成员逐步形成完全相互依赖观念的最好方法。正如混合型任务那样,混合报酬给团队带来混乱的信号,并且破坏了团队以一个有效的整体进行运作的能力。

在许多公司的管理者和员工中,对"群体为单位"的报酬体制仍然有一些残留的不适。但是,与许多管理者确信的相反,个人和群体各百分之五十的混合报酬体制总是与最低的团队绩效联系在一起的。

要素 4. 基本的物质资源

团队所需要的物质材料是:工具、适当的会议场所、计算机连接服务,以及其他一些使团队有可能以及时、主动和有效的方式进行工作的资源。能随时得到上述资源的团队将远胜于没有这些资源的团队。根据我的观察,领导人有时不愿意提供资源给那些正在努力工作中的团队,因为他们假定"团队并没有学会管理这些资源"。但是,资源的匮乏可能是使团队士气受挫和阻止团队进行自我管理的因素之一。

要素5. 管理工作的职权

管理工作的职权意味着是团队而不是领导人拥有对基本工作策略的决策权。拥有自主决策权而不受他们领导人干涉的团队远胜于那些不具备这个条件的团队。

虽然许多决策权可能"正式地"属于团队，但是一些领导人还是经常加以干涉。比如，监控一天中与消费者的通话频率，或者要求某一个团队成员去处理某一特定的顾客要求。这些干涉会危及团队对其工作负有责任的感受。并且，当做错事情时，他们可以轻易地将责任推给他们的领导人而不是他们自己。领导人对团队职权的矛盾心理会破坏让团队成为自我管理团队的目的。

相反，高效率团队的领导人明确地表述团队的职权及其界限，并且他们清楚地表明他们可以提供咨询，但是解决工作问题的最终决策权属于团队。

要素6. 团队目标

这个关键成功因素是指团队是否拥有与组织目标保持一致的绩效目标。与团队对其组织目标的描述不一样，团队目标是对团队在特定时间范围内所要完成的特定工作的描述（通常是定量的）。在这项研究中，如果一个团队的成员能够明确表述出作为一个团队在某个特定期限前所将要完成的工作，诸如"本年维持百分百的顾客满意度"或者"本年提高2.5%的顾客满意度和降低5%的部分成本"，那么，我们就将这个团队归类为拥有目标团队。

要素7. 促进战略思考的团队规范

规范是引导团队成员行为的非正式规则。我们的研究发现，能促进对工作问题进行战略思考的规范与团队的有效性是相关的。不像那些管理者引导的团队，自我管理的团队必须明显关注团队成员的这个方面。它必须清楚团队成员的环境，能够发现问题和习惯于开发工作的新方法。

这种前瞻性思考不可能自然地属于团队，尤其当团队成员肩负着前所未有的责任时。但是，促进主动性战略思考的群体规范对有效的团队自我管理是非常重要的。

完美的团队鼓励成员这样去做：(1)尝试用新的方法更有效地工作；(2)从

其他团队和组织中的其他部门寻求最佳的工作方法；(3)主动采取行动去解决问题而不是等待指令；(4)讨论每个成员对工作所做贡献的差异。完美团队利用所有上述方法来鼓励成员以主动的姿态面对困难和提高他们对变化着的需求的反应能力。

不管领导人是否有意地引导规范的形成，它们都将自然而然地出现在团队中。然而，任凭其随意发展的规范通常并不支持战略计划。因此，领导人能够并且应当去帮助形成适当的规范。

如果领导人使团队具备了其他6个关键成功要素，那么，支持主动解决问题和战略思考的规范将被更迅速地掌握，并且被团队成员更小心地维护。率先解决其他6个成功要素将大大提高领导人成功建立适当规范的机会。

良好的指导

对许多团队领导人来说，努力学习如何进行有效的指导一直是一个难题。它需要一种崭新的、与命令和协调工作这种老习惯很不相同的行为方式。这些老习惯很难改变。对这些领导人来说，团队设计研究的结果将是一个好消息：一旦他们的团队被良好设计，领导人就可以自由地检验他们自身的行为并学习如何进行有效的指导。如果他们的团队是良好设计的，那么，一个领导人的指导错误将不会危害团队太深。

在领导人的行为中，下列行为对团队是有帮助的：

● 提供报酬和表明团队是对自我管理负责的其他信号。比如，对团队解决问题进行奖励；花费更多的时间与整个团队而不是个人进行相互沟通。

● 拓宽团队解决问题的技能。比如，教会团队如何运用解决问题的程序；开展解决问题的讨论，而不是把某个人解决问题的观点强加其上。

上述这些行为强调了团队对自身绩效的责任，激发了团队以整体方式去解决问题，增强了团队成员的基本自我管理技能。

在指导行为中，下列行为是不利于团队的：

● 突显个人(或者是管理者、领导人)对管理团队承担责任。比如，花费更多的时间在个人而不是团队上；召开团队会议而不是指导团队如何有效地召开团队会议。

● 破坏团队的职权，进而干涉团队的任务。比如，监控团队的行动方案，分配给每个团队成员单独的责任；不经过团队而直接应对团队的客户；无视团队的决策，即便它看起来是很糟糕的。

指导行为将影响团队是否对自己的工作承担责任并且控制和管理自身的

绩效。

领导人的作用

领导人重要吗？本项研究的结论告诉我们，领导人并不是很重要的。一个更恰当的解释是我们把对领导人日常指导的重视摆在了一个错误的位置。毕竟，合理地建立团队才是最重要的，确信团队拥有必需的资源才是关键的领导职能。在这里所讨论的全部团队设计要素都是领导人或者基层管理人员可以并且必须去影响的。

表 2 提供了一个指导，用来帮助领导人断定什么地方最需要他们的领导来使团队正确到位。

表 2　　　关键的成功要素：提供给团队领导人的判断性问题

1. 清晰的宗旨
   团队成员能否明确地说出一个清晰的、被所有成员共同接受的关于团队存在的基本使命的宗旨？
2. 一个真正的团队任务
   是否要求团队对所有的团队顾客和主要的产出承担共同的责任？
   是否要求团队对工作策略做共同的决策（而不是把它丢给个人）？
   成员是否经过跨职能培训，能够相互帮助吗？
   团队能否获得团队级的数据及其绩效的反馈？
   是否要求团队经常性地召开会议？它是否这样在做？
3. 团队报酬
   计算所有可获得的物质报酬时，是否其中 80% 以上给团队，而不是给个人？
4. 基本的物质资源
   团队是否拥有自己的会议场所？
   团队能否轻易获得工作所需的基本物质资源？
5. 管理工作的职权
   团队有没有权力做下列决定（在没有得到最初的特殊授权的情况下）？
   ● 如何满足顾客的需求？
   ● 应采取何种方案？何时？
   ● 在他们认为必要的时候能否改变他们的工作策略？
6. 团队目标
   团队能否明确表述出具体的目标？
   这些目标促进了他们的绩效？
   他们有没有明确规定实现这些目标的期限？
7. 战略规范
   团队成员能否相互鼓励去发现问题而无需领导人的介入？
   成员有没有就其对团队所做贡献的差异展开公开的讨论？
   成员是否被鼓励去尝试新的运作方法？
   团队有没有积极地寻求向其他团队学习？

领导能力和时间选择

领导人在团队的整个生命周期中确实起着重要的作用,但是,在团队生命周期的不同阶段其所扮演的角色是不一样的。回过头来看看那些关键的成功要素是有益的,这可以使我们观察到当领导人采取行动去恰当地获得那些要素时,他们的角色是如何转换的。

1. 第一种角色:设计者(关键成功要素从1到5)。在团队的创立阶段,这种角色是至关重要的。领导人在这个阶段的行动是:为运作单位设置目标,设计团队任务和团队薪酬体系,确保团队拥有从事工作所需的基础资源,建立团队对自身运作策略的职权和责任。上述这些行为服务于团队,使它的起步有明确的目标和相应的支持,从而获得高绩效。

2. 第二种角色:助产士(关键成功要素6和7)。这种角色在团队创立后变得很重要,尤其是在团队工作的自然分界点上。在这种角色中,领导人与团队共同建立适当的绩效目标。这个目标提供了指定团队如何在满足整体目标的基础上从事其自身工作的可衡量性标准。因此,与任务和目标有关的关键成功要素必须要牢牢地把握。领导人同时也帮助团队建立关于战略性思考的规范,从而影响团队如何运用他们的资源和职权。在这些规范的形成过程中,领导人帮助团队制定工作策略,这些策略把团队的决策能力用于如何运作之上。

3. 第三种角色:指导员。最后,指导的角色开始发挥作用并持续贯穿于团队的整个生命周期中。有了恰当的关键成功要素,团队现在就拥有完全利用高质量指导的优势。这意味着领导人付诸于日常指导之上的时间和精力将被很好的利用,而非徒劳无功。

结 论

这7个关键的成功要素对任何一个领导团队的人来说都是重要的,从领导"基层商店"团队的一线管理者到创立问题解决型团队的高层管理者。实际上,这里所提及的要点可能对高层管理者尤为重要。恰当地利用这些关键的成功要素需要组织范围内的变革,诸如薪酬体系、工作设计和团队所能获得的资源。由于中层和高层管理者拥有变革这些设计特征的机会和权力,所以尤为重要的是,他们要意识到团队对组织的要求是什么。将成功要素置于恰当的位置将使组织有尽可能的机会去获得创造力、适应性和响应度,而这些正是建立自我管理团队的全部目的之所在。

24　虚拟团队：工作的新途径*

杰西卡·里普纳克,杰弗里·斯坦普斯

网络时代

　　21世纪的组织是由虚拟团队和团队之间的网络组成的。网络状——不是金字塔型,成为人们如何一起工作以完成企业目标的概念模型。一个网络化组织的物理模型看起来就像一个巴克明斯特·福勒的网格球顶——许多四面体在关键的交叉点处连在一起。网格球顶的一个有趣现象是它是宇宙中仅有的越大却越坚固的构造组合。一个网络化的组织能够随着规模的扩大而提高效率。在以团队为基础的组织中,网络能够帮助团队避免分裂和孤立,网络甚至还可以延伸到单一组织的边界以外;其形式有组织之间的网络、公司间的网络以及国家间的网络。

　　虚拟团队和网络化组织是组织进化的最新阶段。

　　网络化组织并不会抹去所有的旧形式。相反,它包容了这些旧形式并加入了新的能力。当等级制度形成的时候,我们并没有失去在小型群体中工作的能力。一个复杂的网络化组织实际上会包括管理科层组织(等级制)、官僚组织和小型群体以及清晰的网络化关系。关键在于为一件特定的工作挑选最佳的组织形式。

　　阶层系统是宇宙中组织的一个基本本原。我们的细胞、器官、组织和群落

＊来源:经作者许可重印。

都建立在阶层系统的基础上。我们并不想失去结构,但我们需要改变会造成瓶颈的单一信息通道。

单一的阶层系统是一个没有多少水平基础而只有高度的结构。当组织扩散出去,工作被分成特定部门的时候,官僚系统出现了。这种横向的延伸有助于建立一个坚固的结构,使它能够成长得更大,处理更复杂的事务。但这样的组织在变化面前仍然非常脆弱。特别是,任何对结构顶部的压力都会造成整个结构的崩溃。

从阶层系统/官僚系统向网络化组织转换的最简单方法是加入链接,把各种各样的功能连接起来。这样的结果是一个建立在联系起来的四面体基础上的坚固而有弹性的短线结构。这是一个能够更好地抵御变化冲击的结构。官僚的专业化不会丢失,但是新的链接使得沟通不仅是横向的还是纵向的,而且节约了宝贵的时间。逐渐地,一种新的组织形式出现了。

所有这四种建立组织的方式在许多组织中共存。

虚拟团队的出现

在今天的商业环境中,团队作为组织灵活和低成本运作的一种便捷方式而被接受。然而,有了最新的高科技,团队成员不必为了在一起工作而必须呆在一个地方。他们可以成为虚拟团队——有着共同目的、利用技术穿越时空、距离和跨越组织边界的团队。

无线通讯为全球经济范围内的数百万人带来了新的合作伙伴和工作方式。一起工作的同事可以是生活在不同时区、却仍然能成为同一团队的成员。这是真实的,但却不容易。穿越一切边界的链接,在语言、文化、政府、距离以及人类行为的神秘细微差别所有这些因素都在起作用的复杂性中步履艰难地激增。

当 NCR 被 AT&T 抛弃后,它使用了虚拟团队来完成其转向。1996 年,NCR 制造出了世界牌(WorldMark)企业计算机服务器,该机器十分笨重,可能有 10 吨~12 吨重。有分布在 17 个主要区域,超过1 000人参加了该项目,其内部小组涵盖了美国的 5 个州、爱尔兰、印度和中国。外部合作者分布在其他 6 个地方。令人难以置信的是,尽管参与者的人数众多,地点分散,项目却按预算完成了,而且比计划还要提前。

有三个要素使世界牌项目获得成功。第一,每一个参与的人都了解这是个什么项目——有一个清晰的使命并且得到很好的交流。第二,他们有共同的工作流程。每个人都知道如何设立目标、描述任务和最终结果,并且建立起朝这些结果努力的计划表。最后，他们有极好的沟通。

虚拟团队尽管分布在不同的洲，却每天在一起工作。工程师们通过高速和极宽的宽带，持续可用的音频、视频和数据的链接互相连在了一起。他们亲切地称链接为"虫洞"（虫洞是科幻小说中提到的一种银河系内现象——从宇宙中一个地方瞬间移动到另一个地方的入口）。NCR 的虫洞可能是由 T1 交换线路构成。这是一种非常高速的电讯通信连接，将相隔数千英里的三个视频会议厅连接在一起。

在虫洞里，每一个屏幕服务于一个不同的目的。其中一个显示在另外一个地方的人，另一个放在高处的放映机用来展示所用到的材料，第三个则使标准的个人电脑可以进行信息共享和分发。在经常性会议上，团队成员讨论战略、争论观点、解决问题、进行陈述、交换文件、使用配套挂图，并共享文档。他们不仅互相影响，还影响其他地方的同事。依靠这种技术，这个团队用了 11 个月就开发出了 NCR 的下一代计算机系统。

当太阳微系统公司几年前出现一些质量问题时，其首席执行官斯考特·麦克尼尔利邀请了联邦快递、摩托罗拉和施乐的首席执行官们来出主意。在任何时候，这些首席执行官们都说是团队使他们的公司与众不同。

当时，太阳微系统公司是典型的牛仔式英雄企业——聪明的工程师都是单独工作，从来没有团队。为了解决问题，雇员被邀请来组成团队，调查 32 件最严重的"顾客不满"事件。70 个跨边界虚拟团队组成了，而且他们在解决问题时效率很高。每个团队都有一个执行负责人，有需要做什么以取得成功的清晰的指导方针，以及一个奇异的技术结构。

虚拟团队是一种小型群体。他们与其他小型群体的区别在于其沟通的形式、关系的数量，以及在全球范围创新的能力。今天的技术使人们可以和远距离的人一起工作就好像他们就在隔壁办公室一般。然而，成功的虚拟团队更多的是依靠人而不是技术。技术本身是不会工作的，除非人们先发出指令。在一个虚拟的环境中工作要求一种新的形式、一种新的管理，以及新的领导能力。

虚拟团队的模型

隐藏在我们所有案例背后的基本原理有三个方面：目的、人和链接。

目的：目的对于任何形式的组织都是非常重要的。但它对虚拟组织和团队尤其重要，因为目的就像是把它们粘在一起的胶水。阶层系统拥有雇佣和解雇的权利，官僚系统有规定、规则、宪法和法律。但是真正的网络化组织和虚拟团队经常是只有目的。例如，一个因为几个公司共同联合而聚集到一起的团队并没有共同的报告结构，他们集合在一起仅仅是因为他们共有的目的是坚定的，是团队的所有成员都一致认同的。

在一个虚拟团队中，目的要远胜于贴在墙上却被人遗忘的对使命的表述。目的必须被转化为作为人们共同工作基础的行动步骤。这需要有合作性的目标、相互联系的任务以及具体的结果。没有合作性的目标，这个项目永远不会开始。而如果所有的任务都是相互独立的，那么团队就没有必要了。虚拟团队通常是因为一个人或者一个组织无法独立达到所期望的结果才被创造出来的。

人。人是虚拟团队的核心。但是还有几个至关重要的因素必须考虑。第一个是独立。每一个虚拟团队中的人都必须自主独立，但又要能够相互依靠。他们必须知道如何做"我"，但同时又要坚持做"我们"。

第二个方面是参与领导。在某个时点，虚拟团队的每一个成员都会扮演领导的角色，这取决于团队整个发展的进程。领导的位置随着手头的任务而转移。每个人都拥有在进程中会用到的特殊技能或专长。

第三个方面是一体化水平。虚拟团队不仅是水平连接的团队，还必须在组织中上下连接起来。

链接。链接不仅仅只是技术上的联结，它们可以通过面对面的交谈，也可以通过通讯技术。但是联结本身完全是被动的。取得结果需要某种形式的互动。经过一段时间，这些互动会产生关系，如果它们信任这种关系，他们就会保持下去。关系形成组织。不过使信息时代与众不同的不是关系或者相互作用，而是数字技术。

数字技术就像是象征富饶的奇异羊角，提供了互动的能力。我们现在开始探索这些技术究竟会怎样影响我们组织自己的方式。我们并不会失去其他交流形式；我们只会增加交流形式。有些事情你只能面对面地做而无法在远距离完成，例如快速建立起信任。一旦你决定了目的和人，你就能决定哪一种链接对于将人们联系在一起完成他们共同的工作是最有用的。

虚拟团队是小型系统，而网络则趋向于更大的系统。但是所有这些特征都会在所有成功的、分布广泛的组织中得到体现。

社会资本：另一条底线

任何团队的工作都有一个双重底线。一件任务的结果或者成果，这通常是可见和显而易见的，但另外还有一个建立在团队相互影响基础上的社会结果问题。社会影响不一定在任务成果的质量上显示出来。某个团队中,可能有相当不愉快的相互影响——大量的高声交谈,人头攒动,漫长黑夜。而另外一个团队,通过协作、合作以及相互帮助也可以取得同样的结果,但却使整个经历变得非常愉悦。当下一次又一个合作机会出现时,那些有过糟糕经历的人可能决定他们再也不想成为一个团队的成员了,而那些有过愉快经历的人却乐于参加,并且事实上会变得更有效率。因为他们已经建立了关系并且学会了如何在一个团队中工作。

这些相反的团队经历增加或者减少了组织的社会资本。增加社会资本意味着增大了完成工作的能力。而在相反的情形下,则能力减小了。没有一点影响是不可能的。团队经历或者会增加或者会损耗组织现存的"关系资源"。詹姆士·科尔曼在20世纪80年代早期就首先提出了社会资本的概念。今天,社会资本被认为是一个组织包括有形财产、金融资产和人力资本在内的总资源中颇有价值的附加部分。

根据哈佛大学历史学教授罗伯特·普特南的观点,有3个要素对于发展社会资本是必要的:信任、互惠和紧密的社会网络。

● 信任是第一位的。所有其他因素都出自于它。经常是,职员之间看起来不相关,与工作无关的交谈建立起了信任,就是这种信任使他们的工作关系在未来变得更有效。

● 互惠意味着给予和获取。虽然不一定要立竿见影,但人们需要给予最终将会得到收获这种感觉。

● 调查显示在人员关系良好、有紧密社会网络的社区中的人们趋于更健康,经济上更稳定。在组织中也同样如此。

像伊斯特曼化学品公司这样的公司正在有意识地开展工作以提高他们的信任水平。在20世纪80年代早期,伊斯特曼开展了一个调查以测定公司内的信任水平。其领导人惊讶地发现信任程度非常低。根据调查显示,导致低信任度的第一条就是公司采用了海氏(Hay)补偿系统,这个系统利用普通的碗型曲线来决定工资和奖金。就是这样一家公司,雇用了最好最聪明的人,然后立刻告诉他们中半数的人说他们的表现不佳,并会根据这个结果支付他们的工资。后来,公司对这个付酬系统从根本上进行了改革。

伊斯特曼还有一个建议箱计划,如果有人提出一个成功的建议,他就可能得到最高25 000美元的奖金。但是这个计划造成的不是合作而是员工之间的竞争。所以,这个个人建议箱被取消了。取而代之的是要求团队一起工作提出建议,并得到相应的报酬。

但是给予团队报酬中也是有风险的。首先,团队自身可能会陷入无效率的竞争。其次,谁能够说谁就是为这个团队的成功做出确切贡献的人呢?有一个关于惠普公司的荒诞笑话。说的是一个取得巨大成功的团队领导,通过发送电子邮件邀请每一个对团队的成功做出了贡献的人来参加宴会。他们预计大约50人,但实际却来了1 500个人,他们不得不租一个足球场。团队的边界是可渗透的,组织中的很多人都可能认为他们自己是其中的一分子。

社会资本建立在小型群体和内部组织中,但它不会停留在那里。安娜李·萨克斯尼安将硅谷和波士顿的128街区进行了比较。这两个地区都必须对它们的主导产业做出回答:在波士顿,是个人计算机挑战迷你计算机;在硅谷,是日本半导体挑战芯片产业。硅谷不仅恢复往昔,而且成为了这个产业毋庸置疑的世界领导。但是128街的经济却再也没有恢复到20世纪80年代到达顶峰时的水平。感谢电讯产业的发展,该地区今天正在复兴。

这之间的区别是什么呢?萨克斯尼安说,区别在于社会资本占了很大成分。在硅谷,组织更为开放——人员可以很容易地从阳光公司到苹果公司到硅图公司。他们之间竞争激烈,但是也交换想法。在东部,公司更为独立,是垂直导向的。在数字设备公司的全盛时期,一个离开公司的员工会被认为是叛逆者——是被驱逐的人。这样的观点关上了交流的大门,阻止了社会资本的形成。

我们才刚刚开始了解虚拟团队和它们在未来对组织的影响。我们相信,用不了多久,虚拟团队作为工作的方式将会被接受。虚拟团队和网络——高效、有价值基础、组合迅速、绩效显著、成本敏感以及分权——将会深刻地重新改造我们的世界。

参考文献

AnnaLee Saxenian. *Regional Advantage: Culture and Competition in Silicon Valley and Route* 128(Cambridge: Harvard University Press, 1994).

James S. Coleman. "Social Capital in the Creation of Human Capital," *American Journal of Sociology* (1988 Supplement), S98.

Robert S. Putnam. *Making Democracy Work: Civic Traditions in Modern Italy* (Princeton, N. J.: Princeton University Press, 1993).

第四篇
工作环境对个体的影响

音乐家个体的绩效水平、创造力甚至个人的满意或不满意，都受到组织环境的高度影响。"环境"是个涵盖许多要素的不精确术语。交响乐队的组织结构、财务状况、音乐家之间和音乐家个人与业务办公室之间的沟通形式、各声部间的协调方式、音乐家与业务管理的风格和气质、工作规范、出勤或缺勤，以及音乐家工会的势力、交响乐队资助人特定的品味，都构成了"工作环境"的部分。工作环境影响了音乐家个体的心理状态、态度和表现。

在本篇中，我们对组织行为的分析将从个体和小群体转移到强调组织结构、系统、文化和行为规范。尽管有才华的音乐家个体是任何交响乐队的组建基础，但是，如果不能超越个体（"树木"）而看到工作环境（"森林"），就无法理解这支交响乐队的组织行为。

1959年，沃伦·本尼斯观察到，弗雷德里克·温斯洛·泰罗、亨利·甘特和亨利·法约尔（见第一篇，Shafritzi&Ott, 2001）这样经典的组织行为理论家们，把结构性变量（如指挥链、分权与集权、控制幅度）固定化了，以至于他们几乎好像都是在探索"无人的组织"。相反，20世纪50年代后期和60年代的人际关系派组织行为学家们又是如此地着迷于人和群体（对人的成长、群体的发展、敏感性训练群体及人际关系培训），以至于似乎他们仅仅是在思考"无组织的人"。本尼斯的观察同样适合早期的工业/组织心理学家们——适合于比霍桑实验、X理论和Y理论价值系统更早的社会科学家们。这些社会科学家并非从组织行为的角度研究组织行为（见导论）。然而，从1930年到1950年和20世纪60年代，组织行为学改变了它的研究领域，在其发展过程中它近乎遗忘（至少忽略）了组织系统和结构对组织内部和周围的人和群体的巨大影响。

组织范畴内有许多东西影响着组织行为，而同时又受其影响。仅列出其中一些：

● 组织参与的业务类型。银行业务对员工的要求和给予员工的报酬不同于对制造和销售新型电视游戏节目的员工。

● 组织与为之工作的人之间的法律关系。一般而论，对家族式企业、公众投资公司、非营利性艺术群体和政府机构的组织行为的影响是不同的。

● 组织与其整体环境之间可感知关系的性质。有些组织的普遍感觉是它们生存在一个敌对的世界中，在那里，媒体、公众和其他类型的组织（如政府机构、立法机关或私有企业），有时甚至顾客或客户（以及直接的竞争对手）都是直接或潜在的敌人或威胁。相反，另外一些组织的普遍看法更多的是组织与环境一起和谐地生存。

组织结构同样是个重要的成分。当有人说组织结构时，他通常是在说构成一个组织的职位之间或职位群体（如单元、分部和部门）之间相对稳定的关系,以及规定如何设计贯穿整个工作的那些东西的程序和方法。结构就是对组织及其单元和生产流程的设计。它是一系列组织内任务和活动分化和整合的特定形式(Thompson,1967;Miles,1980)。分化是把整个系统(在概念上)分解成各个组成部分(单元、群体和人),各自完成特定任务(基本上,分化是"劳动分工"更为复杂的说法)。整合是如何把分解的部分和特定的任务联系起来以形成一个合作的整体。

里曼·波特和爱德沃德·劳勒(1965)一篇被广泛阅读的文章更具体地指出,根据对当时出版文献的深入研究,组织结构的特征最为影响个体和群体的态度和在职行为。他们列出的结构特征如下:

- 组织层次(层次的数量及所在层次,或所适合的最高层次)
- 组织单元的路线或标尺功能
- 控制幅度
- 单元规模
- 整个组织的规模
- 组织形态(平面的或高大的)
- 职权的集中还是分散以及责任

结构——组织的形态、规模、程序、生产技术、职位种类、申报排列和协调关系——都影响着其中的人和群体的感受、情感以至行为。成熟个人和正式组织的需求之间,也即健康人的发展倾向与组织要求之间存在着矛盾(Argris,1957b)。结构对行为的影响部分地来自于结构所表现的特定功能。在每个组织中,结构规定了劳动分工的特定方式、特定角色和职能如何得到协调(与每个人、其他组织层次和职能相联系),信息在人和群体间如何流动、控制系统(任务如何衡量、评价和改变)如何工作(Organ & Bateman,1986)。结构确立了任何一个给定的组织内人和群体的角色、期望和资源配置如何加以界定。结构是组织行为不同于纯粹行为的基本原因,也是为什么组织行为学发展成应用性行为科学中一个单独研究领域的原因。

但是,结构仅是影响组织中人的行为的几个要素中的一个。态度和行为还受到同伴群体压力(Asche,1951;Janis,1971)、群体规范——由群体成员共享并强制的发展标准(第三篇中 Cohen, Fink, Gadon, Willits, 1988; Feldman & Roy, 1960)、工作任务、社会和技术方面的特定融合方式——社会技术系统(Thorsrud,1968;Trist,1960;Trist & Bamforth,1951)以及组织文化(Ott,1989;Schein,1992;Whyte,1956)的影响。

毋庸置疑,所有正式和非正式群体(见第三篇)都要求和期望人们服从规范——对行为的规定。规范是提供组织一致性的行为蓝图。接受和服从群体规范使人们得以知道可期望别人些什么，并预见在不同情景下其他成员会做些什么。规范导致人们以固定的、可预见的方式行事："由于他们的行为得到共同期望、态度和理解的指导……规范是组织行为的强大的稳定器"(Schmuck,1971,pp. 215—216)。规范建立起一定程度的一致性、稳定性和可预见性，而这些既是必需的，也是所期望的。

另一方面，对规范太大的依附会导致过高的一致性，从而可能损害或摧毁个人主义(Merton,1957;Whyte, 1956)。潜在的伤害不仅仅对组织中工作的个体，过度一致还会导致组织的刚性。组织必须接受不同的信息、观点、现实和价值系统。确实，组织必须寻求多样化，并奖励那些在战略决策过程中贯彻多样化的个体和群体(Cox,1993)。

本篇的阅读材料考察了结构、社会技术系统、群体规范、一致性压力以及组织文化对组织中个体和群体的影响方式。重点在于规范、关系结构、群体压力、社会技术系统及组织文化如何综合影响组织行为。有些文章还探索了导致一致性的力量潜在地损害个体和组织的方式。

第一篇阅读材料阐述了群体对个体决策影响的问题方面的研究。在"群体压力对判断扭曲和修正的效应"一文中，所罗门·阿什(1951)描述了他那著名的研究，即当群体中大多数人的观点直接与实际情况相背离时个体应付的方式。阿什把单独的试验对象(大学生)与被告知对事实问题故意得出错误答案的人放在同一个房间里，只有试验对象不知道正在干什么。尽管有微弱多数的试验对象坚持他们的独立性，准确地说出了事实，但是，还是有相当可观的少数人改变了他们的判断以与多数人一致。在面对明显错误的群体观点时，他们不愿意如实报告他们的观察结果，他们改变了自己的判断。阿什把人在决策时是坚持独立性还是屈从多数人，归结为几个因素。其中两个最重要的因素是：

● 多数人的规模及多数成员之间的一致性程度。
● 个体间可识别的、持久的差异性，尤其是包含社会关系的差异性特征。

阿什的试验为群体对组织中的人的影响提供了强有力的证据。从管理的角度看，它们揭示了为什么关注群体的信仰、价值观、构成和活动是极其重要的。但是，在大多数情况下，非正式群体游离于正式组织的直接影响范围之外。

社会技术系统一般是指工作技术、组织结构和工作中社会交往之间的相互关系或匹配。大多数社会技术系统研究包含工作流程(技术)和工作团队(社会系统)如何构造(组织)以达到生产率的最大化；同时又满足员工的归属需要和在某些工作场景中只有亲密群体才能提供的安全需要。伦敦塔维斯托克学院从20世纪50年代起就密切从事社会技术系统研究和咨询工作。著名的塔维斯托克社会技术系统研究就在英国的煤矿(Trist & Bamforth, 1951; Trist, Higgin, Murray, & Pollock, 1965)和印度的织布厂(Rice, 1953)进行。这些研究成为了许多广泛传播的社会技术系统型的工作重组努力的先驱,如斯堪的纳维亚汽车产业(Thorsrud, 1968)、"宝洁在俄亥俄州的里马工厂;魁北克的阿尔堪冷轧钢厂;壳牌在英格兰提斯堡的精炼厂;挪威伯斯根的诺斯克—海得罗化肥厂"(Walton, 1975, p. 117页);等等。

埃里克·特里斯特、肯尼斯·巴夫斯和他们在塔维斯托克的同事们研究了工作技术、组织结构和社会结构之间的联系。在1951年发表的著名文章"长壁采煤法的某些社会和心理后果"(本篇中已收录)中,特里斯特和巴夫斯发现,管理层通过改用长壁方法(一种类似于大规模生产的技术)提高煤矿生产率的想法产生了消极的反应。在1949年后期引入这种方法时,产煤中的长壁方法代表着一种重大的技术改进。在此之前,煤的开采是由自主选择、高度相互支持、自我约束的小群体(通常是两个人)完成整个采炼运作周期。这两个人共同面对地下深处的巨大危险,相互照顾,一旦面临危险而需要改变工作地点和程序时,共同做出决定。这种双人体系还使人得以向别人倾诉害怕和焦虑。

长壁方法改变了一切。矿工们不再在合作已久的小群体中工作,他们排成一长排,采用需要他们面对煤壁的新机器,人与人之间间隔固定的距离。当工作压力增加时,没有亲密的同伴来倾诉内心的压力和焦虑,甚至关系还没近到足以开玩笑的地步。新的结构和技术系统的引入,破坏了重要的社会系统,因此,就像特里斯特和巴夫斯写的,生产率和士气开始成为重要的问题:"不恢复整个系统中基层群体的责任自主,并确保这些群体在工作任务上有令人满意的完整性和工作场所上的一定灵活性,就很难看到这些问题如何得以有效解决。"长壁采煤的研究,以及其他几个同时出现的社会技术系统研究(例如, Jaques, 1950; Rice, 1953; Rice, Hill & Trist, 1950),代表了组织行为实践的重大转折点。这家煤矿公司倾听了工人的意见(通过行为科学家的报告),修改了技术系统以配合工人的社会系统要求。

在"官僚制结构和个性"一文中,罗伯特·默顿(1940, 1957)分析了组织结构的一种形式——官僚系统,对在其中工作的人的个性的影响。默顿采用"官僚系统"一词来意指马克斯·韦伯(1922)在《经营公司》(*Wirtschaft und Gesellschaft*)中整篇所描述的组织形式。在这里,官僚系统在本质上并非是一个贬义词,也并非仅适用于政府机构。根据默顿的说法,官僚系统不断给人施加压力,使他们按部就班和循规蹈矩,严格履行义务。这些压力最终导致人们把遵守规则当成了最终目的,而不是手段,也即盲目遵从的问题。官僚结构还强调非人格化的关系,权力和权威通过组织职位而非通过思想和行动获得。毫无疑问,默顿认为官僚结构采煤不仅影响组织行为和思想,而且还决定和控制它。作为一种组织形式,官僚系统有它的优点:秩序、可预见性、稳定性、专业化和一贯性(Shafritzi&Ott, 2001, ch.1)。但是,官僚结构的行为结果大多是负面的,其中包括降低了组织的灵活性和效率;并且,采用默顿所创造的那个词,最终是成员"官僚化的个性"。

所罗门·阿什所做试验20年后,伊文·詹尼斯(1971)出版了同样著名的研究成果"群体思考:不顾一切达成共识"(在本篇中已收录)。与阿什一样,詹尼斯探索了对一致的压力——社会一致性在群体中经常遇到的原因。但与阿什的试验对象为大学生不同,詹尼斯考察了实际重大失误中的高层决策者:1962年的猪湾战争、1950年决定把麦克阿瑟将军派往鸭绿江、1941年没能对日军偷袭珍珠港做准备。群体思考是:"当一个凝聚群体内部的一致寻求成为主导时,人们的思考模式往往会把各种行动方案的实际评价置于一边,而最高权力拥有者中的反对意见则被不惜任何代价换取一致性的孤注一掷的冲动所压制了。"詹尼斯提出了8种相对容易观察到的群体思考现象:

- 无懈可击的幻觉
- 合理化的集体结构使群体成员忽视了警告或其他形式的负面反馈
- 对群体内部的规范有着坚定不移的信仰
- 对敌对群体领袖有强烈的、负面的定型成见
- 一旦群体成员对群体共享幻觉的真实性提出哪怕瞬间的怀疑,就会即刻招致压力
- 个人小心、有意识地避免偏离群体的一致意见
- 意见一致的共同幻觉
- 建立起思想卫士,即那些"不让领导和下属成员了解可能会打破他们共同分享的对于过去决策的有效性和道德性沾沾自喜"的那些人

詹尼斯最后提出了群体思考对高层决策消极影响的评估(包括对群体能力的高估和自我孤立于新的或相反的信息和观点),以及对群体思考的一些防范和补救步骤。

波特、劳勒和哈克曼的文章"对工作效果的社会影响"(在本篇中已收录),摘自于他们1975年的《组织中的行为》一书,深入分析了群体和个人工作伙伴的其他成员如何对组织中的个体施加影响,以及这些社会影响如何影响工作的有效性。这篇文章尤其关注这一观点:"这些社会影响的性质和程度极大地依赖于所从事的工作性质,从而也取决于工作对该人的要求。"这篇文章特别

考察了来自群体规范的排除性变量的副作用,为什么群体高凝聚力可以产生副作用,以及群体影响个体工作有效性的方式。"我们认为,工作中个体周围的人既可促进也可阻碍他的绩效有效性——任何为了改进工作绩效而对社会环境做出诊断的认真努力,都必须明确应对强调提高绩效和对某些要求采取补救性行动的问题的不可实现的可能性。"

在"组织理论和管理中的结构观点"(本篇中已收录)一文中,杰弗里·普费弗(1991)认为组织行为学的研究过于强调个体变量,而忽视了结构变量的影响。他提出了一个有说服力的论断:结构性地位,包括网络位置、有形位置和个人与其他人的人口统计关系,都影响着被广泛深入地、却几乎都是从个体视角进行研究的组织行为。"不管事实上我们知道组织都是个体与其他成员相互作用、相互比较的关系实体,我们的许多分析还是把个体单独作为分析的单元,不想方设法地把社会结构结合进他们的理论或实证研究中……对结构性影响的关切可以丰富甚至个体层面结果的分析,诸如满意度、离职率、绩效和工资。"普费弗因此设法说服我们在理解组织行为中结构观点(包括社会关系和组织影响)的有用性。

第四篇中的阅读材料最后深入考察了当人们相信组织破坏了对他们的承诺时,一种特殊类型的影响个人行为的方式。这些承诺被称为心理契约,即组织中所有成员与各种上司、管理人员和组织中其他人之间非书面形式的期望。在"组织中的心理契约"(本篇中已收录)一文中,丹尼斯·M. 卢索阐述了组织中的人经常没能履行心理契约条款,但却声称"人们如何解释这种失约的环境决定了他们是否要破坏"合同。人们主观地认定心理合同遭到了破坏,"当一项承诺伤害到了或带来了合同设法要避免的危害时……破坏合同中的一个主要'问题'是要理解为什么有些事情虽然看上去是与合同有差距的,却不会激起反面反应,但是另一些事情虽然看上去是无关紧要的,却引起了超出预想的反应和愤怒"。当一名雇员感觉合同被破坏了,其反应可能有多种形式。"破坏了的合同促使不信任、气愤、摩擦及在后来的相互关系中人们行为方式的改变……合同破坏的后果可从公司忠诚度的下降和诉讼增加中得以发现。"因此,当人们相信心理合同被破坏时信任就被腐蚀了。"(个体和组织间)关系的强度和质量不仅影响破坏的承受程度或是否导致合同解除,而且还影响各方重修关系的能力。"

参考文献

Argyris, C. (1957a). *Personality and organization*. New York: Harper.

Argyris, C. (1975b). The individual and organization: Some problems of mutual adjustment. *Administrative Science Quarterly*, 2, 1—24.

Asch, S. E. (1951). Effects of group pressure upon the modification and distortion of judgments. In H. S. Guetzkow(ed.), *Groups, leadership, and men*(pp. 177—190). Pittsburgh: Carnegie Press.

Bell, N. E., & Staw, B. M. (1989). People as sculptors versus sculpture: The roles of personality and personal control in organizations. In M. B. Arthur, D. T. Hall, & B. S. Lawrence(eds.), *Handbook of career theory*(pp. 232—241). Cambridge, UK: Cambridge University Press.

Cohen, A. R., Fink, S. L., Gadon, H., & Willits, R. D. (1988). *Effective behavior in organization*(4th ed.). Homewood, IL: Irwin.

Cox, T. H. Jr. (1993). *Cultural diversity in organizations: Theory, research & practice*. San Francisco: Berrett-Koehler.

Dill, W. R. (1958). Environment as an influence on managerial autonomy. *Administrative Science Quarterly*, 2, 409—443.

Feldman, D. C. (January, 1984). The development and enforcement of group norms. *Academy of Management Review*, 47—53.

Janis, I. L. (1971). Groupthink. *Psychology Today*, 44—76.

Jaques, E. (1950). Collaborative group methods in a wage negotiation situation (The Glacier Project-I). *Human Relations*, 3(3).

Kahn, W. A. (1990). Psychological conditions of personal engagement and disengagement at work. *Academy of Management Journal*, 33(4), 692—724.

Katz, D., & Kahn, R. L. (1966). *The social psychology of organizations*. New York: John Wiley.

Merton, R. K. (1957). Bureaucratic structure and personality. In R. K. Merton, *Social theory and social structure* (rev. & enl. ed.). New York: The Free Press. A revised version of an article of the same title that appeared in *Social Forces*, 18(1940).

Miles, R. H. (1980). *Macro organizational behavior*. Santa Monica, CA: Goodyear Publishing.

Mills, T. (October, 1976). Altering the social structure in coal mining: A case study. *Monthly Labor Review*, 3—10.

Organ, D. W., & Bateman, T. (1986). *Organizational behavior: An applied psychological approach*(3rd ed.). Plano, TX: Business Publications.

Ott, J. S. (1989). *The organizational culture perspective*. Belmont, CA: Wadsworth.

Pfeffer, J. (1991). Organization theory and structural perspectives on management. *Journal of Management*, 17(4), 789—803.

Porter, L. W., & Lawler, E. E. III (1965). Properties of organization structure in relation to job attitudes and job behavior. *Psychological Bulletin*, 64(1), 23—51.

Porter, L. W., & Lawler, E. E. III (1964). The effects of tall vs. flat organization structures on managerial job satisfaction. *Personnel Psychology*, 17, 135—148.

Porter, L. W., Lawler, E. E. III, & Hackman, J. R. (1975). Social influences on work effectiveness. In L. W. Porter, E. E. Lawler III, & J. R. Hackman, *Behavior in organizations* (pp. 403—422). New York: McGraw-Hill.

Rice, A. K. (1953). Productivity and social organization in an Indian weaving shed: An examination of some aspects of the sociotechnical system of an experimental automatic loom shed. *Human Relations*, 6, 297—329.

Rice, A. K., Hill, J. M. M., & Trist, E. L. (1950). The representation of labour turnover as a social process (The Glacier Project—II). *Human Relations*, 3(4).

Rousseau, D. M. (1995). *Psychological contracts in organizations: Understanding written and unwritten agreements*. Thousand Oaks, CA: Sage.

Roy, D. F. (1960). "Banana time": Job satisfaction and informal interaction. *Human Organization*, 18, 158—168.

Schein, E. H. (1980). *Organizational psychology* (3rd ed.). Englewood Cliffs, NJ: Prentice-Hall.

Schein, E. H. (1992). *Leadership and organizational culture* (2nd ed.). San Francisco: Jossey-Bass.

Schmuck, R. A. (1971). Developing teams of organizational specialists. In R. A. Schmuck & M. B. Miles(eds.), *Organization development in schools* (pp. 213—230). Palo Alto, CA: National Press Books.

Shafritz, J. M., & Ott, J. S. (2001). *Classics of organization theory* (5th ed.). Fort Worth, TX: Harcourt College.

Thayer, F. C. (1981). *An end to hierarchy and competition: Administration in the post-affluent world* (2nd ed.). New York: New Viewpoints.

Thompson, J. D. (1967). *Organization in action*. New York: McGraw-Hill.

Thorsrud, D. E. (1968). Sociotechnical approach to job design and organization development. *Management International Review*, 8, 120—131.

Tocqueville, A. de (1847). *Democracy in America*. New York: Walker.

Trist, E. L. (1960). *Socio-technical systems*. London: Tavistock Institute of Human Relations.

Trist, E. L., & Bamforth, K. (1951). Some social and psychological consequences of the longwall method of coal-getting. *Human Relations*, 4, 3—38.

Trist, E. L., Higgin, G. W., Murray, H., & Pollock, A. B. (1965). Or-

ganizational choice. London: Tavistock Institute of Human Relations.

Walton, R. E. (1975). From Hawthorne to Topeka and Kalmar. In E. L. Cass & F. G. Zimmer(eds.), *Man and work in society* (pp. 116—129). New York: Western Electric Co.

Weber, M. (1922). Bureaucracy. In H. Gerth & C. W. Mills (eds.). *Max Weber: Essays in sociology*. Oxford, U. K. : Oxford University Press.

Whyte, W. F. (1961). *Men at work*. Homewood, IL: The Dorsey Press.

Whyte, W. H. Jr. (1956). *The Organization Man*. New York: Simon & Schuster.

Worthy, J. C. 1950). Organizational structure and employee morale. *American Sociological Review*, 15, 169—179.

25 群体压力对判断扭曲和修正的效应*

所罗门·阿什

……我们的直接目标是研究导致个体去坚持事实还是屈从于群体压力的社会和个人状况,而后一种情况被认为与事实相反。由此而提出的问题显然具有明显的社会后果,这对于在一定条件下群体是否会屈从于现有的压力至关重要,对个体的后果以及我们对这些后果的理解也同样至关重要,因为这是个有关个体是否拥有独立行动的自由,或者是否绝对服从群体压力的决定性事实……

目前对这个问题最基本的解释原理是,群体压力绝对会诱使心理改变,与给定条件下的物质属性根本无关。这种思维模式几乎绝对地强调个体对群体力量的奴性服从,而忽略了去探究他们独立的可能性以及与人类环境的生产关系,并最终否定了人类在特定情况下超越群体狂热和偏见的能力。我们的目标就是要通过直接观测群体对决策和对个体评价的影响,来澄清这些问题。这无论对于理论还是对于人类实践都是重要的。

---

* 来源:"Effects of Group Pressure Upon the Modification and Distortion of Judgments" by Solomon E. Asch, In *Groups, Leadership, and Men*, edited by Harold S. Guetzkow (Pittsburg: Carnegie Press, 1951, pp. 177—190). Reprinted by permission from Carnegie Mellon University.

试验和第一个结果

为达到这个目的,我们开发了一种试验方法,作为当前系列研究的基础。我们遵循这么一个程序:把一个人放置在与群体中其他成员激烈冲突的关系中,然后以定量方法衡量其效果,并因此描述其心理后果。一群由8个人组成的群体接受指示来判断一系列简单、清晰的结构性感受关系,即把一条一定长度的线与另外三条长度各不相等的线中的一条相匹配。群体的每个成员都要公开自己的判断。在这个单调的"测试"中期,有个人突然发现自己与整个群体观点相左,这种矛盾在实验过程中被一遍又一遍地重演。这个做实验的群体,除了一个成员以外,都事先与实验者见了面并接受了要在某一些问题上作出错误而且一致的判断的指令。这个犯错误的多数派人数很多(从1/2到1¾),并以无序状态排列。那个圈外人,也即关键的主体——我们把他放置在一致的多数中少数派的一个人的位置上,成为我们调查的对象。可能这是他一生中第一次面临一群人一致地与他所感觉到的事实相左。

这个程序是调查的起点,也是进一步研究问题的开端。其主要特征是:(1)关键的实验对象处于两种相互矛盾、不可调和的力量中间——他自己经历的明白清晰的感受性事实的证据,以及一群同样的人所提出的一致证据。(2)这两股力量都构成周边环境的一部分,那个多数派群体客观地围绕着这个实验对象的周围具体存在。(3)关键的实验对象被要求与其他人一起公开陈述他的判断,被迫要表白自己并采取与群体相反的明确立场。(4)环境带有自我约束。关键的实验对象不能通过参考实验环境以外的条件来避免或逃避这个难题。(在此必须提到,在这种给定条件下,由于群体方表现出的行为是如此之快,以至于关键对象很少会产生怀疑。)

这里采用的技术是以"多数派效应"来对多数人扭曲性估计的错误频率做一个简单的定量衡量。与此同时,从一开始我们就关注获取这些实验对象感受群体方式的证据,确定他们是否会出现怀疑、是否会试着参加多数派。最重要的,我们的目的是确立实验对象究竟是独立还是屈从的根据——例如,这个屈从的实验对象是否意识到大多数人对他的影响,他是自觉地还是被迫地放弃了自己的判断。为达到这个结果,我们设计了一套综合性的问题,作为实验结束之后马上对个人进行面谈的基础。在面谈结束时,每个访谈对象都会被全面告知这个实验的目的、他和其他大多数人的角色。对所暴露的实验目的的反应实际上也变成了程序的一个组成部分。我们在这里可以说,来自于面谈的信息已成为必不可少的证据和深入探讨研究环境的心理结构,尤其是个体差异性质的来源。同时,不向实验对象对实验条件做出充分解释就让他离去,既不公平也不可取。实验者有责任澄清实验对象的怀疑,告诉他把他安置在一个实验环境下的理由。做完这些后,大多数实验对象会表现出兴趣,有许多人还会因为经受住了这样一个有关更多人的问题的环境而心怀感激。

无论是多数派还是关键实验对象都是男性大学生。我们将报告这次实验中来自于50个关键实验对象的结果。表1中我们概括了连续性的比较实验以及多数派的估计。这些数量结果非常清晰,毫不含糊。

1. 存在一个向多数派的明显转移。关键群体中1/3的估计是错误的,这种错误与多数派的扭曲估计相同或者在方向上趋于一致。就控制群体中的成员在书面记录估计实际出现的错误而言,这个发现的意义就变得非常清楚了。

2. 与此同时,多数派的影响力还远远没有结束。尽管面临多数派的压力,关键群体的大多数估计(68%)是正确的。

3. 我们发现了极端的个体差异的证据。关键群体中的一些实验对象无例外地保持了独立,而另一些人几乎始终与多数派站在一起。(最大的可能错误数是12个,实际的错误范围为0~11)。1/4的关键实验对象是完全独立的。在另一个极端,1/3的群体成员在实验进行到一半多时已经倾向于多数派的意见。

关键实验对象对特定条件作出的反应差异同样令人惊诧。有的实验对象在整个过程中始终绝对自信。在另一个极端,有的人变得迷惑、怀疑,有一种强烈的不与多数派保持差距的冲动。

表1　　　　　　　　标准线与对比线的长度

实验	标准线的长度（英寸）	对比线的长度（英寸） 1	2	3	正确回答	群体回答	大多数的错误（英寸）
1	10	8¾	10	8	2	2	—
2	2	2	1	1½	1	1	—
3	3	3¾	4¼	3	3	1*	+3/4
4	5	5	4	6½	2*	—1.0
5	4	3	5	4	3	3	—
6	3	3¾	4¼	3	5	2*	+1¼
7	8	6¼	8	6¾	3	3*	—1¼
8	5	5	4	6½	1	3*	+1½
9	8	6¼	8	6¾	2	1*	—1¾

续表

实验	标准线的长度（英寸）	对比线的长度（英寸） 1	2	3	正确回答	群体回答	大多数的错误（英寸）
10	10	8¾	10	8	2	2	—
11	2	2	1	1½	1	1	—
12	3	3¾	4¼	3	3	1*	+3/4
13	5	5	4	6½	1	2*	−1.0
14	4	3	5	4	3	3	—
15	3	3¾	4¼	3	3	2*	+1¼
16	8	6¼	8	6¾	2	3*	+1¼
17	5	5	4	6½	1	3*	+1½
18	8	6¼	8	6¾	2	1*	−1¾

＊标星号的数字表示了由多数派做出的错误估计。

对个体差异的第一次分析

在前面所描述的面谈数据基础上，我们对实验情形的主要反应形式进行了区分和描述，现在我们做一简单概括：

在保持独立的实验对象中，我们把他们分成以下几个主要类型：

1. 独立是建立在对其知觉和经验的自信之上。这些实验对象最惊人的特征是他们与群体站在对立面的气魄。尽管他们对群体很敏感，但在与群体相处时表现出一种韧性。这种韧性表现为他们对其知觉的持续依靠以及他们摆脱难熬的与群体对立的有效性。

2. 那些既独立又退缩的实验对象是非常不同的。这些人不是以发自情感的方式做出反应，而是根据作为一个人必须考虑的原则行事。

3. 第三组独立的实验对象相当紧张和怀疑，但是他们坚持判断只是因为感到必须完成这项任务。

下面我们把屈从的实验对象或是在试验过程中大半时间与多数派保持一致的人分为几种反应形式：

1. 在群体压力下的感知扭曲。只有非常少数的实验对象属于这一类型。他们完全屈从于群体，却不知他们的估计被多数派置换或扭曲了。这些实验对象报告说，他们感觉多数派的估计是正确的。

2. 判断的扭曲。大多数屈从的实验对象都属于这种类型。这个群体最重要的一点是,他们确定自己的感知是不正确的,而多数派的感知是正确的。这些实验对象深受根本上怀疑和缺乏自信之苦,正因为如此,他们有着要加入多数派的强烈倾向。

3. 行动的扭曲。该群体中的对象所苦恼的既非对感知的修正,也非认定自己是错误的。他们屈从于群体,是因为他们绝对不允许自己产生与众不同或比别人差的印象,或由于无法忍受在群体眼中有缺陷的形象。这些实验对象很清楚自己在做些什么,他们隐藏了自己的观察而去表达多数派的立场。

这些结果足以证明独立和屈从在心理上是不同的,屈服于群体压力(和逃避压力)可能是由不同的心理状况所致。但还必须注意到,完全建立在对象对试验条件反应基础上的上述各种类型,都是描述性的,而非用它来解释为什么某一个人以这种方式而不是另一种方式做出反应。对个体差异的基础的进一步探索是我们现在正在进行的另一项独立任务。

试验的变更

所描述的结果明显是由两种截然不同状况的共同作用所致。它们首先取决于特定的外部条件,取决于社会证据与自己个人经验之间的关系。其次,明显个人差异的存在显示了个人因素,以及与个人特征结构相关的因素的重要作用。我们可以推理,存在着使所有实验对象都保持独立的群体条件,也有可能存在诱使人们在许多方面(尽管不是在所有方面)做出巨大让步的群体条件。相应地,我们遵循了试验变更的程序,通过采用对群体条件系统变更的手段系统地改变了社会证据的质量。

一致性多数派的效应

从这个基本试验得到的证据表明,单独面对一个"紧密团结的群体"的反对,可能在决定观察结果的过程及其强度中起了决定性的作用。由此,我们进一步调查了一致性群体效应的一系列连续变化。改变群体一致性的技术问题,从程序上讲相对简单。在大多数情况下,我们仅仅指示受指导的群体中的某个或多个成员以规定的方式从多数派中分离出来。显然,我们不希望在假定他们自始至终保持独立的前提下,对同一个人在两种不同情景下的绩效进行比较。我们可以至多调查前一种状况相对于后一种试验状况下的效应。下面是我们研究到的几种变化:

1. 一个真正"同伙"的出现。(a)在这个多数派群体中间有两个某次来做实验的关键对象。这两个人被远远地分隔开,一个坐在第4排,另一个坐在第8排。因此,坐在前面的人每次都听到他的判断得到后面那个人的肯定(前提是另一个人保持独立);一个人先宣布,然后另一个人随后宣布他的判断。此外,每个人都经历了一次对多数人一致性的破坏。有6对这样的关键实验对象。(b)在进一步的变化中,关键实验对象的"同伙"是群体中的一个人,这个人接受指示在试验全过程中都正确地回答。这个程序允许对此同伙的回答进行精确控制,他始终坐在第4排,所以他每次在关键实验对象回答之前宣布他的估计。

其结果明显地显示出群体一致性的破坏会巨大地提高关键实验对象的独立性。与群体一致的错误频率下降到了占变化(a)中估计总量的10.4%,占变化(b)中的5.5%。这些结果与在基本试验中屈从于一致多数派的频率相比,是估计总量的32%。显然,只要有一个人在现场回答正确,就足以削弱多数派的力量,在某些情况下甚至会摧毁它。即使在其他的变化中,这个发现也是最惊人的。其他的变化显示了少数派一致时产生的效应。实际上,我们能够显示出3个人组成的一致多数,在一定条件下,比由8个人组成但其中包括一个异议者的多数派要有效得多。那些关键实验对象在这样的情景下,将脱离7个人的多数派而加入只有另一个人的少数派。我们相信,这是一个非常具有理论意义的结果。它表明了单独一个人与拥有极少数人支持环境间的基本心理差别。它进一步显示了所获得的这种效应不是每一个群体成员影响的累积结果,而必须设想为是由关系决定的结果。

2. 一个"真正同伙"的背叛。为关键实验对象提供一个先回答正确然后再反悔的同伙,将会产生什么影响?这个关键实验对象先与那个正确回答的同伙在一起。这个同伙是多数派的成员之一,接受指令要正确回答并在试验中间"抛弃"多数派。这个程序观察了同一个对象从一种状态向另一种状态转变的过程。同伙的背叛产生了强烈且意想不到的结果。我们曾设想,在整个试验过程中与多数派相左,只得到极少数人支持的这个关键实验对象,即使只有独自一人了,仍会维持他的独立性。但与这种期盼相反,我们发现,拥有同伙、然后失去该同伙的经历会恢复多数派对所有成员的影响力;与原来的水平5.5%相比,所有判断中错误判断的比率上升到了28.5%。这个关键实验对象究竟是纯粹因为感到孤独了还是因为被同伙抛弃了才做出如此反应,需要进一步的试验来确定。

3. 很迟才出现"真正同伙"。关键实验对象开始时在一致多数派中处于只有一个人的少数派地位。随着试验临近尾声,多数派中的一名成员"脱离"

了多数派,并宣布正确的估计。这个程序与先前那个试验的秩序相反,可以观察到从单独一个人转变到与多数派相对立的两个人中的一个。显然那些在孤单时保持独立的关键实验对象,即使加入了另一个同伙,也还仍然这样。因此,这个变化对于那些在试验开始阶段就屈服的实验对象具有最基本的意义。迟来的同伙的出现产生了一种摆脱效应,使错误率降低到了8.7%。那些原先屈从的人也开始变得更独立了,但还不完全独立,继续比原先独立的对象更容易屈服。对这些对象的报告并没有提供哪些因素决定了这样的结果。我们的印象是一个人一旦选择了屈从,要改变其方向就很难而且很痛苦。这样做等于是向公众承认他做错了。因此他会遵循他已经选定了的不确定途径,以维持一种前后一致和自信的外表形象。

4. "妥协同伙"的出现。多数派表现出极端性,总是把标准线与那条最不相等的线相配。一个接受指令的对象(作为另一种变化,坐在关键实验对象之前)同样错误地做出回答,但是他的估计总是介于真实和多数派意见之间。这位关键实验对象因此面临着极端性多数派,但其一致性被一个犯中等错误的人所打破。在这样的情形下,错误的频率降低了,但幅度并不大。不过,缺乏一致性以一种令人惊奇的一贯方式决定了错误的方向。在错误占绝大多数时,占据总量的75.7%,还属中等水平;而在多数派都一致极端("妥协"同伙除外)的相类似试验中,中等错误的发生率减少到了总量的42%。正如可以预料的,在一个一致的中等多数派中,关键实验对象的错误毫无例外也是中等的。

多数派规模的作用

为了进一步了解多数派效应,我们以7种方式使多数派的人数规模发生变化。每个案例中一致的多数派分别由16、8、4、3和2人组成。此外,我们研究了一些个别案例,其中关键实验对象受到接受指令的一个实验对象的反对。

随着反对者减少到一个人,多数派效应全然消失了。当反对者增加到两人的群体,它会导致可度量但微小的扭曲,错误率占估计总量的12.8%。3个人的多数派效应最大。而更大的多数派,如4个人、8个人、16个人,所产生的效应并不比3个人的多数群体大。

多数派效应经常是无声无息地、潜移默化地对实验对象产生影响,常常试验也难以预料。为考察该效应能够发挥作用的范围,试验条件的决定性变化是必要的。一个效应是通过遵循基本试验的条件简单地做个相反的变化来显示的。在此,群体非常单纯,我们在其中安排了一个根据指令总是回答错误的人。在这种条件下,16位首次参加试验者组成的多数派成员用讽刺和蔑视的态度对待这个孤独的异议者。有传染力的大笑声对准了群体中这位尴尬的单独成员。有意义的是,这些成员没有意识到他们从人多势众中得到了力量,如果他们个别面对异议者,那么他们的反应会有巨大的改变。事实上,只要少数派增加到3个人,多数派嘲笑的态度就会转为严肃,增加对他们的尊重。这些观察显示了作为权力和稳定性来源的社会支持的作用,这与以前强调社会支持退出效应,或更精确地说,社会反对效应的调研正好相反。在表达群体条件对判断的一致形成及其变化的效应时,必须要明确考虑这两个方面。

情景刺激的作用

显然,不可能把群体力量与个体在特定的情景刺激条件下作用的质量与其过程分开。情景的结构必然地塑造了群体的力量,决定了群体的方向和力量。事实上,这也是我们为什么在上述的调查中煞费苦心地把个体与群体间的基础和根本的事实作为中心问题。毫无异议,结果性的反应就是直接产生了一种在客观掌握了的关系与多数派地位间矛盾的作用。

我们还系统地改变了任务的结构清晰度,包括基于心理标准的各种不同判断中的清晰度。与其他调查人员一致,我们发现多数派效应随着情景清晰度的降低而越来越强大。但与此同时,实验对象的混乱与情景的冲突质量都会显著下降。我们认为很重要的是,当多数派毫无痛苦地行动时,它就获得了最理想的效应。

小 结

我们调查了个体在多数派意见看上去与事实相反时所受的多数派意见的影响。通过一种简单的技术,我们在多数派和少数派之间制造了巨大的分歧,并观察了个体处理这一困难的方式。尽管处于给定条件的压力下,许多人在整个过程中却始终保持其独立性。但同时,有许多少数派屈从了,并根据多数派的意见修正了他们的判断。独立和屈从都是以下几个主要因素共同作用的结果:(1)刺激情景的特征。结构清晰度的变化有着决定性影响:随着刺激环境清晰度的降低,多数派效应就会增加。(2)群体力量的特征。个体对群体反对意见的结构质量高度敏感。我们特别显示了一致性这个要素的极大重要性。多数派效应也是群体反对意见的一个作用。(3)个体的特征。在同样的试验情景下,个体出现大量的和实际的、令人惊讶的差异。我们对此所提出的假设是,这些因素发挥作用取决于其相对持久的特征差异,尤其是那些从属于个人的社会关系的特征。

参考文献

Asch, S. E. Studies in the principles of judgments and attitudes: II. Determination of judgments by group and by ego-standards. *J. Soc. Psychol.*, 1940, 12,433—465.

——. The doctrine of suggestion, prestige and imitation in social psychology. *Psychol. Rev.*, 1948,55,250—276.

Asch, S. E., Block, H., and Hertzman, M. Studies in the principles of judgments and attitudes. I. Two Basic principles of judgment. *J. Psychol.*, 1938, 5, 219—251.

Coffin, E. E. Some conditions of suggestion and suggestibility: A study of certain attitudinal and situational factors influencing the process of suggestion. *Psychol. Monogr.*, 1941,53, No. 4.

Lewis, H. B. Studies in the principles of judgments and attitudes: IV. The operation of prestige suggestion. *J. soc. Psychol.*, 1941,14,229—256.

Lorge, I. Prestige, suggestion, and attitudes. *J. soc. Psychol.*, 1936,7, 386—402.

Miller, N. E. and Dollard, J. *Social Learning and Imitation.* New Haven: Yale University Press, 1941.

Moore, H. T. The comparative influence of majority and expert opinion. *Amer. J. Psychol.*, 1921,32,16—20.

Sherif, M. A study of some social factors in perception. *Arch. Psychol.*, N. Y. 1935, No. 187.

Thorndike, E. L. *The Psychology of Wants, Interests and Attitudes.* New York: D. Appleton-Century Company, Inc. 1935.

26 长壁采煤法的某些社会和心理后果:在有关社会结构及工作系统的技术内涵的工作群体中对心理情境和防卫的检验*

埃里克 L. 特里斯特,肯尼斯·W. 巴夫斯[1]

引言:最近的创新性观点

由于煤矿行业的国有化,采煤一线工作组织的许多创新,都是以分散和较为谨慎的方式出现的。在过去的两年中,有许多人研究了这些变化过程。尽管每个创新各有特点,但他们都有提高生产率的共同效果,至少在某种程度上,这种提高有时达到了通常由最好的员工在传统的工作条件下运用相应设备所能达到的最好水平。这些带来了煤矿工人社会生活质量的显著改变。群体显示出更大的团结性,个人获得了更大的满意度。员工的生病和缺勤也都减少了。

---

* 来源:"Some Social and Psychological Consequences of the Longwall Method of Coal-Getting" by E. L. Trist and K. W. Bamforth in *Human Relations*, 4 (1951). Reprinted by permission of Sage Publications. 本研究报告是塔维斯托克人际关系学院从事的更大研究项目的一部分,关注的是提高工业中开发的新社会技术"信息扩散"有效性的可能条件。该项目由英国政府科学顾问下属的枢密院大臣设立的工业生产率委员会人力因素小组发起的,并接受英国医学研究理事会的管理。但文责自负,文中的内容与上述任何团体都无关。本文是经英国国家煤炭委员会医药研究分委员会讨论的缩写本。

〔1〕因巴夫斯先生本人曾经是个矿工,在采煤面工作了18年,所以从事本项研究所必需的实地工作得以减少。

在以后的描述中,长壁法将被认为是这样一种技术系统:它富有大规模生产工程的大好前景,是一种在使用中制度化了的职业角色构成的社会结构。假定这些技术和社会的互动模式被作为对采掘面工人的生活空间具有心理影响的力量而存在,这些煤矿工人必须在他们所组成的系统中担当一种角色、执行一项任务或者放弃在采煤面的工作。他的贡献源自他在执行这些任务和担当这些角色中的态度和关系的本质和质量。这些力量和他们的效果同时也构成了所要研究的心理—社会内容。

机械化前平衡的特点及其纷乱的本质

1. 手工系统和以对为基础的工作群体的自主负责

与机械化前的平衡相关的社会模式,其突出特点是强调了采煤面小群体组织的责任性的自主。这些群体是由一个或多个人组成的、互相依靠的工作对子。通常情况是,一个采煤者和一个同伴组成一对。这两个矿工与煤矿管理者签订合同,然后在一个小推车工的帮助下自己的撑子面上工作。这种工作单元在许多工程布局中都能良好运作,无论是推进还是后撤,也不管是渐进还是直接开采。如果3个或4个矿工和随同他们的煤车能一起运作良好,这种对子的人数有时会扩展到7个或8个人。[1]

这种类型的主要工作组织具有将完整采煤任务的责任公平地分配在一个单独的、小的和面对面的群体肩上的优点。这种小群体要经历全体成员范围内的整个运作周期。对于每个参与者来说,任务具有总体的重要性和动态的封闭性。尽管合约是以采煤工的名义签订的,但是被认为是共同的任务。领导和"监管"都是群体内部的事情,都具有自主负责的特征。这些群体的自我管制能力是工作任务整体上的一种功能,这样的联系体现在他们的合约地位中。一个整体具有作为一个独立小分队的权力,而一个小分队需要外部的控制。

在这些以对为基础的单元中,包含着所有的煤矿开采技能;每个矿工都是多面手,通常能够取代他的同伴。尽管设施是简单的,但是他的工作是多样的。他们的效率和安全取决于他们"在地下工作的技能",而这些技能几乎完全是由个人所控制的。他具有工艺上的自豪感和工匠的独立性。这些品质消

---

[1] 手工系统方法包括很多做法,但对这个问题的讨论超出了本研究的范畴。

除了处境上的困难,有助于自主负责。

对工作同伴的选择成为了关键问题。从社会关系来说,这样的选择是他们在现实情境的所有压力和长期的相互了解下由自己做出的,因而容易形成经常持续多年的稳定关系。一个人如果受伤或被压死,通常他的同伴会照顾他的家庭。这种工作关系往往被亲属纽带所强化,契约制度和小群体的关系在家庭和职业间维持一种紧密而又自发的联系,避免了将一个人与另一个人强行捆绑在一起。在分离的煤矿社区中,亲属关系和职业间的联系可以是强制性的,也可以是支持性的;面对这种危险,选择"异族结婚"成为抵御这种危险的一种保障。但面对过于情感化的关系,更有可能建立起非亲属同事之间的关系,亲属壁垒反过来又成了一种保障……

2. 小群体对地下环境的适应性

这些成对的群体能在很短的煤层断面上连续地工作,在每个班次结束时,可以在任何地点结束工作。在地下工作的环境下,这种工作进度上的灵活性具有特别的优势,比如,遇到恶劣矿状时,一系列矿井中的采煤过程可以根据这些恶劣矿状的不均匀分布情况相应地开展。这种恶劣矿状会沿着一条缝隙在一处或另一处同时发生。即使在好的矿状下,这些群体可以自由设置其目标,因此可以根据有关个人的年龄和精力对希望的产量水平进行调整。

在地下环境中,必须面对黑暗中存在的外在危险。黑暗也会导致内在的危险。与其他人分担这双重威胁所引起的焦虑,这样的需要是不言自明的。由于有效沟通的范围非常有限,其他人必须立即出现在身边,因此他们的数量是有限的。这些情境显示了地下的工人强烈需要成为小基本群体的成员。

地下环境的第二个特点是独自活动的广泛分布,因为工作区域广大而分散。即使在同一矿坑工作,手工制的小群体也是相互分离的;群体的分离和个人的分离一样,也被黑暗强化了。在这些情况下,从工厂的角度对小群体之外的任何个人都不可能进行连续的监管。

能够自主负责并根据不断变化的工作情境改变工作进度的小群体,显然会成为这种适应地下环境的典型社会结构。可以得到这样的启示:从具有这些特征的群体中可以发现从一代代经验演变而来的传统工作系统。

3. 大的未差异化集体性的反向平衡

建立在成对关系上的小群体组织心理学上的不足引出了一些意义深远的

问题,这些问题直到最近才在群体动力学中加以研究。这种关系的自闭特征很难使这类群体在具有更大社会重要性的细分化结构中有效地结合在一起,尽管这种无能在一个具有简单大众特征的更大集体中并不能保持。

在前机械化模式下,以对为基础的群体和大的相对非差异化的集体由一个互相关联的动态系统构成,这个系统保证和维持了社会平衡。前者具有强烈的互惠性,具有个人和家庭的意义;后者具有广泛的同一性,具有社会和阶级的相关性,两者是互相支持的。通过依靠煤坑统一集体的保证,采煤小组可以承担自主的责任。

困难的产生大多来自于不同对子和小组间的竞争和冲突……所有这些被认为是系统的一部分。

小组内部的冲突提供了一个使小群体所依赖的保存完好的忠诚受到侵犯的通道。在大群体中,这种侵犯是以同业工会抵制的方式出现的。如果斗争是激烈的,它至少是直接的和可以了解的。这并不是一种阴险的你死我活、对相关的东西一点也不考虑的斗争——就如转变为"长壁"后哈利戴所描述的"道德沦丧"。这种系统作为一个整体含有坏的一面,但并不破坏好的一面,尽管工作困难重重、奖励极少、社会气候不时动荡甚至狂暴,也要平衡保持。

4. 中间组织的机械化和问题

随着挖煤机和机械传送机的到来,采煤技术上的复杂程度上升到一个不同的层次,机械化使得在单个长断面上工作取代在一系列短断面上工作成为可能……

与机械化的复杂性相关的特征和主要生产单元的大规模特征,产生了这样的一个情境:不可能开发出一种作为技术系统的方法,而这种方法又不会带来与手工系统截然不同的工作关系结构。由技术熟练的人和同伴组成并受一个或更多劳工辅助的这种结对的工匠类型,并不是这种工作群体类型所需的模型。一个小工厂部门需要具有更大规模的和差异化更复杂的单元。中间社会规模的结构因此出现了。长壁生产单元中的工作关系形成了基本的模式,成为40~50个工人、爆破手以及"轮班"安全员组成的群体,轮流对煤坑的管理负责。只有与这总体的全过程群体发生关系,不同的较小亚群体才能保证功能和获得社会形式……

这种新系统集中于中间社会规模的差异化结构之中,它扰乱了已存在于非常小和非常大的传统群体间的简单平衡,损害了自主负责任的质量。长壁系统的技术需求带来的心理学和社会学问题就是与行业中经验最少并与其传统相对应的那些东西……

5. 对困难的本质缺乏认同

听过老煤矿工人叙述他们所经历过的转变为长壁工作方法的人,都会被他们心中所保留的对过去的怀念以及对现在的悲观失望以至于愤怒所打动。对于那些冷静的工人来说,这些谈话就像他们不时熟悉的警报声一样。那些有死而复生经验的人将此看成好像是死后余生者所表达的感觉一样。

井下环境中大规模生产的压力

1. 差的工作情境和差的工作的相互关系

分工化的、刚性的连续工作系统,是工厂的基本特点……这种系统是通过大规模生产线的方式多班次处理大量材料而组织起来的。事实上,根本不可能为工厂中这种理所当然的工作建立起一成不变的工作背景。煤矿工人会遇到大量的、不利的和经常改变的环境条件,其中许多因素不可预测。其他一些因素尽管可以预测,但却不可改变。

2. 全过程控制的进度使用

……由于黑暗和工作的分散性特征,就近监管是不可能的。不管工作环境多么差,完成差的工作的责任还是要由煤矿工人自己负责。但是,有一些,特别是职业性次群体的自主责任性已被长壁法破坏。这样的问题接连不断地出现。

结果是,管理人员抱怨缺乏工人的支持,工人们被认为是只关心自己的工作,不愿担当更多的全过程责任。工人们则抱怨他们被管理人员驱使和哄骗,他们就像外人一样。

全过程控制的过度使用会产生一种愤怒的群体"文化",同时导致管理人员和工人串通一气进行可疑的讨价还价。这样便产生了交替的向上和向下的紧张。当井下管理员办公室获得有关填料者不愿在一个或更多煤矿断面填料的消息时,就会迸发出一阵"大骂"。

3. 低生产率的标准

在煤矿工人所有的工作中,同时存在两个显著的任务;那些属于生产全过程的东西通常在某种程度上在第二次活动的背景上进行,第二种活动是为了消除地下环境产生的实际的或威胁性的干扰。

……全过程停止的危机和代理角色的压力只是建立低生产率标准的一个更宽泛情景的信号。作为在地下随机情境中唯一处理复杂的、刚性的和大规模工作系统的可用方法,低生产率的标准几乎完全借鉴了适合截然不同的工厂情境的工程文化……

四、填班次的特殊情境

1. 孤立的依靠性

回填班次人员间的关系缺乏功能性的互相依靠,这是由于在全部班次所执行的20个同样的任务中缺乏角色差异……

在撑子面准备和传送中引入机械化方法的同时保留手工回填方式,不仅将回填工和他从前共同执行整个采煤任务的人分开,而且使他成为大集体的一员。这个大集体由准备工人组成的相同小群体提供服务。通过取代了实际现存的同伴——这个同伴原先作为一个互相依靠的对子的第二个成员只属于他,他获得了一个必须与其他19人共同组成的"缺席群体"……

他所依靠的这个缺席的、内部不联系的群体,对回填者作为单个人存在的功能缺乏认识。从范围广泛的社区、工作以及在准备和回填班次(因按照时间表安排而产生)间存在的分离来看,实际认识也是非常少的……

2. 非等同情境下具有同样定额的不平等的人

正如所见到的那样,回填者在面对他们可能遇到的坏工作情境和他们所依靠的准备工人所造成的坏工作的不同影响范围时,并没有任何保证关系。那些面对这些不平等情境的人本身就是不平等的;但是他们要清除的采煤面的长度却是同样的……

某些类型的坏工作情境的局部来临,如采煤面的晃动,是可以预测的……

焦虑因此而逐渐累积起来……对于其他班次留下的差工作,回填者处于永远不知道能发现些什么的情境,由此产生了第二次焦虑,这会导致慢性的无常和愤怒。这两种情况无疑会普遍造成有关员工心理和生理以及类似的神经紊乱的发生。

当人们经历这种情景的所有重累时,压力增加的程度只是在治疗关系上被人们探讨过。但是许多情形是由班次上的神经性事件所引发的——矿工极度沉默地坐在煤层长长的断面上、激烈狂暴地采着煤,或者惊慌失措地离开撑子面。在孤立无援的情境中,个人的资源和对个人的要求是不平等的,个体势必建立起保护性的防卫,这些防卫措施被精心设计而且为群体所共享。本文将说明群体的主要防卫模式。这些防卫措施是反应性的而不是适应性的,因此其有效性是不全面的。但缺少这些防卫措施,长壁中的生活对几乎所有的人将变得不可忍受,除了那些自我调节水平特别高的人。

群体防卫的四种类型

1. 非正式组织

回填工在自己群体中功能上的孤立,使他"正式"地与"煤"单独地呆在一起。为了应对功能性的孤立,需要发展一种非正式的小群体组织。在这种小群体组织中,互相帮助的私人安排发生在相邻的两个、三个或四个人中,但是这些独自的个人间安排是不可靠的,并容易控制反社会的、竞争性的以及相互保护的结果。大量孤立者被留到以后使用,整个撑子面群体除了防卫外,没有能力作为具有社会负责的整体而行动,因为在非正式小群体之外不存在个人的忠诚。这反过来就不会有负责任的自主;组织化的、相互义务的缺失意味着不存在法定的群体任务,每一个人最终只坚持对他自己清扫的那一段面的工作负责。内部的"争吵"更容易打破非正式的"结盟",其士气倾向于形成派系的类型……

由此看来,孤立者,要么是不愿与人同甘共苦的个人主义者,要么是其他人不愿与之共事的名誉较差的人。这些人可能是没有责任心的人,他们不愿在班次结束时帮助别人;或者是经常缺勤的人,或者是没有学会在差的情境下照顾好像自己这样无助的人。还有一些人精力不够(或者是年龄大、生病或者神经衰弱),或者是经常不能完成任务的人,他们被推出了非正式群体。

所以,非正式的群体组织只能在很小的范围内才满足回填者在自己的班组中获得安全角色的需要。从他对其他两个班组人员业绩的依赖程度看,他比其他任何职业班组的人对这种基础的需要更大,尽管他可利用的资源较少。

2. 反应性个人主义

假如他所在的小群体越来越糟,回填者将依靠自己,反对他人。第二种防止孤立的防卫是发展反应性的个人主义,从而个人隐私易于得到保护。在他所在班组的同伴之间,存在着为了获得较好的位置——避免那些"有较长的路要爬"的中间位置,以及为了获得条件更好可向上爬的工作而进行的相互竞争。

正如作家们描述的,在一些煤矿工人的脸上普遍充满着将死的恐惧,派到"差位"工作的人特别如此。工人们在反对代理人和彼此争斗中采用的欺骗和阴谋所产生的罪恶,使代理人很容易变为一个迫害者。为了反对代理人,地下情境中范围的优势得到了利用,例如,对离开煤坑的时间或对已送出的煤的度量(放到传送机上煤的数量)进行有限的小欺骗。然而,工人们也会与代理人结成联盟来互相作对,通常采用很好的借口——不使同事缺勤,从而将更多的工作扔给其他人。

至于外部群体,贿赂其他班组的成员以获得自己那一工作上的"好处"的做法,都被几个被调查的人提到了。给挖煤工香烟;除粉工人在星期日站在一起喝啤酒。这些事情通常被认为是一种事态征兆,而不是他们中间的普遍现象。

防卫性个人主义的效果是减少了较大煤坑集体对安全的确认感觉,而这正是较早的平衡所依据的第二种原则……

竞争、阴谋、不主张试验、不愿保守个人秘密都是一种模式的组成部分。不管个人的愿望如何,由于矿工工作的社会结构不把他们当作使互相依赖合法化的任何群体中的成员,他们在压力下会感到都是一心为了自己。从这个方面说,反应性个人主义对回填班组的社会结构做出了一个基本解释,它也是唯一公认的行为形式。

3. 互为替罪羊

回填工几乎从未看到下个班次的人,这种不接触便给不负责任地互找替罪羊留下了充分的空间。当危机发生、回填班不能充填时,"责任"便推给其他班组——反之亦然,如果非组织性在其他地方发生。通常,责任也会推给代理人,怪罪他没有找到替代者;还会将责任推给修理工,怪他们太老、跟不上工作节奏。

这样将责任再推回给回填工是无助于事的。由于他们不是以负责任的整体存在,因此作为一个群体,他们不会受到责备;而回填工个人则通常推卸自己的责任。由于坏的工作情境和差的工作结果如此紧密地互为因果,因而通常很难谴责特定的个人。互找替罪羊是一种永存的方法,但它不能解决任何事情,没有人有负罪感。对于所有利用这种方法的人,它是一种防卫,它使他们每一个人对"群体心态"做出了"无名的贡献"。"群体心态"既破坏了全过程生产的目标,又破坏了个人对成为满意的工作群体成员的需要。至于这种方法获得了什么,那就是所有的人互相攻击。在这场无形的战争中,没有人受伤,但是所有人遭难。

这种防卫也可以看作是一种恢复支持性联合体"反戈一击"式的企图;而这种联合体是通过与反应性个人主义并存的一种方式消失的。对于所有一起在"差的情境"中的人来说,它至少是一种团结一致的方式……

由于这是一种求生的方式,这种方式也不能说就是完全坏的。而且,在充满压力的情况下,这种生存方式不管对工资还是对群体处境都是好的。但是这种"好处"带来的利益并没有在群体的活动中实现。他们置身于工作系统之外,而该系统是作为一种达到外部目的的手段而被容忍,而不是作为一种依靠其提供的内部满意而值得全心全意追求的目的本身而被接受……

4. 自我补偿的逃避主义

撤退是防卫的第四种方式,是对互找替罪羊的补充,逃避主义被认为是这种模式中被认可的社会技巧……

当工作面的情况恶化时,特别是当它可预测时,回填者的逃避主义有时就会发展到这样的程度:剩下的人必须在井下多呆两个或三个小时以便去清理工作面。如果这样的情境在一天多或两天多的时间内重复,那些来上班的人在工作之前通常就会聚集在煤坑顶部的浴室里。如果来的人数不多,所有的人都会回家休息。

尽管这种自我补偿型的逃避主义是对系统的一种愤怒的抵抗,感到是对人的一种迫害,但它部分地也是个人延长其在煤矿工作时间的一种企图。如果没有偶尔的缺勤,煤矿工人就会感觉他不久将不能继续工作。由于撑子面工人、修理工、拉运工或地面工人间工资和地位上存在巨大差异,在决定普通面工人的行为上,维持尽可能长地在煤层工作的目标似乎可以作为一种强大的激励力量而实施……

这和其他三种已经讨论过的防卫方式在形成工作群体文化上[1]发挥了一种动态的互相关联的作用,尽管这种模式存在的强度变化较大,有些时期存在群体氛围的撑子面也不受这些影响。然而,那里也容易成为"不可共患难的"撑子面。

危险在于,在差的系统中工作的习惯得到的补偿是使那些有关的人将其自身及其群体中太多的"坏东西"留在了系统之中。然后,通过所做的事情把危险和这些坏东西联系在一起,尽管他们对此很痛恨。它也有缺点,他们自己的痛恨就是他们对这个系统的痛恨——通常存在一种固执地拒绝承认工作中的预测,一点也不比治疗小组中的少。坏的群体氛围的撑子面,其特点是与所有事态相关的保护性的共谋。在那些方式更不完善、强度更小的群体中的人,更加独立的关键性态度和更现实的态度完全相反。

参考文献

Halliday, J. L. *Psychosocial Medicine: A Study of the Sick Society*. Heinemann, London, 1949.

Bion, W. R. "Experiences in Groups, Ⅲ," *Human Relations*, Vol. Ⅱ, No. 1, January, 1949, pp. 13—22.

---

[1] "文化"的概念作为一种心理—社会术语,是从结构化决定环境中的群体演化而来的,特里斯特在"文化作为心理—社会过程"一文中对这种群体进行了描述,并把这篇论文提交给了英国人类和考古学协会 H 分会于 1950 年举办的伯明翰会议"文化概念"研讨会。其中的观点得到库勒和特里斯特进一步的发展,参见 Curle and Trist, "Transitional Communities and Social Reconnection," *Human relations*, Vol. 1, No. 1, pp. 42—68, and No. 2, pp. 240—288;同样的观点可见 Ruesch, "Experiments in Psychotherapy, II: Individual Social Techniques," *The Journal of Social Psychology*, 1949, 29, 3—28; and Ruesch and Bateson, "Structure and Process in Social Relations," *Psychiatry*, 1949, Vol. Ⅻ, 2, pp. 105—124.

27 官僚制结构和个性[*]

罗伯特・K. 默顿

官僚制的结构

正式组织的理想类型是官僚结构。马克斯・韦伯[1]在许多方面对官僚制进行了经典分析。如韦伯所指出,官僚制涉及对整体活动的清晰划分,这些整体活动被认为是办公室里固有的职责。一个分工的控制和赏罚系统是通过管制的方式来表述的。角色的分配是按照技术资格进行的,而这些技术资格是通过正式的、非个人的程序确认的(如考试)。在分级的权威结构中,"训练有素的、领取薪俸的专家"的活动由总体的、抽象的和清楚表明的规则所控制,从而没有必要对每一个特定情形发布特定指示。规则的一般性需要加以不断的分类,个人问题和案例就可以由此按照指定的标准分类相应地处理。纯粹的官僚制官员或者是通过上级或者通过非个人竞争而任命的,但不是选出来的。对官僚制中灵活性的度量是通过选举更高级官员所取得的,这些官员预先表达了选民(如一批公民或者董事们)的愿望。选举更高级官员的目的是为

---

[*] 来源:Reprinted with permission of The Free Press, a Division of Simon & Schuster, from *Social Theory and Social Structure*, revised and enlarged edition, by Robert K. Merton. Copyright © 1957 by the Free Press, renewed 1985 by Robert K. Merton.

[1] Max Weber, *Wirtschaft und Gesellschaft* (Tübingen: J. C. B. Mohr, 1922), Pt. Ⅲ, chap. 6, 650—678。有关韦伯观点的简单概述,参见 Talcott Parsons, *The Structure of Social Action*, esp. 506 ff。把官僚机构看作是一种个性类型,而不是讽刺意义的详细描述,参见[德]C. Rabany, "Les types sociaux: le fonctionnaire," *Revue Générale d'administration* 88(1907), 5—28。

了影响组织的意图,但是获得这些结果的技术性程序是通过连续的官僚制人事安排进行的。[1]

在缺乏可能减少影响组织规模的干扰因素的情况下,官僚制意味着可望长期任职。官僚制将职业的安全性最大化了。[2] 任期、薪水、工资增加和升迁的规范性程序的安全功能,保证了官员职责的专心表现,[3] 而不必关心外部压力。官僚制的主要优点是其技术效率,以及对精确性、速度、专家控制、连续性、慎重决定和投入最优产出的鼓励。这种结构完全消除了个性化的人际交往和非理性的考虑(敌对、焦虑、情感困惑等)。

随着官僚化的不断增强,所有的人对此习以为常。他们看到,人在很大程度上是由与生产设备相关的社会关系控制的。这不再被认为仅仅是一种马克思主义的原则,而是一个应该被所有人认识的一个棘手事实,它与意识形态上的信念完全无关。官僚化正从先前的暗淡和模糊不清逐步变得清晰。越来越多的人发现了这一点,他们必须参与到这个过程。为此,人们必须具有工具和设备。只有在私营的或公营的官僚机构中,这些工具和设备才能不断地获得。因此,为了获得为生活而谋生的手段,人们必须受雇于官僚机构。从这个意义上,官僚机构使得个人与生产工具相分离,如在现代资本主义企业或者国家社会主义企业(中世纪的变种)一样,也正如与后封建社会军队中的情况一样,官僚机构与破坏性工具完全分离了。典型的情况是,工人不再占有工具,士兵也不再占有武器。所以在这种意义上,越来越多的人成为工人,或是蓝领或是白领,或者是纯粹的出卖苦力者。比如,科学家从他的技术设备上的"分离",促成了新的科学工作者——不管怎样,物理学家不是通常拥有他的回旋加速器,为了进行他的研究,他必须被具有实验室资源的官僚机构所雇用。

尽管公众会对官僚制的政策进行讨论,但官僚制作为一种行政管理几乎完全没有对它进行过技术上的公开讨论。[4] 这种秘密无论在公共还是私营的官僚机构中都是可以确认的。将有价值的信息从私营经济竞争者或从外国和潜在的敌对政治群体中分离开来,被认为是非常有必要的……

---

[1] Karl Mannheim, *Ideology and Utopia* (New York: Harcourt Brace Jovanovich, 1936), 18n., 105 ff。还可参见 Ramsay Muir, *Peers and Bureaucrats* (London: Constable, 1910), 12—13。

[2] E.G. 卡亨-萨尔瓦多提出官僚机构的人员主要由那些把安全性看作高于一切的人组成。参见[德]E. G. Cahen-Salvador, "La situation matérielle et morale des fonctionnaires," *Revue politique et parlementaire* (1926), 319。

[3] H. J. Laski, "Bureaucracy", *Encyclopedia of the Social Sciences*, 本文主要是从政治学家的角度,而不是从社会学家的角度写的。

[4] Weber, *op. cit.*, 671.

官僚制的副作用

　　转向对官僚制的负面影响进行研究受到了维布伦的"受训的无能"、杜威的"职业性精神失常"概念或沃诺特的"专业性扭曲"观念的影响。受训的无能是指一个人的能力不能得到恰当发挥或处于盲点状态。在已发生变化的环境中，建立在培训和过去已经成功运用过的技巧基础之上的行动，可能导致不恰当的结果。在正在变化着的环境中，应用技巧中不恰当的灵活性会导致或多或少严重的不适当调整……[1]

　　杜威关于职业精神失常的观点依靠的是同样的观察。作为每天日常工作的结果，人们发展出特别的偏好、反感、歧视和重视[2]。(杜威所用的精神失常是指"心智的清晰特征"。)这些精神失常，是通过在其中担当职业角色的特定组织对个人的需求而发展的。

　　由于我们已指出的理由，官僚制结构对官员成为"干练、谨慎、自律"不断施加压力。如果要成功地运作官僚制，就必须获得较高程度的可靠性行为和非同寻常的行动。因此，纪律具有根本上的重要性。与在军队中一样，纪律可以在宗教的或经济的官僚制中得到高度发展。只有当理想模式受到专注于责任的强烈情感的支撑，并对个人权威和能力的有限性有较强的认识以及日常工作中的干练表现，纪律才会有效。社会结构的有效力最终取决于把适当态度和情感灌输给群体的参与者。正如我们将看到的，为了灌输和强化这些情感，官僚制作了明确的安排。

　　现在可以看到，为了保证纪律(必要的反应可靠性)，这些情感通常比技术上所要求的强。因此说，在这些情感对官僚遵守其规定义务所施加的压力上有一条安全临界线，就好像工程师在设计大桥的支架时增加设计余量一样(预防性高估)。但是这种强调会导致情感从组织的目标转向规则所需的特定具体行为。遵守原先被认为是手段的规则，变成了自我终结。有一个相似的目

---

　　[1] 有关这些概念的激烈讨论及应用，参见[美]Kenneth Burke, *Permanence and Change*(New York:New Republic, 1935), pp. 55 ff;[法]Daniel Warnotte, "Bureaucratie et Fonctionnarisme"*Revue de I'Institut de Sociaologie* 17(1937),245。

　　[2] *Ibid*,58—59.

标转移过程,使"工具性价值观变为最终价值观"。[1] 不管情况如何,纪律被渐渐解释为对管制的遵守,不仅被看作是为特定意图设计的手段,而且在官僚的生活组织中成为一种直接的价值观。这种强调源自对原有目标的替代,向刚性和不能随意调整的方向发展。形式主义甚至仪式主义,导致了对正式程序谨小慎微的遵守。[2] 可以这么夸张地说,对规则一致性的最基本关注干扰了组织目标的实现。在这样的情况下,我们就可看到非常熟悉的技术主义或官员的官样文章。目标替换过程的极端产品是对官职的追求,追求官职者不会忘记谨慎行动这一简单的规则,所以不能帮助他的许多顾客……[3]

过度一致的结构性原因

至此,我们已经把生成刚性纪律的情感简单地看成为是已经给出的数据。然而,官僚结构的确定特点可以被看作是产生这些情感的基础。资历、养老金和逐步增加的工资是为了对受过训练的行动和对正式的规定提供激励所设计的。通过在这些方面上提升的组织性手段,官僚在职的时间是按照分级的职业生涯设计的。[4] 官僚被期望并大多将他的观点、感觉和行动与官运亨通相适应。但是正是这些提高一致性的可能手段,同样导致了对严格遵守引发胆怯、保守和技术主义的规则的过分注意。感情从目标向手段的转移被具有巨大标志性意义的手段(规则)所促动。

官僚结构的另外一个特色是产生非常同样的结果。职员有一种与一起工

---

[1] 这个过程可在各种关系中观察到。温特《终极的异化》就是这样的一个例子;马克斯·韦伯《最后的天堂》是另一个例子。还可参见马克尔观察到的国民性转变为文化的过程,以及拉斯维尔评价的"人类通过把他的手段转化为目的的无限能力来区分自己"。见 Merton, "The unanticipated consequences of purposive social action", *American Sociological Review* 1(1936), 894—904。有关涉及到心理学机制,在被称作"动机的功能自主性"讨论中,高登·W·奥尔波特对这个过程作了最充分的分析。奥尔波特修正了先前由伍德沃斯、图尔曼和威廉·斯腾提出的观点,从个人激励的角度陈述了这个过程。他没有考虑导致"动机转变"的社会结构的各个阶段。因此本文采用的观点是对奥尔波特分析的补充:一个强调的是其中涉及到的心理学机制,另一个考虑的则是社会结构的限制。心理学和社会学共同集中于这个中心概念上,意味着它将在这两个学科间搭建一座概念桥梁。参见 Gordon W. Allport, *Personality* (New York: Henry Holt & Co., 1937), chap7。

[2] E. C. Hughes, "Institutional office and the person", *American Journal of Sociology*, 43(1937), 404—413; E. T. Hiller, "Social structure in relation to the person", *Social Forces*, 16(1937), 34—44。

[3] Mannheim, *Ideology and Utopia*, 106。

[4] Mannheim, *Mensch and Gesellshaft*, 32—33。参见 Hughes, *op. cit*, 413.

作的人们共命运的感觉。特别是当提升是按照个人资历进行、没有任何竞争时，他们共享利益。群体内部的进取性减少了，对于官僚结构来说，这样的安排可以说是积极的。然而，在这样的情境中发展起来的团队精神和非正式的社会组织，通常会使他们保护其既得利益，而不是帮助其顾客和选举出来的较高级别的官员……

在一篇令人鼓舞的文章中，休斯将"世俗性"和"神圣性"的观念应用于不同的劳工部门。在我们社会中，等级和特权中的"神圣"与职业差异上不断增加的世俗主义有显著的不同。[1] 然而，正如我们的讨论所指出的，在特定的行业和组织中，他们可以追求神圣化的过程（可以看作与世俗化过程相反）。这就是说，通过情感的形成，对官僚符号和地位的感情依附以及在能力和权威上的感情投入，就形成了包含道德合理的态度的特权；这种特权是作为自己权力中的价值观建立起来的，而不再仅仅被当作加强管理的工具。人们可以注意到某些原先由于技术原因建立起来的官僚标准变得神圣化和刚性化的趋势。[2] 德克汉姆在他对态度和价值观的描述中已经触及了这个一般过程，这些态度和价值观坚持高度分化社会的组织稳定性。

第一与第二的关系

官僚结构的另外一个特色是强调关系的非个性化，这在官僚的受训无能上同样起着部分作用。官僚的个性模式是这种非个性化范式的核心。它和分类趋势都是从总体的、抽象的规则中产生的，容易使官僚在与公众和顾客接触时产生冲突。由于职员使个人关系最小化并采取了分类，因此个人的特性通常被忽视。但是，那些容易理解的顾客知道，其自身问题的特征是与这样的分类处理相背的。墨守成规的行为不适应处理紧急的个人问题。对顾客来说，对具有重大个人意义事件做非个性化的处理，使得官僚有"自大"和"高傲"之嫌。

---

[1] E. C. Hughes, "Personality type and the division of labor", *American Journal of Sociology*, 33(1928), 754—768. 利奥保德·凡维萨和毫沃德·贝克也作了非常相似的区分，参见 Leopole von Wiese and Howard Becher, *Systematic Sociology* (New York: John Wiley & Sons, 1932), 22—25 et passim.

[2] 休斯认识到了这个神圣化过程的一个阶段，他写道：专业培训"在候选人消化一系列专业态度和控制过程中带来的副产品，就是专业良心和团结。专业必须并旨在成为一个道德单位"。见 Hughes, *op. cit.*, 762页。在这一问题上，舒姆纳提出的"痛苦"概念，作为情感光环来保护批评的社会价值，与此特别相关，因为它为神圣化过程中涉及的机制提供了一条线索。见他的 *Folkways*, 180—181。

官僚结构还产生了与公众的其他冲突。官僚，在某种程度上与其在组织层级上的位置无关，都像整个结构的权力和威望的代表那样行事。在他正式的角色上，他有一定的权威。这通常会导致事实上或外表上的极权态度，而这种态度可能会因为他在组织结构中和在公众心目中地位的不一致而被夸大。[1]以顾客的名义，抗议或诉诸于其他官员通常是无效的，或者大多被以前提到的将官员联合在一个多少有点固定性的小群体的团队精神所排斥。由于顾客可以通过改变竞争系统中的交易对象进行有效的抗议，因而私人企业中这种冲突的根源可以被减少到最小。但由于公共企业的垄断性质，就没有这样的替代办法。此外，在这样的情况下，由于理想和现实的差异，产生了紧张状态：政府官员应该是"人民的公仆"，但事实上，他们通常高高在上；而且很难通过转到其他机构获得必要的服务来减少这样的紧张关系。[2]这样的紧张关系部分地是人们混淆了官僚和顾客的地位，与其时处于统治地位的官僚相比，顾客可能认为自己的社会地位高于他们。[3]

……因此，冲突可被看作是不适当态度和关系的产物。官僚结构中的冲突来自于颠倒的情境，也就是说，当用个性化关系取代结构需要的非个性化管理时，才发生这样的冲突。这种类型的冲突有如下特点：

正如我们看到的，官僚制是作为第二类正式群体组织起来的。这种具有社会期望的组织化网络中的正常反应，受到群体成员的有效态度的支持。由于组织是按照非个性化的第二类标准取向的，不遵守这些标准将引起那些认同规则合理性的人的敌意。因此，组织结构中个性代替非个性的办法会受到很多的反对，被认为是渎职、偏袒、裙带关系和多此一举。这些指控清楚表述

---

[1] 在这一问题上，注意考夫卡对鸟的啄食秩序某些特征的相关评论，"如果我们把啄食顺序中排在第一位的鸟，即对鸟王的行为与远远排在倒数第二或第三的鸟的行为作比较，我们就能发现后者对排在它后面为数不多的其他鸟要比前者对待所有其他鸟更残暴。但一旦把倒数第二以上的鸟从小组中迁出来，这只鸟的行为就会变得更温和，甚至可能变得非常友善……不难发现在人类社会中有类似的现象，因此，这种行为的一个原因一定主要是社会集聚效应，而不是个人特征的缘故"。见 K. Koffka, *Principles of Gestalt Psychology* (New York: Harcourt Brace Jovanovich, 1935), 668—669.

[2] 在此问题上，政治机器常具有功能性意义。正如斯特芬斯和其他人所揭示的，与政府官僚机构的正式化机制相比，高度个人化关系和由机器取代正式规则（官样文章）经常能更充分地满足个人"顾客"的需要。

[3] 正如一名失业人员对格林威治职业介绍所的职员评价的那样："如果没有我们这些失业的人，那些该死的家伙也就不会有工作做。这是我对他们目中无人的态度反感的原因。"见 Bakke, *op. cit.*, 80. 还可见 H. D. Lasswell and G. Almond, "Aggressive behavior by clients towards public relief administrators," *American Political Science Review* 28 (1934), 643—55.

了受伤害的情感。[1]从官僚结构需求的角度,可以清楚地看到这种实质上自动抱怨的作用。

官僚制是一种第二类群体结构,被设计成不能按照第一类群体标准去满意地实施某些活动。[2]因此这些与正规化标准相悖的行为成为情绪化的目标,从而也就建立了阻止损坏社会必要活动的业绩趋势的重要功能性防卫措施。

待研究的问题

许多特定的问题引起了我们的注意。特定个性类型多大程度上是由各种官僚机构(私人企业、公共服务、准立法上的政治机器、宗教教团)选择和修改的?因为支配地位和谦恭被认为是个性的特点,尽管在不同的令人兴奋情境中具有多样性,官僚制是选择特定的屈从个性,还是选择支配趋势?既然很多的研究已经表明这些个人的特征可以修改,参与官僚机构会提高支配趋势吗?许多招聘系统(如恩惠、专业知识或一般心智能力上的公开竞争力、实践经验)会选择不同的个性类型吗?[3]资历提升会减少竞争焦虑和强化管理效率吗?对深受影响的官僚规范机制进行详细考察在心理学和社会学上都有指导意义。文官的无记名决策会将特权符号的影响范围限制在较小的内部圈子吗?是否有将有区别的协会从官僚中标志出来的趋势?

理论上有意义和实际上重要的问题的范围似乎只受到了具体数据的可及性限制……

---

[1] 指控所拥有的语言象征的诊断意义很少受到社会学家的研究。舒姆纳充分观察到指控导致"概括性批评"和对社会环境的界定。多拉德同样提出:"指控常常界定了社会的中心问题",萨皮尔中要害地强调在评价指控的意义时情境内容的重要性。同样的论述还有林顿观察到的:"如果能记录社会对某一特定指控的感觉方式比我们对实际行为的研究更重要……"对"赞美和责骂词汇"的社会研究将会产生有价值的发现。

[2] 参见 Ellsworth Faris, *The Nature of Human Nature* (New York: McGraw-Hill, 1937), 41 ff.

[3] 对官僚机构人员招聘的最新研究包括:Reinhard Bendix, *Higher Civil Servants in American Society* (Boulder: University of Colorado Press, 1949); Dwaine Marwick, *Career Perspectives in a Bureaucratic Setting* (Ann Arbor: University of Michigan Press, 1945); R. K. Kelsall, *Higher Civil Servants in Britain* (London: Routledge & Kegan Paul, 1955); W. L. Warner and J. C. Abegglen, *Occupational Mobility in American Business and Industry* (Minneapolis: University of Minnesota Press, 1944)。

28 群体思考:不顾一切达成共识*

伊文·L. 詹尼斯

在肯尼迪总统和一群他亲近的顾问盲目地发动了猪湾战争后,他问道:"我们怎么如此愚蠢?"我们已经研究群体思考这个问题有两年了,因为群体思考不仅体现在猪湾的决策者身上,而且也体现在那些领导美国人民经历珍珠港防卫失守、朝鲜战争僵局和越南战争升级等其他主要惨败的人身上。

决策者的愚蠢当然不能解释这些问题。参与猪湾入侵的人是由美国政府历史上最强大的阵容组成,如迪安斯克、罗伯特·麦克纳马拉、道格拉斯·迪伦、罗伯特·肯尼迪、麦克乔治·邦迪、阿瑟·施莱辛格、小爱伦·杜勒斯和其他人。

如果只是强调在决策圈中个体行为的失调:诸如会降低一个人心智效率的得意洋洋、恐惧或愤怒等一时的情感状态,或者由一个人的社会偏见或特殊偏好导致的片面看法,我认为这样的解释似乎仍是不完全的。

我希望从群体动力学角度的立场来看待其中的失败,将研究的背景拓展得更广阔。在过去30多年中,群体动力学已经被研究得较多。伟大的社会学家库特·卢因首先进行了研究,后来我和其他行为学家在许多试验情境中也进行了研究。通过潜心研读数百个相关文献——有关正式群体会议和成员间

---

* 来源:Reprinted with permission from *Psychology Today Magazine*, Copyright © 1971 (Sussex Publishers, Inc.)。

非正式谈话的历史报告,我的结论是,那些经历这些失败的群体就是我称之为"群体思考"的牺牲品。

"群体性"。在每一个研究案例中,我惊异地发现,每一个群体表现出的典型的社会一致性现象,在普通市民中的群体动力学研究中经常会遇到。比如,一些现象似乎与社会心理学的试验发现完全一致。这些实验显示,无论何时,当不同意见者开始对群体的共识表示反对时,凝聚力较强的群体中成员不得不承受强大的社会压力。其他的现象是对共享愿景的怀念,这可以在交友小组和友谊小群体中见到,当这些群体中的成员同时达到"群体性"感觉的高峰时,更是如此。

最主要的是,有许多标志指出了群体规范的发展。这些规范支持了信念,却放弃了批评性的思考。一个最普通的规范似乎就是通过坚持群体已经遵循的政策来保持对群体的忠诚,即使这些政策显而易见地行不通,并无意中导致了每个成员良心的纷乱。这就是群体思考的关键特征。

1984年,我使用群体思考作为一个简捷的方式来论及一种人们进行思维的模式:当凝聚力强的小群体"寻求一致"占主导性地位时,该小群体希望把行动另外一些过程的真实评价搁置一旁。群体思考与乔治·奥维尔在他《1984》中沮丧的世界中的新词汇如出一辙。对群体思考的解释在该语境中起先是一种贬义的。这样的解释确实是故意的,因为这个词是指在群体的压力下,心智效率、现实测试和道德判断遭到破坏。

当决策群体的成员尽力避免对领导人或同事的观念提出反对意见时,群体思考就产生了。他们采取了一种温和的批评路线,甚至在他们自己进行思考时也是如此。在他们开会时,所有的成员是亲切的,在所有的重要事情上寻求一致,没有争吵或争执来破坏温馨的"我们感觉"的气氛。

杀戮。与上相反的是,意志薄弱的群体在需要对付外部群体或敌人时,通常会铁石心肠。他们发现使用非人性化的解决方法相对容易,他们将乐意授权运用炮弹去攻击,在劝说不友好的政府回到谈判桌旁的名义下,杀死大量的平民百姓。当讨论以其他方式替代剧烈的军事行动时,他们不愿意去处理由此产生的更困难和更矛盾的事情。他们也不倾向于提出道德问题。这些道德问题具有的含义是,我们这个最好的具有人道主义和高尚情操原则的群体,可能会采取一种不人道和不道德的行动过程。

规范。从大量的社会—心理学研究中可以得到这样的证据:当群体成员感到被其他人更多地接受时,这就是群体凝聚力增加的主要特点,他们对群体规范的一致性也明显较少。因此,我们期望群体变得更有凝聚力,群体成员感到受到审查的限制更少,成员也不用害怕由于反对领导人或任何同事而受到惩罚。

与之相反,当群体凝聚力增加时,一致性群体思考类型也在增加。由于群体规范的国际化,群体思考还受到了批评性思想的无意压制,这与外来的社会惩罚威胁的故意压制完全不同。群体的凝聚力越强,每个成员受到避免不一致的内部强制也越大,这迫使他们相信领导或者群体中大多数人做出的建议的正统性。

在凝聚力强的群体中,不存在那么多的危险:个人不能表示他反对其他人的意见,而是相信建议是好的,也不会尝试对反对和赞同另一些意见进行仔细的、关键的审查。当群体思考变为主导时,对异常的观点也会有一定的压制,但每个人会认为他的疑虑无所谓,可以置之不理;任何心存不确定性怀疑的益处都应让位于群体的共识。

压力。我不是说所有凝聚力强的群体肯定会面临群体思考问题。所有的内群体都有一点倾向群体思考,不时地显示一种或者另外一种迹象,但是不必在影响群体的最终决策上占主导。我也不想说肯定会有一些事情对群体的总体决策无效率或有危害。相反,一个成员角色已经定位,并具有关键质询程序可遵循的传统的群体,可能会比任何群体成员单独工作的群体做出更好的决策。

问题是,当成员封闭地一起工作、共享价值观,特别是面临将每个人置于强大压力的危机环境中时,就会产生强大的心理压力,群体决策的优势就往往会丧失。

按照帕金森法则,群体思考的主要原则是:有决策权的小群体成员越是温和、越有团队精神,独立思考被群体思考所取代的危险也越大,这将可能导致针对外部集团的非理性和非人性的行为。

症状。在我对高层政府决策人员的研究中,不管是文官还是武官,我发现了群体思考的8个症状。

1. **无懈可击**。小群体中的大多数或者全部成员都有一种无懈可击的幻想,这使得他们在某种程度上对一些明显的威胁掉以轻心,导致他们过于乐观和乐意冒额外的风险。这种感觉还使他们不能对危险警告做出明确的反应。

肯尼迪的内群体没有慎重考虑就接受了中央情报局的灾难性的猪湾计划,并错误地假设:他们能够保守美国进攻古巴这一事实的秘密。甚至有关这个计划的新闻泄密出来时,他们的信念依然没有动摇,竟然没有想到危险正在等待他们:世界范围内对美国的强烈反应。

2. **合理**。正如我们所见到的,群体思考的受害者忽视了一些警告,他们一起建立合理化的东西,以便减少警告和其他形式的负面反馈,这些可以导致群体成员在重提过去的决策时重新考虑他们的假设。当他们决策的依据屡次被证明错误时,为什么约翰逊的内群体没有重新考虑它的升级策略?哈佛大学历史学家詹姆斯·C. 小汤普逊花了5年的时间观察国防部和白宫的成员,告诉我们说:决策者避免对以前做出的决策进行认真的讨论,并不断制造出新的合理化想法,以便使他们有理由进行打败越南的战争。

1964年秋天,在轰炸越南之前,一些决策者断言6个星期的空中打击会迫使越南人寻求和平谈判。当有人问:"如果越南人不这样做,怎么办?"回答是再用4个星期肯定可以解决问题……

3. 道德。群体思考者对他们小群体内在的道德没有任何疑问;这种自信导致成员忽视其决策在伦理或道德方面的后果。

这种症状存在的证据通常是负面的——这些事情在群体会议上没有说出来。至少有两个有影响的人对猪湾冒险的道德性提出疑问。一个是阿瑟·施莱辛格,他在提交给总统肯尼迪的备忘录中强烈地表达了反对;但是国务卿腊斯克在参加肯尼迪的小组会议时,压制了这些反对意见。另外一个人是参议员威廉·富布赖特,尽管他不是该团队的成员,肯尼迪邀请他对决策人员发表了讲话。他表达了焦虑和担心,但是当他结束讲话的时候,总统没有问一下人们的反应,就转到了其他的问题上。

大卫·卡拉斯罗和斯托里·劳力在《秘密寻找越南的和平》中说,1966年,总统约翰逊的内群体主要关注的是选择轰炸越南的目标。他们选择的依据有4个方面的因素——军事优势、美国飞机和飞行员的风险、迫使其他国家参战的危险、平民伤亡重大的危险。在他们星期二例常的午餐会上,他们像老师评定学生的考试试卷一样,均衡这些因素,得出平均的结果。尽管这一点缺乏证据,我推测对标准程序的坚持使成员们感到对待越南人民破坏性的方式是道德的——毕竟,他们已经考虑了空中打击导致平民大量伤亡的危险。

4. 陈词滥调。群体思考的受害者坚持关于敌对方领导人的陈词滥调:他们是如此邪恶,以致和他们商讨分歧的真正愿望得不到保证;或者他们太弱或太愚蠢,以致不能有效地对待小群体做出的粉碎他们意图的尝试,也不管这些尝试如何危险。

肯尼迪的群体思考者相信,卡斯特罗的空中力量没有任何威力,以致过时的B—26也可以在入侵开始的突袭中把它击败。他们还相信,卡斯特罗的部队是如此微弱,一支由古巴流亡人员组成的小小军队是不能够在猪湾建立起一个防备良好的滩头阵地。此外,他们相信,卡斯特罗没有能力镇压国内任何支持流亡者的暴动。他们的这三个假设都是错误的,虽然这些假设的情报要大受谴责,但关键的是甚至肯尼迪的顾问中没有一个人对中央情报局计划人员的这些假设提出疑问……

5. 压力。群体思考的受害者直接将压力施加在提问的人身上——这些人在紧要关头对群体共享的愿景提出疑问或者质疑大多数人支持的政策的可行性。这种策略强化了忠诚成员所希望维持的追求一致的规范。

在猪湾战争的会议期间,肯尼迪总统可能比其他人提出的怀疑问题更多,然而似乎是他促成了群体的信念,无抵制地接受了中央情报局有缺陷的意见。在每一次会议上,他允许中央情报局的人在讨论中唱主角。他允许中情局的人对其他任何一个人表达的试探性疑问立即反驳,而不是问是否有其他人有相同的疑问,或者想追究刚刚产生的令人担心的问题中隐含的内容。在最关键的会议上,当他要每一个成员对战争计划投票时,他没有让阿瑟·施莱辛格投票,总统知道阿瑟·施莱辛格对该计划有较大的担忧。

历史学家汤普逊告诉我们,不论约翰逊小组的成员何时提出疑问,群体都会使用微妙的社会压力来"驯服"他。首先,假如不同意见者遵守两个限制条件,就会被弄得有在家里的感觉。这两个限制条件是:(1)他不将他的疑问告诉他人,因为这些疑问可能会成为反对者有力的攻击武器;(2)将他的批评意见限制在可以接受的变动范围内,就是不挑战群体以前提出的意见。比尔·莫亚就是这样一个驯服的持不同意见的人。当比尔·莫亚到达会议会场的时候,汤普逊告诉我们,总统与他打招呼说"主张停止轰炸的先生"来了。

6. 自我审查机制。群体思考的受害者避免偏离看来似乎是群体一致的意见。他们对其焦虑保持沉默,甚至将自己疑虑的重要性减少到最低程度。

正如我们所看到的,阿瑟·施莱辛格在他呈送给总统和国务卿的备忘录中,毫无疑虑地对猪湾计划表示了强烈的反对。但是他在白宫的会议上有意识地保持沉默。"在猪湾计划实施的几个月后,我为在内阁会议上保持沉默而痛苦地谴责自己,"阿瑟·施莱辛格在他的《一千天》中写道,"我只能解释除了提出了一些胆小的问题外,我没有做更多的事情讨论环境因素也使我轻易消除了揭发这些胡话的冲动。"

7. 全体一致。群体思考的受害者对群体成员表达的几乎所有判断都抱有幻想,而这些成员都是在附和多数人的观点。这种现象部分来自于以前的经验,而以前的经验又受到错误假设的影响,即在讨论中的任何时候保持沉默的人与其他人所说的完全一致。

当一群相互尊重别人意见的人达成一致的观点时,每一个人就会感觉他们的观点一定是正确的。这种对群体一致性的依赖将取代个人的批评性思考方式和现实检验,除非在成员间存在着明显的不同意见。在思考像入侵古巴那样的行动路线中,群体成员在面对群体中的不同意见时是痛苦的,特别是在就优先行动路线是否过于冒险而完全不能采用出现巨大分歧意见时,这种痛苦尤其明显。这样的分歧可能会产生对犯严重错误的焦虑。一旦一致性的感觉被打破,成员就不再对他们想做出的决策充满信心。每一个人因而必须面对恼人的现实,那就是令人讨厌的不确定性,必须辛劳地找出他能获得的最好信息,以便准确确定风险到底有多大。这是头脑冷静和具有批评精神的思考者组成的群体所不愿看到的。

成员可能没有充分认识到,为了避免这种不愉快的状态,在即将采取一个冒险行动时,他们通常倾向于防止潜在的不同意见浮出水面。群体领导人和成员相互支持,夸大他们思考中的趋同领域,而不再全力探讨可能揭示未解决问题的分歧……

8. 心理的保护。群体思考的受害者有时将自己定位为意见的保护者,以保护领导人和跟从者免受可能会打破他们共同对过去决策的满足感和道德感的负面信息的影响。司法部长罗伯特·肯尼迪对进攻古巴的计划了如指掌,在他夫人的大型生日宴会上,他将阿瑟·施莱辛格带到一边,问他为什么会受到反对,肯尼迪冷静地听着,说道:"你可能是正确的或错误的,但总统已经下定决心,不要反对,我们应该现在尽其所能帮助他……"

产品。当一群管理人员经常显示大多数或所有这些相互影响的现象时,对这些深思熟虑想法的详细研究可能会揭示出许多直接的后果。事实上,这些后果是坏的决策实践所导致的产品,因为它们导致商讨中的问题不适当地解决。

第一,群体将其讨论内容限制在少数几个行动路线的选择上(通常只有2个),对那些值得考虑的其他方案没有进行考察。

第二,群体在得知原先没有考虑到的风险和缺点时,没有能够重新检查起初被大多数人赞同的行动路线。

第三,成员很少甚至没有花一点时间去讨论是否存在被他们忽视的不明显成果,或者讨论可减少使其他方法不可行的似乎非常高的成本的途径。

第四,成员没有从其组织中的专家那里获得信息的愿望,这些专家可能对潜在的得失提供更为精确的估计。

第五,成员对支持他们偏好的政策的事实和言论表示了极大的兴趣,而忽视不支持其政策的事实和言论。

第六,成员很少花时间来思考所选择的政策可能被官僚主义惰性所阻碍、为政治反对者所破坏或被普通的偶然事件所左右。结果,他们不能制定出权变计划,以应对可能危及其选择路线完全成功的可预见的逆流。

支持。对为什么群体思考会发生的原因的探寻,使我摆脱了人类激励的难懂领域中复杂理论问题的困扰。根据最近的社会心理学研究,我相信,我们可以最好地理解群体思考的各种现象,那就是群体成员通过互相提供社会支持维持自尊和情感性稳定,尤其是在当他们共同担负起作出至关重要的决定的时刻。

即使没有重要决策,每次收到有关缺陷的信息时,典型的管理人员就会对过去所作决策的智慧和道德产生疑问,特别是收到从当初支持他的非常显赫的人那里发出的负面反馈信息。所以,如果发现个体成员们努力达到一致和形成帮助提高每个人士气的团队精神,创造一种对未定决策定能成功的乐观看法,以及重新确定所有人赞同的过去政策的积极价值,也就不必大惊小怪了。

自豪。比如,对不可进犯性的共同幻想会减少对冒险的焦虑。理性化可以帮助员工相信风险毕竟没有那么糟糕。内在道德的假设会帮助成员摆脱羞耻感和罪恶感。负面的陈规旧矩可以减少紧张,强化道德正确感及执行高尚任务的自豪感。

自尊和道德的共同强化在保证成员保持其采取行动的能力上具有功能性的价值;但由于寻求一致性的倾向受到关键性的、理性能力的影响,会引起不适应性的后果和导致判断的严重错误。

修正。与我所研究的两个大失败的案例相对应,我还探讨了两个非常成功的群体,一个是提出马歇尔计划的杜鲁门政府,另外一个是处理导弹危机的肯尼迪总统和他的顾问们。我发现检查一下肯尼迪改变其群体的决策程序的步骤是有益的。这些改变使得制定猪猡计划的内群体的错误没有在处理导弹危机的内群体身上重现,尽管处理这两个事件的人是相同的。

防止群体思考的以下建议,包含了我从处理马歇尔计划和导弹危机的群体中发现的许多好做法:

1. 制定政策的团队领导人应该使每个成员担负起批评性评价者的角色,鼓励群体对公开的反对和疑问给予高度的重视。为了阻止成员自己减少不同意见和阻止成员抑制批评性思考以达到一致性的努力,需要领导人能够接受对其意见的批评。

2. 层级中的关键成员将政策规划任务分配给组织中的任何一个群体时,应该采取公正的立场,而不是在开始时就表明自己的倾向和期望。这将鼓励公开的询问和对许多政策进行探索。

3. 组织应该经常建立几个外部政策规划和评估群体对同样的问题进行研究,每个群体由不同的人领导。这样可以防止某个小群体的片面性。

4. 在群体达成最后的一致意见前,领导人应要求每个成员与其组织单位中的助手讨论群体的考虑——假定这些助手是可信任的,是坚持那些政策制定者主导的同样的安全规则的,然后将他们的反应报告给群体。

5. 群体应该邀请一个或更多的外部专家交错地参加每一个会议,鼓励专家对核心成员的意见提出挑战。

6. 在群体每次大的会议上,无论何时,会议议程中需要有对政策备选方案进行的评估,至少应该有一个成员扮演反面角色,就像一个好的律师挑战那些支持大多数人的证言一样。

7. 无论何时政策问题涉及到对手国家或组织的关系,群体应该将一段时间或所有时间投入到对来自于对手警告的信号的观察上,应该记下针对对手意图的替代方案。

8. 当群体探讨政策替代方案的可行性和有效性时,应该不时地将群体划分为两个或更多的由不同领导人领导的小群体。然后汇集到一起提出不同意见。

9. 在对最好政策达成初步共识后,群体应该举行"第二次机会"会议,每个成员能够鲜明表达自己剩余的疑问,并在做出一个决定性的选择前重新思考整个事情。

如何办。 上述那些建议还具有不足之处,比如,当需要迅速解决急剧增长的危机时,鼓励公开的反对意见可能会导致无休无止的、成本高昂的争论,也会产生反对、压抑和愤怒。一个领导人在设置规范上的失败可能引起领导人和成员之间的分裂,而如果领导人将出现的共识看作是强烈的谴责,那么这种分裂将产生破坏性的力量。建立外部评价群体可能提高泄密的风险。那些知道走出组织迷宫的有创造性的领导人,依然会发现如何成功地应用一个或另一个方案,而不存在有害的副作用……

我们处于原子战争威胁、城市无序化和生态灾难的时代,我认为政策制定者应该与行为科学家合作,高度重视防止群体思考及其相应的失败。

29 对工作效果的社会影响*

利曼·波特,爱德沃德·劳勒,理查德·哈克曼

群体中缓和影响工作效果的条件

在开始考虑群体影响个人工作效果的途径之前,我们应该首先考虑群体中的某些情境对群体的影响有多大和是什么样的影响。其中,最重要的是群体对偏离的特殊反应和群体的凝聚程度。

偏离和群体效应

有关群体如何对其行为偏离群体准则的成员做出反应的试验工作……揭示了群体程序的最原始类型。富有讽刺意义的是,程序是这样运作的:统一、遵守规则和坚持个人角色是其中的法则。如果有人背离了群体,其他成员会给他强有力的任意刺激,劝说或强迫他回到"正常状况"。这样的压力会继续存在,直到可能发生的偏离:(1)屈服和停止表达离经叛道的想法或展示离经叛道的行为;(2)受到群体从心理上和肉体上的反对,或被群体当作"群体内偏离"而制度化;(3)最终说服其他群体成员相信他的想法正确或

---

* 来源:Lyman W. Porter, Edward E. Lawler III, and J. Richard Hackman, "Social Influence on Work Effectiveness," pp. 404—422 in Porter, Lawler and Hackman, *Behavior in Organizations* (McGraw-Hill, 1975). Reprinted by permission of the publisher.

行为得当。

群体控制对群体成员的任意刺激越多,就会更有效地消除成员离经叛道的最表面性的表现。在这样的情况下,成员会充满信心地实施与其在群体中角色相符的行为,抑制违反群体的行为,表达他们对"正确"态度和信仰的认可。有迹象表明,至少在短期内,群体所有的事情都是好的。

消灭背离群体准则的负面影响

然而,可以认为,处理偏离的模式对于群体长期的有效性存在非常大的负面影响,这至少有两个原因(Hackman,1975)。首先,如果成员遵守规则主要是因为来自于群体的压力(或者这样的压力的预期应用),最终结果可能是以牺牲私人的认可来换得公开的屈从,以及个人对正在做的事情的承诺(参见Kelman,1961;Kiesler,1969,pp. 279—295)。如果群体是由说和做一件事情但想法和感觉却截然不同的人组成,那么长期的高效是不可能的。

其次,群体运用对任意刺激的控制来迅速消灭离经叛道的任何迹象达到一定程度,就会丧失探询正在强化的态度、信仰、准则和角色的有用性和最终效力的机会。比如,假如对工作行为已有准则的遵从被有效地强化,那么偏移那个准则的事就不会发生,但群体将不能发现准则对群体目标的实现是有利还是有害。实质上,未考察过的准则可能不值得强化——至少群体的高有效性是它在长期运作中追求的。

尽管反对偏离的过度压力具有这些和其他的副作用,但研究资料表明,群体有消灭(至少是悄悄清除)与群体中可接受性的传统标准不相容行为的强大趋势。明显的情况是,群体很少想弄通以下几个基本问题,如为什么人们偏离群体、偏离群体的后果是什么、如何最有效地处理偏离以使单个成员和整个群体获得好处……

公开地讨论群体中的一致性、偏离和人际关系这些核心问题,对于群体成员来说在情感上有很大压力和困难。事实上,研究表明,群体没有外部的专业帮助就不可能打破传统的人际关系模式。即使有外部的专业性帮助,在群体能够克服引导其早期行为的基本假设和发展为一种有效和真正独立的工作群体之前,需要大量的时间和努力。当群体能够在使用其控制的那些任意刺激来处理一致性和偏离问题上有较多公开和简洁的选择,那么群体的长期效果才有可能得到较大的加强。

为什么高凝聚力的群体有副作用

一般来说,当工作群体的凝聚力提高时,成员对群体规则一致性的总体水平也会得到提高——有两个不同但是互相加强的原因:第一,……为了获得群体中的一致性和统一性,群体产生的压力在具有高度凝聚力的群体中要大于没有凝聚力的群体(参见 Festinger et al.,1950)。第二,群体成员对在高度凝聚力群体中可得到的人际关系奖励有很高评价——确切地说,这是由于成员对这样群体中的其他成员有强烈的积极感情。因此,群体成员不会因忽视或蔑视遵守群体标准的压力而冒险失去这些奖励。事实上,研究结果证实了在凝聚力强的群体中,一致性特别高(参见 Tajfel,1969,pp.334—347; Lott&Lott,1965,pp.292—296;Hackman,1975)。

问题是,发生在高凝聚力群体中对群体规则的一致性对于群体或个人生产率可能不起作用。实际上,凝聚力在一些情境中可能确实对效果还会产生副作用,下面我们来讨论引起这个问题的几个原因。

偏离的无效处理。如前所述,群体总体上会消除单个群体成员的偏离行为——而不是使用这样的偏离来提高单个群体成员的学习性,或群体作为整体对事情不断变化和混乱状态的有效反应能力。由于在高凝聚力群体中一致性的压力是最高的,因此对群体中所有偏离迹象快速和考虑不周的消除,其风险同样也是最高的——即使发现这样的偏离行为从长期来说可能对群体是有用的。

规则很强,但是其方向可能是负面的。尽管总体上来说,凝聚力强的群体能够有效控制那些成员,使其行为与群体规则所规定的行为相近似,但群体准则本身的方向(即向着高绩效或者低绩效)已经被发现与凝聚力水平不相关(Schachter,1951;Berkowitz,1954;Seashore,1954;Darley et al.,1952)。

比如,在好几个研究中(如,Schachter,1951;Berkowitz,1954),通过对实验的控制,营造了高的和低的凝聚力与高和低的生产率的条件。结果发现,高凝聚力群体的成员比低凝聚力群体的成员其生产效果确实与群体标准更相近,无论高生产率和低生产率标准都如此。在工业中运用此调查方法(Seashore,1954)也有相似的发现。在对一个机械制造厂 200 个工作群体的调查中,没有发现凝聚力和生产率之间有相关关系——但是,如期望的一样,当凝聚力高时,群体成员间的生产率差异是低的,反之亦然。

群体思考会发展。群体中大量一致性和统一性的可能优势之一是,群体中的成员不必处理由于人们以不一致的方式行动时所产生的棘手的人际关系问题——比如,当工作群体中每一个成员可以选择自己的生产水平,成员所选择的水平就会有较大的差异。这种统一性的"群体维持"功能对于高凝聚力的群体特别重要,由于这种群体的成员对由他们成员控制的奖励典型地给予很高评价——他们可能特别适宜接受负面的人际关系。

然而,可以认为,当群体变得更加紧密,对"我们"有一种强烈的感情时,它会更为接受"群体思考"的行为模式(Janis,1972)。群体思考的几个症状包括:对在成员中维持成员的一致性过度关注,群体对有差异和未处理信息的公开性显着减少(从群体之外或群体之内),同时不愿认真地检查和处理曾经引起群体注意的这类负面信息。

这些社会过程可能通常直接起着群体维护的功能,有助于使表现群体特色的温暖和凝聚力强的感情长久保持下去。然而,它们还会导致一种可能性的增加,即在善意和共享信心的精神下,群体将发展和完善一种非常不适当和无效的行动程序。比如,有资料表明(Janis,1972),群体思考可能导致许多由政府官员群体计划和执行的历史性惨败(如,猪湾入侵和"二战"之前英国对希特勒的绥靖政策)。

凝聚力应该避免吗?

从上面的讨论中可见,组织中群体的高凝聚力是应该避免的东西——以使工作中出现低生产标准或决策者群体思考现象的可能性减少到最低程度。这样的结论可能是非常悲观的:工作群体或决策群体中的低凝聚力实际上会减少获得上述负面效果的可能性,同时还要求放弃凝聚力群体的积极潜能——比如提高调节这种群体行为增加达到群体和组织目标的能力。

然后,问题就转变为如何改变高凝聚力的规则,以鼓励对工作环境的仔细考察(包括可能出现的消极或未处理好的信息)、对可能损坏群体绩效的人际关系问题的探究,以及如何获得群体和成员的高生产率水平而不是低生产率水平。尽管现在很少知道什么因素影响组织中工作群体制定的规则的类型(参见 Vroom,1969,pp. 226—227),但大体解决这个问题的两个方法将在下面讨论。

促进群体间的竞争。为了既使工作群体产生高凝聚力又能达成组织目标,有一个常用策略可被称为"在所有令人讨厌的组织策略中最好的"。许多管理人员认识到,如果他们能够使其下属作为一个群体与组织中的其他群体竞争,通常会产生一种群体精神,这样就会导致高群体凝聚力和成员在任何竞争中成为"最好者"的追求。事实上,有一些研究证据可以说明,当群体与其他的群体建立起了一种竞争性关系,内部凝聚力和个人对任务的高投入程度确实会提高——而且通常非常巨大(参见 Sherif,1965;Blake&Mouton,1964)。

问题是,这样的群体间竞争从长远来说,通常与整个组织长远的最佳利益是相反的。例如,为了"赢",为使组织功能最佳,本应在群体间共享的信息,事实上却保留了起来——甚至上上下下不时地交流错误的、让人有一种"我们的群体看起来最好"的感觉。目前的组织中普遍存在的一线职员和部门间的冲突,通常就反映了这种群体间的竞争。

一个试图克服组织中群体间不良竞争(同时在群体中保持高认同)这类问题的方法,是引进或者制定一个所有群体共享的特别突出和高级的目标。研究结果支持了这样的观点,即高级的目标会减少或消灭群体间的敌对(Sherif,1965)。事实上,许多商业组织为了组织整体的利益,应用高级目标的思想,努力将不同群体中的员工团结在一起——比如,将自己公司这个月大卡车的销量与主要竞争对手的销量一起公示。当然,问题是,对其职业憎恨和对其收入感到非常不公正的低层次员工非常关心的是其组织是否在销售竞争中处于前列——而不管公司的员工关系部门为何要使竞争成为公司的组织性主题。

将凝聚力建立在任务而不是社会奖励的基础上。许多凝聚力强的群体不能朝群体和组织目标方向有效工作的主要原因之一是必须处理凝聚力本身的基础——比如,为什么群体成员具有依靠在一起的强烈愿望。

事实上在所有已经讨论过的研究中,凝聚力是建立在群体已有和潜在的人际奖励基础上的。因而在这样的情境中,大多数群体成员的"利害关系"将避免那些可能破坏来自群体成员的人际满意度的行为。在这样的情况下,群体对成员的控制大多取决于提供或者保留这种有价值的社会满意度的能力。比如,在群体思考的情境中,这样的控制导致了以减少新的和潜在的破坏性信息的警觉为特征的人际战略,形成了将"高地位的其他人"的观点看作群体的教条以及对人际间不愉快事情的压制——所有这些会严重地损坏群体的工作效果。

如果凝聚力的基础是对群体任务的共同赞同(而不是对维持群体所受到的人际奖励的赞同),情况可能会发生一些变化。比如,何时接受群体中其他人的信息和指导的准则,可能会从一些像"对领导所说内容表示怀疑是否会受到群体的反对或嘲笑"转为"这样的怀疑是否对任务的成功有利"。一致性在这样的群体中可能依然很高,但是强化一致性的标准应该集中于有益于群体任务业绩的活动,而不是维持人际关系。这种在取向上的变化也应该考虑工作群体中个人生产率标准的方向问题:假如群体凝聚力的主要理由之一是在任务上成功的共同投入,那么,在大多数情况下,这种投入导致群体标准趋向高而不是低的任务效果。

试图在现实的工作群体中建立以任务为基础的凝聚力问题有两面性。首先,组织中能产生真正群体忠诚的许多任务(或许大多数生产任务)并没有那么多。相反,反面却可能是实实在在的:任务是如此索然无味,以致群体只把它当作是接受一项"获得"管理的工作或者作为回避艰难工作的一种替代。在这样的情况下,建立在群体凝聚力之上的权力对于组织的目标可能有非常大的副作用。其次,即使对于客观上重要的任务,群体成员也很难克服对人际奖励和反对的取向。比如,肯尼迪的顾问班子在猪湾危机中当然负有重要的任务,但是每个成员为了继续成为"高地位成员",作为大量投资,用"不动摇人际关系"来保持高威信的群体,结果置"完成好任务"这一大多数群体成员的行为准则于不顾。

因此,尽管对能够提供群体凝聚力积极基础的任务的开展已论述了很多,但设计这样任务的指导当前却很少。问题的症结似乎是为了制造这样的情境,以至于对群体成员来说,从真正共享的任务活动中获得的奖励成为与更表面的人际满意度一样突出和吸引人。不幸的是,表面上的人际满意度代表了组织中大多数"凝聚力强"群体中的关系。

群体影响个人工作效果的途径

现在,我们转到这样的问题上,即群体事实上如何影响成员工作的艰辛程度和效果……组织成员工作行为的主要决定因素可以归结为四类主要变量:

1. 个人与职业相关的知识和技巧
2. 个人工作时体验的心理奖励水平
3. 个人工作时使用的业绩策略
4. 个人工作时的努力水平

当然,四类变量中的一个变量或与其他变量结合实质上能够提高个人的工作效果,在很大程度上取决于任务的本质或者正在从事的职业。比如,在日常和简单的办公室工作中,单个的业绩标准是可接受的产出数量,在影响可度量的工作效果上,只有努力似乎具有真正的重要性。对于更复杂的职业——有许多从事这种职业的方法(例如,大多数的管理职业),所使用的业绩策略可能会严重影响效果。而对于其他的职业,对个人的奖励或与职业相关的技巧可能是最关键的……[1]

---

[1] 确定哪些是决定工作有效性最重要变量的任务或工作特征叫作"关键任务变量",比如,能确定什么样的行为对于有效或成功的工作绩效至关重要的那些变量。一旦确定了某一特定的任务或工作的关键任务变量是什么,在试图改进工作的绩效有效性时,就有可能确定处理各种变量的优先次序。这一观点在哈克曼的著作中(1975)有着更完整的表述。

群体对成员的知识和技巧的影响

组织中许多任务和职业上的业绩，很大程度上受到个人工作知识和技巧的影响。因此，即使一个员工高度投入地去完成一个特定工作并对如何完成此工作已形成了一个较好的策略，但如果他不知道如何去完成，或如果他知道怎么做但没有能力这样做，那么计划的完成就会受到限制或终止。尽管能力与组织中所有层次上的职业业绩相关，但对于低层次的职业，能力的影响可能在一定程度上会减少，因为这样的职业不需要高的技巧。更重要的是，如果组织选择、安置、提升的程度适当，那么所有的职业应该由那些具有完成适当业绩所必需的技巧的人占据。

……群体通过提高成员的知识和技巧以影响成员的业绩水平，这可能是群体所具有的最小影响之一——因为许多职业的员工会有许多或全部高效完成职业的技巧，而且还有比工作群体更有用和更有力的提高技巧的方法，比如正式的职业训练计划和自学计划。

群体对成员的激励水平的影响

前面已经表明，群体是如何有效地影响成员所体验到的心理激励水平——通过其他群体成员的单纯表现或其他人传送直接激励或受压制的个人信息。群体鼓励改变激励水平的环境，将导致业绩效果的大幅提高，然而，这样的情境很大程度上依赖于任务的类型（Zajionc, 1965）。

在这样的情况下，职业的关键特点必须首先处理好个人对主要工作的反应是否正确。因为当个人处于被鼓励的状况下才会有这样反应的个人产出，激励应该提高已熟悉的任务（也被称之为业绩任务）的业绩效果。在这类任务中，主要的反应是正确的，只需要有实施者执行即可。同样的是，激励应该破坏新的或不熟悉的任务（正在了解中的任务）的效果。在这些任务中，主要的反应可能是不正确的……

当然，群体可以提高成员的激励，但不是以对个人采取评价的姿态。鼓舞性的表态也应该积极地提高一些业绩情境中的激励——比如，通过帮助个人对群体目标的高度赞同，确实使他认识到他是实现目标小组中的一个重要部分。然而，他必须记住的是，这样的工具是一把双刃剑：当他们对已熟悉的任务有较好的业绩时，可能对新的和不熟悉的任务产生负面效果。

那么，当群体成员的出现（和互动）降低了群体成员的激励水平时——比如,当个体在高压力的情境下合并成小组时,什么东西可以说明群体成员的业绩效果呢?可以预测,当群体中的其他成员成为个人的支持、安慰或接受来源时(降低他的激励水平),业绩效果会采取与上述情况完全相反的模式:对于熟悉的或了解得较好的任务,群体会损害效果(由于激励对这些任务有帮助,激励被降低),对不熟悉和很难了解的任务,群体会促进效果(由于在这种情况下,激励是有害的,正不断被降低)。

……当群体变成不断增加的威胁性、评价性或强烈的鼓舞时,效果可能会增加业绩性任务而减少学习性任务。当群体逐步具有支持性、安慰性和无条件的接受性时,效果可能会减少业绩性任务,而增加学习性任务。当个人和群体之间根本不存在有意义的关系时,业绩应该不受到影响。这些预言中的一些已经在小群体的实验性情境下得到验证和肯定,而其他的一些预言还有待研究……

大家熟知的是,太平常的职业会减少工人的激励水平,甚至损害到他的业绩效果。因此,完全有可能对从事这种职业的工人的社会环境进行设计,以便部分补偿职业效果的降低,同时也会提高已熟悉任务的业绩。

最后,(如在后续部分所讨论的),监督者对一个工人激励水平的作用可能比在直接社会环境中的其他任何个人更强。通过密切监管(这通常导致工人感觉或多或少不断地被评价),监管人员能够而且确实提高了工人的激励水平。对于日常的事务,这可能有提高业绩效果的较大潜力,但也非常可能使工人对非常紧的监管的消极反应从注意职业本身转移到集中在他能摆脱管理者的严格管理的方法,或如何报复管理人员对他不想被紧密监管的惩罚。

群体对成员努力水平和业绩策略的影响

一个人在做他的工作和完成他所遵循的业绩策略时的努力水平在这里被放在一起研究,因为这两个变量大多置于业绩者自愿的控制下。

对努力和策略的直接和间接影响。我们已经使用了一个通用的"期望理论"方法来分析组织中自愿控制的某些方面的个人行为。从这一点来说,一个人对他的努力和工作策略的选择可以看作大多与这些因素相关:(1)对他选择的可能结果的期望;(2)他评价那些期望后果的程度。运用这个方法可以明显看到,群体对群体成员在职业中所尽努力的水平和有关业绩策略的选择有直接和间接的影响。

当然,群体对努力和策略的直接影响,被在职业上所付出的"适当"努力水平和"恰当"业绩策略的标准强化了。我们在前面讨论了群体如何使用任意刺激的控制来强化群体标准,从而影响这样的自愿性行为。因此,如果群体已经建立一个有关成员努力水平或成员在工作时应采用的策略的标准,群体就可以仅仅通过使每个成员都认识到能否获得有价值的群体控制奖励取决于其行为是否与标准相一致来控制其行为。

群体对努力和个人业绩策略的间接影响,包含了群体对其外部组织环境状况信息的控制。不管群体本身对努力或策略采用怎样的标准,它都可以告知群体成员在更广泛的组织中"什么导致什么",从而影响个人对自己行为的选择……

而且……群体可以影响单个成员的个人偏好和价值观——尽管这样的影响发生得相对较慢而且持续时间较长。当这些变化确实发生时,个人在组织环境中可得的各种结果的愿望水平也将发生变化。当个人对不同类型结果的评价发生改变时,为提高工作中取得的新的有价值结果的程度,他的行为也将改变。长期的结果可能是个人对他所要做的工作和将在工作中运用的业绩策略的选择做出实质性的修正。

应该注意的是,这种对成员的努力和业绩战略的间接影响当个人在组织中刚刚获得职位时是最有力的。那时,个人还没有机会通过经验产生他自己关于组织的个人"地图"。当个人较少依赖于群体获得组织中有关"什么导致什么"和"什么是最好的"的数据时,群体可能必须转向强化直接标准,以维持对单个成员工作行为的控制。

总之,群体可以而且确实对成员的努力水平和成员在工作中运用的策略有强烈影响。这种影响可以直接(通过群体标准的强化)和间接(通过影响成员的信念和价值观)地实现。当群体的直接和间接影响一致时——情况通常是这样,群体对成员影响的能力可能是非常强的。比如,假如群体在强化自己的适度低生产率标准的同时,又向一个群体成员提供在这个特定组织中艰难工作的可能客观的负面结果的数据,群体成员将经历两种部分独立又互相强化的影响,以保持其生产速度下降。

努力、策略和业绩效果。那么,通过影响个人对能力水平和策略的选择,群体可以提高其成员工作效果的环境是什么呢?答案再次取决于工作的性质。除非工作已经结构化,以致努力水平或业绩策略能在工作效果上产生真正的差异,群体对努力或者策略的影响与个人的业绩水平是不相关的。

策略:一般地,通过影响员工更多选择复杂工作而不是简单、容易或常规工作,群体应该能够发挥成员的工作效果。理由是,对简单工作,策略选择通常不能在效果上造成较大的差异;相反,一个人的工作质量几乎完全取决于其工作的努力程度。另一方面,对于具有高度变化和独立特征的工作,个人所使用的策略选择在工作效果的决定上具有相当大的重要性。通过帮助个人提出和实行适当的工作策略——应该在何处及如何努力的策略,群体将能够持续地促进他的工作效果。

努力:在大多数组织环境中,许多工作的结构化程度较高,因而工作的努力程度越高,他的业绩也更有效。因此,群体对成员在工作中努力的影响,对个人的工作效果是非常普遍深入和有力的决定因素。然而,对这种归纳有一些例外:比如,一个复杂的脑部手术对努力的依赖比之于对外科医生使用的策略和相关知识和技巧的依靠要少。

在决定业绩效果时,如果努力或策略或两者事实上非常重要,那么个人对他如何做好工作已有实质上的个人控制。在这样的情况下,群体促进个人效果的程度取决于:(1)群体拥有的关于任务和在那种情境下可以运作的组织性偶发事件的准确信息的程度,以及使这样的信息可以让个人获得的程度;(2)群体标准与那些偶发事件一致及其强化的程度。

参与:理论上,能够有助于积极满足上述条件的管理实践是在制定有关工作实践的决策中使用群体参与。参与作为管理技术被广泛地提倡,既建立在观念的基础上,也作为提高工作效果的直接手段。事实上,一些研究表明,参与可以导致更高的工作效果(如 Coch&French, 1948; Lawler&Hackman, 1969)。在现有的框架下,参与可以两个不同的方式来提高工作效果:

1. 参与可以提高工人对工作及其相关的环境中偶发因素的信息数量和准确性。

2. 参与可以提高群体成员对"他们自己的"工作实践的感觉程度——群体因此也有可能提出支持那些实践的标准。比如,在以上研究所引述的参与性群体中,成员间工作沟通的性质从起初关于管理的"通用的警告"和"管理建议事宜",转变为帮助成员(特别是新成员)逐渐理解和相信"我们的计划"。换言之,当群体成员"在自己控制或所有"下进行工作或工作实践时,就更有可能提出支持与那些实践相反的有效行为的非正式群体标准。这样的标准与"群体保护性"规则形成了非常鲜明的对比:当控制被看作是专门和单一的管理者控制时,"群体保护性"规则就出现了。

这样,我们就可以看到,群体参与技术在个人工作效果上非常实用——但是只有在某些条件下:

1. 参与的主题必须与工作本身相关。没有理由相信参与和任务不相关的事务将对工作的生产率有促进的效果。尽管这样的参与可确实帮助提高工作群体的凝聚力,但不会帮助群体成员获得信息或建立促进高工作效果的标准。这种与工作不相关的参与可以将群体成员的注意力和激励从工作事项上转移,从而甚至减少生产率(参见 French,Israel & As,1960)。

2. 客观任务和工作背景中的环境偶发因素必须实实在在地支持更有效的业绩。这就是,假如群体成员通过参与更加懂得组织中的"什么会导致什么",那么由有效业绩导致的真正的和有意义的积极结果会变得越来越重要。比如,如果群体成员通过参与获得了"工作越辛劳钱越少"这样一个非常完全和精确的印象的话,那么参与的后果就完全不可能是增加努力。另一方面,假如参与导致成员对"努力工作能够使工资增加、晋升机会增加并有机会感觉个人和群体成就的意义"有新的和更好的理解,那么就会增加努力。

3. 最后,工作必须使增加的努力(或不同的和更好的工作策略)可以客观地导致更高的工作效果。如果这是真实的——如在这里讨论的,那么保持群体参与的好处有:(1)增加了对工作和组织环境的理解;(2)通过群体工作和工作实践增强了"自己所有"的体验,因而只有决定生产率的因素处于工作人员的自愿控制下的时候,参与才会提高生产率。因此,当工作结果主要是由工作人员的技能水平,或由激励水平(不是增加的工作努力或采用的工作策略),或由工作人员很少或没有控制的环境中的客观因素所决定时(也就是工作速度和质量正向员工压来时),没有理由期望参与会对生产率起实质性的促进作用。

诊断和改变的内涵

本部分内容已集中讨论了群体能够影响单个群体成员业绩效果的方式。尽管我们始终坚持群体对这样的业绩效果有实质性影响,但要强调的是这种影响的本质和程度主要取决于所做工作的特性。

为了诊断和改变组织中对个人业绩的社会影响的方向和程度,可以采取下面三个步骤:

1. 应该对任务和工作进行分析,以便确定四类变量(即技能、激励、策略、努力)中的哪一类会客观地影响被度量的业绩效果。这可以通过提出这个分析性问题来确定:"假如技能(或激励、努力或策略)不是像目前的情况那样运用于工作,工作效果上的相应差异会被察觉出来吗?"通过以这种方法详查四类变量中的每一个变量,可以辨别哪一种特定的变量在工作上非常重要。当然在许多情况下,不止一个变量具有重要性。

2. 在确定了一个或更多的"目标"变量后,还应该检查工作群体自身,以发现群体阻碍有效个人业绩的途径。比如,应该检查阻止个人在工作中潜在地表现和运用各种技能的一些群体规则。或者应该发现导致工人对于手头任务最优业绩进行过度或不充分激励的社会环境。对于处于工人自愿控制下的努力和策略,有两个主要的可能性要检查:(1)群体中迫使个人以无效方式行动的被强化准则;(2)群体以不充分或歪曲的方式,给个体成员提供有关任务和环境中偶发因素的信息,导致他们对与任务有效性相冲突的工作行为做出选择……

3. 最后,评估群体和更广泛的社会环境,以决定是否有将环境中的"人的资源"更全面地运用于提高工作效果的方法。那就是不仅仅将注意力单纯集中于群体可能阻碍业绩效果的方式上,而且还应注意存在于群体中任何未实现的潜力。比如,可以发现,一些群体成员非常愿意帮助其他人提高与任务相关的个人技能水平,但是这些个人却从未寻求过帮助。或者说,在保证每个群体成员能够获得有关他们的任务和决定各种工作行为的偶发环境因素的精确和最新信息上,可以帮助群体发现新的和更好的方法。

关键是工作中的身边人可以促进也可以阻碍个人的业绩效果——企图诊断提高工作绩效的社会环境的任何尝试,都应该清楚地指出不可能实现强化业绩以及需要的补救行为。

基于上述诊断所要呼唤的特别的组织变化——或可用于实现这些变化的技术,当然将主要取决于组织和可利用资源的特定特点。本节主要强调的是,不存在一个单独全面有用的变化类型和变化手段——相反,干预应该经常建立在对现存的社会、组织和任务环境的全面诊断之上。也许,对这个方面最令人感兴趣的是对发展社会干预技术的展望。这些社会干预技术将帮助群体看到这种需要(和发展这方面的能力),以便全面提高群体的工作效果。

参考文献

Argyris, C. The incompleteness of social psychological theory: Examples from small group, cognitive consistency and attribution research. *American Psychologist*, 1969, 24, 893—908.

Berkowitz, L. Group standards, cohesiveness and productivity. *Human Relations*, 1954, 7, 509—519.

Bion, W. R. *Experiences in groups*. New York: Basic Books, 1959.

Blake, R. R., & Mouton, J. S. *The Managerial Grid*. Houston: Gulf, 1964.

Coch, L., & French, J. R. P. Jr. Overcoming resistance to change. *Human Relations*, 1948, 1, 512—532.

Darley, J., Gross, N., & Martin, W. Studies of group behavior: Factors associated with the productivity of groups. *Journal of Applied Psychology*, 1952, 36, 396—403.

Festinger, L. Informal social communication. *Psychological Review*, 1950, 57,271—282.

Festinger, L., Schachter, S., & Back, K. *Social pressures in informal groups*. Stanford: Stanford University Press,1950.

French, J. R. P. Jr., Israel,J., & As, D. An experiment on participation in a Norwegian factory. *Human Relations*,1960,13,3—19.

Hackman, J. R. Group influences on individuals in organizations. In M. D. Dunnette(ed.), *Handbook of industrial and organizational psychology*. Chicago:Rand-McNally,1975.

Janis, I. L. *Victims of groupthink: A psychological study of foreign-policy decisions and fiascoes*. Boston:Houghton Mifflin,1972.

Kelman, H. C. Processes of opinion change. *Public Opinion Quarterly*, 1961,25,57—58.

Kiesler, C. A. Group pressure and conformity. In J. Mills (ed.), *Experimental social psychology*. New York: Macmillan,1969.

Lawler, E. E., & Hackman, J. R. The impact of employee participation in the development of pay incentive plans: A field experiment. *Journal of Applied Psychology*,1969,53,467—471.

Lott,A. J., & Lott, B. E. Group cohesiveness as interpersonal attraction: A review of relationships with antecedent and consequent variables. *Psychological Bulletin*,1865,64,259—309.

Schachter, S. Deviation, rejection and communication. *Journal of Abnormal and Social Psychology*,1951,46,190—207.

Seashore, S. *Group cohesiveness in the industrial work group*. Ann Arbor: Institute for Social Research, University of Michigan,1954.

Sherif, M. Formation of social norms: The experimental paradigm. In H. Proshansky and B. Seidenberg(eds.), *Basic studies in social psychology*. New York: Holt, Rinehart & Winston,1965.

Tajfel, H. Social and cultural factors in perception. In G. Lindzey and E. Aronson(eds.),*The handbook of social psychology* (2nd ed.). Reading, Mass.: Addison-Wesley,1969.

Vroom, V. H. Industrial social psychology. In G. Lindzey & E. Aronson (eds.),*The handbook of social psychology*(2nd ed.). Reading, Mass.:Addison-Wesley,1969.

Zajonc, R. B. Social facilitation. *Science*,1965,149,269—274.

30 组织理论和管理中的结构观点*

杰弗里·普费弗

组织理论对管理的研究,其独特和重要的贡献或至少是潜在的贡献,就是对社会结构的关注以及对这样的社会结构对组织及其成员的影响的关注。这种对结构的关注逐渐把注意力从诸如个性、态度、背景和信仰这些个体特征转移到了既限制又促使行为发生的行动者之间关系的持久特性上……

我们首先定义和描述我们所说的结构分析的意思,包括把它与其他理解行为的不同方法作比较。然后我们考察几种占主导的研究活动,以揭示对结构和结构影响的关注如何有助于我们理解大量有趣的、重要的现象。

结构性影响的概念

布劳(1977)认为:"社会生活的基本事实很明显是社会性的,即人类并非孤立地生活,而是与其他人相互联系……社会结构研究……的重点放在不同职位和社会联系中的人员配置上。"对结构影响的研究提出了这样一个问题:在社会结构中的职位以及这种结构的特征如何影响利益的结果。在这点上,重要的是要注意这里的结构不仅仅是正式的组织结构图,尽管正式的组织结构是不同职位的明显重要衡量标准和导致原因。组织结构被定义为任务相

---

*来源:Reprinted with permission from the *Journal of Management* 1991 (17:4).

关角色的关系模式,是结构的唯一来源,是角色差别的来源,也是差异化联系的一个来源。这种差异化联系影响到社会比较、交往和自然接近的整个过程。

布劳和斯考特(1962)是最早评估组织环境中社会结构影响的人。他们提出的问题是:"我们如何区分个体态度对行为的影响和由群体价值观和规范决定的社会限制?"(Blau&Scott,1962:100)。他们特别想把群体在整个信息化影响或一致性过程中对个体态度和信仰的影响,与群体对成员行动的影响(不考虑他自己的态度和价值观)区分开来……

这个阶段见证了在社会结构的衡量上和对其影响的实证估计上的进展。例如,布劳和施沃兹(1984:9)把社会结构定义为是人与人之间的差距,特别是他们之间社会职位的差距……

然而,社会结构不仅是指与社会或任务相关(尽管这显然是结构的一大要素或方面)的交往模式,而且也指随后诸如收入、组织中的任期或性别等社会属性之间的关系模式。社会结构显然是通过将个体特征加总来衡量的,但是由于它描述的是个体间的关系,因此,它具有总和的特性,但不是其中的任何人。例如,收入的不平等,无论采用变量系数,还是用如基尼系数那样的其他一些指标来衡量,显然都是根据个体收入来计算的。但是,有些部门或组织中的工资不平等是大型社会单位的一个特征,而且人们无法回答个体工资间的不平等究竟有多大。

对行为中结构性影响的探索也取得了进展,尽管并非人们想象的那么快,因为这并非是一种得到广泛赞同的分析和理论解释方法(Mhew,1980,1981)。这方面研究的一个例子是,布劳和施沃兹(1984)探讨了在一些大城市中取样得到的种族、职业、种族背景和出生地等方面有所不同的人之间的通婚模式……布劳和施沃兹(1984)揭示出尽管有着群体内部接触的假设偏好,各种人口统计群体的相对大小影响着观察到的通婚比率。个体的偏好属于结构性限制,而这些结构性限制(在这个例子中表现为各种人口统计群体的相对大小)对通婚比率这个变量有着重要的解释权。

坎特(1977b)对群体生活影响比例的研究代表了另一个社会结构对个体态度和行为影响的例子。她认为,人们在特定情况下,当他们属于群体非常小的部分时,会经历极高的压力,他们会显得备受关注,会被看作是这个群体的典型代表。斯邦勒、高顿和比帕金(1978)研究了两所法学院的女学生。在一所学院中,她们构成了班级的1/3;在另一所学院中,她们在班级里只占1/5。当女学生在班级里占有更大比例时,她们更积极参与班级讨论,而很少会选择"女性法"(如离婚法)。普费弗(1983)回顾了人数和比例对社会生活影响的其他研究,包括年轻同伴的数量既影响青少年不良行为的数量也影响使人变得行为不良的比例的证据(Maxim,1985);还包括有关出生人口的数量如何影响同伴成员的经济福利及其后果(例如,生育和离婚)的研究(Easterlin,1980);以及有关男性和女性的相对数量影响婚姻习俗(例如,有否陪嫁和实行一婚一妻制)的研究(Guttentag&Secord,1983)。所有这些研究显示,社会行为不但是个体属性和特征(包括态度和偏好)的函数,而且也是个体在社会空间分配的函数。这种分配造成了约束和影响行为的社会力量。

如果一种结构性影响来自于社会环境中各种群体的相对数量,那么,另一个这样的影响来自于这种环境的物理维度。结构涉及交往的模式,而这种交往部分地受物理空间和地理的影响。空间安排对社会行为的影响,如朋友模式和社会化数量由费斯廷格、沙切特和贝克(1950)进行了探讨;组织的物理维度的重要性由普费弗(1982)和戴维斯(1984)作了研究。哈奇(1987)揭示出由物理环境导致的开放性和物理临近性影响管理人员花在社会交往和任务上的时间。

社会结构还指人们之间沟通的模式。汤普森(1967)把结构定义为关系模式。这些关系部分地是由正式组织图、任务和社会相互依赖的性质,以及物理距离和其他因素决定的。这些关系可表现为网络型并且是极其重要的,因为它们影响信息、机会和其他资源在某些人群中如何扩散以及占据不同网络位置的人的权力。布拉斯(1984)和克拉克哈德(1990)二人都发现结构的中心性与个人权力有关。对创新传播的研究指出,传播过程受到社会关系模式的规定,从而影响着创新的信息和评估如何在整个人口中扩散。大多数传播理论采用一种社会传染观点(Burt,1987),认为思想或产品的传播要通过实际的社会接触,非常像对流行病的研究。然而,社会传染还有另一种形式,即接纳者不仅受到社会接触的影响,而且还受到对处于同等职位的其他人(同一职位的竞争对手)的观察的影响。波特(1987)重新分析了可尔曼、卡兹和门兹尔对四环素传播的经典研究,发现结构上相当的医生——那些在其环境中与他人分享类似关系的人以及相当于早期采纳者的人,也会较早开出抗生素的处方……波特(1987)研究的结果表明,这种模拟传播遵循着结构上相同的社会行动者相互模仿的过程。

重要的是要注意,从布劳和斯考特(1962)开始直到现在,分析组织行为的结构性方法总是不仅考察结构的衡量及其决定因素(例如,如何适当衡量工资的不平等及其形成原因),而且还考察结构的影响。这些结构的影响就是通常对个体行为和态度起作用的影响。结构性分析的区别不在于依赖性变量或者是分析的层次,而在于能提供解释的独立变量。例如,在考察法学院中女学生选修课和职业方向的选择时,除了用职业偏好、个体需求和个人价值观的衡量外,结构性的衡量方法将把重点放在女学生在学院中的比例、结构上相等职位的女性都在干些什么、那些与有争议的人接触的学生都在干些什么等方面。更重要的是,我不是说结构性力量一成不变地比个体的差异化重要,理由很简单:由于组织是个社会和关系实体,因此寻求用组织的结构性特性来理解和解释行为常常是有用的。

本文的剩下部分,我将探讨对结构性影响的这种关注将如何有助于丰富我们对那些长期以来基本上被作为纯粹反映个体的因素——工作态度、离职率、工作绩效和工资等问题的分析。在每一例中,我简单地阐述了结构性观点对探索其结果的其他思想和分析战略都指什么东西。

工作态度

对工作满意度和其他工作态度的学术研究有成千上万种,这些在其他地方已经得到了评论(例如,Locke,1976;Miller,1980)。我们先前已经讨论过(Salancik&Pfeffer,1977),许多文献(如果不是全部的话)指望用个体心理学来理解工作满意度。

在工作态度这个问题上的结构性方法将指望环境以社会传播作为对工作环境影响性反应的一种可能性来源。这类方法的一个例子就是由萨伦斯克和普费弗(1978)提出、且受到许多人检验(Thomas&Griffen,1983))的社会信息处理模型。实证研究表明一个人自己的态度受到环境中其他人表达出来的观点的影响。例如,在最早的一份研究中,欧雷利和卡德维(1979)指出工作满意度、甚至对工作特征的感觉都受到实验者同伴对工作环境有利还是不利评价的影响。格里芬(1983)在一个矿区里重现了这种影响,即接受过如何提供正面社会提示训练的管理人员,能影响对任务特征和工作环境的感觉。

在信息的社会影响过程中(Cialdini,1984;Duetsch&Gerard,1955),我们受到其他人观点的影响并不令人惊奇,尽管它确实意味着要跳出个体之外来理解个人对工作的反应。除了经常被研究的直接信息的社会影响外,另一种来源于社会比较的社会结构影响也很重要。我们直接从别人那儿了解我们的偏好和我们的环境。与此同时,我们把自己的结果与我们周围其他人所得到的结果进行比较,从而在比较的基础上来决定我们干得怎么样以及我们应该有多大的满足。斯多夫、瑟奇曼、戴维尼、斯达和威廉姆斯(1949)运用社会比较的概念来试图解释为什么以大多数客观的标准看,偶尔生活在比较差的条件下的士兵要比那些看上去生活得更糟的人更不开心。他们认为,这不是客观条件所致,而是一个人将其条件与其他人作比较的结果。考察工资对满意度和行为的影响的理论也经常会提出社会比较过程的重要性(Adams,1963,1965;Duetsch,1985)。这些理论大多常常在实验室试验中得到检验(Mowday,1983;参见 Telly,French&Scott,1971),因为研究者们很少能够以能使社会比较影响得到评价的方式来收集这方面的数据。把这些思想延伸到工作特征领域,奥尔德姆和他的同事(Oldham&Miller,1979;Oldham et al.,1982)考察了个体对工作特征的反应如何受到他们同事工作特征的影响。他们发现,对工作环境的反应受到直接环境中其他人的工作是否更吸引人或更不吸引人的影响。在工作特征中那些占相对劣势的人,即使把他们自己的任务特征考虑进去,也会比那些在直接环境中有更好工作的人产生较低的满意度。

运用社会比较过程的理论所产生的问题是对比较对象的选择问题还有待解决。对最早的斯托弗等人(1949)的研究的批评之一就是,在任何情况下都可以设想与受关注的群体相比,有些人的生活更好,另一些人更糟。所以,在这样一个事实下,人们总是会根据他们对社会比较(对象)的合适选择表明满意或不满意的感觉。但是,这就是结构性方法或观点可以增加我们的分析力之所在。可得性和邻近性问题成了这些方法的焦点;这种方法还被用来度量邻近性——斯密斯(1980)在决定比较对象选择时所强调的一个因素。

对于结构性方法的采用,我们有两种一般性预见:第一,我们预见工作态度在某种程度上是社会传播过程的结果。与别人接触的人往往会与别人共享工作环境的态度和感受,而有着结构上同质性的人(与相同的人接触,即使不是直接接触)会持有共同的态度。究竟是直接接触还是结构性同质在影响态度上更重要,这是个实证问题。第二,我们预见工作态度越一致,接触和联系也就越多,被研究的人彼此间的相似性也就越多。因此,结构性因素能帮助我们理解态度的内容和在一个社会单元内它们的变化。

离 职

离职问题同样得到了大量的研究(例如,Bluedorn,1982)。离职还常常作为个体决策过程的结果与个体的孤单行动一起被研究。例如,研究发现离职与组织中的任期成反比,因为任期需要做出承诺(Salancik,1977;Sheldon,1971),同时意味着对组织进行更多的投资。离职与工资也成负相关(Mobley,1982;Price,1977),因为工资越高,他在其他地方找到更好机会的可能性越小。因此,个体的工资越高,寻找其他工作的可能性就越小,找到另一个更具经济吸引力的工作的可能性也越小……实际上,所有主流的离职模型都把它视为个体决策,而不考虑社会结构的影响。

这种结构性方法的例外情况也确实存在。例如,克拉克哈德和波特(1986)明确建立了一个把离职看作是受到社会影响过程的模型。通过在快餐店收集交友和交往模式的数据,这些作者发现离职无论在时间上还是在社会空间上都是群集的。一旦朋友圈中有些人开始辞职,其他人也会马上跟上。因此,离职就像滚雪球,离职模式服从于社会交往模式。

研究者们发现离职是人口统计上相似性的结果,认为由于交往可能是顺着同伴圈子进行的,人与人的结合是交往的函数,因此,人口统计将影响离职……

其证据与离职是结构性的观点是明显一致的。离职的人越是处于中心,其他人离开的可能性也就越大。这里有个传染效应,一个既具社会可接近性、又与那些离开的人在结构上是同质的人,就越有可能离开,尽管(就像在其他传播研究中那样)它要求实证研究来评价社会接触对结构均衡的相关影响有多大。与主导群体的人口统计越相似的人越不会离开,而有着两种形式的或异质的人口统计分配的组织,其离职率就更高。尽管所有这些研究中,网络职位中的明确角色常常未被考虑,但克拉克哈德和波特的研究,把离职看作是雪球效应,为如何继续沿着这条线研究下去提供了启示。

既然社会结构影响离职,所以有必要既要在这些群体中找出最有危险性的个体和群体,又要尽可能为那些有离开倾向的人努力提供补偿。这样的补偿可能包括创造更多的,诸如社会事件这样的集体活动,把更多的管理时间和注意力放在最有危险性的群体和个体身上。显然,各种留住人的努力都应得到保证,因为如果处于更中心的人一旦离开了,那么随后就会有相对更多的人离职。因此,评价潜在的行动,如提高工资,可能还包括从沟通和社会距离角度对个体的结构中心地位进行评价,从而确定个人潜在离职可能造成的损失。

在态度研究案例中,对离职产生影响的社会比较效应可能是重要的。尤其是,工资、工作态度和其他从工作场所得到的回报的影响,一部分与环境中其他人做比较后才起作用。例如,在对高层次学术管理人员离职的研究中,普费弗和戴维斯—布莱克发现,当其他因素在统计上得到控制后,工资对离职不是主要的影响。然而,工资作为平均工资的一部分支付给样本中特定工作的工作人员时,作为整体确实能准确地预见离职。给予一个人的工资与支付给那个职位的平均工资相比越高,这个人离开这个职位的可能性就越小。在学院或大学的行政管理人员中的工资离散与影响离职的个人工资之间会相互作用。低工资的个体面临高度离散的工资分配使他们处于相对不利条件时,更有可能离开,而在一个更平均化的工资体制下,则很少会离开。相反,高工资的个体在一个更离散的分配制度下,也很少会离开,因为在这样的环境下,他们过得相对更好。人们在考虑其他组织报酬的分配效应时可以做出相似的预见。

工作绩效

弗鲁姆(1964)认为绩效是能力乘以激励的函数,这一公式至今还是占主导地位。显然,能力和激励都很要紧,但是弗鲁姆的方法忽略了这样一个事实:即能力和激励都是内生的,连同绩效,部分是由社会决定的。先来看看学术成果,与其他许多著作的内容相比,其优点是有着相当清晰的衡量能力和低任务依赖性。因此,浪和麦克基尼(1981)从对学术成果的研究开始,对学术型的化学家们进行了一项纵向研究,提出了这样一个关键问题:研究成果是否会影响一个人的学术地位,或者一个人的地位是否会影响其学术成果?他们的结论揭示了——至少在他们的样本中,在研究绩效和一个人学术地位的高低之间所看到的相关关系几乎都是由于所从事的内容对绩效的影响而产生的:实际上几乎没有任何证据证明绩效会影响一个人的地位,而这已经是个高度模式化的领域……

为什么地位可能会对绩效产生影响?这里有许多值得称道、但并非相互排斥的理由。首先,有些环境有更多的资源,包括减少了教学工作量、更好的实验室设施、更好的研究助理等等。其次,还制定了研究规范或文化,这些会鼓励或不鼓励一个人对研究的全身心投入。换言之,存在着社会激励和社会竞争效应,它们在某些环境中可能起到增强努力和成果的作用。第三,有一些多产的学者会给其环境中的其他人在如何得到研究资助到如何得以出版,再到有关技术和理论方面的更多知识等一些问题上提供更高质量的建议和帮助。

同样的影响也会在其他环境中发生。从别的同事那儿得到建议和帮助可能对工作中的学习至关重要,而能否得到这些建议和帮助,既取决于同事的品质,也取决于他们之间的关系。已观察到的沟通中心与能力和绩效之间发生的互动关系之所以发生(例如,Blau,1955),既由于沟通中心属于那些具有更多专长的人,又因为在一个交往的系统中占据一个中心地位。事实上,它能够使人更专业和更有能力。对那些要求边干边学、高信息量和与别人协作的工作,绩效显然是一个人自己的个体品质与社会结构的关系以及他的社会环境内容的产物。还有另一个这样的例子,如道尔顿(1959)列举了一个黑人的案例,20世纪50年代该人被任命为南部一家工厂中一群白人的上司,由于他所监管的工人抵抗和当场有意破坏,这名管理人员没有成功,最终辞掉了自己的工作……

工 资

对个体收入中变量的解释也往往先于对个体归因的考虑……

工资如何受到社会结构影响的另一种观点,强调的是社会比较过程的重要性和用来传播信息、工资和工作机会的社会网络的运作(Granvetter,1974)。例如,欧雷利、梅恩和克利斯朵(1988)从事了一项这种类型的推理和分析模型研究。他们想探讨 CEO 工资的决定因素。他们推论总监薪酬委员会将以比较方式开展工作——对于赚很多钱的人,高工资看上去也会比拿得更少的人相对还要少。由于薪酬委员会的总监们一概高于他们自己企业中担当高层管理人员(CEO)的总监,欧雷利等人推断,该委员会的成员在其管理岗位上的工资越高,他们给予正在设定薪酬的企业的 CEO 的工资也就越高。通过控制企业的规模和财务绩效,欧雷利和他的同事们确实观察到薪酬委员会在他们自己的管理角色中得到的工资对 CEO 的工资有影响。

产业对工资也有影响,这些影响不能完全用产业利润、风险度、规则等变量来解释(O'Reilly et al.,1988)。顺着我们理出的这条研究脉络,我们认为在那些有着更多企业间沟通、更高程度的社会接触和结构性同质的产业中,产业对工资的影响会更大。用网络术语来说,总监、经理和企业的向心性可被用来分析结构对工资的影响,这种方式比欧雷利和他的同事采用的分析方法更精确。

在这个问题上我们的讨论基本集中在企业之间的社会结构及其对工资的影响上。我们所描述的这种更大影响实际上可能是在组织边界内,而不是跨组织的。社会比较过程在组织内发挥作用,这些过程是由人口统计和沟通线路决定的。例如,普费弗和浪顿(1998)、普费弗和戴维斯—布莱克(1990)都观察到在人口统计异质性组织中,工资的离散性更大……普费弗和戴维斯—布莱克还观察到工作头衔的扩散往往是与更大的工资离散相联系的。不同的工作头衔法律上规定要付给不同的人不同的工资。实际上,头衔扩散的一个原因可能就是使差别对待合法化,就像用性别区分工作(Baron&Bielby,1986),可以使给予男性和女性不同的工资合理化。

沟通结构同样会影响工资的决定过程。例如,普费弗和浪顿(1988)发现在大学院系中,社会接触越多、教员间与工作相关的交往越多,那么工资的离中趋势也就越低。社会一体化和社会凝聚力使得高差别的工资不太被接受和被期望。普费弗和康拉德发现,个人的权力,部分地与他在大学院系内或院系外的社会沟通结构中的地位有关,也会提高工资。同样,沟通常常会增加研究成果和经验的经济回报。古兰诺维特(1974)注意到,比起那些只通过正式手段或直接申请找工作的人来,通过社会接触找工作的个人往往能找到更好工作(例如,高工资的工作)。因此,有证据表明社会结构既影响经济回报,也影响各种形式的人力资本的回报。一旦一个人处于结构之中后,无论是人口统计的,抑或沟通结构方面的,究竟干得怎么样就很重要。

讨 论

对组织的研究最为常见的是从把个体作为观察对象开始。但是,问题在于"这种分析必须从对个体层面的观察转移到利益冲突根本所在的系统层面"(Huber,1990:2)。如何做到这一点往往是个问题,许多组织研究至今对这个问题很迟钝。尽管我们知道组织都是关系实体,个体在其中相互交往和相互比照,但我们的许多研究却把个体单独作为分析单位,不去尝试着把社会结构概念融入到他们的理论或实证研究中。布劳和施沃兹(1984:8)写道,人们都"受到社会环境的影响,因为他们所处环境中的其他人决定了人们在建立社会关系方面的选择"。这些社会关系也因此决定了人们如何感受他们的环境,以及他们在其中表现得是否成功。

我们试图指出对结构性影响的关注如何丰富甚至对个体层面结果的分析,如满意度、离职率、绩效和工资。在我们看来,我们认为人口统计和社会交往似乎都很重要。虽然在文献中对这种方法的有用性提出过建议性的成果,如对离职和CEO薪酬的研究,但基本上没有一项现有的研究真正完全采用现有的方法论技术来分析结构。从这个意义上讲,在实证研究上还大有文章可做。

但是,在理论上也还有很多有待完成。在试图分析结构对组织的影响方面,我们研究得不够深……如果我们真的打算深入研究这些问题的话,对结构性影响的关注要求我们收集不同形式的对结构职位敏感的数据。

这样的研究看来很值得去努力。社会环境,作为考察对象,被看作是个导致从任务感受一直到离职结果的强有力要素。由于组织是一种社会环境,那么只有合理地利用宏观结构的观点和技术来对这些环境的某些方面做些探索。

参考文献

Adams, J. S. 1963. Toward an understanding of inequity. *Journal of Abnoro-*

mal and Social Psychology, 67:422—436.

Adams, J. S. 1965. Inequity in social exchange. In L. Berkowitz(ed.), *Advances in experimental social psychology*, 2: 267 — 299. New York: Academic Press.

Baron, J. N. , & Bielby, W. T. 1986. The proliferation of job titles in organizations. *Administrative Science Quarterly*, 31:561—586.

Blau, P. M. 1955. *The dynamics of bureaucracy*. Chicago: University of Chicago Press.

Blau, P. M. 1977. *Inequality and heterogeneity*. New York: Free Press.

Blau, P. M. , & Schwartz, J. E. 1984. *Crosscutting social circles: Testing a macrostructural theory of intergroup relations*. New York: Academic Press.

Blau, P. , & Scott, W. R. 1962. *Formal organizations*. San Francisco: Chandler.

Bluedorn, A. C. 1982. The theories of turnover: Causes, effects and meaning. In S. B. Bacharach(ed.), *Research in the sociology of organizations*. 1:75—128. Greenwich, CT: JAI Press.

Brass, D. J. 1984. Being in the right place: A structural analysis of individual influence in an organization. *Administrative Science Quarterly*, 29:518—539.

Burt, R. S. 1987. Social contagion and innovation: Cohesion versus structural equivalence. *American Journal of Sociology*, 92:1 287—1 335.

Cialdini, R. B. 1984. *Influence: How and why people agree to things*. New York: William Morrow.

Coleman, J. S. , Katz, E. , & Menzel, H. 1966. *Medical innovation*. New York: Bobbs-Merrill.

Dalton, M. 1959. *Men who manage*. New York: John Wiley.

Davis, T. R. V. 1984. The influence of the physical environment in offices. *Academy of Management Review*, 9:271—283.

Deutsch, M. 1985. *Distributive justice: A social psychological perspective*. New Haven, CT: Yale University Press.

Deutsch, M. , & Gerard, H. 1955. A study of normative and informational social influences on individual judgment. *Journal of Abnormal and Social Psychology*, 51:629—636.

Easterlin, R. A. 1980. *Birth and fortune: The impact of numbers on personal welfare*. New York: Basic Books.

Festinger, L. , Schachter, S. , & Back, K. 1950. *Social pressures in informal groups*. Stanford, CA: Stanford University Press.

Granovetter, M. S. 1974. *Getting a job: A study of contacts and careers*. Cambridge, MA: Harvard University press.

Griffen, R. W. 1983. Objective and social sources of information in task redesign: A field experiment. *Administrative Science Quarterly*, 28:184—200.

Guttentag, M. , & Secord, P. F. 1983. *Too many women? The sex ratio question*. Beverly Hills, CA: Sage.

Hatch, M. J. 1987. Physical barriers, task characteristics, and interaction activity in research and development firms. *Administrative Science Quarterly*, 32: 387—399.

Huber, J. 1990. Macro-micro links in gender stratifications. *American Sociological Review*, 55:1—10.

Kanter, R. M. 1977b. Some effects of proportions on group life: Skewed sex rations and responses to token women. *American Journal of Sociology*, 82:965—990.

Krackhardt, D. 1990. Assessing the political landscape: Structure, cognition, and power in organizations. *Administrative Science Quarterly*, 35:342—369.

Krackhardt, D. , & Porter, L. W. 1986. The snowball effect: Turnover embedded in communication networks. *Journal of Applied Psychology*, 71:50—55.

Locke, E. A. 1976. The nature and causes of job satisfaction. In M. D. Dunnette (ed.), *Handbook of industrial and organizational psychology*: 1 297—1 349. Chicago: Rand McNally.

Long, J. S. , & McGinnis, R. 1981. Organizational context and scientific productivity. *American Sociological Review*, 46:422—442.

Maxim, P. S. 1985. Cohort size and juvenile delinquency: A test of the Easterlin hypothesis. *Social Forces*, 63:661—681.

Mayhew, B. H. 1980. Structuralism versus individualism: Part I, shadowboxing in the dark. *Social Forces*, 59:335—375.

Mayhew, B. H. 1981. Structuralism versus individualism: Part II, ideological and other obfuscations. *Social Forces*, 59:627—648.

Miller, J. 1980. Individual and occupational determinants of job satisfaction. *Sociology of Work and Occupations*, 7:337—366.

Mobley, W. H. 1982. *Employee turnover: Causes, consequences, and control*. Reading, MA: Addison-Wesley.

Mowday, R. F. 1983. Equity theory predictions of behavior in organizations. In R. M. Streets & L. W. Porter (eds.), *Motivation and work behavior* (3rd ed.): 91—113. New York: McGraw-Hill.

Oldham, G. R. , & Miller, H. E. 1970. The effects of significant other's job complexity on employee relations to work. *Human Relations*, 32:247—260.

Oldham, G. R. , Nottenburg, G. , Kassner, M. W. , Ferris, G. , Fedor, D. , & Masters, M. 1982. The selection and consequences of job comparisons. *Organiza-*

tional Behavior and Human Performance,29:84—111.

O'Reilly, C. A. , & Caldwell, D. 1979. Informational influence as a determinant of perceived task characteristics and job satisfaction. *Journal of Applied Psychology*,64:157—165.

O'Reilly, C. A. Ⅲ , Main, B. G. , & Crystal, G. S. 1988. CEO compensation as tournament and social comparison: A tale of two theories. *Administrative Science Quarterly*,33:257—274.

Pfeffer, J. 1982. *Organizations and organization theory*. Marshfield, MA: Pitman.

Pfeffer, J. 1983. Organizational demography. In L. L. Cummings & B. M. Staw (eds.), *Research in organizational behavior*,5. Greenwich, CT: JAI Press.

Pfeffer, J. , & Davis-Blake, A. 1990. Determinants of salary dispersion in organizations. *Industrial Relations*,29:38—57.

Pfeffer, J. , & Davis-Blake, A. in press. Salary dispersion and turnover among college administrators. *Industrial and Labor Relations Review*.

Pfeffer, J. , & Konrad, A. in press. The effects of individual power on earnings. *Work and Occupations*.

Pfeffer, J. , & Langton, N. 1988. Wage inequality and the organization of work: The case of academic departments. *Administrative Science Quarterly*,33: 588—606.

Price, J. L. 1977. *The study of turnover*. Ames, IA: Iowa State University Press.

Salancik, G. R. 1977. Commitment and the control of organizational behavior and belief. In B. M. Staw & G. R. Salancik(eds.), *New directions in organizational behavior*,1—54. Chicago: St. Clair Press.

Salancik, G. R. , & Pfeffer, J. 1977. An examination of need-satisfaction models of job attitudes. *Administrative Science Quarterly*,22:427—456.

Salancik, G. R. , & Pfeffer, J. 1978. A social information processing approach to job attitudes and task design. *Administrative Science Quarterly*,23:224—253.

Sheldon, M. E. 1971. Investments and involvements as mechanisms producing commitment to the organization. *Administrative Science Quarterly*,16:143—150.

Smith, P. B. 1980. *Group processes and personal change*. New York: Harper & Row.

Spangler, E. , Gordon, M. A. , & Pipkin, R. M. 1978. Token women: An empirical test of Kanter's hypothesis. *American Journal of Sociology*,85:160— 170.

Stouffer, S. A. , Suchman, E. A. , Devinney, L. S. , Star, S. A. , & Williams, R. M. 1949. Adjustment during army life. *The American Soldier*,1. Princeton, NJ: Princeton University Press.

Telly, C. S., French, W. L., & Scott, W. G. 1971. The relationship of inequity to turnover among hourly workers. *Administrative Science Quarterly*, 16: 164—172.

Thomas, J., & Griffen, R. 1983. The social information processing model of task design: A review of the literature. *Academy of Management Review*, 8: 672—682.

Thompson, J. D. 1967. *Organizations in action*. New York: McGraw-Hill.

Vroom, V. H. 1964. *Work and motivation*. New York: John Wiley.

31 组织中的心理契约*

丹尼斯·M. 卢索

"他们许诺给我一份营销工作,我现在从事电话推销。"
"公司承诺不会有人在培训阶段被炒鱿鱼——在安排工作之前,我们所有的人都是'安全'的。作为对这种安全的回报,我们接受了低工资。但公司后来在培训阶段开除了四个人。"
"公司原先向我们呈现的财务和市场优势明显是假造的。"
——引自被解雇的新进员工

违背契约可以是轻微的误解,也可以是对良好信任的全然践踏。在组织中,违背契约往往是许多顾客付诸法律的关键所在(Kaufmann & Tyler, 1993)。尽管会带来名誉、职业生涯和关系的潜在损害,但违背契约还是时有发生并屡禁不止。

本章中详细描述的有关违背契约的基本事实包括:
- 违背契约是普遍的。
- 违背契约会导致受伤害一方的负面反应。
- 不履行契约对于(相互间的)关系未必是致命的。
……

---

* 来源:*Psychological Contracts in Organizations*. Reprinted by permission of Sage Publications, Inc.。

什么是违背契约?

严格地讲,违背契约就是没能遵守契约的条款。但是,考虑到心理契约的主观属性,人们如何解释造成这种违背契约的环境,决定了他们是否经历过违背契约。违背契约有三种形式(见表1)。当双方都能够并且也愿意维持他们所达成的交易,但不同的解释导致一方的行为与另一方的理解和利益背道而驰的时候,就会发生非故意违背。两个人误解了约会的时间,不能遵守共同的会面承诺是不经意的。当一方或双方不能把契约履行到底,尽管实际上他们都愿意这样做的情况下,就会发生中断契约。如台风强迫工厂关门,使得雇主无法提供工作。同样地,一场交通事故会导致员工无法准时上班。当一方有能力履行契约却拒绝这样做的时候,违约或毁约就发生了。一名在被雇用时答应要工作3年的销售代理可能在6个月后辞职了。受害者对毁约原因的理解因为不愿意守约还是因为无力守约,对于毁约的过程及受害者将作出什么样的反应有着巨大的影响(Bies&Moag,1986)。

鉴于契约条款的主观性,很少有契约不发生一些非故意违背。由于契约被不断地订立和延续,因此我们可以设想组织、(组织内)成员、供应商及顾客都会容纳许多非故意的破坏。误解可能会被忽略,有些(误解)会理所当然地得到补救。曾被许诺将得到提升却没兑现的人,会认为下次会轮到他。受害者不会把所有的不遵守行为都看作是破坏(契约),因此我们不能把破坏仅仅理解为不遵守。如果契约条款是站在旁观者的角度,那么是否违背契约也应该站在同样的角度。主观性会使人很容易感知到违背契约发生了,却又很难去了解是否真的发生过。有些契约未能履行,不是由于对契约的实际破坏,而是由于缺乏沟通。

表1　　　　　　　　破坏契约的根源

非故意	有能力并愿意 (基于良好信任基础上的不同解释)
中断	愿意但是没能力 (无法履行契约)
违约	有能力但却不愿意 (背信)

我们的观点就是,当不能遵守契约中蓄意要避免的伤害或损失的承诺时,违背契约现象就会发生。不能遵守承诺可以出于机会主义、疏忽或缺乏合作……机会主义、疏忽和缺乏合作是违背契约的基础。

一名想有更多时间与家人一起的银行经理离开了要求高、同时收入也高的一家银行，而去了另一家很小的金融机构。这家新银行对这位经理的主要吸引力，在于招聘他的管理人员高度渲染的低压力环境。开始工作不到两个星期，这名经理就听说这家小企业即将开始一项由他主导的雄心勃勃的营销活动，而这将使他比以前要更长时间地远离家人。(他的)损失包括增加了压力、家庭矛盾以及如果他试图再次改换工作而导致的名誉损害。这名经理觉得受欺骗和陷入圈套的感受，更加大了由组织这项措施导致的个人成本。如果这位银行经理是被有意误导，则这样的毁约是建立在机会主义基础上的。如果关键信息是由于招聘人员本身信息不足而被漏掉了，则这就是个疏忽的例子。如果是由于在制定新的策略计划时没有考虑到他的投入，则就构成缺乏合作。无论是何种情况，这种情景都可让人产生被出卖的感觉。

尽管可以有无数种违背契约方式，但它们还是有许多共同形式(见表2)。招聘人员可能过度承诺工作带来的挑战性、成长或发展的机会。但同时，热切的求职者也可能误读这些信息，误以为这就是他们愿意听到的承诺。管理人员、工作伙伴或高层领导的言行不一致都可能导致毁约……还有种信息混杂现象，即不同的契约制定者表达出他们各自不同的意图。一项使命陈述可以表明组织对员工的奖励是建立在绩效基础上("对卓越的承诺")，而同时也可以表明报酬系统是建立在资历基础上。不同的契约来源，可以各自传递相互排斥的承诺。

表 2　　契约制定者和系统违约的来源

来　源	违　约
契约制定者：	
招聘人员	不熟悉实际工作 过度承诺
管理人员	言行不一
工作伙伴	不能提供支持
指导者	很少自始至终 缺乏互动
高级管理层	混杂信息
系统：	
报酬	改变标准 奖励资历、低工作安全感
福利	改变覆盖面

续表

来　源	违　约
职业生涯路径	取决于顶头上司 缺乏一贯性的申请
绩效考核	不及时完成 缺乏反馈
培训	学习的技能与工作不相关
文件档案	程序描述与实践相悖

违背契约的经历非常普遍。对 MBA 校友的一项跨时间研究显示,一大半人在工作的头两年中就曾经历过原先雇用承诺的违约(Robinson&Rosseau,1994)。据报告,违背契约的类型几乎覆盖了所有的雇用条件,从报酬和提拔机会到工作性质、同事的素质和个性以及组织本身……人事变动(新来的经理或高层主管)常常是所有这些其他变动的根源。然而,尽管报告的违约比例很高,但是,MBA 学员们也报告说,通过他们或他们雇主采取的一些行动可使一些违约行为得到纠正。另外一些人还报告说,尽管他们对于发生在他们与雇主之间的某些行为有争议,但他们的契约还是基本完成的。违背契约与完成契约之间的差异可以通过考察违约的动态过程来分析。

违约如何发生:一个模型

为了理解违背契约的动态过程,我们需要一个模型来解释下列这些情况:

● 由于收益账户重新作了调整,有的销售代理对此十分愤怒;相反,有些销售代理打算接受这样的变动。

● 有的客户接受对由于运输过程造成的货物损害的调换,并且对这样的服务非常满意;但同时,其他的一些客户则对供应商的这种不可靠行为依然感到气愤。

● 一家工厂的关闭造成所在城市居民的愤怒抗议;而另一家企业的同样行为却被当地报纸赞许。

违约中最主要的"问题"是要理解为什么有些情况看上去与契约相悖,却不会导致不利的反应;但有些事情似乎无关紧要,却导致了愤怒和不平……一个反映违约动态过程的模型(见图 1)被提出来了。

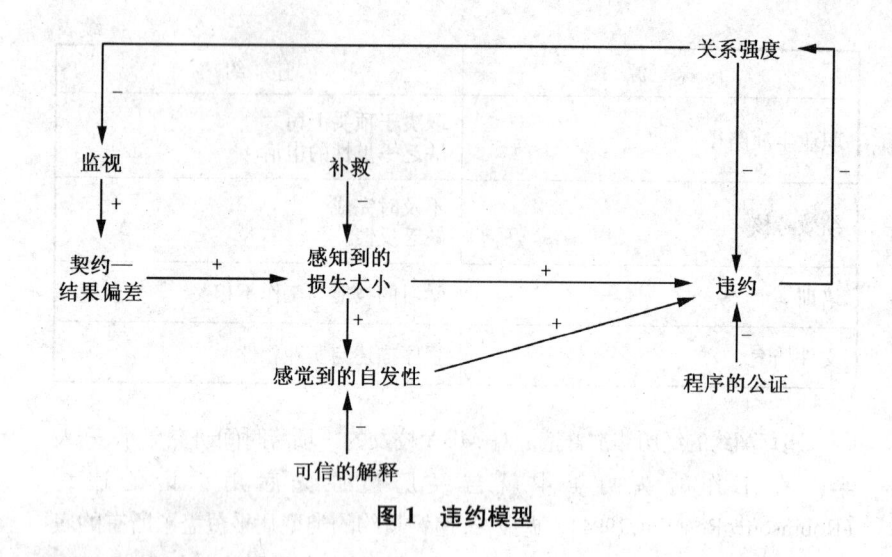

```
                                         关系强度
              ─                         ↗        ↘
              ↓              补救        │         │
           监视              ↓          ─         ─
            ↓ +         感知到的         ↓         ↓
      契约—  + →         损失大小   +  →  违约
      结果偏差                              ↑    ↑
                           ↓               +    −
                     感觉到的自发性  ────┘    │
                           ↑                 程序的公证
                           −
                      可信的解释
```

图 1　违约模型

契约—结果的偏差

违背契约始于对推理性结果(如可自由选择的工作安排、额外的支持)与实际结果之间偏差的感知。但并非所有的偏差都受到关注,也并非所有被关注的偏差都被认为是违背契约。什么样的契约—结果之间的偏差会转变为违背契约呢?有三个基本要素会增加偏差被解释成违背契约的可能性:监视、损失的大小和关系强度。

监视。监视是通过仔细检查别人的行为来间接地获取信息(Clark&Reis,1988)。有些偏差更容易受人关注。当人们感觉对信息有特别需求时,他们会对其他人的行为加以特殊的关注。除非有人看着时钟,否则同事迟到5分钟也会被忽略。但是如果这个同事的迟到是经常性的,并且成为其他人恼火的一个原因,那么人们很可能注意到这个懒散人的到来。

除非人们主动地把结果与他对契约的理解进行比较,否则许多偏差也是很容易被忽略的。如果无人检验员工的工作是否符合标准,那么员工可能会认为他提供的质量已经足够好了。除非我们有检查员工工作的理由,否则我们不会这样做,因此偏差也就会被忽略而过——工作就此继续下去。人们监视别人行为的程度影响着违背契约的经历。质量控制这种形式的监视往往只有在差的绩效出现后才会发生。其他情况也同样,大的偏差比起小偏差更容易受到关注。

感知到的损失大小。受害者是否把契约—结果偏差看作违背契约,感知到的损失大小是个重要的决定因素。大的偏差不仅很显眼,而且我们对它的解释也与小的偏差不同。在判断所造成的损害程度时,相比产生轻微后果的事故,人们往往对于产生严重后果的事件追究更大的责任……当一方的行为对另一方造成了相当的损害时,违背契约的感知会变大。没能兑现提拔的承诺不一定被看作是违背契约,如果其他的好处给予了承诺接受人,或在得到被延迟的提拔前还维持着一种良好的信任感。但是,如果相互关系(如员工与组织、工作群体与团队领导、客户和供应商)在历史上曾经出现过问题,那么更有可能发生监视。一旦信任受到侵蚀,即使微小的偏差也会被赋予特殊的、令人不快的意义。

关系强度:违背契约的背景。当违背契约发生后,其赖以建立的关系也会最终损害……关系强度,尤其是其历史会影响违约的体验。如果有过敌对行为、抱怨或其他误会症候的历史,受害者更容易把所有不利事件看作是故意的。累犯比起初犯来,在刑事法庭上会得到更严厉的惩罚……不是环境,而是人必须对一切错误负责。信任一旦失去,很难再得以恢复。良好的关系往往能够提高对其他人行为的容忍度,即使它们导致偏差性结果。但是,有问题的关系常常使事情变得更糟。

组织和个体可能都会经历违约升级的循环,因为各方都倾向于把不利事件看作是各种不可信任行为的一部分。升级循环的发生是由于感觉到他们关系有问题的人对不利事件的反应不同于那些有着更稳定关系的人们。健康的关系会放松监视,而有问题的关系则会加强监视(Clark&Reis,1988)……毫不奇怪,由于有问题的关系会导致监视,而监视带来的负面判断多于正面判断。当一个人没有意识到他正在接受测试时,往往很难通过考试,因此,许多被测试者都没能通过秘密测试…。

总之,下列几个因素影响着契约条款与实际结果间偏差的产生:

- 监视会提高契约实施过程中可观察到的偏差数量。
- 大的契约—结果偏差比起小偏差来更容易被看成是违约。
- 在有问题的关系中,比起健康的关系来,即使契约—结果间的小偏差也更容易被看成是违背契约。

改变损失的含义:补救和可信解释的作用

由于违背契约会带来伤害,并且常常是故意的,因此,减少违约经历的策略既着眼于实际发生的损失,也着眼于对这些损失的感知。下面的例子显示出这样的策略。在英国,皇室宣布女皇伊丽莎白二世不再允许宫廷员工收取他们历史上一贯享受的小费。作为"节约和精简"皇室开支和管理成本计划的一部分,350名员工不再允许把皇家酒窖中取出的微型瓶装酒带回家自己享用。代之以酒的,是给予每个员工额外45美元的红包。曾经得到几条免费浴皂的佣人可得到一定数额的津贴。资深要臣也失去了与女皇一起旅行时每次可用女皇的账户购买一套新制服的特权。据《纽约时报》报道("女皇陛下的服务",1993,p.6):"皇室坚持她的员工无人会因此项改革而受损,即使这种新的现金分配需要交税。"[1]

……英国皇室的例子揭示出对由违约造成的相关损失大小的几种管理策略:(1)通过替代品来减少实际损失(如以金钱代替礼物);(2)降低感知到的损失(如减少纳税义务);(3)认识契约的象征性特征(如继续提供圣诞布丁);(4)对所采取的行动提供一个可信的解释和证明(如精简家务和减少开支)。

补救。补救可以用一种结果取代另一种结果,因此可被看成是"收买"的方式。在某些情况下,补救还是一种尊重契约精神(即使不是契约文字)的方式。如果能够给予相当价值的补救,则相关损失不会导致契约的终止……

替代实际是维持契约的普遍做法。提早退休往往伴随着给予退休员工大量的福利。技能过时的员工得到重新培训。当顾客所购买的计算机正在修理期间,商家借给顾客一台个人计算机。所有这些替代品都可看作是对相关损失的补偿。这种补偿与原先契约条款的感知价值越接近,这项交易越能得到认可。因此,在人员裁减期间,如果能够努力确保员工可在其他地方被长期雇用,那么与雇主的长期雇用心理契约还是能够兑现的。

但是,减少损失的替代策略(如用钱取代女皇的肥皂)可以改变关系的含义或性质。可以把女皇的某些特殊家庭用品带回家的象征性价值传递出与皇家亲密的关系,而额外的现金则把宫廷清扫人员推上更正式的地位。对实际的和感知的损失进行管理的努力,可被看作是对相关损失的补偿。提高佣人的工资,可以降低因变革带来的损失(家庭用品)。保留传统的圣诞布丁,可以缓和金钱收买在关系契约中所造成的地位损失。当替代作为补救措施时,价值比较的麻烦也就产生了。我们能否把一条肥皂的价值转化为"纯粹"的金钱?显然,答案在大多数情况下是"是的"。但是,当这条肥皂属于英国女皇,或那些雇员已习惯了这种特殊的信任和特权的地位时,情况也一样吗?象征性价值使得一种东西等同于另一种物品时出现了问题……

尊重契约精神的补救与没有努力这么做的补救之间的区别,在申请工厂

---

[1] Schmidt, 1993, p.6. Copyright © 1993 by *The New York Times*. Reprinted with permission.

倒闭的补救方式中非常明显。基于他们对汽车行业倒闭工厂的研究,约德和斯托多哈(1985)指出：

工厂倒闭对工人的影响有四重：(1)失去工作；(2)原有的工作经验不能现成地移植到新兴工业的新工作中；(3)新工作通常提供大大低于原先水平的工资和福利；(4)本人和家庭经受了高度的担忧和压力。在转移到新工作之前,被解雇的工人通常需要在重新培训、咨询、寻找工作、收入维持等方面得到帮助。因此,管理和公共政策可以根据缓解困难的有效性来判断。(pp. 45—46)

约德和斯托多哈比较了通用汽车和福特两个公司的关闭现象。20世纪80年代,由于不断萎缩的市场和零部件长距离运输等原因,在加利福尼亚组装汽车和卡车不再经济合理。面临同样的市场压力,通用汽车和福特各自以独特的方式关闭了工厂,从而导致了不同的结果……

通用汽车的弗雷蒙特工厂倒闭于1982年的某个时刻,员工们提前3周接到通知。工厂自开张以来就有劳资争议,这次已计划的倒闭既没有工会参与,也没有个体非管理层员工参与。直到倒闭的那一天,既没有对员工的再培训计划,也没有关闭后的支持性活动,因此,员工们相信这次关闭是暂时的。那些不知道自己是永久性失业的员工还等着通用汽车的重新开业。只有少数人寻求再培训。主要由州和联邦政府提供的再就业计划,也没有得到员工的通力合作。很少有再培训,现有的计划强调去寻找工作无需通过再培训。当地的电视台和报纸都谴责通用汽车抛弃了它的员工。两年后,不到一半的通用汽车前员工找到了工作。工厂倒闭以后产生的副作用显而易见。社区记录显示,在工厂倒闭后,有8名工人自杀。社区中有记录的虐待孩子的事件总体上增长了240%。

相反,福特汽车公司的密尔必达工厂,有着劳资关系的合作历史,提前6个月就宣布了其倒闭计划。员工们被告知关门是永久性的,并开始了劳资联合共同参与的计划过程。计划导致了技能测试的开发和厂内工作安置项目,同时给予压力忠告。该计划强调再培训以及对个别员工有计划的就业能力开发。生产率直到最后一天依然持续高涨。流水线上下来的最后一辆汽车被福特赠与了密尔必达市以纪念该市对公司的支持。一年多点,63%的员工找到了新工作……

这两个组织的长期雇用历史显示员工们是有可能相信关系契约的。福特一面设计各种手段以改变工作损失的不利后果,一面为员工提供在其他地方就业的机会。通过缓冲员工的现有压力和未来损失,组织事实上可以尊重契约的精神,即使不能遵守它与员工的契约文字……

自发性。任何与感知者对契约的理解相悖的事件都可解释成违约。当一方有能力却拒绝履行契约时，破坏契约的事件就发生了。从受害者的角度看，在有能力和无能力履行契约之间有着明确的界限。毁约者如何行事，提示了潜在的受害者是否把某一特定行为解释为违约行为。违约前后的行为，对于是否把某一事件解释成破坏契约关系重大。

如果由于环境原因阻止了契约的完成，却被感觉成出于毁约者的控制，那么受害者会更容易认为是对契约的背弃……如果公司的所有者被看作行事不可靠，工人们就会相信他们的契约受到了践踏。同样，不断升级的工作负担会导致员工不自愿地达不到工作时限或工作质量降低。但是，如果这个人错过了更好计划或组织的机会，失望的同事仍然可能会责怪这个可怜的工作者。"你知道，我们有最后期限的要求，"他们可能会问，"你为什么要等到今天才开始这项我已在上星期交给了你的工作？"不言而喻，我们以行为判断他人，而以意愿判断自我。但是，对别人意愿的归因却是违约经验的基础。

可信的解释。潜在的契约违背者是否感知到必须对不利结果的发生负责，其作用在于它是受害者的可用信息。感知的自发性建立在对意愿归因的基础上。违约者传递给受害者的信息会形成他们对动机和情形的理解……那些没能得到预期提拔，没能得到特殊的任务安排或其他机会的人，寻找解释来帮助他们理解和调整损失。人们是否在意损失，大都取决于违约者如何与受害人进行沟通。公司给出某一行为的理由可以降低罪责：

沟通积极意愿；

提供约束性的（经济的、外部竞争等）信息或其他缓和限制可行的路径的环境。

缓和环境的偶发性理由可以创造出一种可信任的感觉，因为它们可以消除解释决策者意愿的"更糟糕场景"（Schlenker，1980）。贝斯和夏皮罗（1993）曾经用过一个杂志编辑的案例，这名编辑对他为什么耽误了审稿保持沉默。如果这名编辑继续拒绝向读者做出解释，那么情况会变得更糟，即他会被认为不可信甚至对读者有偏见。但是如果提出一个理由，解释之所以耽误是因为度假或写错了地址，那么不可信的感觉就会降低，他的行为看上去更像是粗心大意，而并非故意。缓和环境的可信理由可以降低不可靠和违约的感知……

程序性公正

人们会区分有利于他们自身利益的结果与公正的结果（Lind & Tyler，1988）。尽管契约偏差不利于受害者的自身利益，但是如果感到偏差背后的决策过程是公正的，那么人们也会做出更积极的响应。如果员工注意到一项偏差或失去了一场官司,这些会导致不利的结果,但如果相信其过程是公平的,那么感觉这项决策更合法、更可理解。

程序性公正是指分配结果或解决争端背后的决策过程的公平性。尽管分配性公正是指结果的公平,而从分配的角度看违背契约是绝对不公平的。但是,程序上的公正还是会影响违约的程度。过程的公正性必须遵守六大程序性规则(Bies&Moag,1986;Levinthal,1988):

- 一贯性:分配程序必须对所有人并在任何时候都具有一贯性。
- 抑制偏见:个人的自我利益和盲目忠诚会限制人们的视野,造成先入为主的偏见,必须防止。
- 准确性:决策必须建立在丰富的信息和正确观点的基础上。
- 可修正性:应该有机会修正由于不准确信息导致的错误决策。
- 代表性:分配过程必须能代表所有重要的亚群体和个体所共同关心的问题。
- 伦理性:分配过程必须与大众道德和伦理标准相一致。

当其他人正被或已被区别对待时,个体所经历的损失会被看得更严重,并将导致更不利的反应。如果组织以往在解雇前都会向员工发出通知,但后来不再发类似的通知了,则违约的感觉就会加深。相反,慎重对待已有的过程,尤其是那些在人事手册和守则中规定明确的程序,对创造一贯性感觉是至关重要的。

当损失给某些人带来了过分的好处,或在歧视的表现形式十分明显的地方,偏见就显而易见了。家族企业给予一名低绩效的家族成员特殊优惠超过了贡献更大的非家族员工时,就打破了抑制偏见的规则。

当员工将被终止其职业生涯,或因为贡献不足受到惩罚时,这种决策所依据的绩效数据质量影响着与决策相关的准确性。根据绩效做出的决策,如效益工资或终止职业生涯,必须有高质量的绩效评估作前提(如得到充分信息的评价者,包括上司和同事,能够采用一贯的评价手段)。

修正性意味着如果决策是建立在错误的、不准确的或有限的信息基础上,便可以得到修正或改变。由于企业的原因而解雇员工的决策通常不会提供修正的机会,因为失业与其绩效无关。但是,如果这个决策是建立在绩效基础上的,公平的程序允许员工表达出他们的反对意见,提出他们的理由,从而获得改变不公平决策的机会。

当损失是因组织的亚群体受到不公平对待而产生时,就要特别考虑代表性。在通用汽车公司,工资不变的工会会员对提高管理层工资的强烈抗议,是对代表性规则的潜在破坏。为避免这样的不平等,以及由此产生的破坏感觉,公司可能会采用全方位减少所有员工工资的方法,其中包括管理层,如果经济困境要求这样做的话。惠普公司就是一个例子,通过对全体员工,从高层领导到生产工人,实行每周四天工作,从而降低了公司成本。

伦理性规则是"所有规则之母"。制定决策的方式必须与伦理标准相一致,后者随着时间和更大的社会违约准则的改变而改变。违约的流行可为以后的违约提供正当的理由。违背契约会降低以后的标准,在现有的关系和这种行为已非常普遍的更大的社会中,人们正是依靠这样的标准,对自己的行为负责。实际上,尊重或破坏契约的行为本身决定着以后决策的道德准则。

对程序的遵从影响着受害者和旁观者对待遇质量的感觉。违约时人们感到的待遇质量,可以反映出一个人的社会地位:在组织中、同事中和更广泛的个人生活中(Wade-Benzoni,1993)。个体在群体中的地位信息通常可由个体所受到的待遇质量,特别是来自职权的待遇传递出来(Tylor&Lind,1992)。当一个人受到有尊严的对待,并受到尊重(如通过征求意见,创造修正或求助的机会),社会地位就提高了(Bies&Moag,1986)。不尊重的待遇,尤其是来自上司的,传递出的信息是这个人不完全属于这个群体。当损失被公开,例如,家庭成员和同事都意识到这种情况时,这种影响就会放大(Wade-Benzoni,1993)。公开的损失使人很难忽略或忘记其遭遇,尤其是单独受到影响时。如解雇某一个人,而不是大规模地解雇员工。如果违约中包含公开的损失、公开指责个人的错误行为或疏忽,以及不尊重的待遇,违约就会羞辱受害者(如拒绝给予已承诺的提升,而没有修正性行动或言语的可能)。

创造公正的程序。程序性公正涉及一系列的做法。首先,也是最重要的,程序必须符合一贯性、准确性和可修正性。遵守特定的规程,如已在员工手册中明确规定的、决定员工被解雇的程序,可以提高公平性的感觉,尤其对于那些见证者以及直接参与这个过程的人……

程序性公正机制有着积极的一面,同时也有消极的一面。从积极面看,利用程序是保护人们避免不经意违约的关键(如由于误解了绩效标准)。程序可使那些守纪律的员工得到更有尊严的待遇,给予他们求助、抗议和改变的机会。但是其消极面则是提高了期望值和官僚主义。规范化程序的发展(如抱怨机制)会提高员工对雇主更高的期望和要求(Selznick,1969)。员工感觉管理人员有责任按伦理行事(Folger&Bies,1989),并且,由于期望的上升,管理人员必须满足更高的公平性标准,从而也提高了感觉到更大不公平的可能(Folger,1977)……

程序性公正机制通过提供强制性制裁手段(如对低绩效员工的制裁,他们实际上就是违约者),以看上去对受害者和见证者都公正的方法来保护契约各方的利益……

什么时候会对违约产生异议？本章所举的涉及契约偏差的三个例子有着截然不同的结果：

● 一位销售代理商因其收益账户被重新做了调整而十分愤怒，但另一位销售代理商却打算接受这样的变动。在芝加哥市，为了要根据顾客的需要而非地理位置来划分销售区域，公司进行了重组，做了这项调整。第二位销售代理商曾经参加了支持新战略的持续培训，从而使他有可能在公司中得到晋升。而第一位销售代理商没有这样的准备。

● 有的客户接受对由运输过程造成损害的货物的调换，并且对这样的服务非常满意；但同时，其他一些客户则对供应商的这种不可靠行为依然感到气愤。显然，对第一类客户的售后服务工作做得很好，他们长期从销售商那儿得到了优质服务；而第二类客户则没有，由于销售商继续缺乏部门间的良好协调，他们不得不忍受一系列的运输问题。

● 一家工厂的关闭造成它所在城市居民的愤怒抗议，而另一家企业的同样行为却受到当地报纸的赞许。正如约德和斯托多哈(1985)探讨的福特和通用汽车不同的工厂倒闭策略的例子所示，突然的、没有时间期限的倒闭，比起事先尽早通报并且有帮助员工应对变化的支持性计划的倒闭，会给员工造成更大的损失。

这些例子显示，契约偏差出现前、过程中和事后所发生的事件决定了其最终是否会演变为违约。

什么时候最有可能违约？

在以上对契约的动态分析的基础上，我们可以得出结论：违约最有可能在以下情况下发生：

● 具有冲突和低信任度相互关系的历史。
● 存在社会距离，因此一方无法理解另一方的观点。
● 存在外在的违约因素（如企业萧条阶段）。
● 违背契约的动机非常强烈，或违约者感到他们别无选择（如组织危机）。
● 一方对相互关系丝毫不重视（如很容易找到替代方，并且没有旁置成本）。

……

什么时候违约

对违约的反应多种多样。违背契约促使相互不信任、愤怒和摩擦(Robinson & Rousseau, 1994),并会改变人们此后的交往方式(Rousseau et al., 1992)。违约的后果还可从公司忠诚度下降中窥见一斑(Hirsch, 1987),并会增加诉讼(Bies & Tyler, 1993)。管理人员贬低员工忠诚度的下降,而与此同时,工人们则被劝告对工作安全感和雇主的承诺有指望,相反,要"备好自己的"降落伞(Hirsch, 1987)。这两种情况都预示着违约,同时也意味着至少有一方没能遵守协议对他的要求。

反应的类型

组织和个人是否选择终止他们的关系,解决他们的争端、诉讼,还是选择在沉默中煎熬,是环境和各方偏好共同决定的结果。对普遍不满意现象的反应研究,过去大多集中在四种行为路径上:退出、发表意见、忠诚和破坏。尽管还有把这些要素综合起来(如 Hirschman, 1970, 退出、发表意见和忠诚)或采用其他的说法(如 Farrell, 1983, 退出、发表意见、忠诚和忽略)进行研究,但这些行为路径无非反映了两大基本维度(Farrell, 1983; Robinson, 1992):主动—被动;建设性—破坏性(见图2)。

	建设性	破坏性
主动	发表意见	忽略/破坏
被动	忠诚/沉默	退出

图2 对违约的反应

对违约的这些反应,取决于个人偏好和情景因素。受害者相信关系是有价值的或可以挽救的个人偏好特征,将鼓励发表意见或忠诚这些关系建立型行为。如果没有这样的信念,则更有可能采取破坏这种关系的行为,如退出或破坏……情景因素鼓励某种行为,阻止其他行为,同样影响着对违约的反应。社会性学习以及已经出现的行为模式往往会引致某些类型的行为。因此,已有受害者离开的组织中的员工可能也会倾向于离开。同样,观察到别人因为抱怨他们的处境而获得成功的人,也会倾向于采取抱怨的手段(Robinson, 1992)。组织文化很可能决定了人们对违约的反应形式。在非常官僚化的组织中,受压制的沟通和异常的行径可能很少产生抗议,而更多的是忽视和不忠诚。而开放和共享的组织会鼓励更公开的抱怨，以及通过与上司的沟通来努力补救契约。

退出就是自愿终止关系。雇主可以解雇那些绩效没有达到标准的员工(如经常误工、缺勤、粗心大意)，员工也可以炒不可靠或不可信任的雇主(如没有兑现承诺的培训或提拔)的"鱿鱼"。退出更多地用在交易型雇用条款中，这样其代价相对小……无论是主动还是被动，退出都终止了关系。绝大多数在雇佣的前两年离开工作的人都报告说，他们的雇主违背了曾经给予的承诺(Robinson & Rousseau, 1994)……

但是，要指出的是，违约并不总是导致退出。罗宾逊和卢梭(1994)发现，尽管79%的离开者报告说是因为违约，但是还有52%的留下者也报告说有违约。面对违约，留下者可以采取三种形式的反应：发表意见，忠诚/沉默，或忽略/破坏。

发表意见是指受害者采取的弥补违约的行动。任何试图改变情景中有异议的部分，如向上司或人力资源部门抱怨，或填写申诉表，都是在维持关系的基础上努力弥补或补救违约……在违约中发表意见，其目的在于：(1)降低损失；(2)恢复信任。

作为对不满意的一种反应，发表意见常常涉及关系—威胁的选择，员工实际上会终止他们的联系(如告发)。对违约发表意见的反应是一种主动、建设性的努力，并可采取一系列方法。对MBA校友的一项研究发现，员工发表意见的行为主要有三种形式：与上司交谈、威胁和改变行为(卢梭等人，1992)。

表达意见最常见的形式是与上司交谈：[1]

我与老板，还与上司谈了我的失望。我确信，尽管我没收到红包，但我的绩效一定在平均水平之上。6个月后，我得到了提升，而且增加了工资。

在我提出要求之后……他们把我转到了一个更有挑战性的工作岗位上。这需要两份正式的调岗申请。

(我的上司和我)面对面进行了一次推心置腹的讨论。他记下了我认为要完成这次转岗必须具备的东西，他110%做到了。

我正在与高级管理层谈判……我有话要说，感到没有必要保持沉默。

他们说这个事情不在他们的控制范围，并给我加了相当可观的工资。

管理层试图使决策合理化，解释说这是个不确定的过程，然后给了我一个大大的红包以平息我的不满。

---

[1] 引述材料取自MBA校友提供的案例，同时也摘自于：卢梭等人(1992)；罗宾逊、克拉兹和卢梭(1994)；罗宾逊和卢梭(1994)。

他们的培训系统有些改变,但是他们并没有把培训放在一个他们早先告诉我的重要位置。

有些抱怨并不能引来任何反应:

我的上司信誓旦旦说要做些改变,但实际上什么也没发生。

上司非常认真地倾听了我的意见,但什么也没做。

我跑遍了所有必需的渠道,但是没有任何成绩。

他们就说不行。

在少数情况下,表示可以采取威胁的方式:

基于我的工作任务、培训和发展机会,我威胁说要离开。结果,我得到了新任务、更多的培训,并被允许广泛发展……但是,我相信这些主要都是因为我的总监,换个总监可能就会让我辞职了。

我不得不提出上诉,并威胁说要采取法律行动来改变对我的解雇处理,重新得到安置。

在有些情况下,受害者行为的改变也会导致某些反应:

我对这种情况很不高兴,我的绩效反映出了这一点。(我的)上司做出决定,改变这种情况。现在,我向营销经理报告,终止了向财务经理报告的关系(对原先境况的改变)。

退出是有些人最后的避难所:

首先对我来说是个挑战,必须把问题提出来,然后,随着诺言还是没有兑现,我就离开了公司(提前一个月通知)。

……

表达意见在以下情况下最容易发生:

1. 有着良好的关系和相互信任。
2. 有表达意见的途径。
3. 其他人也表达意见。
4. 人们相信他们可以影响其他的契约方。

沉默在形式上就是没有反应。作为忠诚或回避的表现,沉默反映了忍受或接受不愉快环境的意愿。沉默可以意味着悲观,即相信除此之外别无选择。沉默也反映出忠诚:乐观地等待情况得到改善(Rusbult, Farrell, Rogers, & Mainous, 1988)。作为一种被动、建设性的反应,沉默起到维持现有关系的作用。

我开始花更多的时间与家人一起,不再担心工作中所发生的事情。

最近几年新老板确实带来了变化,很少有投资返回到企业。但我又有什么别的地方可去呢?

沉默在下列时候会发生：

1. 缺乏抗议渠道或没能建立抱怨或沟通违约现象的途径。
2. 没有其他可供选择的机会。

忽视，包括被动忽视和主动破坏，是一种复杂的反应形式。它包括从玩忽职守到损害另一方的利益。被动进取型员工的行为，诸如在工作中怠慢顾客或提供低质量的服务，就是忽视的表现，这是由于组织在发展其他人员时没有对某些员工进行投资而造成的。即使是被动的，忽视也反映出各方关系遭到了损害。破坏是指更主动的反生产行为，包括捣毁设备、偷窃和人身攻击（如工作中的暴力）。

忽视/破坏大多发生在：

1. 有冲突、不信任和违约的历史。
2. 缺乏表达意见的渠道。
3. 其他人表现出忽视或破坏行径。

违约不是契约的终结

退出只是许多违约结果中的一种。事实上，在违约后还有许多人继续保持与雇主的关系，这表示尽管违约发生了背离的事件（如故意违背契约条款），但是完成契约是更为重要的事情。罗宾逊和卢梭（1994）要求员工回答他们的契约是否受到违背，采用是/否的问卷形式，结果有 55% 的人回答"是"。但是，当询问这些回答者他们的雇主是否最终履行了这些契约，大多数人（73%）回答，他们的雇主相当遵守承诺。在那些报告雇佣头两年遭受违约的员工中，48% 的人回答他们的雇主至少在某些程度上还是遵守契约的。守约的程度取决于员工所得到的好处（如没能得到计划中的提拔，但在以后会提拔），以及这项违约是孤立事件还是更大事件中的一部分。这些发现意味着尽管违约是件与契约背道而驰的事件，但已完成的契约却不是。相反，契约的完成是一个既取决于受害者和违约者的关系质量也取决于他们违约后行为的连续过程。

小 结

违约会侵蚀相互信任。它会破坏雇佣关系，降低员工的贡献（如绩效和出勤），也降低雇主的投资（如保留和增加）。人们对违约做出何种反应，主要是违约者动机、违约者行为以及发生的损失范畴等因素的作用结果。为了便于理解为什么有些事件被看成违约，有必要站在受害者的角度，并考虑违约者的

行为。站在受害者的角度看,下列情况下违约的程度会被夸大:
- 损失看上去很大(已经的违约主要是程度问题,而不是背离事件)
- 发生的事件对于各方的关系构成威胁(如原先有违约或冲突的历史)
- 违约显然是故意的,而不是偶尔、意外或由于超出违约者控制的力量所致
- 受害者感觉到,没有证据可以证明为了避免违约,(违约者)曾做过相当的努力(明显的不负责任或疏忽)

(双方)关系的强度和质量不仅影响对违约的容忍程度,或最终导致契约的解体,而且还影响着各方修复关系的能力。人们在违约后得到怎么的待遇,既可以修复原来的关系,也可以使问题更严重。

参考文献

Bies, R. J., & Moag, J. S. (1986). Interactional justice: Communication criteria of fairness. In M. H. Bazerman, R. Lewicki, & B. Sheppard(eds.), *Research on negotiations in organizations*(Vol. 1, pp. 43—55). Greenwich, CT: JAI Press.

Bies, R. J., & Shapiro, D. L. (1993). Interactional fairness judgements: The influence of causal accounts. *Social Justice Research*, 1, 199—218.

Bies, R. J., & Tyler, T. R. (1993). The "litigation mentality" in organizations: A test of alternative psychological explanations. *Organization Science*, 4, 352—366.

Clark, M. S., & Ries, H. T. (1988). Interpersonal processes in close relationships. *Annual Review of Psychology*, 39, 609—672.

Farrell, D. (1983). Exit, voice, loyalty and neglect as responses to job dissatisfaction: A multidimensional scaling study. *Academy of Management Journal*, 26, 596—607.

Folger, R. (1977). Distributive and procedural justice: Combined impact of "voice" and improvement on experienced inequity. *Journal of Personality and Social Psychology*, 35, 2 253—2 261.

Folger, R., & Bies, R. J. (1989). Managerial responsibilities and procedural justice. *Employee Rights and Responsibilities Journal*, 2, 79—90.

Hirsch, P. M. (1987). *Pack your own parachute*. Reading, MA: Addison-Wesley.

Hirschman, A. O. (1970). *Exit, voice, and loyalty*. Cambridge, MA: Harvard University Press.

Kaufmann, P. J., & Stern, L. W. (1988). Relational exchange norms, perceptions of unfairness, and retained hostility in commercial litigation. *Journal of*

Conflict Resolution, 32, 534—552.

Levinthal, D. (1988). A survey of agency models of organizations. *Journal of Economic Behavior and Organization*, 9, 153—185.

Lind, E. A., & Tyler, T. R. (1988). *The social psychology of procedural justice*. New York: Plenum.

Robinson, S. L. (1992). *Responses to dissatisfaction*. Unpublished dissertation, Northwestern University, Kellogg Graduate School of Management.

Robinson, S. L., Kraatz, M. S., & Rousseau, D. M. (1994). Changing obligations and the psychological contract: A longitudinal study. *Academy of Management Journal*, 37, 137—152.

Robinson, S. L., & Rousseau, D. M. (1994). Violating the psychological contract: Not the exception but the norm. *Journal of Organizational Behavior*, 15, 245—259.

Rousseau, D. M., Robinson, S. L., & Kraatz, M. S. (1992, May). *Renegotiating the psychological contract*. Paper presented at the Society for Industrial Organizational Psychology meetings, Montreal.

Rusbult, C., Farrell, D., Rogers, G., & Mainous, A. (1988). Impact of exchange variables on exit, voice, loyalty and neglect: An integrative model of response to declining job satisfaction. *Academy of Management Journal*, 31, 599—627.

Schlenker, B. R. (1980). *Impression management: The self-concept, social identity, and interpersonal relations*. Belmont, CA: Brooks/Cole.

Selznick, P. (1969). *Law, society, and industrial justice*. New York: Russell Sage.

Tyler, T. R., & Lind, E. A. (1992). A relational model of authority in groups. In M. P. Zanna(ed.), *Advances in experimental social psychology* (Vol. 25, pp. 115—192). New York: Academic Press.

Wade-Benzoni, K. (1993). *Humiliation in the workplace*. Unpublished manuscript, Northwestern University, Kellogg Graduate School of Management.

Yoder, D., & Staudohar, P. D. (1985, Summer). Management and public policy in plant closure. *Sloan Management Review*, 26(4), 45—58.

第五篇
权力和影响

权力和影响是所有组织行为的关键方面。乐队成员如果想成为演出成功的积极贡献者,就必须认识和理解组织生活的这个事实。接受指挥的权威、人际影响、各个器乐部内部及之间的连接和变换,动(或静)都会影响乐队演奏积极或消极的能力。

可以想象这样一个情景:弦乐部分的成员故意放慢他们的速度,以影响其他音乐家们的表演。无论他们出于什么目的,不管人们喜欢或不喜欢,弦乐队员是在利用他们的策略技巧和群体凝聚力来提高他们自己的权力——但也可能对别人造成损害。其他音乐家和指挥必须决定究竟是抵制还是跟上弦乐部分的节奏。他们必须判断这些花招背后的目的和策略,并决定自己的行动方针。一支乐队,就像任何其他类型的组织,既不能也不应该避免权力和影响的问题。

权力是影响他人行为、思想或情感的潜在能力。它是让别人按照你所希望的方式去做事的潜力——它是一种可以使用的社会能量,可以转化成影响;或者,用 R. G. H. 休的话来说,可以从潜在的权力转化为活动的权力。权力是对他人的信念、情感和行为施加的影响,正如休所说的:"潜在的权力是施加影响的能力,而活动的权力则是施加影响的行动……一个人对他人运用权力的程度就是他所能够得到的期望的顺从程度。"(Siu,1979,p. 31)

纵览全书我们可以看到,有助于了解组织行为的每个内容几乎都与其他内容有联系,权力也不例外。在组织理论中,权力这一主题与前面各篇所关注的话题和内容是不可分割的。

作为组织行为学中的一个概念,权力与其他几个令许多人生厌的组织行为学主题联系在一起。首先,对我们大多数人而言,权力意味着克服阻力的一种能力。罗莎贝丝·莫斯·坎特(1979,p. 65)的一番评论揭示了权力的这一"阴暗面":"权力是美国最后一个肮脏的字眼。与谈论权力相比,人们更易于谈论金钱。有权力的人否定权力;追逐权力的人不愿表现出对它的渴望;热衷于权力交易的人秘密进行着他们的勾当。"其次,权力的存在很大程度上来自于依赖感。权力仅存在于具有不平等关系的两个人之间,其中的一个要依赖另一个(Emerson,1962)。

组织环境

权力始于结构问题。虽然个人技巧决定了使用权力的效率,但权力基本上不是个人或个性的问题。"权力首先并首要的是一种结构上的现象,应该从这一角度来认识它。"(Pfeffer,1981,p. x)专业化和分工这两个在"导论"部分比较广泛讨论过的相关主题,是在个体和组织单位间产生依赖性的最基本原因。由于分工,组织中的人们在完成他们任务所需要的各类事情上依赖于其他人:他们依赖于前期任务的按时完成、精确的信息、材料和供给、称职的人员,以及策略上的支持。

在这一篇中我们可以看到,在任一既定的组织中,结构决定了人员和团队的角色、期望及资源配置是如何限定的。也就是说,由专业化和分工引致的结构力量(通过这三个极其重要的结构功能)延伸到了组织中的人员和团队。在确立组织的角色、期望和资源配置时,结构的这些功能表明为什么权力首先和最重要的是一种结构现象,以及为什么组织中权力的有效使用对于成功是至关重要的。杰弗里·普费弗在他的《组织中的权力》(1981)一书的"前言"中强调了这一点:"在组织中,负责执行比较重要任务的那些人员和单位,在发展和运用组织中的权力方面具有自然的优势"(p. x)。资源配置决定对个人(或团队)完成工作的能力有巨大的影响:使人"出人头地"或"鹤立鸡群"。而结构影响资源配置。使用权力的一个主要原因是影响资源配置,而资源配置又会影响组织中权力的平衡,这两个变量是紧密联系的。权力不可能在独立于结构的环境之外被理解,反之亦然。

群体间动力学

组织是复杂的系统,通常最容易被想象为众多格子织成或相互交织重叠的蜘蛛网,以及有着各自不同利益、信条、价值观、偏好、愿望及感受的个人、正式群体和非正式群体组成的相互竞争的结合体。这些结合体彼此间不断争夺着稀缺的组织资源。冲突是不可避免的。影响——以及它赖以实现和维持的权力及政治活动——是在竞争和冲突中所使用的主要"武器"。因此,权力、手腕和影响是极其重要的,并且是组织生活中长期存在的要素。

权力关系成为组织的永恒特征主要是由于专业化和分工导致了许多重要程度不同、相互依赖的组织单位。这些单位相互争夺稀缺资源,同时也和那些暂时的结合体争夺。正如詹姆斯·D. 汤普森在《行动中的组织》(1967)一书中所指出的,单位间缺乏平衡的相互依赖性为权力关系的使用提供了场所。

领　导

领导包含了"一个人际关系过程,通过这个过程,一个人可以影响一个或许多其他人的态度、信念等,尤其是行为"(见第一篇)。组织中的领导和权力这两个命题的相似和交错之处是明显的,本篇内容将强调其相似之处,并解释其交错的部分。

历史上,组织中的权力和职权被认为基本上是同义的。那些组织学"古典时代"的研究者,如马克斯·韦伯(1922)和亨利·法约尔(1949,1916),简单地假定权力和正式规则(由获得职权的人宣布和实施的)在等级制组织中通过那些占据高位者逐次地向下传递到地位较低的人员之中。直至今日,那些"组织理论的现代结构观点"的支持者们(Shafritz & Ott, 2001, ch. 4)仍然倾向于把职权视作组织中权力的来源(或者至少是主要来源)。根据这一观点,领导人、监督者和管理者意味着同一件事:由于他们占据组织职位而产生内在职权,从而成为拥有权力的人。权力是通过个人处于一定的职位而合法得到的。事实上,法定权力和法定职权这两个描述得相当贴切的词汇具有相同的用法,并且在今天的管理学文献中仍不时出现。

相比之下,大多数组织行为学家以一种非常不同的观点看待权力。例如,约翰·科特(1985)认为在如今的组织世界中,使工作完成所必需的权力与工作自然伴随而来的权力(即职权)这两者之间的差距正在拉大。大部分组织行为学家将职权仅仅看作是众多可获得的组织权力资源中的一种,而权力是全方位的,不仅仅是沿着等级向下扩散的。例如,罗伯特·W. 艾伦和莱曼·W. 波特把他们于1983年写的书《组织的影响过程读本》分为三大部分:向下的影响(职权);横向的影响;向上的影响。

以职权为基础的权力绝非组织中权力的唯一形式。实际上,其他形式的权力和影响常常会胜过源自职权的权力。本篇中的几篇文章指明了组织中权力的不同来源(特别是约翰·R. P. 弗伦奇和伯特伦·雷文合著的"社会权力的基础"),以下仅列举其中一些作为示例:

● 对稀缺资源的控制,例如,办公室的空间,可随意使用的资金,及时、准确的信息,以及完成计划所需的时间和技能等;

● 易于接近那些被认为是有权力的人,如重要的顾客或客户,董事会成员,或其他得到正式职权或能控制稀缺资源的人;

● 在一个强有力的结合体中处于中心位置;

● 具有"操纵组织规则"的能力,例如知道如何做事情或如何阻止别人做事情;

● 拥有威信,如说的话能被相信。

组织中的领导问题与管理问题分离或区分得越多,前者与权力问题的联系就越紧密——这些问题远远超过了职权问题。

本篇所选文章

构成本篇关于权力的文章有近 35 年的跨度,其范围涵盖了组织中的权力和行为问题。第一篇文章是多温·卡特赖特的"权力:社会心理学中一个被忽略的变量"(1959),改编自他 1953 年在社会问题心理学研究会年会上所做的一次演讲。这篇文章并不是特别针对组织学的,而是阐述了在由"形而上学时代的社会心理学家"开创的社会心理学领域中权力的历史地位,这些心理学家包括霍布斯(1651)和尼采(1912)。然而,正如卡特赖特所说,"20 世纪的社会心理学家对待权力一直是'软'的"(p.2),他们宁可回避它或只在"安全或弱势人群中——目睹雏鸡的啄食顺序或儿童中支配者的经典研究境界"研究权力(p.2)。卡特赖特认为,领导的社会问题(本质上是社会心理学现象)"没有权力概念就无法正确理解"(p.3)。这些问题包括领导及社会角色、公众观点、传闻、宣传、偏见、态度转变、士气、沟通、种族关系以及价值观冲突。卡特赖特的结论是这些现象对社会中的权力提出了质疑,而这些疑问以我们现有的知识体系是无法回答的。

本篇中收录的约翰·R.P.弗伦奇(1959)和伯特伦·雷文(1959)的"社会权力的基础"一文,正面接受了多温·卡特赖特的挑战。在他们这篇经常被引用的分析中,弗伦奇和雷文从假设权力和影响至少包含两个行动者间关系开始(他们把行动者限定为个人),推论出易于接受的行动者的反应是更为有效地解释社会影响和权力现象的关键。然而,弗伦奇和雷文学说的核心是他们对社会权力的 5 个基础或来源所做的区别,它们分别是:奖赏性权力,对强制性权力的认知,法定性权力(组织的职权),参照性权力(通过与拥有权力者交往),以及专家性权力(知识或能力的权力)。

弗伦奇和雷文考察了来源于 5 种不同基础的权力在吸引力(接受者对权力使用主体的情绪)和对权力使用的抵抗两方面的效果。他们的调查表明,使用来自不同基础的权力具有不同的后果。例如,强制性权力通常会减少吸引力并引起很强的抵抗,而奖赏性权力可以增强吸引力并带来最低水平的抵抗。对权力使用道德限制的一种早期观点认为"强制性(被认为是)越合法化,它就越会导致抵抗并减少吸引力"(p.165)。

本篇还收录了大卫·梅凯尼克 1962 年在《管理科学季刊》上那篇极有影响的文章"复杂组织中低级别参与者的权力来源",该文考察了影响和权力的根源,这些根源关注的目标是那些比潜在的"影响者"拥有更正式职权的人。正如约翰·科特所说,权力要求有依赖感,而低层次的组织成员有一整套工具使其他人依赖他们。这些工具包括专业知识、努力和兴趣、吸引力(或魅力)、在组织中的位置和职位、在组织内部结合体及组织之间结合体中的成员身份以及对规则的了解。所有这些都更为正式地说明了我们熟悉的一些现象——在组织中,有的人被认为是地位最高的,或做了错事却不受惩罚,这是由于这些人拥有特别的技巧使自己能在组织环境中获得权力。电影及电视连续剧《陆军野战医院》(MASH)中的"衣阿华州人"和"捕兽者"就是现成的例子。要不是因为前线急需他们这样的军医的话,多年前他们就已经被送上军事法庭了。

自多温·卡特赖特、弗伦奇和雷文以及大卫·梅凯尼克之后,经过了15年的间隔,杰拉尔德·萨伦斯克和杰弗里·普费弗才于1977年发表了那篇深受重视的分析——"谁获得权力以及如何保持它:权力的战略权变模型"。这篇文章同样反映了在20世纪70年代的组织行为学领域中,把权力作为认真研究的正式课题的巨大转变。

萨伦斯克和普费弗把权力视为能把组织与他们环境现实连接在一起的少数几个有用机制之一。他们的论断依赖于这样一个假定,即权力出自于对一个组织本质上的功能需要。按照萨伦斯克和普费弗的观念(他们称之为战略权变理论),权力来自于处理一个组织中最关键事务的从属单位及个人。权力的有效利用使得那些参与关键性活动的从属单位能够"在重要位置上安插亲信"、"控制稀缺的关键性资源",由此增加了他们生存和扩张的可能性。参与关键职能的从属单位兴旺了,而参与非关键职能的从属单位萧条了,组织也就重新组合了自己。由于组织面临的最关键权变因素包括环境状况,这一权力分配的过程解释了组织是如何根据外部世界的需要不断自我重新调整的。

萨伦斯克和普费弗相信权力在组织中被分享"与其说是出于对组织发展原则或参与性民主的关心,不如说是出于必要"。它的分享是出于结构性职能的需要。重复前文引用过的一句话就是:"权力首先和最重要的是一种结构现象,应该从这一角度来认识它。"

战略权变理论具有深远的影响。如果说从属单位对权力的使用有助于组织按照关键需要来调整自身的话,那么对权力使用的抑制,例如减少不必要的手腕和冲突,则会降低组织的适应性。因此,在目前的组织行为学文献中,极少使用冲突解决这个词汇。它已经几乎完全被冲突管理的概念所替代——积极地利用冲突(以及权力斗争)来实现组织的利益。

"谁获得权力——以及如何保持它"包含了对理解组织中的权力做出了又一个非常重要的贡献。萨伦斯克和普费弗确认了三个变量因素,通过这些因素,从属单位成员对权力的使用可以被用来确定重要决策是如何做出的(对萨

伦斯克和普费弗而言,"重要决策"通常指的是资源配置决策)。这些上下关联的决策包括如下:
- 资源稀缺的程度;
- 资源对于从属单位核心活动的重要程度;
- 关于已存在的组织应做什么或如何做的不确定性程度。

当这三个因素与萨伦斯克和普费弗对最有可能获得并保持权力的从属单位的鉴别联系起来时,就有可能利用组织行为学对权力的一种看法来预测组织的决策过程(在一定条件下)。在没有明确的标准时,使用控制资源配置的决策权可能是最有效的指标。

本篇收录的最后一篇文章是杰弗里·普费弗的"用权力进行管理"(1992),该文讨论了决策制定和实施时的权力和影响。普费弗指出,我们经常试图忽略"权力和影响的社会现实",这导致我们"丧失了理解这些社会过程并培训管理人员去处理它们的机会"。回避的后果是:"除了最高层的管理人员外,几乎任何人都不能在培训和生产上去采取行动,把事情做完。"

我们生活在一个崇尚个人主义的社会中,以致相互依赖被降低到了最低,"合作甚至可能被认为是欺骗"。但是,组织中如果缺乏合作和协调,成功就成为一种挑战。普费弗同时还指出,我们从很小年纪开始就被告知任何问题都有正确的或错误的答案。但在组织中,问题的解决方法很少是清晰的。大多数决策很复杂,"组织成员最关键的是培养坚忍不拔的意志,面对挫折勇往直前,以及如何扭转形势的洞察力。最重要的技能可能是对决策后果进行管理"。

组织需要的是不惧怕实施权力和影响力的领导人。政治领袖知道这是成功所必要的,而组织成员也应该具有同样的理解。组织需要一个强有力的共同分享的愿景、文化和共同的目标来为之努力,而这些东西的制定离不开策略性地运用权力和影响力以达成一致。

普费弗最后提醒我们,有效的管理需要认识到竞争性利益,因为它们与我们的关注点和对完成工作所必需的权力的理解有关。我们越是认识和理解组织中权力的重要性,我们在实施决策和把我们的组织带向成功时就越有效。

结 论

权力和影响是组织行为学的整体组成部分。只有把它们与领导、团队和群体动力学、组织的环境及激励的结构等联系起来,才能理解它们对于解释组织中人们行为的贡献。1959年,多温·卡特赖特提出权力是社会心理学中一个被忽略的变量。1979年,罗莎贝丝·莫斯·坎特称权力"是美国最后一个肮脏的字眼",是一个人们在组织中(及其他地方)都尽力回避的词语和概念。但权力是一个不能也不应回避的主题。权力的重要性将在第六篇"组织的变革"中得到更为清晰的阐述。

参考文献

Allen, R. W., Madison, D. L., Porter, L. W., Renwick, P. A., & Mayes, B. T. (1979). Organizational politics: Tactics and characteristics of its actors. *California Management Review*, 22, 77—83.

Allen, R. W., & Porter, L. W. (eds.) (1983). *Organizational influence processes*. Glenview, IL.: Scott, Foresman.

Cartwright, D. (1959). Power: A neglected variable in social psychology. In, D. Cartwright (ed.), *Studies in social power* (pp. 1—14). Ann Arbor, MI: University of Michigan, Institute for Social Research.

Emerson, R. M. (1962). Power-dependence relations. *American Sociological Review*, 27, 31—40.

Fayol, H. (1949). *General and industrial management* (C. Storrs, Trans.) London: Pitman Publishing Co. (Original work published 1916).

French, J. R. P., & Raven, B. (1959). The bases of social power. In, D. Cartwright & A. Zander (eds.), *Studies in social power* (pp. 150—167). Ann Arbor, MI: University of Michigan, Institute for Social Research.

Haire, M. (1962). The concept of power and the concept of man. In, G. B. Strother(ed.), *Social science approaches to business behavior* (pp. 163—183). Homewood, IL: Richard D. Irwin.

Hobbes, T. (1651). *Leviathan*. Reprinted in 1904, Cambridge, UK: University Press.

Kanter, R. M. (July-August, 1979). Power failure in management circuits. *Harvard Business Review*, 57, 65—75.

Korda, M. (1975). *Power*. New York: Ballantine Books.

Kotter, J. P. (March-April, 1976). Power, success, and organizational effectiveness. *Organizational Dynamics*, 27—40.

Kotter, J. P. (July-August, 1977). Power, dependence, and effective management. *Organizational Dynamics*, 125—136.

Kotter, J. P. (1985). *Power and influence*. New York: Free Press.

March, J. G. (1962). The business firm as a political coalition. *Journal of Politics*, 24, 662—678.

Mayes, B. T., & Allen, R. W. (1977). Toward a definition of organizational politics. *Academy of Management Review*, 2, 672—678.

McClelland, D., & Burnham, D. (March-April, 1976). Power is the great motivator. *Harvard Business Review*, 100—110.

Mechanic, D. (December, 1962). Sources of power of lower participants in complex organizations. *Administrative Science Quarterly*, 7(3), 349—364.

Mintzberg, H. (1983). *Power in and around organizations*. Englewood Cliffs, NJ: Prentice-Hall.

Nietzsche, F. (1912). *Der Wille zur Macht*. Book 3, sec. 702. In, F. Nietzsche, *Werke* (Vol. 16). Leipzig: Alfred Kroner.

Perrow, C. (1970). Departmental power and perspectives in industrial firms. In, M. N. Zald (ed.), *Power in organizations* (pp. 59—89). Nashville. TN: Vanderbilt University Press.

Pfeffer, J. (1981). *Power in organizations*. Marshfield, MA: Pitman Publishing Co.

Pfeffer, J. (1992). *Managing with power: Politics and influence in organizations*. Boston: Harvard Business School Press.

Porter, L. W., Allen, R. W., & Angle, H. L. (1981). The politics of upward influence in organizations. In, L. L. Cummings & B. M. Staw (eds.), *Research in organizational behavior* (Vol. 3) (pp. 408—422). Greenwich, CT: JAI Press.

Robbins, S. P. (1976). *The administrative process: Integrating theory and practice*. Englewood Cliffs, NJ: Prentice-Hall.

Salancik, G. R., & Pfeffer, J. (1977). Who gets power—and how they hold on to it: A strategic-contingency model of power. *Organizational Dynamics*, 5, 2—21.

Sennett, R. (1980). *Authority*. New York: Alfred A. Knopf.

Shafritz, J. M., & Ott, J. S. (2001). *Classics of organization theory* (5th ed.). Fort Worth, TX: Harocourt.

Siu, R. G. H. (1979). *The craft of power*. New York: John Wiley.

Thompson, J. D. (1967). *Organizations in action*. New York: McGraw-Hill.

Tushman, M. L. (April, 1977). A political approach to organizations: A review and rationale. *The Academy of Management Review*, 2, 206—216.

Weber, M. (1922). Bureaucracy. In, H. Gerth & C. W. Mills (Eds.), *Max Weber: Essays in sociology*. Oxford, U. K.: Oxford University Press.

Yates, D., Jr. (1985). *The politics of management*. San Francisco: Jossey-Bass.

32 权力:社会心理学中一个被忽略的变量[*]

多温·卡特赖特

20世纪的社会心理学可以追溯到最早的那些哲学家,但它的成形主要是由20世纪的发展决定的。第一次世界大战以前,社会心理学总的来说没有达到孔德在19世纪中叶拟订的那些要求:一门抽象的、以事实为依据的科学。今天,与之形成强烈对比的是,实证主义哲学的精神占据了支配地位,唯一值得注意的问题似乎就是对实际观察的接受以及更可取的定量化研究。但这个收获并不是没有代价的,因为科学的地位是通过忽略与科学工作不相容的现象得到的……

权力正是这样一种现象。这个话题在社会心理学的形而上学时代曾受到相当高的重视。这方面的经典人物是霍布斯(8),他于1651年分析了权力的动机以及它的一些社会影响。形而上学时代较为现代的讨论由尼采(21)和阿德勒(1)完成。当然,还有许多其他哲学上和理论上的见解可以引述。

早期社会心理学和现代社会都认识到了权力的重要性。然而,假如我们从社会心理学科学时代的开端来检视它,我们搜索不到任何关于这个问题的集中研究。这显然是现代社会心理学的一个弱点。我们只能下结论说,20世

---

[*] 这篇文章根据作者1953年在社会问题心理学研究会年会上发表的演讲整理。
来源:Dorwin Cartwright, "Power: A Neglected Variable in Social Psychology," in *Studies in Social Power*, edited by Dorwin Cartwright (Ann Arbor, MI: Institute for Social Research, The University of Michigan, 1959), pp. 1—14. Reprinted by permission of the publisher.

纪的社会心理学家对权力一直是"软"的。在许多方面,直接的调查研究被规避了。一种规避方式是在安全或弱势人群——目睹雏鸡的啄食顺序或儿童中支配者的经典研究情境来研究权力。另一种方式是把权力问题转换为态度、期望及知觉的问题。于是,对权威主义的兴趣要大于对权威的兴趣;用期望而不是行为的约束或强制作为角色观念的决定性因素;研究威望是因为它可以脱离任何人与人之间相互作用和影响的具体情境来进行考察。

这里并不是认为社会心理学家都是胆小鬼;事实是权力较软的方面更易于进行考察。这里也并没有暗示这些软的方面是不切题的或在心理学上是无聊的。相反,这里抱怨的是,权力通常被认为本质上不是一个心理学问题。当问及权力时,社会心理学家通常会把问题指向政治学家、社会学家或经济学家;或者更糟的是,他会根据纯粹的个人价值观来回答……

围绕权力的一些说明性问题

为证明这一观点,必须说明权力如何不可避免地成为社会心理学公认现象的一个部分。这个任务难就难在这一领域的边界是相当模糊的。尽管如此,确认某些现象(问题的范围)本质上属于社会心理学还是可以做到的。奥尔波特(2)列出了这些现象,当然可能有遗漏,其中包括:领导、公众观点、传闻、宣传、偏见、态度转变、士气、沟通、种族关系以及价值观冲突。我们试图说明,不借助权力观念就无法充分理解此类现象。

领导及社会角色

实证研究已不断提到领导问题,包括从认同领导的个人特质到决定领导行为的原因和影响的各种问题。在此处的分析中,像"社会形势"、"地位"、"功能"及"角色"这些概念将凸现出来。只要领导仍然仅仅被视为人格特质的一种特殊组合,社会系统的属性就很容易被忽略。因此,在抛弃了这种狭隘观念的领导研究中,一个主要的进展被错误地称为"心理学的进展"……

从类似这些研究中逐渐积累的证据,形成了对于监督者培训计划的一种模糊认识。这种认识忽略了组织的权力结构;而任何忽略权力的领导理论都不值得称赞。

如果将注意力转向一般的角色理论,我们不得不承认这里也必然包含了权力。由于近期对角色的研究,特别是纽科姆的工作,已经拓宽了社会心理学的范围,并增强了它通过整体方式处理重要现象的能力,那么这个结论的重要性就是具有深远意义的……

斯特罗德贝克(24,25)设计了一种精巧的实验方法来判断角色的有关影响。他使用这种方法研究了不同文化中丈夫、妻子和儿子的角色。其研究程序是使家庭成员处于一种意见相左的情形中,然后记录随后发生的事情。他发现,举例来说,在纳凡霍人[1]中,妻子在争论中获胜可达 46 次,而丈夫是 34 次。但在摩门教信徒中,丈夫则赢 42 次,妻子仅 29 次。儿子极少获胜,除非他与某方联合。斯特罗德贝克的这项研究及其他人的工作表明了即便是在没有正式组织的群体中,一个人影响其他人的权力也取决于他所扮演的角色。

沙特尔、斯托格迪尔、汉普希尔及俄亥俄州立领导学研究所(23)其他人的调查计划为我们的角色理论提供了重要的证据资料。在他们的工作中,假定责任观念具有基本的重要性,组织中的每个成员都对某些活动的情况及其他的某些人负责。组织中的职位可以用这两方面的责任来描述:组织中的人做什么,与谁相互影响,喜欢谁,从何人那里获得赞赏,等等,所有这些因素都高度依赖于责任结构的性质。组织成员在对这个结构的认可程度上可能各有不同,但某个成员一旦认可了它,他的行为就会被某些其他成员和组织的要求所引导。换句话说,整个组织的结构获得了对这个成员的权力,因而某些其他成员也拥有了对他的权力,而一些特殊的人则要依赖他在组织中的职位。

这就导致了一个古代的社会学问题,贾克斯(14)曾对它进行了详细分析,并称之为"职权的认可"。看起来一个群体成员占据新职位时无法简单地声称他已拥有这个职位的权力。如果他想拥有权力的话,其职位的职权,必须得到其他人的认可。在一个最早的人际关系影响过程实验中,弗兰克(7)发现,当学生们同意服从时,他们会自动地给予实验者这样一种职权,即他不能试图让他们忍受完成非常不快的任务。最后,在他能够测出其不同压力手法的相对效果之前,他不得不命令他们忍耐一下!在一项对母亲改变孩子行为的研究中,布里姆(5)发现,母亲越想试行医生的建议,她们就越认为这是因为医生具有高声望。大量关于威望和可信度的效果的研究,似乎最好用某些角色的职权被认可来加以解释。

这个推理产生了一个很重要的问题:是什么决定了一个人是否认可别人(或者甚至是他自己)职位的职权呢?虽然还没有能直接回答这个问题的研究结果,但是把群体凝聚力与群体标准的力量(下文讨论)联系起来的研究认为:如果一个群体的职权结构与它的标准在功能上越相匹配,那么成员会越被该组织强烈吸引,他们就越愿意认可它的职权结构。这个假说很容易被检验。

---

[1] 美国西南部的印第安人。——译者注

个体的人格特征也可能会影响他们对角色职权的认可程度。许多对职权主义的研究被认为与解释这个问题有关。另一个引起争论的研究方法是珍妮和杰克·布洛克(4)的研究,他们虽然没有直接考察对角色职权的认可,但却说明了某个角色对人施加影响的程度是与他的部分人格特征相关的……其结果表明顺从与以下因素相关:(1)将"自我控制"三分为过度控制者、适度控制者和缺乏控制者;(2)加利福尼亚种族中心主义测试中的分数;(3)在自动运动实验中建立标准的速度。布洛克夫妇认为,顺从职权的提法是对不可预测的环境更为普遍的"构造性"方法的一种表现。这种倾向反过来会被视为更广泛的自我控制特征的一部分,他们称这种自我控制为"过度控制"。这一研究结果当然并未告诉我们这些过度控制者是否倾向于认可所有角色的权威,也没有说明他们是否倾向于仅仅认可某些类型的潜在职权角色。

此处还应当提及霍夫曼(9)的一个实验。他也是把在实验环境中的行为与人格变量联系起来的。在他的研究中,实验对象被分为顺从者和不顺从者,依据是一个接到通知的群体对感知距离所做的平均判断的顺从程度。他们的结果表明顺从者在以下方面给予很高的分值:家长的优势、不能忍受刺激、过分关心父母的福利以及严格的道德等。

这里对角色研究的简要回顾说明了这样一个问题,即诸如期望和知觉这些软的方面充分表明了真实的角色现象的特点。而权力这些硬的方面不可避免地成为角色观念所包含的现象的一个部分。

沟通

当我们转向考察沟通时,我们发现权力在此处也必须被提及。实际上,正是由于权力方面的原因才使得沟通在当今的社会心理学理论中处于中心地位。沟通是人与人之间施加影响的机制。没有沟通就没有群体规范、群体目标或有组织的群体行为。让我们来审视一下这些结论的依据。

首先,显而易见,并非所有的沟通都具有相同的影响力。当然这一点长期以来早已为人所共知,而且有一篇相当有价值的文献讨论过不同内容的沟通的有效性。但是我们还没有找到交流者与接受者之间的关系影响沟通有效性的途径。霍夫兰和韦斯(10)以及卡尔曼和霍夫兰(17)对来源可信度的研究使区别对待沟通的内容及其来源的重要性变得戏剧化了。他们发现,所谓的"睡眠者效应"更多地依赖于来源效应时间的迅速衰变而不是内容效应……

群体动力学研究中心进行的一项研究计划对沟通的本质进行了更深入的考察。首先,费斯廷格、沙克特和巴克(6)以及巴克(3)认为,在被一个群体强烈吸引的成员之间进行的沟通要比未被如此吸引的群体成员间的类似沟通更为有效。

其次,在一个有组织的群体或社区中,沟通流动的方向和内容与相关人员的社会地位是有关系的。例如,命令极少在一个权力阶层组织中向上流动,而某些其他类型的沟通则很有可能这样。休威茨、赞德和希莫威茨(12),杰克逊(13),凯利(16)及其他人的研究正在揭示出:在一个权力阶层组织中,向上的沟通如何成为个体向上移动的替代物,一个人如何利用沟通作为策略把来自更高地位者敌对行为的危险降到最小,以及一个拥有上级权力的人如何修整其沟通的内容和方向,以便在其他人中维持这样的信念:他的领导行为可以证明其地位的合理性。因此,我们必须明确人们之间的权力关系,以便理解沟通在他们中传递的频率和内容以及这些沟通的权威性。

第三,甚至对传闻的研究也不能完全忽略权力状况……传闻在那些认为自己的命运掌握在别人手中的人中总是特别有市场。

如果说沟通是社会心理学的一个基础性概念,那么权力也是。

人际及群体间的关系

几年前,一群高中教师要求群体动力学研究中心帮助他们更好地理解老师、家长和学生关系中冲突和苦恼的根源。詹金斯和利皮特(21)组织了一个项目,其中包括与上述人群中的抽样者面谈。回答者被要求说明他们认为上述每种人做什么事会使其他人高兴(例如:"老师们喜欢家长做些什么?")。他们也询问了不受欢迎的行为。

首先,考虑一下老师和学生的关系。在所有类型的教师行为中,对学生而言最重要的是老师是否公正。这似乎意味着老师是一位宣布重要决定的裁判,因此公正是必须认真对待的事。当我们审视这种关系的另一面并考虑老师的反应时,我们对老师拥有对学生的权力这一点得到了进一步的证实。73%的老师认为"有礼貌"和"把老师当作权威"是重要的学生行为。42%的老师提到了"服从"。

家长和学生之间的关系与此十分相似,只不过是另外一些方面的行为受家长控制而已。对家长的抱怨充满了"他们不让我们做"的事和另一些"他们强迫我们做"的事。虽然家长不像老师那样喜欢强调服从和恭敬的重要性,学生们仍然认为他们把顺从置于家长权威的主要位置。

更微妙的是考虑老师和家长的关系。可以肯定的是,老师们非常需要成人们的友谊以及把他们作为社区的成员来接收。在这方面家长多半掌握着老师的命运；他们可以对这些需要给予满足或者保留。这是关系的一个方面；另外，也没有迹象表明家长们会感觉被剥夺了老师们的友谊、承认或认可。理解这种不对称权力关系是了解教师与家长间行为、态度及感觉的基础。

群体间歧视及偏见的经验研究表明了同样的问题。我们真的可以指望仅仅依靠如权威主义、种族中心主义、转移了的敌对心理及态度等变量来解释这些现象或建立社会行为的模型吗？这些概念如何帮助我们理解汽车产业工会的某项政策决定使黑人的条件有了实质性的改善，或者在阿拉巴马州蒙哥马利市的空军基地出现了一个非种族隔离的餐厅？库尔特·卢因(18)断言"只要影响门卫做决定的力量没有改变，对少数民族的歧视就不会改变"(p.186)，这表明了权力在群体间关系中的重要性。根据这一观点，社会心理学家不仅仅要引起对这些发现的关注，正如亨特(11)在对区域性城市——一个有近三分之一黑人人口的中等城市的权力结构的研究中所做的那样。通过不同的方法，他列出了一份该城市中被肯定为最有权力的40个人的名单；任何社区计划的实行都要得到这些人的批准。那些想在这个城市中改善群体间关系的人都会被强烈建议与他们合作。然而需要指出的是，这份有影响力的人物名单中没有一个黑人(甚至在一份175人的名单中，也只有3个黑人候选人)……

情绪调节的社会决定因素

权力观念对社会心理学的重要性可以通过考察另一个社会问题来说明。什么决定了个体的精神是否健康？大家都明白生理因素很重要，并且也知道社会状况对相关者情绪调节的影响也有显著的区别。也许对这种影响最为清晰的展示之一是卢因、利皮特和怀特(19)对不同领导风格的实验。他们发现某个给定儿童的积极性依赖于管理这一群体的成人的领导风格。虽然这个实验中研究的不同领导风格彼此在许多方面都有差异，但是看起来领导的最关键方面是儿童获得的自由活动空间的大小，以及领导的权力是否被用来支持或阻挠儿童的行为。领导对权力的使用从根本上影响着整个群体的情绪氛围。

在所有社会状态中，尤其是等级社会，某些人拥有权力帮助或妨碍其他人目的的导向行为。情绪上的安全感非常直接地依赖于这种权力的大小以及它使用时的善意……

与这种安全感和权力之间关系的通常观念相一致的是佩皮通(22)的一个非常另类实验中的发现。他把一群男孩安排在这样一种情形下，其中有吸引力的目标的实现受控于三个裁判组成的专门小组。在男孩们和专门小组进行规范化的相互影响后，每个男孩被要求评估小组中每个成员的相对权力和相对善意。在这种安排下,佩皮通发现他们有意歪曲结论以便使小组成员的危险权力减到最小——如果一个成员被评估为有权力的,那么他也会被评为更善意的;如果他被认为是有恶意的,那么他的权力也会被认为是较小的。

从此处列举的研究发现来看,很明显只有当权力被明确承认时,社会状态对情绪调节的影响才能被充分理解。

结 论

这里对社会心理学领域的简要回顾可以得出以下4个结论:

1. 社会心理学理论的一个主要缺陷是它们一直对权力是"软"的。
2. 需要我们注意的重要社会问题都对权力提出了疑问——这些疑问是我们有条理的知识无法回答的。
3. 除去所有的实际考虑,没有权力观念(或它的相等物)的社会心理学理论是不完整的。诸如沟通、角色、态度、期望及规范这样的概念无法仅靠它们自身来真实地说明它们所代表的影响过程,它们也无法有效地应付社会变革或者抵抗变革。
4. 对权力问题的一致重视会推动社会心理学领域的重要进步。这一进步包括了对社会心理学真正主题的更好理解和对其概念体系的重新组织。

参考文献

1. Adler, A. A study of organ inferiority and its psychic compensations. *Trans. Nerv. Ment. Dis. Monogr. Ser.*, 1917, 24.
2. Allport, G. W. The historical background of modern social psychology. In G. Lindzey (ed.), *Handbook of social psychology*. Cambridge: Addison-Wesley, 1954, 3—56.
3. Back, K. W. Influence through social communication. *J. Abnorm. Soc. Psychol.*, 1951, 46, 9—23.
4. Block, J., & Block, J. An interpersonal experiment on reactions to authority. *Hum. Relat.*, 1952, 5, 91—98.
5. Brim, O. G., Jr. The acceptance of new behavior in child-rearing. *Hum. Relat.*, 1954, 7, 473—491.
6. Festinger, L., Schachter, S., & Back, K. W. *Social pressures in informal groups*. New York: Harper, 1950.
7. Frank, J. D. Experimental study of personal pressures and resistance: I. Experimental production of resistance. *J. Gen. Psychol.*, 1944, 30, 23—41.

8. Hobbes, T. *Leviathan.* Reprint of 1st ed. (1651), Cambridge: Univer. Press, 1904.

9. Hoffman, M. L. Some psychodynamic factors in compulsive conformity. *J. Abnorm. Soc. Psycho.*, 1953, 48, 383—393.

10. Hovland, C. I., & Weiss, W. The influence of source credibility on communication effectiveness. *Pub. Opin. Quart.*, 1952, 15, 635—650.

11. Hunter, F. *Community power structure.* Chapel Hill: Univer. North Carolina Press, 1953.

12. Hurwitz, J. I., Zander, A. F., & Hymovitch. B. Some effects of power on the relations among group members. In D. Cartwright & A. Zander(eds.), *Group dynamics: Research and theory.* Evanston: Row, Peterson, 1953, 483—492.

13. Jackson, J. M. Analysis of interpersonal relations in a formal organization. Unpublished doctor's dissertation, Univer. Michigan, 1952.

14. Jaques, E. *The changing culture of a factory.* London: Tavistock, 1951.

15. Jenkins, D., & Lippitt, R. *Interpersonal perceptions of teachers, students and parents.* Washington: Nat. Train. Labor. Group Devel., 1951.

16. Kelley, H. H. Communication in experimentally created hierarchies. *Hum. Relat.*, 1951, 4, 39—56.

17. Kelman, H. C., & Hovland, C. I. "Reinstatement" of the communicator in delayed measurement of opinion change. *J. Abnorm. Soc. Psychol.*, 1953, 48, 327—335.

18. Lewin, K. *Field theory in social science.* New York: Harper, 1951.

19. Lewin, K., Lippitt, R., & White, R. K. Patterns of aggressive behavior in experimentally created "social climates." *J. soc. Psychol.*, 1939, 10, 271—299.

20. Newcomb, T. *Social psychology.* New York: Dryden, 1950.

21. Nietzsche, F. *Der Wille zur Macht.* Book 3, sec. 702. In Nietzsche's complete *Werke*, vol. 16. Leipzig: Alfred Kröner, 1912.

22. Pepitone, A. Motivational effects in social perception. *Hum. Relat.*, 1950, 3, 57—76.

23. Stogdill, R. M. Leadership, membership and organization. *Psychol. Bull.*, 1950, 47, 1—14.

24. Strodtbeck, F. L. Husband-wife interaction over revealed differences. *Amer. Sociol. Rev.*, 1951, 16, 468—473.

25. Strodtbeck, F. L. The family as a three-person group. *Amer. Sociol. Rev.*, 1954, 19, 23—29.

33 社会权力的基础[*]

约翰·R.P. 弗伦奇,伯特伦·雷文

在我们的社会中,权力过程是无处不在的、复杂的,而且经常是经过了掩饰的。因此你会发现在政治学、社会学和社会心理学中,不同类型的社会权力或性质不同的社会影响过程之间千差万别(1,6,14,18,19,23,24,29,32)。我们的主要目的是区别权力的主要类型并系统地定义它们,以便我们可以根据它们引起的变化及伴随权力使用而来的其他效应来比较它们。权力和影响的现象包含两个主题之间的两对关系,这组关系可以从两方面来看:(1)什么决定了权力使用主体的行为? (2)什么决定了这一行为接受者的反应? 我们采纳第二个方面的观点,用 P 的生活空间例子来系统表述我们的理论,这里 P 是指权力所施加的对象。用这个方式我们希望能定义权力的基本概念,这些概念能充分说明社会影响的许多现象,包括一些用较少属性术语描述的现象……

权力、影响及变化

心理的变化

由于我们要用影响来定义权力,用心理的变化来定义影响,所以我们首先

---

[*] 来源:John R. P. French Jr. and Bertram Raven, "The Bases of Social Power," in *Studies in Social Power*, edited by Dorwin P. Cartwright (Ann Arbor, MI: Institute for Social Research, The University of Michigan, 1959), pp. 150—167. Reprinted by permission of the publisher。

讨论变化。我们打算在一般性的水平上定义变化，包括在行为、观点、态度、目标、需要、价值观及个人心理领域等所有方面发生的变化。我们将用"系统"来代表生活空间的所有这些方面。[1] 按照卢因(22, p. 305)把时点1的系统状态记为 $s_1(a)$。

某个系统 a 经过一段时间后的心理变化定义为这种状态的任何改变。变化的程度用系统 a 在时点1和时点2状态差异的大小来衡量：

$$ch(a) = s_2(a) - s_1(a)$$

任何心理系统的变化将用心理力量来形成其概念。但要注意的是变化必须等于在那个时刻所有发生作用的力量的合力。例如观点的变化是由另一个人的说服力量、所依赖群体的观点的约束力以及来自自身需要的力量等共同决定的。

社会影响

我们的社会权力和影响理论被限定于对个人 P 的影响，这种影响是一个社会主体 O 造成的，O 可以是另外一个人、某个角色、某种规范、一个群体或群体的一个部分。我们不考虑施加于一个群体的社会影响。

O 对于 P 生活空间中的系统 a 的影响，定义为来自 O 的行为对系统 a 的合力。来自 O 的合力由两部分组成：由 O 引起的向某个方向改变系统的力量，以及由 O 的同一行为引起的反方向阻力。

根据这个定义，O 的影响不包括 P 自身的力量，也不包括其他社会主体的力量。因此 O 的"影响"必须清楚地有别于 O 对 P 的"控制"。O 可能对 P 采取强制力量使其进行某项活动(即 O 对 P 施加了影响)；但如果由其他人或 P 自身需要引起的反方向力量更强的话，则 P 将会朝相反方向运动(即 O 无法控制 P)。因此，只有当消除了其他力量的效应时，P 的心理变化才能作为 O 对 P 的社会影响的有效定义。

通常，社会影响通过 O 的有意行动而发生。但是我们不想把"行动"的定义限定于有意识的行为。当然，影响可以由 O 的被动存在而发生，没有明显的言论，也没有明显的行动。警察站在街角对超速的摩托车手而言就是主体的一个行动。此类主体行动在强度上是不同的，因为 O 不会总是用尽他的力量。例如警察可能仅仅只是站着看，或者采取更强烈的行动，朝摩托车手吹哨。

---

[1] "系统"一词此处指一个整体或整体的一个部分。

由行动导致的影响不见得与 O 预期的方向相同。对 P 的合力方向取决于 O 行动引致力量的相对强度和同一行动引起的反方向的阻力。如果 O 打算朝某一给定方向影响 P,同方向的合力被称为正影响,而反方向的合力称为负影响。

社会权力

O 对 P 在某个系统 a 中的权力大小,定义为在 a 中 O 影响 P 的最大能力。

根据这一定义,影响是一种活动的权力,正如权力是一种潜在的影响。假定 O 由于与 P 或多或少的持久关系,能够采取不同的行动,那么这些行动会对 P 产生影响。[1] O 的权力可用他的最大可能影响来衡量,虽然他常常会选择使用小于他的全部力量的权力。

权力的一个同等定义可以用 O 的两种力量的合力来表述:一个是 O 的影响试图指向的方向上的力,另一个是反方向的阻力。权力就是这两个力的最大合力:

$$O/P(a)\text{的权力} = (f_{a,x} - f_{\bar{a},x})^{max}$$

其中两个力都来自 O 的同一行动。

因此,考虑 P 的系统 a,O 的权力等于其任何可能行动引起的两个力的最大合力:(1) O 使得系统 a 在方向 x 上变化的力;(2) 它的反方向阻力。[2] 当前一部分力大于后一部分时,出现正权力;反之,则 O 对 P 有负权力。

某些时候,可以方便地把权力范围定义为 O 的权力是大于零的所有系统的集合。丈夫对妻子可能拥有很大范围的权力,而对他的雇主只有小范围的权力。我们将用"权力等级"来表示 O 在 P 的所有系统范围内对 P 拥有的权力总和。

---

[1] 权力概念具有潜在性的概念特征;但是把这种潜在的影响限定为 O 与 P 之间或多或少的持久性权力关系是有用的,这种限定是在权力定义中去掉潜在影响十分短暂或变化不定以至于无法从现有关系中预测它的那些情况。只有当权力在一段时间内具有稳定性时,它才适于用来描述社会结构;把每个瞬间的社会刺激都看作是现实化的社会权力是没有意义的。

[2] 我们把对有意影响的阻力定义为由 O 的同一行动引起的相反方向的力。它必须与反抗区分开来,反抗的定义是并非由 O 的同一行动引起的已经存在的相反的力。例如,一个男孩可能违抗他母亲让他吃菠菜的命令,是因为这种有意引导的方式,同时他反对这么做是因为他不喜欢吃菠菜。

s(a)对 O 的依赖

我们假定一个系统状态的任何变化都是由它在功能上依赖的某些因素的变化引起的。例如一个观点的状态可能因需要这样的内部因素变化或 O 的争辩这种外部因素的变化而变化。同理，系统相同状态的保持是由内部及外部因素的稳定性或缺乏变化导致的。因此，一般而言，可以由动态依赖得到心理变化及稳定的概念。我们重点关注的情形是对外部主体 O 的依赖(25)。

在许多情况下，系统的初始状态具有半稳定均衡的特征，在 $s_1(a)$ 附近有一个中心力量区域(22, p. 106)。在这种情况下我们可以推论，只要 O 发出的力量被去掉，原始状态就有倒退的趋势。[1]

考虑这样一个例子：有 3 个独立的员工，他们在相同的固定产量水平下工作，工作环境正常的小波动可忽略。管理者命令他们提高产量，每人每天的产量水平从 100 提到了 115 件。在每天 115 件的新生产率下工作一周后，管理者离开了一个星期。员工 A 的产量立即减至每天 100 件，而 B 和 C 减至每天 110 件。在其他条件相同时，我们可以推断 A 的新产量完全依赖于他的管理者，而 B 和 C 只有 5 件依赖于管理者。让我们进一步假设当管理者回来时，无须他命令，B 和 C 的产量又回到了 115。B 和 C 保持每天 115 件的固定产量又过了一个月。但两人间还是有区别的：B 的产量水平仍然有 5 件是依赖于 O，而 C 转而依赖于他对服从法定管理者命令的职责感，而不是管理者要求他保持每天 115 件的外在压力。因此，下次管理者离开时，B 的产量又回落到 110 件，但 C 的产量仍维持在每天 115 件。在 B 的情况下，依赖的程度是有条件的，取决于能感觉到的 O 观察系统状态并注意到 P 顺从的可能性(5, 6, 11, 12, 19)。可感知的水平反过来依赖于系统的性质(例如，秘密观察和公开行为之间的差异)以及观察的环境障碍(例如，O 离 P 太远)。

权力的基础

权力的基础指的是 O 与 P 之间的关系，这种关系是权力的来源。我们很难肯定地说某个观察到的权力情况只有一个来源。通常，O 和 P 之间的关系以几个不同性质的变量为特征，这些变量是权力的基础(24, ch. 11)。虽然，无

---

[1] 米勒(33)假定所有活的系统都具有这种特征。然而这有可能是因为生活空间中的某些系统不具有这种弹性。

疑有许多可能的权力基础可以被区别出来,但此处我们将只定义特别常见而重要的5种。O的这5个权力基础是:(1)奖赏性权力,其基础是P知道O有能力对他进行奖赏;(2)强制性权力,其基础是P知道O有能力对其进行惩罚;(3)法定性权力,其基础是P知道O拥有法定权力限制其行为;(4)参照性权力,其基础是P对O的认同;(5)专家性权力,其基础是P知道O具有某些专门知识或特长。

奖赏性权力

奖赏性权力被定义为以具有奖赏能力为基础的权力。O对P奖赏性权力的强度,随O能给予P的奖赏多少而增减。奖赏性权力依赖于O管理正效价及去除或减少负效价的能力。奖赏性权力的强度也依赖于O给予P奖赏的可能性。奖赏性权力的一个常见例子是工厂里用以刺激工人提高产量的计件工资的附加部分。

由奖赏承诺引起的系统新状态(例如,工厂工人提高了的产量水平)与O密切相关。既然由O发放奖励,那么他就控制着P得到它的可能性。因此P的新产量将取决于他主观认为的O因其顺从给予奖赏的可能性,减去因其回到原有产量水平给予奖赏的可能性。这两种可能性,都会受到P的行为的可察觉水平的强烈影响。

O利用实际奖赏(而不是承诺)将在一段时间后提高O对P的吸引力,并因此增强O对P的参照性权力。稍后我们将要谈到,这种参照性权力使得O能引发相对独立的变化。奖赏或承诺都不会引起P的反抗,只要P认为O给予其奖赏是正当的。

奖赏性权力的范围仅限于O可以奖赏P的顺从领域。在奖赏性权力范围之内使用奖赏来改变系统将通过增加未来承诺实现的可能性来增强这一权力。但是,在权力范围之外使用奖赏权力的不成功企图,将会减弱这一权力。例如,如果O要奖赏P完成一个不可能的行动,这将会降低P未来获得O承诺的奖赏的可能性。

强制性权力

强制性权力与奖赏性权力的相似之处在于它也包含了O对付获取效价的能力。O对P的强制性权力源自P的预期,即如果他未能顺应O的影响,他就会受O惩罚。因而P生活空间的某些区域会出现负效价,相应于O可能进行的惩罚。强制性权力的强度取决于将发生的惩罚的负效价强度,乘上 P 感觉到的靠顺从避开惩罚的可能性,即惩罚不顺从的可能性减去惩罚顺从的可能性(11)。正如在工厂里发放计件奖金可以成为奖赏性权力的基础一样,当工人不能达到给定的产量水平时就可以解雇他的能力将成为强制性权力的基础。

强制性权力也会导致相关的变化,相关的程度因 P 顺从的可察觉程度不同而不同。强制性权力导致相关变化的一个极好例证是科奇和弗伦奇(3)观察到的工厂里烫衣工的例子。当她的工作效率超过了全组的平均水平时,其他工人就把她当作"替罪羊"。如果把她与其他工人分开时,就可以看出她的高产量并不是与小组无关的。分开后她的产量立即达到了更高水平。[1]

对这两种权力的区分很重要,因为它们的原动力不同。"认可"的观念有时会不顾它们的相反效应而把它们混为一谈。当奖赏性权力最终导致一个独立的系统时,强制性权力的效应将继续保持依赖性。奖赏性权力很可能增强 O 对 P 的吸引力;而强制性权力则会减弱这种吸引力(11,12)。如果可能发生的惩罚带来负效价的话,行为区域的效价会负得更多。惩罚的负价效将会波及生活空间的其他区域。卢因(25)指出了奖赏和惩罚效应之间的这种区别。在将发生惩罚的情况下,合力将使 P 完全离开该区域。因此,为了获得顺从,O 不仅要利用某些区域的可能惩罚来引起高的负效价,还必须采用约束力量或其他高的效价,以阻止 P 从其强制性权力的范围内完全撤出。否则,如果 P 不顺从的话,他受到惩罚的可能性就会太低以至于失效。

法定性权力

关于社会的确定行为已有相当多的调查和思考,特别是对于那些由给定角色或职位确定的行为。林顿(23)根据是否属于每个人共有的文化特质,是否可选择(个体可以选择接受或不接受它们),以及是否特有(对某个特定职位),对群体规范进行了区分。无论我们是否谈及内化规范、角色规定和期望(27),或者内化压力(15)等,事实始终是:每个个体清楚他应朝某些区域移动,不应朝另一些区域移动,以及应向另一些对其具有一般吸引力的区域移动。这一点既适用于他可能、应当或不应当从事的特定行为;也适用于他可能、应

---

[1] 虽然强制性权力的直接影响是非独立的,它通常也会产生独立的间接影响。例如,使用强制性权力,洗脑在一个失去自由的人的生活空间中产生了许多直接变化,但这些非独立的变化会导致对进攻者的认同,由此引起意识形态中的间接变化是独立的。

当或不应当持有的某些态度或信念。"应当"的感觉可能是一个内化了的结果,是从他的父母、老师、宗教信仰或是由道德的某些特质系统合理的发展而来。在谈及这些行为时,他会使用"应该"、"应当"或"有权利去"这样的词汇。许多情况下,这些要求的最初来源已经想不起来了。

虽然我们用一种正、中、反的三分法将这些行为的评价过分简单化了,但个人行为的评价的确不是单一量度的。这种评价的尺度我们称之为"合法性"。从概念上说,我们认为合法性是某区域里的一种效价,它是由一些内化规范或价值观引起的。这种价值观具有和权力相同的概念上的特点,即一种划分力量区域的能力(22,p.40—41)。

此处O对P的法定性权力定义为产生于P的内化价值观的一种权力,它指定O具有法定权力影响P,而且P有义务接受这种影响。我们注意到法定性权力与授权的合法性概念非常相似,这一概念早已被社会学家钻研过,特别是韦伯(33),以及较为近代的戈德哈默和希尔斯(14)。然而,法定性权力并不总是一种角色关系:P接受O的引导可能仅仅因为他事先答应过帮助O,而且他认为应该言出必行。在各种情况下,合法性的概念都包括了个体所接受的一些规定或标准,依靠它们,外部主体才能使用他的权力。在这里我们试图描绘其中的一些价值观。

法定性权力的基础。文化价值观构成了一个个体对另一个体的法定性权力的一个普遍基础。O具有由文化确定的某些特征,使得他有权利限定P的行为,而P可能是不具有这些特征的。这些基础,韦伯(33)称之为"永恒的昨天"的权威,它们包括年龄、智力、社会阶级制度以及身体特征等。在某些文化中,年长者实际上在所有行为领域有权利限制其他人的行为。在大多数文化中,一种性别的人在某些特定领域中拥有限制另一性别者行为的权利。

对社会结构的认可是法定性权力的另一个基础。如果P认为他所在的群体、组织或社会的结构是合理的,特别是包含了职权等级制度的社会结构,那么P就会接受在该等级制中占据更高职位的O的法定性权力。因此正式组织中的法定性权力更是一种职位而非个人之间的关系。对一个职位合理性的认可是法定性权力的基础——法官有权罚款,工头分配任务,神父解释所信仰的教条,而做决策是管理者的特权(10)。但是,法定性权力还包括个人保持其职位的权利。

法定主体的指派是法定性权力的第三个基础。影响者O限制P的行为被认为是合法的,因为他是从P承认的法定主体那里获得这一权力的。因此一位系主任在某些领域会承认副校长的职权,因为这个职权是校长具体委派的。在群体中,选举可能是最常见的使某人或某职位的职权合法化的做法。

这种合法化成功与否取决于对该法定主体及程序的认可。在前述例子中，它最终取决于对待选举程序的民主主义价值观。选举程序是使某个职位的个人权利合法化的方法之一，与之相关的权力已有了一个法定的范围。

O对P的法定性权力的范围。法定性权力实施的区域通常由该权力的指定来具体落实。例如，工作描述手册通常确定了管理的活动，并指定了工作者就规定的任务应向何人负责。法定职权的一些基础使其具有相当大的范围。法定性权力源自文化的基础通常特别广泛。在许多文化中，普遍存在某个特定等级实际上能在所有领域合法地限制所有低级成员行为的情况。但更普遍的例子是，法定性权力的范围被特别狭窄地限制。军队里的中士只能在指定的区域内合法地限制手下人的行为。

试图在法定性权力范围之外使用它将会降低该职权者的法定性权力。对该权力的不合法使用也将减弱O的吸引力(11,12,28)。

法定性权力和影响。因法定性权力导致的系统新状态通常与O高度相关，虽然它可能变得不相关。但是，此处的相关程度与可感知的水平无关。既然法定性权力植根于P的价值观，那么O引起的这种力量的来源就包括O和这些内部的价值观。O的行动有助于激活价值观并把它们与被影响的系统联系起来，但此后系统的新状态可能变得直接依赖于这些价值观而不借助于O。于是这种新状态会相对稳定并在不同的环境中保持下去，因为P的价值观比他的心理环境要稳定得多。

参照性权力

O对P的参照性权力植根于P对O的认同。我们说的认同指的是P对O的一致感，或对这种认同的强烈渴望。如果O是一个对P有强烈吸引力的人，P就会有一种成员感或加入的欲望。如果P与O已经有了紧密联系，则他会希望保持这种关系(30,32)。如果P像O那样去行动、思考及感觉，P对O的认同就能得以建立或保持。因此，O具有影响P的能力，甚至P可能并未察觉到这种参照性权力。从P的角度描述这种权力就是："我就像O，所以我要像他那样行动或思考"，或者"我想和O一样，如果我像他那样行动或思考，我就会更像他"。P对O的认同越强，O对P的参照性权力就越大。

我们必须努力把参照性权力和可能同时起作用的其他类型权力区别开来。如果一个成员被群体所吸引，而且他服从规范仅仅因为害怕不顺从就被该群体嘲笑或驱逐，我们把这叫做强制性权力。另一方面，如果他服从是期望获得表扬，这是奖赏性权力的例子。服从大多数人的观点，有时是出于对该群体集体智慧的崇敬,这种情况就是专家性权力。由于所有的权力现象随"要求一致的压力"都混在了一起,区分这些现象是重要的,因为发生变化的类型会因权力的基础不同而不同。

"参照性群体"(31)和"有威望的建议"的概念,可以认为是参照性权力的例子。在这种情况下,O作为有威望的个人或群体受到P的尊重;由于P渴望与O有联系或被O承认,他将会采用O的态度或信念。与此类似,一个O不喜欢并给予不良评价的负参照性群体将对P产生负影响,这就是负参照性权力的结果。

可以看出,当P被O所吸引时,我们所说的参照性权力会特别大(2,7,8,9,13,19,24)。用我们的话说,这就意味着吸引力越大,认同越高,那么参照性权力就越大。尽管在某些情况下,吸引力或威望可能有具体的来源,参照性权力的范围将因此是有限的:一对露营者在扎营方面对某一成员可能有很大的参照性权力,但在其他方面的效应就非常小了(24),但是我们假设,O对P的吸引力越大,其参照性权力的范围也越大。

专家性权力

O对P的专家性权力的强度,随P认为O在某一特定领域所具有的知识或洞察力的程度的不同而不同。P很可能根据他自己的知识来评价O的专业知识,而不是采用一个绝对标准。通常专家性权力对P的认识结构会产生基本的社会影响,而很可能不影响系统的其他类型。当然,认识结构的变化会改变力量的方向并因此改变运动的方向,但这种行为变化是从属性的社会影响。专家性权力可由实验说明(8,26)。专家性影响的常见例子是在法律事务上接受律师的建议;但是在很多其他情形下只需要一点点知识即可,比如本地居民为陌生人指路。

当O无须成为P的群体成员时,专家性权力被多伊奇和杰拉德(4)称为"信息性权力"。这类专家性权力必须与霍夫兰等人(16,17,19,20)所描述的来源于沟通内容的影响区分开来。就某一观点进行沟通的内容所产生的影响,也许是由基本影响(即对信息的接收)所产生的一个从属性影响。既然此处用基本变化来定义权力,那么有关观点内容所产生的影响就不是专家性权力的例子,但是对内容效力的最初接受确实源于专家性权力或参照性权力。

我们假定专家性权力的范围限定要比参照性权力的更多。这不单是因为它仅限于认识系统,而且专家还被认为在某些特定领域拥有较多的知识或能力,于是他的权力就被限定在这些领域,尽管可能发生"晕轮效应"。最近,某些著名物理学家痛苦地发现,他们在物理学领域的专家性权力无法延伸到包括国际政治在内的区域中去。的确有证据表明,试图在专家性权力的范围之外使用它将会减弱这一权力。信任的基础可能会被逐渐削弱。

小　结

我们区分了 5 类权力:参照性权力、专家性权力、奖赏性权力、强制性权力及法定性权力。这些区分可以得出以下假说:

1. 对所有 5 种权力,其基础越强,权力就越大。
2. 每种权力范围的大小差别很大,但通常参照性权力的范围最大。
3. 任何在权力范围之外使用权力的企图都很可能减弱该种权力。
4. 由奖赏性权力或强制性权力引起的系统新状态将与 O 密切相关,而且 P 的顺从性越能感觉得到,状态的相关性也越强。对另三种权力,新状态通常是相关的,至少在开始时是这样,但在任何情况下可感觉到的水平对相关程度都没有影响。
5. 强制会导致 O 对 P 的吸引力下降及很高的阻力;奖赏性权力会导致吸引力增加和低阻力。
6. 强制越合法,它就越不会导致阻力和吸引力下降。

参考文献

1. Asch, S. E. *Social psychology*. New York: Prentice-Hall, 1952.
2. Back, K. W. Influence through social communication. *J. Abnorm. Soc. Psychol.*, 1951, 46, 9—23.
3. Coch, L., & French, J. R. P., Jr. Overcoming resistance to change, *Hum. Relat.*, 1948, 1, 512—532.
4. Deutsch, M., & Gerard, H. B. A study of normative and informational influences upon individual judgment. *J. Abnorm. Soc. Psychol.*, 1955, 51, 629—636.
5. Dittes, J. E., & Kelley, H. H. Effects of different conditions of acceptance upon conformity to group norms. *J. Abnorm. Soc. Psychol.*, 1956, 53, 100—107.
6. Festinger, L. An analysis of compliant behavior. In Sherif, M., & Wilson, M. O. (eds.). *Group relations at the crossroads*. New York: Harper, 1953, 232—256.
7. Festinger, L. Informal social communication. *Psychol. Rev.*, 1950, 57,

271—282.

8. Festinger, L., Gerard, H. B., Hymovitch, B., Kelley, H. H., & Raven, B. H. The influence process in the presence of extreme deviates. *Hum. Relat.*, 1952, 5, 327—346.

9. Festinger, L., Schachter, S., & Back, K. The operation of group standards. In Cartwright, D., & Zander, A. *Group dynamics: research and theory.* Evanston: Row, Peterson, 1953, 204—223.

10. French, J. R. P., Jr., Israel, Joachim & As, Dagfinn. "Arbeidernes medvirkning i industribedriften. En eksperimentell undersøkelse." Institute for Social Research, Oslo, Norway, 1957.

11. French, J. R. P., Jr., Levinger, G., & Morrison, H. W. The legitimacy of coercive power. In preparation.

12. French, J. R. P., Jr., & Raven, B. H. An experiment in legitimate and coercive power. In preparation.

13. Gerard, H. B. The anchorage of opinions in face-to-face groups. *Hum. Relat.*, 1954, 7, 313—325.

14. Goldhammer, H., & Shils, E. A. Types of power and status. *Amer. J. Sociol.*, 1939, 45, 171—178.

15. Herbst, P. G. Analysis and measurement of a situation. *Hum. Relat.*, 1953, 2, 113—140.

16. Hovland, C. I., Lumsdaine, A. A., & Sheffield, F. D. *Experiments on mass communication.* Princeton: Princeton Univer. Press, 1949.

17. Hovland, C. I., & Weiss, W. The influence of source credibility on communication effectiveness. *Publ. Opin. Quart.*, 1951, 15, 635—650.

18. Jahoda, M. Psychological issues in civil liberties. *Amer. Psychologist*, 1956, 11, 234—240.

19. Kelman, H. Three processes of acceptance of social influence: compliance, identification and internalization. Paper read at the meetings of the American Psychological Association, August 1956.

20. Kelman, H., & Hovland, C. I. "Reinstatement" of the communicator in delayed measurement of opinion change. *J. Abnorm. Soc. Psychol.*, 1953, 48, 327—335.

21. Lewin, K. *Dynamic theory of personality.* New York: McGraw-Hill, 1935, 114—170.

22. Lewin, K. *Field theory in social science.* New York: Harper, 1951.

23. Linton, R. *The cultural background of personality.* New York: Appleton-Century-Crofts, 1945.

24. Lippitt, R., Polansky, N., Redl, F., & Rosen, S. The dynamics of

power. *Hum. Relat.*, 1952, 5, 37—64.

25. March, J. G. An introduction to the theory and measurement of influence. *Amer. Polit. Sci. Rev.*, 1955, 49, 431—451.

26. Moore, H. T. The comparative influence of majority and expert opinion. *Amer. J. Psychol.* 1921, 32, 16—20.

27. Newcomb, T. M. *Social psychology.* New York: Dryden, 1950.

28. Raven, B. H., & French, J. R. P., Jr. Group support, legitimate power, and social influence. *J. Person.*, 1958, 26, 400—409.

29. Russell, B. *Power: A new social analysis.* New York: Norton, 1938.

30. Stotland, E., Zander, A., Burnstein, E., Wolfe, D., & Natsoulas, T. Studies on the effects of identification. University of Michigan, Institute for Social Research. Forthcoming.

31. Swanson, G. E., Newcomb, T. M., & Hartley, E. L. *Readings in social psychology.* New York: Henry Holt, 1952.

32. Torrance, E. P., & Mason, R. Instructor effort to influence: an experimental evaluation of six approaches. Paper presented at USAF-NRC Symposium on Personnel, Training, and Human Engineering. Washington, D. C., 1956.

33. Weber, M. *The theory of social and economic organization.* Oxford: Oxford Univer. Press, 1947.

34 复杂组织中低级别参与者的权力来源*

大卫·梅凯尼克

复杂组织中的低级别参与者[1]争取到和使用与其在这些组织中正式确定的职位不相关的相当大的权力和影响的情形，并非少见。用社会学的术语说，他们拥有相当大的个人权力但没有职权。公司里的行政秘书和会计、精神病院的看护人员甚至是监狱里的犯人，经常取得这种权力。这些低级别参与者获取个人权力并不必然由于他们独特的人格特征，虽然这可能是有关系的，而更多的是因为他们在所在组织中地位的特殊性。

非正式权力和正式权力

定义的阐明

本文的目的是提出一些假说来解释为什么组织中的低级别参与者经常能

---

* 来源：Reprinted from "Social of Power of Lower Participants in Complex Organizations," by David Mechanic, published in *Administrative Science Quarterly*, Volume 7 #3 (December 1962), pp. 349—365, by permission of *Administrative Science Quarterly*。

[1]"低级别参与者"一词来自阿米太·埃奇奥尼（[美]Amitai Etzioni, *A comparative Analysis of Complex Organizations*, N. Y. ,1961)，他用来标明那些处于低等地位的人：雇员、基层人员、普通成员、随从、顾客及入狱者。在本文中我们用它来表示与高等参与者相对概念的地位。

争取到和使用与他们在这些组织中正式确定的职位不相关的相当大的权力。出于分析的目的,"影响"、"权力"和"控制"的概念将被同义使用。并且,我们不考虑权力的类型,即不管权力是基于奖赏、惩罚、认同、否决权还是其他来源。[1]权力被定义为任何引起行为的力量,如果没有这种力量,该行为就不会发生。我们把权力定义为一种力量而不是一种关系,因为我们用权力所指的许多东西都在一个组织的规范框架之内,因此任何对权力的分析都必须既考虑规范权力,也要考虑个人的权力。

在蒂博特和凯利[2]之后,我也将提出理由说明权力是与依赖性密切相关的。根据一个人依赖另一个人的程度,他可能受那个人的权力支配。在组织中一个人通过控制获得信息、人员和工具的途径使别人依赖于他,以下我给出这三者的定义:

1. 信息包括关于组织的知识、人员的知识,以及规范、程序、技术的知识等。
2. 人员包括任何该组织在某种程度上依赖的内部及外部的人员。
3. 工具包括组织的全部物质材料或它的来源(设备、机器、钱等)。

权力是一种功能,不仅在于一个人控制信息、人员及工具的程度,而且也在于他所控制的不同事物的重要性。[3]

一个经典例子

像组织理论的许多其他方面一样,在韦伯关于政治官僚结构的讨论中,我们可以找到对我们所研究问题的一个经典表述。韦伯说明了官僚们对政坛在位者可能拥有的相当大权力的程度,这部分地是由于他们在政治官僚结构中

---

[1] 例如,人们可能观察到,低级别参与者的权力主要来自于"否决"或惩罚的能力。关于权力基础的讨论,见 John R. P. Franch Jr. and Bertram Rave, "The Bases of Social Power," in D. Cartwright and A. Zander (eds.), *Group Dynamics* (Evanston, Ill., 1960), pp. 607—623。

[2] John Thibaut and Harold H. Kelly, *The Social Psychology of Groups* (New York, 1959)。对依赖性的类似强调,见 Richard M. Emerson, "Power-Dependence Relationships", *American Sociological Review*, 28(1962), 31—41。

[3] 虽然本文并未试图说明如何衡量这些途径,但作者相信这些关于途径的假说是可以被清楚验证的。

的长久地位,而与之形成对比的是那些政府官员却经常被替换。[1] 韦伯指出了低级别官僚是如何熟悉组织——它的规则和运作、工作流程等——这使得他对新当政者拥有相当大的权力,这些当政者可能等级比他高,却不如他熟悉该组织。虽然韦伯没有直接说明这个观点,但他的分析表明官僚的长久性与获得人员、信息和工具的增加有某种联系。这个假说更正规的表述就是:

假设1 其他因素保持不变时,组织的权力与获得人员、信息和工具相关。

假设2 其他因素保持不变时,一个参与者在组织中待的时间越长,他获得的人员、信息和工具就越多。

角色理论对权力研究的涵义

角色理论家用行为规律来处理影响和权力的问题,而行为规律来源于特定社会环境如家庭、医院及公司中已确立的同一行为。大部分角色理论家的基本前提是,所有绝大部分行为是由特定组织中的社会化引起的,也有很多行为在为完成特定任务而学习传统适应方式的过程中得以固定和确立。因此人们在组织中所处的位置决定了他们的大部分行为。规范和角色在影响过程中起到传递力量的作用。

虽然角色理论家提出了许多理由来证明信息的传递,但他们思想中的基本前提一直是不变的。在本质上他们的论证是:一个人在不同的社会形势中面临各种预期时,他对身份或社会地位的认知就是这些预期的一个强有力的指针。既然行为与预期很可能是高度相关的,那么对行为的预测就是可能的。角色理论家在组织中研究行为的途径具有特别的价值,因为它提供了一套固定的概念可以在分析中有效地描述新成员的吸收、社会化、相互作用和个性,正如描述组织的正式结构一样。因此,角色是少数几个清楚地把社会结构、社会过程及社会特征联结在一起的概念之一。

很明显,当其他因素保持不变时,低级别参与者极有可能占了高职权者的上风,特别是当在位者的命令,而不是职权本身,被认为是不合法的时候。因此如埃奇奥尼所指出的,当低级别参与者与组织疏远时,要完成正式的命令则

---

[1] Max Weber,"The Essentials of Bureaucratic Organization: An Ideal-Type Construction,"in Robert Merton et al., *Reader in Bureaucracy*(Glencoe, Ⅲ, 1952),pp.18-27.

极有可能需要强制性权力。[1]

此外,所有的组织必须保持对低级别参与者的控制。如果在一定程度上,低级别参与者没有认识到权力的合法性,或者相信当发生妨碍时处罚不可能或不会被执行,那么该组织就在某种程度上失去了控制他们行为的能力。另外,如果高级别参与者能建立一种印象,表明他们能够或将要在自己使用处罚的实际意愿之上采取处罚,对低级别参与者的控制就会增强。然而,如果能培养对组织规则的正面情绪,那么将控制外部化或客观化对组织通常是有好处的。

换言之,一个有效的组织会通过使其采取的控制几乎感觉不到的方式来控制参与者。它要求低级别参与者尽心尽力,当这一点达到时,监督就可以放松。另一方面,当考虑到组织中低级别参与者的权力时,它通常会被清楚地与整个组织的传统、规范、目标及情绪分离开来。低级别参与者通常不靠使用组织的角色结构实现其控制,而是靠绕过、有意破坏或操纵它来实现。

低级别参与者的权力来源

低级别参与者实现权力的最有效方法是获取、保持和控制获得人员、信息和工具的途径。在这一点实现时,低级别参与者就能使高级别参与者依赖于他们。因此依赖性以及对依赖关系的操纵就成为低级别参与者权力的关键。

大量的例子可以用来说明上述观点。例如谢夫报道了一所州立精神病院改革的失败,原因是医院看护员的反对。[2] 他指出,医院看护员的权力很大程度上来自于监护医生对他们的依赖。这种依赖又来源于医生的短时间任期、缺乏管理兴趣以及被赋予的大量管理责任。因此医生和看护员之间达成了一种默契性交易协议,即看护员将负起监护医生的部分责任和义务,而以增强对病人决策过程中的权力作为回报。监护医生未能完成协议中他应履行的义务,就会导致看护员隐瞒信息、不服从、缺乏合作,而且不愿意成为医生与病房需要注意和确诊的病人之间的屏障。当看护员不合作时,医生进出监护区都十分狼狈,处理必要的书面工作困难重重(这是他职务上的责任),并且难以获得正确处理日常的治疗和行为问题所必需的信息。看护员反对改革,他们拒绝承担原本指派给医生的职责,以此来施加影响。

---

[1] 埃奇奥尼,前述引文。

[2] Thomas J. Scheff, Control over Policy by Attendants in a Mental Hospital, *Journal of Health and Human Behavior*, 2(1961), 93—105.

与此类似,赛克斯描述了监狱看守对犯人依赖以及犯人获得的对看守的权力。[1]他说,虽然看守可以报告犯人不服从,但经常的报告会给监狱长留下该看守无法管理犯人的印象。于是,不对犯人使用正式处罚而能保持他们的良好表现就与看守有了某些利害关系。结果达成了一个交易协议,看守以允许对某些规则的触犯而换得犯人的合作行为。对军队后勤军官和工厂工头的尊敬也表现了类似的情况。如果他们要采取正式处罚才能带来合作的话,通常会被他们的上司认为他对组织的价值不大了。因为一个好领导如果不是尽力工作的话,至少也应该是能使人服从的。

影响权力的因素

专业知识

不断增强的专业化及组织成长使得专家或参谋人员变得重要了。专家保有权力是因为组织中的高级人员依赖于他的专家技能及获得某些信息的途径。律师占据许多政府高位的一个可能原因是,他们极有可能获得相当专业化且非常重要的方法以实现组织的目标。[2]

以下我们将这些观点表述为假说:

假设3 其他条件不变时,当一个低级别参与者拥有重要的专业知识是高参与者所不具有的时候,他很可能对他们拥有权力。

然而,来自专业知识的权力可能是有限的,除非这名专家很难被取代。这可以得出两个更进一步的假说:

假设4 其他条件不变时,较难代替的人比较易代替的人拥有更大的权力。

假设5 其他条件不变时,专家比非专家更难取代。

当我们考察某些组织问题时,应用我们对专业知识的假说是很有意义的。例如,治疗管理者与住院管理者之间经常发生争议。但是,当其他条件不变时,治疗管理者比住院管理者具有明显优势。而当住院管理者具有优势时,暗

---

[1] Gresham M. Sykes, "The Corruption of Authority and Rehabilitation", in A. Etzioni (ed.), *Complex Organizations* (New York, 1961), pp. 191-197.

[2] 例如,6名内阁成员、30名总统非正式顾问团的重要官员、63名参议员及230名众议员是律师(《纽约人》,1962年4月14日,p. 62)。虽然可以举出许多律师占据政治职位的理由,但其中重要的一点是他们在法律上的专业知识。

含的假设就是住院者能受到更好的看护。这在经验上是有根据,但也未必如此。治疗管理者的专业知识来源于他具有的合法能力,这种能力使他可以反对一名根据医疗的必然性而质疑医疗决定的医生。通常医院在普通大众及大部分入院者的心目中被认为是首选的。对大多数医院紧张的财政状况而言,医疗的必需性通常在管理方针中占优先地位。住院管理者并不处于独立质疑医疗诉求的位置上,因为他通常缺乏评价有关医疗问题的基础,而且也缺乏对他作出医疗决定的能力的正式承认。如果住院管理者能够从专业的必需性出发来正确评价这些决定,他必须有一群医疗顾问或一个医师委员会来缓冲医疗人员和住院管理之间的矛盾。

不断增长的专业化后果之一是专业知识在组织中的重要性增加了。随着组织任务复杂性的提高以及组织规模的扩大,一个人能有效承担的责任是有限度的。职责委托出现了,专家及专业人员被引入以提供信息和研究,于是高级参与者开始依赖他们。专家对权力拥有巨大的潜力,他们可以隐瞒信息,提供错误信息等等,而如果专家感到不满,组织的怠工可能性将会增加。

努力及利益

低级别参与者使用权力的程度,部分地取决于他们在高级别参与者不愿意参加的领域进行努力的意愿。他们的努力直接与其在某个领域中的利益程度相关。

假设6 其他条件不变时,一个人在某一领域愿意努力的程度与他能获得的权力直接相关。

例如,大学里的行政人员经常有权力决定采购及分配物资,安排他们的服务,制定课程表,有时还处理学生的抱怨。这种控制有时会导致对教授的限制,如有礼貌却不情愿地向他提供费用,不理会他对上课时间安排的选择,以及提供服务时给予其他人优待。虽然做这些决策的权力很容易从低级别参与者的权限中去除,但这是有代价的——要愿意花时间及精力去处理这些事情。由于职责被派给了低级别参与者,伴随而至的当然是一定程度的权力。同样,如果低级别参与者发现自己的权力有危险,他就可能用各种方法逐渐损害系统。

当一个组织将自由选择权给予低级别参与者时,通常随之失去的是必要的灵活性。连续监督成本太高,需要的精力太多;通常考虑各种因素后,用行政的自由选择权来交换合作及不至于太滥用权力是容易得多的事。

假设7 其他因素不变时,对某项任务高级参与者愿意进行的努力及兴趣越少,低级别参与者就越有可能获得相关权力。

吸引力

另一个与组织中低级别参与者权力相关的个人原因是吸引力,或称之为"人格"。有吸引力的人更有可能获得人员便利,而这种便利一旦实现,他们就极有可能成功获得提升。当然依赖性也是成为吸引力权力的关键,因为无论一个人依赖别人是为了得到服务、赞赏或影响,最有关系的还是价值极高的相关合作。

假设8 其他条件不变时,一个人越有吸引力,他就越能够获得人员便利并控制这些人员。

位置和地位

在任何组织中成员在物理空间和社会空间中的地位都是影响获得人员、信息及工具的重要因素。[1] 除了一个人在沟通网络中的位置之外,相邻关系也会影响相互作用的机会。虽然它们在某种程度上是独立的因素,我们还是要研究它们居于组织中心地位[2]的联合效应。

假设9 其他条件不变时,一个人在组织中的位置越靠中心,他就越能获得人员、信息和工具。

一些低级别参与者可能在组织中居于非常接近中心的地位。一名主管或大学校长的秘书不仅能拥有、而且经常能控制安排约见及日程上的事务。虽然她可能没有很大的正式职权,但她有相当大的权力。

---

[1] 有相当多的数据表明沟通时邻近关系的强大效应。总结见蒂伯特和凯利的前述引文,pp. 39—42。

[2] 在巴维拉斯、肖尔、吉尔克里斯特及其他人的研究中,中心的概念通常用于一个更技术性的场合。例如,巴维拉斯把一个结构的中心区域定义为所有基层单位的集合,在该集合中某基层单位及其他任何基层单位之间距离最小,该距离已经用相连单位测量。因此一个模型中最中心的位置,就是与所有其他人最接近的位置。参见 Harold Leavitt, "Some Effects of Certain Communication Patterns on Group Performance," in E. Maccoby, T. N. Newcomb, and E. L. Hartley (eds.), Reading in Social Psychology (New York, 1958), p. 559。

结合体

需要明确的是,我们在此考虑的变量是处在分析的不同水平上;其中一些说明了个人的特性,而另一些则说明了沟通及组织的属性。组织中的权力过程特别有趣,就在于实现权力有许多渠道和方法。

在复杂组织中,不同职能的群体服务于不同的功能,每个群体通常在组织中保持其自身的权力结构。因此,医院有管理者、医疗人员、护理人员、看护员、后勤人员、实验室人员等。类似地,大学里有教学人员、研究人员、行政人员、后勤人员等。组织中的每一个这类职能性任务,通常就会形成一个控制该任务相关活动的特殊群体领域。虽然这些任务通常在组织中的最高水平上是协调的,它们在中低水平上却经常是不协调的。然而,在这些复合结构的低级别参与者中形成结合体是很常见的。一名秘书可能认识管资料库的人或是分配停车位的人。这种熟识使她获得了用非正式方式解决某些需要的能力,而这些事务如果正式处理会是更耗时和更困难的。她提供非正式服务的能力使得高级参与者在某种程度上依赖于她,因而给予她权力,这可以提高她在自己认为重要的事情上讨价还价的能力。

规则

在具有复杂权力结构的组织中,低级别参与者可以利用他们对组织规则的了解来阻碍可能发生的变化。在讨论官僚规则的不同功能时,古尔德纳断言这些规则是监督的极好替代品,因为监督不仅耗费时间和精力,还会引起敌意和对抗。[1] 甚至他还说,规则在功能上等于个人发出的直接命令,因为它们具体规定员工用具体方式完成工作的义务。此外,标准化规则还可以简易地审查违规,方便遥控,以及当规则被违反时使惩罚在某种程度上合法化。违反官僚规则的人几乎不可能找借口说他不知道应该怎么做,以至于可能去要求一个直接的命令。最后,古尔德纳说规则是"公司在监管者身上所下的'筹码',后者用它们可来玩游戏";[2]也就是说,规则确立了可能会受限制的惩罚措施,但这增强了监管者对低级别参与者讨价还价的权力。

虽然古尔德纳强调了组织中的规则在功能上的特点,但要明确的是,在任

---

[1] Alvin W. Gouldner, Patterns of Industrial Bureaucracy (Glencoe, Ill., 1954).
[2] 出处同上,p. 173。

何时候,对所有规则都完全服从,可能会造成组织的功能失调。完全而冷漠的服从对实现组织目标毫无帮助。熟悉组织及其规则的低级别参与者经常能找到规则,来支持那些他们不必去做要求他们做的事的观点,而且规则也经常使他们的懒散变得合理化。当社团和联盟也包括进来时,规则的情况变得格外复杂,因为此时参与者有两套规则可以依赖。

要指出的是,规则可以成为这场游戏中每个相关者的筹码。规则成为持续讨价还价过程的"筹码"。前文提到的谢夫观察到,精神病院的看护员经常负起由监护医生所负的法定责任,而当看护员拒绝承担这些责任时,医生的处境就会变得很糟糕。[1]

考虑到医生那些费时的正式工作以及他的其他职责,他通常要与病房人员尤其是通过主管(看护监督员)商讨一个安排来完成这些职责。在病房中主管会把一些具体问题提交给医生,然后实际上他们双方共同讨论决定。主管实际上做出了关于病房用药剂量变化的大部分决定。既然医生向看护主管委派了他的部分正式职责,他就得依赖她对他的良好态度。如果她不完全合作的话,医生根本没有可求助的对象而不得不自己去完成全部工作。[2]

当然在某些时候,低级别参与者也会认为规则是不合法的,于是他们会忽视规则。古尔德纳发现,在矿井里,人们觉得在事关自身安全的情况下可以反抗职权。[3] 他们不认为应当被合法地派去做任何会危及他们生命的事情。在极端危险的情况下组织更需要依靠献身精神而不是职权,这点很重要。甚至在非自愿群体中,危险任务通常也被认为是需要献身精神的,因此献身精神很可能是一种比强制性职权更强有力的组织力量。

---

〔1〕 Scheff,前述引文。
〔2〕 出处同上,p.97。
〔3〕 Gouldner,前述引文。

35　谁获得权力以及如何保持它：权力的战略权变模型*

杰拉尔德·R.萨伦斯克，杰弗里·普费弗

权力被许多人认为是一个肮脏的字眼，或者像沃伦·本尼斯所说的："它是组织中最后一个肮脏的秘密。"

这篇文章将证明，传统的"政治"权力，远非一件肮脏的事务，而是用其多数不加掩饰的形式用来使组织与其自身现实一致的少数机制之一。然而，权力被制度化了的形式——我们宁愿称之为权力的较洁净形式：职权、合法化、集权控制、管制以及更现代的"管理信息系统"——则倾向于阻隔组织与其现实，并遮蔽其环境的需求。许多伟大的国家及制度衰败了，不是因为他们玩弄政治，而是因为他们不能适应所面临的政治现实。政治过程倾向于实际地解决利益冲突，尽管它也是不公平及非正义的部署和委派机制。而权力，如果避开它的定义，则很容易根据它的后果来辨认——那些拥有权力的人能够实现他们渴望的成果。

我们提出的权力模型是被称为战略权变理论的精心之作，其观点是将权力视为获取处理关键组织问题的机构从属单位（个人、部门）的某种力量。从属单位在使用权力，实际上所有拥有它的人都在使用它，以期在稀缺的关键资源被控制、重要职位上被安插亲信及组织问题和政策被限定的情况下提高

---

* 来源：Reprinted by permission of the publisher from *Organizational Dynamics* (Winter 1977), © 1977, American Management Association, New York. All rights reserved.

他们自身的生存能力。由于权力发展及被使用的过程中,组织变得与环境更一致或更不一致,这一矛盾是组织权力最有趣的方面,即导致管理成为一种最不稳定的职业。

什么是组织的权力?

你可以走进大部分组织并且不必担心被误解地去询问:"这个组织中哪个群体或人员是最有权力的?"虽然许多组织的报告者可能不愿意告诉你答案,但他们不可能无法回答你。大多数人并不需要确切地知道权力是什么。

权力不过是使事情按一个人所希望的方式被完成的能力。对一个希望自己认为重要的项目能获得增加预算的经理来说,他的权力可以用他获得这个预算的能力来衡量。对一个想成为总裁的执行副总裁而言,他的权力可以用他向目标的迈进来证明。

当你询问谁具有影响力时,组织中的人当然清楚你在问什么,但他们也很可能与别人保持惊人的一致。

组织的权力来自何处?

前面我们说过,权力有助于组织与现实相协调。这种充满希望的境界,来自于我们称之为组织权力的战略权变理论观点。简单地说,那些获得权力的从属单位最能处理组织的关键问题和不确定情况。最简单的例子是,战略权变理论表明当一个组织面临许多危及其生存的法律诉讼时,法律部门将获得对组织决策的权力和影响。出于某种原因,其他的组织利益群体会认识到法律部门的极端重要性,并赋予它从未享受过的地位和权力。这种影响可能超越法律事务而波及产品设计决策、广告展示等。这种延伸无疑会伴随着适当的或者说可接受的言辞上的合法化。一段时间后,法律部门的领导可能会成为公司的领导,正如当过去市场份额是个麻烦问题时营销副总裁会成为公司总裁一样,而在他之前的总裁是使生产线平稳运转的总工程师。

用这种方式来看,权力的战略权变理论描绘了一幅权力的迷人景象。权力由组织面临的关键的不确定性和问题所决定,并转而影响组织的决策,组织就与其面临的现实相协调。一句话,权力促进了组织对其环境——或其问题的适应。

忽略严重后果

当组织成员没有意识到他们面临的重要权变因素,并不能相应地分担影响时,这种失误会导致毁灭。有一个实例,一家保险公司地区办事处一个部门(规章部)的运转出了问题。从外部看这个部门是一个灾难区。工作其中的职员不知为什么感到不满;他们的主管几乎不关注他们,而他们厌恶繁重的工作。其他几个部门对规章部的经理提出批评,认为她无法按时完成工作。最挑剔的是理赔部经理,他对不得不等待规章部完成工作感到厌恶,抱怨说那延迟了他的理赔员的工作。在听到关于规章部下属不满的传闻后,他把这种情况归结为规章部经理监管不力。他是办事处的第二号领导,于是与规章部经理的直接上司,即行政管理的领导,来讨论这个问题。他们与人事经理商讨了这个问题,三人得出结论认为该名经理需要进行领导学培训以改善她和下属的关系。但规章部经理表示反对,说这是浪费时间,但还是接受了培训并同意更多地优先考虑理赔部门的工作。培训后的一周内,结果显示她的员工变得令人满意了,但她的部门表现更糟了,因为他们忙于应付理赔部门。

现在,我们开始以相当独立的方式来研究这个组织内的影响。我们要求行政管理总监画出一个部门的工作如何转移到下一部门的流程图。在交谈中我们发现,规章部在大多数其他部门的工作流程中处于开始或调解位置,于是不经意地对他说:"规章部经理一定很有影响力。"他说:"不,不是这样。你为什么这么认为呢?"在我们回答之前他又讲了一遍她的领导学培训经历以及事情变得更糟的事实。于是我们告诉他,从其他所有部门都要依赖它这个事实来看,很显然规章部应该很有影响力,而工作效率下降的原因也很明显。规章部经理认真参加了培训并开始花费更多的时间来提高员工的积极性,而她的确没有认识到其他部门都依赖于她这个问题。优先考虑理赔部门只会使问题更严重,因为他们的工作是以牺牲其他部门的工作为代价的。最后公司雇用了更多的职员以缓解规章部门的压力,于是运转回到了一个更令人满意的水平。

最初我们进入这个保险公司,是为了检验每个经理的影响是如何从他或她的部门处理组织的关键性权变因素而发展来的。我们推断所有营利性组织面临的最重要权变因素之一就是创造收入。于是我们认为经理们的影响程度由他们对这一职能的贡献决定,正如刚才的案例。签署收取保费条款的承保经理是最有影响的;控制资金流出的理赔经理是紧跟着第二位的。最没有影响的是与利润不相关的职能经理,例如收发邮件和支付工资的经理。与那位行政经理认为的相反,权力位列第三的部门领导(在21个经理中)就是那名负责规章职能的女士,他们的工作包括厘定利率、记录以及追踪所有政策应用的规章及合同。她的同级受她的影响比能够从她在组织图中的地位推断出来的影响更大。既然他们都依赖于她的部门,这也就没什么奇怪的。规章部门的记录、他们的精确度以及他们的检索速度,实际上影响着该保险办事处的所有其他操作部门。承保员要靠他们直接获得合同;打印部门通过他们来准备正式合同文本;理赔部门依赖他们来调整理赔;会计依赖他们获得账单。不幸的是,"老板们"未能意识到这些依赖性,而规章部经理是个勤奋而安静的人,她也没有宣扬她的重要性。

这个公司及办事处的案例极好地显示了关于组织中权力来源的一个基本观点。一个组织中权力的基础来自个人或从属单位采取或不采取其他人所希望的行动的能力。而权力是否用来影响什么则是另一回事。我们不应把这一点与该事实混淆,即权力来自一种社会地位,在该地位的人有能力做某些事,而其他人希望做却做不了。

组织中的权力分享

权力在组织中被分享,而这种分享与其说是出于对组织发展原则或参与性民主的关心,不如说是出于必需。权力要分享是因为没有一个人能控制组织中所有希望的活动。虽然工厂主可以雇人来操作嘈杂的机器,但一旦雇了,他们就对机器的使用有了某些控制权。因此他们对他拥有权力,与他对他们拥有权力的方式相同。比起认识到组织的内在本质就是分享权力这样的问题,谁对谁拥有更多的权力,是一个更值得讨论的问题。

由于权力来自活动而不是个人,所以个人或从属群体的权力永远不是绝对的,而且根本上是来自于环境背景。个人在任何时候拥有的权力大小不仅取决于其控制的活动,还取决于参与活动的其他人或实现活动的手段,以及那些决定何种结果值得期待的人们,也就是说,取决于组织所期望且关键的活动。出于这两个原因,个人的权力总是依赖于他人的。其他人、群体或组织能够对组织的关键权变因素进行界定,也可以降低个体对组织的关键权变因素所作贡献的唯一性。

也许,一个人可以通过检验权力如何分配来很好领会权力是多么依赖于形势。在多数社会中,权力围绕稀缺的重要资源来组织;而极少围绕充裕的资源来组织。在美国,一个人不会因为他或她能开车就变得有权力。会驾驶同样交通工具的其他人实在太多了。相反在墨西哥的一些村庄里,有车的人会被赋予极高的社会地位并在社区中扮演重要角色。除了稀缺性,权力还受制于在社会系统中对一个人能力的需要。虽然一名车手以每小时80英里的速度转90度弯的能力在社会中是极罕见的,但因此就给予他很大权力是不太可能的。显然,这种能力在社会活动中不会起重要作用。

当然,权力围绕稀缺性及重要活动的事实,使得对这些活动的控制和组织成为争夺权力的主战场。只要一个人能组织并控制资源配置以及如何界定什么是关键性的资源,相对丰富或次要的资源甚至也会成为权力的基础。在现代经济中,许多职业及专业群体试图做到这一点。律师们组织协会,规定新手进入的要求,然后促使对律师服务需求进行规定的法律获得通过。工人们对产业事务的处理几乎没有权力,直到他们组织起了紧密而且有控制的系统。近年来,妇女及黑人努力使他们成为社会系统中重要而关键的部分,利用法律使其地位具体化……

定义组织中什么是最关键的权力不是小权力。而且,它还是理解为什么组织与环境协调或不协调的关键。如果一个组织把某些实际上不重要的活动定义为重要的,那么考虑到流入该组织的资源,它很可能无法生存,至少不会以它现在的形式生存。

多数组织试图形成一种对权力和影响的分配,以便与它们所面临环境的重要现实相协调。反过来,环境包括内部环境,即在其中做出特别决策的变换着的环境背景,也包括它可能会影响但不大可能控制的外部环境。

关键权变因素

多数组织面对的关键权变因素来自他们运转的所在环境。这点决定了可得到的所需资源和所要处理的问题。权力围绕解决这些问题来组织,这就提出了一个使组织与其外部环境协调一致的重要机制。战略权变模型表明,对组织重要资源有贡献的从属单位将在组织中获得影响。他们的影响也许会使组织的活动专注于那些决定其资源的权变因素。这个观点显然很吸引人。但它的显而易见性不会减少它的重要性。事实上,不管其显而易见性如何,它的确逃过了许多组织分析家和经理们的注意,这些人过于习惯把组织想象成上小底大的金字塔形,其中同一层的所有部门拥有相同的权力和地位。这种假设排除了这样一个事实,即部门对于整个组织资源所做的贡献是不同的,也与另一个事实不符:即其中一些部门比其他部门更为等同。

由于这一观点对组织的有效性很重要,我们决定在一所规模较大的中西部大学中仔细地检验它。大学为研究权力提供了极好的场所。它通常由具有相等权力的系组成,并由一个非常类似其他官僚机构的中央执行机构来管理。然而,同时它也是一种状态,其中每个系都有清楚界定的身份并面对多样的外部环境。每个系都有自己的知识体系,自己的研究所,自己的声望来源和资源。由于各系在不同的外部环境中运作,他们很可能对整个组织的资源有不同的贡献。因此,与美国国家航空航天局有密切合作的物理系对大学的资金有实质性贡献;而留住了一位著名历史学家的历史系则对整个大学的学术信誉和声望有贡献。这些轻微的差异使一个人可以检查不同的贡献如何导致在大学里获得权力。

我们分析了18个月内29个系的影响。我们的主要兴趣在于考察为大学带来更重要资源的系是否会比贡献较少或带来不太重要资源的系更有权力。

为了确认每个系贡献的重要资源,所有系的领导被询问了有关大学成功的7种不同资源的重要性。这7种资源包括本科生人数(决定大学配置规模的因素)、全国性声望、管理的专业水平等。最重要的资源被认为是一个系的教职员为研究及服务争取到的合同和捐款。在这所大学中,合同及捐款略少于全部预算的50%,其余部分主要来自州的拨款。合同及捐款很重要而本科生人数不太重要,对这所特定大学而言是不奇怪的。这所大学是研究生教育的主要中心;它的许多系在各自的领域中都名列前十名之内。捐赠及合同资金是维持这些研究生教育计划因而也是维持大学声望的主要资金来源。而大学的声望本身对于招收有能力的学生和吸引顶级的教职人员是非常重要的。

从大学的记录可以知道29个系中每一个系对大学的不同需要(全国性声望、外部捐赠、教学)所做的相关贡献。例如,某个系对大学的贡献在于完成了全校7%的教学工作,吸引了2%的外部合同及捐赠,并在全国排名20。另一个系可能完成了1%的教学工作,12%的捐赠,并在其领域中排名全国第三。

问题是:这些贡献决定了这些系在大学里的相对权力吗?权力可以用几种方式衡量;但无论如何衡量,回答都是"是的"。上述三种资源总共影响了大学里从属单位权力的约70%。

但各系权力最重要的先兆是他们对大学的合同及捐赠的贡献。60%的权力变动是由这一个因素引起的,这表明各系的权力主要来自于他们为研究生教育提供的美元,而研究生教育被认为是该组织最重要的活动。

组织权力对决策的影响

虽然可能不绝对正确,但我们通常可以用分配给组织中某一部门的预算规模来评估它相对于其他部门的重要性。显然,对于这些部门的管理者而言很重要的是,他们在预算分配中被压缩还是能够在新机会来临时争取到更多的资金。还要明确的是当做出这些决定时,有些部门能够前进并尝试新的发展道路,而另一些部门只能退回到老路上去,于是该组织用来解决问题的资源配置就会受到最直接的影响。

于是我们对大学的研究促使我们提出下一个问题:权力导致了在组织中的影响吗?要回答这个问题,我们发现必须首先问另一个问题,即:为什么部门领导要试图影响组织的决策以帮助自己的部门而排斥其他部门?虽然第二个问题对每个目睹了组织中政治现实的人来说都有些幼稚,但我们把它在一种研究组织的背景下提出来,在这种环境中权力被视为是对现代官僚机构中较为简明的合理职权的一种不正当威胁。在这种环境下做出决策不是因为政治的肮脏交易,而是因为组织的整体目标和目的。在大学里,制定决策的一个合理基础是各系的教学工作量及随之而来的要求。因此我们可以预计,学生对课程要求多的系会获得教学资金。另一个制定决策的合理基础是质量。根据这个原因我们预计,名声好的系将获得资金,因为他们的质量表明他们能有效地使用这些资金,也因为这些资金能使他们保持质量。官僚组织的一个合理模型表明,被采纳的组织决策将偏向那些很好完成组织的确定目标(教授本科生和培养专业及科学的才能)的系。

但是,制定决策的合理模型的问题在于,对一个人来说合理的可能对另一个人是不合理的。对大多数系而言,资源是关系生存的问题。如果目标不是被清楚界定及广泛接受,而是在组织中被模糊并受到质疑,那么代表整个组织所做的决策很可能反映了那些在政治斗争中获胜的人的目标,即那些在组织中拥有权力的人的目标。

我们已经检查了可能影响组织中使用权力的三个条件:稀缺性、关键性和不确定性。第一个条件表明当组织资源稀缺时,从属单位会试图施加影响,如果资源充裕,那么特定部门或个人就无需施加影响。通过极小的努力,他总是可以得到所有他想要的。

第二个条件,即关键性,表明从属单位会试图影响决策以获得对它自身生存及活动很关键的资源。关键性表明一个人不会浪费气力或冒着被认为顽固不化的风险去改变那些对其运作不重要的决策。

我们认为影响权力使用的第三个条件是不确定性:当个人不同意组织应当做什么或如何做时,权力及其他社会过程将影响决策。其中的原因就是,如果没有明确的评判标准来解决利益冲突,那么解决的唯一办法就是某些形式的社会过程,包括权力、地位、社会关系或一些武断的方式,如扔硬币或抽签。在不确定条件下,有权力的经理可以在任何场合对他的事务进行争辩并通常会获胜。既然没有真正的全体意见,其他争论者也就不会提出相应的反驳或积累足够的反抗。而且,由于他的权力及他们需要他所控制的资源,其他争论者更有可能顺从这位有权经理的观点。

虽然证据很少,我们也已发现权力会影响稀缺及重要资源的配置。例如在对大学里的权力进行分析时,各系需要的最关键资源之一就是总预算。经州议会批准后,总预算由大学管理机构根据各系领导的要求分配给各系。我们对影响一个系获得多少预算的因素分析表明,从属单位的权力是主要的预测因素,压倒了如学生对课程的需求、该系在全国的声誉甚至教职人员规模等因素。而且,其他研究表明,当总预算被削减或低于以前未上涨的水平时,资金来源变得更紧张,预算分配更密切地反映了各系的权力。

当然,学生的注册人数和职员规模的确与预算分配相关,正如我们预期的那样,因为它们决定了一个系对资源的需要,或者至少提供了需要的可见证据。但各系不可能仅仅出于事实上的需要就能得到他们想要的东西。在一项分析中发现,权力大的系能获得预算,与他们的教学量无关,在某些案例中,实际上与他们的教学量呈反向关系。相反,权力小的系只能在证明最近的教学量增加之后,而且要远远超过其他系的标准工作量之后,才能获得预算增加。

当这四种资源按重要和稀缺程度由高到低排列时,我们发现各系的权力最好地预测了最重要和稀缺资源的分配。换言之,对权力如何影响组织配置的分析可以得出以下结论:最有可能在竞争中生存的从属单位是那些对组织最重要的单位,他们对组织的重要性使它们有权力影响资源配置,因而增强了它们自身生存的可能。

外部环境如何影响行政选择

权力不仅影响组织中关键群体的生存,它还影响处在关键领导职位上的个人的选择,并通过这一过程进一步使组织与其环境背景相协调。

伴随着管理者的选择,可发现组织的环境会影响行政变动。环境作为组织问题的一个来源,可以使管理者或难或易地展示他们对组织的价值。在我们研究的医院里,任期长的管理者来自没有什么问题的医院。他们享受着与当地企业及社会群体友好而稳定的关系,并很少为资金及职员的争夺而担忧。例如,小型城市医院的管理者,在参加公民与慈善互助会会议的同时还管理着在100英里半径范围内唯一一所医院,在处理他的工作时几乎没有什么困难。在医院的大部分问题中,人员变动是最大的一个问题,这一现象同在产业研究中观察到的一样,处在竞争性环境和不稳定市场条件下的企业管理人员中,人员变动是最大的问题。有趣的是,不稳定性是整个行业而非其中个别公司的特征。给单个公司造成麻烦的因素被归结于,或错误地被归结于管理者本身。

然而,结束一名经理的领导不算是什么问题。对于那些依赖私人捐款的医院来说,一名管理者任期的长短根本不取决于使用预算的情况,而是相当公平地依赖于医院与业务群体之间的关系。另一反面,在依赖融资而进行预算的医院里,赤字越大,医院主要管理者的任期就越短。

变化的权变因素及被侵蚀的权力基础

组织面临的关键权变因素是会变化的。当它们变化时,可以合理地预测个人和从属群体的权力也会随之变化……

权力随组织环境变化而变化这一观点的一个例子是,最有势力的结合体极有可能是最适合于组织环境的那个群体,它也将是该组织的领导群体……

适应性的非适应性后果

根据我们所讨论的权力按其现实调整组织的观点,一个明智的人应当用毫不含糊的态度做出反应,因为一切都很明显:那些有能力完成工作的人才会被派去完成它。

但是,权力的两个方面对理解组织及其有效性是更为有用的。首先,要完成的"工作"有一条使其扩张的途径,直到工作是什么变得越来越模糊。拿破仑从奥地利战争开始为法国效命,而以当皇帝告终,向许多人证明了只有他能保持和平。希特勒从承诺结束德国战后讨厌的衰退开始,而以证明了他无法让人民记住他注定是世界的救星而告终。简言之,权力是一种影响能力,它会远远超越产生它的原始基础。其次,权力倾向于以制度化的形式出现,以便使自己超越对组织的有用性而持久存在。

在我们观察到的组织权力中有一个重要的矛盾:一方面我们说权力产生于组织面临的权变因素,而且当这些因素变化时权力的基础也变化了;另一方面我们断言从属单位倾向于使用其权力来影响组织决策以实现其偏好,尤其是当他们自身的生存受到关键资源稀缺的威胁时。第一条表述说明组织很可能与其环境相协调,因为权力会把适应环境的能力带到关键职位上去。第二条表明掌权者不会轻易放弃其职位,他们会寻找保持其持续权势的措施。简言之,变化和稳定通过同一机制起作用,结果,组织永远无法与其环境或需要完全相协调。

错误的关键权变因素

一个使从属单位维持其权力的途径是它们说明自己的功能对组织很关键的能力,而实际上可能并非如此。再次考虑我们对大学里权力的讨论,人们也许想知道为什么最关键的任务是研究生教育及学术研究,其效应是把权力授予了那些能带来捐赠和合同的人;而为什么不是其他活动呢?原因是较有权力的系为这些标准辩护并获胜了,部分还因为他们较有权力。

在对该所大学的另一个分析中,我们发现所有的系对预算分配都采取自利的标准。因此有大量注册本科生的系要求按注册人数来决定预算分配,而在全国有很高声望的系认为声望是分配资金最合理的基础,等等。我们进一步发现,采用这种自利标准实际上有利于一个系的预算分配,但同时它使得已经很有权力的系更有权。

组织需要与现在的权力分配相一致,也基于人类有一种把问题按熟悉的方式进行分类的倾向。一名会计会把组织运作问题看作成本会计或存货流问题。而一名销售经理则把它们看成是与市场、促销战略或仅仅是与不积极的销售人员相关的问题。但实情是什么呢?既然它不能自动地说明自己,那么就很可能是那些更为可靠或更有权力的人被看成为有见识者。这种偏见,虽然不是有意自私,却进一步将权力集中于那些拥有它的人手中,而与组织环境的变化无关。

制度化的权力

可以用我们熟悉的方法定义组织权变因素的第三个原因是权力的目前拥有者可以通过将其自身制度化来构造组织。我们指的制度化是建立有利于某个特定从属单位影响的相对持久的结构和政策。掌权的时候,占支配地位的联盟有能力创立章程、规则、程序及信息系统,以限制其他人的潜在权力而继续他们自己的权力。

将权力制度化的关键是创造一种谋略使自己的职权合法化并减少其他人的合法性。当几个世纪前"君权神授"盛行时,它为皇权的至高无上提供了一个不可质疑的基础。通常需要通过某些更高的权力来掘出这种职权的根基。现代领袖同样受这种需要影响。理查德·尼克松,在约翰·迪安的帮助下,把这种行政特权的概念具体化了,在效果上意味着总统不希望讨论的事情就不需要讨论。

按照它的简单形式,制度化是通过指派组织活动的职位或角色来实现的。新职位的创建使一项功能合法化,并强迫组织成员适应它。通过说明这个新职位如何与旧的、已建立的职位相关,一个人可以构造一个组织来增强组织中该项功能的重要性。

由占支配地位的权力建立的结构迟早会变得固定并成为组织确定无疑的特征。最终它会成为压倒性的。据说1806年的耶拿战役是被死于1786年的弗里德里克大帝输掉的。虽然这位伟大的普鲁士领袖没有直接插手这场灾难,但他对军队的重要影响是如此彻底、如此深入骨髓,以至于这个组织不适于在其他时期由其他人来领导了。

权力制度化的另一个重要来源在于构造信息体系的能力。建立委员会来调查特定的组织问题并要求他们只向特定的个人或群体汇报,这种做法会促使这些群体的成员意识到这些问题,同时限制了其他群体成员对这些问题的察觉。显然,拥有信息者在说明组织的问题时处于有利地位,不管他们实际上是如何实现这一点的。

还有另一个权力制度化的途径是分发奖励和资源。占支配地位的群体可以通过小恩小惠使争夺利益的群体安静下来。这种合作艺术形式的名誉属于路易十四。为了避免被扰乱过他父亲统治的法兰西贵族和投石党人叛乱,他在凡尔赛建了一座宫殿,使他们忙碌于打猎和闲谈。侍臣们充满敬畏地沐浴在"太阳王"反射的光辉及他为自己宫庭建造的气势宏伟的环境之中。

到现在为止我们还未系统地研究过权力的制度化。但我们认为它是一个重要条件,居于组织环境和组织适应这个环境的能力之间。组织中权力越制度化,组织就越有可能与它面临的现实不协调。理查德·尼克松总统构造他的白宫就是很好的书面例证之一。

关于权力制度化更有趣的影响之一,是构造组织的行政人员中间,行政人员的变动可能是极少见的情形,只在最有压力的危机中才发生。如果一个支配性结合体能构造组织并说明销售和利润的下降或诉讼案件等模糊事件的含义,那么"真实"问题的发生将很容易被并入思考及行动的传统模型之中。如果组织中不出现反对,这种解释无疑会起作用。条件将保持稳定直至出现危机,这点是如此确定并可见,以至于最伶俐的雄辩家都无话可说。

组织中权力管理的含义

我们将回到我们开始的地方来结束,但不是进行说教。权力,并不像它经常被认为的那样是一桩肮脏的交易,而很可能是少数在组织中进行现实性检测的机制之一。而制度化作为权力较为洁净的形式,也不具有它们经常被称赞的优点,而是会导致组织脱离实际。在组织中管理权力的真正技巧是以某种方式确保领导不会没有察觉到他们的环境现实,而且也不能回避应付这些现实的变化。然而,这有点像设计"自我清理组织",由于任何人都有能力设计这样一种工具,一个不太可能发生的事件显然会受到这个清理机制的控制……

你能够并且可能也应该从我们的讨论中得到的结论是:权力——由于它发展和被使用的方式——将永远导致组织不能完善其运作。然而,对这种讨厌的绝对化,我们应加上一个适当的防止误解的说明:如果不是权力而是其他任何标准成为决定组织决策的基础,结果将会更糟。

36　用权力进行管理*

杰弗里·普费弗

　　理解权力——如何判断它,它的来源是什么,它的使用战略和策略是什么,以及它如何失效等,这是一回事;而在一般意义上使用这些知识,则是另一回事。把权力和影响的知识转化为行动——用权力进行管理——对那些希望有所作为的人而言是必不可少的:

　　"如果你在数据通用公司工作过一段时间,你就会明白一点,"西部的硬件副总艾德·雷萨拉说,"那就是如果你不干,那就什么结果也得不到。"

　　如果变革的倡导者不学会如何有效地开发和使用权力,那么计算机不会被发明、城市不会重建、疾病也不会被消除。我们看到在20世纪80年代早期,血库抵制为防止输血传播艾滋病而进行的检测,甚至否认被污染的血液供应是一种巨大的健康风险。80年代的人看到了艾滋病游说者的政治手段提高了,他们的策略现在已被其他人借用:

　　患乳腺癌的妇女正在学习关注艾滋病群体的做法,采取政治行动来迫使联邦和州政府更加关注她们的疾病。"他们向我们展示了如何打通政府的关节……他们采用了一种古代的方式并使其奏效,而我们却在安静地等死。"

　　相对于妇女在人口中所占的比例,解决她们健康问题的资金显得严重匮乏,这种情形极有可能改变,但只有当权力和影响用于施加压力,特别是要针对那些资助医学研究和监管制药及医疗行业的组织施加压力才行。

---

* 来源:经《管理学》期刊同意使用。

在公司、公共机构、大学和政府中,关键问题是如何完成任务、如何前进以及如何解决各种规模及类型的组织所面临的许多问题。开发并行使权力同时需要愿望和技巧。其中愿望看起来常常被忽略。权力和影响有一种消极的内涵。我们追逐那些坐在办公室里的政客,同时却试图打击那些想把事情做得与众不同或更好的机构及个人……

用权力进行管理意味着什么?

首先,它意味着认识到在几乎每个组织中,都存在着不同的利益。这表明我们首先需要做的事情之一是画出组织的政治结构图并确定相关利益是什么,以及何种重要的政治细节是组织的特征。从根本上说,我们不认为每个人都必须成为我们的朋友或赞同我们的观点,甚至偏好也不是单一分布的。组织里有各种利益集团,我们需要了解它们在哪里以及它属于哪些人。

其次,它意味着确定这些个人及部门在与我们相关的问题上所持的不同观点。它还意味着明白他们为什么持有这些观点。不能简单假设那些持有不同观点的人不如我们聪明、不如我们见多识广、不如我们有洞察力。如果我们这么认为,我们就极有可能做出一些导致悲惨结局的事。第一,我们可能会轻蔑地对待那些反对我们的人——毕竟,如果他们不如我们胜任工作或有洞察力的话,我们为什么要认真对待他们呢?与特征及观点都和我们类似的人相处是非常容易的。在组织中成功的关键奥秘就在于有能力去赢得那些与我们不同的人和那些我们不一定要喜欢的人,来完成我们需要完成的任务。第二,当我们认为人们被误导时,我们会去"纠正"他们,或试图用事实和分析向他们证明这一点。有些时候这么做有用,但通常是没用的,因为他们的反对可能并不是缺乏信息导致的;相反,这有可能是由于对我们信息的含义具有不同观点引起的。确定不同利益集团的观点以及他们定位的基础将有助于我们与他们进行协商并预测他们对于各种主动行为的反应。

第三,用权力进行管理意味着要明白想完成任务,你需要权力——比那些你必须克服其阻力的人更大的权力,因此必须了解权力从何而来以及这些权力来源可以如何开发。我们有时不大愿意有目的地或战略性地考虑如何获得及使用权力。我们倾向于相信只要我们尽了力、努力工作、为人正派等等,事情就会朝最好的方向发展。我并不是暗示说一般而言一个人不应当努力工作、尽力做出正确决策并为人正派,但这些以及类似的说教对于帮助我们在组织中实现目标通常并非太有用。我们需要了解权力并努力获得它。我们必须乐于采取行动以构筑我们的权力根基,否则我们就不会如期望的那样有效。

第四,用权力进行管理意味着了解组织中权力得以开发和使用的战略及策略,包括时间选择的重要性、结构的使用、承诺的社会心理学以及人与人之间相互影响的其他形式。只有这样,这种了解才能有助于成为他人行为的聪明观察者。我们对权力及其表现了解得越多,我们的实践技能就会越纯熟。更本质地说,我们需要了解使用权力的战略和策略,以便能明确可利用的途径范围,并采取可能有效的手段。有时候,就如在构筑权力根基时一样,我们经常试图不考虑这些东西,而且我们还避免战略性地或有目的地运用我们的权力。这是个错误。虽然我们可能有各种疑虑,但有些人则没有。缺乏权力的知识显然是没有用途的。而权力如果缺少有效运用它的技能,则很有可能被浪费。

用权力进行管理意味着了解比本书中讨论的观念更多的内容。它意味着……乐于对这些知识进行利用。它需要政治头脑来完成任务,以及推动这一过程的意愿。

在美国许多年来,示威、抗议、法院判决及立法提议试图结束在雇佣、提供住房及公共设施中广泛存在的针对少数族裔美国人的歧视。《民权法案》是肯尼迪总统任期内的当务之急,但是他虽然拥有超凡的魅力,却缺乏政治策略的知识,而且可能也缺乏采取一些更强有力的策略来通过他的法案的愿望。如果换成一个彻底了解权力和影响的人,即使有南方参议员和众议员的反对,这个法案也会很快地通过。

1965年3月,美国社会遭到针对南方民权游行的暴力活动的破坏。许多人在种族隔离主义者对示威者攻击中伤亡,但这些行为极少或没有受到地方法律执行机构的干涉。当示威者在白宫前守夜时,林顿·约翰逊来到参众两院并发表演说。他就是那个在1948年反对联邦反私刑法案、争辩说这件事应当完全由各州自行决定的林顿·约翰逊;他就是那个从年轻的国会秘书然后成为国会议员、与保守派谈论保守主义、与自由派谈论自由主义、因而被许多人认为没有自己立场的林顿·约翰逊;他就是那个在其八年众议员生涯中没有提出过一个重要法案、也几乎没有就对于国家有重要意义的议题发表过言论的林顿·约翰逊;他就是那个在国会时不是努力聚敛个人财富、而是通过影响其联邦通讯委员会的同事来获准在得克萨斯的奥斯汀建立一个无线电广播站、并改变其运行许可制度而使得这个广播站非常赚钱、身价可观的那个林顿·约翰逊;他就是那个1968年时曾误导过美国民众、后来因其与越战的关联以及在任期内未能受到多数民众的必要信任而决定不再竞选连任的林顿·约翰逊。那天晚上,约翰逊充满激情地运用他的权力和政治技巧来帮助民权运动:

几乎从他演说的第一个字开始,听众们……就明白了林顿·约翰逊想要为民权赋予前所未有的更为深远的意义……他会提交一份新的民权法案……那将比过去的法案强硬得多……"他们的事也就是我们的事,"林顿·约翰逊说,"因为不仅仅是黑人,实际上是我们所有的人,我们必须战胜偏执不公的有害遗产……而我们将会做到这一点。"

在演说结束之后离开议会时,约翰逊找到了 76 岁高龄的议会司法委员会主席伊曼纽尔·塞勒:

"曼尼,"他说,"我要求你今晚就开始听证。"

"总统先生,"塞勒抗议道,"我无法召集委员会,否则情况会无法控制。我正在安排下周进行听证。"

……约翰逊的眼睛眯了起来,表情变得生硬。他的右手仍然握着塞勒的,但左手已举了起来,一只手指伸出来指着戳着。

"这周就开始听证,曼尼,"他说,"晚上也进行。"

完成任务需要权力。问题在于我们倾向于把世界看作是一场大型的道德竞技,其中好人坏人易于分辨。获取权力的过程并不总是十分有吸引力的,它的使用也是如此。而且它有时候会破坏我们的对称感,例如一个"品质不好"的人,用我学生的话来说,就好像林顿·约翰逊在某些方面表现的那样,但他同时也是个几乎单枪匹马地在短时间内使许多民权法案得以通过的人,其效率胜过美国历史上的其他任何人。我们总是对手段和结果的矛盾感到烦恼。我们常常困惑"坏"人有时会做出了不起的事,而"好"人有时却办"坏"事,或更常见的是什么也做不来。公共和私人组织中的经理们每天都在获取并使用权力以完成任务。这些任务中的一部分在回顾时会发现是错的,当然这一点往往主要依赖于你的观点。无论哪一位读者,如果总是能做正确的事来让大家满意的话,应立即和我联系——我们在一块儿会变得很富有。错误和反对是不可避免的。要避免的是被动性,即不努力、不设法去完成事情。

在许多活动领域里,我们总是摆脱不了不打扰任何人、不犯错误的想法,于是我们满足于一事无成。因为害怕可能建在了错误的地点、甚至错误的方向,我们没有重建旧金山的高速公路,所以什么也没做,于是这座城市由于没有顺畅的交通而遭受经济损失。因为害怕可能错误地引入一种新产品,例如个人电脑,我们不停地研究和分析,结果失去了市场机会。分析和计划显然是应该的。不应该的是麻痹和懒惰,它们来源于我们缺乏能力克服变革必然伴随着的阻力,以及缺乏这么做的兴趣。

西奥多·罗斯福 1910 年在索邦神学院所做的一番演讲也许最充分地表达了这个意思:

真正有用的不是批评家,不是那些指出强者如何跌倒或指出哪些事情应该可以做得更好的人。荣誉属于那些真正站在竞技场上、脸庞被灰尘与血汗浸透的人,那些英勇奋斗的人,那些犯错误、却屡败屡战的人,因为没有什么成就可以不经历错误和缺陷。但是那些真正努力实干的人,那些具有狂热的激情、具有献身精神的人,那些将自己投入到有价值的事业之中的人,他们最辉煌的结局是最终获得了成就巨大的胜利,而最悲惨的结局,如果他失败了,至多也只是在伟大的冒险中失败,因此他们的灵魂将永远不会和那些不知胜利和失败为何物的冷漠的胆小鬼在一起。

感到无能通常是容易而且舒适的——你会说:"我不知该做什么,我没有力量完成它,此外,我也不能忍受有关的竞争。"当在你的组织中面临错误的时候,容易并且常见的是说:"这实际上不是我的责任,我对此无能为力,如果公司想这么做的话,那好,为什么高层管理者拿钱多——因为这是他们的责任。"这种回答开脱了我们做事的责任;在不试图战胜反对的时候,我们将会较少树敌并且不易于使自己陷入窘境。然而,这是一种使组织和个人都失败的办法。这就是为什么权力和影响并不是组织中最后一个肮脏的秘密,而是个人及他们组织成功的奥秘。几乎在所有领域里的创新和变革都需要开发权力的技能以及运用它来完成使命的意愿。或者,用一个地方新闻广播员的话来说:"如果你不喜欢这些新闻,那就出去自己制造一些新闻吧。"

参考文献

1. Tracy Kidder, *Soul of a New Machine* (Boston: Atlantic-Little, Brown, 1981), 111.

2. Jane Gross, "Turning Disease Into a Cause: Breast Cancer Follows AIDS," *New York Times* (January 7, 1991): A1.

3. Robert A. Caro, *Means of Ascent: The Years of Lyndon Johnson* (New York: Alfred A. Knopf, 1990), xix—xx.

4. Ibid., xxi.

5. Richard M. Nixon, *Leaders* (New York: Warner Books, 1982), 345.

第六篇
组织的变革

第六篇

歷史的思索

对于观众来说,在过去的几场演出中,交响乐队的表现"至多平平",就连交响乐队的许多成员也这么认为。上座率刚刚超过平均水平,所有的人都已习惯了这样的现状。但是,在这个社团里,对艺术感兴趣的人可以有许多种竞争性的选择。在领导层中,产生出"变革"的感觉是必要的,董事会开始谈论起资金、未来和新的战略方向。空气中弥漫着一丝不安稳的感觉,觉得现在发生的一切不可能再长久持续下去了。

随着有关交响乐队新日程计划谣传的出现,各种各样的抵触也随之来自各个角落。许多人强烈地相信交响乐队应该坚持原来的路线,不需要任何的变革!为什么要打破那些固有的东西?渐渐地,一些信号和迹象开始出现了:上座率越来越低、捐赠也越来越少。交响乐队的成员们开始坐立不安了,他们开会讨论起"应该谴责谁"和"应该做些什么"来。指挥看到同事们开始在国内外从事起其他的新业务,交响乐队四分五裂,各奔东西。这样的情形更加剧了变革的需求。但是,往什么方向变呢?我们如何知道?专家们被召集到一起,研究工作也开始进行。市场调研被采纳,咨询人员被招募并被授予不同的任务。吸引观众兴趣的各种技巧得到重视,伦理观受到质疑,财务状况被重新审查。乐队成员被召集到一起,内心充满了一种灾难将临的感觉。指挥修改了她的履历。

董事会中产生出领导人,共同的使命和目标得到确立。指挥换了一项新工作,新的指挥被雇用。有利的契机出现了,新的日程表得到了制定。新指挥被隆重地引入乐团开始工作。上座率提高了,所有人都感到乐队走上了正轨。领导层可能也从中得到了一些启发。

董事会认识到"等不到多久"下个轮次又会到来。因而当尚处于成功的顶峰时,董事会成员就必须为下一次的变革制定计划。需要不断地关注不可预见或有些不可捉摸的市场。变革是正常的,而不是特殊的。重视和不断学习是必要的。领导层认识到:领导们越警觉,组织则运转得越好。知识、领导、学习、变革和组织的卓越都是相互关联的。

无论在理论上还是在实践中,面对组织的变革,我们都必须理论紧密联系实践,从组织行为的视角,来应用人类的激励、领导、群体和群体间行为、人际关系,以及他们在组织框架内的特征、权力和影响等知识。在考察组织变革的历史基础和当前实践时,我们必须熟悉以下这些重要的思想:

● 弗雷德里克·罗特利斯伯格所描述的霍桑实验(收录在第二篇"激励"中)。

● 诺埃尔·蒂奇和大卫·乌里克于1984年的文章中所解释的转变型领导(收录在第一篇"领导"中)。

- 在第四篇中,埃里克·特里斯特和肯尼斯·巴夫斯关于煤矿改用长壁法的后果的文章展现的,由塔维斯托克学院所提出的社会技术系统导向的群体。
- 由库尔特·卢因及其同事所开发的问卷调查和反馈技术。
- 敏感性训练(或 T 型群体)的发展,一种把理论和研究与关于领导的实践、群体发展和行为、群体间行为、激励、权力和影响、个体—组织环境影响等综合在一起的现象。

从组织行为观点看组织的变革

组织变革这个主题受到组织行为和组织理论文献的广泛关注。如雨果·闵斯特伯格(1913)和亨利·甘特(1908)对组织行为的研究要先于组织行为观点的发展,他们有关组织变革的许多新著作不是建立在大家熟悉的人本主义假设基础上。变革可能是在组织行为观点(及其假设、价值观和方法)的支持者与通过操纵权力或进行感知来变革的鼓吹者之间最明显和最激烈的战场上(这方面更多的信息,参见 Shafritz and Ott, 2001)。故而,组织的变革是用来结束这本组织行为学经典论文集的合适而综合的主题。

在四十多年的时间里(从大约 1960 年起),组织行为观点的兴趣紧盯在有计划的变革上。组织行为或有计划变革的观点假设构筑了组织行为理论和实践的主流,其延续时间如此之久,以致使人有时很难再考虑其他的方法。因此,有必要对组织变革的最新一些观点作个简单的回顾。对 20 世纪 60 年代"有计划变革"与"转变型变革"的比较,有助于理解和评价有计划变革假设的特点。

比较:组织变革—转型的不同观点

诺埃尔·蒂奇和大卫·乌里克 1984 年的文章"领导力的挑战——对变革型领导者的呼唤"(收录于第一篇中),提供了组织变革转变性观点的极好例子。蒂奇和乌里克提倡能管理有计划的革命性组织变革领导人("组织转变")。转变型领导必须利用不符合人际关系或有计划变革观点的习俗的策略和方法,来实现组织变革的各项任务(包括质和量)。转变型领导利用转变型权力(Bennis, 1984),或转变型领导方式(Adams, 1986)彻底地改变组织及其文化——改变组织的规范、现实、信仰、价值观和假设(Allaire and Firsirotu, 1985; Gemmill and Smith, 1985; Kilmann and Colvin, 1988)。实质上,转变型变革是通过破坏组织的规范得以实现的：常常通过对象征物的有意操纵来创建组织新的前景，然后把新前景"推销"给重要的利益相关者。

从组织行为/有计划变革的视角对变革的假设

在转变型领导和激进式变革开始吸引人们的注意力之前，组织行为观点的假设、信仰和技巧在以人为导向的组织变革文献和实践中占主导地位。20多年来这些为变革导向的组织行为理论和实践提供技术和规范方向的假设，在克里斯·阿吉利斯1970年的开拓性著作《干预理论和方法》第一章中得到了最好的诠释。尽管阿吉利斯的用词是描述性的，但他的语气和传递的信息却是非常明确的：

有效信息、自由选择和内在参与被认为是任何干预活动不可缺少的组成部分，而不管（变革的）实际目的是什么。这三个过程称为基本的干预任务(p. 17)。

正如阿吉利斯列出的三项基本干预任务一样，他的规范性假设也显得毋庸置疑地清晰：

1. 没有有效、可用的信息（包括对各种可选方案结果的认知），就不会有充分告知基础上的自由选择。

2. 没有充分告知基础上的自由选择，就不会有个人承担决策的责任。

3. 没有个人对决策承担的责任，就不会产生决策成功所必要的内在参与（即不会有心理服从）。

组织行为观点还包括对什么构建了组织有效性的强烈信仰。这些信仰进一步导向追求摆脱通过操纵如奖惩体系这样的外在变量来改进组织的方法。因此，组织的有效性不是指结果，而是指持续的过程状态。沃伦·本尼斯用健康的或健全的组织这对近义词来表达他被广泛接受的有关组织过程有效性的概念。本尼斯提出了评价组织健康或有效性的4个标准（Schein, 1980, p. 232）：

1. 适应性：解决问题及根据变化了的环境要求做出灵活反应的能力。

2. 辨别感：对组织的性质、目标及将要从事的活动的认知和了解。

3. 检验事实的能力：发现、准确感知、正确解释环境真实特征的能力，尤其是那些构成组织基础的环境要素。

4. 一体性：第4个，也是通常引用的实际上构成其他标准基础的标准，是组织整体中子系统的"一体化"状态，由此组织的各个部分才不至于出现交叉的目标。

薛恩(1980)以其富有哲理性的一贯风格,提出了维持或提高组织有效性(健康)所必需的组织适应过程:
1. 可靠、有效地获得和传递信息的能力。
2. 根据所获信息的要求做出变革的内部灵活性和创造性。
3. 对能在必要时激发起变革意愿的组织多重目标的整合和参与。
4. 相互支持和避免威胁的内部氛围,因为遭受威胁会损害良好的沟通、降低灵活性、激发起自我防御机制而不是关心整个系统。
5. 不断地进行组织再造以适应其目标和任务的能力(p.249)。

把本尼斯和薛恩有关组织健康或有效性的必要条件与雨果·闵斯特伯格(1913)或弗雷德里克·泰勒(1911)提出的观点(在"前言"中做了概括)相比较,这些组织理论间的巨大差距显而易见。组织行为观点把组织的有效性定义为一种过程状态,而不是传统地把它定义为诸如市场占有率、利润率或产出数量或质量水平这样的组织结果。

组织的发展

最具动态性和活力的组织行为基础上的变革表现应为组织发展或简称OD中的一个次领域。OD是有计划的组织变革(或发展)的特殊形式,它包括组织行为理论所有的前提、假设、价值观和策略等。尽管作者们对组织发展的定义所强调的侧重点各不相同,但大部分的内容是极其一致的。例如:

组织发展是一种努力,包括(1)有计划的;(2)全组织范围的;(3)自上而下的;(4)能提高组织有效性或健康的;(5)在组织"过程"中利用行为科学知识进行的有计划的干预(Beckhard,1969)。

以及:

组织发展是一种长期的努力,它可以改善组织解决问题和更新程序的能力,尤其是通过对组织文化更有效和更合作的管理……并且可得到变革力量或催化剂的帮助,利用包括行动研究在内的应用行为科学理论和技术(French and Bell,1984)。

组织发展是作为手段或策略的有计划组织变革。OD既关心有计划变革如何实施,也关心变革最终将把组织引向何处。OD活动的产品或结果通常是组织更新的持续过程,也即组织有效性的标准。OD假定变革是有目的和动态的,是通过应用行为科学的知识并根据组织行为学理论的假设得出的、经认真描述的基本规则来实施的。因此,革命性和进化性的变革通常不被考虑进OD的范围。

OD 关心的是深入的、持久的、全组织范围的变革或改进,而非孤立的组织小范围内的表面变化。这种广泛的和长期的关心使得 OD 的实践者们早在组织文化于 20 世纪 80 年代成为时髦的管理话题之前就对这个概念感兴趣了。

OD 实践者们开发出许许多多改善组织的策略和技术。其中绝大多数是利用由外部人(通常被称为变革力量)推动的干预。一些最常见的策略包括组织诊断、过程咨询、团队建设(有许多形式)、行动研究、数据反馈、工作丰富化、工作扩大化和冲突管理。但每个作者都有自己所偏爱的方法。例如,在有关这些最著名的一本书中,什姆克和迈尔斯将培训和教育、过程咨询或指导、面对面的会议、数据反馈、解决问题、目标设置、OD 任务小组建立及技术结构性活动等都包括了进去。因此,组织发展代表着在可描述的价值框架内,充分利用研究基础上的社会科学知识,为持续改进组织所付诸的巨大努力。

组织发展的起源可追溯到开始于 20 世纪 30 年代和 40 年代的一些事件和运动:

1. 霍桑研究。
2. 敏感性训练(或"T 型群体")运动,源自 40 年代后期国家培训实验室,由理兰·布兰佛德这样的杰出人物所领导。
3. 问卷调查和反馈技术方面的发展,尤其是通过库尔特·卢因的工作,后者预示了对组织变革的基本行动研究模式的创造。
4. 研究和分析中的社会技术"学派",由埃里克·特里斯特、肯尼斯·巴夫斯、A. K. 里斯和艾里奥特·贾克斯在塔维斯托克学院开创。

霍桑实验及其对于理解组织行为导向变革过程的重要性已在"前言"和第一篇"领导"中做了深入的探讨。所以,除了引导读者阅读弗雷德里克·罗特利斯伯格的"霍桑实验"(在第二篇)外,我们还将展现打开组织发展大门的其他三大历史趋势和事件。

敏感性训练(或"T 型群体")开始于 1946 年。当时,库尔特·卢因、里兰·布兰佛德、罗纳德·里皮特和肯尼斯·本尼斯共同主持一项培训工作,帮助改善新不列颠康涅狄格地区的种族关系和社区领导问题(Bradford, Gibb&Benne,1964)。在晚间员工大会上,他们讨论起培训参加者的行为以及事件的动态发展。一些培训参与者被邀请参加晚间的讨论,这个过程最终导致了 T 型群体技术的产生和制度化。尽管早期的 T 型群体主要集中在个体的成长和发展上,但它们很快就被应用于组织中。T 型群体成为组织成员学会如何真诚地、直接针对事实和感情进行沟通的方法(Argyris,1962)(根据人际关系学派,感情也是事实)。因此,T 型群体成为通过改进人际沟通(如反馈)、降低防御性(以及由此带来的刚性)和提高组织有效性的关键策略,从而帮助组织通过维持和提高组织有效性所必要的适应过程的发展,达到本尼斯提出的组织有效性的标准——适应性、可辨别性、检验现实的能力以及整合。

1. 可靠、有效地获得和传递信息的能力。
2. 根据所获信息的要求做出变革的内部灵活性和创造性。
3. 对能在必要时激发起变革意愿的组织多重目标的整合和参与。
4. 相互支持和避免威胁的内部氛围,因为遭受威胁会损害良好的沟通、降低灵活性、激发起自我防御机制从而不关心整个系统。
5. 不断地进行组织再造以适应其目标和任务的能力(Schein, 1980, p. 249)。

问卷调查和反馈技术的特点是由库尔特·卢因和他的同事先在麻省理工学院发起,在他去世后,又转移到密西根大学的群体动力学研究中心。问卷调查方法,连同反馈/沟通技术,被应用于有计划的变革中,导致了组织变革的行动研究模式的发展——OD实践者和理论家依赖的另一种主要手段。行动研究模式是为识别组织改进需要而利用外部咨询人员提出改进策略,却由组织成员建立对问题和解决方案的心理服从的一个规定过程。简单地讲,行动研究包括以下内容:

● 收集组织的诊断型数据,这通常依靠问卷表或咨询人员的面谈。
● 系统地向提供数据的群体(组织成员)反馈信息。
● 与组织成员探讨这些信息意味着什么,它对组织有什么启示,以确定"诊断"是准确的,并由此激发出改进行动必要性的心理服从。
● 利用咨询人员的知识和技能,从内部成员的视角来共同制定行动改进计划,并激发出他们对改进行动计划的心理服从。

研究和分析的社会技术方法出现于20世纪40年代末和50年代初,伦敦塔维斯托克学院的一群组织学研究人员发现,工作中的人与技术要素之间有着紧密的联系。他们提出无论是人还是工作或技术都不能重此轻彼。与霍桑实验一样,社会技术学派也并不认为任务就是通过人和工作的匹配来提高生产率。埃里克·特里斯特和肯尼斯·巴夫斯发现,把采煤技术从小群体生产改变为沿长壁自然排列的方法破坏了矿工的社会结构,从而也侵害了生产。通过修正工作(技术)系统,改革社会结构,工人们又恢复了相互帮助,生产率和士气也随之提高,而事故和缺勤率却下降了。

行动研究模式如图1所示。

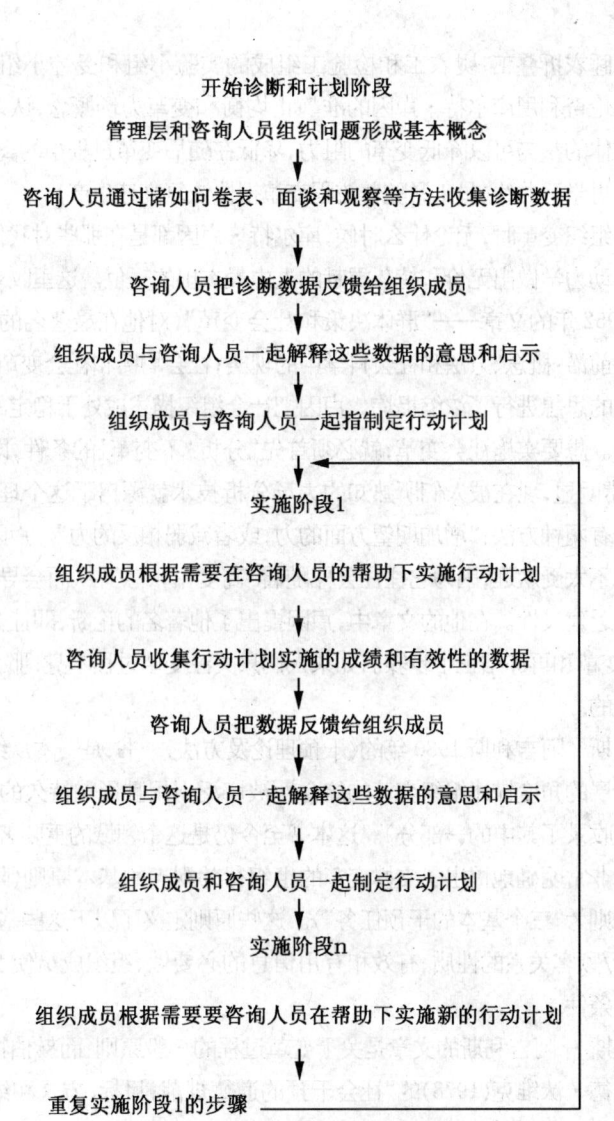

```
                开始诊断和计划阶段
                       ↓
        管理层和咨询人员组织问题形成基本概念
                       ↓
      咨询人员通过诸如问卷表、面谈和观察等方法收集诊断数据
                       ↓
          咨询人员把诊断数据反馈给组织成员
                       ↓
        组织成员与咨询人员一起解释这些数据的意思和启示
                       ↓
          组织成员与咨询人员一起指制定行动计划
                       ↓
                   实施阶段1
                       ↓
       组织成员根据需要在咨询人员的帮助下实施行动计划
                       ↓
         咨询人员收集行动计划实施的成绩和有效性的数据
                       ↓
            咨询人员把数据反馈给组织成员
                       ↓
        组织成员与咨询人员一起解释这些数据的意思和启示
                       ↓
           组织成员和咨询人员一起制定行动计划
                       ↓
                   实施阶段n
                       ↓
       组织成员根据需要咨询人员在帮助下实施新的行动计划
                       ↓
              重复实施阶段1的步骤
```

图 1　组织发展的行动研究模式

本篇的论文简介

　　本篇第一篇文章是介绍组织变革最著名、也是被引用得最多的实验。列斯特·考科和约翰·R. P. 弗伦奇在1948年发表的文章"克服变革的阻力"一文中，研究了员工参与设计决策引致工作流程改变与他们抵触这些变革之间的关系。作者利用一种调研设计，分别在弗吉尼亚州马里恩地区的哈沃德制

造公司的睡衣折叠工、熨衣工和检验工组成的实验小组和受控小组中进行。考科和弗伦奇利用库尔特·卢因的准静止均衡和变革力场概念,认为在计划过程中群体的参与可以降低变革的阻力,降低在随后变革过程中的离职率,加速员工的再学习曲线(员工紧随着流程变革很快恢复高速生产)。

谈到组织变革时,无论什么时候,库尔特·卢因都是在那些对我们理解变革过程和动力学做出无价和持久贡献的人中最杰出的一位。这里收录的是他发表于1952年的文章——"群体决策和社会变革",对他在最著名的著作《群体动力学前沿:概念、方法和社会科学中的现实;社会均衡和社会变革》(1947)中所提出的思想进行了浓缩提炼。卢因把社会组织描述成处于稳定的准静止均衡状态。想要实施社会变革,就必须首先"分析'不变革'的条件,即均衡状态"。非常明显,现在被人们所熟知的力场分析技术就源自于这个理念,即实现变革只有两种方法:"增加期望方面的力,或者减弱相反的力"。卢因认为后一种方法不太受欢迎,因为它往往会伴随着"高度紧张感",从而会导致焦虑、放肆和缺乏建设性。在他的文章中,卢因提出了他著名的论断,即社会变革包括解冻、变革和再冻结三个步骤。如果人们只关注变革过程本身,那么变革只能是短命的。

克里斯·阿吉利斯1980年的《干预理论及方法》一书,是一本从组织行为或组织发展的角度描述组织变革的综合性被广泛引用且影响持久的著作(本书第一篇收录了其中的一部分)。这本书至今仍是这个领域的重要著作,因为阿吉利斯非常明确地提出了支撑变革的组织行为观点的基本原则(阿吉利斯称这些原则为"三个基本的干预任务")。这些原则定义了以下这些基本问题:变革力量/顾客关系的性质、有效和有用信息的必要性、组织成员使变革内部化的必要条件。

克里斯·阿吉利斯的文章是关于变革过程的一般原则,而赫伯特·卡尔曼和唐纳德·沃维克(1978)的"社会干预的道德规范:目标、方式和结果"(本篇中已收录)则分析了一个组织变革话题:持续社会系统中的干预伦理。作者把本尼斯(1966)提出的有计划组织变革的概念归入为范畴更大的社会干预问题。卡尔曼和沃维克集中关注最有可能引起重要伦理问题的社会系统干预的四个步骤:

1. 变革目标的选择
2. 变革对象的界定
3. 干预手段的选择
4. 对持续社会系统中干预结果的评价

在这些步骤中毫无疑问会引起伦理问题,因为每个步骤都涉及相互不同的价值观孰主孰辅的问题。

对于彼得·圣吉来说，变革就是学习，而学习也是变革——对人、对组织都一样。因此，组织学会变革是可能的，因为"本质上，我们都是学习者"。在其著作第一章"第五项修炼：学习型组织的艺术与实践"(1990,本篇中已收录)中，圣吉提出要逐渐集聚5项新的"要素技术"，从而使学习型组织得以呈现。他把这些要素技术冠之以"五项修炼"：(1)系统思考——"系统"就是玛格利特·惠特利(2000)在"领导与新科学"一文中所描述的多样性；(2)个人超越——个人对待生活和工作"就像一个艺术家对待一项艺术作品；(3)心智模式——"影响我们如何理解世界以及如何采取行动的"内心深层次的假设和心智想象；(4)建立共同愿景——"当有个真正的愿景时，人们将会表现杰出，且从中学到许多东西，而这并不是因为他们被要求这样做，而是因为他们想这样做"；(5)团队学习——团队成员参与对他们所依据的假设的真正讨论和对话。

学习型组织永无止境地执行这五项修炼来扩展自己创造未来的能力。正如圣吉所解释的，"系统思考"是第五项修炼，是把其他的修炼从理论到实践紧密联系在一起的整合性修炼。学习型组织是使过去单纯的生存型学习转变为发展型学习的组织——"提高我们创造能力的学习"。

沃伦·本尼斯是不断发展、令人激动的领导以及组织变革领域中的经典作家和长期贡献者。在摘自他的书《管理梦想：对领导和变革的反应》(2000)的一篇文章"变革：新的形而上学"(本篇中已收录)中，本尼斯认为，"变革是我们这个时代的形而上学"。他探讨了变革的道路、创新者和领导人的性质，以及在变革过程中如何避免灾难等问题。本尼斯的智慧继续活跃和丰富着我们在这个重要组织领域的知识和实践。

在"丛林法则和新企业法则"一文中(在本篇中已收录)，理查德·帕斯卡尔继续圣吉关于组织学习和变革的主题。帕斯卡尔指出，有两大动力因素主宰着今天组织的生存和对组织的杰出做出贡献，即"面对高度战略模糊性时的敏捷性"和"一种文化的转变，其形式就像一个活的有机体那样培育创业精神、加强学习以及快速获取市场竞争优势"。处于变革、混乱和模糊的时代要求一种持续学习和组织修正(时而渐进，时而激进)的氛围。

组织变革方面最后一个选题是里勒斯·布朗和巴里·波斯纳的著作。在"探索学习与领导能力之间的关系"(2001)一文中，布朗和波斯纳指出变革既涉及个体的学习，也涉及组织的学习。大多数组织的领导人都认为自己在快速发展和变革的环境中生存、成长和竞争。而这需要敏捷、企业家精神、加强学习、对持续变革过程的领导和管理，以及探索机会。把从领导和学习文献中发展而来的研究、理论、模型和实践联系起来是将在21世纪延续的趋势。

组织变革还包括对本书中强调的有关组织行为的所有理论的应用。变革要求应用激励、群体和群体间动力学、领导、团队、授权、工作环境对工作中的人的影响、权力和影响等知识。变革使所有这些知识融合在一起——这也是组织行为学的"衔接点"。

参考文献

Adams, J. D. (ed.) (1986). *Transforming leadership: From vision to results*. Alexandria, VA: Miles River Press.

Allaire, Y., & Firsirotu, M. (Spring, 1985), How to implement radical strategies in large organizations. *Sloan Management Review*, 26(3), 19—34.

Argyris, C. (1962). *Interpersonal competence and organizational effectiveness*. Homewood, IL: The Dorsey Press and Richard D. Irwin.

Argyris, C. (1970). *Intervention theory and methods*. Reading, MA: Addison-Wesley.

Argyris, C. (1993). *Knowledge for action: A guide to overcoming barriers to organizational change*. San Francisco: Jossey-Bass.

Beckhard, R. (1969). *Organization development: Strategies and models*. Reading, MA: Addison-Wesley.

Beckhard, R., & Harris, R. T. (1977). *Organizational transitions: Managing complex change*. Reading, MA: Addison-Wesley.

Beckhard, R., & Pritchard, W. (1992). *Changing the essence: The art of creating and leading fundamental change in organizations*. San Francisco: Jossey-Bass.

Bennis, W. G. (1966). Applying behavioral sciences to planned organizational change. In W. G. Bennis, *Changing organization* (pp. 81—94). New York: McGraw-Hill.

Bennis, W. G. (1969). *Organization development: Its nature, origins and prospects*. Reading, MA: Addison-Wesley.

Bennis, W. G. (1984). Transformative power and leadership. In T. J. Sergiovanni & J. E. Corbally (eds.), *Leadership and organizational culture* (pp. 64—71). Urbana, IL: University of Illinois Press.

Bennis, W. G. (2000). Change: The new metaphysics. In W. G. Bennis, *Managing the dream: Reflections on leadership and change* (pp. 31—38). Cambridge, MA: Perseus.

Bennis, W. G., Benne, K. D., & Chin, R. (1961). *The planning of change*. New York: Holt, Rinehart & Winston.

Bennis, W. G., & Nanus, B. (1985). *Leaders*. New York: Harper & Row.

Bradford, L. , Gibb, J. R. , & Benne, K. D. (eds.)(1964). *T-group theory and laboratory method; innovation in re-education*. New York: Wiley.

Brown, L. M. , & Posner, B. Z. (2001). Exploring the relationship between learning and leadership. *Leadership and Organization Development Journal*, 122 (5—6), 274—280.

Coch, L. , & French, J. R. P. Jr. (August, 1948). Overcoming resistance to change. *Human Relations*, 512—532.

French, W. L. , & Bell, C. H. Jr. (1984). *Organization development* (3d ed.). Englewood Cliffs, NJ: Prentice-Hall.

French, W. L. , Bell, C. H. Jr. , & Zawacki, R. A. (eds.)(1983). *Organization development: Theory, practice, and research* (rev. ed.). Plano, TX: Business Publications.

Gantt, H. L. (1908). Training workmen in habits of industry and cooperation. Paper presented to the American Society of Mechanical Engineers.

Gemmill, G. , & Smith, C. (1985). A dissipative structure model of organization transformation. *Human Relations*, 38, 751—766.

Gersick, C. (January, 1991). Revolutionary change theories: A multilevel exploration of the punctuated equilibrium paradigm. *Academy of Management Review*, 10—36.

Huber, G. P. , & Glick, W. H. (1993). *Organizational change and redesign: Ideas and insights for improving performance*. New York: Oxford University Press.

Iacocca, L. (1984). *Iacocca, an autobiography*. Toronto: Bantam Books.

Jaques, E. (1951). *The changing culture of a factory*. London, UK: Tavistock Publications.

Kelman, H. C. , & Warwick, D. (1978). The ethics of social intervention: Goals, means, and consequences. In H. C. Bermant, H. C. Kelman, & D. P. Warwick (eds.), *The ethics of social intervention* (pp. 3—27). New York: Hemisphere.

Kilmann, R. H. , & Colvin, T. J. (eds.)(1988). *Corporate transformation*. San Francisco: Jossey-Bass.

Kozmetsky, G. (1985). *Transformational management*. Cambridge, MA: Ballinger.

Leavitt, H. J. (1965). Applied organizational change in industry: Structural, technological, and humanistic approaches. In J. G. March (ed.), *Handbook of organizations* (pp. 1 144—1 170). Chicago: Rand McNally.

Lewin, K. (June, 1947). Frontiers in group dynamics: Concept, method and reality in social science; Social equilibria and social change. *Human Relations*, 1(1).

Lewin, K. (1952a). Group decision and social change. In G. E. Swanson, T. N. Newcomb, & E. L. Hartley (eds.), *Readings in social psychology* (rev. ed.). New York: Holt, Rinehart & Winston.

Lewin, K. (1952b). Quasi-stationary social equilibria and the problem of permanent change. In G. E. Swanson, T. N. Newcomb, & E. L. Hartley (eds.), *Readings in social psychology* (rev. ed., pp. 207—211), New York: Holt, Rinehart & Winston.

McWhinney, W. (1992). *Paths of change: Strategic choices for organizations and society*. New bury Park, CA: Sage.

Münsterberg, H. (1913). *Psychology and industrial efficiency*. Boston: Houghton Mifflin.

Ott, J. S. (1989). *The organizational culture perspective*. Belmont, CA: Wadsworth.

Pascale, R. T. (2001). Laws of the jungle and the new laws of business. *Leader to Leader*, 20, 21—35.

Rice, A. K. (1953). Productivity and social organization in an Indian weaving shed: An examination of some aspects of the socio-technical system of an experimental automatic loom shed. *Human Relations*, 6, 297—329.

Schein, E. H. (1980). *Organizational psychology* (3d ed.). Englewood Cliffs, NJ: Prentice-Hall.

Schein, E. H. (1988). *Process consultation: Its role in organization development* (2d ed.). Reading, MA: Addison-Wesley.

Schmuck, R. A., & Miles, M. B. (eds.) (1971). *Organization development in schools*. Palo Alto, CA: National Press Books.

Senge, P. M. (1990). *The fifth discipline: The art and practice of the learning organization*. New York: Doubleday Currency.

Shafritz, J. M., & Ott, J. S. (2001). *Classics of organization theory* (4th ed.). Belmont, CA: Wadsworth.

Taylor, F. W. (1911). *The principles of scientific management*. New York: W. W. Norton.

Tichy, N. M., & Ulrich, D. O. (Fall, 1984). The leadership challeng—A call for the transformational leader. *Sloan Management Review*, 26(1), 59—68.

Trist, E., & Bamforth, K. W. (1951). Some social and psychological consequences of the longwall method of coal-getting. *Human Relations*, 4, 3—38.

Wheatley, Margaret J. (2000). *Leadership and the new science*. San Francisco: Jossey-Bass.

37 克服变革的阻力 *

列斯特·考科,约翰·R.P.弗伦奇

导 言

美国工业的特征是一直都在变换产品及工作方式,如同竞争条件或技术流程经常变换那样。这使得个人的工作也必须发生经常性的变化。此外,近年来显著增多的人员流动和缺勤导致了不稳定的生产线,而这又进一步引起了个人从一份工作到另一份工作的频繁转换。哈伍德制造公司所面临的最为严重的生产问题之一,就是生产工人对于生产方式及工作中必要的变革进行抵制。这种抵制表现在多个方面,比如对与新生产方式、高人员流动、低效益、产出限制以及对管理的明显敌意等相伴的计件率感到不满。尽管有这些令人不快的效应,生产方式和工作中的变革还是有必要继续下去……

---

* 作者要衷心感谢哈伍德制造公司主席阿尔弗里德·J. 马洛博士,以及哈伍德公司的全体员工在这次研究中所提供的宝贵帮助和建议。作者从科特·列文的著作和观念中反复汲取了知识,并用于这次研究的行为及理论阶段。实验小组会议当中所使用的许多领导技术首次开发于1947年夏,在位于缅因州贝色尔的团队发展国家培训实验室。两名作者都参加了这个实验室。

来源:"Overcoming Resistance to Change" by Lester Coch and John R. P. French Jr., in *Human Relations*(1948),512—532. Reprinted by permission of Plenum Publishing Corporation。

背　景

哈伍德制造公司的主要工厂，也就是这次研究进行的地点，位于弗吉尼亚州的马里恩小镇。这家工厂生产睡衣，像大多数缝纫工厂一样，雇用的主要是女工。工厂大约有 500 名女工和 100 名男工。工人是从乡村、小镇周围的山区招聘来的，通常都没有生产经验。工人的平均年龄是 23 岁，平均教育水平是中学八年级。

该公司的劳资关系政策是宽松和进步的。公平且公开地对待员工受到高度评价，员工们被鼓励随时提出有关管理的任何问题或抱怨。尽一切努力帮助领班们通过会议讨论或角色扮演的方式，以寻求解决人事关系问题的有效途径。利用精心计划的方针，用以帮助员工克服在进入新的和陌生的情景时产生的气馁和挫折感。如果有助于解决那些影响整个员工队伍的问题，就会采用全工厂范围的投票表决。公司在员工服务上投入了时间和金钱，例如生产时的音乐、健康服务、餐厅以及娱乐项目。基于同样精神，管理者也意识到了在当地社区搞好公共关系的重要性，他们从经济上并以其他各种方式支持能够为公司建立良好商誉的活动。这些政策的结果是，从开始运转的那天起公司就享有良好的劳资关系。

哈伍德的员工在一个个人激励系统下工作。计件工资率是在研究了工时定额后确定的，并按单位计算。一个单位等于一分钟的标准工作：每小时 60 单位等于标准效率等级。这样，如果在某个特殊操作中，1 打的计件工资率是每小时 10 个单位，员工则需要每小时生产 6 打才能达到每小时 60 单位的标准效率等级。到达 60 单位每小时的技能要求是很高的。在某些工种里，一个一般的受训者需要 34 周的训练才能达到每小时生产 60 件的技能水平。她最初几周的工作可能只有每小时 5~20 个单位的效率水平……

当有必要将一名员工从一种工作调换到另一种工作时，将会给予调换奖金。这项奖金如果能使调换了的员工以平均效率再学习的话，在调换后将不会有收入上的损失。尽管有此奖金，在该工厂里对于调换工作的一般态度仍然明显是消极的。诸如"当你达到你的标准（标准生产率）时，他们就调换你的工作"这样的说法，是太常见了。许多员工拒绝调换，宁可辞职。

调换工作后的学习曲线

对数百名调换前被评为标准或更优秀的有经验员工在调换后再学习曲线

的分析表明,有 38% 的调换员工重新达到了每小时 60 单位的标准单位等级。剩下的 62%,或者是长期保持在次标准员工的水平,或者在再学习期间辞职了。

那些在该工厂里恢复到最简单类型工作标准生产率者的平均再学习曲线(见图 1)是在 8 周内一直上扬,然后趋于平稳从而为发放调换奖金提供了基础。奖金就是这一期望效率等级与每小时 60 单位的标准之间的百分比之差。正如再学习曲线显示的,最初两三周的进步是缓慢的,然后在后两周内增加 15 个单位而显著地加速到每小时 50 单位⋯⋯

有趣的是,注意到在图 1 中,一个有经验员工的再学习期间比一名新手的学习期间更长⋯⋯

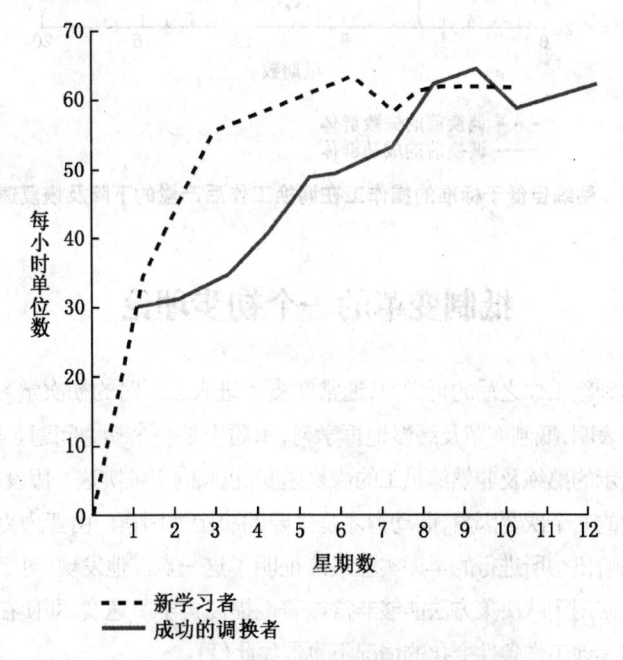

图 1　无经验新员工的学习曲线与最终回到标准产量的换岗员工(38%)的再学习曲线比较图

图 2 表示的是 41 名有经验的员工调换到十分困难的工作岗位上时的再学习曲线,它给出了调换前是标准或更优秀的员工和达不到标准者的恢复速度间的一个比较。两类员工都降到了略低于每小时 30 单位的水平,并且以一个很慢却很接近的速度恢复。这些曲线显示了一个一般(但是肯定不普遍)的现象:调换前的效率等级并不能预示调换后较快或较慢的恢复速度。

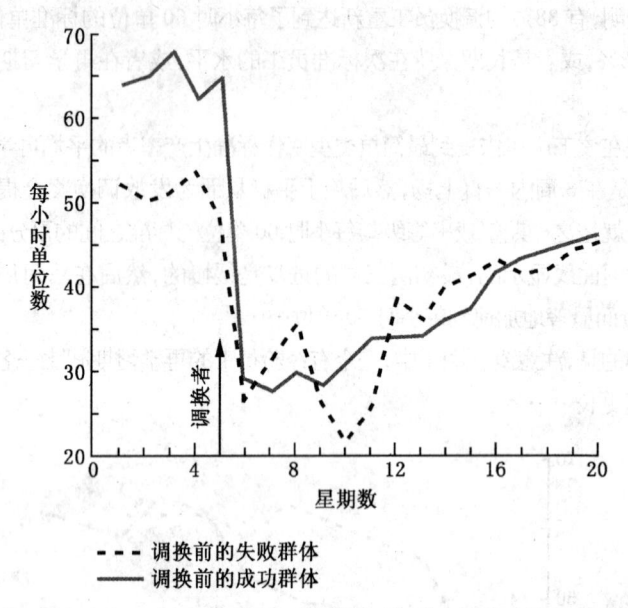

图 2　熟练但低于标准的操作工在调换工作后产量的下降及恢复速度

(图中标注：每小时单位数；星期数；调换者；---- 调换前的失败群体；—— 调换前的成功群体)

抵制变革的一个初步理论

调换到新工作之后的再学习,通常要慢于进入工厂时的初次学习。这个事实本身表明,抵制变革及缓慢地再学习,本质上是一个动力问题。类似地,图 2 所显示的熟练及非熟练员工的恢复速度,也倾向于证实这一假设:技能是恢复速度的一个次要因素,而动力才是主要的决定性因素。由亚力克斯·巴弗拉斯在哈伍德所进行的早期实验最终证明了这一点。他发现,对于刚被调换的员工使用团队决策方法能够非常显著地提高再学习速度,即使在没有技能培训和其他工作条件变化的情况下也是如此(1)。

面谈显示了被调换到新工作的员工具有共同的感觉和态度模式,这种模式与那些未调换的成功者有着明显的不同。除了怨恨调换他们的管理者外,这些员工典型地表现出挫折感,对重新获得他们以前的生产率水平及在工厂里的地位感到绝望、失败感和无追求。在这方面,这些被调换的员工与以前研究过的长期低效率工人非常相似。

先前未发表的在哈伍德的研究表明,未调换的员工通常有清晰的目标要达到并保持每小时 60 单位的效率等级。对几组员工进行的问卷调查发现,这部分员工中很大一部分人把管理者要求的每小时 60 单位的定额作为自己的目标。这个生产率标准是一种被追求的水平,员工据此来衡量他们的成败;那些达不到标准的人会失去在他们同事心目中的地位。相对较少的员工,会设置一个略高于每小时60单位的目标。

实际的生产率记录,证实了这一标准生产率目标的有效性。全体员工的生产率水平,决不会是正态分布。相反地,有很大一部分员工集中在每小时60~63单位,而在这个范围之上或之下的员工都相对较少。因此我们可以得出结论:

● 假说(1):在达到每小时60单位或更高生产率水平的方向上,对员工存在着压力。即假设这个驱动力(作用于低于标准的员工)的强度随着她接近目标而增强———一种典型的目标梯度(见图1)。

另一方面,抑制力量则起来阻碍或防止她达到这个目标。这些抑制力量仅存在于该工作的难度中,并与员工的技能水平相关。其他条件相同时,一个员工缝纫得越快,按一个给定的数量来提高她的速度就越难。因此我们得出结论:

● 假说(2):妨碍生产率提高的抑制力量随着生产率水平的提高而增强。

与过去的研究相符的是,这就是假设这两种相反力量——为达到60单位目标的驱动力和工作难度的抑制力——的冲突导致了挫折。在这种矛盾的情形下,挫折的强度将取决于这些力量的强度。如果阻碍生产率提高的抑制力量弱的话,那么挫折就较小。但是如果对更高生产率的驱动力(即动力)弱的话,那么挫折也会较小。如果挫折产生,那么很可能这两种矛盾力量都大于某个最小强度;所有的目标导向活动都包含有某种程度的这类矛盾,但只要个人朝着他的目标有令人满意的进展时,他就通常不会感到挫折。从而我们可以假设:

● 假说(3):挫折的强度是这两种矛盾力量中较弱者的函数,只要这一较弱力量大于导致挫折的某个必要的最小值(假说1)。

对该工厂中这种挫折效应的分析表明,工作调换仅仅导致了高流动性和缺勤率。在效率等级标准之上的成功员工,其流动率远低于不成功员工的流动率。类似地,从事困难工作员工的辞职比从事简易工作者更为频繁。大概被调换的结果也是一种严重的挫折,它会导致从该领域退出的类似意图。

按照这一挫折理论及发现工作流动率是挫折的一个结果,在与最近未被调换者的流动率进行比较时,我们对调换了的员工的流动率进行了分析。

分析结果由图3显示。两组的流动率水平及曲线形状有显著的区别。在最近未被调换的员工中,每月的平均流动率是4.5%;而在近期调换者中每月流动率接近12%。与过去的研究相一致,当一名员工成功达到了每小时60

单位或标准生产率后，两个组的流动率曲线都有明显下降。然而，两组中达到较低单位等级者的曲线形状之间有显著不同。当等级在每小时55～59单位时，未调换者的流动率逐渐提高。而另一方面，调换者在每小时30～34单位的极低等级时，流动率达到顶峰，而在达到每小时45～49单位的低等级时流动率迅速下降。既然大部分调换者在调换后都跌落到每小时30单位的等级，此后不再跌落，那么很显然，这些员工的流动率在刚被调换时是最高的，而在他们再次达到标准时则低得多。这是为什么呢？

假设一个没有被调换的员工挫折的强度逐渐增强，是因为朝达到60单位目标的驱动力以及工作难度的抑制力都随着单位效率的提高而增强。这一点是符合假设(1)、(2)和(3)的。另一方面对于调换了的员工而言，在调换后挫折立即达到最大值，此时她目前地位和先前地位之间的差距是最为显著的。在此时点上抑制力强度达到最大，因为此时由于主观抑制[1]使工作难度非常大。然后，随着她克服两种工作之间的冲突效应并学会新的工作，难度和挫折就逐渐降低，流动率也下降，直到员工达到每小时45～49单位为止。此后在生产率的更高水平上，工作难度再次开始增加，调换了的员工在每小时55～59单位时显示出同样的挫折和流动率高峰……

另一个看起来会影响被调换工恢复速度的因素是归属感的强度。观察似乎显示出，一个对管理者持有消极态度的强有力的心理上的从属群体，将会表现出对变革的最强抵制。另一方面，具有强归属感和积极合作态度的被调换员工群体是最好的再学习者。很少或没有归属感的个体的集合表现出对变革有一定的抵制，但不像有强归属感和对管理者态度消极的群体那么强烈。然而，个体调换者的流动率要比后一种群体中的人高得多。归属感和抵制变革相关联的这种现象是如此明显，以至于许多年来该工厂管理者的一般政策是从不把整个群体进行调换而是把其中的个人分散到工厂的不同区域里去。

对具有高归属感的调换者流动记录的一个分析表明，在每小时30～34单位的水平时流动率是每月4%，比未调换者稍高一点，但明显低于很少或没有归属感的调换者。然而，反抗行为在高归属感员工中比在低归属感员工中要高得多。既然两种类型的员工个人都经历了相同的挫折却对它做出如此不同的反应，那么可以假设在群体内的感觉效应会引起对离开该群体的抑制力量，甚至有可能引发留在该群体内的驱动力。在这种环境下，个人会选择对挫折做出反应而不是退出该领域。其选择的结果就是反抗。强归属感产生了力

---

[1] 心理学中常称为前摄抑制。——译者注

量,于是成员敢于表达可能遭到压制的反抗。

具有强归属感的从属群体的一个共同结果,就是建立起一个生产率的群体标准。当对于管理者抱有敌对态度时,这个群体标准将会采取对一个给定的生产率水平进行明确限制的形式。在被调换到采用新计件工资率的工作岗位上的群体中,这种限制现象尤其可能出现;因为他们抱有这样的期望:如果他们的生产率总是达不到标准,那么管理者就会改变计件工资率来迎合他们。

在小群体中,群体标准能够对个体成员施加非常强的压力……

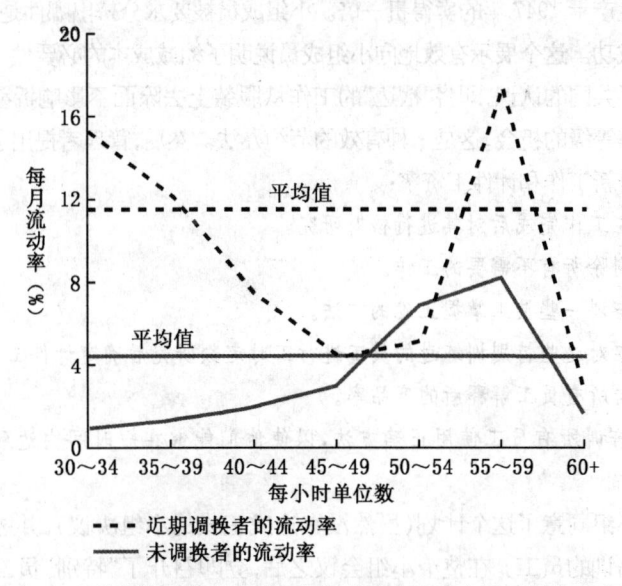

图 3　与未调换者相比,调换者在各种生产率水平下的流动率

实　验

在前面的理论,即对变革的抵制是个体在较强的群体力量影响下对挫折做出反应的一种综合结果这一观点的基础上,克服变革阻力最适当的方法似乎应该是团队法。于是,设计了一个实验,采用了两种民主程序来处理被调换的群体。第一种程序是通过工人代表来参与对工作变化的设计。第二种程序是群体的所有成员都参与到设计工作的变化中去。第三方受控小组被用来对照。两个实验小组接受了全部的参与方式。三个实验小组和受控小组在以下方面大致上是相同的:(a)调换前小组的效率等级;(b)调换中包含的变革程度;(c)从小组中观察到的归属感水平……

进行手工熨衣的受控小组,在调换工作后按照该工厂的惯常步骤进行工作。生产部门更改了工作,并制定了新的计件工资率。然后召开了一个小组会议,在会上受控小组被告知,由于竞争环境变革是必要的,并且已经制定了新的计件工资率。工时定额研究人员详细解释了新的计件工资率,回答了问题,然后会议结束。

实验小组1用一种不同的方式调换工作。进行任何变更之前,在所有要调换工作的员工当中召开了一个小组会议。变更的需要,尽可能鲜明地被表述出来,并展示了该工厂生产的两件一模一样的外衣:一件生产于1946年,比另一件生产于1947年的卖得贵一倍。小组成员被要求分辨出哪件是便宜的,但没有成功。这个展示有效地向小组成员说明了缩减成本的必要性问题。于是达成了共同的认识,即将"褶边"的工作从服装上去除而不影响折叠工人达到高效率等级的机会,这是一种有效的节约办法。然后,管理者提出了一个计划来安排新工作和计件工资率:

1. 在工作完成后对其进行核对研究。
2. 剔除所有不需要的工作。
3. 培训一些员工掌握正确的方法。
4. 在对这些特别训练过的员工进行工时定额研究后确定计件工资率。
5. 向所有员工解释新的产品率。
6. 培训所有员工使用正确方法,以使他们能够在短时间内达到高生产率。

该小组同意了这个计划(虽然没有达成正式的小组决议),并选出了参加特别培训的员工。在整个小组会议之后,立即召开了"特别"员工的小会议。他们表现出了合作和感兴趣的态度并立即提出了许多好建议。并用这种态度制定出了新工作的细节;而当新产品和计件工资率制定出来后,"特别"员工将结果称之为"我们的工作"、"我们的工资率"等。在第二次全体操作工小组会议上,宣布了新工作和计件工资率。"特别"员工负责培训其他员工的新工作。

实验小组2和3也召开了大体相同的变更会议。这两个小组比实验小组1小,培养起了更亲密的气氛。变更的需要又一次用特别清晰的方式进行了说明;管理者提出了一个相同的计划。然而,由于小组很小,所有的员工都被选为"特别"员工;也就是说,所有员工都会直接参与新工作的设计,而且,都会被工时定额研究人员研究。有趣的是,在这两组的会议上,当场提出的建议有如此之多,以至于速记员费了很大劲才记录下来。小组同意了计划,但也没有达成小组决议。

结 果

……与之前相比,控制小组的效率等级并没有提高多少。抵制在变更一发生就开始了。对管理者的抵制明确地表达了出来,比如与技术人员的冲突,对监管者表示敌意,故意限制产量,以及与监管者缺乏合作。在头 40 天里,有 17% 的人辞职。对计件率产生了抱怨,但当检查计件率时,却发现它有些"宽松"。

实验小组 1 显示出了一条非常好的再学习曲线。14 天之后,小组的平均水平为每小时 61 单位。在这 14 天中,小组的态度是合作和宽容的。他们与技术人员、培训人员以及监管者都共事得很好(在受控小组和实验小组 1 中,监管者是同一人)。在头 40 天里,该小组没有人辞职。如果在开始 7 天里工作不是那么不足的话,该小组的学习记录会更好。在头 40 天里,有一起针对监管者的反抗行为记录。有趣的是,实验小组 1 中的 3 个特别代表员工是与该组的其他成员以同样的速度恢复生产率的。

实验小组 2 和 3 比小组 1 恢复得快。在调换当天有一个轻微的下降之后,他们的效率等级又回到调换前的水平,并在那之后表现出持续的进步,直到比调换前的水平高出 14% 为止。在第二天后,对他们就没有额外的培训了。他们与监管者相处得很好,而且从这些小组中没有观察到反抗的迹象。在头 40 天里,两个小组都没有人辞职。

第 4 个实验小组仅由 2 名缝纫工人组成,调换采取了完全参与方式。他们的新工作是该工厂中最难的工作之一,与受控小组及其他三个实验小组形成对比。如期望的那样,完全参与方式又一次带来了极高的恢复速度和高于调换前水平的最终生产率水平。但是由于新工作的难度,恢复速度低于实验小组 2 和 3,但高于小组 1。

在第一次实验中,受控小组在调换后 32 天的时间内没有任何进步。在此之后,这个小组被解散,成员被分开并在工厂中重新安排新的工作。在他们被分散两个半月后,最初受控小组中留下的 13 名成员被再次组合成为一个小组进行第二次实验。

第二次实验是将受控小组调换到新的工作,在会议中采用与实验小组 2 和 3 类似的完全参与方式。新工作是熨衣工作,与第一次实验中的新工作难度差不多。总的来说,它包含的变革程度与第一次差不多。在会议上没有提及该小组前一次调换时的行为。

第二次实验的结果与第一次形成了鲜明的对比。使用了完全参与方式后，同一个受控小组迅速地恢复到他们以前的效率等级，而且像使用这一方式的其他小组一样，继续下去直到超过它而达到新的更高的生产率。在调换后的19天内，小组没有反抗行为或人员流动；对他们过去调换后的行为而言，这是一个巨大的变化。有一些担忧他们资深地位的表示，但在一个由他们选出的代表、工会事务代理人及一名管理者代表举行的会议上，这个问题解决了。需要指出的是，第二次实验中调换前的水平正好在每小时60单位上；因此在两次实验间的两个半月内，个体调换者进步到了超过标准的水平。

解　释

……第一次实验表明，恢复速度与参与程度是直接成正比的，而流动率及反抗是与参与程度成反比的。第二次实验更总结性地表明，所得结果依赖于实验方式而不是人格因素如技能或进取性，因为相同的个人在控制方法和与其对照的完全参与方法中得到显著不同的结果。

显然，完全参与方法具有和代表参与法同类的效果，不过前者具有更强的影响力。但恢复速度上的差别就有些模糊，因为实验不幸被搞乱了。就在调换之后，实验小组1有7天时间没有足够的原料进行工作。因此他们在这段时间内恢复速度较慢，至少部分是因为开工不足。在随后的日子里，虽然工作原料充足了，但不同的恢复速率却仍然持续。因此我们倾向于相信，代表参与带来的恢复速度不及完全参与的快……

当我们面对一种半稳定的均衡时，在均衡点上，向上的合力与向下的合力方向相反，而大小相等。当然每种合力大小在短时间内都可能发生波动，因此在某个特定时刻，两种力量可能不会恰好平衡。但是，在一段较长的时期内平均来看，两种力量是平衡的。偏离平均值的波动时有发生，但总有回归到平均水平的趋势。

在调换工作前，两次实验中的所有小组都达到了每小时60单位标准生产率的稳定均衡水平。这个水平正好等于实验期间整个工厂的平均效率等级。既然这个生产率水平是不变的，既不升也不降，那么我们可以肯定向上的合力等于向下的合力。这种力量均衡将在生产率保持在这一水平的期间内维持下去。但在调换工作后，两种力量显著地改变了，而这两种力量在受控小组和实验小组中是明显不同的。

对受控小组而言，调换后的一段时间是在较低水平上的一种半稳定均衡，在30天内两种力量没有发生变化。向上的合力与向下的合力保持相等，于是生产率水平保持不变……

实验小组在调换后的情形可以看作是一种不同类型的半稳定均衡。图4给出了实验小组的合力示意图。在任何给定的生产率水平上,例如每小时50或60单位,向上与向下的合力在30天内都发生了改变。在这段时间里,均衡点从每小时50单位开始逐渐上升,直到30天后达到了每小时超过70单位的水平。然而在这里,均衡水平又具有了"中心力量区域"的特征,即在整个区域中的任意一点,向上和向下力量的合力总会与均衡水平同方向……

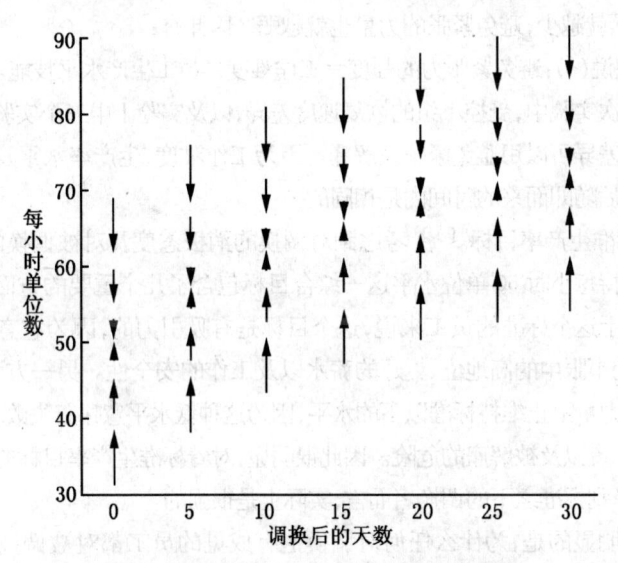

图4　调换后实验小组半稳定均衡示意图

往下影响生产率的主要有3种构成力量:(1)工作的难度;(2)避免紧张的力量;(3)按群体标准把生产率限制在某个特定水平的力量。在提高生产率方向上的合力由另外3种力量构成:(4)达到标准生产率目标的力量;(5)由管理者通过监管引起压力的力量;(6)由群体本身竞争产生的力量。下面让我们检查这6种构成力量。

1. 工作难度。对所有员工来说,工作难度是降低生产率的力量之一。当然,工作难度与员工的技能相关。某项工作对于非熟练员工而言可能是非常困难的,但对高度熟练者就会相对容易。在调换工作的情况下产生了新的难度因素。有时候,新工作会难得多,因为员工在那种特定工作中是不熟练的。除了任何学习者都会感到的难度外,调换工作经常遇到前摄抑制带来的附加难度。当新工作与原工作相类似时,就会有一个两种类似但不同的必需技能发生冲突的时期……

2. 避免紧张。与工作难度(或个人缺乏技能)相对应的降低生产率的力量,具有阻力的特点——也就是说,它的作用会阻止运动而不是作为一种驱动力来引起运动。然而,在所有生产中都有一种密切相关的驱动力量来降低生产率,即"避免紧张"。我们假设过分努力及高速地工作是一种不愉快的紧张;而与这种负效价相适应,有一种反方向的驱动力,使人放松或较低速地工作。生产率水平越高,紧张感越强,在其他因素相等时,避免紧张的向下力量就会越强。类似地,工作难度越大,避免紧张的力量就会越强。但是员工的技能越高,紧张感就越少,避免紧张的力量也就越弱。因此有:

● 假说(4):避免紧张力的强度＝工作难度×员工生产水平技能。

在两次实验中,受控小组的恢复速度差异,以及实验Ⅰ中三个实验小组的恢复速度差异可以用避免紧张来解释。因为工作难度、生产率水平及员工技能在调换后随即而来的时间内是相同的……

4. 标准生产率目标。[1] 考虑到对调换的消极态度及对被调换的抵制,达到并保持每小时 60 单位水平这一综合目标包含了几个重要的方面。对一名产出低于这个标准的员工来说,这个目标是有吸引力的,因为它意味着成功、在其同事眼中的高地位、更好的薪水以及工作的安全性。另一方面,有一股很强的力量阻止维持标准以下的水平,因为这种低水平意味着失败、很低的地位、低工资以及被解雇的危险。因此很明显,对着标准生产率目标的向上力量,对于降到标准之下的调换者而言,实际上是很强的。

同样明显的是,为什么任何对调换抱有成见的员工都对被调换表现出如此强的抵制。她认为自己会成为失败者,并且失去地位、薪水甚至工作本身。结果是导致了较低的追求水平,并减弱了她达到标准生产率目标的动力。

在实验Ⅰ的受控小组中出现的,似乎正是这种对每小时 60 单位目标的动力削弱了。另一方面,参与方式看来就是将员工吸收到设计新工作和制定新计件率中来,并用这种方式使他们不再失去重新达到标准生产率目标的希望。因此参与产生了对更高生产率的更强驱动力。然而,单是这种力量仍难以解释受控小组和实验小组恢复速度之间的巨大差异;当然它也没能解释为什么后者能提高到标准之上如此高的水平。

5. 管理者压力。对所有低于标准的员工,管理者都施加了达到更高生产率的压力。这种压力并不是包括威吓在内的苛刻及专制的手段。相反,它采取了监管者劝说或鼓励的形式。他们试图促使低等级员工改善其绩效并达到

---

〔1〕原文中没有"3. 按群体标准把生产率限制在某个特定水平的力量"这部分内容。——校译者注

标准生产率……

个人对一种有效激励力量的反应将是不同的，它取决于该个人与激励主体的关系而不是其他因素。一个来自朋友的激励力量将会被接受，并像一种自我力量那样发生作用。一种来自敌人的有效力量则会被抵抗并拒绝，以至于该个体不情愿地顺从并表现出冲突和紧张的迹象。因此，除了所谓"中性"激励力量外，我们还要区分被接受的激励力量和被拒绝的激励力量。自然，对激励力量的接受和拒绝在程度上是不同的，从零（即中性激励力量）到非常强的接受或拒绝。为了解释对一种激励力量接受和拒绝的差异之间的特点，我们做出以下假设：

- 假说(5)：接收一种激励力量会在同一方向上增加添加的自我力量。
- 假说(6)：拒绝一种激励力量会在相反方向上增加添加的自我力量。

实验Ⅰ中受控小组里的抱怨、反抗和紧张表明，他们拒绝了管理者施加的朝更高生产率努力的力量。该小组接受了认为调换是一个灾难的成见，但控制程序没有向他们证明改变是必要的，并且他们把管理者制定的新工作和新计件率看作是武断的和不合理的。

相反，实验小组参与了设计变更及制定新的计件率，因而他们称新工作为"我们的工作"及新计件率为"我们的计件率"。于是他们接受了新的情形以及管理者朝向更高生产率的激励力量……

6. 群体标准。在控制程序下，影响恢复速度最重要的力量也许就是群体标准，它由群体制定，将生产率水平限制在每小时50单位。显然这个公开的限制产量协议是与该群体拒绝变更和武断而不合理的新工作相关的。也许他们怀有一丝希望来表明标准生产率是达不到的，并因此获得一个更有利的计件率。在所有情况下，都有一个能影响所有群体成员的确定的群体现象。我们已经注意到熨衣工的显著例子，她的生产率在小组环境里受到限制，只达到了她作为个人所达到水平的一半。在受控小组中，我们也希望群体对其成员产生很强的力量。一名成员偏离标准越远，群体产生的使其遵守标准的力量就会越强，因为这样的偏离既打消了管理者提高计件率的任何可能性，同时又把其他成员暴露在管理者增强了的压力下。因此在调换后的受控小组中，个人生产率水平的差异必须大大减小。

对所有小组中生产率水平的个人差异进行了一项分析。在实验Ⅰ中，调换前的40天被用来与调换后的30天进行对比；在实验Ⅱ中，将调换前10天与调换后的17天进行比较。作为变化性的度量，标准偏差按每天每组计算。变化之前和之后的平均每日标准偏差如下：

组	变化性		
实验 I	调换之前		调换之后
控制组	9.8	……	1.9
实验组 1	9.7	……	3.8
实验组 2	10.3	……	2.7
实验组 3	9.9	……	2.4
实验 II			
控制组	12.7	……	2.9

第一次调换后,在受控小组中个人差异的确显著地减小。事实上生产率限制导致了比其他任何组都更低的变化……

变化表格也说明,调换实验在另外调换后的 4 个组中显著地降低了变化性。在实验小组 1(代表参与)中,最小的变化性减小值是由个人竞争的群体标准导致的。调换之后不久,监管者就报告了该小组成员之间的竞争。这种竞争是走向更高生产率的一种力量,其结果是很好地恢复到标准并继续进步超过标准。

实验小组 2 和 3 调换之后显示出了更大的变化性减小值。这两个完全参与小组是在同一天进行调换的。两组之间开展了组间竞争。这种明显比个人竞争更能对成员施加强力的组间竞争,是一种有效的群体标准。这个标准逐渐移向更高的生产率水平,结果两个小组不仅达到而且远远超越了他们之前的生产率水平。

流动和反抗

在回到我们关于挫折的上述理论时,我们可以看出有一些修正。工作难度及其与技能的关系以及避免紧张在假说(4)中得到了阐明。现在很明显,达到 60 单位的驱动力是一种综合效果,它有一部分是由低工资、低地位、失败及工作不安全的负效价导致的负驱动力。流动不仅是由这两种力量的冲突导致的挫折引起的,而且也是从这些负效价区域退出的一种直接意图。对受控小组的成员而言,限制生产率的群体标准消除了因提高生产率而退出的可能,因此辞职成为唯一的退出途径。相反在参与小组中,群体标准与接受管理者激励力量而引起的添加的自我力量相结合,使得提高生产率成为从负效价区域退出的唯一途径……

控制过程对小组成员具有使管理者成为一个敌对权力区域的效果。他们拒绝这个敌对权力区域产生的力量,而提出限制生产率的群体标准以反对管理者。在这个管理者权力区域和群体权力区域的矛盾中,受控小组试图使敌对权力区域的力量小于他们自己权力区域的力量。这个改变可以从3个途径实现:(1)小组可以通过转变成一个更团结和纪律良好的群体,来增加自身的权力;(2)他们通过获得工会的援助提交一份正式的对新计件率的抗议,以保护"同盟者";(3)他们可以以通过反抗监管者、工时定额研究技术人员及高层管理者的形式,直接攻击敌对权力区域,从而反抗不仅来自个人挫折感,而且来自两个群体之间的冲突。另外,这种群体冲突的情形既有助于将管理者定义为挫折力量,还能给小组成员以力量来表达由挫折产生的任何反抗冲动。

结 论

对管理者而言,大部分改变或完全消除对工作方式及保证计件率变更的群体反抗是有可能的。这种变化可以通过利用群体会议来实现,在会议上管理者可以有效地与员工沟通变更的需要,并激励群体参与到计划这些变更的过程中来。

对哈伍德的管理者以及其他使用激励系统的行业的管理者来说,这个实验在劳资关系领域具有重要意义。在哈伍德听到的所有抱怨中,一大部分是来自于出现变革情形的。通过防止或极大地消除群体对变革的抵制,这种变革的副产品将会极大地减少。减少人员流动及缓慢的再学习速度这些耗费较大的现象,会显示出另一种不同的优势。

参考文献

Lewin, Kurt. Frontiers in Group Dynamics, *Human Relations*, Vol. I, No. 1, 1947, pp. 5—41.

38　群体决策和社会变革*

库尔特·卢因

准静止的社会均衡和持久性变革问题

变革的目标

社会变革的目标可能涉及消费者的营养标准、生活的经济标准、群体关系的类型、工厂的产出以及一个教育团队的生产力。将要发生变革的社会标准并非具有"事物"的特征,而是具有"过程"的特征,这一点非常重要。例如,某种消费标准意味着在一给定时期出现的一系列诸如决策、购买、准备使用以及在家里罐装某种食品等行为。同样,某种类型的群体关系意味着在某一个给定时期内,两个群体成员之间表现出某种友好和敌对的行为以及对此做出某种程度的激烈反应。改变群体关系或者改变消费意味着改变这些事件发生的程度,换言之,无论消费水准、友好水平或者生产力水平都是某种正在进行着的社会进程的一个方面。

任何有计划的社会变革都要为特定目的考虑很多方面的因素,也许这种变革或多或少需要教育与组织手段的独特结合。也许它还需要非常不同的处

---

* 来源:"Group Decision and Social Change" by Kurt Lewin from *Readings in Social Psychology*, Revised Edition by Guy E. Swanson, Theodore M. Newcomb and Eugene L. Hartley, Copyright © 1952 and Renewed 1980 by Holt, Rinehart and Winston, Inc.。

理手段,不同的思想、不同的预期以及组织,当然一些总的原则也需要加以考虑。

稳定的准静止均衡条件

从研究分析"无变化",即均衡状态所需要的条件开始,对变革所需条件进行研究是很合适的。

根据以上所讨论的内容,我们可以清楚地知道"无社会变化"状态不是指绝对的静止,而是一种准静止均衡,也就是说,这种状态就类似于在一段时间间隔内以指定的速度朝前流动的小河的状态。

有关准静止均衡的条件有许多描述(这些描述在别的著作中带有更大的随意性[1]):

1. 降低社会生活水平的力量与提高社会生活水平的力量必须是相等和相反的,这样均衡时作用的合力为零。

2. 由于我们假定社会力量的力度总是在不断变化,所以一个准静止均衡就假定:抵制水平上升的力量会随着水平增加的数量而增加;而抵制水平下降的力量会随着水平下降的数量而增加。这种具有"正中心力场"[2]特征的梯度必须保持在现有水平附近。

3. 在不改变社会行为的情况下,改变反对力量的强度是可行的,压力(冲突的程度)一定会增加。

改变行为水平的两种基本方法

对任何类型的社会管理来说,通过以下两种方法中的任何一种来改变准静止均衡的水平具有很现实的重要性:即增加希望方向的力量或者减少反对方向的力量。状态从 L1 变动到 L2,通过增加希望方向力量造成的负面影响,一定不同于减少反对方向力量造成的负面影响。

在这两种情况下,可能都会达到同样的新均衡水平,但是负效应极其不同。在第一种情况下,趋向新水平的过程会伴随着相当高的压力;在第二种情

---

[1] K. Lewin, "Frontiers in Group Dynamics: Concept, Method and Reality in Social Science; Social Equilibria and Social Change," *Human Relations*, I, 1, June, 1947, pp. 5—42.

[2] 同上。

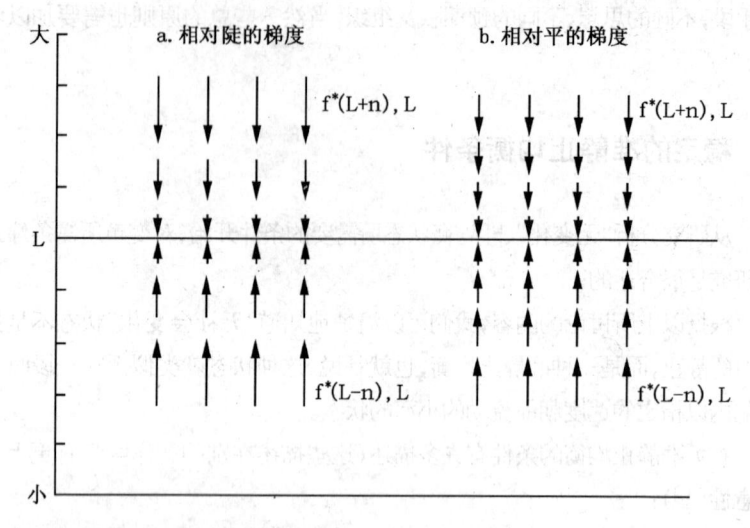

图1 合成力的梯度

况下,则伴随着相对低的压力。由于压力超过一定程度很可能会出现较多的挑衅、较大的情绪化以及较低的建设性,因此,作为一条规则,第二种方法优于第一种高压力的方法。

这里所谈的群体决策过程,就是要尽量避免产生较高压力的方法,同时对阻碍变革要很敏感。我们拿巴法拉斯在工厂做的有关改变产量的试验来举例:没有通过工厂大多数人投票表决来决定新的产量目标,因为这样就会强制一些群体成员生产超过他们认为合理的产量,这些人就很可能会产生内在的抵制。相反,采用了这样一个程序,即每个人根据情况选择自己的产量目标。

群体决策的成功,尤其是其影响的持久性,可能在某种程度上要归功于通过消除个体内部的分歧,而不是增加外部压力产生希望方向决定的方法。

母亲们给婴儿喂食鱼肝油和橙汁的数量从第二周到第四周起有惊人增长的现象,可以用这种相反力量的减少来解释。母亲们在婴儿出生的前几个星期,总会很小心地照看,但随着孩子渐渐强壮,就会采取更大胆的行动。

社会习惯和群体习惯

如果把社会静止过程看作是准静止均衡的结果的话,我们可以预料任何力量的增长都将改变这个进展的水平。"社会习惯"观念仿佛意味着尽管运用力量,但由于某种"内部抵制"变革的作用,社会进展水平不会改变,要想克服

"内部抵制"的作用,还得需要增加力量,该力量足以"打破习惯"和"解冻"习俗。

许多社会习惯固定在个人与群体的关系中,个体 P 的个人行为水平(L_p)可能与代表群体标准的水平(L_{Gr})之间有一定程度的不同。如果该个人试图"过于"偏离这种标准,他将发现自己陷入越来越困难的境地,他会被嘲笑,不被善待,最终被群体拒绝。因此,大多数的个人严格遵守自己所属或者自己想要归属群体的标准,换言之,群体水平本身具有价值,它具有相当于 $f_{p,1}$ 力量这样的中心力场的正效应,以使个人与群体标准保持一致。

改变社会行为的个体程序与群体程序

如果对变革的抵制,部分地源于群体标准对于个体的价值,那么减弱群体标准的价值,或改变具有社会价值的个人的感知水平,对变革的抵制就会变弱。

这第二点正是把个体作为面对面群体的一部分而采取"群体执行"变革[1]程序之所以有效的原因之一。大家可能会认为,一个完全独立的个体比有相同思想的个体组成的群体更易被影响,然而,诸如领导技能培训、改变饮食习惯、劳动生产、犯罪行为、嗜酒以及改变偏见等经验都表明,改变一个群体中的个体要比改变一个独立的个体简单得多。[2] 只要群体标准没变,个体偏离群体越远,他就越强烈地抵制变革,如果群体标准本身发生变化,源自个体与群体关系的这种抵制也将消失。

变革的三个步骤:"解冻"、改变和新水平上的重新"冻结"

群体绩效向较高水平的变化,往往是短命的:"短暂上升"后,群体生活很快又返回到以前的水平。这表明仅仅把群体绩效中有计划变革的目标描述为群体行为达到不同的水平是不够的,目标还应该包括确定持久的新水平或者持久的希望时期,因此,一个成功的变革包括三个方面:"解冻"目前的水平 L1(如果必要的话),向新水平 L2 移动,以及在新水平上再"冻结"群体行为。由于任何水平都是由一个力场决定的,持久性就意味着这个新力场相对于变革而言是安全的。

---

[1] N. R. F. Maire, *Psychology in Industry* (Boston: Houghton Mifflin Co., 1946).
[2] K. Lewin and P. Grabbe (eds.):上面所引的著作。

现有水平上的"解冻"过程可能在不同情况下遇到不同的问题,奥尔波特[1]认为,在偏见消除以前,"精神宣泄"似乎是必要的。为了避免自满以及自以为是,有时候故意激起感情波动也是必要的。

图2显示了巴法拉斯[2]研究的一家工厂里的工作团队3次群体决策的效果,它是展示衡量9个多月中变革持久性的极佳例子。

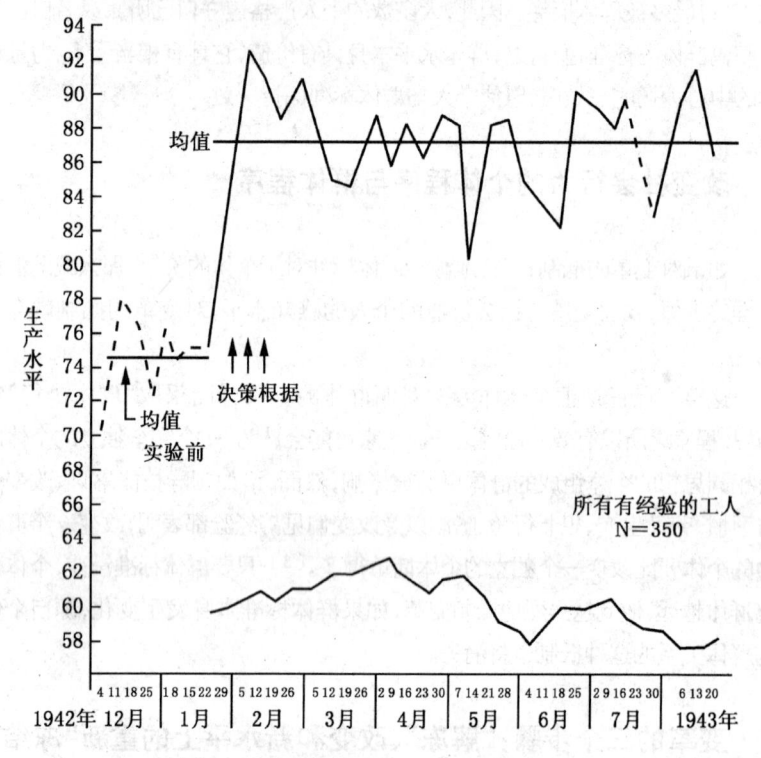

图2 群体决策对缝纫机操作工的影响

这里所用的有关群体决策的实验只包括一些必要的变量。尽管在有些情况下程序执行起来相对简单,但在其它情况下,它需要技巧和预先假定的特定总体条件。一个只通过群体决策就冒冒失失想提高产品产量的管理人员往往会失败。社会管理如同医疗行业,没有任何专门的药,每一个病例都需要仔细诊断。

---

[1] G. W. Allport, "Catharsis and the Reduction of Prejudice", in K. Lewin and P. Grabbe (eds.)上述引用著作,第3—10页。

[2] N. R. F. Maier:上面所引著作。

维勒曼给出了群体决策有助于变革的一个原因。[1] 图 3 显示想让学生从吃白面包改变到吃全麦面包的渴望程度,如果仅仅要求他们变化,渴望这种变化的程度会随着个人对全麦面包的喜欢程度大为不同。然而在群体决策的情况下,渴望程度独立于个人偏好,个体仿佛主要以"群体中的一分子"行动。

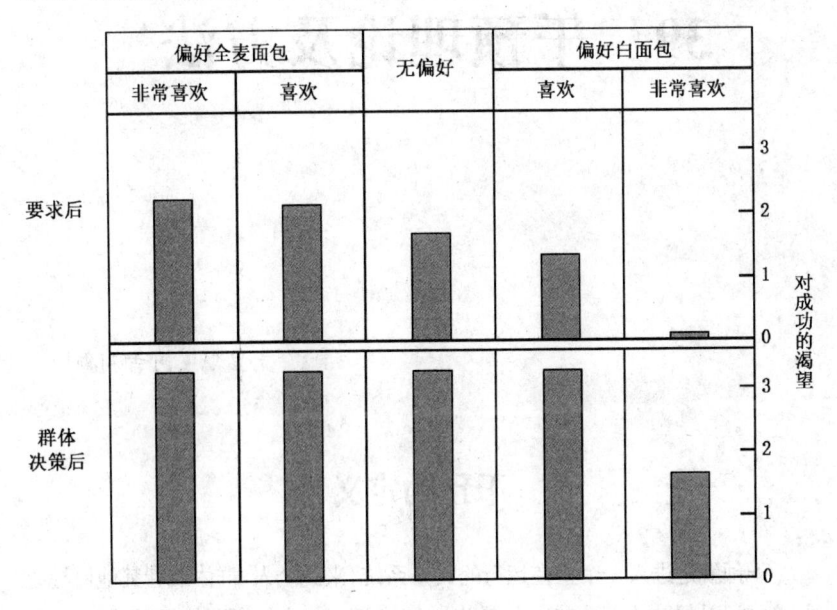

图 3　个人食物偏好与渴望成功之间的关系

小　结

群体决策是群体社会管理或自我管理的一个过程,它同社会渠道、社会关系以及社会看门人相关联,也同社会认知以及社会计划等问题有关,还与动机和行为之间的关系、个体与群体间的关系有关。

实验表明,在改变社会行为方面,群体决策方式比教育更有优势,比单独从个人入手更优越。

通过联系准静止社会均衡理论、社会习俗、对变革的抵制,以及对解冻、改变和重新冻结社会水平三个步骤,你将会更好地理解群体决策的效果。

---

[1] K. Lewin, "Forces behind Food Habit⋯",上面所引著作。

39 干预理论及方法[*]

克里斯·阿吉利斯

干预的定义

干预就是进入一个正在运行的关系系统,来到个人、群体或者其他目标之中或之间以帮助他们。在这个定义中,隐含着一个有待说明的假设:被干预的系统独立于干预者。需要干预的原因有很多,这些原因可从帮助客户做出决策一直到强迫客户按干预者的意愿行事。其中后者有很多例子,现代黑人激进分子期望通过干预使城市根据他们(或抱有同样期望的白人种族分子)的意愿和选择发生变化;高层管理人员邀请干预人进入他们的系统以操纵他们的下属;贸易组织领导人多年来一贯坚持在他们高层行政职能内部进行系统的调查研究,因为他们害怕无效的信息可能会导致他们已经确立的利益——特别是高层的利益——受到侵害。

人们把干预者朝着这方面想得越多,客户系统能拥有的自主权就越少,客户系统与干预者之间的边界也就越模糊,并且其有效性或者说是健康状况越容易为干预者所控制。

相反,我们的观点承认,干预者同客户系统之间的关系是相互依赖的,但却更强调如何维持或提高客户系统的自主权,如何更清楚地分辨两者之间的

---

[*] 来源:Chris Argyris, *Intervention Theory and Methods*: *A Behavioral Science View* © 1980, Addison-Wesley Publishing Co. Inc., Reading, Massachusetts, pp. 15—20. Reprinted by permission of the author.

界限,以及如何描述和界定独立于干预者的客户系统的健康状况。这种观点将客户系统视为一个正在运行的、自我负责并能控制自己命运的联合体。依这种观点看,干预者可以帮助系统更加有效地解决问题,做出决策并执行决策,这样系统在这些活动中能够保持持续的有效性,对干预者的需求也会不断减少。

干预者要问的另外一个关键问题是:他在帮助谁?——管理者还是雇员,黑人激进分子还是黑人温和分子,白人种族主义分子还是温和白种人?本书中好几章内容都关注这个问题。在这点上,有人建议干预者一定要从整体上关注系统,即使他开始接触的只是部分成员。因此,他应该把重点放在最终(没必要立刻)能够给所有成员提供机会,使他们的竞争力和有效性增强的那些干预活动上。如果任何一个人或子系统想阻止其他个人或子系统拥有这些机会,干预者就要严格反省他在这个项目中的作用。[1]

干预活动的基本要求

如果干预活动对任何层次的客户(个体、群体和组织)都有帮助,那么是否有一些任何干预活动都必须实施的基本的或必要的程序?一个基本并且是自明的条件是准确信息的产生。没有准确信息,干预者很难进行帮助,客户亦很难学习。

另一个条件来源于我们的一个假设,那就是任何干预活动,不论其具体的利益和目标是什么,都应该在设计和执行时保持客户系统的独立性和自主性。因此,自由而公开的选择也是保持干预活动有效性的必要过程。

最后,如果假设客户系统要持续下去(也就是说,在一段时间内存在),客户系统需要不仅仅通过干预者,还要通过其他系统来加强保持他们的自主权。这意味着他们对学习和变化的参与,不应该是短暂的而必须是深入的,以致它可以转变为与干预者以外的其他关系,并且可以在离开干预者的帮助后仍然发展这种关系。因此,对任何一项干预活动的第三个基本程序是:客户对所做选择的内在参与。

总之,准确信息、自由选择和内在参与被看作是任何干预活动的整体组成部分,而不论干预的具体目标是什么(例如,开发管理绩效系统、降低群体间的敌对、提高个体间的相互信任度、重新设计预算系统或工作的重新设计等)。

---

[1] 在干预的责任范围内还有许多作用,将不能在本文系统讨论,那就是公共健康作用。有许多人不知道寻求帮助,因为他们不知道自己需要帮助或者不了解他们可以得到帮助。因此,开发有效干预活动的社会策略必须包括这样的功能:使潜在的客户在组织健康和疾病以及实施变革的现有状态方面接受教育。本文作者希望本文能够起到促进这种功能的作用。

这三个过程就被称为基本的干预任务。

干预者的基本任务

为什么必须假定,无论客户系统有什么样的具体问题,为了使干预者有效地工作并保持客户系统的整体性,干预者都必须重视这三项基本任务?

有效并有用的信息

首先,有效且有用的信息是有效干预的基础,这一点已经为人们广泛接受。准确信息就是描述给客户系统带来问题的各个要素,以及它们之间相关关系的信息。有许多方法来检测信息的准确性,按强度依次递增分别为:公开证实、准确预测和控制现象。第一个方法是指通过多种独立的诊断而得出同一个结论;第二个方法是指在这些诊断的基础上作出以后得到验证的预测(它们在特定情况下会发生);第三个方法是系统地改变各个要素,并且预测对整个系统的影响。要保持这些检测的准确性,就必须以这种方式运行,即参与者不能按照自己的主观意愿使这些得以实现。这将是自我实现的预言,而非对预测的证实。自我实现预言的困难在于,种种迹象表明,它更多地涉及个体(或个体的子系统)能够聚集权力改变系统的程度,而非参与者在不具备诊断知识的情况下采取行动时系统自身的属性。例如,如果一个高层管理人员得知干预者预测其下属行动(a)取决于他的行动(b),那么他可能为了避免(a)而改变行动(b)。这样的改变表示的是高层管理人员的力量,而非检测如果(a)如何那么(b)也如何这个诊断的准确性。

准确信息的检测对干预活动的有效性具有非常重要的启发。首先,干预者的诊断必须尽量代表整个客户系统,而不是代表某个个体或者子群体的观点。否则,干预者不仅仅会被特殊的个体或子群体所左右,而且其预测也是依据不精确的信息做出的,因而可能不会被认同。

这并不意味着干预者不能从整个系统的某个子部分着手或不限制他与这个部分的关系。例如,干预者去帮助管理层、黑人和贸易组织的领导人等都是可能的。不论他与哪个子群体一起工作,都不能按那个子群体的意愿来限制自己的诊断。

必须认识到,即使准确信息并没有产生,但仍可解决客户系统的问题。有时候,在没有干预者发挥重要作用的条件下,仍会发生一些朝正方向进展的变化。虽然这些变化在特定情况下是有帮助的,但是却不能帮助组织学习和获得控制解决问题的能力。

客户系统控制自己命运的信息的重要性,就在于强调要求信息不仅仅必须是准确的,还必须是有用的。不能被客户用来改变他们系统的准确信息,就类似于与癌症有关但不能用来最终治愈癌症的准确信息。干预者的诊断应该包括能够为客户操纵的变量,并且这些变量是完整的,只要被操纵就能带来相应的有效变化。

自由选择

为拥有自由选择,客户必须认识到自己想要做什么。他的行动目标,在决策时就已知道。自由选择意味着它是自愿的而非机械的,是预先行动而非事后反应。选择很难做到最大化或最优化。自由而公开的选择能够做到西蒙所说的"满意化",即在一些具体的成本约束下,根据最高的成功概率,在几个选项中做出抉择。自由选择把决策的控制权放在客户系统中,使客户有可能对自己的命运负责到底。通过自由选择,客户能保持对系统的自主权。

客户很可能宁可放弃他们的责任和自主权,特别当他们有失败感的时候。正如我们在许多例子中看到的那样,他们宁可把自由选择权移交给干预者。他们可能会坚持让干预者给他们提出建议并告诉他们应该如何去做。干预者都会抵制这种压力,因为如果这样,客户将失去自由选择,干预者本人也将失去自由选择,他将被客户的忧心忡忡所控制。

对那些过程与实效同等重要的帮助活动来说,自由选择的要求尤为重要。例如,一个医生不会要求一个受了弹伤的病人参与到确定他需要什么帮助的过程中来,然而,当这同一个医生尝试诊断高血压病人或者高胆固醇病人时,他会更加关注帮助病人的这个过程。如果医生的医治方式使病人感到不安,(高血压和高胆固醇)病人的血压可能会紊乱。或者如果医生降低了病人的胆固醇浓度——只是在医生的不断压力下增加某些习惯——病人同医生可发展成依赖关系。一旦这种关系结束,胆固醇浓度就会上升。

在人类和社会领域,有效的干预要求帮助的过程符合希望的结果。自由选择之所以重要是因为存在许多不确定性因素,并且干预者希望客户拥有尽可能多的意愿和动机,以解决问题。在客户比较高的动机和参与下,许多不同的变革方法都可以成功。

自由选择就要做到:成员可以在最小的内部防御机制下做出自己的行动路径选择;能够确定获得希望结果的路径;能够把这种选择与自己的内在需要联系起来;能够把他们的选择建立在现实的、同时有一定挑战程度渴望的基础上。因此,自由选择意味着成员能够找到他们认为必要多的选项,并能选择那些接近他们需要的部分。

为什么选择必须与内在需求联系起来?为什么渴望的程度必须具有现实性和挑战性?人们不会自由选择不现实或不具挑战性的目标吗?是的,短期内他们也许会这样做,但是如果他们仍然想拥有自由而公开的选择,这将不是长久之道。自由选择的行动路径意味着,行动必须基于对情形的精确分析,而非决策者的偏见和防御心理。从对渴望程度的研究中我们知道,选择的目标过高或者过低、太难或者太容易,都会导致心理失败。心理失败会导致这些经历失败的成员有更多的防御和更多的失败,并会侵蚀他们的自信。反过来,这些状况将会导致正在做出选择的成员的歪曲理解。更重要的是,防御性成员可能会无意识地创造出一种氛围,即周围成员和相关系统提供的数据信息是经过细心检查的。在这样的情形下做出的选择,将是既非公开又非自由的。

在回到需求的中心地位问题时,要运用一个相似的逻辑。客户对获得准确信息、进行检查和做出选择这些过程的赞同程度,会明显地根据他的选择接近其真正需要的程度而改变。选择越接近本身的需要,系统就越努力地去获得准确信息进而做出自由而公开的选择。如果认知心理学的有关研究是正确的,那么客户的认知会随着自身需求的不同而改变。在做接近内心需求的选择时,个体将会尽可能获得更多的信息量,更细致地检查,更细心地做选择。高度介入与低度介入一样,都会导致认知扭曲。然而,干预者会更大程度上帮助客户,以使他们在做关键选择时避免可能的扭曲。

内心赞同

内心赞同意味着整个选择或行动路径已经被每一成员内在化,以至于他很大程度上感到是为自己而选择,所以对所做的选择以及行动的实施有着高度的责任感。内心赞同意味着个人达到了这样一种状态:他之所以做出这样的选择是因为它能实现自己的需要,并能产生责任感。这种状况在整个系统内也是一样的。

具有内心赞同的个体主要是在自我压力下而不是外界压力下行动。个体(或者任何一个单位)在行动中对别人的依赖度达到最低。这意味着,他已经获得并加工了准确信息,同时做出了自由而公开的选择。在这种情况下,很有可能个体的参与度将会长时期地或在压力下、或在行为路径受到别人挑战的情况下仍然保持在很高水平(即使来自外部的奖励降低)。这还意味着个体继续不断地检测自己的地位,因为他相信行动要建立在准确信息上。

40 社会干预的道德规范:
目标、方式和结果*

赫伯特·C. 卡尔曼,唐纳德·P. 沃维克

社会干预是一种有计划或无计划的行为,以改变其他个体的特征或人际关系的模式。从定义上看,这种行为的范围是相当广泛的,它包括国家计划、对他国事务的军事干预、人口政策和技术援助等诸如此类的宏观现象,还包括心理疗法应用、敏感性训练、邻里行动计划和人体实验等诸如此类的微观变化……

我们更愿意把有计划的变革努力归入更广定义的社会干预,这种社会干预为从道德上评价制度的结构和实践施加了重要的社会影响,为制度的环境提供了更易辨识的变革动因。比如,我们就此能发现政府政策和知识传统的道德含义,即使它们没有明确表示要产生的社会变革与单独的个人或机构无关。然而,本书关注的重点是深思熟虑的干预活动。在本书中,不讨论广义的干预活动,我们在狭义上应用社会干预这个概念,即主要是指专家们以深思熟虑的努力来改变个体或群体的特征,或者影响其关系模式。这一工作定义的最后一层意思是用来涵盖像调解这样的干预。调解的目的不是去改变个体或群体,而是在长期或短期内塑造他们之间的互动和关系。

---

* 来源:Reprinted by permission of the Human Affairs Research Centers of the Battelle Memorial Institute from "the Ethics of Social Intervention: Goals, Means, and Consequences," by H. C. Kelman and D. P. Warwick from *The Ethics of Social Intervention*, 1978 (pp. 3—33)。

价值偏好和价值冲突

任何一项社会干预活动都有4个方面可能会引起较大的道德问题:(1)选择变革努力所要达到的目标;(2)界定变革目标;(3)选择实施干预的手段;(4)评估干预效果。其中每一步中产生的道德问题都包括了冲突的价值,即以牺牲哪些其他价值为代价来实现哪些价值的最大化问题(这里我们把价值定义为个人的或共享的合意观念——值得购买的"商品")。

因此,人们的价值观决定了对变革努力所指向的目标的选择。第一,干预的目的是为了某些特定价值的最大化,但是干预目标的设定同样要考虑其他价值的损失最小化,故而这些价值观就成为衡量干预活动中损失可容忍程度的尺度。例如,随着人口的不断增长和可利用资源的限制,政府可能会考虑实施强制性的人口控制措施,如强制性绝育。这样的措施是为了增加社会共同福利,极端地讲是为了人类的生存。同时政策制定者可能也会考虑这些措施对其他两个价值观的影响:自由和公正。这些价值观被视为有待保护的社会"商品"——不应低于最低底线的利益。价值观不仅仅以一种我们意识到的和明确的方式,同时还以另外一种隐蔽的方式影响着目标的选择。正如我们将看到的那样,当某个变革项目不以价值观为基础但对某一问题有确定无疑的定义时,这种隐蔽的方式就可能会发生。

第二,对变革目标的界定,经常以存在于此问题中这种隐含的、不明确的概念为基础。

第三,在对选择的具体干预方式进行道德评价时,价值观起着关键作用。对诸如强迫、操纵、欺骗、劝说以及导致变革的其他方式的道德提出质疑,常常包含两方面的价值冲突:一方面是个体的自由和自主决定权;另一方面是社会福利、经济发展和平等机会等。例如,为了使人们的长期生活质量提高,政府在多大程度上以及在什么条件下强行限制人的自由生育权才是合理的。

第四,价值观冲突还会在社会干预结果的评价中出现。例如,工业化的一个结果就是传统权威机构和家庭纽带的弱化。我们在多大程度上愿意实施工业化,依赖于我们对传统价值观和工业时代增强的价值观的赞同。换言之,对干预结果的评价依赖于在社会变革利益中我们愿意或不愿意牺牲哪些价值观。

对变革过程的这四个阶段均会产生的道德问题及其价值观冲突的分析,预示着我们应该考虑在努力应用道德时都必须面对的更加普遍的程序问题。这就是那些在对应用于社会干预的价值观的追寻中,在对哪些价值观孰重孰轻的判断中,以及在价值观冲突的协调中所遵循的程序。[1]

首先,社会干预活动的道德分析对应该运用哪些价值观以及如何得到它们做出假定。当然,如果分析者接受变革倡导者所持的价值观,问题就简单了。因此,如果一个政府机构宣称采取人口控制项目是为了增加社会福利,并且已经考虑了该项目对个人自由的损害,那么分析者就可以仅仅关注自由和社会福利这两个价值倾向了。然而,只有少数伦理学的学生会把个体或群体所倡导的变革当作相关价值倾向的唯一判断。仅仅是人类具有倾向于选择性感知和自我欺骗的本性,就可以证明这种方法不合适,更不用说还涉及政治利益的保护了。在这个例子中,观察者可能也希望观测人口控制项目对诸如公正、尊严和少数群体的自尊等其他价值观的影响。把道德的定义权给予项目的发起人,就是放弃了一个人的道德判断。

其次,在第二个根本性的程序问题分析中,我们关注不同群体持有的彼此竞争的不同价值观孰重孰轻的问题。因此,在国家的层面上,有关社会干预的决定必须要权衡不同社会群体的要求和利益。在发展和技术帮助的国际项目中,"谁的价值观"问题就变得更加复杂。这些干预方案的计划和执行者通常是一些特定的个人和机构,他们不属于需要引入变革的社会。因此变革力量的价值观很可能会偏离那些本地人的价值观,在这些情形中,谁的价值观决定变革目的、目标群体和方式就起着特别重要的作用。问题不仅仅在于项目为谁的利益服务,还在于用谁的概念框架来识别问题和设定目标。甚至当本地社会的代表完全参与到变革项目的计划和执行中时,这类问题还是持续存在,因为这些代表经常在国外接受训练,他们可能会采用外部机构的概念框架。由于社会科学家的著作经常为开发项目提供概念框架,所以特别重要的是要观察他们代表谁的价值观并如何协调这些价值观,以保证正确权衡这些相互竞争的观点。

第三,对不同价值观的内容和来源加以密切关注,以及对在特定行动中运用各自价值观的不同群体加以密切关注,就会发现许多价值观是相互冲突的。同一群体内有不同的价值观,不同群体在设定价值观时有不同的偏好,这都代表着不同的利益要求。例如,主张不干预人口政策的人关心自由,而那些主张实施强硬措施控制人口的人则关心福利和人类的生存。关键的问题不是选择哪一种价值观,而是如何协调两种价值观之间的平衡。换言之,为了人类共同福利和生存的利益,应该牺牲多少自由?关于国家发展的争论常常在下面两

---

[1] 这些程序问题在沃维克和卡尔曼(1973)的著作中得到更深入的探讨。本文中的许多观点出自这些早期的出版物。

个阵营展开：一个阵营的人主张文化多元化，所有民族都有权利决定他们自己的命运，传统价值观在保持自己的个性和自尊发展中有重要作用；另一个阵营的人主张传统价值观是发展的桎梏，故而应该尽可能及时而有效地改变。这个问题又一次涉及如何平衡冲突的价值观，那就是为了实施现代化，应该牺牲多少传统文化才算合适？

也许，道德分析中最困难的挑战在于为协调这些不同的主张应提供大致的指导方针。尽管我们不能简单地给出公式化、机械化的回答，但是可以构建一个道德优先顺序的粗略框架。

有了这些程序化的问题，我们就可以转入对社会干预四个方面有关道德问题的具体分析：目标选择、目标群体的界定、手段的选择和效果的评价。

目标选择

社会科学家以及其他一些有关社会变革的文献，经常不断地对合意和必要变革的性质和终点做出直接或暗示的假设。这些假设不仅仅受个人在研究中带有的价值观倾向的影响，还受社会中围绕社会变革一般问题的利益和方向的影响。因此，社会变革目标的选择依赖于变革倡导者及其代理人用以审时度势的独特的智力和政治视角。偏见在所难免，但是开诚布公地表达出来并且基于合理视角的分析可以一定程度上抵消这些偏见。

在社会干预的道德分析中，首先和常常会忽略的认识是干预的目标选择取决于选择者的价值观，但这种价值观并不是必然为所有利益相关者共享。社会变革中追求的目标绝不是不言自明的。它强烈依赖于我们认为合意的结果，以及为成功获得这些结果我们准备承受牺牲哪些价值观的代价——一个复杂并且可能相当不一致的判断。

在目标选择中，文化的作用和意识形态的偏见经常为人忽略，因为变革努力构筑于特别定义中的分层次的价值观。这些价值观很容易被认为是想当然存在的，而不会被质疑它们的来源和可能冲突的性质。

一旦认识到自身价值观偏好的作用时，变革力量(或者构建社会变革过程概念的社会科学家们)不会舍弃或者试图调和他们的价值观，他们不可能这么做，也不想这么做。但是，变革力量意识到自身的价值观点，就会使他们在选择目标时容忍其他的价值观点，这样做就减少了他们把自己的价值观强加于他们正在干预的人的生活的可能性。在干预目标的选择中，区分总的目标和用来表述这些目标的具体制度安排，将有助于变革者将他们自己的价值观同其他的价值观联系起来——既非舍弃又非强加我们自己的价值观。这样做可能会形成宽泛而基本的目标。这种目标能为不同的文化和意识形态所共享——至少群体和个体可以在宽广的人文主义框架内运用。这些群体和个体可能同时对特定的政治、社会和经济制度意见不一，他们认为这些制度对实现自己的目标最具建设性作用。因此，人们能够用或多或少通用的词语来定义干预的目标，但认识到只有通过具体的多种安排才能实现这些目标。不同文化和意识形态在这些具体安排的优先考虑上有着天壤之别。

干预中目标选择围绕的道德问题是：干预可利用哪些价值观，这些价值观是否就是目标人群的价值观。对这些问题的回答很可能因人而异——因社会中具有不同文化背景和社会地位的群体不同而不同——干预采用"什么"价值观的问题必然产生服务于"谁"的价值观问题。

引入变革项目的任何社会、社区和组织都包含着具有不同利益和要求的子群体，而这些利益和要求又会受到干预项目的影响。因此，关键问题在于，支配整个干预项目的目标在多大程度上反映了这些子群体的价值观，以及子群体多大程度上参与目标的设定过程。谁来选择目标经常暗示着谁最终将从干预成果中获益，由于不同子群体的利益和价值观在很大程度上是冲突的，因此，变革方案常常在冲突偏好之间折中。因此，目标设定中的代表和他的参与，对于特定群体的价值观如何在最终结果中产生影响是很重要的。

在目标设定进程中利益和价值观的冲突问题会很复杂，原因在于事实上变革力量和变革努力通常受制于代表不同子群体的要求。在某种意义上说，按照社会阶层或者民族渊源，变革代理群体对于目标群体来说都属于外部人。而且，他们常常并非是与目标群体无利害关系的外部群体：社会变革方案对他们自身的财富、权力和社会地位具有很重要的意义。变革力量和变革目标通常代表着群体拥有不均衡权力的事实使这一问题更加恶化。变革力量来自强权阶层，而目标群体则属于弱势群体。

变革力量对干预目标的选择拥有很强的影响力。构建和实施干预计划的人显然对目标设定起直接作用。那些提供变革概念框架的群体拥有更加微妙和很有说服力的影响，因为他们建立了设定目标程序的视角，进而确立了界定问题和解决问题的可行选择范围的途径。因此变革力量很可能以他们自身群体的视角来看问题，设定目标时以牺牲目标群体的利益来增进自身群体的利益，虽然经常是无意识而为之。考虑到权力差异，他们的干预可能事实上会强化现状，进一步使那些弱势群体更加软弱无力。因此，在黑种犹太人区，由中产阶级白人倡导实施的人口控制和教育计划，与由美国机构在发展中国家发起的人口控制和教育计划一样，有时在受到目标群体欢迎的同时，也会引起他们的怀疑。不管这些具体案例中有什么样的可称赞之处，我们仍然有充分的理由担心这种计划会损害弱势群体的利益,而服务于那些强势群体。

由价值观和变革力量与目标群体间权力差异所产生的道德问题并不容易解决。显然,目标群体在目标设定进程中参与度越强,变革方案就越可能反映他们的价值观。但是,引进目标群体的代表或者把行动计划权移交给本土化的代理人并不能很好地解决权力的不均衡性。

尽管在变革中,外部的有权变革人员参与到致力于变革的弱势群体的代表中去,其效果并不很明显,但是这种参与也不失为抵御外来价值观入侵的最好保护方式。

界定目标

社会干预通常开始于解决问题的努力。例如,采取一项组织发展计划的决定,开始关注的是不良的沟通、组织内的矛盾或员工能力的未充分开发利用。再如,实施人口控制措施是解决资源不足问题或是为了保持生活质量。在每一个例子中,识别问题在很大程度上就是价值判断,我们认为的问题所在,即我们看到的现状同理想状态的差距以及需要采取的行动,在很大程度上依赖于我们看待理想状态的视角。而且,识别问题还依赖于我们做出评价的角度。

识别问题有重要的道德含义,因为它决定我们变革努力的目标。我们的干预始于何处,依赖于我们用个人的价值偏好和视角所看到的问题所在。因此,那些把社会不安看作社会秩序大乱的人,很可能把抗议者界定为适当的变革目标。

变革目标的界定对社会中不同利益群体具有重要作用。

在识别或至少提出变革要解决的问题并进而界定社会干预的目标中,社会科学家起着重要的作用。

社会科学家所设计的模式在道德上远非是中立的,在决定社会干预的问题和方向中起着重要作用。因此,在他们界定研究的问题、选择模型并进而交流成果中,社会科学家有责任关注受影响群体的状况。进一步而言,他们有责任保证所有的人都有机会参与到研究计划中来,因为研究过程影响干预问题的界定,使人有机会接触研究的成果,并影响政策的制定。

选择手段

社会干预中最困难的道德选择常常是干预手段的选择。例如,以死亡、身体伤害以及其他严重的剥夺来威胁、强制个体接受一项行动方案,在道德上是否具有合理性?通过操纵环境迫使人们更倾向于某一特定的选择而非其他选择,会产生什么样的道德问题?变革方案是否应该充分利用群体压力来改变基本的态度和动机或使其屈从。这些问题在大部分变革方案中都存在,并且不是那么容易解决。

然而,通过把这些不同手段同自由这种价值观相联系,可能会澄清某些关键问题。沃维克(1971)给自由下的定义是:做出并能执行内心真实选择的能力、机会和激励。个体在如下情形下可以说是自由的:

1. 外部环境为他们提供了选择权。

2. 没有旁人或其他环境因素强迫他们在所知道的备选项中做出某一特定的选择。

3. 事实上,他们知道自己的选择并拥有关于这些选择的特征和结果的知识。虽然这类知识并不完备,但足以使他们做出合理的考虑。

4. 他们能够在心理上权衡这些选择及其结果。这意味在实践中不仅拥有信息,并能够将其运用到判断决策中去。

5. 权衡了各个选项的好处后,他们就能够从中进行选择。劳罗·梅(1969)认为当代的一种生存状态就是不能选择——缺乏选择的愿望。一个不能从深入思考过渡到选择的人是称不上自由的。

6. 选择后,他们能够加以实施。阻止这样做的条件包括缺乏如何实施选择的知识,害怕实施选择,或者虽然拥有了足够的知识但对自身能力信心不足。

这些有关自由的论述提出了用来执行社会干预的各类手段。最不自由的极端是强制,这是一种人们被迫去做不愿意做或被阻止做想做的事情的处境;其次是操纵,然后是说服,最后是"最自由"的极端——提供便利。

强制

简言之,强制现象指的是某人或群体运用严重剥夺的威胁以迫使其他人采取他们不愿意或通常情况下不会采取的行动,而禁止他们愿意采取的行动。这种"威胁"或"剥夺"很难精确定义,但是基本是指人的生命、生存手段或是亲属福利等宝贵物品的丧失。强制应该同一般发生在法律权威框架内的服从区别开来。某种意义上,税法具有强制性,因为它在惩罚的威胁下强迫人们去做他们不想做的事情。然而,人们观念中就觉得应该守法,守法的观念已经深深地植根于他们的意识当中,因此他们的行为也就称不上强制。

强制已经成为许多社会干预计划中不可分割的部分。外资炼油厂的国有化、土地改革中没收全部土地等就是明证。

强制在社会中是否具有道德上的合法性？如果是，需要哪些条件？两个较宽泛的条件可以保证其合法性。一是对基本社会价值观的严重威胁。因此，当过度生育损害人类的持续生存和一国物质财富时，就会建议采取高度强制的人口控制方案。二是需要采取果断的积极行动以实现变革目标，即使在没有诸如人类生存等威胁时也当如此。

在第一点中，强制的道德合理性要求变革力量阐明它对基本价值观的真正威胁，而不仅仅只是假设其存在。人类生活中经常会穿插进一些毫无根据却是危言耸听的灾难性预言。"紧迫的危险"是个法律概念，这里可以成为判断是否需要强制干预的检测方法。然而即使这样，强制也未必是合情合理的。在第二点中，对强制的辩护通常取决于个人对有问题的系统的评价。粗略地讲，赞同某一政权的人群通常支持用强制手段推进激进变革，而反对某一政权的人则拒绝强制手段。

由于强制策略的合理性依赖于运用这种策略的人的合法性，所以决定权的合法性就成为道德分析的一个重要部分。在西方民主传统中，政权的合法性要求主要官员经过合理方式选举产生；还有另外一种方式，那就是政权由人民代表组成，按人民意愿治理。即使政权整体上是合法的，但是具体的政策和方案仍会被部分人认为不合法，具体原因很多，有可能是因为他们超过了合法权利的界限，或者他们有歧视偏见，或者是他们违背了基本的价值观念，等等。

环境操纵

个体的自由有两个核心组成因素：一个是一定环境条件下选择权的可获得性；另一个是个人知晓、比较、挑选和执行选择权的能力。操纵是一种深思熟虑的行动，既改变环境中备选项的结构（环境操纵），也在个人不知如何发挥其主动性的条件下改变其影响选择的质量（精神操纵）。操纵的最主要特征就是在保持自由的外表下去改变做出选择的框架结构。没有有形的强迫和被剥夺的威胁，个体几乎意识不到他们自身或者所处的环境已经被人改变了。环境操纵和精神操纵所产生的道德问题稍有不同。

尽管环境操纵这个术语有些不好的名声，但是在一般认为是必要和合意的范围较广的活动中还是加以运用。这些活动包括：城市规划，政府通过税收和利率调整干预经济，建造公路、铁路和堤坝，以及将新的消费品导入市场，等等。以上每种活动，无论采用增加、减少或其他修正方式，都试图去改变可得机会的结构。

显然,人们对正当和不正当的控制机会做了区分。但是正当操纵的限制有哪些,以及应该运用哪些道德计量来设立在这样的限制?例如,正如斯金纳(1971)所建议的那样,为促进生存和快乐而去尝试塑造一个完整的文化环境,这在道德上是否具有正当性?也许斯金纳建议引发的关键问题是谁来决定塑造一个新环境以及如何去控制它。

丹尼尔·查拉汉(1971)曾就环境操纵提出过几个问题,并指出通过提高人们的自由而操纵他们是可能的,这一观点有点讽刺的意味。

为了创造一种使人们更必然或至少更可能改变其行为的新现实,任何社会变革的战略都会引发相似的问题。例如在种族关系领域,观察家们已经指出,改变个体态度和实践的有效方式是引入既成事实。如果制定一项没有太多纷争的反歧视法律或政策,不论出于实践还是出于规范的考虑,人们将坦然面对一个新的社会现实,他们更倾向于接受而不是抵抗这一现实。

总之,如果人类自由和尊严被视为关键性的价值,那么就有理由去关注那些操纵一个人的环境来为其他人需要服务的深思熟虑的企图。自由价值观不仅仅要求可以在特定的时点上可以自由选择的权力,还要求人们意识到这些可能选择结构上的主要变化。假设人们不能完全意识到这些,那么谁有权在无知的情况下损害环境?在什么样的条件下可以控制这种干预?在对操纵环境的道德评价标准方面已有了某些思考,例如受影响群体参与行动的程度、加入和退出项目的自由程度、选择范围的宽窄程度,似乎都一定程度上增加了操纵的可接受性。如果操纵者不是操纵的主要受益者,反而是受害者或者是公共机构的责任人,同样也可以使操纵行为更具有可接受性。

精神操纵

即使在一个稳定不变的选择环境下,通过操纵心理因素,也可以影响自由:例如,有关选择以及选择结果的知识,动机,以及推理、选择并执行选择的能力。近几十年来,精神操纵技术有了显著的发展。这些技术包括洞察疗法;通过手术、药物以及其他电子刺激手段改进大脑功能的技术;催眠技术;敏感性训练和态度改变计划(London, 1969)。行为控制技术的出现,对有关人性以及道德分析的假设提出了许多基本问题。

精神操纵会产生与环境操纵相类似的道德问题,并且可以运用同样的道德评价标准。然而,在许多精神操纵的干预中,必须特别关注因欺骗和对其结果的不同认识——通常是这些干预项目赖以成功的条件,所引发的道德问题。

在这些项目中对欺骗的运用是建立在与心理试验和其他社会研究中运用合理欺骗相类似的基础之上的。它们都假设，一旦人们认识到试验性控制的精确性质或者研究背后行为的本质意图，那么调查者试图创建或观察的某些现象将会被破坏。近些年来，由于在社会研究中运用欺骗而产生的道德问题越来越受到关注(Kelman, 1968, 1972; Warwick, 1973, 1975)。同样的情况也出现于对精神操纵的企图中。

在有些情况下，道德问题并非完全来自欺骗，而是源自于参与者对干预效应的不完全或不正确的了解。但是，基本道德问题所关注的是参与者的知情权、由精神操纵引起的参与者的潜在危险和可能收益。同群体经验一样，这个问题也适用于其他形式的精神操纵，如大脑刺激或者药品测试。

变革者通常没有意识到他们正在从事的操纵努力或者这些努力所具有的道德含义。他们可能认为他们所做的工作是传达信息或提供一种允许产生自我变革的环境。因此他们可能没有认识到他们对客户施加影响力的环境因素和结构因素，以及用以沟通他们期望的微妙方式。就算他们意识到这种操纵尝试，也许他们确信他们正做的是对客户有益的事情，而没有意识到他们所采用的控制在道德上的模糊性(Kelman, 1968, ch. 1)。变革者的这些危险盲点，在其他更微妙的精神操纵形式中特别可能出现，甚至阻止他们提出道德问题。

说服

乍一看，说服似乎与自由价值观高度一致——事实上仿佛就是自由的实例。沟通过程好像是公开的，各方都可以自由发表观点，表面上可以自由选择接受或否定，不刻意运用强迫手段。显然，在同完全强制和其他粗糙的干预手段相比较，说服是一种相对自由的干预形式。但同时，这种貌似的公开性有时掩盖了企图改变人的个性的隐蔽而深远的努力。

作为心理分析的洞察疗法一般被看作是改变态度和行为的说服方法。通过这种方法，个人被引导去更好地理解他们抱怨的根源——为什么他们那样思考、行动和感觉。这种引导的假设是，自我认识需要经过很长一段路去解决问题。这些用来帮助提高理解的技巧通常是无针对性的，并且客户在治疗过程中会被推动去承担起交谈的责任。

至少在原则上，洞察疗法在一定程度上表现出了对人类自由的尊重。大多数的谈话由病人进行，医生不把他或她的价值观强加给他们，并且整个过程可以由病人来决定何时结束。然而，精神疗法产生的道德问题，是价值观引导的影响程序被隐藏在了广为人知的精神健康、自我实现和正常状态这些概念之下。问题在某种程度上得到缓解,是由于医生认识到把他们个人的价值观导入了医患关系,并且把这些价值观贴上了病人的标签。"除了别的原因以外,这样的认识会使病人在一定程度上反驳医生,争论将医生的价值观引入病患关系。"(Kelman,1968,pp.25—26)

当我们把说服从一对一的环境转移到对大范围人的说服时,重要的问题就是谁有机会和能力去控制一场说服运动?因为在任何社会中这样的机会和能力都是不平等分配的,这个问题充满了道德的含义……问题是谁负责来决定说服运动开始的必要时间和地点?社区中相关各方是否应该参与到关于以下问题的决定中来:应该不应该开始这项运动,以及干预以后阶段的有关决策?再说,又如何让那些没有受过教育的村民,同用图表、统计数据、辩论技巧和威望武装起来的复杂的国家管理者在一个平等的平台上讨论问题呢?那些当权者通常有更高的地位去发动一场说服运动并使之有效实施。因此,尽管说服运动在平等对话和广泛参与等方面,比其他的干预方式更接近自由,但它经常产生人于人之间是否平等的问题。

提供便利

有一些干预战略的设计就是促使个体更容易实施自己的选择,以满足自身的要求。这些战略中隐含的假设是,人们知道自己想做什么但又不知道采取什么手段去做。虽然提供便利就像说服一样看起来与自由高度统一,但也可能更接近操纵。

家庭计划领域的一个例子可以说明,同一个提供便利的行为可能包含不同的操纵程度。最低端操纵的一个例子是:有一个按时提供给一个妇女避孕药的项目,这个妇女完全知道避孕的可能性并强烈地希望控制家庭人数,并且她非常想用药,只是不知道如何获得这些药物,这就是一个纯粹提供便利的例子。另一个极端的例子是:可能是妇女模糊地感觉到她有了过多的小孩,但并不是很想控制家庭人数,也不知道避孕的知识。

从或多或少纯粹提供便利转移到最后阶段的干预或说服战略,干预行为产生的道德问题将会逐渐增多。但是,看似纯粹的提供便利仍会产生道德问题。最麻烦的问题是对于个人选择意愿的强制,即使它是集中与建立在适用信息的基础上,也可能会被用于某些其他目的。这里我们面对一个关于有计划改变的严重道德问题:当A对B的帮助是因为B的行动将服务于A的利益时,A帮助B去达到B自身的目标,是不是正当呢?换言之,是不是提供便利的任何一种形式都包含了依据选择性强制原则而实施的环境操纵因素呢？……

一些人试图通过诚实和公开地提供便利的方式来解决操纵的管理问题。请考虑这样一种情况：一个与教会有关的行动团体通过提供帮助的方式进入一个街区组织。在这个关系中，即使各方在双方互感兴趣的原因、共同努力制定的目标，以及双方都可自由中止双边关系的公开对话方面都明确地表明了道德上可行的政策，它们也并不能完全避免操纵的可能性。事实仍然是，这个教会团体将其资源提供给了某一个组织而不是其他组织。因此它为达到该组织的目标提供了方便，同时又可能削弱了其他竞争者的影响力和谈判地位。比如在同一个选区中有很多组织宣称自己可以代表选区选民的利益，就像在美国的波多黎各人中，如果其中的一个组织得到了外部的帮助，那么它必然会超越别的竞争者而成为领袖。此外，由于教会团体对于本地资源有完全的控制能力，所以他们通过撤回支持的含蓄威胁，可以在确立目标上发挥巨大的影响。因此有必要区分执行干预过程中的诚实状况和这种情形下运用的基本权力关系。

结果的评价

最后一个道德问题关注的是变革计划的结果——计划的产品和副产品。可能提出的特定问题包括：谁会在短期或者长期内从变革中受益？谁会受损？变革如何影响社会中各阶层权力的分配，比如在精英和大众之间或者在各个竞争群体之间。对有形环境有什么影响？什么样的价值观会被加强或被削弱？变革方案是否会形成一种对变革力量或其他变革倡导者的持续性依赖？对于卷入变革的群体的个性将有怎样的长期或者短期影响？很多这样的问题都可以根据直接结果和间接结果这样的标题来分组。

直接结果是从干预活动的特质和内容直接产生的，对它的道德分析将同用作干预评价标准的基本价值观相联系。

除了直接结果以外，几乎任何变革方案都会在社会或个性领域产生超出变革方案直接意图或影响范围的副产品或副作用。这些间接效果必然形成一些严重的道德评价。这样的评价需要有关变革的指导理论，需要系统内各部分如何相互影响的理论指导。不幸的是，许多社会干预完全忽视了这些副作用，或者是发现得太晚。最通常的负面影响就是破坏和削弱了社会的完整价值观，改变了抱负与成就的平衡，以牺牲某一群体利益为代价去支持另一群体。

许多现代化项目的潜在结果之一就是是对现存价值观和规范的削弱和挑

战,特别是在乡村地区。修建新公路、建造工厂、教人识字甚至是销售半导体都会给偏远山村带来许多新的刺激因素,从而对他们传统的世界观构成挑战。尽管这些项目的直接影响通常以福利、公正和自由等观念指引,但间接影响会产生很多困惑并促使对新选择的探讨。

变革的另一个通常的副作用是个人抱负和获得这些抱负的机会之间平衡的转移。其中微妙的道德问题关注的是变革力量多大程度上干扰抱负才是合理的。通常会出现严重的困境。一方面,不做任何事暗示对现状的认可;另一方面,如果增加积极推动变革的热情又会做过头。非意愿的结果可能会在失败中出现。这类问题可能就产生了由保罗·弗雷拉(1971)提出的识字教育创新法,这种方法试图开发的不仅仅是阅读能力,更是一个人对自己的社会地位和把握自己命运的权力的感知能力。可以肯定地说,这种经验增加了一个人的自由度。但是在相关社会环境没有改变的情况下,对个人的关键性意识和政治期望的改变也可能成为更深失败的根源。如果集体行动不可能改变系统,原因有可能是强大的政治压力,也可能是其他的组织障碍,结果可能是,短期热情过后就是长期沮丧。事实上,先被激励再遭打击的经验可能会降低未来行动的可能性,甚至还不如采取干预行动之前。我们要问,提高一个人的政治期望,却没有保证其获得实现这些期望的机会的措施,这样做在道德上是否合理呢?

参考文献

Callahan, D. Population limitation and manipulation of familial roles. Unpublished manuscript. Hastings-on-Hudson, N. Y.: Institute of Society, Ethics, and the Life Sciences, 1971.

Freire, P. *Pedagogy of the oppressed*. New York: Herder and Herder, 1971.

Kelman, H. C. A *time to speak*: *On human values and social research*. San Francisco: Jossey-Bass, 1968.

Kelman, H. C. The rights of the subject in social research: An analysis in terms of relative power and legitimacy. *American Psychologist*, 1972, 27, 989 – 1 016.

London, P. *Behavior control*. New York: Harper & Row, 1969.

May R. *Love and will*. New York: Norton, 1969.

Skinner, B. F. *Beyond freedom and dignity*. New York: Knopf, 1971.

Warwick, D. P. Freedom and population policy. In Population Task Force, *Ethics, population, and the American tradition*. Hastings-on-Hudson, N. Y.:

Institute of Society, Ethics, and the Life Sciences, 1971.

Warwich, D. P. Tearoom trade: Means and ends in social research. *Hastings Center Studies*, 1973, 1(1), 27—38.

Warwick, D. P. Social scientists ought to stop lying. *Psychology Today*, 1975, 8(9), 38—40, 105—106.

Warwick, D. P., & Kelman, H. C. Ethical issues in social intervention. In G. Zaltman(ed.), *Processes and phenomena of social change*. New York: Wiley, 1973.

41 第五项修炼:学习型组织的艺术与实践*

彼得·圣吉

自幼我们就被教导把问题加以分解,把世界拆分成片断来理解。这显然能够使复杂的任务和主题容易处理,但是我们却付出了隐含着的巨大代价。我们不再看到自身行动所带来的后果;我们失去了联系更大整体的真实感。于是,当我们想"观看全景图片"时,便试图努力重整心中的片断,将所有的碎片拼凑起来。但是就如物理学家大卫·鲍姆所说的,这只是白费力气,就像试着重新组合一面破镜子的碎片而想要看清楚镜中的真像一样。经过一番努力,我们甚至干脆放弃一窥全貌的尝试。

……当我们打破这种幻觉后,便能建立"学习型组织"了。在其中,大家不断拓展创造真心向往的结果的能力,培养全新而开阔的思考方式,全力实现共同的抱负,并不断一起学习如何共同学习。

《财富》杂志最近曾指出:"抛弃那些陈旧过时的领导观念吧。20 世纪 90 年代最成功的公司将是那些被称为学习型组织的公司。"荷兰皇家壳牌石油公司企划部主管阿利尔·德·格斯说:"比竞争对手更快学习的能力或许就是唯一持久的竞争优势。"当世界变得更息息相关、商业更复杂多变时,工作必须变得更有"学习性"。组织只靠像福特、斯隆或华生那样一个领导人的学习是

---

* 来源:*The Fifth Discipline* by Peter M. Senge. Copyright © 1990 by Peter M. Senge. Used by permission of Doubleday, a division of Random House, Inc.。

不够的。从组织高层"发现问题",然后其他所有人按照这个"伟大战略家"的命令行事,已经完全不可能了。未来真正出色的组织,将是能够设法使所有人都全心投入并有能力不断学习的组织。

学习型组织是可能的,因为我们都是天生的学习者。我们不必教婴儿学习。事实上,我们不需要教婴儿任何东西。他们生来就是出色的学习者,学习行走、学习说话,甚至自己处理一些事情。学习型组织是可能的,不仅因为学习是我们人类的天性,而且因为我们喜欢学习。我们中的大多数人都在此时或彼时成为一个出色"团队"的一分子。在这个群体中,人们以极不平常的方式在一起工作,彼此信任、互补长短,为共同的大目标全力以赴,创造出惊人的结果。我曾遇见许多在运动、表演艺术或在企业方面有过团队工作深切体验的人。许多人说他们度过的许多时日都在重新寻找那样的体验。他们所体验的就是一种学习型组织。伟大的群体并不是从一开始就伟大的,而是它已学会了如何创造惊人的成果……

使我们朝学习型组织迈进的,还有另一种更深层次的运动,这也是工业社会演进的一部分。大多数人物质的丰裕逐渐改变了人们的工作观——也就是从美国著名民意测验专家丹尼尔·杨克洛维奇所称的"工具性"的工作观(工作就是达到目的之手段),转变为较"神圣"的工作观(追求工作的"内在价值")。[1] 德国汉诺威保险公司的总裁欧白恩说:"我们祖父辈一个星期工作六天所赚到的钱,只相当于我们现在大多数人工作两天的所得。管理的冲动还会继续,直到我们建立起能满足超越食物、住所和其他物质需求的更高企望的组织。"

而且,现在许多分享这些价值观的人都在领导岗位上。我发现,人数不断增加的组织领导人(虽然仍是少数)意识到,他们的努力在本质上将是这项深具意义的社会演进的一部分。赫曼·米勒家具公司董事长爱德华·西蒙近来直言:"为什么我们不能在工作中干点好事?就我所见,企业是唯一有机会从根本上来改善这个世间不公平现象的群体。但是首先,我们必须去除妨碍我们看到真实情况和有能力学习的障碍。"

也许,建立学习型组织最明显的理由是,我们只是现在才开始了解这样的组织所必须具备的能力。有很长一段时间,我们都好像在黑暗中摸索,直到近来理清了发展学习型组织的技术、知识领域和途径。根据是否精通某些基本的修炼,可以从根本上将学习型组织与传统的权威性"控制型组织"区别开

---

[1] Daniel Yankelovich, *New Rules: Searching for Self-fulfillment in a World Turned Upside Down* (New York: Random House), 1981.

来。这也就是为什么"学习型组织的修炼"是极为重要的原因。

学习型组织的修炼

1903年12月,一个清冷晴朗的早晨,在北卡罗莱纳州小鹰镇,莱特兄弟发明了简陋的飞行器,证实了动力飞行是可能的。飞机就此发明了,但是过了30年,我们才发展出服务普通民众的航空业。

当一个新设想在实验室证明是可行的时候,工程师称之为"发明",而只有当它能够以适当的规模和切合实际的成本稳定可靠地加以重复生产的时候,这个构想才成为一项"创新"。特别重要的构想,如电话、数码电脑、飞机等,都属于"基础创新"。它们创造出全新的产业或者使现有产业发生转变。如果采用这些术语,那么学习型组织已经发明出来,但是还没有达到创新的地步……

今天,我相信有五项新的"组合技术"正逐渐聚合到创新性的学习型组织。虽然,它们是各自分开发展的,但我相信,一个技术的成功对其他技术的成功都是关键的。每一个技术都为建立真正能"学习",并为能不断提高实现最高愿望能力的学习型组织提供了富有活力的空间。

系统思考

如果乌云密布、天色昏暗、树叶摇动,我们便知道快要下雨了。我们也知道在暴风雨过后,地面的流水将渗入好几英里深的地下水中,明天天空又将放晴。这一切事件虽有时空的差距,然而事实上它们息息相关,且每次运行的模式相同,每个环节都相互影响,这些影响通常是藏匿而不易被察觉的。唯有对整体而不是对任何单独部分深入地加以思考,你才能够了解暴风雨系统。

企业和人类其他活动,也都是系统。它们也都受看不见的但与行动相关的组织所牵制。它们彼此的相互影响往往要经年累月才完全展现出来。由于我们自身就是群体中的一小部分,想要看清整体变化更是加倍困难。相反,我们倾向于将焦点放在系统中被隔离部分的片断上,但总想弄清楚为什么有些最深层次的问题似乎从来得不到解决。经过50年的发展,系统思考已发展出一套思考的框架,它既具备完整的知识体系,也拥有实用的工具,可帮助我们认清整个变化形态,并了解应如何有效地掌握变化。

虽然工具是新的,系统思考的基本观念却是非常浅显的。对小孩的试验显示,他们学习系统思考时非常迅速。

个人控制

控制意味着获得对人或事情的控制。但控制也同样意味着具有某项专业知识。一个手艺大师不会控制陶瓷或纺织行业。具有高水平个人控制的人，能够不断实现他们认为最重要的结果。实际上，他们对生活的态度就如同艺术家对艺术作品一样。他们通过对终身学习的承诺来做到这一点。

个人控制就是这样一种修炼：不断理清和深化个人的观点，集中精力，培养耐心，并客观地观察现实。它是学习型组织的基石和精神基础。组织整体对于学习的意愿和能力，并不强于个别成员学习的意愿和能力。此项修炼的根源依赖于东方和西方的精神传统和世俗传统。

但奇怪的是，很少有组织鼓励他们的成员以这种方式成长。结果产生了庞大的未开发资源。"企业的员工多半聪明、受过良好的教育、充满活力、全心全力渴望与众不同。但是他们到了30多岁时，通常只有少数人平步青云，其余大多数人把时间投入到周末他们认为重要的事情上去了。他们失掉了事业开始时的承诺、使命感和兴奋感。对于工作，他们只投入些许精力，心思几乎完全不在工作上。"汉诺威公司的欧白恩如是说。

而且令人惊讶的是，只有少数的成年人努力发展自己的个人控制。当你询问成年人的愿望是什么，通常他们首先提到想要摆脱的东西："我想要我的岳母搬走"，或"我想要彻底治好背疼"。然而个人控制的修炼，则是以厘清我们真心向往的事情为起点，为自己的最高愿望而生活。

这里，我最感兴趣的是个人学习和组织学习之间的联系、个人与组织之间的相互承诺，以及由一群"学习者"组成的企业所特有的精神。

心智模式

"心智模式"是根深蒂固于心中，影响我们如何理解这个世界以及采取什么行动的许多假设和成见或者甚至是图像和印象。我们通常不易察觉自己的心智模式，以及它对行为的影响。例如，当我们看到一个衣着优雅的帮工时，可能就会对我们自己说："她是一个乡村俱乐部的人。"对于不修边幅的人，我们可能觉得"他不在乎别人的想法"。在不同的管理背景下决定什么可以做或不可以做的心智模式，是根深蒂固的。许多对新市场的洞见和过时的组织做法不能付诸实践，很可能是因为它们与我们心中隐藏的强有力的心智模式相抵触。

荷兰皇家壳牌石油公司是第一家了解加快组织学习好处的大企业,他们发现隐藏的心智模式的影响广泛,尤其是当它成为共有的心智模式时。壳牌石油公司之所以能在20世纪70年代和80年代急剧变化和捉摸不定的世界石油界获得巨大成功,主要归功于学习如何揭示和挑战管理者的心智模式。(在70年代初期,壳牌石油公司在世界七大石油公司中是最弱的;到80年代末,它已成为最强的一家)。最近刚退休的原壳牌石油公司团队规划协调人阿里·德赫斯说,要在变动的经验环境中不断适应与成长,就要"有赖于制度化的学习,这是管理团队用来改变公司、他们的市场与他们的竞争者共有的心智模式的过程。因此,我们把规划看成学习,把公司的规划看作是制度化的学习。"[1]

心智模式的修炼起步于把镜子转向自己;学习发掘我们内心的世界图像,使这些图像浮上表面,并严加审视。它还包括进行一种有学习效果的、兼顾质疑与表达的交谈能力——有效地表达自己的想法,并以开放的心灵容纳别人的想法。

建立共同愿景

如果一项有关领导的理念几千年来一直能在组织中鼓舞人心,它就是能够使我们寻求创建的未来共同图景的能力。一个缺少全体衷心共有的目标、价值观与使命的组织,必定难成大器。IBM公司以"服务"、拍立得公司以不间断摄影、福特汽车公司以提供大众公共运输、苹果电脑公司以向大众提供强大的计算能力,作为组织共同努力的目标。虽然目标内容和种类极不相同,但这些组织都在设法以共同的愿景和使命感把大家凝聚在一起。

有了真诚的愿景(与所有过于类同的"愿景表述"相对应),大家会努力学习、追求卓越,不是因为他们被要求这样做,而是因为衷心想要如此。但是许多领导人从未尝试将他们拥有的个人愿景转化为能够鼓舞组织的共同愿景。共同的愿景也常以一个富有魅力的领导人为中心,或以一个暂时刺激每一个人的危机为中心。但是,如果有选择余地,大多数的人会选择追求更高的长期目标,而并非只是暂时解决危机。组织所缺少的,是将个人的愿景转化为共同愿景的修炼——不是一本"烹饪书",而是一套指导实践的原则。

实现共同愿景涉及发掘共有"未来景象"的技术,它们促进了真诚的奉献

---

[1] Arie de Geus, "Planning as Learning," *Harvard Business Review* (March/April 1988):70—74.

和投入而非遵从。领导人在此项修炼中会认识到：一味试图主导共同愿景，无论多么有善意，都会产生反效果。

群体学习

为何在一个管理团队中每个积极参与的管理者的个人智商都在120以上，而集合的智商却只有63？群体学习的修炼所面对的就是这种困境。我们知道群体确实能够共同学习；在运动、表演艺术、科学界，甚至在企业中，有不少惊人的实例显示，群体的集体智慧高于个人智慧，这样的群体发展出异乎寻常的协调行动能力。当群体真正在学习的时候，不仅群体产生出色的成果，个体成员也比在别的情况下能得到更迅速的成长。

群体学习的修炼从"对话"开始。它是指一个群体的所有成员搁置假设而进入真诚的"一起思考"的能力。希腊文中"对话"（dia-logos）是指在群体中让想法自由交流，以发现比个人见解更深入的洞察。有趣的是，在许多"原始"文化中，例如在美洲的印第安人文化中，保存着对话的习惯，但是在现代社会中几乎完全丧失了。今天，人们重新发现"对话"的原理与技巧，并使它更适合现代的需要。（"对话"与更通常的"讨论"不同，"讨论"源于"碰撞"和"冲击"，字面上理解为提出看法并加以辩护。）

对话的修炼也包括学习如何认识团队中的互动模式，它们会阻碍学习。防卫模式往往根植于群体的运作中，若未被察觉，则会妨碍组织学习。如果能以创造性的方式认识和揭示它，便能加速学习。

群体学习之所以非常重要，是因为在现代组织中学习的基本单位是群体而不是个人。这就是理论与实际"短兵相接"时的情况；除非群体能够学习，否则组织也无法学习。

学习型组织很像飞机或电脑等工程上的一项创新，每个部分都是这项创新工程中不可或缺的"技术"。对于人类行为中的创新来说，每个部分都需要被看成修炼。我并不是说"修炼"是一道"强制的命令"或"惩罚的手段"，而是必须付诸实行的整套理论和技巧。一项修炼就是获得了一条开发某种技术或能力的路径。任何修炼，从钢琴弹奏到电子工程，尽管有些人拥有天生的才能，但是，任何人都能够通过操练而熟能生巧。

实行修炼就是要成为一个终身学习者。你"永远不会功德圆满"；你将终生修炼。你永远不能说"我们已经是一个学习型组织了"，你也不能说"我是一个无所不知的人了"。你学得越多，就会越清楚地觉察到自己的无知。因此，一家公司不可能达到永恒意义上的卓越，而总是处于进行学习修炼和变得更好或更差的状态。

组织能够从修炼中获得好处,这完全不是一项新的想法。毕竟,诸如会计那样的管理修炼需要很长时期。但是这五项修炼不同于为人熟知的管理修炼,这是因为它们是"个人化"的修炼。每一项修炼都跟我们如何思考、真心向往的东西,以及如何互动和相互学习相关。在这种意义上,它们更像艺术上的修炼而不是传统的管理修炼。此外,尽管会计有助于"保留记录",我们却不曾通过吸收新的修炼去探讨如何构建组织、如何增强组织革新与创造的能力,以及如何制定战略并设计政策与结构这样更精妙的任务。这或许就是为什么往往总有些大企业在一时风光之后悄然回到平庸行列的原因。

进行一项修炼与模仿某个"模范"不同。新的管理创新常常被冠以所谓的领先企业"最佳实践"的称谓。尽管吸引人,但我相信这样的描绘常常是弊多于利,会带来断章取义的仿效和盲目的追随。我不相信通过模仿别人而建成的伟大组织会多于通过模仿其他"大人物"而成就伟大的个人。

五项合成技术的汇集创造了 DC-3 型飞机,民用航空业从此开始。但是 DC-3 不是过程的结束,而是一个新工业的先驱。同样,五项修炼的融合,不是以缔造一个学习型组织为最终目的,而是掀起一个实验与进步的新浪潮。

第五项修炼

融合五项修炼是非常重要的。这是一件充满挑战的工作,因为要整合出一项新工具,比单纯个别应用这些工具难多了。但是这样做的回报是无法衡量的。

这就是系统思考成为第五项修炼的原因。正是这项修炼融合了其他各项修炼,把它们融炼成理论与实务相结合的整体。系统思考防止其他各项修炼成为互不相干的把戏或一时流行的组织变化时尚。缺乏系统思考,就没有动力去探究各项修炼如何互动。通过强化其他每一项修炼,系统思考不断提醒我们:整体大于各部分之和。

譬如,缺少系统思考的愿景将变成对未来涂抹上一些可爱的图片,而对各方力量缺乏深刻的理解。这是为什么许多在近年抢搭"梦想列车"的企业发觉仅有崇高的美景却无法扭转企业的实际命运的原因之一。缺乏系统思考,愿景的种子就掉落在了荒芜的土壤中。当非系统思考占据主导时,培育愿景的第一个条件就无法得到满足:我们真诚相信能把愿景变为未来的现实。我们会说"我们能实现愿景"(大多数美国经理人都有这种信念),但是我们对当前现实的隐含看法,如同其他人创建的一系列条件那样背叛了我们。

但是系统思考也需要有建立共同愿景、心智模式、团队学习与个人控制四项修炼来发挥它的潜力。建立共同愿景促进了对长期义务的承诺。心智模式专注于开放,开放是揭露我们现在观察世界的方式之不足所需要的。团队学习是发展了人们寻找超越个人视角的更大前景的群体技术。而个人控制则促进个人有动力不断了解我们的行动如何影响世界。缺少个人控制,人们的心智活动("他人或他事正在引起我们的问题")就会太难以适应,以至于他们深受系统性视角的威胁。

最后,系统思考可以使我们了解学习型组织最精妙的方面——个人觉察自身及其所处世界的新方式。一个学习型组织的核心是转变心智——从将自己与世界分开看自己,转变为与世界联系在一起看自己;从将问题看作由"外面的"某人或某事所引起,转变为由自己的行动所造成。学习型组织是一个人们不断发现如何创建他们的现实的地方。如同阿基米德所说的:"给我一根足够长的杠杆,我单手便可以撬起这个地球。"

转变头脑

当你问及人们有关成为伟大群体一分子的体验时,最惊人的体验是:这种体验的意义感。人们会谈到成为一个比自我更强大之物一部分的感觉,谈到彼此相互关联的感觉,谈到富有成果的感觉。对许多人来说,很明显的是,他们作为真正伟大群体一分子的体验是突出的,因为他们度过了一生中生命力完全发挥的独特岁月。有些人尽其余生,希望寻求重温此种经历。

西方文化中最能准确描述学习型组织中发生了什么的词,是一个在过去数百年里没怎么流行的词。在近几十年中,我们在组织工作中常用一个词,但我们总是小心翼翼,很少在公开场合使用它。这个词就是 metanoia,意思是心灵的转变。这个词由来已久。它在希腊文中的意思是心灵意念的根本转变,或者是在字面上就是心灵超越的意思。("meta"——在上面或超越的意思,如形而上学;"noia"源自词根"nous",心灵的意思)。在早期(诺斯替教徒)基督教的传统中,这个字特指唤醒共享的直觉并能直接感知至高无上的上帝。"头脑转变"可能是描述早期如施洗者约翰那样的基督徒的关键词语。在天主教的经籍中,这个字被翻译成"忏悔"。

掌握心灵转变的意义,等于掌握了"学习"的更深层意义,因为学习也包括心灵的根本转变或运动。谈论"学习型组织"的问题是"学习"已经在目前的用法上失去了它的核心意义。如果你对人们说到"学习"或"学习型组织"时,大多数人就会眼光呆滞。日常用语上学习已经成为"获得信息"的同义词,对此很少有人觉得奇怪。"是的,我学到了昨天课程里的一切东西。"然而,获得信息和真正的学习还有很大的距离。这可能是无意义的说法:"我刚读了一本有关骑自行车的巨著——我已经学到了。"

真正的学习深入到人之所以为人的内心。通过学习,我们重新创造自我。通过学习,我们能够做到从未能做到的事情。通过学习,我们重新认知这个世界及其和我们的关系,以及扩展创造未来的能力,成为富有成果的生活的一部分。事实上,我们每个人的心底都深深地渴望这种真正的学习。正如德国汉诺威保险公司的白瑞恩所说,学习是"如同性驱动一样的人类本性"。

这就是"学习型组织"的基本含义—— 一种不断扩大其创造未来能力的组织。对这样的组织而言,单是为了生存是不够的。"生存性学习"或更常用的术语"适应性学习"是重要而且确实是必要的。但是,对于一个学习型组织来说,"适应性学习"必须和"创造性学习"、增加我们创造力的学习相结合。

目前,少数勇敢的组织先驱正在开拓这条道路,但构建学习型组织的领域仍然大部分有待开垦。我衷心期望本书能加快开拓的速度。

42 变革:新的形而上学*

沃伦·G. 本尼斯

变革是我们这个时代的形而上学。一切都在变动之中。任何机械都在进化,越来越好、越来越高效、越来越复杂。在本世纪,汽车从 T 型发展到了宝马、马自达、劳斯莱斯。同时,任何有机的东西,从我们自身到西红柿,都在退化。我们已远离泰迪·罗斯福、D. W. 格林菲斯、尤格尼·戴伯斯、福兰克·利奥德·瓦特·汤玛斯·爱迪森和阿尔伯特·麦克尔森这样的巨人,而变成了嬉皮士。就像新品西红柿,我们缺乏喜好、精力和口味。制成品远比制造者更令人印象深刻。比起已经流逝的岁月,我们不够好,不够有效,也不够复杂。

有权有势的人把变革强加给了人们,而不是去唤起变革。我们有太多的上司而不是领导人。正因如此,最终所有人都决定做自己的上司。这使我们生活其中的社会成了原始、好斗、落后的社会,正如电影《网络》中播音员的一句台词:"我像是生活在地狱里,我快要疯了,我不能再忍受下去了。"

正在进行的是一场中产阶级革命。美国的穷人既没有时间也没有精力去反抗。他们能做的仅仅是努力在这个越来越糟的世界上生存下来。出于同样的原因,富人们则远离尘嚣,他们在纽约的楼顶屋里,在协和式超音速客机里,漠然俯视着下面的世界。而中产阶级渴望着同样的漠然俯视。

一位成功的牙医曾经告诉我,人们为了在短时间内赚取很多的钱,所以选择了牙医,然后他们就进入餐饮业和房地产业,在那儿他们才能真正赚到钱。

---

* 来源:*Managing the Dream* by Warren Bennis. © 2000 by Warren Bennis. Reprinted by permission of Perseus Books Publishers, a member of Persus Books, L. L. C. 。

年轻的作家和画家不再满足于创造并不断完善他们的作品。现在他们渴望见识,渴望出名,投机取巧,他们就像IBM的高管一样关注最终命运。一本书的出版交易远比这本书本身有意义,《人物》杂志的封面远比《纽约时报》里面的一篇好文章更吸引人。现在唯一还发出声音的工会是中产阶级工会。曾经沉迷于教学的教授们现在更关心交易——出书、在电视上露脸、做咨询工作、参加在巴黎召开的研讨会,而把教学工作留给了助教。

当每个人都想当上司时,就没有人真正负责,混乱就此产生。需要领导人来恢复秩序,我的意思不是要顺从而是要进步。现在是由我们来控制事件而不是被事件控制的时候了。

变革的道路

变革可以多种方式进行。

- 不满和冲突。我们有过不满和冲突,但却因此变得好斗。在公司,变革可以依靠权力强行推行,但不可避免地导致怨恨的升级。我们变得总是愤愤不平,充满挑衅地四处游走。
- 信任和真实。积极的变革要求信任、清晰和参与。只有那些具有美德、拥有远见的人才能带领我们走出泥沼,回到高地,完成三项工作:(1)获得相互信任;(2)清晰地表达他们的远见,使我们所有人不仅能够理解而且也能够接受;(3)说服我们参与。
- 帮派和小集团。帮派往往拥有权力、金钱和资源。小集团,常常都是年轻人,总是雄心勃勃、有动力和精力。除非帮派能与小集团合作,否则变革是不可避免的。这条道路,同样充满了变数。它既可导致各方的僵持,也可使小集团成为最终胜利者,这里没有其他原因,就是因为他们把守着权力。
- 外部事件。社会的各种力量会对组织施加影响。例如,在政府法规和外国竞争的压力下,汽车业被迫改变其生产方式和产品。学生积极分子以同样的方式迫使许多大学重新修订其课程安排,增加黑人学生和女生的学习项目。学术界依然在争论该项目的意义和有效性,因为它们不仅改变了学生所学的内容,而且也改变了他们如何学的方式。
- 文化或范式的改变。变革最重要的道路是文化或范式。在《科学革命的结构》一书中,汤玛斯·库恩指出,科学中的范式如同支配人类选择的时代精神或氛围。他把范式定义为"由科学界成员共同拥有的一整套价值和信仰,它决定了人们认为最重要的选择和问题,以及试图解决这些问题所采取的方法。"从事科学革命的人,总是那些改变范式的人。

创新者和领导人

人们不仅改变某一学科的内容,而且也改变其实践;不仅关注创新者,也关注领导人。拉尔夫·奈德就是这样的一个人,他重新回到法律专业来呼吁对消费者问题的关注。贝蒂·福里丹如实反映了妇女的生活处境,并激励她们换种方式生活。

不是把职业或组织目标连接起来就能创造新的实践,而是要有想象。这种想象产生了对新方式的理解以及新方式所必需的强制性道德。由想象创造者给想象带来的象征、能量和勇气的清晰明了,对被接受者是至关重要的。例如,布鲁克林—道奇公司的总经理布朗奇·里基决定把黑人运动员带进职业棒球场,他选择了无论在运动员中还是在美国人中都堪称楷模的杰克·罗宾斯。

我们如何识别和开发这样的创新者?我们如何发现机构、组织和专业群体中的新信息?创新者与所有具有创造性的人一样,有着与众不同的视角,以出人意料的创新方式思考问题。他们广泛接触其他领域,很少被看成是组织中的好员工,相反经常被认为是淘气的麻烦制造者。真正的领导人不仅是创新者,而且要千方百计地发现和使用组织中的其他创新者。他或她创造这样一种氛围,在其中常规智慧会受到挑战,错误被抓住不放,不会为了安全、低风险目标而被回避。

在组织中,人们有规范、价值观、共享的信仰和范式,它们决定什么是对和错、什么是合法和不合法的,以及如何做事。人们通过赞同、同意和遵守这些范式来取得地位和权力。因此,异议和创新都不受鼓励。任何社会体系都存在这些力量而形成保守主义,并不惜代价维持现状,但是也必然还有其他各种运动手段,要不然最终会因停滞不前而瘫痪。

基本变革的发生非常缓慢,因为那些有权的人一般没有知识,而有知识的人则无权。任何真正拥有历史和现今世界知识的人都可重新设计社会,在一个下午就可开发出一种新的范式,但是要把理论转化为现实则可能需要一生的时间。

我们仍需努力,因为有太多的组织和公民被那些根本不运作的角色和实践锁住了。真正的领导人努力获得其利益相关者们的信任,清晰地传递他们的愿景,使每个人都参与到变革过程中去。他们还会创造性地、积极地使用不可避免的异议和冲突。此外,有时会出现新的范式。

哈里斯的一项民意测验显示,90%以上的测试者将会使他们的生活发生戏剧性的变化,如果他们有能力这样做的话。他们把自尊、热爱、接受这些无形的东西排在了地位、金钱和权力之上。他们不喜欢现在的生活方式,但是不知道怎样去改变。这项民意测验充分证明,我们需要真正的领导人,而这对潜在的领导人和创新者也是个激励和鼓舞。如果这些人愿意实践他们的理想,而我们其他人也有勇气追随他们,那么,我们最终有可能找到一条走出现在泥沼的路径。

在变革时期避免灾难

变革是永恒的,而且对今天的社会至关重要,但是仍然很难实践,因为制度社会学根本上是反变革的。这里有10种在变革期间避免灾难的方法,它任何时间、永远都适合,除了那些正在死亡或已经死亡的组织。

1. 极其诚实的招聘。热心或单纯的需要常常会促使招聘者对一些看得见的、实际存在的缺点看走眼,把它们当作是令人振奋的挑战。招聘,应该也是一种示爱仪式。求婚者展示财产,掩藏缺陷。招聘,被各种关注和承诺弄得晕头转向,不能完全彻底地审查求婚者。应聘者盼望着发挥创造力、想象力的机会以及来自高层的支持。

不经意中,招聘者已编制出了一份需要变革的传统配方,正如阿朗·威尔达夫斯基所言:"承诺许多,给予很少;教导人们相信他们会越来越好,却不做大的改进。实施各种小计划,但是影响甚微,并且资金严重不足。回避任何与你试图要解决的问题规模相当的解决方案。"

2. 谨防疯子。创新很诱惑人。它能吸引有趣的人,也能吸引那些歪曲你的想法,使之面目全非的人。你因此被人看作怪物,被迫花费宝贵的精力与之争辩。变革导向的管理者必须确保他们所聘用的人都是变革者,而非搅乱者。有时很难区分创新者和疯子。变革者中的古怪和怪癖常常是有用和有价值的,但精神病人却不是。

3. 在志趣相投的人之间建立相互支持,不管你是否聘用他们。变革导向的管理者尤其易于表现出似乎在他们到来的这一天,组织才开始存在。这是个幻想,是一种万能的幻觉。在已有的组织中,不存在一笔勾销。一个新来的企业首席执行官不能扮演成诺亚,用精心挑选出来的自己的员工重新建立一个世界。对新开端的过分渲染会吓倒那些以为新开始是他们职业终结的人。没有历史和持续,就没有变革。打扫过分干净,常常是对资源的浪费。

4. 变革计划建立在扎实基础上。应该对如何变革以及变革什么有清晰的认识。计划变革总是比实施变革容易。一个永久性的变革,必须循序渐进。

渐进式的改革常常能够成功,因为处于变革的核心群体可以不断利用组织和所在社会所提供的数据,发现变革的最佳良机。没有这样的一群核心人物,组织就不能保证持续的自我革新。这样的人未必一定是时尚人物,但他们对于适时的创意有着超级的敏锐。他们还知道什么时候这些创意有悖于组织的目的和价值观,什么时候他们要加强组织。

5. 不要将就华而不实的变革。重大的变革不可能通过命令而实施。任何组织都有两套结构:一个写在纸上,另一个则是由内部关系构成的复杂系统。一个优秀的管理人员必须了解这种关系,使它们与所有有计划的变更相匹配。热衷于自己华而不实变革的人,势必会忽略维护已有的利益相关者和建立新利益相关者的迫切任务。

6. 不允许反对变革的人来安排基本事宜。成功的变革者应确保受尊重的人不会惧怕即将到来的一切,老员工不会对变革的前景感到恐惧。这些人被牺牲的时刻也是他们开始反对肮脏伎俩的时刻。他们不仅有固有的影响,而且传统也站在他们一边。

7. 了解当地形势。了解所有与组织有关的事宜,包括所在地的特征,这也经常意味着要驾驭当地的沙文主义政治,以及开展明智的公共关系活动。在南加利福尼亚,一些大开发商常常不被相邻的其他群体接受,原因是他们没有设法让这些邻居了解他们的计划。而邻居们则常常能迫使他们做大的变动甚至取消原有计划。因为他们知道自己的权力,也了解法律,而这些大开发商却没有花心思了解这些。

8. 评估环境因素。无论一项变革如何值得称道、有利可图或富于想象力,只要它给组织增加了麻烦,就可能注定失败。添加一个复杂的计算机新系统可能是件好事,但如果它导致办公室过于拥挤,那也可被看成是件坏事。

9. 避免未来冲击。当一名主管过于沉浸于计划时,他常常就会忘记过去,忽略现在。结果,没等到计划开始实施,员工们可能已经反对这项计划了。毕竟,他们必须在现时、现地从事他们的工作,如果上司的眼睛总是盯着明天,他就不会给予他们一定的关注和他们所需要的支持。

10. 牢记:只有当那些将受变革影响的人也参与到计划中时,这项变革才最有可能取得成功。这是个老生常谈的计划理论,但它确确实实是个真理。没有任何东西比相信变革是强加给他们,更能使人们坚定地反对新的想法或做法。

与创新和变革相关的问题在任何现代官僚组织都普遍存在。大学、政府和公司都以同样的方式应对挑战和危机,使用非常相似的外显的或内含的准则、仪式和秘诀。

必须以一种开放和民主的方式找到追逐真理(即组织问题的真实性质)的激励手段。这就呼唤着传统的方法:检点的生活、探索和真实实验的精神、基于发现新现实的生活、承担风险、承受偶尔的失败、不害怕出乎意料的未来。在不断变革的时代,真正创新的组织模式是科学的模式。随着科学家不断寻找和发现真理,组织也必须仔细地、认真地、诚实地、富于想象力地、勇敢地寻找和发现它们自己的真理。

43 丛林法则和新企业法则*

理查德·T. 帕斯卡尔

有两个紧迫的任务主宰着今天许多行业的生存：一是在面对高度的战略模糊性时所要求的灵活性；二是文化和能力上的转变，即从反应迟缓、谨小慎微的组织转变为像充满活力的有机体那样行动，促进企业家的首创精神，坚定地学习以及在市场中快速赢得有利地位。

学习如何迎接这些挑战的一个最好地方就是观察生活本身。经历了上百万年的发展，大自然衍生出很多应对长期渐变以及偶然灾难的策略，其中只有那些最灵活的才能生存下来。这后者的情形特别教给我们很多有关物种如何应对混乱的知识。有四项原则，完全不同于许多现时和传统的管理理论，却可以作为生活的基本教训。

1. 均衡是死亡的征兆。当一个生命系统处于均衡状态，它对周围发生的变革的反应就会变弱，这就把它推入了最危险的境地。

2. 面对威胁或被一个激动人心的机会所刺激，生命体会走向混乱的边缘。这种情况会唤起更多的变革和实验，从而更有可能想出更新的方法。

3. 一旦出现这样令人振奋的时刻，生命系统的各个组成部分将会自我组织，将从混乱中产生新的形式和所有的组成部分。生命的这种特征被称为"自我组织和凸现"。

4. 生命系统不是沿直线路径前进。不可预见的结果也是不可避免的。挑战就在于学会如何打乱这种结果，使之朝着预定结果发展，然后随着结果的

---

* 来源：经作者许可重印。

不断明朗而不断修正路径。

如果加以适当运用,这四项原则可使企业生存并得以重建。相反,我们更熟悉的机器时代的一些原则至今还在使用,但却导致传统企业在面临不间断的变革时停滞不前和衰退。选择就是这样简单和明确。

均衡就是死亡的论断源自于一个模糊但重要的控制论法则——"必要多样性经验",即任何有机体的生存都依赖于其内部结构中多样化的培育(而不只是容忍)能力。如果不能做到这一点,当从外界导入多元化因素时,将会导致它不能成功地适应这种变化。例如,鱼缸里的鱼很轻易地就能游泳、呼吸、获取食物、躲避掠食者。但是,水族馆的主人知道,这些鱼对最细微的搅动也极度敏感。而海里的鱼则不得不付出更大的努力才能生存和逃避许多威胁。但是,因为它们面对更多的变量,所以它们面对变化时显得更加坚实。

必要多样性经验使得我们心潮难平。均衡总是和平衡相关,而平衡当然是好事。不均衡就是平衡变得杂乱无章。但是,想想工业时代的这个问题。上个世纪的大部分时间,令人瞠目结舌的新技术(电子学、工程材料、计算机和生物工程……)为商业开启了更广阔的大门,传统的管理模式大加使用。加之55年没有发生毁灭性的全球冲突,一个结果就是出现了拥有大量的财富、挥霍的权力和消费者胃口各异的工业经济。除了大萧条和战争年代,20世纪的好时光,可被看作硕果累累的时代。陈旧的管理方法没有改变,因为它们不必被改变。正如伍迪·艾伦所讽刺的,80%的成功仅仅是因为它们在展示。笨重不堪的公司兴旺也是由于它们在展示。鉴于规模优势和它们面对的丰富的经济机会,缺乏灵活性已不是一个重要的缺点……

由此证明了一个定理:什么样的平衡或均衡变成灾难的前兆取决于规模和时间。在小规模和短时间范围内,均衡是可行的。但是放在更长的时间段和更大规模范围里,它就会变成灾难。为什么?因为有机体(或组织)生活的环境总在变化。很多时候,它是动荡的。长期的均衡会使组织的感觉变得迟钝,使面对危险做出合适反应的能力耗竭。

那么,为什么并非所有的生命系统都进化到均衡点并死亡呢?因为有两大相反的力量在起作用。一是死亡的威胁(永恒的达尔文式的生存斗争);另一是性的承诺(即导致遗传多元化的重组)。

达尔文最重要的一大贡献就是他观察到物种(在此我们指所有的生命系统)并非主动地进化。相反,它们之所以变化,是因为环境强加给它们的力量和致命的威胁。生命科学家把这称之为"选择性压力"。选择性压力在剧变阶段特别大。大多数物种面临远离它们原始状态的适应时,都不能做到这一点,从而消失了。但是大自然是个多产且无情的母亲,更着力于生命的总体繁殖,而不是某一物种的永久性。从这个大系统的有利角度看，选择性压力不断迫使生态升级。能够生存下来的突变，对新环境有更佳的适应。

过去一二十年竞争激烈的公司环境，也证明了达尔文的理论。新的竞争对手不断地涌入同一市场机会，无情地碾过其他的对手，力求在经济食物链中占据更有利的位置。整个行业衰退甚至完全消失。斯坦普公司席卷了所有的办公用品供应商店，最大、最好的书店巴诺的地位由于亚马逊网上书店而受到严重动摇。这些例子都说明在公司环境中表现出来的无处不在的选择性压力。没有安全的天堂。从手机到棉籽，从肥皂到软件，达尔文的丛林无处不在，而且越来越不轻松。

性是大自然抵抗停滞的第二大防御措施。随着越来越同质化，有机体也就变得越来越脆弱。为了抵制这样的同质性，大自然依靠性的繁殖，从事丰富的结构性重组。比起物种复制的其他主要进化选择，性有着绝对的优势：裂变。

有性繁殖使多样化达到顶峰。染色体的组合偶尔会导致变异的配对，产生变化和变异的后代。有害的疾病和寄生虫很难打破通过有性繁殖的人群的多样化防御机制。可以打开某一物种某一代之锁的微生物发现，到了下一代其细胞栓已发生了变化。14世纪淋巴腺鼠疫席卷整个欧洲，杀死了30%的人口。这种致命的传染病在接下来的传播中，其危害只是这个数的零头。抗体被传给了大多数在第一波中幸存下来的人的后代，所以当这种细菌卷土重来时，后一代所受的影响就小得多。

不幸的是，社会系统内的DNA交换不像由繁殖性生物机制驱动交换那么可靠。诚然，组织可以从外部雇佣人员，迫使资深管理人员经常接触来自各层次的反传统者或要求工程师和设计人员满足心怀不满的顾客的需要。但是，这些类似于DNA交换机制的敌人当然就是现有的社会秩序。与人体的免疫防御系统一样，社会秩序能够识别外来影响，并设法抵消它们……

均衡的实施力量——持久的社会规范、公司价值观、对企业的传统信仰——经常会抵消多样化的实践优势。一个管理团队可能会通过外部招聘来实现多样化，然后又回到抵消这种优势的行为中去，原因是听到了各种各样的说法（"又在胡思乱想了！""噢，女人见识。"）。新象征"遗传物质"经常发现被排挤出了真正企业已进行的重要的非正式讨论之外。当然，人类有着重要的优势。公司作为能够自我认识和有智慧的实体，至少在理论上能够事先认识到危险（或机会），并及时采取适当的行动。它们能够支配相应的权力。与其他物种相比，人类及其构造物可以更大程度地通过预设的程序来提升自己。

大自然接近混乱边缘就是处于创新的顶峰。混乱边缘是一种状态，不是个确切地点。它是一种有序和无序都在其中流动的可渗透的中间状态,没有确定的划分界限。朝着混乱边缘前进能带来动荡,而不是消亡。这也是为什么混乱边缘如此重要的原因。这种边缘不是地狱,而是产生变化的温床。

创新很少出自于高度有序和稳定的系统:处于均衡状态的系统失去了多样性,并会产生乱伦社会和高度计划经济所面对的各种问题。另一方面,完全的混乱系统,如骚乱、1929年的股票市场崩溃,则太难控制了。只有在情况有所缓和后才能继续发展。

当一个复杂的适应系统朝着混乱边缘发展时,如龙卷风和台风施虐于深海,一场大火席卷丛林或草原,其能量发挥潜力达到了最大点。龙卷风给海洋注入氧气和养分,把二氧化碳带入大气层。大火清扫了丛林,为新的生命腾出了空间。实际上,研究发现,大火对于美国大平原一望无际的大草原的不断繁衍是绝对必要的。当大火被扑灭时,大草原固有的生物多样化也就窒息了。

但是,许多人会问,为什么是边缘?它会不会足以打破均衡,而且给混乱边缘留下了一个更宽阔的余地?边缘对于生命非常重要,事实上,人们深受它的吸引。当你做事做到半途,很难判明自己的方位时,那就独自去经历像"冲破外壳"般的兴奋冲动吧!

大脑的可视皮层指导你的眼睛去寻找边缘,帮助你从背景中区分出主体,最后找到你自己的方位。生命系统通常把对边缘的防御程度作为控制混乱程度的决定性方法。交通指示灯中的黄灯引发驾驶员的反应。他们或者刹车或者加速穿过路口。这个黄灯就类似于边缘。他刺激人们提高意识,并产生一系列的肾上腺素和脑力活动。司机们尽力避免在交通要道的十字路口相互碰撞——类似于公开的混乱。

想一想我们中的绝大多数人是如何处理最后期限的。当最后期限还是个很遥远的未来时,我们没有一丝紧迫感,甚至还会感到洋洋自得。但当最后期限临近,我们知道自己无法按期完成时,我们感到徒然的压力,头脑发胀。太大的压力导致我们过于简单化,直接推绎结论,或者气馁,不负责任地采取老习惯,依赖原先的成功惯例。我们从经验中学会如何建设性地利用即将到来的时间界限。我们知道未能按期实现的最后期限将会导致最佳程度的亢奋、紧张和创造。许多人在面对一些暂时性的混乱边缘时,都曾经历过这样的时刻。

其中的窍门当然是接近混乱边缘,而不是陷入其中。有三大基本驾驭技巧:

1. 吸引物,类似于指南针,指引生命系统朝着一个方向,刺激他们走出温柔陷阱……

2. 放大和制止反馈,如同动力系统的减速和刹车。它们导致过程加速或减速……

3. 适应的前景,这是生物学家和其他生命科学家用来勾画物种相对竞争优势的专业术语。这样的前景为审视今天的竞争提供了有用的工具,它显然优于传统战略评估中常用的优势与劣势,机会与威胁的二维结构法……

在适应的前景中,适应度最高的处于前景线的最高端。失去适应度可由这个三维空间中线段的下降表现出来。当一个受威胁的物种,如北美郊狼,由于人类的各种消灭计划而被赶出了其传统的居住地时,其前景适应度就下降,就会面临混乱边缘。它必须学会面对不同的地质、气候、对手,找到新的食物源。郊狼在许多国家逐渐被城市化了。一旦在一个新的地域建立起新的聚集地,郊狼就会开始掌握了解新环境。这种适应性实际上可能会带来比原先的居住地更好的生存前景。从这个角度看,郊狼的适应度提高了。它在马力布和比弗利山庄的山脚下找到了适应度最高的生存空间。

生物学家把物种或人类寻求安全生存空间的努力比喻为一个长期的爬山过程,"上山"就意味着更好的适应。当一种物种在前景适应度上达到一个次高峰(称为当地最高峰)时,它可能会选择就此停留。生物学家把前景适应度上的这个栖息点称为诱惑池——永久竞争旅途中的一个休息点,在这儿只是暂时恢复了均衡。

物种开始被羁留在中高峰或诱惑池里,由于没有悬浮桥可通向较高峰,有机体必须"先下山,而后才能再上山"(这个比喻非常形象,因为大多数有机体都不是自觉地做到这一点的)。为了做到这一点,必须有足够的内部不安和不稳感,否则,有机体就不会选择离开这个中高峰,用忍受谷地令人不堪的处境——低利润、产品无差别、失去顾客和竞争优势,来博取到达前景适应度的更高峰。如果环境发生了变化,那么攀越新高峰的期望度也会发生巨大变化……

大自然的第三大原则——自我组织和凸现,抓住了生命硬币的两面。自我组织是指某些(但并非全部)系统远离均衡以转向一种新状态的趋势,此时它们的构成要素产生不同的组合。当系统足够强大并适当关联,彼此的交互使它们形成新的秩序:蛋白质形成细胞,细胞形成器官,器官形成有机体,而有机体形成社会。简单的部件连接在一起,可以产生一个大的变异体。单个蚂蚁不能驱赶掉一只蜜蜂。单个脑细胞没什么用,但是成千上万个脑细胞可以创造奇迹。凸现是所有这些的结果:一种新状态或新形式。一群火蚁具有凸现能力,可以形成一个有200万个嘴和刺、重达20公斤的有机体。一个爵士乐团可以发出光听单个乐器无法想象的突发声响。200年前,亚当·斯密看到了这些迹象。作为新经济学说的先驱之一,他把我们的视线引向了"看不见的手",以及它作为商业力量的集合效应。但是斯密认识到,个人的选择并不能解释自从个人作为社会的成员,产生了信用关系和依赖关系以来的所有一切。他指出,所有这些可以归结为一个更复杂的凸现现象:经济体。

自我组织和凸现的原理回响着管理层内部正在形成的一种新共识:具有把分散的智力、创新和合作动员起来的才能和本能的公司,才能够使观念商业化,才能在行动缓慢的竞争对手甚至没有定位新目标前就处于制高点。通过激发一线人员临时充当准独立人员,在不违背集中控制的原则下提出解决顾客问题的方案,即使是小的突破也能演变为一个令人生畏的商业企业和一场社会运动……

新的目标常常来自于未必有的组合。大自然不断重复地显示,绝大多数锐变的物种通常来自于物种内的合作。在一个物种内部,创新一般会产生新的路线。而物种间的交叉,新的目标常常来自于不可能发生的组合。生物技术中一些最大的创新来自于鱼和哺乳动物、真菌和昆虫、动物和植物之间难以置信的交迭……

利用自我组织和凸现,必须遵守六大原则:

1. 决定是否真正需要自我组织和凸现。你是否面临一种适应性挑战?找到了新的路线或新的目标吗?如果需要敏捷和非连续性创新,那么这两大特性可以增加你的价值。要为正确的任务找到正确的工具。

2. 分析你的网络的健全程度。自我组织来自于充满接点和联系的网络。如果你想寻求自我组织,那么就必须扩大接点的数量,期望所有的组织成员都能为之做出贡献。运用黏结牢固关系的简单的路线和礼仪来提高联系的质量……

3. 牢记这条黄金原则:规矩既不能太多,也不能太少。自我组织的关键在于纪律与自由间的张力。大自然通过选择性压力(强加纪律)和突发事件(如偶然性变异和环境破坏)来塑造这种张力。在组织中,规矩产生纪律……

4. 利用必需的多元化的力量。把来自不同领域和背景的人放在一起,让他们不同的工作历史丰富自我组织网络的潜能。这种混合不能放弃……

5. 寻找凸现的先决状态:系统中的"噪音"或"热能"的存在,言与行之间的矛盾,供与求之间的不和谐,以及未表达出来的需要。所有这些都暗示着凸现的可能性,只要其中一个浮向水面,就可以帮助我们找到。"讨论这个想法的时间到了",是我们谈论凸现的惯常方法。

6. 自我组织和凸现不能被看成是绝对的偶发事件。确实,自我组织可以是偶然发生的……凸现也常常是间断性地涌现……但是这些特性同样有着持久的力量。当它们一旦被带到管理意识的第一线,它们就可成为持续竞争优势的来源。它们可以施加一些微妙的影响,就像水慢慢地冲刷石头,而不是用炸药爆破它……

从适应前景角度看,从现已达到的高点(优化点)继续往高峰攀登,是不可能达到更遥远和更合适的尖峰(发现巨大突破)的。相反,人们需要退回到未知的世界,抛弃已被证明了的因果关系模式,挑战固有的程式。人们需要开始一段不断出现歧路和不断调整路线的旅程,而并非沿着事先安排的路径,迈着固定的节拍行军。我们可能只能看到前灯照亮的地方,但是,这样的行进方式依然可把我们带到旅程终点。

由于从本质上看非连续的跳跃来自于不可预见的组合,所以要反向塑造它们是不可能的。当系统在许多情况下都表现出连续性时,推断演绎是可行的。在这种情况下,各要素之间的关系是线性的,可以通过一步一步的推导,得出最终的目标。但是,如果系统表现出非连续性,要推择"接下来将发生什么"则是不可靠的。有些不能在事后作出逻辑解释的事情,也不能对预先安排的方向作出可预见的反应。相反,我们必须接受一系列重大的中断,以相当程度的自信继续前进,结果可能会更大地偏离期望的方向,但不是相反的方向。如果我们走过头,试图固定住某一结果,我们几乎总是失败。诺贝尔奖得主弗兰西斯·克里克——DNA 螺旋结构的共同发现者——曾经观察到"进化比你更聪明"。羁绊我们的是我们无力根据似乎直接的意向去预测第二、第三步结果。管理人员所谓的"精明"或"经验",常常是从生命系统的艰难道路中获取智慧的。这些老手预见到详尽的计划也会出错。他们知道,当尝试着大胆打破过去的传统时,出错事件的数量会成倍增加……

所有这些不可预见性的核心有两个因素。一个是大自然固有的非决定性特征。生命是由可能性而非确定性构成的。父母可以发现在即将出生的、称之为"孩子"的生命体中非决定性的重要性。第二个是冻结的事件,即偶然发生的来自于很难改变的结果。一旦真正发生,一些微小的事件可以引发不可避免的更大事件。在企业界,冻结的事件并不遵循稀缺(例如,需求)法则,它们遵循的是充分法则(例如,语言)。某些东西越被接受越有用,它发展得也就越快,越能加快超越对手。它也就被"冻结"成事实上的标准……

冻结的事件被锁定的现象非常偶然。非决定性就像是分牌,而冻结的事件就是在分牌后牌桌上发生的一切。冻结的事件是物种达到目标的手段。胚芽里的细胞一旦开始走上某一特定路径,它就放弃了许多别的选择。从那以后它能改变的细胞数量也就大大减少。当一个生态盒敞开时,我们可以看到许多类型的原生物,但一旦它被填满了,那些极端的东西就会被淘汰。我们在今天的电子商务时代也可以见到。

所以,是否有使我们偏离预定总体方向的指导原则?东方古代军事艺术家们早在圣塔菲提出基本原则之前,就洞察到人类如何从生命系统中吸取能量。柔道意味着温和的方法,空手道意味着两手空空。当面临一个对手决意要做某件有害的事时,这两个概念似乎很理性,即都是依靠反转或利用对手的力量或能量来达到预期目的……

在更具体的企业应用层面,有三项一般指导原则:
- 要设计,而不是制造。
- 要发现,而不是命令。
- 要辨识,而不是推测。

想想飞机场的例子。各个出入口周围的休息地带并没有任何标志或服务人员来告诉我们:不要大声喧哗、不要一人占据多个座位、不要阻塞走廊。但是,通过精巧设计这只看不见的手,所有这些目的都实现了。座位的安排便于近邻两边的人,而非相隔很远的人进行交谈。座位间固定的扶手使人无法躺下来和占据别人需要的位子。座位都一排排被固定在一起,无法移动。于是,乘客们也就不再试图重新安置座位、阻塞走廊或给晚上打扫的清洁工带来麻烦。设计的这种值得称道的质量就在于它实实在在发生了;在我们没有意识到它是如何起作用的情况下,它却发挥出它的魔力。站在设计师的角度看,我们所做的就是打乱而不是指挥正在运转的生命系统的进化训练。

相反,传统管理学创始人的理论基石是沉湎于对社会系统以及其能力的造反本性的指导,这反而会破坏有计划的变革。1995年《财富》杂志上发表一篇文章"使变革停止",强调了变革的困难性,并在开首引用了许多人的经历。在这篇文章中,麻省理工学院教授、著名的咨询专家麦克尔·汉莫(《公司再造》的合作者)解释了所有这些困难的来源:

人类对变革的内在抵触是再造过程中最复杂、痛苦、烦人和麻烦的事情。但是,对变革的抵触是自然和不可避免的。想要这种抵触不发生,或把那些表现出这种迹象的人看作是棘手的或难对付的人,则是个致命的错误。再造失败的真正原因不在于抵触本身,而在于管理层没能很好地应对它。大多数持异议者不会站出来,冲着你大声嚷嚷说,他们憎恨你对他们以及他们过去舒适生活所做的一切。相反,他们会点头、微笑、赞同你所说的一切——但却按过去的老方式行事。这就是阳奉阴违。

不过,事情来得没有那么快。我们对生命系统的描述为我们提供了一种不同的视野。这些评价与许多人的变革经历相呼应并可能认为,我们是违背而不是顺应事物的本性在干事。所提供的解释可能更多地诉说着对试图硬性规定的行为的反抗,而不能有力地证明人类天生抵触变革。

早先有关飞机场休息室的相反例子可以说明这一点。有些机场在它们的候机区配有折叠椅,这些椅子一排排摆放在那里,标语和通知严厉地告诫旅客不要移动椅子、不要阻塞走廊,如此等等。安全人员时不时会执行这些政策,但是旅客们还是把椅子搬来搬去,以与朋友聚集在一起。无扶手的椅子被当作床而重新摆放,或用来当吃饭或打牌的桌面。孩子们把它们当作可任意搭配的玩具。机场管理人员则抱怨在打扫前必须做额外的重新排放工作。

一种思考的方法可能把所有这些看作是试图通过过分控制生命体得出可预见的结果。必须通过控制旅客来弥补设计上的缺陷。相反,前面那个例子中的机场休息室,无需任何规则或命令,依靠设计而鼓励了所期望的行为。依靠这种正确的设计,人们可以做人而无需为了空间目的而行为不当。

当变革自上而下地推动,并沿着事先安排的路径前进时;或者当生命系统的成员按事先设定的步骤,走向非连续性变革的前沿要塞时,它们的这种努力几乎总是失败。但是如果我们设计(而非制造),发现什么在起作用并不断地建设它(而非命令),然后辨识出第二、第三步结果(而非推测一定按计划而行),我们就非常有可能会成功。一旦得到合适的动员,所谓的抵触群体或"中间管理层的永久冻土"将不复存在。

44 探索学习与领导能力之间的关系*

里勒斯·M. 布朗, 巴里·Z. 波斯纳

学习和领导代表着两个丰富的研究领域：一个是关于人们如何学习，而另一个则是关于人们如何领导。在本项研究中，我们试图通过以下的问题把这两个主题联系在一起："人们学习的方式与他们的领导模式之间有着什么样的关系？"

人们如何学习？这个问题一直是并还将继续是许多著述的研究主题。大多数人既从特性理论出发看待学习，也把学习看作是各种信息处理战略。同样，研究者还从学习起源于"由里及外"还是"由外及里"的角度进行探索。在最近的20年间，学者们提出了"变革型学习理论"，这一理论较之其他的成人学习理论更受关注，并将继续引起人们的兴趣(Taylor, 1997)。变革型学习理论建立在以前的成人学习研究基础上，进一步探索了诸如成人教育学和自我指导型学习问题。梅兹罗(1994, p. 222)把变革型学习定义为"分析和评价一个人用来指导其行动的经验所具有的意义的新解释或修正解释"。这种学习方法即将改变，也即我们看待自己和生活其中的世界的方式即将发生急剧的根本改变。基根(2000)把变革型学习描述成意识的扩展，并观察到这种学习方式不仅仅增加我们现有的知识。"变革型学习可以塑造人"，克拉克

---

* 来源：Reprinted by permission of the publisher from *Leadership and Organization Development Journal*, Vol. 22, No. 6, pp. 274—280(2001).

(1993,p.47)强调:"这些人随后会以他们自己和别人都能感受到的方式发生变化。"

不像成人教育学和自我指导型学习理论那样把重点放在成人学习者的特征上,相反,变革型学习重在探索学习的认知过程。经验的智力结构、内在意义以及反应是这种方法的普遍要素(Merriam and Caffarella,1999)。变革型学习中的一些重要概念包括:

- 经验——关键事故或突发事件;
- 关键反应——内容反应、过程反应和前提反应(考察对经验持有的信仰和价值观);
- 情感性学习——在突发性反应中起着首要作用的感受;
- 互助和互信的交谈和关系;
- 个体发展(Taylor,2000)。

经验被看作是这种方法的起点,也是反应的内容。以一种重要的反应方式表现生活经验是转变的必要条件。确实,整个学习过程就是一个变化的旅程——能带来成长和发展的变化(Mezirow et al.,2000)。

人们如何学会领导的问题比起学习这个宽泛的话题来,其研究范围更窄,因此,毫不奇怪,也更能达成一致。例如,通过对上千案例的研究分析,库泽斯和波斯纳(1995)发现,人们通过三个途径学会如何领导:试验和犯错、观察他人以及教育。霍内韦尔曾经做过一个为期6年的研究项目,考察经理们如何学会管理。他们的研究发现显示有三类影响因素:工作经验和任务安排,关系及以前的教育/培训(Zemke,1985)。创造性领导中心通过与成功的管理人员进行交谈,找到了对他们的发展有重要影响的职业事件,并把这些研究结果归为以下几类:对他们的工作安排,他们接触的其他人,他们所付出的艰辛努力,以及以前所获得的培训(McCall et al.,1988)。最近,来自这个中心的研究表明,个人报告说他们职业生涯至关重要的事件,大约75%源自于工作本身的学习和向其他人学习的结合(Dalton et al.,1999)。

也有各种案例证明学习作为有效领导的基本要素的重要性。例如,韦尔(1999)解释了在公司经理和管理人员工作的极度动荡、不可预见的组织环境中,学习的重要性是如何被低估的。他认为,当代领导人可以参与的学习类型基本上没有限制:"所有的管理型领导都感觉到变革的步伐急速加快,他们做出选择的复杂性在不断增加,而犯错误的成本也越来越大。经理们必须不断地学习许多东西才能在这样的环境下生存"(Vaill,1999,p.119)。也许这样说更有意义,即:在当今世界,领导不是学会而是学习。当我们观察一名领导人在工作时,我们真正观察的是一个学习过程,即一个极其复杂的学习过程。

人们如何领导？这个问题也是无数研究的主题。这方面详尽的文献检索可以在其他地方找到（如 Bass, 1990; Conger, 1999; Yukl, 1994）。现在有关领导的行为方法更具一贯性，但在论述的重点及语义上却大相径庭。例如，本尼斯和纳努斯(1997)描述了有效领导的四个关键是：通过愿景唤起对目标的关注、通过沟通传递思想、通过适当的人事安排促进相互信任、通过积极的自我认识来分配自己的工作。巴斯(1994)沿着魅力型领导、激情型领导、智力激发型领导和个人关怀型领导这条线描述领导人。而在库泽斯和波斯纳(1995)提出的当人们从事领导工作时他们做些什么的研究框架中，有五项关键性领导活动，即：挑战过程、激起共同愿景、激发别人的行动、提供前进的楷模和鼓舞人们的斗志。并且，他们宣称，"有效的领导人都是在不断学习的。他们把所有的经历都看作是学习的过程"（Kouzes & Posner, 1995, p. 323）。

本尼斯和纳努斯把变革型领导描述为：实现了能够反映领导人与其利益相关者的共同利益的巨大变革，在追逐共同愿景的过程中能够释放和分享集体力量。他们还提出了变革型领导的以下四个总体特征：

1. 领导是集体性的，即在领导人与追随者之间有一种共生的关系，追随者的需要和欲望与领导人理解这些共同期盼的能力之间存在着微妙的互动，这就使得领导必然是集体性的。

2. 领导是主动的，这意味着领导能够创造和创建各种能使员工满足他们需要的制度。

3. 领导是有精神目标的，并且能够提升这些目标，这就是说，即使没有其他的东西，领导人也能够利用他们的才能，根据员工的主要价值观，选择目标和愿景，并为支持他们的员工创造社会基础。

4. 领导人能够促使利益相关者提高对诸如自由、公正和自我实现等的意识程度。

上述这些意味着领导总是与变革这个概念紧密相连；反过来，正如我们已经阐述了的，变革正是学习过程中的基本要素。学习型组织的源头就是变革型领导(Rolls, 1995)。实际上，就是因为领导人成功地实现了深入的个人变革，从而能够为员工参与学习型组织的实践创造条件。

把学习（以及应对变革）与实际提供的领导方式联系在一起的关注，与对领导人发展的不断关注有密切关系。今天动荡的经济环境需要这样一些人，他们能够在变革的挑战中成长，能够培育创新环境和鼓励信任及合作，能够在未明领域中开辟出一条航线。美国和加拿大的世界大型企业联合会最近都肯定，领导力是组织用来开发其员工的第一竞争力（Hackett, 1997; McIntyre, 1997）。学习如何领导既是个人的动力，也是组织的动力。

麦克考尔等人(1988)指出管理人员的学习对于他们的工作绩效和职业成功(可能还有组织的有效性)都是十分必要的。随着管理人员通过工作经历的学习(如通过挑战性的任务分配、角色榜样和努力等),提高了他们的能力,他们作为领导人就会做得更好、更有效。隆巴多等人(1990)认为那些能利用各种学习技巧的人将最善于从他们的经历中学习,从而也将在工作中表现得更有效。

来自创新型领导中心的一系列实证研究探讨了学习与领导之间的关系(Dalton et al., 1999)。通过对军队军官的取样(人数=279),沿着以下7个维度,找到了学习技巧与自我报告有效性之间的一个简单关系:行为正直、寻求广泛的业务知识、挖掘人们的闪光点、适应文化差异、具有远见卓识、刻意创新以及勇于承担风险。但是,紧随其后的一项小规模平民取样研究(人数=36),没有发现在参与者的学习技巧与他们上司对他们有效性程度的排列顺序之间存在重要的关系。对一个组织内跨部门员工进行的研究表明(人数=188),潜在的管理有效性与学习有关。在这个研究中,学习技巧与这样一些能力有关:将组织的一个单位加以彻底转变,从无名小辈开始做事,在兼并中扮演重要角色,参与一个重要合同的谈判,以及被提升两级甚至更高级别等。有效性中的大多数这些内容更多地被看作是导致有效结果的管理或领导行为的基本方面。

在本项研究中,我们有兴趣深入研究学习与领导之间的关系。其前提假设是具有更强学习能力的人,会更热衷于领导行为。

取样和方法论

这项研究的问卷回答人有三个来源。第一群人是来自一家大型高科技公司的中层管理人员,参加了大学管理发展课程。第二群人是正在工作的专业人士,覆盖高科技公司的各个领域,参与了夜校的工商管理硕士项目。第三群人是跨部门的管理人员,参加了高级工商管理硕士项目。整个样本由312名答卷者组成。公司管理人员与来自高级工商管理硕士项目的管理人员的人口统计特征非常一致。而夜校工商管理硕士项目的学员则相对年轻,但他们在类似的公司环境里都有过管理和工作经历。样本中有114名妇女(占36%)。事后的调查分析结果表明,根据答卷者的性别,采用各种方法对答卷者进行分析,在统计上没有重大的差异。

答卷者同时完成学习技巧调查表和领导实践调查表。学习技巧调查表由32项陈述组成,旨在评价当人们面对"不熟悉的工作或经历的挑战时"如何报告他们的学习。每个陈述都用里克特等级表的 5 个分级来衡量。1 定位于"我几乎从来没有用过这种方法",5 代表着"我几乎总是采用这种方法"。学习技巧调查表还划分 4 个等级,代表不同的学习技巧:

1. 行动(如,主动采取行动,喜欢从错误和尝试中学习);
2. 思考(如,阅读报刊文章和书籍,并从网上获得知识和背景);
3. 感情(如,正面直视我所担忧的问题);
4. 接近他人(如,向我信任的人倾诉自己的愿望和忧虑)。

每个学习技巧(等级)都要通过 8 项陈述的检验。特别对于那些系数很高(达到 0.70 或更高)的学习技巧(等级),将进行克隆巴赫的阿尔法(内在可靠性)检验。在本项研究中,克隆巴赫系数分值相对较低(在 0.62 到 0.72 之间)。各种指标通过计算机汇总,以确定答卷者使用了多少种技巧,在哪些方面答卷者的分值高于样本平均值。分值可从 0 到 4。4 分意味着答卷者的分值在所有 4 个学习技巧中都高于平均值,从而是个知识广博、全方位的学习者。有关学习技巧调查表的更多信息可参看道尔顿等人(1999)。

领导实践调查表报告的是答卷者参与特定的领导行为频度。领导实践调查表的 30 项陈述使用里克特量度表的 10 个等级来评价。1 代表"我几乎从不参与这类行为",10 表示"我几乎总是参与这类行为"。领导实践调查表还用 5 个等级来衡量,每个都代表着不同的领导行为:

1. 挑战过程(如,寻找能够考验我的技能和能力的挑战性机会);
2. 激发共同愿景(如,描绘一幅我们的未来将怎样激动人心的画面);
3. 唤起别人行动(如,发展与我一起共事的人的合作关系);
4. 设定途径(设立一个希望别人仿效的模范榜样);
5. 激励人心(如,表扬员工很出色地完成了任务)。

这 5 项领导实践的每一项都由 6 个陈述来检验,系数高达 0.7 或以上的,由克隆巴赫的阿尔法系数检验。在本项研究中,克隆巴赫系数分值几乎相等(从 0.66 到 0.84)。通常很少用计算机汇总领导实践调查表的总和分值,但在本项研究中,按照构成学习技巧调查表的各项指标的同样程序计算混合分值。从而变革型领导指标通过对答卷者使用了多少种领导方法,以及答卷者的分值在什么地方高于样本的平均值的加总就可以计算出来。分值可从 0 到 5。5 分意味着答卷者在所有 5 个方面的领导实践中都高于平均值,是个高度变革型的领导人。有关领导实践调查表更多的信息可参考库泽斯和波斯纳(1997)。

我们一般假设,各种学习技巧和领导实践是正相关的。优秀的学习者,如学习技巧调查表所定义的,也是那些高分值的人。更有效的领导人,如领导实践调查表所定义的,同样是那些高分值的人。因此,同样可假定多样性是与转变型领导成正相关的:拥有用学习方法的全部技能应对不熟悉和新环境的最大能力的人,往往最专注于与转变型领导相关的行为。

结　果

表1展现的是答卷者的学习技巧与他们的领导实践之间的相互关系。每个等级的克隆巴赫系数也列了出来。就像这些数据所显示的,正如所假设的,每种学习技巧都与每种领导实践紧密相关。与领导方式相关度最高的是思考的学习技巧,最低的是寻求别人的帮助。多样性与变革型领导当然也紧密相关。

表2对以上的发现提供了更详尽的说明。这种发现是通过答卷者是否经常使用(高于或低于平均值)这4种学习技巧,并是否在他们从事5大领导实践的过程中反映出来。这种分析对学习与领导密切相关的论断提供了有利的支持。优秀的学习者,也即那些高分值的人,不管他们有什么样的学习模式,比起那些属于学习程度低的人来,其不断参与领导实践的频率更高。例如,据报告,那些最习惯使用行动性学习技巧的人会更经常参与挑战过程。这对于其他3个学习技巧和挑战也一样。同样的情况也可在鼓动型领导中找到,运用所有4种技巧的优秀学习者会更经常参与这种领导实践。

表1　　　　　学习技巧与领导实践之间的相关关系

学习技巧	领导实践					
	挑战 (0.78)	鼓动 (0.84)	放权 (0.68)	树榜样 (0.74)	激励 (0.82)	转变型领导
行动 (0.62)	0.35^{***}	0.28^{***}	0.15^{**}	0.20^{***}	0.18^{**}	0.27^{***}
思考 (0.65)	0.39^{***}	0.36^{***}	0.31^{***}	0.30^{***}	0.23^{***}	0.39^{***}
感情 (0.72)	0.30^{***}	0.29^{***}	0.18^{***}	0.25^{***}	0.25^{***}	0.24^{***}
接近他人 (0.62)	0.14^{*}	0.15^{*}	0.14^{*}	0.13^{*}	0.23^{**}	0.18^{**}
多样性	0.35^{***}	0.33^{***}	0.23^{***}	0.24^{***}	0.54^{***}	0.33^{***}

注:括号内的数字是指克隆巴赫的阿尔法系数,即内部可靠率* $p<0.02$; ** $p<0.01$; *** $p<0.001$。

表 2　　学习技巧和领导实践低分和高分的平均值（t 测试）

学习技巧	领导实践				
	挑战	鼓动	放权	树榜样	激励
行动					
低(153)	41.4	37.0	47.9	45.7	43.8
高(159)	44.9***	40.0***	49.1*	47.7**	45.1
思考					
低(148)	40.8	36.3	46.9	45.5	43.3
高(164)	45.2***	40.7***	49.9***	47.9***	45.5**
感情					
低(135)	41.6	36.2	47.9	45.4	42.9
高(177)	44.4***	40.4***	48.9	47.8***	45.7***
易与别人相处					
低(155)	42.0	36.8	47.9	45.9	42.9
高(157)	44.4***	40.3***	49.0	47.5	46.0***

注：括号内的数字是指样本大小，随着中间值的变动而变动，* $p<0.02$；** $p<0.01$；*** $p<0.001$。

比起那些处于低行动学习氛围中的人来，高行动学习者通常更经常参与 5 项领导实践中的 4 项（挑战、鼓动、放权和树立榜样）。高思考型学习者与低思考学习的同伴相比，他们经常参与所有 5 项领导实践。高感情学习者比低感情学习者更多参与挑战、放权、树立榜样和激励等领导实践。接近他人作为一种学习模式对于高学习者和低学习者在挑战、放权和激励三个领导维度上也有很大差异。

讨 论

管理人员在面对不熟悉的任务或经历时，因使用各种不同的学习策略而各不相同。同样，他们也因参与各种重要的领导行为而各不相同。这两种经历之间的相关关系已被找到，如人们如何学习与如何表现为领导人之间的正向关系已被发现。那些报告说经常使用四种学习技巧中的任一种（行动、思考、感情和接近他人）的答卷者，也更经常参与诸如挑战、放权、树立榜样和激励等领导行动。混合性学习与领导指数（即多样性与变革型领导）之间是紧密相关的（$\gamma=0.33, p<0.001$）。

有人认为来自高科技公司，比如本研究涉及的那些领导人，他们受过传统意义上的高等教育，因此拥有经过良好开发的"思考"学习技巧，他们更自我依赖和独立，尤其不希望"接近别人"以寻求帮助。在一个具有挑战性的新环境中，他们可能会依赖已有的知识和已经习惯的学习方式。但是，这种认知上的偏好，可能会限制他们的未来。《快速发展的公司》杂志(1999)的那些高新技术读者就相信这种观点。他们提出，社会技能比互联网技能对未来的企业成功更重要。这就意味着如"感情"和"接近他人"这些学习技巧，对这些领导能力的发展有更大的帮助。

想一想阿吉利斯(1991)所描述的那些接受过良好教育、全身心投入的专业人士，他们占据着高层执行位置、几乎总是能成功地做成他们所从事的工作，而很少经历失败。因此，有人认为他们从来不会学会如何从失败中吸取教训，也从来不会提高对失败感情的忍受力以及处理这种感情的技能，甚至最终导致对失败的恐惧。他们常常遮掩我们的批评、充满防卫心理，把过错归咎于外界因素或别人，所有这些都阻碍了学习。因此，再一次重申，"接近他人"和(了解)"感情"是打破阻碍学习的防卫性技巧。

变革型学习概念为影响领导能力的有效发展提供了洞察力。泰勒(2000)描述了培育变革型学习的实施条件是：

● 创建一种开放、安全和信任的氛围，以学习者为主导并鼓励自我导向的学习；

● 提供通过提出问题、深刻地自我反思和自我对话来鼓励探索各种个人观点的学习活动；

● 信任、同情、关心、真实和正直的推动者能够带来促进关键反应的感情；

● 提供评价和反馈的机会；

● 允许或为个人的探索和经验的累积提供必要的时间。

通过静思和指导以便为领导能力的发展提供最佳机会，这些条件进一步强化了支持那些综合性的和长期的领导能力发展计划的论据。专业发展是变革型学习的一个重要组成，尤其当它包括自我导向、反应性和变革性的实践和个人方法时(Crandon,1996)。

与变革型学习理论紧密相关的是成人学习原理。这些研究的一个关键启示是，在设计和授予领导发展计划时要遵守成人学习的原理(Zemke & Zemke, 1995)。利用学习技巧调查表这样的工具能帮助领导人增强他们对使自己成为全方位的学习者所偏好的学习技巧及更重要的发展技巧的意识。

未来领导人的一个显著能力将是他们把学习意识灌入组织的能力(Conger & Benjamin,1999)。下一代的领导人将必须是热衷于灌输学习意识的一代。通过强调学习的重要性，建立员工想学及能学的知识范围，领导人将更有能力提高组织面对未来挑战,增强竞争力和创新能力。如果希望加速和提高策略性思考和其他同样关键和复杂的能力,未来领导人的有效发展计划将要求利用成人学习原理,还要创建能培育转变型学习的条件。如本项研究发现所揭示的那样,挑战要求能够把学习原理转变为有意义的领导发展经历,从而促进,实际上是加速学习的过程。

在做结论之前,我们还须指出本项研究的一些不足。所有的数据都建立在被调查对象的自我报告基础上,样本具有非常相似的组织背景,尽管所发现的关系对所有人都是一致的,但有可能是因为自我报告偏见的原因。学习技巧的衡量以及独立的第三方对领导行为的报告将有助于对这些关系的论证。这些定量的发现肯定能通过补充如案例研究、与领导人的面谈等各种定性方法而不断丰富。

同样,对这些身为领导人的答卷的有效性的认识,可能会要求很长时间才会增加有关调查结果的可靠性。本项研究的一个内在假设是:学习先于领导。一项更复杂的调查、更概念化的模型,将检验领导作为一种经历如何影响人们随后的学习倾向。来自变革型学习理论的视角同样提供了理解变革型领导发展的各种方法。最后,这个结论更大的一致有效性,将有待于采用不同方法对同一个问题进行同样关系的检验。本项研究的取样是否具有代表性的问题,可以通过对不同(更异质)样本人口进行重复研究来验证。

结 论

领导人必须在复杂的挑战和变革的环境中指明方向,塑造能引向愿景的文化,激发他们的员工,以及为一个值得奋斗的未来发挥他们的才能、特性和精力。这呼唤着变革型领导人,并导致了对领导能力发展的巨大兴趣。领导能力的发展是个学习过程。领导能力发展计划和方法必须深入领导人的个人和情感层次,激发出关键的自我反应,为包括创建学习和领导思想信念的创意和试验提供支持。变革型学习理论可用来评价、增强和创建使变革型领导人得以发展的领导能力发展计划。

本项研究代表着探索学习的多样性与变革型领导之间关系的一个开端。应用成人学习原理以及创建能培育变革型学习的条件,对于设计和激发领导能力的努力是十分必要的。对变革型学习和变革型领导进行更深入的调查将非常重要,这可以使这两方面的理论以及研究和实践结合起来。

过去20年间的研究强调,大多数的领导技能来自于工作中自然发生的经验。通过学习和应用成人学习原理以及培育变革型学习,将有助于激发那些希望提高他们的领导能力、关心领导能力发展的领导人,加速和提升领导能力的学习。更重要的是,创造一种领导和学习的文化是领导能力发展的最终行动。

参考文献

Argyris, C. (1991), "Teaching smart people how to learn," *Harvard Business Review*, May-June.

Bass, B. M. (1990), *Bass and Stogdill's Handbook of Leadership*, 3rd ed., Free Press, New York, NY.

Bass, B. M. (1994), *Improving Organizational Effectiveness through Transformational Leadership*, Sage Publications, Thousand Oaks, CA.

Bennis, W. and Nanus, B. (1997), *Leaders: The Strategies for Taking Charge*, Harper and Row, New York, NY.

Clark, M. C. (1993), "Transformational Learning," in Merriam, S. B. (ed.), *An Update on Adult Learning Theory: New Directions for Adult and Continuing Education*, Jossey-Bass, San Francisco, CA.

Conger, J. A. (1999), "Charismatic and transformational leadership in organizations: An insider's perspective on these developing streams of research," *Leadership Quarterly*, Vol. 10 No. 2, pp. 145—79.

Conger, J. A. and Benjamin, B. (1999), *Building Leaders: How Successful Companies Develop the Next Generation*, Jossey-Bass, San Francisco, CA.

Cranton, P. (1996), *Professional Development as Transformative Learning*, Jossey-Bass, San Francisco, CA.

Dalton, M., Swigert, S., Van Velsor, E., Bunker, K., and Wachholz, J. (1999), *The Learning Tactics Inventory: Facilitator's Guide*, Jossey-Bass/Pfeiffer, San Francisco, CA.

Fast Company, (1999), "Where are we on the Web?", October, p. 306.

Hackett, B. (1997), *The Value of Training in an Era of Intellectual Capital*, The Conference Board of the USA, New York, NY.

Kegan, R. (2000), "What 'form' transforms? A constructive-developmental approach to transformative learning," in Mezirow, J. (ed.), *Learning as Transformation: Critical Perspectives on a Theory in Progress*, Jossey-Bass, San Francisco, CA.

Kouzes, J. M. and Posner, B. Z. (1995), *The Leadership Challenge: How to Keep Getting Extraordinary Things Done in Organizations*, Jossey-Bass, San Francisco, CA.

Kouzes, J. M., and Posner, B. Z. (1997), *The Leadership Practices Invento-*

ry: *Facilitator's Guide*, Jossey-Bass/Pfeiffer, San Francisco, CA.

Lombardo, M. M., Bunker, K. and Webb, A. (1990), "Learning how to learn," paper presented at the Fifth Annual Conference of the Society for Industrial and Organizational Psychology, Miami, FL.

McCall, M. W. Jr., Lombardo, M. M. and Morrison, A. M. (1988), *The Lessons of Experience: How Sucdessful Executives Develop on the Job*, Lexington Books, Lexington, MA.

McIntyre, D. (1997), *Learning at the Top: Evolution of Management and Executive Development in Canada*, Conference Board of Canada, Ottawa.

Merriam, S. B. and Caffarella, R. S. (1999), *Learning in Adulthood: A Comprehensive Guide*, Jossey-Bass, San Francisco, CA.

Mezirow, J. (1994), "Understanding transformative theory," *Adult Education Quarterly*, Vol. 44, pp. 222—3.

Mezirow, J. et al (2000), *Learning as Transformation: Critical Perspectives on a Theory in Progress*, Jossey-Bass, San Francisco, CA.

Rolls, J. (1995), "The transformational leader: The wellspring of the learning organization," in Chawla, S. and Renesch, J. (eds.), *Learning Organizations: Developing Cultures for Tomorrow's Workplace*, Productivity Press, Portland, OR.

Taylor, E. (1997), "Building upon the theoretical debate: A critical review of the empirical studies of Mezirow's transformative learning theory," *Adult Education Quarterly*, Vol. 48, pp. 32—57.

Taylor, E. (2000), "Analyzing research on transformative learning theory," in Mezirow, J. and Associates (2000), *Learning as Transformation: Critical Perspectives on a Theory in Progress*, Jossey-Bass, San Francisco, CA.

Vail, P. (1999), *Spirited Leading and Learning: Process Wisdom for a New Age*, Jossey-Bass, San Francisco, CA.

Yukl, G. A. (1994), *Leadership in Organizations*, Prentice-Hall, Englewood Cliffs, NJ.

Zemke, R. (1985), The Honeywell Studies: "How managers learn to manage," *Training*, March, pp. 46—51.

Zemke, R. and Zemke, S. (1995), "Adult learning: What do we know for sure?", *Training*, March, pp. 27—33.

术语对照表

absenteeism	逃避主义
accuracy	准确性
ad hocracy	特殊的
adaptive strategies	适应性策略
affective pattern	感情模式
affirmative action	平等权利运动
an internal locus of control	内部控制轨迹
analysis of fantasy	幻想分析
anxiety-containing	焦虑包容
approach-avoidance conflict	路径避免冲突
assimilation	同化
attitude measurement	态度测量
attitudinal model	态度模型
attraction	吸引力
attractiveness	魅力
attribution theory	归属理论
autocratic	独裁专制
autocratic leadership	独裁式领导方式
autonomy	自治
balance	平衡
balanced performance results	平衡绩效结果
behavior control technology	行为控制技术
behavioral model	行为模型
behavioral science	行为科学
behavioral scientist	行为科学家
beliefs	信仰
bias suppression	抑制偏见
building shared vision	建立共同愿景
bureaucracy	官僚机构

bureaucratic structure	官僚结构
bureaupathological personalities	官僚化的个性
business reengineering	企业再造
calculative	自虑的
career paths	职业生涯路径
centralization	集权,集中
chain of command	指挥链
Chaos theory	混沌理论
charisma	个人魅力
charismatic leadership	魅力型领导力
charismatic personality style	魅力型个性风格
classical era of organization theory	组织理论的"古典阶段"
classical organizational theorist	古典组织行为学理论家
cluster	簇拥型
coach	教练、指导
coalitions	结合体
coercion	强制
coercive power	强制性权力
cognitive consonance	认知协调
cognitive dissonance	认知失调
cognitive dissonance theory	认知失调理论
cognitive resources theory	认知资源理论
cognitive structure	认知结构
collective representations	集体代表
collective unconscious	集体无意识的
command group	命令群体
commitments	承诺
communication	沟通
competencies	竞争力
competing goals	竞争性目标
competition for resource	资源竞争
complementary skills	互补性技能
concussion	冲击
consideration	关怀
consistency	一贯性
consummatory behavior	成就行为
contingency approaches	权变方法
continuously improve and innovate	持续进步和创新

controlling	控制
coordination	协作
core competency	核心竞争力
correctability	可修正性
counter-culture	反文化
creeds	信条
critical reflection	关键反映
critical success factors	关键成功要素
cultural and transformative theories	文化和转型理论
cultural differences	文化差异
cultural diversity	文化多样性
customer-driven	以顾客为导向
decentralization	分权
decentralization and delegation	权力分散和授权
defensive, transactional leadership	防卫性事务领导
delegating	授权型
deliberate process	自虑过程
democratic	民主主义
dense social networks	密集的社会网络
description of divisions of labor	分工说明
designer	设计者
deviance	偏离
dialogue	对话
differentiation	差别化
diffusion theory	扩散理论
directional intensity	指导强度
directive	指挥型
discipline	修炼,学科
disposition	情绪
disruption to the contract	中断合约
distortions	扭曲
dominance negotiations	优势协商
effectiveness	有效性
effectiveness	效能
efficacy	效力
emergence	凸现
emergency reactions	紧急反应
empathy	移情

empirical	经验的
empirical hypotheses	经验假说
employee counseling	员工咨询
employee-oriented	员工导向型
enhanced	强化
environmental manipulation	环境操纵
equilibrium	均衡
ethicality	伦理性
evolution of organization	组织进化
expectations	期望
expected consequence	期望的结果
experience	经验
experimental psychology	实验心理学
experiments in illumination	照明试验
expert power	专家性权力
expertise	专业知识
external causality	外部诱因
external self-concept	外部的自我意识
extrinsic/instrumental rewards	外部/手段型褒奖
facilitator	推进者
fair break	公平的机会
feedback	反馈
field theory	场论
formal group	正式群体
formal roles	正式角色
free, informed choice	自由而公开的选择
freezing	冻结、凝固
Freudian conflict	弗洛伊德式的冲突
fringe benefits	额外福利
frozen accidents	冻结事件
frozen-in	"冻结"
fundamental attribution error	基本的归因错误
geodesic dome	网络球顶
goal commitment	目标努力,目标承诺
goal internalization	目标内在化
goal priority	目标优先
group atmosphere	群体氛围
group boundary	群体界线

group decision	群体决策
group defence	团体防卫
group dynamics	群体动态学
group mind	群体理念
group norms	群体规范
group psychotherapy	群体心理疗法
group structure	群体结构
group's boundary	群体的界线
groupthink	团体思考
growth need strength	成长需求强度
habit-patterns	习惯模式
hierarchy	(管理)层次
hierarchy of need stands	需要层次理论
hub	网络中心
human resources school	人类资源学派
idealized influence	理想化的影响力
identification with one's group	认同群体
identity group	身份群体
idiosyncrasy credit	特质信用
image management	形象管理
impulsiveness	冲动
inadvertent violation	非故意违背
incentives	动机
incompatible	不相容
indeterministic nature	非预定性特征
individualized consideration	个性化的关怀
individual accountability	个体责任感
individual psychology	个体心理学
industrial engineering	工业工程
industrial psychology	工业心理学
industrial/organization psychology (I/O psychology)	工业/组织心理学(I/O心理学)
inertia	惰性
influence	影响
informal group	非正式群体
informational power	信息性权力
initiation of structure	倡导定规
inner resistance	内部抵制

inner-directed	主见型
innovators	创新者
institutional discrimination	制度歧视
institutionalist	制度主义者
institutionalizing power	制度化权力
instrumental view of work	工具性工作观
integration	一体化
intellectual stimulation	智能刺激
intergroup conflict	群体间的冲突
intergroup dynamics	群体间动态学
internal causality	内部诱因
internal commitment	内在参与
internal self-concept	内部的自我意识
interval measurement	间隔度量
intervention theory	干预理论
intrinsic process	内部自发的动机
invulnerability	无懈可击
job attitude	工作态度
job characteristics	工作特征
job design	职位设计
job enlargement	工作拓展
job enrichment	工作丰富化
job loading	工作负载
job participation	工作参与
job satisfaction	工作满意度
knowledge management	知识管理
knowledge of results	知晓结果
laissez-faire	自由放任
laws of the jungle	丛林法则
leader	领导者
leader effectiveness model	领导效能模型
leader-member relations	领导者—成员关系
leadership	领导权,领导
leadership behavior	领导行为
leadership dynamics	领导动力学
leadership style theories	领导风格理论
leaning curve	学习曲线
least preferred co-worker	最难共事的同事

legitimacy	合法性
legitimate power	法定性权力
level	层次、水平
line or staff roles	直线或职能角色
lower participants	低度参与者
manager	管理者
managing	管理型
mental model	心智模式
metaphysics	形而上学
metatheory	元理论
microcultural	亚文化
midwife	助产士
mindguards	心理防范
minority group density	少数派群体密度
minority-group-size-inequality hypothesis	少数派群体规模不平等假设
mission	使命
model of leader-follower exchange	领导和下属交换的模型
modern structural school	现代结构学派
money incentives	货币激励
moral	道义
morality	道德
motivation	动机、激励
motivation hub	动机中心
motivation hygiene	激励保健理论
motivation sequence	动机顺序
mutual scapegoating	互找替罪羊
needs	需要
networked	网络型的
networks of groups	群体网络
new paradigm	新范式
new rules	新规则
occupational psychosis	职业精神
Ohio State Leadership Studies	俄亥俄州立领能力研究所
one size fits all	大小通吃
order	命令，秩序
ordinal standard	排序标准
organism	有机体

organization chart	组织结构图
organization levels	组织层次
organization charts	组织系统图
organization shape	组织形态
organizational architecture	组织建筑
organizational position	组织职位
organizational theory	组织理论
Osgood's semantic differential	奥斯古德语义分化表
outside interests group	外部利益群体
overarching value	拱形价值
overconformity	过度一致性
Parkinson's law	帕金森法则
participating	参与型
participation	参与
participation and consulative management	参与和协商管理
participative leadership	参与型领导方式
path-goal theory	路径—目标理论
patterns of friendship	友谊的模式
peer group pressure	同伴群体压力
perception	感知能力
percussion	冲突
performance appraisal	绩效评估
personal backgrounds	个人背景
personal mastery	自我超越
personality	个性
persuasion	说服
phenomenal self	现象自我
plenitude	赢者通吃
points of interconnection	结合点
political organization	政治组织
position	地位
position power	职位权力
power	权力
power approach	权力分析法
power difference	权力差别
power discrepancies	权力冲突
power sharing	权力分享
predictability	可预见性

primary group	准素群
primary group	初级群体(首属群体、直接群体、基本群体)
proactive problem-solving	主动解决问题型
procedural justice	程序性公正
procedural justice research	程序正义研究
process reengineering	流程再造
Procter & Gamble	宝洁公司
productivity management	生产力管理
product-oriented	产品导向型
professional deformation	专业性扭曲
professionalism	专业化
programs of attitude	态度改变计划
psychic manipulation	精神操纵
psychological contract	心理契约
psychological group	心理群体
psychological laboratory	心理学实验室
Pygmalion effect	皮格马利翁效应
quality of work life	工作生活质量
quasi-stationary equilibrium	准静止均衡
quick-fix-leadership	速决型领导
racketeering	敲诈勒索
reaction-time	反应—时间
reactive individualism	反对性个人主义
reactive processes	反作用过程
reciprocity	互惠
recognizable	可认知性
recommend	建议性
reengineering	再造
reference group	参照组
referent power	参照性权力
reinforcement	强化
reinventing government	政府再造
reneging or breach of contract	违约或毁约
representativeness	代表性
resource allocations	资源配置
responsibility	职责
responsibility	责任

reward power	奖赏性权力
reward system	报酬体系
role theory	角色理论
roles	角色
rules	规则
run or manage	运作或管理
sacred view of work	神圣的工作观
sanctioning of authority	职权的认可
Scanlon plan	斯坎伦计划
scheme of organization	组织的架构
scientific management	科学管理
selection	选择
self-awareness	自我意识
self-compensatory	自我补偿
self-constructs	自我构建
self-efficacy	自我效能
self-efficacy theory	自我效能理论
self-liquidating organization	自我清理组织
self-managing team	自我管理团队
self-organization	自我组织
self-presentation theory	自我表现理论
self-preservation	自我保护
self-regulation	自我调节
self-theories	自我理论
selling	推销型
sensitivity training	敏感性训练
shuffling tasks	任务重组
size of units	单元规模
snowball effect	雪球效应
social capital	社会资本
social clubs	社会俱乐部
social codes	社会准则
social cognition	社会认知
social comparison	社会比较
social conformity	社会性一致
social contagion perspective	社会传染观
social group work	社会群体工作
social habit	社会习惯

social identity theory	社会认同理论
social influence	社会影响
social information processing model	社会信息处理模型
social intelligence theory	社会智能理论
social moral involvement	社会道义动机
social position	社会地位
social power	社会权力
social prejudices	社会偏见
social situation	社会形势
social technical systems	社会技术系统
sociodrama	社会戏剧效果
sociometric test	社会计量测验
sociometry	社会人际学,社会格律,社会测量法
soul-searching	心灵研究
span of control	控制幅度
specifications of duties	职位说明书
spiraling wages	螺丝形工资
stability	稳定性
stake in the outcome	产出风险
status accrual	地位的自然强化
stereotypes	陈词滥调
strain	张力
strategic intent	战略意图
strategic myopia	战略近视
street corner society	街角社会
strength	强度
stress	压力
structural centrality	结构中心性
structural effects	结构性影响
structural variables	结构性变量
subconscious motivation	潜意识的动机
subculture	亚文化,子文化
supervisor	监督者
swings back into line	回复正轨
symbolic management	象征管理
systems thinking	系统思考
task feedback	任务反馈
task group	任务群体

task information	任务信息
task structure	任务的结构
team building	团队建设
team learning	团体学习
teams	团队
the "physiological" needs	"生理"需要
the age of the network	网络时代
the basic needs	基本需要
the Blocks	布洛克夫妇
the carrot-and-stick approach	胡萝卜加大棒的方法
the contingency model	权变模型
the edge of chaos	混乱边缘
the esteem needs	尊重的需要
the fifth discipline	第五项修炼
The Hawthorne Studies	霍桑研究
the ideal self	理想化的自我
the integrated wholeness	整体
the learning leader	学习型领导
the lessons of requisite variety	必要多样性经验
the line of authority	权威链
the longwall method of coal-getting	长壁采煤法
the love needs	爱的需要
The Luddites	卢德派
the managerial grid	管理方格
the need for self-actualization	自我实现的需要
the perceived self	感知的自我
the safety needs	安全需要
the strength of a person's desire for	个人期望力
thematic apperception	主题知觉
theory of emotional intelligence	情商理论
theory of human motivation	人类激励理论
Theory X	X 理论
Theory Y	Y 理论
total quality management	全面质量管理
trained incapacity	训练的无能力
training	培训
trait theories	特性理论
traits	特质

transaction	交换
transformational leaders	变革型领导者
triarchic theory of intelligence	智力三元论
trust	信任
turnover	离职
unfreeze	解冻
unnatural act	非常规行为
valence	效价
value preference	价值偏好
values	价值观
violating the contracts	违背合约
virtual teams	虚拟团队
vision	洞察力,愿景
volitional	意志力
voluntariness	自发性
voluntary response	自主反应
win-lose	非赢即输
wisdom of teams	团队的智慧
work effectiveness	工作效果
workforce diversity	人力资源多样化

译者后记

本书的翻译历经波折。七年前,当我答应上海财经大学出版社组织翻译《组织行为学经典文献》一书时,并没有觉得是一件多么艰难的事情。因为当时我对兴起不久的我国公共管理学的研究颇有兴趣,选择翻译这本书既可以从经典文献中了解管理学理论的来龙去脉,更能直接接触一流管理学大师的思想。我组织了上海财经大学2002级、2003级的十几位硕士研究生参与该书的翻译,同时邀请了王蔷和孔晏两位教师分工合作、共同参与翻译和校译。译著初稿在2003年底就已基本完成。

但是,正当着手校译时,出版社副总编辑黄磊先生告诉我,他已得到该书第三版,希望我们根据最新版本翻译。新版的翻译工作进展还比较顺利,初稿翻译到2004年基本完成。

然而,由于原著没有提供人名和专业术语的汇总表,如何统一不同译者对相同人名和专业术语的翻译,成了一个非常头痛的问题。我和王蔷老师商量后,决定由她根据翻译的初稿打印稿挑选出人名和专业术语,确定标准译名。然后,我请李昱蓓和刘晔蕾两位同学根据已挑选出的人名和专业术语及其标准译名,用EXCEL制成了最初的人名和专业术语译名对照表。事实上,这两张对照表在校译中不断地被更新和调整。

按照分工,我们三位教师开始了长时间的校译工作。由于不少译者的专业水平还不高,错译、误译甚至漏译等问题有时使校译者不得不进行重译,因此校译工作进展缓慢。终于到了2006年7月,全部初稿校译完毕。

然而,新的问题又出现了。由于我们三人是分别校对,难免在一些问题上有不同的理解和处理,因此全书应该由一个人来统一把握。面对全书统一校稿将要付出的巨量时间和精力,在教学、科研和行政工作日益繁重的压力下,我顾虑重重,举步维艰。此时,出版社约请了资深编辑张家哲先生担任本书责任编辑。张先生对此书也颇感兴趣，愿意担当全书的统一校稿工作。张先生非常尽心尽责，花了将近一年的时间终于完成了初稿的全面校译工作，提出了许多具体的修改意见，使译稿的质量有了明显提高。

我原以为，剩下的工作就只需要根据张先生的校译，把原文修订后就可以交稿了。然而，当我选择本人翻译的初稿根据张先生的校译稿做最后的校译时，又发现了许多不得不修改的问题。我又随机抽看了其余校译稿，同样发现了不少应该进一步修改的问题。我清楚地意识到不能将这样的译稿交给出版社出版，否则就是对读者的不负责任。我又一次遇到了挑战。这意味着要对全书重新再校译一遍，而这项工作只能由我来承担。我知道，继续花费大量时间和精力用于一本跨专业的译著是很不值得的，然而，我更知道，这本译著已经凝结了许多人的心血，如果我放弃，将是对参与此书工作的所有人的不尊重。我决心从头开始，认认真真地校译一遍。我把大量的业余时间都扑在了本书的校译上。在最后的校译中，李伟和刘涓帮助我校译了部分译稿。终于在2008年春节前完成了全部译稿的最后一次校译，我如释重负。我如实记录翻译此书的过程，只是想表明一本译著的产生历程。

本书初稿翻译者是：朱为群（前言之前言，前言，序言，目录，导论，第一篇和第二篇概述，11和12）；王蔷（组织行为学研究年表，第四篇和第六篇概述，30、31、42、43和44）；官芸（1和4）；孔晏（第三篇概述）；陈晓（2和3）；刘静（5）；王文波（6）；邱春燕（7）；黄梅（8）；祝梅娟（9）；倪钊君（10）；刘涓（第一篇概述，13、14和15）；李炜（16）；徐后能（17）；张大伟（18、19、20和21）；王子贤（22、23和24）；林明和袁红林（25、26、27、28和29）；罗墨兰（第五篇概述，32、33、34、35和36）；任庆涛（38、39、40和41）。朱为群（组织行为学研究年表）、王蔷（前言之前言，前言，序言，目录，导论，22～44)和孔晏（1～21）分工负责第一次校译。张家哲负责第一次总校译，朱为群负责最后一次总校译。

尽管许多人为此书的面世费尽心神，但本书还是难免会出现瑕疵和错误，敬请读者批评指正。

朱为群

2009年7月26日